현장에서 본
한국경제 도전실록

지은이 **강만수(姜萬洙)**

1945년 경남 합천에서 태어나 서울대에서 법학을, 미국 뉴욕대에서 경제학(경제학석사)을 공부했다.
1970년 행정고시를 거쳐 재무부에서 이재국장, 국제금융국장, 세제실장과 주미대사관 재무관으로
근무했다. 관세청장, 통상산업부 차관, 재정경제부 차관을 거쳤고, 2008년 기획재정부 장관으로 일했다.
2009년 대통령경제특별보좌관 겸 국가경쟁력강화위원장, 2011년 KDB금융그룹 회장을 지냈다.
snowkang21@naver.com

현장에서 본 한국경제 도전실록

부가가치세와 금융실명제에서 아시아 외환위기와 글로벌 금융위기까지

2024년 8월 5일 초판 1쇄 발행
2024년 9월 20일 초판 2쇄 발행

지 은 이 | 강만수
펴 낸 곳 | 삼성글로벌리서치
펴 낸 이 | 김원준
출판등록 | 제1991-000067호
등록일자 | 1991년 10월 12일
주   소 | 서울특별시 서초구 서초대로74길 4(서초동) 삼성생명서초타워 28층
전   화 | 02-3780-8213(기획), 02-3780-8074(마케팅)
이 메 일 | sgrbooks@samsung.com

ⓒ 강만수 2024
ISBN | 978-89-7633-131-1 03320

현장에서 본
한국경제 도전실록

부가가치세와 금융실명제에서 아시아 외환위기와 글로벌 금융위기까지

강만수 전 기획재정부 장관·대통령경제특별보좌관 지음

삼성글로벌리서치

머리말

인류사에 두 기적이 있다.
하나는 2,000년간 나라를 잃고 유리하다가
나라를 재건한 이스라엘이고
다른 하나는 한 세대 만에 산업화와 민주화를 이룬 한국이다.

나는 해방둥이로 태어나 아프리카보다 가난했던 최빈국에서 개도국을 거쳐 선진국 문턱을 넘어 살면서, 다른 나라에서 100년 이상에 걸쳐 일어난 일들을 모두 경험했다. 우리는 해방과 건국의 환희가 가시기도 전에 일어난 6·25전쟁으로 초토화된 나라를 복구하고, 한 세대 만에 산업화와 민주화의 기적을 이루었다. 아시아 외환위기와 글로벌 금융위기를 기회로 삼아 세계 7위 수출대국의 강자가 되었고 그리고 선진국 대열에 들어갔다.

나는 1970년 천년 고도 경주에서 재경사무관으로 공직생활을 시작했다. 전후복구시대를 거쳐 제2차 경제개발5개년계획이 진행 중이던 때였다. 우리는 1970년대 들어 꿈만 같았던 100억 달러 수출과 1,000달러 소득을 달성하였고, 1980년대 들어 경제개발5개년계획시대를 마무리하고 TV와 자동차와 선박을 수출하는 중화학공업시대를 열었다. 우리 경제는 1990년대 들어 아시아 외환위기를 맞아 흔들렸지만, 2000년대 들어 글로벌 금융위기 때는 위기를 기회로 삼아 세계 7대 수출국이 되었다. 나는 잘사는 나라를 만드는 대열에 참여하여 한평생을 밤낮도 주말도 없이 일했다. 가진 것이 없었던 우리는 잃을 것도 없었기에 패기 하나로 도전하고 웅전한 세월이었다.

경주에서 대구로 서울로 뉴욕으로, 국세청에서 재무부로 주미대사관으로 관세청으로 통상산업부로 그리고 10년의 야인생활을 거쳐 기획재정부로 돌아왔다. 재정과 금융, 국내금융과 국제금융, 세입과 세출, 내국세와 관세를 모두 경험했고, 한 번 만나기도 힘든 경제위기를 두 번이나 맞아 싸웠다. 전쟁으로 폐허가 된 나라였기에 하는 일마다 새로운 개척이었고 이루는 일마다 새로운 성취였다. 1977년 개발재정 조달을 위해 도입한 부가가치세를 입안하는 실무책임자였고, 1982년 지하경제의 양성화를 위해 추진했던 금융실명제의 담당과장이었다. 1997년 큰 상처와 좌절을 남긴 아시아 외환위기와 싸울 때는 차관이었고, 2008년 글로벌 금융위기에 맞서 세계 7위 수출대국으로 우뚝 서게 된 때는 장관이었다. 격랑을 온몸으로 부딪치며 싸우는 과정에서 상처는 받았지만 물러서지는 않았다. 그때의 기억들은 회한보다 그리움으로 남았다.

아시아 외환위기는 성장에 대한 과대한 욕구가 불러온 유동성의 문제였다면, 글로벌 금융위기는 부에 대한 과도한 탐욕이 불러온 불균형의 문제였다. 유동성과 불균형의 근저에는 탐욕의 투기자본과 불안정한 국제금융질서라는 불편한 진실이 있었다. 아시아 외환위기가 도쿄를 진앙으로 아시아를 흔든 국지적 지진이었다면, 글로벌 금융위기는 뉴욕을 진앙으로 세계를 뒤흔든 지구적 지진이었다. 주변국들이 열심히 땀 흘려 벌어들이는 달러화, 유로화, 엔화를 중심국들은 마음대로 찍어도 되는 국제금융질서를 받아들이지 않을 수 없었다. 아시아 외환위기에서 재정금융의 긴축을 강요하던 IMF는 글로벌 금융위기에서 제로금리에 무제한 준비통화를 찍어내는 중심국들에게는 아무 말이 없었다. 한국 사람들에게 아시아 외환위기는 예상하지 못한 상황에서 영토 안으로 치고 들어온 전쟁이라 참혹하게 기억되지만, 글로벌 금융위기는 영토 안으로 들어오지 못하도록 방어한 전쟁이라 심각하게 인식되지 않았다.

2008년 정권창출에 참여한 후 기획재정부 장관이 되어 두 번째로 국가의 명운이 걸린 위기와 맞섰다. 강자가 살아남는 것이 아니라 살아남는 자가 강자가 되는 전례 없던 위기였다. 과거에 경험하지 못했던 길을 걸으면서 실수가 용납되지 않는 외로운 싸움을 했다. 민중은 아우성을 질렀고 정치인들은 목소리를 높였다. 위기와 싸우는 것보다 갈등과 싸우는 것이 더 힘들었다. 나는 아시아 외환위기에서 배운 교훈에 따라 고평가된 환율, 과도한 세율, 부진한 R&D 투자와 불안한 자본유출입에 대해 "선제적(preemptive)이고, 결정적(decisive)이며, 충분한(sufficient) 대책"을 추진했다. 우리는 글로벌 금융위기를 가장 빨리 벗어나 세계 12위에서 7위 수출대국으로 우뚝 서게 되었고, 처음으로 세계 1위 R&D 투자국, 순대외채권국, 그리고 대외원조국이 되었다. 역사상 처음으로 무역수지와 신용등급에서 일본을 넘어섰다. 우리는 살아남아 강자가 되었고 선진국에 들어가게 되었다.

처음 우리를 비아냥거리던 외국 언론은 결과를 보고 한국 관료들에게 경의를 표했고 IMF는 교과서적 사례라고 평가했다. 국내에서 비판의 대열에 섰던 그 많은 사람들은 침묵했다. 그리고 나는 40여 년에 걸친 도전과 응전의 공직생활을 마감했다.

이 책은 한 세대 만에 산업화와 민주화를 이룬 인류사의 기적이 일어난 과정에서 있었던 재정금융정책의 실록이다. 반대가 많았던 부가가치세와 금융실명제의 도입에서부터 상처가 컸던 아시아 외환위기와 전례가 없었던 글로벌 금융위기까지 그리고 불편한 국제금융질서 속에서 지구촌의 강자가 되기까지 일어난 일들의 궤적이다. 현장 관료로서 논리보다 당위, 이론보다 직관으로 일한 기록들을 모은 공직생활의 비망록이다. 비판과 분석을 당하는 입장에서 현장에서 경험한 체험경제사이고 실전경제학이다.

이미 출판했던, 부가가치세에서 아시아 외환위기까지에 대한 《현장에서 본 한국경제 30년》(2005년)과, 아시아 외환위기와 글로벌 금융위기에 대한 《현장에서 본 경제위기 대응실록》(2015년)을 쓰는 데 7년의 세월이 걸렸다. 우리가 개발도상국에서 선진국으로 가는 궤적을 일관성 있게 보기 위해 두 책을 《현장에서 본 한국경제 도전실록》으로 다시 정리하여 출간하게 되었다. 경험한 사실, 동료들의 보고서와 정부의 기록을 중심으로, 첫줄부터 끝줄까지, 통계에서 주석까지 직접 챙기고 썼다. 내가 모르는 사실과 시차에 따른 통계적인 차이 그리고 이론적 모순이 있을 것이다. 이 실록이 정부에서 일하는 후배들과 경제학을 공부하는 후학들에게 참고가 되기를 바라 마지않는다. 본의 아니게 이 책으로 상처를 입는 사람들이 있다면 용서를 구한다.

세종로 청사에서 부가가치세를 도입하고 금융실명제를 입법할 때 수시로 밤샘을 하며 주말도 없이 일하다 어쩌다 일이 일찍 끝나는 날은 청진동에서 빈대떡에 막걸리 마시던 동료들의 헌신을 잊을 수 없다. 과천 청사에서 차관과 장관으로 두 번의 경제위기와 싸웠던 과정에서 밤낮없이 함께 일했던 동료들에게 감사를 표한다. 2008년 위기 당시 기획재정부 최중경 차관, 신제윤 차관보, 이용걸 예산실장, 윤영선 세제실장, 임종용 경제정책국장, 최종구 국제금융국장, 이찬우 종합정책과장, 손병두 외화자금과장 그리고 최상목 정책보좌관에게 특별한 감사를 표한다.

처음《현장에서 본 한국경제 30년》과《현장에서 본 경제위기 대응실록》을 쓰도록 권고하고 출판한, 지금은 고인이 된, 전 삼성경제연구소 최우석 부회장의 영전에 이 책을 바치며, 이 두 책의 통합본《현장에서 본 한국경제 도전실록》을 출판하도록 주선한 삼성글로벌리서치 김완표 사장과 김원준 소장과 관계자 여러분에게 감사를 보낸다. 집필과 출판 과정에서 많은 도움을 준 심미란 님과 이유경 님의 수고에 큰 감사를 표한다.

긴 공직생활 동안 어려운 생활을 참아주고 '시대의 아픔'까지 함께한 아내 하인경과 아들 병철, 병준 그리고 아름다운 별들, 윤진 예진 예림 다연 수연에게 사랑을 보낸다. 글로벌 금융위기 때 민중의 비난에 맞서 함께 고통당하고 싸우다가 천국으로 떠난 사랑하는 딸 제연에게 이 책을 띄운다.

*

글로벌 금융위기 극복을 위해 '유가환급금'에서부터 '한·미 통화스와프'까지 50여 개 대책들을 매주 쏟아냈던 2008년의 기자단 송년회에서 "18년 기자생활을 했는데 지난 1년간 쓴 기사가 과거 17년간 쓴 기사보다 많았다."라고 말했던 당시의 출입기자단에게서 내가 공직을 떠난 후 다음과 같은 글의 감사패를 받은 것을 큰 영광으로 생각하며 특별한 감사를 보낸다.

한국경제는 시련과 위기 속에 피어난 도전의 역사입니다.

당신은 늘 그 도전의 앞자리에 섰습니다.

2008년 글로벌 금융위기 때는 기획재정부 장관으로서

한국경제가 위기를 딛고 일어나도록 이끌었습니다.

설득엔 서툴렀지만 포기하거나 돌아가지 않았습니다.

세월은 흐르지만 영혼이 깃든 정책은 남습니다.

당신의 헌신은 오래도록 기억될 것입니다.

때로는 비판하며, 때로는 옹호했던 기자단이

오늘 이 자그마한 감사패를 드립니다.

　　　- 2012. 11. 15. 글로벌 금융위기 당시 기획재정부 출입기자단

2024년 여름,

강만수

차례

프롤로그

민중에 맞서면 정권을 어렵게 하고,

민중을 따라가면 나라를 흔들리게 한다.

정권은 유한하지만 나라는 영원하다.

1970년 늦가을 석양이 내리는 신라의 천년 고도 경주로 갔다. 초등학교 수학여행 때 트럭을 타고 먼지를 뽀얗게 덮어쓰고 도회지라고는 처음으로 가본 곳이 경주였다. 공직생활을 이곳에서 시작하게 되니 잔잔한 감동이 밀려왔다.

해질녘 경주세무서에 당도하여 지프차에서 내리니 직원들이 나와 반갑게 맞아주었다. 총무과장 자리에는 하얀 커버가 씌워진 커다란 구식 회전의자가 있었다. 날이 저물어 계장들과 저녁식사를 하고 세무서 옆 고도여관에 들었다. 다음 날 아침, 문 두드리며 마흔이 넘은 행정계장이 아침 문안인사를 왔다. 그렇게 나의 공직생활은 시작되었다.

당시의 세무서 사정은 말이 아니었다. 자장면이 140원이었는데 하루 출장비가 150원이었고 전화료, 우편요금, 고지서 용지, 사무용품 모두 담당자들이 알아서 조달했다. 사실상 조세청부업과 다름이 없었다. 하숙비가 한 달에 1만 8,000원이었는데 나의 봉급은 2만 원 조금 넘었다. 첫 달 봉급을 받은 날 경주에 있는 대학친구와 술을 마셨는데 봉급이 대부분 날아갔다.

그해 겨울 관내인 영천의 금호강변에서 한 직원이 변사체로 발견되었다. 세금을 가혹하게 매긴 세리가 맞아죽었다고 신문에 보도되었다. 청와대 민정비서관이 조사하러 내려왔다. 모두가 벌벌 떨었다. 현대판 암행어사 출또였다. 사실은 술에 만취되어 강변에서 동사한 것이었다.

내가 경주에서 처음 한 일은 겨울 농한기 잔치 철에 밀주 단속을 하지 못하게 한 것이었다. 대대로 내려오는 농촌의 농주를 식민통치 수단의 하나로 단속하는 것은 잘못이라고 생각했다. 20여 년 후 재무부에서 주세법을 담당할 때 영업 목적이 아닌 농주의 단속을 주세법에서 삭제했다. 지프차를 타고 감포에 나가 체납된 세금을 받고 압류 딱지를 붙였다. 업자 돈을 먹었다고 직원 5명이 검찰에 잡혀갔다. 3명은 통사정하여 빼오고 2명은 포승줄에 묶여 갔다. 주르륵 눈물 흘리던 직원들의 모습에 큰 상처를 받았다.

당시 다방을 통해서나 어렵게 구하던 최고급 청자 담배를 피우다가 신문 가십에 났다. 쌀이 모자라 수요일에는 분식을 할 때였는데 경주시장이 떠나게 되어 기관장들이 모여 환송연으로 밥을 먹은 것이 지방방송에 보도되었다. 국정감사차 들렀다가 불국사관광호텔에 머무는 국회의원들을 위해 채홍사 노릇을 하다가 현장을 기자에게 들켜 홍역을 치르기도 했다. 관례를 몰라 주재 기자들에게 부임 턱을 제대로 못한 결과였다. 월급을 받는 기자는 2명뿐이었고 나머지는 돈을 주고 기자증을 사서 다닌다고 했다.

공직에 대한 회의가 밀려와 경주 남산의 조그만 암자 옥룡암에 들어갔다. 장작을 한 트럭 실어놓고 군불을 때며 지냈다. 호롱불 밑에서 신라사와 동학에 관한 근대사를 읽었다. 남산에 오르니 1,000여 년 전 서라벌 사람들의 불심이 새겨진 불상이 온 산을 덮고 있었다. 세무서와 담을 이웃하고 있는 국립경주박물관에 가서 박물관장으로부터 신라 얘기를 들었다. 나를 위해 에밀레종도 쳐주었다. 주말에는 동학교주 수운(水雲) 최제우(崔濟愚) 선생 생가와 유적지를 찾아갔다. 어지러웠던 조선왕조 말에 "사람이 하늘"이라고 가르치던 동학으로 민심은 쏠렸고 조정은 사학으로 몰아 그를 처형했다. 조정 관리들은 결국 나라를 망국으로 끌고 갔다.

나는 폐결핵을 앓고 난 후라 몸이 말이 아니었다. 한 움큼이나 되는 약을 오래 먹었으니 위장은 많이 상했고 수면제를 먹지 않으면 잠들 수가 없었다. 경주에 있는 선배 의사가 권하는 대로 아침에도 점심시간에도 저녁에도 녹초가 되도록 뒷마당에서 테니스를 치고 냉수를 수시로 한 대접씩 마셨다. 위장이 좋아지니 불면증도 나았다. 직장 대항 테니스대회에서 우리가 우승하여 우승컵으로 막걸리를 취하도록 마셨다. 벚꽃 만발한 따뜻한 봄날에 할머니 아버지 어머니 모시고 와서 불국사를 구경시켜드렸다. 태어나 처음 한 자식 노릇이었다.

겨울이 두 번 지나갔다. 발령을 받을 때 1년 지나면 서울로 불러준다던 약속은 어디 가고 1972년에 대구로 가게 되었다. 전별금도 상당히 받았지만 외상 술값도 다 못 갚고 경주를 떠났다. 경주는 당시 통행금지가 없었던 관광도시라 친구들이 많이 왔고 술값도 많이 들었다. 경주의 추억은 많았고 오래 남았다.

북대구세무서 조사과장으로 일할 때 대구 유지의 기업에 대하여 세무사찰을 했다. 그 회사 사장이 돈이 가득 든 케이크상자를 집에 두고 갔는데 그 상자를 세무서 금고에 보관했다가 나중에 벌금으로 입금시켰다. 그것이 나중에 사건이 되어 직원들과 함께 검찰에 불려가 고생을 많이 했다. 서대구세무서 법인세과장으로 일할 때는 직원이 뇌물을 받았다고 정보기관에 잡혀가 장이 파열되도록 맞았다. 잊어버릴 만하면 잡혀가는 동료들 때문에 불안 속에 살았다.

재무부를 지망한 행정고시 동기들은 모두 국세청과 관세청으로 배정받았다. 나와 함께 지방으로 발령받은 동료들은 1년이 지나자 대부분 서울로 갔다. 서울로 가려면 돈이 들어야 한다는 얘기가 들렸다. 국세청은 너무 어지러웠고 나에게 경쟁력도 없다고 생각했다. 재무부에 자리가 비어 공무원 교육 때 만난 직장 선배의 추천으로 재무부로 가게 되었다. 동대구역에서 동료들의 전송을 받으며 3년간의 국세청 생활을 마감하고 대구를 떠났다.

1974년부터 나는 재무부에 들어가 부가가치세와 금융실명제 도입, 개발금융과 부실기업 정리, 금융시장 개방과 금융감독체계 개편 그리고 두 번의 위기관리 업무를 했다.

새로운 길에 도전하고 불어오는 역풍에 응전하며 힘겨운 싸움을 했던 세월이었다.

제1부

재정

최선 최종의 조세, 부가가치세

::: 부가가치세

세입증대에 한계가 오다

부가가치세의 도입배경

1972년부터 시작된 제3차 경제개발계획에서 꿈만 같았던 100억 달러 수출과 1,000달러 소득을 내걸고 중화학공업시대를 선언했다. 7·4남북공동성명이 이루어졌고 이어서 10월유신이라는 커다란 정치적 변혁이 시작되는 해이기도 했다.

중화학공업시대를 열고 독자적인 무기체계개발을 위한 방위산업의 육성이 중요한 과제였다. 방위성금도 거두고 1975년에는 5년 시한의 방위세까지 도입했으나 당시의 조세제도로서는 세입을 늘리는 데 한계에 도달했다. 기존 조세의 세율을 올리는 것보다 조세제도를 합리적으로 개편하고 탈세를 막아 세입을 증대시키는 근본적인 세제의 개혁이 필요했다.

이런 배경에서 정부는 경제개발과 방위력증강을 위한 재원의 확충을 위해 부가가치세(Value Added Tax, VAT)의 도입을 추진하게 되었다. 1974년 2월, 나는 국세청을 떠나 경복궁이 내려다보이는 세종로 재무부 청사 8층 세제국 국제조세담당관실의 창가 자리에 앉아 외국세제에 관한 일을 하게 되었다. 우리나라의 조세제도를 정리하여 영문 안내책자 *Korean Taxation*[1]을 만들고 부가가치세에 관한 자료들을 번역했다. 세무서에서 결재서류에 도장 찍고 지내다가 사전과 씨름하며 번역하게 되니 힘이 들고 따분하기도 했다.

그해 여름 국장실에서 부가가치세 도입을 위한 본격적인 회의가 처음 열렸다. 그 동안 내가 번역하고 정리한 자료를 중심으로 토론이 있었다. 부가가치세 자료를 번역하다 보니 부가가치세에 관해 많이 알게 되었고, 그래서 부가가치세 업무를 자연스럽게 맡게 되었다. 얼떨결에 사자의 등을 타고 정신없는 3년간의 험난한 질주가 시작되었다.

1975년 종합소득세의 실시와 함께 부가가치세 도입을 위한 준비로서 영업세 세율체계의 개편과 함께 세율을 인상하고, 거래원천징수제도를 제조업자와 도매업자의 모든 거래에 확대해 영업세를 원천징수하도록 하는 조치도 시행되었다. 거래원천징수자료를 전산처리하기 위하여 영업감찰을 납세자 번호제도로 개편하고 국세청의 전산처리 시설도 대폭 확대했다. 금전등록기 보급을 확대하고 표준계산서제도를 도입했다.

1975년 3월 재무부는 부가가치세 태스크포스[2]를 만들고 부가가치세 도입을 위한 내부작업을 본격적으로 진행했다. 부가가치세 태스크포스는 지금까지 검토한 것을 토대로 단일세율의 세액 공제법에 의한 다단계 소비형의 유럽 부가가치세를 도입하기로 방침을 결정[3]했다.

1977년 부가가치세를 시행한다

부가가치세의 도입결정

1976년 박정희 대통령은 연두기자회견에서 부가가치세의 도입을 공식적으로 발표했다. 김용환 재무부 장관은 경제부처 합동기자회견에서 1976년 정기국회에서 법안을 마련한 후 1977년 7월 1일부터 부가가치세를 실시한다고 발표했다.

발표된 부가가치세의 기본 골격은 과세대상을 모든 재화와 용역의 거래 및 수입으로 하고, 수출 및 투자에 대하여는 조세 부담이 없도록 하고, 세율은 단일세율로 하되 상하 일정범위 내에서 탄력적으로 운용할 수 있게 하고, 세액의 산출은 전 단계 세액 공제방식으로 한다는 것이었다.

재무부는 2년에 가까운 작업 결과로 만든 다음과 같은 '부가가치세 시안'을 세제심의위원회[4]의 심의에 부쳤다.

부가가치세 도입의 목적

부가가치세 도입의 목적은, 첫째 10여 개에 달하는 간접세를 대폭 간소화하고, 60여 개에 달하는 복잡한 간접세율구조를 단순화하며, 세무조사를 단일화하여 행정을 간편하게 하고, 둘째 산업에 따라 차등세율로 과세하지 않음으로써 자원배분의 왜곡을 제거하고 실질적으로 소비단계에 대하여만 과세함으로써 누적과세에 의한 기업의 수직적 결합을 방지하여 간접세의 산업에 대한 중립성을 확립하고, 셋째 수출과 투자에 대하여는 간접세를 부과하지 않음으로써 수출과 투자를 촉진시켜 경제성장에 기여할 수 있도록 한다.

부가가치세의 주요 내용

1) 대체세목은 영업세, 물품세, 직물류세, 석유류세, 전기가스세, 통행세, 입장세, 지방세이던 유흥음식세 등 8개의 간접세로 하고
2) 과세대상은 국내의 모든 재화와 용역의 공급과 해외로부터의 재화수입으로 하고
3) 세율은 대체세목과 같은 세입을 확보할 수 있는 단일세율로 하고
4) 과세기간은 6개월로 하고, 2개월 단위로 예정신고납부를 하도록 하며
5) 과세방법은 매출에 대한 세액에서 매입에 대한 세액을 공제하여 납부세액을 계산하는 전 단계 세액 공제제도를 채택하고
6) 기초생필품, 보건위생용역, 문화용역, 정부용역은 면세하고, 다만 면세를 포기할 수 있도록 하며
7) 수출과 외화획득 용역은 영세율을 적용하여 매입세액을 완전환급하고
8) 모든 사업자가 재화나 용역을 공급할 때에는 부가가치세를 징수하고 세금계산서를 작성 교부하며
9) 과세기간 및 예정신고기간 경과 후 20일 내에 신고납부하고
10) 세금계산서를 제출하지 않거나 불명일 때는 가산세를 부과하고
11) 연간 거래금액이 일정액 이하인 개인기업에 대하여는 종래의 영업세와 같이 거래금액의 일정률을 과세하는 과세특례를 적용하되 정상적인 과세방법을 선택할 수 있도록 하고

12) 물가에 미치는 영향을 고려하여 부가가치세 실시 당시의 재고품에 대하여는 과거에 납부된 간접세를 공제하고

13) 단일세율인 부가가치세의 역진성을 보완하기 위하여 사치품목, 소비억제대상품목, 고가내구소비재에 대하여는 현행세율을 기준으로 세율을 단순화하여 특별소비세를 과세하되 전략적 수출품목에 대하여는 세율을 상대적으로 인하한다.

재무부 장관의 자문기구인 세제심의위원회 위원장은 신태환 전 서울대학교 총장, 부위원장은 차병권 서울대학교 상대 재정학 교수로 하고, 위원은 학계·연구기관·언론계·금융계·법조계 인사 20명으로 구성되었다.

부가가치세 도입의 방침과 주요 내용이 발표되고 세제심의위원회의 심의가 시작되자 우려와 반대는 더욱 강해졌다. 주요한 이유는 부가가치세가 어렵다는 것이었다. 대한상공회의소와 전국경제인연합회를 중심으로 한 경제계뿐 아니라 국세청에서도 반대가 강했다.

재무부는 국세청과 관세청의 세무공무원에 대한 교육[5]부터 먼저 시작했다. 납세자인 국민에게는 TV를 통해 설명하고, 상공회의소와 함께 설명회도 열었다.

우리나라는 오래 전부터 부가가치세와 형식이 비슷한 영업세, 소득세, 법인세의 거래원천징수제도가 있었기 때문에 기술적으로 큰 어려움이 없고, 현재의 복잡한 간접세 제도로는 경제개발을 위한 효과적인 세입을 조달할 수 없으며, 세무행정도 복잡하여 세무당국과 납세자 모두에게 불편하다는 점을 중점 홍보했다.

1976년 5월, 대구지방국세청에서 세무공무원을 상대로 부가가치세를 설명하던 중 과장으로 승진되어 서울로 올라왔다. 국제조세담당관으로서 국제조세 업무와 함께 부가가치세 도입의 모든 실무작업을 책임 맡게 되었다.

과장이 되자 1년간 일했던 부가가치세 태스크포스는 해체되었다. 당시 부가가치세 태스크포스는 부가가치세와 관련되는 직접세과장과 간접세과장 간의 업무 안배가 배경이었기 때문에 업무의 효율보다 비효율이 더 많았다.

두 과장이 모두 떠나게 되자 자연스럽게 해체되었다. 부가가치세 도입작업은 여직원을 포함하여 모두 5명이 전담[6]하게 되었다. 도입 일정에 따라 국민 홍보와 교육계획을 마련하고 본격적으로 법안 요강을 만들기 시작했다. 5명으로 구성된 작업팀으로서는 벅찬 일이라 밤낮도 주말도 없었고 추석도 크리스마스도 설날도 사무실에 나와 일했다.

부가가치세에 대한 심의 내용은 1976년 7월 〈1976년도 세제개혁에 관한 심의보고서〉로 공식 제출되었는데 면세범위 등에 대한 일부 수정만 있었고 대부분 정부가 제출한 안대로 채택되었다.

부가가치세의 기본골격을 만드는 데 수많은 반대와 논쟁을 거쳤다. 부가가치세라는 이름이 길어서 국민에게 인상이 좋지 않으며 불편해 거래세로 하기로 결정했다가 6·25 때 서울에 진주한 김일성의 북한 정부가 거래세[7]라는 이름의 세금을 받았다는 주장이 나와 다시 부가가치세로 하기로 했다.

착오의 행진들을 하다
부가가치세에 대한 오해와 착각

부가가치세의 도입에서 가장 고생했던 문제는 네 가지 오해와 착각이었다. 부가가치세 도입을 위해 도입작업 자체보다도 오해와 착각과 싸우는 일이 더 힘들었다.

첫째 부가가치세가 '어렵다'는 것, 둘째 부가가치세가 성공하기 위해 '영수증' 주고받기 관행이 정착되어야 한다는 것, 셋째 부가가치세의 모든 자료는 컴퓨터에 의해 '크로스체크'해야 한다는 것, 넷째 '과세특례'는 영업세율 수준으로 과세되어야 한다는 것이었다.

이러한 오해와 착각들은 외부와 내부에서 동시에 발생함으로써 설득이 더 힘들었다. 결론부터 얘기하면 '어렵다', '영수증', '크로스체크'는 논리적으로 부가가치세와 필수적인 관계가 없고, '과세특례'는 착각이었다. 오해와 착각으로 우리는 '착오의 행진'을 하고 국민들은 '바보들의 행진'을 하게 만들었다.

첫째 오해는 부가가치세가 '어렵다'는 것이었다. 사실 부가가치세는 구멍가게 수준으로 매출과 매입을 기장하면 충분했다. 더구나 우리는 부가가치세와 형식이 비슷한 거래원천징수제도[8]가 있어왔기 때문에 납세가 어려운 것이 아니라, 탈세가 어려운 것이었다. 부가가치세에 관한 교육과 홍보는 납세자에 한정하라고 IMF도 권고했다. 영국이 부가가치세를 도입할 때도 그랬다. 어렵다는 얘기 때문에 전국 반상회에 천만 부의 팸플릿을 돌리고 전국 초등학생에게 부가가치세 숙제도 하게 하는 과홍보를 불러왔다. 과홍보로 엄청난 예산낭비와 함께 몰라도 될 사람까지 너도 나도 '부가가치세는 어렵다더라'고 한마디하며 부가가치세에 대한 여론을 더 악화시키는 '바보들의 행진'을 초래했다.

둘째 오해는 '영수증'을 주고받는 관행이 형성되지 않아 부가가치세 시행이 어렵다는 것이었다. 부가가치세에 필요한 것은 납세자 간의 세금이 표시된 송장(invoice)이지 소비자와의 영수증이 아니다. 서양의 영수증제도[9]는 기업주, 종업원, 소비자의 필요에 의해 정착된 것이지 정부가 강제한 것도 아니고 부가가치세와 관계도 없다. 영국에서는 소비자에게 세금이 표시된 송장을 발행하면 오히려 처벌하도록 했는데 우리는 소매상에 대해서 '간이세금계산서'라는 엉뚱한 이름의 영수증을 교부하도록 강제했다.

더 나아가 영수증의 원활한 발급을 위해 금전등록기 제도까지 도입했다. 금전등록기로 영수증을 발행하는 경우에는 0.5%의 세액 공제까지 부여하고 영수증을 정부에 제출하면 보상금까지 주었다. 전국의 학생들이 영수증을 모아 찾은 보상금으로 불우이웃돕기를 하는 촌극까지 벌였다. 18년 후 내가 세제실장으로 돌아와 '간이세금계산서'와 금전등록기 설치의무는 폐지하고, 영수증 발급은 권장 사항으로 바꾸었다. 웃어야 할 일인지 울어야 할 일인지. 당시 자문을 위해 IMF로부터 온 다이그난(James C. Duignan)은 법으로 금전등록기와 영수증을 강제하는 것은 맞지 않다고 권고했다. 청와대까지 나서서 '경제새마을운동'의 하나로 추진한다는 결정에 따라 어쩔 수 없이 시행되었다. 금전등록기 제조사업에 뛰어든 삼성전자와 금성사는 엄청난 손해를 보게 되었고, 당시 대형 출판사였던 민중서관이 출자한 민성전자가 금전등록기 사업에 뛰어들었다가 엄청난 손해를 못 이겨 민중서관까지 부도가 나고 말았다.

셋째 오해는 부가가치세는 컴퓨터에 의하여 세액송장(tax invoice, 세금계산서)이 '크로스체크'되지 않으면 시행하기 어렵다는 것이었다. 2부면 충분한 세액송장을 당사자의 증빙으로 2부에다가 컴퓨터 크로스체크[10]를 위해 매출자와 매입자가 각각 세무서에 제출하는 2부를 합쳐 4부를 발행하게 했다. 납세자의 불편에 따른 사회적 비용과 컴퓨터 처리에 따른 국고의 낭비는 엄청났다. 우리의 시도에 대해 IMF 재정분석 과장 테이트(Alan A. Tait)는 국세청 전산센터를 '세계 최대의 기장회사(the greatest bookkeeping company in the world)'라고 조롱 섞인 농담까지 했다.

4부의 세금계산서를 발행하도록 한 18년의 시행착오가 흐른 후 1994년 세제실장으로 와서 세금계산서는 거래 당사자 간에 2매만 발행하고, 세무서에는 '매출매입처별 세금계산서합계표'만 제출하도록 바꾸었다. 산더미 같은 세금계산서를 처리하던 '세계 최대의 기장회사'는 문을 닫게 했다.

넷째 오해는 사실상 착각이라고 할 수 있는데, 과세특례는 영세사업자가 쉽게 납세할 수 있도록 과세방법에 대한 특례를 주는 것인데 세율에 대해서도 2%의 특례를 준 것이었다. 거래단계마다 세금이 누적되는 종래의 영업세[11]와 부가가치세의 본질을 오해한 데서 일어난 착각이었다. 소비단계의 영업세 명목세율은 2%였지만 전 단계에서 누적되어온 영업세를 합친 실효세율은 4.5%였다. 업종에 따라 다르겠지만 부가가치율에 따라 4.5% 전후의 세율을 적용하는 것이 맞고 프랑스도 그렇게 하고 있었다.

세율에 특혜를 준 이 제도로 인해 제도적 탈세를 유혹하여 80%에 가까운 개인납세자가 과세특례에 해당함으로써 부가가치세의 큰 루프홀(loophole)이

되었고 조기정착에도 큰 장애가 되었다. 세무조사를 하지 않는 경우가 하는 경우보다 특례적용이 더 많은 현상도 초래했다. 세제실장으로 와서 10%의 정상세율을 업종별 부가가치율에 따라 환산한 세율을 적용하고 과세방법에만 특례를 주는 '간이과세제도'[12]로 바로잡는 데 23년의 세월이 필요했다. 가장 어리석었던 '착오의 행진'이었다.

이러한 네 가지 오해와 착각을 시정해보려고 많은 노력을 기울였다. 경직된 관료조직에서 오해와 착각은 나에게 주어진 권한의 한계를 넘어 '주어진 여건'이 되어버렸다. 권한과 권리의 착각이 빚은 해프닝이기도 하다. 권리는 자의적인 행사가 가능하지만 국민의 위임에 의해 관료조직에 부여된 권한은 신의성실의 원칙에 따라 행사할 의무가 따른다.

오해와 착각을 바로잡는 데 너무 많은 비용을 낭비했고 긴 세월이 필요했다. 18년의 세월이 흐른 다음 1994년 세제실장으로 돌아올 때까지 누구도 고치는 사람은 없었고, 오해는 오해대로 착오는 착오대로 세월과 함께 흘러왔다.

경직된 관료조직이 국민들에게 필요 없이 많은 비용을 들이면서 모두가 착오에서 빚어진 '바보들의 행진'을 하도록 만든 것이다. 이런 실수가 되풀이되지 말아야 한다. 그렇다고 나의 책임도 면할 수는 없을 것이다. 오해는 오해대로 착오는 착오대로 흘러가는 정부정책들이 이것뿐이겠는가.

최선 최종의 조세, 부가가치세

부가가치세의 기원

부가가치세는 소득을 벌어들일 때 종합소득세를 받고, 소득을 소비할 때 종합소비세를 매기며, 쓰고 남은 소득이 쌓여 재산이 되면 종합재산세를 물리는 세 가지 조세를 두자는 3세론(三稅論)에 이론적 배경을 두고 있었다. 근로소득세, 사업소득세, 이자배당소득세, 퇴직소득세, 양도소득세 등 모든 소득에 관한 조세는 종합소득세로 묶고, 영업세, 물품세, 직물류세, 석유가스세, 입장세 등 모든 소비에 관한 조세는 종합소비세로 통합하고, 상속세와 지방세인 재산세, 취득세, 등록세 등 재산에 관한 모든 조세는 종합재산세로 합치자는 것이다.

종합소비세로서는 부가가치세가 경제정책적으로 합리성이 높고, 세입 측면에서도 효율성이 높은 것으로 평가되었다. 부가가치세는 누적과세의 회피와 완전한 면세가 가능하고 제도의 간소화와 함께 탈세를 효율적으로 막고 세입을 증가시킬 수 있는 제도였다. 실질적으로 가격에 전가되는 법인세와 관세도 부가가치세에 통합하면 합리성과 효율성은 확대될 것이라고 주장되기도 했다. 부가가치세는 수출과 투자에 유리하고 산업에 중립적이며 탈세가 어려운 제도라는 이유에서 인간이 고안해낸 최선 최종의 조세제도[13]라고 평가되어 유럽공동체(European Community, EC)의 공통세제로 채택된 후 여러 나라에서 도입을 적극 검토하고 있었다.

우리는 영업세와 물품세를 중심으로 내국소비세를 부가가치세로 통합하는 방안을 추진하고 있었다. 법인세와 관세의 통합에 관한 논의도 있었지만 반론이 많았고, 관세는 통상산업정책과 연관성이 높아 제외되었다. 세금은 이슬비에 옷 젖듯이 소리 없이 받아야지 단순하고 투명하면 조세저항이 많아진다는 현실론도 있었다.

부가가치세는 1919년 독일의 지멘스(W. V. Simens)[14]가 처음으로 조세의 중립성을 확립하기 위하여 다단계 과세를 단계별로 부가가치만을 과세함으로써 결과적으로 최종적인 소비지출 단계에만 과세하는 이론적인 모델을 제안한 데서 비롯되었다. 부가가치세는 1954년에 프랑스에서 처음 실시했다. 프랑스[15]는 1917년 여러 형태의 다단계 매상고세(multistage turnover tax)를 부과해오다가 조세의 누적효과를 완전히 제거하고 수출과 투자에 대한 간접세의 완전환급을 위하여 1954년에 모든 재화와 서비스의 거래단계에 대하여 전단계 세액 공제방식에 의한 부가가치세를 실시하게 된 것이다.

오늘의 부가가치세는 1964년 EC가 소비세는 소비지에서 과세하는 행선지원칙(destination principle)에 따라 공동체국가 간의 수출에 대한 간접세를 완전히 환급하여 회원국 간 조세의 중립성이 유지될 수 있도록 프랑스의 부가가치세를 보완하여 EC의 통합매출세(harmonized turnover tax)[16]로 하기로 한 지침에서 비롯되었다. 이에 따라 1967년 독일, 1968년 프랑스, 1973년 영국이 실시했다.

우리나라는 1972년 IMF에서 초청한 아일랜드 국세청장 출신인 다이그난이 처음으로 부가가치세 도입을 건의했고, 1973년에는 UN에서 초청한 슈프(Carl S. Shoup) 박사가 세입증대를 위해 다단계 매상고세의 일종인 영업세 세율을 인상하는 대신 조세의 누적효과가 없는 부가가치세 도입을 건의했다. 일본과 대만에서도 몇 해를 두고 부가가치세의 도입을 검토하고 있던 상태였다.

부가가치세는 어렵지 않다

부가가치세의 특징

부가가치세는 1971년 장기세제의 방향에서 도입을 발표했으나 1974년까지는 종합소득세 도입에 매달렸기 때문에 진전된 게 별로 없었다.

1974년 7월 부가가치세 시찰단[17]이 영국, 독일, 프랑스의 부가가치세 실시 현황을 둘러보고 돌아와서 부가가치세가 무엇인가, 왜 도입해야 하는가, 우리나라에 도입되었을 때 어떤 영향과 효과가 있는가에 대해 유럽의 도입 경험을 중심으로 본격적인 검토작업이 시작되었다. 유럽을 시찰한 후 우리나라에 부가가치세를 도입해야 한다는 데는 의견의 일치를 보았으나 도입 시기에 대해서는 가능하면 빨리 하자는 주장과 어렵고 복잡한 제도이므로 충분한 준비를 거쳐 하자는 주장으로 갈렸다.

부가가치세가 제도로서는 아주 단순한 것임에도 불구하고 이론적으로 거시경제를 바탕으로 한 정교한 제도이고, 과세대상과 과세방법에 따라 다양한 유형[18]으로 분류되어 어렵고 복잡하다고 인식되었다.

부가가치세의 특징은 형식적으로 모든 재화와 서비스의 판매에 과세함으로써 일반매출세(general sales tax)이고, 실질적으로 모든 과세가 최종 소비지출에 귀착된다는 점에서 일반소비세(general excise tax)이다. 모든 거래단계의 매상고 전액을 과세함으로써 다단계 매상고세의 성격도 갖고 있다.

부가가치는 [부가가치 = 임금 + 이자 + 임대료 + 기업이윤 = 산출 - 투입] 공식에서 보는 바와 같이 두 가지 방법으로 계산할 수 있다. 임금(wage), 지대(rent), 이자(interest), 기업이윤(profit)을 합치는 가산방법(additive method)은 복잡하게 계산되지만, 산출에서 투입을 차감하는 공제방법으로 쉽게 계산할 수도 있다. 부가가치세의 실제제도는 산출에 대한 세액(output tax)에서 투입에 대한 세액(input tax)을 차감하는 세액 공제방법(tax subtractive method)으로 납부세액(tax payable)을 계산하는 단순한 제도이다.

부가가치세를 위한 장부도 구멍가게 수준의 매입과 매출만 기록하면 되므로 어려운 것이 아니다. 기존의 조세제도는 납세자 일방의 뜻으로 탈세가 가능하지만 부가가치세는 거래당사자 간에 합의가 없으면 탈세가 어렵기 때문에 탈세를 위한 기장이 어려울 뿐이다.

부가가치세 도입을 위한 첫 작업은 오해를 해소하기 위하여 부가가치세가 무엇인가, 왜 도입해야 하는가, 도입하면 효과가 있는가를 하나의 표로 설명할 수 있는 부가가치세 흐름도를 만드는 것이었다.

부가가치세가 원료수입 단계에서부터 제조업자, 도매업자, 소매업자에게 어떻게 부과되고 최종적으로 소비자에게 얼마가 전가되는가를 하나의 흐름으로 설명했다. 이 흐름도를 보면 누구나 부가가치세가 무엇인가를 쉽게 알 수 있고, 어려운 제도가 아니라는 것을 쉽게 알 수 있다. 그뿐만 아니라 왜 도입해야 하는지, 어떤 영향과 효과가 있는지도 함께 알 수 있었다. 수출과 투자는 어떻게 과세되어 완전환급되는가도 알 수 있다. 부가가치세를 위한

부가가치세 흐름도

(원)

			세액계산	납부세액
외국수출자 ↓	수입 11,000	대금 10,000 VAT 1,000	(1,000-0=1,000)	(세관) 1,000
제조업자 ↓	매출 22,000	대금 20,000 VAT 2,000	(2,000-1,000=1,000)	(세무서) 1,000
도매업자 ↓	매출 33,000	대금 30,000 VAT 3,000	(3,000-2,000=1,000)	1,000
소매업자 ↓	매출 55,000	대금 50,000 VAT 5,000	(5,000-3,000=2,000)	2,000
소비자	소비 55,000 =	대금 50,000 +	세금 5,000	세입합계 5,000

- 세율 10% 가정 (매출×10%)-(매입×10%) = 납부세액. 이것은 각 단계의 부가가치×10%와 일치.
- 제조업자가 수출할 경우 납부세액은 (0-1,000=-1,000) 즉 1,000 환급, 10,000 투자할 경우 납부세액은 (0-수입 1,000-투자 1,000=-2,000) 즉 2,000 환급.

세액송장(tax invoice)도 통상의 영수증에 부가가치세액만 표시하면 된다.

흐름도로 보는 부가가치세의 특징은 모든 재화와 용역에 대하여 모든 단계에서 획일적인 세율로 과세하여 단순 포괄적(simple but general)이고, 모든 재화와 용역에 대하여 동일하게 과세하고 이미 과세된 것을 거래단계마다 중복적으로 과세하지 않음으로써 물가에 대한 누적효과(cascade effect)를 제거한다. 기업의 수직적 통합(vertical integration)의 이익을 배제하여 기업의 계열화를 촉진함으로써 가격·산업·경제 구조에 중립적(neutral)이고, 수출과 투자에 대하여 완전면세를 함으로써 성장지향적(productive)이다. 모든 세 부담이 불안정한 투자와 수출을 제외한 국내의 소비지출에 최종적으로 귀착됨으로써 어떤 조세보다 세입안정적(buoyant)이고, 어떤 납세자가 발행하는 세액송장(세금계산서)은 납세자가 납부해야 하는 세금의 근거가 되는 동시에 거래상대방이 납부세액에서 공제하는 근거가 되어 상호검정(cross checking) 기능이 있다.

특히 종래의 과세제도는 납세자 일방의 결정으로 탈세가 가능하지만 부가가치세는 거래 쌍방이 합의하지 않으면 탈세가 어렵고, 거래의 중간단계에서 탈세하는 경우, 다른 제도는 세입이 감소하지만 부가가치세에서는 다음 거래단계에서 포착되면 세입이 오히려 늘어나게 되는 추적효과(catch-up effect)도 나온다. 또한 소득세와 법인세의 과세 기준을 제공하기 때문에 다른 조세의 탈세도 어렵게 하는 기능이 있다. 탈세하려는 사람에게는 가장 가혹하지만 선량한 납세자와 정부로서는 '최선 최종의 조세'가 되는 것이다. 1974년 여름에 궁리 끝에 만든 이 흐름도는 부가가치세가 결코 복잡하거나 어려운 제도가 아니라, 아주 합리적인 제도이고 도입할 필요가 있다는 것을 이해시키는 데 큰 도움이 되었다.

8개 세금을 부가가치세 하나로
다단계 소비형 부가가치세

1975년 재무부는 우리가 도입할 부가가치세의 유형은 재화와 용역의 모든 거래 단계를 세액 공제방법에 의해 과세하는 다단계 소비형 유럽 부가가치세로 하기로 했다. 부가가치세에 흡수할 대상 조세는 영업세 등 8개의 간접세로 하고, 세율은 거래의 편의를 위해 단일세율로 하며 수출은 완전면세를 하는 반면, 식료품 등 생필품은 일반적인 면세, 즉 부분면세를 하도록 하며, 투자에 대한 투입세도 공제대상으로 하여 토지·노동·자본의 모든 생산요소에 대한 조세의 중립성을 확립하도록 하는 '부가가치세 요강'[19]을 확정했다. 시행 시기는 1976년은 물리적으로 어렵다고 판단하여 1977년을 목표로 추진하기로 했다. 이런 방향에서 법 38조 시행령 55조로 된 최초의 부가가치세 법령안의 최초 초안도 1975년 5월에 작성했다.

1975년 10월에 세율의 수준, 면세범위, 구간접세 공제, 특별소비세의 과세 등에 대한 구체적인 방향이 확정되었다. 세율의 수준은 12% 전후의 단일세율로 했다. 면세의 범위는 역진성을 완화하기 위하여 농수축임산물, 수돗물과 연탄, 시내버스와 지하철, 의료서비스, 교육서비스 등 생활필수품으로 하고 부가가치를 창출하는 생산요소와 관련된 금융보험업, 부동산업, 근로용

역은 이론상 과세대상에서 제외했다. 부가가치세 시행 시의 재고품에 부과
된 구간접세는 완전히 공제하도록 했다. 그리고 자동차, TV, 주류 등 사치성
고가 소비재에는 특별소비세를 부과하도록 했다.

부가가치세 자체는 단일세율이었지만 5% 미만의 실질부담이 있는 면세,
12% 전후 일반과세, 추가적인 고율의 특별과세 등으로 우리가 도입할 부가
가치세는 실질적으로 3단계의 복수세율체계를 가지는 것이었다.

1977년 시행을 목표로 세부적인 추진 일정을 정한 부가가치세 도입 일정[20]
이 1975년 7월에 확정되었다. 1975년 12월 말까지 요강을 확정하고, 1976년
2월 말까지 각계의 건의 사항을 청취 반영하고, 4월 말에 법안을 확정하여
6월 임시국회를 열어 법을 통과시키고, 8월 말까지 시행령을, 10월 말까지
시행규칙을 만들어 1977년 1월 1일부터 시행한다는 것이었다. 이런 기본계
획과 함께 법안의 작성 일정, 교육홍보 일정, 국세청의 부가가치세과 신설과
인사이동, 전산시설 확충과 프로그램작성 등이 포함된 세부적인 업무와 월
별 추진 일정도 동시에 확정했다. 1975년 10월 1차로 IMF의 재정분석과장
테이트 박사로부터 과세대상, 대체세목, 과세표준과 세율, 법인세의 부가가
치세 통합과 특별소비세의 범위, 재고품에 대한 구간접세의 공제, 물가정책
에 관한 자문을 받았다. 12월에 과세자료의 전산문제를 제외하고 대부분
재무부의 구상에 동의하는 1차 보고서 〈한국이 도입 가능한 부가가치세(A
Report on the Possible Korean Value Added Tax)〉[21]를 제출했다.

12.5%의 부가가치세

과세표준·세율의 추계

부가가치세의 기본방향과 1977년 도입이 확정됨에 따라 1975년 여름 과세
표준과 세율의 추계작업에 들어갔다.

과세표준과 세율의 추계를 위해 테이트의 《부가가치세(*Value Added Tax*)》

부가가치세 과세표준·세율 추계모델

제1법(지출 기준)	제2법(분배 기준)	제3법(생산 기준)
Ⅰ. 지출(국내분)	Ⅰ. 요소소득(생산요소별)	Ⅰ. 부가가치(업종별)
1. 민간소비지출	1. 급료	1. 광업/제조/전기/건설업
2. 정부소비지출	2. 임대료	2. 도소매/음식숙박업
3. 고정자본형성(투자)	3. 이자	3. 운수보관/금융보험업
	4. 기업이윤	4. 부동산/서비스업
Ⅱ. 수입	Ⅱ. 수입	Ⅱ. 수입
Ⅲ. 비대체간접세 및 관세	Ⅲ. 비대체간접세 및 관세	Ⅲ. 비대체간접세 및 관세
Ⅳ. 계(Ⅰ+Ⅱ+Ⅲ)	Ⅳ. 계(Ⅰ+Ⅱ+Ⅲ)	Ⅳ. 계(Ⅰ+Ⅱ+Ⅲ)
Ⅴ. 공제 지출	Ⅴ. 공제 요소소득	Ⅴ. 공제 부가가치
1. 정부급료	1. 외화획득소득(수출)	1. 외화획득가치(수출)
2. 면세대상지출	2. 면세대상소득	2. 면세대상가치
3. 기업고정자본형성(투자)	3. 기업고정자본형성(투자)	3. 기업고정자본형성(투자)
4. 개인기업특례과세	4. 개인기업특례과세	4. 개인기업특례과세
5. 대체간접세	5. 수출·투자·면세용 수입	5. 수출·투자·면세용 수입
	6. 재고조정	6. 재고조정
Ⅵ. 과세표준(Ⅳ-Ⅴ)	Ⅵ. 과세표준(Ⅳ-Ⅴ)	Ⅵ. 과세표준(Ⅳ-Ⅴ)
Ⅶ. 대체간접세	Ⅶ. 대체간접세	Ⅶ. 대체간접세
Ⅷ. 세율(Ⅶ/Ⅵ)	Ⅷ. 세율	Ⅷ. 세율

에 설명된 부가가치의 개념을 기초로 모델[22]을 만들었다. 국민소득 3면 등가의 법칙에 의하여 생산국민소득, 분배국민소득, 지출국민소득을 기준으로 과세대상 부가가치를 계산하여 과세표준으로 하고, 대체간접세로 나누어 세율을 추정하는 방법이었다. 영국에서는 소비, 지출을 기준으로 과세표준과 세율을 추계했지만 우리는 생산과 분배까지 포함해 다른 나라에 예가 없는 정밀한 모델을 만들었다. 추계모델을 만든 다음 많은 시행착오와 노력 끝에 1차로 1972년부터 1974년까지 3개년을 기준으로 과세표준과 세율을 추계[23]했다. 사치품과 고가 내구소비재에 대한 특별소비세[24]를 과세한다면 1974년 기준으로 지출 기준 9.20%, 분배 기준 11.15%, 생산 기준 10.55%가 나와 10% 전후의 세율이 가능해 보였다.

1976년 들어 2차로 1972~1974년의 확정치와 1975년 통계를 추가하여 4개년을 기준으로 과세표준과 세율을 완전히 재추계[25]했다. 세율의 범위는 가중평균으로 최저 9.5%에서 최고 12.2%가 나왔다. 주세와 휘발유세 이외에 사치품과 고가의 내구소비재에 대한 특별소비세를 둔다면 8개의 대체간접

부가가치세 과세표준·세율 시산

구분		지출 기준					분배 기준					생산 기준				
연도		1972	1973	1974	1975	평균	1972	1973	1974	1975	평균	1972	1973	1974	1975	평균
과표 (10억)	1차	1,294	1,576	2,355	–	1,742	813	991	1,944	–	1,249	799	1,114	2,056	–	1,323
	2차	1,132	1,430	2,280	3,098	1,985	1,260	1,575	2,842	–	1,892	1,352	1,666	2,982	3,719	2,430
		1,068	1,363	2,227	3,048	1,927	1,148	1,281	2,664	3,239	2,083	893	1,194	2,288	3,321	1,924
세액 (10억)	1차	138	184	317	–	213	138	184	317	–	213	138	184	317	–	213
	2차	132	166	258	371	232	132	166	258	371	232	132	166	258	371	232
세율 (%)	1차	10.69	11.68	13.44	–	12.23	17.00	18.58	16.20	–	17.05	17.31	16.53	15.40	–	16.10
	2차	11.65	11.57	11.30	11.97	11.66	10.46	10.51	9.06	–	9.77	9.75	9.94	8.64	9.97	9.53
		12.34	12.15	11.57	12.17	12.02	11.49	12.93	9.67	11.45	11.11	14.76	13.87	11.26	11.17	12.03

- [1975년 1차 추계] 1) 과세표준에서 지출 기준은 한국은행 GNP 통계, 분배 기준과 생산 기준은 국세청의 세무통계를 기준으로 함. GNP 통계에 의한 생산 기준으로는 평균 10.35%. 2) 외화획득 사업은 영세율, 미가공 식료품 등 생필품은 면세하고, 외형 1,000만 원 이하 개인사업자는 면세. 3) 주세, 휘발유세 이외 특별소비세를 두지 않음. 4) 평균은 가중치임. 5) 연간 외형 1,000만 원 이하 개인사업자를 면세한다면 전체 평균 15% 추정.
- [1976년 2차 추계] 1) 상단은 한국은행 GNP 통계, 하단은 국세청의 세무통계를 기준으로 함. 다만 1975년의 분배기 준 GNP 통계가 불비하여 생략함. 2) 외화획득 사업은 영세율, 미가공 식료품 등 생필품은 면세. 3) 외형 1,200만 원 이하는 2% 과세특례 적용. 4) 주세, 휘발유세는 존치하되 사치품과 고가 내구소비재에 대한 특별소비세와 부가가치세도 중복 과세함. 5) 대체간접세액은 1975년 시행된 인상된 세율에 의함.

세 수입을 안전하게 확보할 수 있는 세율은 12.5%라는 결론이 났다. 1975년의 실효세율이 4.5%인 영업세와 원자재에 대한 간접세만 부가가치세에 대체하고 그 이외에 상당한 범위의 특별소비세를 둔다면 10%의 부가가치세가 가능하다는 실무적인 판단도 섰다. 이것이 1977년 실제로 10%의 부가가치세를 실시하게 된 근거가 되었다.

우리가 시도한 과세표준과 세율의 추계모델은 완성된 후에는 간단한 것이었으나 새로 모델을 고안하는 과정은 매우 어려웠다. 또한 구체적인 추계는 더 어려웠고 방대한 작업[26]이었다.

또 하나의 도전, 간접세 부담률 조사

간접세 부담률 분석

부가가치세 도입에서 가장 어려웠던 세 가지 과제는, 이론적으로 과세대상 부가가치와 적정세율의 추정, 정책적으로 품목별 상대가격의 변동과 소비자 물가의 예측, 행정적으로 시행시점의 재고품에 대한 8개의 구간접세의 환급 이었다. 법률은 유럽제도를 참고할 수 있었지만 이 세 가지는 참고할 예가 없었다.

부가가치세 과세표준과 세율의 추계 모델을 개발한 것에 자신감을 얻은 우리는 이번에 국민소득계정의 투입산출분석방법[27]에 따라 시도해보기로 했다. 세로에는 손익계산서와 제조원가 보고서의 계정과목을 두고, 가로에는 부가가치세로 대체되는 영업세 등 8개 간접세를 두었다. 각 단계의 산출, 즉 매출금액에 직접 부과되는 간접세는 바로 계산하고 투입, 즉 비용에 대해 서는 직전 단계의 해당 품목의 간접세 부담률 조사 결과를 반영하고 그전 단계에서 누적되어온 것은 해당 업종의 간접세 부담률 조사 결과를 반영하 는 방식[28]이었다.

1976년 1월 국세청 법인세조사반에서 정예요원을 동원하여 원가분석이 가능한 851개 주요 품목을 선정하고 한 달간 현지조사를 거쳐 간접세 부담 률을 분석했다. 1차 조사에서 발견된 여러 문제를 보완하고 더 정확한 분석 을 위하여 부가가치세를 시행하기 직전 1977년 초에 2차로 조사하여 간접세 부담률표가 완성되었다. 불가능하리라던 작업을 국세청 법인세조사반은 성 공시켰다.

간접세 부담률 조사 결과를 토대로 부가가치세 도입에 따른 전체적인 물 가수준과 상대가격의 변동을 예측할 수 있었다. 부가가치세 시행으로 소비 자물가는 이론적으로 변동이 없지만 제조·도매단계에서 1~2%의 영업세만 부과되던 품목이 10%로 과세가 되어 도매물가는 평균 3.4%가 올라가지만 소매단계에서는 누적효과의 제거에 의해 평균 소비자물가는 변동이 없다는 분석을 하게 되었다.

이를 근거로 구간접세 공제율[29]을 결정할 수 있는 근거를 얻게 되었고 농산물 등 면세품목의 매입에 대한 간주매입세액 공제를 위한 근거도 마련하게 되었다. 부가가치세의 성패는 예상 세입의 확보와 함께 가격의 편승인상

간접세 부담률 조사표(휘발유)

(천 원)

분류번호	0-0-0	품목	휘발유	현행세율	300%	업종	석유제조
업체명	○○○	규격	리터	특별소비세율	160%	조사대상기간	1976.12.1.~31.

구분	금액	영업세	물품세	직물류세	입장세	석유류세	전기가스세	통행세	유흥음식세	방위세	세액계
I. 산출계	5,488,040	20,580				1,920,814					1,941,394
1. 매출	5,488,040	20,580				1,920,814					1,941,394
2. 기타수입											
II. 투입계	1,344,945	803	45			2,348	55	25	97	90	3,463
1. 매입상품	61,582										
2. 원재료비	1,130,567										
3. 부재료비	3,296										
5. 전기가스비	30,103	116				1,421	55				1,592
6. 수도광열비	1,479										
7. 운반비	21,384	540	45			534					1,119
9. 수선비	2,748	55									55
10. 여비교통비	1,366	10				393		25			428
12. 감가상각비	17,166	23									23
13. 지대집세	931	33									33
14. 소모품비	644	13									13
15. 교제비	618	13							97		110
16. 광고선전비	3,001									90	90
4. 가공비, 8. 차량비, 11. 복리후생비, 17. 견본비 ~ 26. 대손상각 항목 생략											
III. 간접세계		21,383	45			1,923,162	55	25	97	90	1,944,857
IV. 부담률(%)		0.390	0.001			35.043	0.001	0.001	0.001	0.001	35.438

억제에 의한 물가안정 여부에 달려 있었는데 물가지도를 위한 주요 품목의 소비자가격 변동을 예측할 수 있다는 것이 더 중요했다.

간접세 부담률 조사는 실무적으로 가장 걱정하던 물가문제와 재고품에 대한 구간접세 환급 문제에 대해 자신 있는 해답을 주어 부가가치세를 도입하는 데 결정적인 역할을 하게 되었다. 물가문제는 정부가 가장 고민하던 문제였고 재고품에 구간접세의 환급률 결정은 실무자들에게 가장 어려웠던 난제였기 때문이다.

우리가 시도한 간접세 부담률 조사는 부가가치세 과세표준과 세율을 시산한 것과 함께 다른 어떤 나라도 시도해보지 못한 것이었기 때문에 부가가치세 작업팀에게 큰 자신감을 주었다.

36개 조문에 3년이 걸리다
부가가치세법의 제정

1974년 7월 태스크포스를 만들고, 1975년 내부적인 검토를 완료하고 1976년 세제심의회의 토론을 거쳐 36개 조문의 부가가치세 법안이 마련되었다. 하나의 제도가 도입되는 데 3년간의 길고 험난한 과정을 거친 것이다. 좀처럼 드문 일이라 생각된다.

1976년 세제심의회의 심의가 끝난 여름, 휴가는커녕 더위도 잊고 마지막 부가가치세 법안의 손질에 매달렸다. 전국경제인연합회, 상공회의소, 한국무역협회와 중소기업협동조합중앙회를 중심으로 여러 가지 건의를 받아 가능한 것은 법안에 반영하고 반영할 수 없는 것에 대한 설득도 병행했다.

언론의 반응은 원칙적으로 도입 필요성은 인정하면서 상하 5%의 탄력세율을 두는 것은 증세의 수단으로 이용될 수 있다는 점, 영수증 수수 관행이 정착되지 않았고 기장능력이 미비하여 충분한 준비가 필요하다는 점, 동일한 세 수입이라면 이론적으로는 물가 중립적이지만 실제로는 편승인상의 우려가 있다는 점 등을 들어 계속 우려를 나타냈다. 역진성에 대한 우려는 특별소비세와 생활필수품에 대한 면세제도로서 거의 해소되었다.

대기업에 대해서는 기본세율을 10%로 하고 탄력세율도 3%로 하자는 의견이 나왔고, 중소기업에 대해서는 특례한도를 1,500만 원으로 늘리고 세율도 1.5%로 하자는 의견이 나왔다. 기장능력과 물가에 대한 우려도 많았다. 기본세율에 관해 IMF의 건의도 그랬고 내부적으로는 10%가 적절하다는 판단이 서 있었다. 기장능력은 부가가치세가 특별한 기장을 요구하는 것이 아니라는 점에서 걱정하지 않았다. 세입추계의 정확성과 물가에 대해서는 누구도 장담할 수 없었다. 물가 문제는 나중에 시행 연기론의 주요 이유가 되기도 했다.

1976년 8월 재무부는 부가가치세의 정부안을 확정 발표했다. 확정된 정부안의 내용은 세제심의회에 부의한 정부시안과 거의 같았다.

정부시안에서 제시하지 않았던 세율과 과세특례가 확정되었다. 기본세율은 13%로 하고 상하 5% 범위 내에서 탄력세율을 적용하도록 했다. 소기업 과세특례로서 연간 매출금액 1,200만 원 이하의 소규모 사업자에게는 종래의 영업세와 같이 매출금액의 2%로 과세하는 과세특례를 적용하도록 했다. 시행 시기는 1977년 7월 1일로 하되, 경제여건에 따라 대통령령으로 연기할 수 있도록 했다.

종래 2~300%의 26단계 세율로 과세하던 물품세, 직물류세, 석유류세, 입장세의 과세 대상 중 사치품, 고가 내구소비재, 소비억제 대상품목 등 29개 품목에 대하여 10~160%의 13단계로 세율을 인하하고 단순화한 특별소비세법이 확정되었다. 주세는 주류행정상의 특수성 때문에 별도의 개별 특별소비세로서 그대로 존치하도록 했고 국가가 제공하는 전화사업은 면세대상이 되어 전화세는 존치하게 되었다. 재무부의 시안대로 관철시키기 위해 많은 토론과 설득이 필요했다. 실무자들은 낮에는 설득작업에 매달리고 밤에야 제대로 일을 했다. 주말도 없었고 밤샘이 일쑤였다. 영국에서는 100여 명이 했다는 일을 우리는 불과 5명이 했으니 실로 엄청나게 무거운 업무량이었다. 증원 요구를 했지만 사정이 여의치 않아 힘들기가 이만저만이 아니어서 정말로 주저앉고 싶을 지경[30]이었다.

1976년 10월 부가가치세법 제정안이 국회에 제출되었다. 법안에 대한 질의응답에서는 지금까지 입안 과정에서 논의된 것들이 되풀이되었다. 하나의 사항에 대하여 수십 번을 되풀이 질문하고 답변 자료를 준비했으니 죽을 맛이었다. 심의가 어느 정도 진행된 후에는 장관이 실무자의 도움 없이 답변할 정도가 되었다. 이때 야당이었던 신민당은 부가가치세가 역진적이고 물가를 상승시킬 우려가 있다는 이유로 반대[31]했다.

세법심사소위원회에서도 여야는 의견 일치를 못 보고 탄력세율을 3%로 내리도록 한 공화당의 수정안이 표결로 재무위원회를 통과했다. 법사위원회의 자구수정을 거쳐 11월 29일 본회의에서 찬반토론 뒤 표결로 부가가치세법이 가결[32]되었다. 세법이 표결로 통과되는 것은 이례적인 일이었다.

정부는 12월 22일 부가가치세법을 공포하고, 법과 함께 준비한 시행령은 1976년 12월 31일 공포되었다. 구간접세 환급률과 서식을 정한 시행규칙은 추가적인 실무작업을 거쳐 다음 해 1977년 3월 11일 제정되었다.

3년간의 대장정은 끝났다. 부가가치세는 내국세의 35% 전후를 차지하는 가장 비중이 큰 세금이지만 그 법은 불과 36개 조문으로 구성되어 있고, 그것도 핵심 조문은 24개[33]에 불과하다. 36개 조문에 3년 세월이 흘렀다. 당시 203개조의 소득세법이나 70개조의 법인세법에 비하면 아주 간단하고 작은 법이었다.

부가가치세 법령이 모두 공포되고 나니 무거운 짐을 내려놓은 홀가분함과 함께 몸은 솜처럼 가라앉았다. 정부정책으로서는 어쩌면 가장 많은 반대의견과 우려 속에 추진된 일이라 실무자들의 육신과 영혼은 지칠 대로 지쳐 있었다. 여당도 내심으로는 반대하는 의견이 있었고 부가가치세법은 직제상 주무과인 간접세담당관실이 아닌 국제조세담당관실의 법안으로 결재를 받을 만큼 내외로 어려움이 많았다.

부가가치세법이 공포되고 시행규칙까지 제정되고 난 직후 1977년 4월 부가가치세 업무뿐만 아니라 담당자들과 함께 간접세담당관으로 자리를 옮겼다. 부가가치세는 국제조세담당관실에서 시작하여 직접세담당관실로 갔다가 다시 국제조세담당관실로 돌아와 법령이 공포된 후 간접세담당관실로 제자리를 찾아갔다. 부가가치세와 나는 함께 옮겨 다녔다.

온 나라가 부가가치세 천지

부가가치세의 교육·홍보

1976년부터 본격적으로 부가가치세에 대한 홍보와 교육이 시작되었다. 이를 위해 부가가치세를 교육하고 설득하기 위한 자료들이 발간되었다.

4월 《부가가치세는 어떤 세금인가》라는 문답풀이 형식의 홍보책자를 만들었다. 부가가치세에 대한 23가지 궁금한 사항을 영국 부가가치세를 중심으로 알기 쉽게 정리한 것이었다. 이 책은 50페이지밖에 안 되는 작은 책이지만 부가가치세에 관한 이론과 실제에 관한 주요 사항이 모두 포함되어 있었다.

9월부터 부가가치세 시행대책위원회를 구성하고 시행상 문제점의 사전 발굴, 세무공무원의 교육과 납세자에 대한 홍보를 체계적으로 추진해나갔다.

1977년은 MBC TV의 1월 1일 아침 신년 특별 프로그램에 나가 부가가치세를 이야기하는 것으로 시작했다. 그때까지 라디오에는 여러 번 출연했지만 TV는 처음이었다. 당초는 장관이 출연할 프로그램이었으나 모두 새해 꼭두새벽부터 말썽 많은 부가가치세 문제로 출연하고 싶지 않았는지 연말에 갑자기 45분짜리 긴 프로그램을 과장인 내가 맡는 영광(?)을 안게 되었다.

1977년 들어 부가가치세법에 따라 주요 내용을 설명하는 《부가가치세는 어떤 세금인가》, 법률을 조문별로 설명하는 《부가가치세법 해설》, 부가가치세를 징수하고 납부하는 실무를 설명하는 《세금계산서 및 신고서 작성요령》이라는 세 가지 책자를 동시에 발간했다. 2월부터 3개월에 걸쳐 국세청, 관세청과 경제단체에 배포하고 본격적인 홍보와 교육에 들어갔다. 국세청 1만 5,000명, 관세청 5,000명에 대한 책자는 정부가 발행하고, 140여 개의 경제단체와 동업자 단체를 중심으로 80만 명에 달하는 납세자를 위한 책자는 경제단체 예산으로 찍었다. 100만 부에 달하는 책자를 찍었으니 엄청난 물량공세였다.

사미자 씨가 주연으로 출연한 〈알아봅시다. 부가가치세〉라는 제목의 영화도 제작하여 TV와 극장에서 상영했다. 초등학교 학생에게 부가가치세를 알아오도록 숙제도 냈다.

전국 반상회에 돌릴 〈부가가치세, 올바르게 알아둡시다〉라는 홍보 팸플릿[34]을 만들었다. 부가가치세 시행 전날인 6월 30일 저녁 8시 전국에 걸쳐 임시반상회를 열고 이 팸플릿 1,000만 부를 전국에 돌리고 TV를 통하여 부가가치세에 관한 설명회를 가졌다. 468개 품목에 걸친 〈주요 품목 소비자가격 변동표〉도 돌렸다. 실로 엄청난 물량공세였고 온 나라가 부가가치세 천지였다.

정치는 내가 걱정한다

실시 연기론과 대통령의 결단

1977년 7월 1일 부가가치세의 시행을 앞두고 3월, 5월, 7월 세 차례에 걸쳐 국세청과 납세의무자에 대한 예행연습도 실시되었다. 3월과 5월에 두 차례 예행연습을 실시하고 5월 10일부터 6월 10일까지 부가가치세법에 의한 사업자등록도 받았다. 7월 1일 시행을 위한 준비가 차질 없이 진행되고 있었다. 물가상승을 방지하기 위하여 독과점품목에 대한 최고가격을 지정하고 소비자가격에 대한 행정지도 준비도 완료했다.

3월에 국세청은 부가가치세의 실시를 위하여 본청의 간세국에 부가가치세 1, 2과를 신설하고 조사국에는 물가조사과를 신설하는 한편 일선 세무서에는 부가가치세과를 신설하고 정예요원을 배치했다. 국세청의 정원도 1,999명이나 늘려 1만 5,000명의 거대한 기관이 되었다.

부가가치세 시행을 한 달 앞두고 대한상공회의소, 한국무역협회, 전국경제인연합회, 중소기업협동조합중앙회 등 경제4단체장이 공동으로 부가가치세의 실시 연기를 강력히 건의하고 나서 상황이 달라졌다. 더욱이 부가가치세 시행을 앞두고 물가가 20% 전후의 상승률을 보이고 있었다. 그러자 물가상승 억제선인 10%를 지키기 힘들다고 판단한 물가당국인 경제기획원까지 가세하여 시행 연기론을 들고나왔다. 3년에 걸친 시행 준비가 다시 암초에 부딪히게 되었다.

당초부터 부가가치세 도입을 반대하던 논거의 하나가 물가 문제였다. 기존의 8개 세목을 폐지하고 부가가치세로 대체하면 이론적으로는 인상요인이 없다. 도매 단계에서는 1~2%의 영업세만 과세되다가 10%의 부가가치세가 과세되면 평균 3.4%의 상승이 예상되지만 소매 단계에서 누적효과의 제거에 의하여 물가는 중립적이 된다. 가격의 하방경직성에 의하여 내려갈 것은 내려가지 않고 올라갈 것만 올라가는 편성인상과 심리적인 요인에 의한 상승은 일시적인 문제이고 행정상의 문제이지 도입 반대의 논리가 되지 않는다.

부가가치세법이 국회를 통과할 때도 야당인 신민당은 당론으로 반대를 했고 여당인 공화당도 지역구의 많은 유권자들이 어렵다는 이유로 반대했기 때문에 내심으로는 반대하는 사람이 다수였다. 어렵다는 것이 명분이었으나 당시 세금을 제대로 내고 있지 않던 지역유지들을 중심으로 탈세가 어렵다는 거부감이 실질적인 이유였다는 정보 보고도 있었다. 어렵다든가, 물가상승이 우려된다는 반대론을 무마하기 위해 부가가치세법의 시행일을 경제여건에 따라 연기할 수 있는 부칙규정[35]을 두었다. 이 규정을 들어 경제기획원이 경제단체들의 의견을 거들고 연기하자고 나섰다. 재무부의 노력에도 불구하고 '어렵다'는 여론이 수그러들지 않았고, 상공부와 농림부가 연기에 가세함으로써 상황은 어려워져갔다.

경제4단체장은 남덕우 부총리를 찾아가 연기를 건의하게 되었다. 6월 7일 김용환 재무부 장관은 남덕우 부총리겸 경제기획원 장관, 장예준 상공부 장관, 최각규 농수산부 장관 등 경제부처 장관들과 부총리 집무실 옆 '녹실'이라고 이름하던 방에 모여 대책회의를 갖게 되었다.

당시 꾸준한 수출증가와 중동건설 수입의 유입으로 통화가 팽창상태였고, 계속된 고속성장으로 소비가 늘어나 쇠고기와 생선 값이 속등하고 있었기 때문에 물가상승의 억제와 통화의 긴축이 필요한 시기이기도 했다. 물가 문제는 일시적인 조정의 문제이고 당시는 물가를 정부가 직접 통제하던 때라 전 부처가 합심하여 대책을 강구하여 실시하면 어렵지 않다는 것이 재무부의 입장이었다. 당초 부가가치세 도입을 결정한 남덕우 장관이 반대하고 당초부터 반대의견이 강했던 장예준 상공부 장관과 최각규 농수산부 장관이 가세함으로써 연기론은 힘을 얻었고 재무부 의견은 관철되지 않았다.

회의가 끝난 후 장관은 내일 박정희 대통령에게 보고하기 위해 1977년 7월부터 부가가치세를 실시해야 할 이유를 정리한 보고서를 만들라고 지시했다.

영국의 부가가치세 실시 경험에 의하면 부가가치세는 물가의 편승상승을 최대한 억제하기 위하여 경기 하강기에 실시하는 것이 좋고, 정치적인 부담을 피하기 위하여 총선거 직전에는 실시하지 않는 것이 좋다고 했다. 이를 토대로 다음과 같은 요지의 보고서를 만들었다. 첫째, 세무공무원과 납세자에 대한 교육홍보와 함께 예행연습을 충분히 마쳤다. 둘째, 795개 품목에 대한 물가변동을 동결하거나 행정지도를 할 준비가 다 되어 있다. 셋째, 중기 경기순환을 보면 경제성장률이 1976년 12.2%를 정점으로 1977년부터 하강기에 접어들었다. 넷째, 계절경기순환을 보아도 7월은 하한기로 들어가기 때문에 1월보다 유리하다. 다섯째, 1978년 7월의 대통령선거와 12월의 총선거를 앞두고 1978년에 실시하는 것은 적당치 않고, 연기한다면 1979년 이후에 시행해야 될 것이기 때문에 1977년 7월 1일이 최적기라는 내용이었다.

1977년 7월이 최적기라는 장관의 보고를 받은 대통령은 장관에게 부가가치세가 최선이고 우리가 꼭 도입해야 할 제도인가를 다시 확인한 다음 "정치는 내가 걱정할 터이니 재무부 장관은 경제를 잘 챙겨라."라는 말과 함께 당초 방침대로 시행할 것을 결정했다.

6월 13일 대통령 주재로 청와대에서 총리, 부총리, 재무부 장관, 상공부 장관, 경제수석 등이 참석한 관계장관대책회의를 열어 당초대로 1977년 7월 1일부터 시행하고 세율은 10%로 하기로 결정되었다.

다음 날 부가가치세 도입 초기에 우려되는 경제적 충격을 최소화하기 위해 '부가가치세 실시에 따른 종합경제대책'을 발표했다. 독과점가격과 최고가격 제도를 확대하여 물가에 대한 행정지도를 강화하고, 총재정수지의 균형 유지, 재정증권의 발행, 수입제한의 완화 등으로 통화팽창을 적극 억제하고, 금리인하와 주요 원자재에 대한 관세의 인하로 기업의 생산비를 경감하여 가격인상 요인을 제거한다는 것이었다. 보완대책의 강구와 대통령의 결단으로 연기론은 일단락되었다.

성공적으로 실시하다

부가가치세의 실시

1977년 7월 1일 '부가가치세 실시에 즈음하여'라는 재무부 장관의 담화와 함께 3년에 걸친 천신만고의 긴 여정을 끝내고 10%의 탄력세율로 부가가치세가 실시되었다. 신문에 부가가치세 실시로 세금이 무거워지는 것이 아니라는 담화를 게재하고, 부당한 가격인상의 자제를 호소했다. 신문마다 부가가치세의 실시를 알리는 만화[36]까지 나왔으니 당시의 여론이 얼마나 들끓었는가를 말해주었다.

부가가치세법에는 기본세율 13%에 상하 3%p를 경기조절을 위해 조정할 수 있도록 되어 있었으나 사실은 세입차질이 났을 때를 위한 대비용이었으며, 내부적으로는 처음부터 10%의 부가가치세를 생각하고 있었다. 거래관행에서 10%는 편리할 뿐 아니라 10% 이하로 해도 실거래에서 10%를 붙이기 때문에 물가에도 유리하다는 것이 IMF 전문가의 권고이기도 했다.

부가가치세가 실시될 때에 세제국은 태평로의 옛날 국회별관 자리로 이사해 있었다. 장관이 부르면 광화문 지하도를 숨차게 뛰어가서 보고하며 바쁘게 일했다. 그해 간접세담당관이 되어서는 사무관 4명, 주사 5명, 여직원 1명, 나를 포함한 11명의 과원 전원이 부가가치세 업무에 총동원되어 입법과 홍보와 교육을 맡았다.

부가가치세가 시행되자 전국에서 수많은 질의가 쏟아졌다. 어떤 날은 질의가 하루에 100건이 넘었다. 국장실에 서류는 쌓이고 결재는 늦어져 아우성이었다. 나는 생각 끝에 새로운 제도가 잘 시행되기 위해서 초기에는 전문가의 신속 정확한 지침 시달이 중요하고 국민의 불편을 덜기 위해서도 더욱 중요하다고 판단했다. 부가가치세의 기본적인 사항에 관한 질의회신은 정책적인 판단 사항이 아니고 사람에 따라 달라질 사안도 아니었다. 하루 100여 건의 질의서를 받으면서 접수를 할 때 미리 결론을 내려주며 밀리는 질의를 기한 내에 차질 없이 처리했다. 확정신고는 6개월 단위였지만 2개월 단위로 예정신고를 해야 했기 때문에 신속한 회신이 불가피했다.

무를 말려 가루를 내어 '와사비'를 만드는 것이 단순가공인지(밀가루를 만드는 것같이 단순히 분쇄만 하여 가루를 만드는 단순가공은 미가공으로 보아 면세했음), 지렁이양식업이 어업인지 목축업인지, 표고버섯재배가 임업인지 농업인지, 말린 계분(닭똥)을 갈아서 만든 것은 가공된 비료로 보는지 등 쉽게 판단하기 힘들었고 판단에 따라 과세와 면세로 갈리니 신중한 처리가 필요했다.

초기 한두 달에 내린 질의회신이 부가가치세의 근간을 이루는 지침이 되었고, 부가가치세가 차질 없이 정착하는 데 많은 기여를 했다. 업무규정에는 중요한 질의회신은 국장 결재 사항이고 경미한 것만 과장 전결이었지만 전문성과 일관성을 유지하기 위하여 많은 질의를 내 전결로 처리할 수밖에 없었다.

국세청은 두 번의 예정신고를 잘 지도하여 1978년 1월 20일 최초의 확정신고에서 99%의 자진신고율을 보여 모두들 안도했다. 가장 걱정했던 세입도 1977년은 당초추계 2,100억 원보다 316억 원이 많은 4개월분 2,416억 원이 징수되었다. 다음 해 1978년 완전한 1년간의 세입은 8,352억 원으로 내국세의 37%를 차지하는 가장 많은 세입을 담당하는 세목이 되었다. 우리들은 세입이 모자라면 물어낼(?) 각오로 세입을 추계했고, 자신 있다고 장담했던 터라 정말로 시험대에 선 기분이었다. 구간접세 공제와 관련된 계산의 착오[37]가 발견되었으나 IMF도 걱정했던 우리들의 세수추계는 정확했다.

우리의 부가가치세 도입은 성공했다. 그 후 IMF는 한국의 재정제도를 회원국 중에서 가장 건전한 제도의 하나로 평가했고, 부가가치세의 성공적인 도입을 결정적인 요인으로 분석했다. 항상 세입이 모자라 연말이면 국세청이 세금을 빌리던 '조상징수(繰上徵收)'는 부가가치세의 도입과 함께 사라졌다. 부가가치세가 경제에 중립적이고 성장지향적이라는 실증은 없지만, 적어도 제도가 단순하면서 어떤 조세보다 세입안정적이고, 납세자 간의 상호검정 기능이 있다는 것은 증명되었다.

1977년 송년회에서는 17년 만에 생산된 쌀 막걸리를 마시며 3년의 긴 장정이 끝난 것을 축하했다. 부가가치세와 함께 쌀 막걸리가 1977년 10대 뉴스에 포함되어 우리 과에서 2개의 10대 뉴스를 만들게 되었다. 또한 그해 처음으로 4,000만 석을 돌파한 대풍과 100억 달러를 상회하는 수출도 달성했으며, 의료보험도 실시되었다. 1977년은 많은 일을 한 해로 역사에 기록될 것이다.

물가도 잡았다

851개 주요 품목에 대한 간접세 부담률 조사를 토대로 부가가치세 시행일에 소비자가격이 변동되는 468개 품목에 대한 소비자가격 변동표를 작성했다.

1977년 5월 1일을 기준으로 주요 품목에 대한 가격조사를 한 후 간접세 부담률에 따라 56개 서비스요금을 제외한 나머지 795개 품목 중 석유류 등 464개 품목은 공장도가격을, 소주 등 315개 품목은 소비자가격을 행정지도 가격으로 지정하여 물가를 동결조치했다. 157개 독과점품목 중 물가에 영향이 많은 중간재와 냉장고 등 299개 품목에 대하여는 최고가격을 지정했다.

주요 품목 소비자가격 변동표 (발췌)

품명	규격	단위	세포함 가격(원)	변동률(%)
설탕	정백 15kg	포	6,770	-4.65
맥주	4% 500㎖	본	370	-
남방셔츠	신한산업 T/C 긴소매	장	1,900	-25.93
도배지	경희산업545mm×5m	필	227	1.36
운동화	남학생화(대)	켤레	525	-12.50
치약	럭키, 일반, 100g	개	125	-
활명수	60㎖	병	50	-
시멘트	400kg	대	830	-3.16
시멘트 기와	일반 적색	개	75	1.35
석유스토브	KSN-900	개	16,310	-22.15
냉장고	금성사(200ℓ)	대	224,800	-13.95
TV수상기	금성사(17인치)	대	95,000	-
전자계산기	민성전자S-831	대	19,300	7.22
복사기	신도리코DT-1200	대	2,066,000	4.34
볼펜	모나미153	Gross144개	4,320	-
피아노	삼익악기WG-7	개	370,000	-22.25
연탄	소탄	개	45	-

국세청은 1977년 6월 28일 가격을 고시한 795개 품목에 대한 물가단속을 실시했다. 부가가치세 시행일을 기준으로 주요 품목의 소비자가격 변동표를 전국에 배포하고 부가가치세의 시행에 따른 부당한 가격의 편승인상을 단속하게 되었다.

물가지도를 위해 신설된 국세청 물가조사과를 중심으로 전 부처가 합동으로 전국적인 물가지도를 실시했다. 물가안정을 위해 금리인하와 동시에 통화를 긴축하고 관세율을 내리는 등 모든 정책을 총동원했다. 모든 부처가 합심 노력했다. 간접세 부담률 조사를 성공적으로 수행한 국세청은 물가단속에도 탁월한 능력을 발휘했다.

부가가치세의 도입에 관해 모두가 물가를 걱정했고 실시 직전 물가불안을 이유로 부가가치세 실시를 연기하자는 의견도 있었기 때문에 부가가치세의 성패는 물가안정 여부에 달려 있었다.

1977년 도매물가는 10.1%(대부분 면세되는 식료품은 21.1%, 과세되는 비식료품은 5.4%), 소비자물가는 10.9%(식료품 12.3%, 비식료품 9.0%)로 억제되어 당초 재무부의 주장대로 나왔다. 1977년의 물가는 부가가치세 시행 전후의 어떤 해보다 안정되었다.

다른 나라에 예가 없었고 IMF도 반신반의하던 가격의 편승인상을 억제하는 데 성공했다. 세입도 물가도 모두 잡았다. 세입확보와 함께 물가안정에 성공하는 데는 간접세 부담률 조사가 결정적인 역할을 했다.

10·26사건의 원인이다?

부가가치세 폐지론

부가가치세를 도입하는 작업은 3년에 걸친 대장정이었지만 도입되고 나서도 문제는 이어졌다. 실시 직후 1977년 정기국회가 열리자 10월 27일에는 국회 재무위원회에서 '부가가치세 및 물가 공청회'가 열리기도 하고 물가상승과 서민부담이 가중되었다거나 보완이 필요하다는 등의 공세가 야당을 중심으로 계속되었다.

부가가치세 6개월 실시 결과 2,400억 원의 세수목표가 달성되고 물가도 10%로 안정되어 정부는 성공적인 시행으로 평가했고, 언론도 수출과 투자에는 좋은 영향을 미친다는 평가를 내렸다. 많은 반대와 연기론 속에 시행된 부가가치세가 성공적으로 시행되었다는 평가에 3년의 고생이 되살아나 감개무량했다.

부가가치세가 실시된 1년 후 1978년 6월 나는 직접세담당관으로 옮겼다. 부가가치세가 무리 없이 정착되었다고 판단하고 있었는데 1978년 12월 총선거에서 여당인 공화당이 의석은 과반수를 넘었으나 득표율에서는 야당보다 1.1%를 뒤지게 됨에 따라 그 원인을 부가가치세에 돌렸다.

부가가치세가 성공적으로 정착되어가던 1979년 10월, 부산과 마산지역의 학생과 시민들이 유신독재를 반대하고 김영삼 신민당 총재를 국회에서 제명한 것에 항의하는 부마사태가 일어났고 서부산세무서가 공격을 받았다. 10월 26일 박정희 대통령이 시해되고 유신체제가 무너지게 되었는데 부가가치세의 강행이 원인이었다는 주장이 공화당에서 제기되었다. 부가가치세의 폐지론도 들고 나왔다.

박정희 대통령 시해의 주요 원인이 유신체제와 부마사태인 것을 세상이 다 아는데 로마제국이 망한 것도 세정의 문란 때문이었다는 논리를 내세워 부가가치세의 폐지와 함께 도입을 주도한 담당자들의 문책론[38]도 공화당에서 제기되었다.

나는 그때 직접세를 맡고 있었지만 부가가치세 도입을 담당한 과장으로서 배도 차관보, 최진배 세제국장과 함께 남산도서관 앞의 공화당사로 가서 정책위 관계자들에게 부가가치세 도입배경과 함께 잘 정착되고 있는 부가가치세를 폐지하면 오히려 새로운 문제를 일으킨다고 설명했다. 세정의 문란에 대해서는 세무공무원의 부정을 방지하고 질을 높이기 위하여 육군사관학교와 같은 국립세무대학의 설립을 건의했다. 프랑스 국립세무대학을 모델로 하여 세무대학이 설립되고 많은 우수 세무공무원을 양성했으나 2001년에 문을 닫고 말았으니 안타까운 일이었다.

10·26사건의 원인을 부가가치세로 돌리는 방향착오의 공화당은 그 후 12·12사태를 일으킨 젊은 군인들에게 정국의 주도권을 빼앗기고 역사에서 사라졌다.

잠자는 사자의 수염을 뽑지 마라

폐지 논란의 종결

다시 부가가치세의 폐지 문제를 제기한 것은 12·12쿠데타로 정권을 잡은 군부정권의 핵심 통치기구였던 국가보위비상대책위원회 상임위원회였다. 상임위원회에서 부가가치세는 박정희 대통령의 유신통치의 하나로서 국민의 반대를 무시하고 도입했다는 이유로 폐지를 결정[39]하게 되었다.

1980년 초여름쯤 재무분과위원회로부터 부가가치세의 폐지와 대체세원에 관해 브리핑을 하라는 지시를 받았다. 생각 끝에 부가가치세는 폐지할 수 없다고 주장하기로 하고 브리핑 차트를 만들 기분도 아니어서 '조세가 무엇인가'와 '부가가치세가 무엇인가'에 대하여 말로 정면승부를 하기로 했다. 과장인 내가 주도하여 부가가치세를 도입하게 되었다는 말도 나왔다는 전언도 있어 책임지라면 그만두겠다는 각오를 하게 되었다.

삼청동 재무분과위원회로 찾아가 브리핑 차트 하나 없이 다음과 같은 요지의 말을 했다.

"나라를 유지하는 데는 최소한 군대, 경찰, 세무공무원이 필요하다. 그래서 일반행정은 국민의 권리와 재산을 보호하고 조장한다고 해서 조장행정이라고 하지만 이 세 가지 행정은 국민의 자유와 재산을 빼앗는다고 해서 수탈

행정이라고 한다. 말썽과 반대가 많다고 부가가치세를 폐지하자는 것은 군대 가기 싫으면 가지 말라는 것이나, 법은 지키고 싶은 사람만 지키라는 것과 같다. 세금은 국가의 구성원인 국민이 부담할 의무이다. 아파트 살면서 관리비를 내야 하는 것과 같다. 부가가치세를 없애면 국방비만 한 세입이 없어지는데 같은 정도의 다른 세금을 받지 않으면 국방을 포기하거나 아니면 그만큼 다른 활동을 못 한다. 세금 가지고 국민의 인기를 얻으려면 탈세를 쉽게 하거나 싫으면 내지 말라고 하면 된다."

재무분과위원회 관계자들은 부가가치세를 폐지해서는 안 된다는 의견을 받아들이고 폐지론은 잠자는 듯했다.

얼마 후 국가보위비상대책위원회 상임위원회의 지시를 받은 경제과학심의회의에서 계속 폐지 방안을 검토하고 있었다. 종합청사 경제과학심의회의에 가서 온갖 말썽 끝에 겨우 정착되어가는 부가가치세를 손대는 것은 잠자는 사자의 수염을 뽑는 일이라고 지적하며 '잠자는 사자의 수염을 뽑지 마라'고 권고했다. 잠자는 사자 이야기로 폐지론의 불가함을 설명했는데 '내가 사자인데 잠자는 사자의 수염을 뽑지 마라'는 말로 와전되어 어려움을 당하기도 했다.

부가가치세 때문에 3년여 죽을 고생을 하고 그 후 직접세과장으로 가서도 재벌 세제를 바로잡는다고 밤샘을 밥 먹듯이 하는 바람에 몸이 극도로 쇠약해졌다. 10분만 서 있어도 쓰러질 것 같아 직원조회도 못 나가고 오후만 되면 잠을 자지 않고는 머리가 아파 견딜 수 없었다. 병원에 갔더니 너무 오랜 긴장의 연속 때문에 일어난 신체기능의 전반적인 저하현상과 장기간 눈의 피로가 축적되어 발생한 노안현상 때문이라고 했다. 3년간의 휴양과 안경을 착용하라는 진단을 받았다. 몸은 망가지고 한 일은 폐지와 문책의 대상이 되어버렸으니 병원을 나오는 마음은 착잡했다. 이때부터 안경을 끼게 되었다.

1980년 8월에 보험과장으로 갔다. 주말이면 직원들과 테니스를 쳤다. 치악산 적설등반을 시작으로 설악산으로 오대산으로 월악산으로 등산을 다녔다. 재무부에 온 후 주말을 모르고 10년 동안 일만 하다가 처음으로 주말을 알았다. 망가진 몸은 테니스와 등산으로 회복되었다. 전두환 대통령이 취임한 1981년에도 청와대 사정비서실이 중심이 되어 세 번째로 부가가치세의 폐지 문제가 제기되었다. 국가보위비상대책위원회 상임위원회 위원장 시절 부가가치세의 도입배경과 세입에서 차지하는 비중을 잘 이해한 전두환 대통령은 청와대 국무회의에서 "앞으로 부가가치세에 대하여 가부간에 말하지 마라. 좋다는 말도 하지 말고 문제 있다는 말도 하지 마라. 말하고 싶으면 옷을 벗고 나가서 말해라."라는 지시로 폐지론은 잠잠해졌다. 이때 청와대 경제수석으로 있던 김재익 박사의 역할이 컸다고 들었다.

반대론과 연기론을 뚫고 3년 걸려 도입한 부가가치세는 3년 동안 세 번이나 폐지 문제가 제기되었으니 부가가치세의 운명은 모질기도 했다. 1981년을 마지막으로 다시는 폐지 문제가 거론되지 않았다. 나에게 부가가치세는 1974년부터 1981년까지 7년이라는 세월에 흘러간 도도한 강물이었고 끊임없는 도전과 응전이었다.

부자가 적게 낸 세금

⋮⋮⋮ 소득세·법인세

근로소득세가 가장 높았다

소득세 실효부담률

1978년 현대건설의 공개 문제가 이슈로 등장하며 처음으로 재벌 문제가 공식적으로 제기되기 시작했다. 그해 6월에 직접세담당관으로 자리를 옮기자 재벌의 과세상황과 재무상황을 분석하고 문제점과 대책을 마련하게 되었다.

근로소득, 사업소득, 재산소득의 실효세 부담률을 분석한 결과 상식과 달리 근로소득의 세 부담률이 가장 높았다. 다음이 사업소득이었고 재벌 대주주의 부담이 가장 낮았다. 당시 근로소득으로 최고소득에 속하는 월 소득 50만 원 전후를 표본으로 실효세 부담률을 분석했는데 근로소득은 12% 전후, 주주의 배당소득은 4% 전후, 사업소득은 그 중간인 8% 전후라는 결과가 나왔다. 이러한 결과는 근로소득은 기초공제 등 기본적인 공제 이외에 특별한 감면이 없었던 반면, 기업의 경우는 중화학공업 감면, 증자소득 감면 등으로 법인 단계에서 감면받은 세금을 납부한 것으로 간주하여 주주의 배당소득세에서 배당금액의 30%[40]까지 배당세액 공제를 해주었기 때문이었다. 사업소득은 소득표준률이 실제보다 낮았기 때문에 실제소득을 추정하여 실효부담률을 계산하면 이런 결과가 나왔다. 과세포착률을 감안하면 사업소득의 부담은 더 낮아 5% 전후로 추정되었다.

당시 근로소득세 간이세액표의 월 근로소득 최고금액[41]이 49만 8,000원이었고 5인 가족의 경우 소득세는 5만 8,590원으로 11.7%였다. 공개 법인의 주주로 월 50만 원 수준, 연 600만 원의 배당소득이 있는 경우 종합소득세 산출세액은 117만 원으로 19.5%이나 30%의 배당세액 공제 180만 원을 공제받으면 납부해야 할 세금은 -63만 원, 즉 -10.5%가 되어 세금이 없다. 마이너스 배당세액 공제를 다른 소득에서 공제받지 못하도록 종합소득세 산출세액을 공제한도로 했다.

5인 가족 기준 근로소득은 연 156만 원(월 13만 원)이 면세점인데 배당소득은 연 1,200만 원까지 면세되고, 배당소득 연 3,000만 원이 근로소득 연 600만 원(월 50만 원)과 같이 12%[42] 정도의 세금을 냈다. 고용사장이 오너 회장보다 세금을 많이 내는 상황이었다.

중화학공업의 경우 조세감면규제법에 의해 중요산업으로 처음 3년은 100%, 다음 2년은 50%, 5년간 감면받고 있었는데 1972년 '경제의 안정과 성장을 위한 긴급조치(8·3긴급조치)'[43]에서 증자소득공제까지 허용했으니 법인세라고는 도대체 낼 것도 없는데 법인세를 낸 것으로 간주하여 주주에게 배당세액 공제를 했다. 주주의 배당에 대해서는 사실상 면세를 하게 되어 근로자와 일반 사업자가 나라 살림을 거의 맡은 셈이었다.

8·3긴급조치에 의하여 자산재평가를 하지 않은 법인의 경우는 소액의 증자로 100% 가까운 감면을 받았고, 계열기업의 경우 계열 간의 상호 증자를 통해 소액의 자금으로 몇 배의 감면을 받았다. 법인 간 배당에 대한 수입배당세액 공제[44]까지 주어졌으니 실로 엄청난 특혜였다.

법인세가 감면된 경우에도 주주의 배당에 대하여 세액 공제를 허용한 것은 주주들에게 비공개법인의 경우 법인세 50% 상당액을, 공개법인의 경우 법인세 100% 상당액을 이중으로 국고보조금[45]으로 주는 셈이었다.

재벌놀이와 기차재벌

8·3긴급조치는 부채의존도가 80%에 달했던 대기업들에게 금융상 큰 특혜가 되었을 뿐 아니라 증자소득공제제도에 의하여 비공개법인을 포함하여 모든 기업에 법인세와 배당소득세를 감면받는 엄청난 특혜가 주어졌다. 계열기업에 증자하여 발생한 배당금에 대한 법인세도 수입배당세액 공제에 의하여 면제받았다.

특히 자산재평가를 하지 않은 비공개법인의 경우는 소액의 증자로 100% 가까운 감면을 받았고, 계열기업의 경우는 계열 간의 상호 증자를 통해 소액의 자금으로 법인세를 대부분 감면받았다. 8·3긴급조치 당시 근무했던 세무서 관할에 일제강점기에 설립된 합명회사 형태의 양조장이 있었는데 설립 후 한 번도 자산재평가를 하지 않아 장부상 자본금은 100원 정도[46]였다. 100만 원 증자해도 1,000,100분의 1,000,000, 즉 99.99%를 감면받았다. 해프닝으로 치부하기에는 나랏일이 너무나 허술하다고 생각되어 경악을 금치 못했다.

재벌들은 계열 간의 상호 증자에 의하여 소액의 자금투입으로 그룹 전체의 법인세를 대부분 면제받았다. 증자한 기업에 대한 증자소득공제뿐 아니라 배당을 받은 기업에 대한 법인 간 수입배당세액 공제도 했으니 사실상 법인세를 낼 게 없었다. 어떤 재벌의 경우 종합무역상사였던 모기업이 은행으로부터 수출금융을 받아 여러 계열기업에 순차적으로 증자하고 최종에는 다시 모기업에 증자하여 은행에 상환함으로써 실질적인 증자는 한 푼도 하지 않고 계열기업 전체의 법인세를 대부분 면제받은 경우도 있었다. 모기업만 자금동원 능력이 있으면 증자소득공제와 법인 간 수입배당세액 공제의 특혜를 이용하여 다른 중소기업을 인수하는 편법으로 이용되기도 했다. 모기업이 받은 수출금융자금을 이용하여 납품기업의 어음결제 기간을 갑자기 연장함으로써 부도지경으로 몰아넣은 다음 인수하는 방법으로 쉽게 계열기업을 늘릴 수 있었다.

당시 신생재벌은 창업이 아니라 은행의 수출금융을 이용한 기업인수를 통해 계열기업을 이루는 경우가 많았다. 이런 방식의 재벌놀이를 통하여 탄생한 신생재벌들이 무리한 확장에 의한 자금난을 이기지 못하고 줄줄이 부도남으로써 큰 문제를 야기하기도 했다. 모기업만 자생능력이 있고 계열기업은 기관차에 끌려가는 객차와 같은 '기차재벌'[47]이었다.

재벌기업은 돈을 빌렸다고 사채 동결, 중화학공업을 한다고 면세, 수출하고 투자한다고 저리의 정책자금 대출, 증자한다고 증자소득공제, 배당한다고 법인에게 법인 간 수입배당세액 공제를 하고 주주에게는 내지도 않은 법인세를 낸 것으로 간주하여 배당세액 공제를 해주었다. 특혜 위에 특혜를 얹어주는 실로 엄청난 특혜였다. 특혜성 은행자금을 이용해 거래기업을 마구 인수했으니 8·3긴급조치는 재벌탄생에 큰 기여를 했다.

세계적으로 유례가 없는, 정부가 빚을 갚지 못하도록 강제한 8·3긴급조치는 부채를 겁낼 줄 모르고 몸집을 불리는 차입경영과 그룹경영으로 우리 기업들을 치닫게 했다. 자본을 충실히 하고 특정사업에 집중하던 우량기업들이 오히려 시장경쟁에서 밀려나는 계기도 되었다. 많은 대기업들이 사채 동결, 특혜성 자금지원, 대폭적인 조세감면이라는 편법에 의존하여 성장했다. 구조조정의 어려움도 없었고 진정한 위기관리 능력도 상실하게 되어 1997년 외환위기를 맞는 먼 원인의 하나가 되었다고 생각한다.

재벌들과의 전쟁

배당세액 공제 폐지

재벌들에 대한 과세상황과 재무상황을 분석한 결과 정부의 지원이 과도하고 특히 조세지원의 합리성 문제가 대두되었다. 특혜성 금융지원과 함께 과도하거나 불합리한 조세지원이 차입경영과 그룹경영의 폐해를 가중시키고 있었다.

재벌들의 실효세 부담을 분석한 결과 기업과 주주에 대한 배당세액 공제제도를 전면 폐지해야 한다는 결론에 도달했다. 배당세액 공제는 법인의제설[48]에 입각하여 이중과세를 방지하기 위한 장치이지만 우리나라는 법인실재설에 입각하여 있고 다른 나라에 우리와 같은 배당세액 공제의 예[49]가 없었다.

1978년 배당세액 공제를 폐지하고 실질증자에 대해서만 증자소득공제를 허용하는 것을 주요 내용으로 하는 세제 개편[50]을 추진했다. 주주에 대한 배당세액 공제와 함께 법인 간의 수입배당세액 공제도 전면 폐지하도록 했다. 증자소득공제의 대상이 되는 증자는 실질적인 증자금액으로 한정하고 공제금액도 차입경영과의 균형을 위해 은행금리상당 금액으로 전환했다.

증자소득공제제도의 개정과 함께 배당세액 공제제도의 폐지는 대기업에게 충격이었고 정부로서는 재벌과 한판 전쟁을 치르는 것이었다. 경제단체들은 처음에는 명분이 없어 잠잠하다가 10월 들어 국회에서 법이 논의될 때에는 일치단결하여 증권시장이 침체되고 재투자의 길이 끊긴다는 명분으로 강하게 반대 로비를 했다. 당시 최고 소득세율이 70%였지만 배당세액 공제 30%를 빼면 재벌 대주주들의 사실상 최고세율은 40%였는데 일시에 배에 가까운 30%p나 오르게 되었으니 과거의 혜택은 간 곳 없고 무거워서 못 내겠다는 것이었다.

10대 총선을 두 달 앞두고 있던 정치권은 전국경제인연합회를 앞세운 대기업들의 로비[51]를 외면할 수가 없었던 것 같았다. 결국은 기업에 대한 수입배당은 전면 폐지하고, 주주에 대하여 법인세의 50%는 폐지하되 공개법인 배당의 15%는 그대로 두기로 타협이 되었다. 이 정도 한 것도 큰 진전이라 생각했다.

법인 간 수입배당세액 공제의 폐지는 증자소득공제제도의 개선과 함께 재벌의 경제력 집중에 큰 영향을 미쳤다. 계열기업 간 기차식으로 연속 증자한 경우 수입배당세액 공제가 폐지되면 배당될 때마다 30~40%의 법인세를 부담하게 되어 여러 단계를 지나면 배당금은 100% 가까이 법인세로 흡수되는 셈이고 결국 계열투자의 이점이 사라지게 되는 것이다. 수입배당금에 대한 법인세를 면제하는 수입배당세액 공제는 증자소득공제와 함께 법인 간 증자를 촉진하여 '기차재벌'을 대량생산하는 토대역할을 했다.

1978년에 경제력 집중 문제가 처음 거론되었고 '문어발 재벌[52]이라는 말이 등장했다. 배당세액 공제 폐지 문제를 청와대에 보고할 때 독과점억제와 공정거래제도를 함께 보고했다. 미국은 당시 강력한 규제와 공정거래제도[53]의 실시로 미국 기업의 대외경쟁력에 문제가 생긴 것으로 반성하고 있었다. 당시 보고에서 재벌의 경제력 집중 문제는 법인에 대한 증자소득공제와 수입배당세액 공제의 개선으로 대처하는 것이 인위적인 계열기업의 규제보다 합리적이라고 건의했다.

코카콜라 하나로 '한국을 다 산다'는 것이 우리의 자화상이다. 552개 상장기업의 경영권을 확보하는 자금 135조 원(보통주 50%+1주, 2004년 5월 11일 기준)은 뉴욕 증시 시가총액 11위인 코카콜라의 144조 원에도 못 미치고, 1위인 GE의 367조 원의 37%에 해당한다. 지구촌 경쟁시대에 경제력 집중을 억제한다고 대기업의 계열기업 출자한도를 규제하는 것은 너무 미시적인 접근법이라 생각된다.

재벌들과 전쟁을 하듯이 폐지된 주주배당세액 공제는 2년 후 비공개 법인에 대하여 일본 수준인 배당금액의 5%가 부활되었고, 기업배당세액 공제는 후에 일부 부활되었다. 주주에 대한 배당세액 공제는 다른 나라에 예가 드물고, 기업에 대한 배당세액 공제는 경제력 집중을 방지하기 위해 재벌들의 계열기업 출자한도를 규제하는 것과 상치되는 정책이다. 직접 출자를 규제하는 것보다 계열기업 간의 배당을 중복과세하는 간접규제가 시장경제 원칙에 더 충실한 정책이 아니었던가 생각된다.

부동산투기와의 전쟁

1978년은 밤샘을 밥 먹듯이 한 해였다. 배당세액 공제 폐지를 위한 재벌들과의 전쟁과 동시에 투기꾼들과의 전쟁을 치른다고 밤낮이 없었다. 8월 8일에는 우리나라 최초의 종합적인 부동산대책인 '부동산투기 억제 및 지가안정을 위한 종합대책(8·8부동산종합대책)'을 발표했고 이어서 8월 24일에는 배당세액 공제를 포함한 세법 개정안을 발표했으니 일이 소나기로 몰아쳤다.

1974년부터 '중동건설특수'로 시작된 달러유입에 의한 과잉유동성은 1978년 들어 10년 만의 대호황으로 이어졌다. 온 국민을 환물투기로 내몰아 물가가 치솟고 전국의 부동산가격이 날이 다르게 치솟았다. 영동지구 개발로 말죽거리 땅을 산 벼락부자가 즐비했고 투기바람은 반포로 잠실로 이어졌다. 온 국민이 투기에 나서면서 개발지역에는 복덕방이 즐비하고 투기꾼들이 줄을 이었다. 한 다리 건너면 20~30%의 프리미엄이 붙는 미등기 전매가 극성을 이루었다. '복부인'이라는 말도 이때 생겼다. 당시 서울의 주택부족률은 45%에 달했고 아파트 분양가는 1976년 평당 40만 원에서 1년 사이 60만 원으로 50%가 뛰었다.

온 국민이 투기에 나서 온 나라가 투기판인데도 양도소득세의 과세 강화 같은 부분적인 투기억제대책은 있었지만 종합적인 대책은 없었다. 더구나 다른 나라에 유례가 없는, 양도소득에 대한 물가상승률 공제[54]는 가격상승에 따른 소득을 공제하여 투기소득 과세의 실효성을 반감시켰다. 특히 양도가격을 거래가격이 아니라 정부가 정한 시가표준액을 기초로 과세할 때는 과세를 포기하는 것과 같았다. 수요자의 입장에서는 아무리 저축을 해도 아파트값 오르는 것을 따라갈 수가 없었다. 고지식하게 세금을 감면해준다고 근로자재산형성저축이나 내집마련저축을 하면 할수록 손해가 되었다. 있는 돈 없는 돈 다 끌어 아파트를 미리 잡지 않으면 내집마련의 꿈은 이룰 수 없었다.

부동산투기는 만병의 근원이었다. 부녀자도 은행 돈을 빌려 땅을 사면 1년에 30% 이상, 운만 좋으면 몇 배의 수익을 올릴 수 있어 은행자금의 만성적 초과수요와 고금리의 가장 큰 원인이 되었다. 전 국민이 투기에 나섬으로써 열심히 일하는 근로자의 의욕을 꺾고 주택가격을 상승시킴으로써 인플레 유발의 가장 큰 원인도 되었다. 기업도 비싼 토지가격 때문에 대외경쟁력이 떨어지고 있었다. 부동산투기가 영향을 미치지 않는 곳이 없었다.

이웃 일본에서도 후지산 꼭대기의 땅값이 오른다는 말이 나올 지경으로 전국의 지가가 폭등했다. 도쿄 근교의 골프장 회원권 하나로 미국 플로리다의 골프코스 하나를 살 수 있었고 황궁의 땅값이 캐나다 전 국토 가격과 맞먹는다는 얘기가 나오던 때였다. 일본의 투기억제대책을 기본으로 하고 미국과 독일의 부동산 거래제도를 참고하여 투기억제대책을 마련했다.

부동산정책의 기본을 경자유전(耕者有田)의 원칙, 회전의 최소화, 실수요 부동산의 제도적 공급 등 세 가지로 정했다.

첫째, 경자유전의 원칙에 따라 부동산은 필요한 사람이 필요한 만큼 갖도록 했다. 농민은 농지를, 근로자는 주택을, 기업은 기업용지를 가져야 하는 것이었다. 이 원칙에 따라 토지거래 허가·신고제, 비농민의 농지취득 규제 강화, 비업무용 토지소유의 제한, 1가구 1주택 면세 요건 강화, 택지소유 상한제, 공한지세의 중과, 실수요 토지거래에 대한 양도소득세 감면 등을 실시토록 했다.

둘째, 부동산은 회전거래를 할수록 부가가치의 생산 없이 가격만 올라간다. 부동산은 부동(不動)해야지 동(動)하면 만병을 일으킨다. 상품의 가격은 점(點)에서 점(點)으로 번지지만 부동산가격은 점(點)에서 면(面)으로 번지는 속성에 따라 모든 수단을 동시에 철저히 시행해 실수요가 아닌 투기거래를 차단해야 한다. 일반 상품은 원자재가 오르면 관련 제품의 가격이 오르지만 부동산의 경우 명동의 땅값이 오르면 서울의 땅값이 따라 오르는 것이다. 이러한 원칙에 따라 토지거래 질서를 확립하기 위해 허가·신고제와 함께 변호사, 법무사, 지방공무원 등 공신력이 있는 중개인에 의한 부동산 매매계약 체결, 부동산거래 관인영수증, 거래당사자와 거래금액이 기재된 부동산 거래용 인감증명 등을 실시하기로 했다. 특히 미등기 전매가 하도 극성이어서 인감증명의 유효기간도 1주일로 하기를 제안했다.

셋째, 부동산은 재생산이 불가능하므로 공급을 시장에 맡길 것이 아니라 정부가 제도적으로 공급해야 한다. 기업에 필요한 용지와 근로자의 주거용지를 정부가 책임지고 공급하기 위한 방안은 토지금고[55]를 토지개발공사로 확대 개편하고, 주택공사의 기능을 확대하는 한편 주택은행의 주택자금 공급을 확대하는 것이었다. 특히 주택공사는 서민주택 공급의 중추기관으로서 수요자로부터 사전에 지역·규격·시기를 구분한 주문(청약)을 받고 민간건설회사로 하여금 주택을 시공하게 하거나 납품을 받아 주문자에게 공급하는 시스템을 만드는 것이었다. 한편 토지개발공사, 주택공사, 산업공단에 토지를 양도할 때는 양도소득세를 감면하여 토지공급을 원활히 하도록 했다.

이러한 내용의 종합대책을 마련하여 대통령에게 보고하고 강력한 시행을 지시받았다. 재무부에서 마련한 이러한 대책들이 관계부처와 협의를 통해 '8·8부동산종합대책'[56]으로 발표되었다. 그러나 당초 안에서 많이 변질되었다. 기본적으로 건설부가 소극적이었고 내무부의 반대가 강했다. 토지거래 허가제 대신에 신고제로 변질되고, 변호사 등에 의한 토지 매매계약 체결제도는 공인중개사제도[57]로 변질되고, 거래당사자와 부동산가격이 표시된 인감증명제도는 '부동산 거래용'으로만 표시하고 유효기간을 1개월로 단축하는 것으로 수정[58]되었다. 투기꾼들과의 전쟁보다 내부 반대자들과의 전쟁[59]이 더 힘들었다. 밤낮 없는 수고가 허탈할 뿐이었다.

재무부 소관인 양도소득세만 당초대로 강화되었다. 물가상승률 공제는 폐지하고, 기본세율은 50%로 하고, 미등기 전매에 대해서는 100%로, 2년 이내 단기거래는 70%로, 실수요 토지거래는 50% 감면 즉 25%로, 1가구 1주택의 면세요건을 6개월 이상 실제 거주로 하는 것 등이었다.

만병의 근원인 부동산투기는 정부정책을 비집고 주기적으로 일어났고 그럴 때마다 8·8부동산종합대책의 내용이 제대로 실시되지 못했던 것이 안타까울 뿐이었다. 8·8부동산종합대책은 그 후에 나온 토지공개념정책과는 근본적으로 다른 구상이다. 8·8부동산종합대책은 토지의 유한성과 주택공급의 한계를 전제로 부동산시장의 수요공급을 효율화하자는 시장구조 조정정책이다. 택지소유 상한제, 토지초과 이득세, 개발부담금 등 토지공개념정책은 공공성과 규제를 강조하여 토지와 주택시장을 파괴하는 결과를 가져왔을 뿐이다. 건축경기 부양과 부동산거래 규제의 숨바꼭질이 되어온 부동산정책은 부동산시장의 파괴나 왜곡을 가져온 비시장친화적인 정책이다.

1989년 보험국장으로 일할 때 생명보험회사의 자금으로 호텔식 독신자아파트와 영구임대아파트를 대량 공급하는 프로젝트를 추진했으나 건설부의 반대로 무산된 적도 있었다. 선진국에서 서민주택과 대중교통은 지방정부의 책임으로 공영으로 운영되는 경우가 많은데 우리는 민간에 맡기고, 선진국에서 민간이 하는 담배나 수도사업은 정부가 운영하는 거꾸로 가는 나라다.

거꾸로 된 소득세 곡선

소득세율구조의 개편

1978년 12월 김용환 장관이 물러나고 김원기 한국산업은행 총재가 재무부 장관으로 취임했다. 1974년 9월 취임한 김용환 장관 아래서 4년 넘게 부가가치세 도입, 배당세액 공제 폐지, 8·8부동산종합대책 등 혁명적인 정책들을 추진하며 밤낮 모르고 일했고 많은 것을 배웠다. 다음 해에는 실무자들을 항상 격려하며 어려운 일들을 차질 없이 추진했던 배도 차관보도 국세청 차장으로 나가고, 나오연 차관보가 부임했다. 좀 쉬었으면 했으나 이번에는 소득세율구조를 개편하게 되었다. 지난해는 배당세액 공제 폐지와 8·8부동산종합대책에 매달린다고 소득세율에 대해 검토할 시간이 없었다.

초과누진세율에 의한 소득세율 구조는 보통 중저소득계층 구간에서는 세

부담이 서서히 올라가다가 고소득계층 구간에서는 급격히 올라가게 되어 중간계층에서는 아래로 볼록하게 가다가 고소득계층에 가서 위로 볼록한 형태를 취한다. 그러나 우리의 소득세율구조는 그와 반대로 중저소득계층 구간에서 급하게 올라가다가 고소득계층 구간에서 천천히 올라가게 하여 중간계층이 위로 볼록한 형태를 취하고 있었다. 지금까지 고소득계층을 중과하고 중저소득계층의 세 부담을 완화한다고 발표되었으나 내용은 반대였다.

그때까지 재무부가 발표한 소득세율 곡선은 가운데가 아래로 볼록하게 들어가는 형태였다. 이러한 결과는 Y축의 세율은 같은 간격으로 표시한 반면 X축의 소득구간은 가운데가 아래로 볼록하게 보기 좋은 곡선을 그린 다음 여기에 맞추어 일정하지 않게 구간을 정해 그런 결과가 나오게 된 것이다. 당시 발표한 소득세율 부담곡선은 수학적으로 왜곡되어 있었다. 회사 중견 간부들의 세 부담이 너무 높다는 말이 많았고 보너스를 받으면 모두 세금으로 나간다는 불평이 많았으나 이런 구조적인 문제는 지적되지 않았다. 지금까지 왜곡된 구조가 아무 말 없이 받아들여진 것을 이해할 수가 없었다.

가운데가 볼록한 소득세율 구조를 가운데가 오목하게 바꾸는 것은 이론상 간단하지만 중간계층에 납세자가 밀집되어 있어 엄청난 세수입 결함을 감수하지 않고는 불가능한 일이었다. 일시에 정상화시키기에는 세수입의 결함이

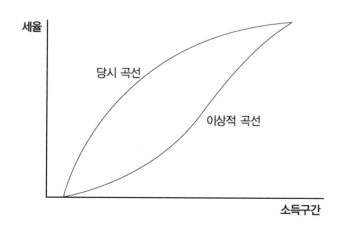

너무 많았다. 수많은 대안을 만들며 여름 내내 매달렸다.

결국은 일시에 할 수 없고 몇 단계를 거쳐 정상화하는 방법을 택했다. 세율의 기본구조는 그대로 두고 최고세율을 70%에서 60%로 내리고 소득구간을 대폭 하향조정하고, 최고세율이 적용되는 구간을 연소득 8,400만 원에서 4,200만 원으로 내렸다. 나머지 구간은 순차적으로 조정하여 소득계급구간을 대폭 낮춤으로써 월 급여 70만 원인 경우 최고 36%까지 경감되도록 중간 소득계층의 부담을 대폭 경감했다. 그 결과 고소득계층의 세 부담이 급격히 올라가는 안을 마련했다. 소득세에 부가하는 20% 방위세와 7.5%의 주민세를 합치면 최고 89.25%까지 달해 고소득층의 지나친 부담상승을 방지하기 위해 최고세율을 60%로 낮춤으로써 방위세, 주민세를 포함하여 76.5%가 되게 하는 안을 마련했다. 앞으로 한두 차례 추가적인 조정을 전제로 한 이 안은 1979년 7월에 석유류가격의 인상에 따른 서민가계 안정대책의 하나로 소득세 부담을 평균 30% 경감하는 방안과 함께 발표되었다.

그러나 이 개정안은 고소득층의 경감이 너무 많다는 여론 때문에 그 후 최고세율은 62%로, 최고소득 구간은 6,000만 원으로 올려 볼록한 정도를 약간만 수정한 정부안이 확정되어 그해 8월 발표했고 국회에서 그대로 통과되었다. 합리적인 세 부담 수준보다 현재 수준에서 얼마가 경감되었느냐가 더 중요한 잣대가 되었다. 처음 만들 때 잘못 만들면 후에 수정한다는 것이 얼마나 어려운가를 알았다.

세율 없는 세금을 만들다

실수의 행진들

거꾸로 된 소득세율구조와 양도소득세의 물가상승률 공제는 인식 있는 실수였다. 물가상승률 공제는 1968년 부동산투기억제세가 도입될 때부터 적용했으니 인식 있는 실수가 너무 오래 계속되었다고 생각된다. 왜곡된 세제에 의해 일어난 피해는 중소득층에 대부분 전가되었다고 생각해도 된다.

인식 없는 '실수의 행진'도 있었다. 밤낮없이 일이 몰아쳤으니 어쩌면 인식 없는 실수가 일어나지 않는 것이 이상할 정도였다. 내가 저지른 실수는 부주 의와 경험부족에 의한 것이었다. '실수의 행진'은 아무도 몰래 고쳤다. 이런 실수의 행진들은 공직생활의 반면교사가 되었다.

첫째 실수는 세율 없는 세금을 만든 나의 실수였다. 1974년 내가 재무부에 온 첫 해는 종합소득세 도입을 위해 소득세법의 조문을 전면 개정하고 있었 다. 비거주자의 국내원천소득에 대한 조문을 직접세과에서 초안하고 내가 있던 국제조세과에서 확인하는 과정에서 실수가 일어났다.

나는 부가가치세에 관한 일을 하다가 같이 있던 사무관이 여름휴가를 가 는 바람에 임시로 외국인 과세를 잠시 맡게 되었다. 직접세과에서 만든 초안 을 구 조문과 꼼꼼히 대조한 후 문제가 없다고 확인해주었다.

소득세법과 함께 연말에는 시행령도 공포되었고 다음 해 3월 초에 시행규 칙도 공포되었다. 그러나 법제처에서 비거주자의 근로소득에 대한 원천징수 세율이 없다는 것이었다. 이미 관보를 통해 공포의 최종절차도 끝났다. 나는 너무 당황하여 법제처로 뛰어갔다. 아무리 찾아도 적용할 수 있는 세율이 없었다.

세율이 없다고 세금을 안 받을 수도 없고 하여 궁리 끝에 법에 근거도 없이 시행규칙에 비거주자의 근로소득세는 거주자의 간이세액표에 의하여 비거주자가 자진 납부하도록 규정[60]을 만들어 넣었다. 다음 해에 가서 정상 적으로 고치게 되었는데 이 일이 있은 후 법조문을 만들 때는 실수를 하지 않기 위해 몇 번씩 확인하는 습관이 생겼다.

둘째 실수는 수시 부과된 세금을 없던 일로 만든 조문이었다. 1978년 직접 세과에서 세법 개정안을 검토하던 중 양도소득세를 정부가 미리 부과하여 징수하는 경우 확정신고할 때 수시 부과한 세액이 공제항목에서 누락된 것 을 발견했다.

법대로라면 정부가 결정하여 미리 낸 세금은 자진신고 납부 때 두 번 내도록 되어 있었다. 오히려 자진신고 납부를 하지 않으면 정부가 결정징수할 때 공제받도록 되어 있었다. 그해 세법 개정 시 확정신고 자진납부 세액을 공제항목[61]에 조용히 끼워 넣었다.

셋째 실수는 내린다던 세금을 올린 것이었다. 1980년 소득세 확정신고를 앞두고 경제단체에서 1976년에 지상배당(紙上配當)에 대한 과세를 유보소득의 50%에서 40%로 10%p 경감해준다고 했는데 오히려 60%로 올랐다고 야단이 났다.

지상배당이란 지금은 없어졌지만 법인이 이익을 배당하지 않고 유보하는 경우 소득세의 적정한 징수를 위해 유보소득의 일정액을 배당으로 간주하여 소득세를 과세하던 제도였다. 당시 법 개정을 맡았던 사람들은 그럴 리가 없다고 했다. 분석해본 결과 발표와 거꾸로 늘어난 경우가 있는 것이 사실이었다.

이것은 수학적으로 의미가 없는 동일 항목을 더하고 빼는 공식에서 비롯된 착오였다. 그 후 법 개정 시 지상배당 공식에서 수학적으로 의미가 없이 넣고 빼는 것을 삭제하고 간단한 공식[62]으로 고쳤다.

03

0% 법인세, 12.5% 부가가치세, 25% 소득세

::: 저세율구조로의 전환

0% 법인세, 12.5% 부가가치세, 25% 소득세

조세정책의 비전

1993년에 국회 재무위원회 전문위원으로 나갔다가 1994년 3월에 재무부 세제실장으로 돌아왔다. 1993년은 금융실명제 실시의 후속조치로서 금융소득 종합과세가 주요한 과제였다. 세제실과 조세연구원(Korea Tax Institute, KTI)[63]에서 상당한 연구가 진행되어 있었다.

1980년 조세 업무를 떠난 후 10여 년 만에 돌아오니 여건도 많이 변했다. 우루과이라운드(UR) 협상의 타결과 세계무역기구(World Trade Organization, WTO) 체제의 출범을 앞두고 금융시장도 개방되었고 모든 것이 국제화되는 것이 시대의 대세였다. 개방에 대비한 대외경쟁력의 강화와 국제화에 적응할 수 있는 글로벌 스탠더드(global standard)에 따른 새로운 조세구조가 필요하다고 생각했다. 금융소득 종합과세와 2000년대를 향한 기본구상을 담은 '금융소득 종합과세와 개방화·국제화를 위한 세제 개편 방안'[64]을 마련했다.

국제적으로 가장 잘된 조세제도로 평가를 받는 우리나라의 조세제도 구축에 IMF가 많은 공헌을 했다. 2000년대를 향한 장기적인 조세정책의 비전을 세우기 위해 IMF의 자문을 받기로 했다. 1977년 부가가치세 도입에 크게 기여한 IMF 재정국 테이트 부국장에게 요청하여 7월에 IMF를 방문했다.

소득세, 법인세, 부가가치세 등 분야별로 IMF 재정국의 전문가들과 협의[65]를 했다. 새로운 조세정책의 동향과 우리가 나아가야 할 방향에 대해 깊이 있고 진지한 토론을 아침부터 저녁까지 이틀간 진행했다.

새로운 조세의 조류는 한마디로 '저세율이 이긴다'라는 것이었다. 개방되지 않았던 과거는 대내여건을 중심으로 형평과 분배를 중시했지만 개방·국제화된 지구촌시대에는 조세는 대외여건을 중심으로 경쟁과 효율을 중시하고 형평과 분배는 예산으로 해결한다는 것이다. 대외경쟁에서 기업이 이겨야 세입이 있고 무한경쟁에서 '저세율이 이긴다'는 것이다. UR 협상이 타결된 후 기업에 대한 정부의 개별지원이 금지되면서부터 저세율구조는 논리가 아니라 '전략'이고, '조세경쟁'에서 먼저 저세율로 가는 것이 그만큼 유리하다.

가능하면 빨리 법인세를 0%까지, 소득세는 최대한 25% 전후로 내리면 경쟁에서 이기고 결과적으로 소득과 고용과 세입이 동시에 올라간다는 논리다. 부족한 세입은 세출을 줄이거나 부가가치세로 보충하고, 형평과 분배는 세출이 담당해야 한다는 것이다. 자본도피를 방지하기 위해 금융소득을 과세하지 않거나 상속세를 폐지하는 것이 새로운 흐름이라고 했다. 과거 100년간 영국의 상속세를 분석한 결과 70%가 넘는 고율의 상속세에 의한 재산의 해외도피가 '영국병'의 주요 원인이었고, 변호사를 고용할 만한 재력이 없거나 사고로 죽은 사람들이 주로 내는 상속세는 '불행세(unhappiness tax)'였다는 결론에 도달했다는 것이다.

글로벌 스탠더드에 의한 저세율의 단순한 조세제도는 외국기업의 투자유치에도 유리하다. 감가상각제도에 대해서도 기업의 자율에 맡기는 것이 좋은 전략이고, 법제화하는 경우는 건물, 설비, 비품 등 세 가지로 두는 것을 권고했다. 감가상각을 통해 기업이 조기에 자본을 회수하여 재투자하도록 하는 것이 전략상으로 유리하고 복잡한 감가상각제도는 정부가 조세를 앞당겨 받겠다는 의미밖에 없다. 복잡한 소득세 공제제도는 '세테크'에 의한 '지식불평등'이라는 문제를 일으킨다. 세율이 낮으면 탈세의 유혹이 줄어들고 제도가 단순하면 납세가 편리하여 사회비용(social cost)을 줄인다.

IMF와 협의한 2000년대를 향한 조세정책의 비전은 '0% 법인세, 12.5% 부가가치세, 25% 소득세'[66]였다. 그리고 '감가상각의 자율화'라는 것이었다. 이러한 비전은 감면제도의 폐지, 기본 공제제도 이외의 모든 공제제도의 폐지, 부가가치세에 의한 부족분 보전 등을 전제로 한, 이론적이라기보다 전략적인 개념이다. 10년이면 강산도 변한다는 데 엄청난 변화에 놀랄 뿐이었다.

　　일본에 비해 저조한 기술개발 투자재원을 마련하기 위해서, 중국은 저임금에 기업용 토지까지도 무상에 가깝게 제공하고 있는 것과 상쇄하기 위해서라도 법인세의 폐지는 현실적으로 고려해볼 필요가 있다. 한 해라도 먼저 폐지하는 나라가 한발 앞서가게 되는 점도 생각해볼 필요가 있다.

　　법인세 폐지가 처음으로 논의된 것은 1974년 부가가치세 도입을 검토할 때 제기되었던 '3세론(三稅論)'이었다. 돈을 벌 때 소득세를 내고, 돈을 쓸 때 소비세를 매기며, 쓰고 남은 돈에는 재산세를 물리는 세 가지 세금만 두자는 것이다. 법인세와 관세는 기업에 대한 과세로서 사실상 소비자에게 전가되기 때문에 소비세인 부가가치세에 통합하고, 상속세도 재산세에 통합하자는 것이었다.

　　미국 부시 행정부의 오닐 재무장관이 "법인은 세금을 모을 뿐 부담하는 것이 아니다."라며 법인세 폐지[67]를 주장한 것은 이러한 흐름을 잘 대변하고 있다. OECD 국가의 평균 법인세율은 1996년 최고 37.8%에서 2000년에는 33%로 저세율로 전환되고 있고, 당시 독일은 51.6%에서 25%로, 캐나다는 42.1%에서 20.5%로 내렸다.

　　미국, 일본, 영국 등 많은 선진국이 소득세와 상속세의 최고세율을 70%까지 올렸다가 40%로 내렸다. 상속세율은 소득세율을 넘지 않는 것이 좋다는 IMF의 권고가 있었다. 캐나다와 오스트레일리아는 상속세를 폐지했다.

감가상각을 자율화하다

저세율구조로의 전환

'0% 법인세, 12.5% 부가가치세, 25% 소득세'라는 2000년대 조세 비전을 향해 1994년부터 2년에 걸쳐 두 번의 세제개편을 하게 되었다. 이때 개편된 주요 내용은 금융소득의 종합과세, 세율의 전반적인 인하, 감가상각의 사실상 자율화, 부가가치세 간이과세제도 도입, 각종 제도의 국제 표준화였다. 연례적인 조치인 근로소득의 경감조치도 뒤따랐다. 1994년과 1995년에 많은 양의 세제개편이 있었지만 중점적으로 추진했던 내용은 다음과 같다.

첫째, 1993년 8월 금융실명제를 발표하면서 예정한 대로 1996년부터 연간 4,000만 원이 넘는 금융소득에 대해 종합과세제도를 도입했다. 종합과세는 1996년부터 시작되지만 금융시장에서 일어나는 변화에 대한 대비를 위해 1년의 여유기간을 갖고 추진했다. 4,000만 원의 근거는 금융소득만 있는 경우의 실효세율이 1996년 금융소득 원천징수 세율인 15%와 같은 수준의 소득금액으로 정한 것이다.

둘째, 세율을 전반적으로 인하했다. 소득세, 상속세, 증여세율을 최고 45%, 50%, 55%에서 여러 선진국의 최고세율처럼 40%로 내렸다. IMF 권고에 따라 상속세율은 소득세율을 넘지 않도록 했다. 세율단계도 10-20-30-40% 4단계[68]로 단순화했다. 어렵게 설득하여 내렸던 상속세율은 1999년 다시 50%로 올라갔다. 양도소득세는 최고세율을 60%에서 50%로 내리고 30-40-50% 3단계로 했다.

법인세율을 최고 32%에서 3년간 연차적으로 30-28-25%로 내리기로 했다. 2년간 28%까지는 인하되었으나 25%까지는 가지 못했다. 처음 시도했던 법에 연차적인 세율을 예시하는 예시세율제도는 무산되었다. 당시 대만의 법인세율은 25%였다.

특별소비세율을 최고 60%에서 25%로 낮추었다. 이유도 알 수 없는

10~60%까지 6단계의 세율을 10-15-25%의 3단계로 단순화하고 전체적으로 내렸다. 특별소비세 60%에 다른 간접세가 더 붙어 총 100% 정도인 다이아몬드[69]는 1년에 77개만 과세되었다는 통계가 현실과 법이 얼마나 괴리되었는가를 말해준다. 위스키는 영국과의 합의에 따라 120%에서 100%로, 맥주는 세입을 고려하여 150%에서 130%로 내렸다.

셋째, 감가상각의 자산분류를 591개에서 8개로, 내용연수를 최고 60년에서 40년으로, 상하 50% 내에서 조절할 수 있도록 해 혁신적인 정비와 함께 사실상 자율화를 단행[70]했다. 기업회계도 세무회계를 따르도록 되어 있어 파급효과도 컸다. 처음 업계는 정부의 발표를 믿지 않았다. 지금까지 경기정책의 단골메뉴로 특별상각을 실시하기도 했는데 기업 스스로 특별상각을 결정하여 투자자본을 조속히 회수하고 재투자를 할 수 있도록 한 것이었다. 일본의 감가상각제도를 따라가고 있었는데 당시 일본은 600분류가 넘었다. 한국전력의 경우 감가상각표가 1톤 트럭에 가득할 만큼 거대했는데 몇 페이지로 줄어들게 되었다. 세분화된 감가상각제도는 엄청난 납세비용과 징세비용의 부담만 주었다.

넷째, 부가가치세의 과세특례제도를 간이과세제도로 대체했다. 조세행정의 큰 루프홀이었던 특례제도는 처음부터 잘못된 제도였다. 연차적으로 과세특례는 과세최저한으로 떨어내고 업종별 부가가치율에 따라 과세하는 간이과세제도를 채택했다. 과세특례제도를 없애고 간이과세제도로의 완전한 전환은 내가 공직을 떠난 후 2000년부터였다. 잘못을 수정하는 데 무려 23년의 세월이 필요했다. 세금계산서도 합계표만 내도록 하고 간이세금계산서를 폐지했다. 많은 사람들에게 엄청난 설득이 필요했다. 까딱했으면 1996년 총선 때문에 무산될 뻔했다.

다섯째, 불건전한 접대관행을 축소시키기 위해 기업의 접대비 한도를 매출액의 0.15%에서 0.1%로 대폭 축소했다. 전액 비용으로 인정하지만 확인도 안 되는 해외접대비제도를 폐지했다. 앞으로는 선진국과 같이 1인당 한도도 두고 접대자 명세가 있는 경우만 인정하는 것으로 바꿀 것을 예정하고 있었다. 기업은 접대비가 적다고 아우성이었다.

여섯째, 소·돼지 등 농가부업의 소득세 면세 기준에서 한 마리만 많아도 전체를 과세하고, 시계·모피·보석·가구 등에 대해 기준금액을 초과하면 전체에 세금을 매기던 것을 초과하는 마리 수나 금액만 과세하는 '초과금액과세제도[71]'로 전환시켰다. 일제 때부터 시행되던 탁주공급구역제한[72]을 폐지하고, 조선인의 통제수단으로 악용되던 밀주단속은 영업용만 처벌하고 일반가정에 대해서는 폐지했다. 현실과 맞지 않는 것은 모두 찾아 현실화했다.

1994년과 1995년 2년 동안 두 번에 걸쳐 이루어진 세제개편의 핵심은 정책적으로는 저세율구조로의 전환이었고, 제도적으로는 부가가치세의 간이과세제도 채택과 법인세의 감가상각제도 혁신이었다. 상속세의 인하에 대해서는 많은 노력이 필요했다. 한 가지 걸리는 것은 당시 선진국들은 자본도피를 예방하기 위해 금융소득에 대해 저율의 분리과세로 돌아서던 때에 우리는 거꾸로 가는 것을 알면서도 종합과세를 할 수밖에 없었다는 점이었다. 유류 관련 특별소비세를 가격이 떨어진다고 종량세로 바꿈으로써 후에 엄청난 세수결함을 일으키도록 만든 사람의 권한행사를 막지 못한 것이 마음에 걸린다. 권한에는 의무도 있는 것인데 권리로 혼동한 것 같았다.

조사할수록 줄어드는 세금

표본행정으로의 전환

내국세 전체 세입의 97% 전후는 간접세와 원천징수를 포함해 납세자가 자진 납부하는 세입이었다. 노력세수(effort tax revenue)가 3% 이하라는 것은 IMF 회원국 중 최상위 수준이었다. 저세율구조로 전환하여 탈세의 유혹도 줄어들면 자진납부 세입의 비율도 올라갈 것이다.

지금까지의 조세행정은 모든 납세자를 조사하고 납부세액을 결정하는 전

수행정체제였다. 선진국과 같이 컴퓨터 프로그램에 의해 불성실 신고자를 추출하고 여기에 대해서 조사하는 표준행정체제로의 전환을 추진했다.

세무행정의 실태를 조사하기 위해 과천과 인근 A시의 음식점에 대한 부가가치세의 부과상황을 샘플로 조사했다. 과천의 경우 연 매출액이 3,600만 원 이하인 과세특례가 50% 미만이었던 반면 A시는 80% 정도가 되었다. 하루 매출이 점포세, 전기요금과 수도요금에 겨우 미치는 10만 원도 안 된다는 것이다. 더욱 놀라운 것은 조사 당시 과천의 경우 한 번도 세무조사가 나오지 않았고 A시는 매년 조사가 나왔다는 것이다. 세무서가 조사할수록 세금이 줄어들었다. 탈세규모와 조세행정의 파행이 얼마나 심각한가를 알 수 있었다.

1993년 국회 재무위원회 전문위원으로서 대전지방국세청에 국정감사를 갔을 때 청장은 대전지역 변호사들에게 소득세 신고 전 자진신고소득이 평균 이하일 때 세무조사를 한다는 안내문을 보냈더니 자진신고 세액이 15배 늘어났다는 보고를 한 적이 있었다. 미국은 이와 같이 성실한 신고가 없는 경우 불이익을 받는다는 것을 안내하고 한번 세무조사를 하는 경우는 시효 없이 평생을 뒤져 끝장을 낸다. 미국의 애그뉴(Spiro T. Agnew) 부통령도 국세청의 3년에 걸친 추적조사로 탈세가 드러나 부통령직에서 사임하게 되었다.

97%의 자진납부를 기초로 할 때 선진국과 같은 시효 없는 엄격한 표본행정체제가 더 효율적이라고 판단되었다. 법인세와 부가가치세에 이어 소득세도 1995년 소득부터 정부부과제도에서 자진 납부함으로써 납세의무가 종결되는 신고납부제도로 전환했다. 동시에 허위세금계산서 수수에 대한 처벌규정을 강화하고, 조세소멸시효를 2년에서 5년으로 연장하며 조세포탈범의 경우는 15년으로 연장하여 불성실신고자에 대한 세무조사 기간을 연장했다.

국세청에 장기적으로 표본행정체제로의 전환을 추진하도록 했다. 세무관서의 직제도 미국과 같이 납세안내를 하는 조직과 세무조사를 하는 조직으로 양분하고 세무조사 조직은 넓은 행정구역을 담당하도록 하는 방안[73]도 제시했다. 한번 조사를 하면 확실하게 하여 다른 납세자에게도 응징의 효과가 나도록 했다. 이는 '조사할수록 줄어드는 세금'에서 벗어나기 위한 전략이었다. 그 후 국세청은 조직을 바꾸고 납세서비스의 제고를 위한 노력이 있었지만 근본적인 개혁은 미흡하다고 생각된다. 표본행정체제로의 전환은 얼마나 진행되었는지, '조사할수록 줄어드는 세금'에서 얼마나 벗어났는지 모르겠다.

두 마디로 찾은 조세주권

한·미 담배협상

1995년 8월 25일 미국 워싱턴에서 한·미 담배양해록 개정협상이 타결되었다. 내외산 담배를 차별하지 않는 조건으로 한국 정부가 담배세 조정 및 광고 규제 권한을 자율적으로 행사한다는 것이었다. 갑당 460원(종량세)인 담배세를 올릴 경우 최초 인상에 한해 그 폭을 30~50%로 제한하고, 3년 후에는 내국민대우(national treatment)의 원칙 내에서 한국의 재량으로 담배에 대한 부가가치세(종가세)를 매길 수 있게 되었다.

1988년 체결된 양해록에서 갑당 460원인 담배세를 올릴 경우 미국과 합의하도록 함으로써 빼앗겼던 조세주권을 7년 만에 되찾게 됐다. 워싱턴 내셔널프레스클럽에서 열린 한국 특파원들과의 기자회견이 끝난 다음 조세주권을 회복한 데 대해 대표단에게 기립박수를 보냈다고 보도될 정도로 관심이 많았다. 국내 신문은 "탁월한 대외협상 능력을 인정받은 국제통, 벼랑 끝 협상전략을 끝까지 고수", "장관이 협상팀에게 자동차 등 한·미 간 현안을 의식하지 말고 강경하게 밀어붙이라고 지시" 등 조세주권의 회복에 대해 찬양일색이었다.

당시 담배협상이 많은 관심을 불러일으킨 이유는 조세주권의 회복 문제, 교육재정 확충을 위한 담배세 인상, 9월부터 시행될 담배광고 규제에 관한 국민건강증진법 등이 복합적으로 작용한 것이었다. 역사에는 진실이 따로 있는 경우가 허다하다. 여기서 진실을 말하는 것은 진실 자체가 목적이 아니라 대외협상에 임하는 후배들에게 타산지석이 되도록 하기 위함이다. 보험시장 개방, 금융시장 개방, 조세조약 등을 협상하고 국제회의를 다니며 좋은 외국친구들을 알게 되었고 친하게 지냈다. 그래서 그들이 말해준 서구인의 사고와 행태에 대한 지식을 기초로 대외협상에 임했더니 대부분 성공했다. 그들은 자기들의 사고방식에 대해 다음과 같이 말했다.

첫째, 미국인을 포함한 서구인들은 동양인을 대할 때 과거 식민통치 방식 (colonialism)[74]에 뿌리를 두고 있다. 논리와 저항에 대해서는 유화와 포용으로, 비논리와 굴종에 대해서는 멸시와 강압으로 나온다는 것이다. 보험시장과 금융시장의 개방 문제로 미국과 협상할 때 사전에 충분한 준비를 한 다음 확실한 논리로 그들의 요구에 대응함으로써 어렵지 않게 합의에 도달할 수 있었다.

둘째, 미국은 시민의 청원(petition)에 대해 대통령을 포함한 모든 공무원 (civil servant)은 원칙적으로 판단(judge)할 권한이 없고, 청원의 내용대로 충실히 집행(serve)하는 것이 미국의 시스템[75]이다. 하인(servant)이 주인(lord)을 판단하고 지시할 수가 없는 것이 '국민의, 국민에 의한, 국민을 위한(of the people, by the people, for the people)'으로 표현되는 헌법의 원칙이라고 했다. 나는 미국과 협상할 때 논리에 닿지 않는 주장에 대해 화를 내기도 했는데, 이 얘기를 들은 다음부터 그들의 주장을 분석하고 반박논리를 찾아내는 데 주력했고 미국과 무리 없이 협상을 종결할 수 있었다.

셋째, 한국적인 것[76]이 가장 경쟁력 있고 세계적이라는 것이다. 인간적인 것은 세계의 누구에게도 최고의 접대였다. 지나치면 비굴로 가겠지만 우리의 전통대로 항상 귀한 손님으로 대접했다. 우리가 바이올린으로 세계문화에 기여하는 것보다 가야금으로 세계문화를 더 풍부하게 할 수 있는 것과 같은 이치다. 어설픈 서구식의 접대는 경쟁력이 없다.

당시 담배협상을 위해 대외협상팀과 담배 주무국인 국고국에서는 종량세 460원을 480원, 500원, 540원 등으로 올리는 안을 마련하고 있었다. 미국 측도 대사관을 통해 이런 안으로 접근하고 있었다. 이러한 안을 세제실과 협의해왔을 때 조세주권을 포기한 어떤 안도 불가하다는 입장에 따라 협상안을 재검토했다. 먼저 EU와는 어떻게 하고 일본과는 어떻게 하는가를 조사했다. EU와는 우리와 같은 협정이 없었고 일본과는 담배세에 대해 내국민대우의 원칙만 적용하고 미국과의 합의조항은 없었다. 대만도 비슷했던 것으로 기억된다.

세제실에서 만든 담배세 협상전략은, 460원의 종량세로 묶인 1988년의 담배협정에 대해서는 EU와 비교할 때 최혜국대우(most-favored-nation treatment)의 원칙에 어긋나기 때문에 EU와 동등대우(equal treatment)를 요구하고, 예상되는 대안으로 미국 측이 일본 예를 제시하면 받아들이고, 조세주권을 회복하는 경우는 적절한 양보를 한다는 것이었다. 협상지침을 확정하기 위해 우리 협상팀과의 '협상'이 더 어려웠다. 협상팀은 세제실 안은 협상을 깨자는 것이라며 종량세 460원을 적절히 조정하자는 것이었다. 협상팀과 언성을 올려가며 논쟁을 했다. 세제실이 책임지겠으니 맡겨달라고 했다. 최종적으로 지침을 확정하는 과정에서도 현실을 모르고 고집만 피운다는 '권한'의 질책도 당했다. 협상에 자신이 있으니 세제실에 맡겨달라고 '권한'에 버티었다. 워싱턴에 가는 세제실의 담배세 담당 김용민 과장에게 "EU! 하면 Japan!으로 나올 것이다. 그러면 OK! 하고 받아들이면 협상은 끝날 것이다."라고 말했다. 틀림없이 성공할 터이니 우리의 전략대로 나가라고 했다.

첫날 최혜국대우의 원칙에 따라 EU와 동등대우를 요구했더니, 종량세 460원을 조정하는 안만 준비한 미국 측은 아무 대응도 없이 뒤로 미루었다고 했다. 마지막에 가서 일본과 같이 내국민대우의 원칙 내에서 한국의 재량으로 담배에 대한 부가가치세(종가세)를 매길 수 있게 하는 안을 미국 측에서 제시했고 우리는 받아들임으로써 협상은 끝났다고 김용민 과장은 말했다. 다른 요인도 있었겠지만 예상대로 일본과 유사한 협정을 맺는 데는 사실상 두 마디로 충분했다.

협상팀이 돌아와 재정경제원 간부들과 함께 기자들과 오찬을 할 때 협상

성공에 대해 찬사가 쏟아졌다. 아무도 진실을 말하지 않았다. 담배협상에 '탁월한 대외협상 능력'이나 '벼랑 끝 협상전략'도 필요하지 않았다. '강경하게 밀어붙이라고 지시'는 더더구나 없었다. 어떤 신문 사설에서 조세주권 상실에 대한 관련자 문책을 요구하기도 했지만 담배협상의 성공에 묻혀버렸다. 두 마디로 끝난 미국과의 협상보다 '내부협상'이 더 어려웠다.

원인과 결과가 혼동된 정책

부동산실명제

1995년 대통령 연두기자회견에서 그해 7월부터 부동산실명제를 실시한다고 전격 발표했다. 재무부와 통합된 재정경제원으로 이사하여 책상도 제대로 정리하지 못한 상태에서 부동산실명제의 준비를 하명받았다.

지금까지 경제기획원에서 준비해온 자료[77]를 받았다. 법률적인 검토는 들어가지 않은 상태에서 부동산투기의 억제를 위해 명의신탁을 금지하자는 방안이었다.

부동산실명제, 즉 '부동산 실소유자명의 등기제'의 입안을 위해 내가 맡고 있던 '금융실명제실시단'을 '금융부동산실명제실시단'으로 개편하고 법안 준비에 들어갔다. 법원, 법무부 등 관계부처와 전문가로 구성된 태스크포스[78]에서 2주간의 작업을 거쳐 '부동산 실소유자명의 등기에 관한 법률'을 입안하고 1월 27일 입법예고를 했다. 실소유자명의 등기와 명의신탁 무효에 관한 2개의 핵심조문을 포함하여 본칙 15개조 부칙 5개조의 간단한 법이었다.

주요 내용은 다음과 같다. 첫째, 부동산 등기에 관하여: 부동산에 관한 물권은 실지소유자의 명의로 등기해야 하고, 양도담보는 인정하되 담보사실을 등기부에 기재하고, 기존의 부동산 명의신탁은 3년 내에 실소유자명의로 등기를 마쳐야 한다. 둘째, 명의신탁에 대하여: 명의신탁 약정의 효력을 인정하지 않고, 명의신탁 약정에 의한 등기는 물권변동의 효력을 인정하지 않으며, 이러한 무효는 제3자에게 대항하지 못한다. 셋째, 벌칙에 관하여: 실명등기를 위반한 경우 부동산 가액의 30%를 과징금으로 부과하고, 과징금을 부과받고도 이행하지 않는 경우 최고 부동산 가액의 30%까지 이행강제금을 부과하고, 명의신탁자에 대해 5년 이하의 징역 또는 2억 원 이하의 벌금에 처하고 명의를 빌려준 명의수탁자는 3년 이하의 징역 또는 1억 원 이하의 벌금에 처하도록 한다.

후에 법의 이름이 '부동산 실권리자명의 등기에 관한 법률'로 수정되고 내용도 일부 수정되어 1985년 3월 국회를 통과하여 그해 7월부터 시행되었다.

나는 1982년의 금융실명제에 이어 또 하나의 실명제를 초안하게 되었다. 실소유자명의 등기와 명의신탁 무효에 관한 2개가 핵심조문이었기 때문에 간단하게 끝냈다. 부동산실명제는 당초부터 재정경제원 소관이 아니라 법무부 소관이었다. 입안 과정에서 법무부와의 갈등[79]을 해소하는 데 상당한 어려움이 있었다.

판례로 형성되어온 양도담보는 계속 인정되고 명의신탁을 처벌한다고 했지만 친밀한 관계를 기초로 은밀하게 이루어지는 명의신탁의 금지 실효성은 크지 않았다. 명의신탁은 공직자윤리법 등 다른 법에 의해 처벌되거나, 소송에 의한 다툼의 위험이 있기 때문에 쉽게 이루어지는 것도 아니고 쉽게 발각되어 처벌되는 것도 아니다.

부동산실명제는 법률을 과신하는 사람들이 만들어낸 한 건의 '해프닝'에 가까운 정책이었다. 대통령이 연두회견에서 크게 발표할 만한 정책이 아니었다. 금융실명제를 전격 실시한 대통령이 부동산실명제를 직접 발표함으로써 요란하게 취급되었을 뿐이다.

부동산투기가 있어 명의신탁이 문제가 된 것이지 명의신탁이 있어 부동산투기가 문제가 된 것은 아니다. 실제로 명의신탁이 금지된 후에도 부동산투기는 계속 일어났다. 법은 상식을 기초로 하고 평균인을 기준으로 한 최소한의 규범이다. 법으로 문제가 해결된다면, 좋은 법률가만 있다면 무슨 걱정이 있으랴.

04

8% 단일관세율의 함정

::: 관세

어느 나라에도 단일관세율은 없다
복수관세율로의 전환

1995년 세제실장으로서 관세법을 개정하며 아쉬웠던 일은 8% 단일관세율을 복수세율로 전환하려던 노력[80]이 수포로 돌아간 것이다. 다른 어떤 나라에서도 우리와 같은 단일관세율을 갖고 있지 않았다. 예를 들면 운동화의 경우 일본은 최고 30%, 미국은 최고 15%였고, 철강의 경우 일본은 0%, 미국은 4.1%였는데 관세율은 산업의 현황이나 통상 교섭에 따라 소수점 이하까지 세밀하게 결정되는 것이다. 시카고학파들의 건의를 받아 단일관세율을 채택한 칠레는 경제가 엉망이 되자 옛날로 되돌아갔다.

1988년 2,188개 품목의 관세율을 평균 18.1%의 복수세율에서 한꺼번에 1989년 평균 12.7%로 낮추고 1993년부터 '선진국 수준'인 8% 단일관세율로 개편했다. 흑자관리, 물가안정, 통상마찰 예방이 명분이었다. 8%는 '선진국 수준'이라고 발표됐으나 개편 당시의 내외국 평균 가격차가 실질적인 기준이었다고 한다.

산업은 '선진국 수준'이 아닌데 관세율을 먼저 '선진국 수준'으로 개편한다는 것은 거꾸로 된 논리이고, 내외국 가격차라면 시간이 지남에 따라 품목별로 현실에 맞지 않는 것이다. 평균이라는 것은 '개념'이지 실제로 존재하는

1995년 주요 품목 관세율 비교 (%)

	한국	일본	미국	EU
의류	8	9~16	3.7~28.6	13.8
직물	8	8~16	17	10.7
운동화	8	27~30	5~15	8
가죽의류	8	12.2~19.5	4.7~6	6.4
철강·비철금속	8	0	4.1	5.5

'현실'이 아니다. 예를 들어 6-8-10%와 8-8-8%는 산업현실에서 죽고 사는 엄청난 차이가 있다. 8% '선진국 수준'은 '개념'으로 존재하고 '현실'로는 존재하지 않는다. 어느 선진국도 8% 단일관세율을 갖고 있지 않다.

국내산업이 어떻게 4년 만에 '선진국 수준'이 되어 8% 단일관세율에 적응하도록 구조조정이나 전업을 할 수 있겠는가. 8% 단일관세율은 통상마찰 예방을 넘어 통상교섭에서 완전히 무장해제를 한 것이었다. 흑자관리를 위해서라면 실로 엄청난 모험이고 물가안정을 위해서라면 국내산업의 경쟁력 상실이라는 대가가 너무 컸다.

원자재와 농산물은 일본, 완제품은 미국과 똑같은 관세율로 전면 개편하는 것이 평균관세율은 낮아지지만 대외경쟁력에서는 훨씬 유리했다. 그렇게 하는 경우 일본과 미국은 문제제기를 할 수 없을 것이고 다른 나라의 경우 개별협상을 하면 된다. 당시 일본의 평균관세율은 1.6%였지만 원자재는 대부분 무세였다. 일본은 교토 지방의 전통과자를 보호하기 위해 유사한 과자류에 대해 40%의 관세율을 적용하고 있었다.

우리의 경우 원자재의 평균관세율은 2%나 되어 원자재는 그것대로 높고 완제품은 8%로 내려 일본보다 낮은 경우가 많았으니 우리의 대외경쟁력은 일시에 붕괴될 수밖에 없었다. 많은 노력 끝에 '원자재와 농산품은 일본, 완제품은 미국'이라는 전략에 따른 복수관세율로의 환원시도는 단일관세율을 도입한 '권한'에 의해 무산되고 말았다.

8% 단일관세율이 시행된 1993년부터 고가 소비재의 수입이 폭발적으로 늘어났다. 예를 들면 모피의류는 1993년 124%, 1994년 167%, 1995년

고가 소비재 수입 추이

(백만 달러, %)

	1993	1994	1995	1996
모피의류	9.7(124.3)	25.9(167.0)	59.4(129.3)	121.7(104.9)
향수	3.4(22.1)	7.1(108.8)	12.4(74.6)	25.3(104.0)
위스키	45.1(7.3)	76.0(68.5)	121.7(60.1)	187.0(53.6)
포도주	5.9(2.4)	8.1(37.2)	13.7(69.1)	16.5(20.4)
골프용품	21.3(-17.5)	23.0(7.9)	62.5(171.7)	110.3(76.4)
승용차	45.1(-18.0)	117.9(161.4)	258.3(119.0)	429.6(66.3)
컬러TV	8.7(17.6)	10.9(25.2)	21.5(97.2)	35.5(65.1)
비닷가재	1.3(8.4)	3.4(161.5)	6.2(82.3)	12.7(104.8)

129%, 1996년 105% 늘어났고, 승용차는 1994년 161%, 1995년 119%, 1996년 66% 늘어났다.

다음 해 1994년부터 경상수지는 적자기조에 들어갔고 반도체를 제외하면 적자규모는 1994년 145억 달러, 1995년 262억 달러, 1996년 382억 달러로 폭발적으로 늘어났다. 흑자관리를 위한 8% 단일관세율은 엄청난 적자기조 유발에 큰 영향을 미쳤다고 추정할 수 있다. 1994년부터 발생한 경상수지 적자기조는 환율의 평가절상으로 상승작용을 한 것 같다. 원화의 달러환율은 1994년 2.46%, 1995년 1.81% 평가절상되었다.

우리 경제는 8% 단일관세율의 함정에 빠진 것이다. 관세율은 논리보다 산업의 현황과 대외협상의 산물인데 왜 한꺼번에 2,000개가 넘게 전 품목을 개편하지 않으면 안 되었는가. 미국의 통상압력이 그렇게 강했는가 아니면 흑자가 지속되리라 봤는가. 1986년부터 저금리, 저환율, 저유가의 '3저호황'에 의하여 3년간 무역수지 흑자가 난 후 1989년부터 급격히 악화되어 1990년부터 다시 적자기조로 돌아섰는데, 2,000개가 넘는 전 품목에 걸친 엄청난

경상수지 추이

(억 달러)

	1990	1991	1992	1993	1994	1995	1996
경상수지	-21.8	-87.3	-45.3	20.3	-44.6	-97.5	-238.3
(반도체 제외)	-26.3	-97.0	-59.0	-60.1	-145.0	-262.0	-382.3
무역수지	-20.0	-69.8	-21.5	-18.6	-31.5	-47.5	-153.1

작업을 1년 만에 해낸 것은 정말 경이로운 일이었다.

1996년 관세청장으로 가서 두 번째 관세율 개편을 시도했다. 관세청은 수출입의 최일선 종합행정기관으로서 관세율의 문제점을 가장 잘 알고 있었다. 관세 과세대상 1,832품목을 구분하여 중소기업이 생산하는 소비재는 인상하고 시설재는 인하하며, 비경쟁 기초원자재와 중간재는 인하하고, 사치성 소비재 등 수입급증 품목은 인상하며, 원료와 완제품의 불균형 세율은 조정한다는 네 가지 기준에 따라 검토했다. WTO협정에 의한 양허세율의 범위 내에서 일본, 대만 등 경쟁국과 비교하여 725품목 인상, 799품목 인하, 308품목 개정불요로 판정하고 1,524품목에 대한 '관세율 개정안'[81]을 만들어 재정경제원에 건의했다.

이 개편안도 물가에 총력을 기울이던 1996년의 재정경제원 분위기에서는 불가능했다. 관세율과 환율을 물가안정 때문에 희생시킨 것 또한 다가오는 외환위기를 앞둔 헛발질이었다.

세 번째로 내가 재정경제원 차관으로 간 1997년에 이때의 분석을 토대로 8% 단일관세율을 깨고 품목에 따라 일본이나 미국과 유사한 복수관세율로 개편했다. 섬유, 신발 등 경쟁력 위기산업의 기본관세율을 인상하여 공정한 경쟁여건을 조성하도록 했다. 특히, 집중적으로 경쟁력을 상실해온 중소기업의 경쟁력 강화에 주력하여 총 2,871개 세목 중 8%가 대부분이었던 257개 품목의 세율을 조정했다.

주요 개정내용

– 기초원자재·중간재 인하(152품목):

천연고무·양모·원면 등 48개 비경쟁 기초원자재 2% → 1%,

원피·팜유 등 18개 수입의존도가 높은 기초원자재 3% → 2%,

수입의존도가 높은 국산불가능 86개 중간재·부품 중

메타놀 등 8% 품목→ 5%, 항공기엔진 등 5% 품목 → 3%

- 구조조정중인 가격경쟁력 취약품목 인상(69품목):
  면직물, 합성직물 등 65개 의류 8% → 10-13-16%,
  가죽신발 등 4개 신발류 8% →13%
- 3년 이상 탄력관세 품목 및 역관세 품목 기본관세율 전환(36품목)
- 첨단산업용품에 대한 관세감면율을 10%에서 30%로 인상

관세율의 인상에 따른 통상마찰은 없었다. 일시에 경쟁력을 잃은 산업은 구조조정이나 전업도 못하고 해외로 이전하거나 문을 닫고 난 후였다. 국제수지는 엄청난 적자기조에 들어서 결국은 IMF에 자금지원을 신청하기에 이르렀다. 2,000여 개의 전체 품목을 개편하지 못한 것이 아쉬웠다.

단기적인 대외경쟁력은 가격이고 장기적인 대외경쟁력은 기술이다. 가격경쟁력의 핵심변수는 대내적으로 임금이고 대외적으로 환율과 관세율이다. 임금은 노사합의라는 애로가 있고, 환율은 조작이 어렵다. 주권행사인 관세율의 책정이 핵심적인 정책변수다. 과도한 관세율은 과보호에 의한 국내산업의 구조조정을 느리게 하고 통상마찰을 유발할 가능성이 있다. 개별품목에 따라 선진국, 특히 일본과 미국의 관세율을 그대로 적용하면 문제가 없다. 8%보다 평균세율이 낮더라도 원자재는 무세, 완제품은 선진국의 예에 따라 복수관세율로 하는 것이 좋은 전략이다.

1994년 이후의 경상수지 적자추이를 보면 외환위기의 근본 원인인 '고비용 저효율'의 경제구조는 8% 단일관세율과 깊은 관련이 있음을 추정할 수 있다. 8% 단일관세율의 엄청난 문제는 임금상승에 의한 가격경쟁력 상실, 중국의 성장 등과 혼합되어 역사에 묻히고 말았다.

시시포스의 형벌이었다

정액환급제의 폐지

관세청에서 가장 놀랐던 것은 1977년부터 시행된 관세환급제가 논리적으로나 수학적으로 집행 불가능한 제도라는 것이었다. 당초 관세환급제는 수출지원을 위하여 고안되었고 3년 후에는 100% 정액환급으로 간다는 것이 목표였다. 18년 동안 정액환급의 비율을 높이기 위하여 노력했지만 당시까지도 정액환급이 20% 수준에 머물러 있었고 감사만 하면 과다환급으로 처벌당한 시시포스의 형벌이 되고 있었다.

시시포스의 형벌이 된 이유는 수학적으로 명백했다. 어떤 연도에 전년도의 평균환급률로 정액환급률이 정해지면 50% 정도의 수입자는 실액환급이 유리하기 때문에 정액환급을 포기하고 실액환급으로 가버린다. 결과적으로 정액환급률은 평균치가 아니라 최고치가 되어 당년도의 정액환급은 모두가 실제보다 과다하게 환급된다. 다음 해는 그 50%의 50%인 25%가, 그다음 해는 25%의 50%인 12.5%의 수입자가 실액환급으로 가게 되어 수학적으로 정액환급 대상은 0%에 수렴하고 평균치를 결정한 그 순간에 결과적으로 최고치가 되는 논리적 모순이 있게 된다.

기장이 부실한 영세한 20% 정도의 중소기업만 정액환급을 선택하여왔다는 것이다. 관세청에서 관세환급제의 폐지를 재무부에 건의했지만 받아들여지지 않았다고 했다. 회사별로 한 건이라도 정액환급 실적이 있으면 전체를 정액환급으로 간주하여 허위보고를 했을 때 80%까지 정액환급 실적이 올라갔으나 1977년 이후 실제로는 20% 이상으로 정액환급이 올라간 적이 없다고 했다.

논리적으로 수학적으로 불가능한 관세환급제의 강행으로 수출가격을 6% 정도 상승시키는 결과를 초래했다니 놀라울 뿐이었다. 어처구니없는 실수가 공개될 때의 책임 문제와 파장을 줄이기 위하여 형식적으로는 관세환급제를 두되 실질적으로 폐지하는 관세환급특례법 개정[82]을 재정경제원과 협의하여 추진했다.

1996년 개정한 '수출용 원재료에 대한 관세 등 환급에 관한 특례법'의 내용은 다음과 같다. 첫째, 수출용 원재료에 대해 관세를 징수하고 수출 후 환급하던 것을 수입 시 관세를 징수하지 않고 수출 시 사후정산제도로 바꾼다. 둘째, 환급금 산출을 위한 국가기관 발급의 소요량 증명은 사실상 불가능하고 말썽만 일어나는 제도였기 때문에 폐지하고 기업의 책임으로 자율적으로 처리하도록 한다. 셋째, 세관장이 발급하던 원재료 납세증명을 납품자나 관세사도 발급할 수 있도록 한다. 그 결과 18년 만에 관세환급제를 '소요량 자진신고에 의한 사후정산제'로 바꿈으로써 사실상 폐지시켰다.

착각에 의하여 창안된 관세환급제가 18년간 시행되고 폐지를 건의한 직원을 인사조치하라면서 허위보고까지 강요했다니 실로 엄청난 낭비였다.

관세청을 나라의 방패로

WTO 체제의 관세행정

1995년 세계무역기구(WTO)가 출범하여 세계는 국경 없는 무한경쟁체제로 돌입함으로써 선진국 수준의 규제철폐와 행정의 효율화가 국가경쟁력의 핵심요소가 되었다. 세계관세기구(World Customs Organization, WCO)는 1996년 3월 새로운 상황에 대처하기 위해 '정책결정자를 위한 관세행정 개편 방안(Orientation Program for Policy Makers-Customs Service Related)'[83]을 회원국에 제시했다.

WCO가 권고한 관세행정의 개편 배경은 WTO 체제의 출범으로 상품과 서비스 교역이 자유화됨에 따라 관세행정은 국경, 해안, 공항만을 동시에 통제할 수 있는 지리적 이점이 있다는 것이다. 또 관세수입 확보라는 전통적

기능부터 산업정책, 사회안전, 환경보호 등에 이르기까지 여러 정부기능을 최일선에서 담당하는 종합행정기관이라는 것이다. 관세행정의 개편 방향은 기업과 여행자의 이익을 최우선으로 고려하는 서비스조직으로 개편하고, 신속한 통관과 함께 총기·마약·음란물·공해물질 등을 막기 위한 세관통제를 조화시키는 것이었다. 다른 정부기능이 축소되는 데 반해 관세행정은 확대 강화되어야 하고, 이를 위해 정부의 최고 정책결정자는 관세징수 이외에 무역과 산업의 보호뿐 아니라 사회보호 측면에서 국가목적 달성을 위한 관세행정의 중요역할에 대한 명확한 인식을 가져야 한다는 것이었다.

미국은 1994년에 관세청에 '전략무역국(Office of Strategic Trade)'[84]과 뉴욕, 로스앤젤레스 등 5개 거점 도시에 일반조직과 별도로 '전략무역센터(Strategic Trade Center)'를 신설하고 부정불공정 무역의 강력단속에 나섰다. 뉴질랜드도 '통관 후 적법성 조사 프로그램(Post Border Compliance Program)'[85]을 통해 새로운 관세행정으로 전환하고 있었다. 선진국의 관세청은 부정불공정 무역의 단속과 함께 수입통관규제를 통한 부정불공정 무역의 시정기관으로서의 역할로 중심이 이전하고 있었다.

선진국들은 전략품목에 대해서는 다양하게 평균보다 높은 관세율을 갖고 있었기 때문에 8%의 단일관세율을 갖고 있는 우리는 관세행정의 효율화와 국내산업 보호 기능이 더 중요하게 되었다. 1997년부터 공산품, 2001년부터 농산물이 100% 수입자유화되고 여행자유화와 외환자유화도 동시에 추진되어 폭발적으로 늘어나는 교역량과 여행자에 효율적으로 대처하기 위해 절차의 간소화와 행정의 효율화는 필수적인 과제였다. 교역량 증가에 비해 공항만시설의 확충은 부진하여 수출품의 물류비용은 경쟁국에 비해 가장 높은 16.5%[86]에 달했고 통관 소요 시간은 15일에 달해 1960년대 수입 억제시대의 통관절차를 대폭 혁신하지 않으면 안 되는 상황이었다.

1996년 5월 관세청장으로 일할 때 '국가경쟁력 강화를 위한 WTO 체제 하의 관세행정 개편 방안'[87]을 만들어 대통령에게 보고하고 재가를 받았다. WCO의 관세행정 개편 방안, 미국의 '전략무역국', 뉴질랜드의 '통관 후 적법성 조사 프로그램'을 모델로 하여 관세행정 개편 방안을 마련했다. 보고서 말미에 "1970년 발족한 관세청이 WTO 체제하의 새로운 환경에 적응할 수 있도록 거듭 태어나 국내산업 보호를 위한 '나라의 방패' 역할을 충실히 수행하겠습니다."라고 다짐했다. 대통령의 재가를 받기까지 재정경제원, 검찰, 법무부, 청와대 등 무려 24군데에 보고를 했다.

'국가경쟁력 강화를 위한 WTO 체제하의 관세행정 개편 방안'의 주요 내용은 다음과 같다. 첫째, 전수행정체제에서 표본행정체제로의 전환에 의한 효율성의 제고와 신속 통관에 의한 물류비 절감을 위해 수출입 면허제[88]를 신고제로 전환한다. 둘째, 실효성이 작은 3면의 바다와 공항의 국경단속 위주에서 밀수의 근원인 밀수품 시장을 파괴하는 시장 위주 단속[89]으로 전환한다. 셋째, 국내기업이 공정한 룰에 의해 외국기업과 경쟁하도록 하고 최일선 종합행정기관으로서의 역할 수행을 위해 통상적인 통관 업무는 축소하고 원산지표시 위반, 허위상표 부착, 화장품과 건강식품의 효능과 성분의 과장 표시, 첨단기술 유출, 음란문서 수입, 위조화폐 반입, 외화 밀반출입과 국제 자금세탁, 마약과 총기의 밀반입, 공해 유발물질 반입 등에 대한 부정불공정 무역 감시 업무[90]를 확대한다. 넷째, 해외여행을 엄격히 규제하던 때에 마련된 금지적 휴대품 통관규제에서 수입자유화와 여행자유화의 추세[91]에 상응해 여행자 휴대품 신고서를 휴대품 유형별로 구분하고, 원화 대신 달러로도 신고할 수 있도록 개선하고, 자진신고에 대하여 무검사 통과와 관세 사후 납부를 허용함으로써 자진신고 유도[92]로 전환한다. 다섯째, 범칙물품 가액 300만원 이상은 모두 형사고발하는 형사처벌 위주에서 내국세와 균형을 맞추어 탈루세액 추징이나 통고처분을 하는 행정처벌 위주[93]로 전환하여 밀수단속의 신속성과 효율성을 높인다. 여섯째, 이사화물 통관에 관련한 끊임없는 말썽을 해결하기 위해 이사화물 통관 기준[94]을 현실에 맞추어 세밀하게 규정하여 세관 직원의 재량을 축소함으로써 이삿짐이 적은 경우 검사 없는 통관을 원칙으로 하고, 이사물품을 빙자한 상용물품과 과다한 반입에 대한 검사는 강화한다. 일곱째, 최일선 종합행정기관으로서의 세관 기능을 확대하기 위해 사후조사 기능을 수행하는 조사국, 부정불공정 무역을 단속하는 협력국, 정보를 통합 관리하는 정보국을 두도록 하고, 일선 세관에는 공항만 세관과 내륙 세관으로 구분하여 수출과를 폐지하고 분야별 조사전담반을 두도록 조직개편[95]을 하는 것이었다.

수출을 왜 허가하는가

수출입 신고제로의 전환

1995년 세제실장으로 일할 때 수출입 면허제를 신고제로 전환하도록 관세법을 개정하고 다음 해 관세청장으로 가서 1996년 7월부터 시행된 수출입 신고제를 정착시켰다. 관세의 경우도 내국세와 같이 자진신고 제도로 전환하고 관세공무원의 조사영역을 관세선(customs line)을 넘어 내륙까지 확대하도록 했다.

당시까지 수입을 면허하는 것은 몰라도 수출도 면허를 받도록 되어 있었다. 면허를 받은 물품의 운송도 보세운송[96]으로 규제했다. 보세창고에 물건을 넣은 후에야 수입신고를 받도록 되어 있었다. 실효성도 없이 보세 장치장이 있는 부두는 항상 적체 상태였다. 모든 것은 관세선에서 이루어지도록 되어 있었다. 원칙적으로 관세선을 넘어 내륙으로 조사를 하지도 못했다. 김포세관에서 보석 밀수범이 통과한 후 추적조사를 하다가 직권남용으로 문제가 되기도 했다. 부두의 적체가 심해서 관세선에서 조사도 다 못하고 통관시키는 것이 현실이었다. 탈세가 적발되면 조사도 못하고 면허를 내준 세관 직원의 책임으로 처벌받았다.

면허란 법률적으로 '금지의 해제'인데 누가 수출을 금지했다는 말인가. 옛날 수출용 원자재에 대한 면세와 쿼터 제도가 있었고 저리의 수출금융이 있었을 때의 유산이었다. 수출물품의 관세선 통과를 위해 세관의 허락이 필요했다. 서로 의미 없는 일을 하고 있었다. 법 개정 과정에서 관세청 직원뿐 아니라 관세청의 선배들도 반대에 나섰다. 세관의 힘이 실질적으로 더 강해진다고 설득하느라 많은 애를 썼다. 관세를 모르는 사람이 세관을 망쳐놓고 있다는 소리도 들었다. 설득 끝에 법을 통과시켰다.

모든 수출입은 신고제로 전환했다. 보세운송을 폐지했다. 수입 전 보세창고 장치제도도 폐지했다. 세관장은 필요 시 언제나 조사할 수 있고 관세선을 넘어 내륙으로 조사를 할 수 있도록 했다. 수출입 절차와 물류 혁신의 계기가 되었다. 신고로 종결되기 때문에 사후의 탈세는 수입자의 책임이지 세관의 책임이 아니다.

수출에 관한 규제는 완전 철폐하고 수입통관 소요기간도 15일에서 2~3일로 단축시켜 연간 5,000억 원 정도의 물류비용을 절감하고 공항만 창고시설의 부족도 해소하게 했다. 사전 수입신고를 하고 선박에서 컨테이너를 실어 바로 나갈 수도 있게 되었다. 세관의 관할도 관세선에서 내륙으로 확대되었다. 관세청 사람들은 나중에는 수입신고제를 환영[97]하게 되었다.

검찰이 허가한 관세청장훈령

통고처분의 개편

1996년 추진한 개편 중 '법에 명시적으로 위임'된 업무만 수행하던 체제에서 '법에 명시적으로 금지[98]하지 아니한 모든 업무를 수행하는 최일선 종합행정 기관으로의 변신과, 1970년 관세청 개청 이래의 숙원이었던 관세범칙에 대한 독자적인 수사와 처벌권의 확립은 가장 어려운 것이었다.

당시 원산지표시 위반, 허위상표 부착, 화장품과 건강식품의 효능과 성분의 과장표시, 첨단기술 유출, 음란문서 수입, 위조화폐 반입, 외화 밀반출입과 국제 자금세탁, 마약과 총기의 밀반입, 공해 유발물질 반입 등의 부정불공정 무역에 대한 감시 업무의 일부는 지방자치단체에 위임되어 있었고, 경찰이 간헐적으로 문제가 되면 형사입건하는 데 그쳐 사실상 뚜렷한 소관이 없이 방치된 상태였다. 외국환관리법은 외국환은행에 단속권이 있었지만 고객을 고발하는 데는 한계가 있었다.

관세청이 최일선 종합행정기관으로서 법에 금지규정이 없는 모든 수출입 관련 위법으로 조사권을 확대시켰다. 외국환관리법 위반에 대한 적극적인 조사를 시작했다. 시스템과 조직, 기능을 미국의 관세청을 모델로 하여 효율적인 개편과 함께 통상마찰에 대비했다.

관세법에 규정된 독자적인 수사권과 처벌권을 행사하지 못하게 하는 족쇄를 25년 만에 풀었다. 300만 원 이상이면 무조건 형사고발하도록 정한 관세청장의 훈령인 '관세범칙 등에 대한 통고처분 및 고발에 관한 시행세칙'을 개정하여 범칙 물품가액 300만 원 이상은 모두 형사고발하는 형사처벌 위주에서 탈루세액 추징이나 통고처분을 하는 행정처벌 위주로 바꾸었다. 관세청 창설 이래 관세청 소관 법에 의한 관세청의 훈령을 검찰의 허락이 없어 고치지 못하는 어처구니없는 일을 바로잡는 데 많은 노력이 필요했고 우여곡절도 많았다.

관세행정 개편안을 대통령의 재가를 받기까지 재정경제원, 검찰, 법무부, 청와대 등 무려 24군데나 보고하게 된 주 이유는 통고처분의 개편에 있었다. 시작하기 전 실무진에서 청장 자리를 건 어려운 일[99]이라는 말을 듣고 대통령 보고 전에 서울지검, 대검찰청, 법무부 검찰국 실무자들, 청와대 민정비서관, 법률비서관, 민정수석, 검찰총장, 법무부 장관에게 차례로 보고[100]했다.

밀수범을 형사고발하기 위해서는 '6하원칙'에 의해 세관공무원이 거증책임을 져야 하는데 밀수의 성격상 불가능한 일이었다. 통고처분도 못하고 형사고발도 못하는 상황이라 용산전자상가와 남대문시장에서 밀수품을 보고도 300만 원 이상이면 사실상 손을 대지 못하고 있었다. 과거 300만 원을 올리려고 하다가 세관 직원이 다치는 일이 있어 손을 못 댔다고 했다. 사실상 밀수단속을 하는 세관 직원은 검찰의 하수인이었고 밀수시장은 방치상태였다.

관세법에 따라 만든 관세청장훈령을 검찰의 허가를 받아 개편한 것은 유명한 영화 〈뿌리(Roots)〉에 나오는 노예 치킨 조지가 열심히 돈을 벌어 백인 주인으로부터 자기 몸을 사서 자유인이 되는 것과 같은 일이었다. 이런 어처구니없는 일은 1962년 5·16혁명 이후 검찰과의 합동 밀수단속반 창설 때부터 유래된 것이었다. 초기의 관세청장은 검사출신[101]이었다. 개편된 통고처분 제도를 시행하는 날 조사국 직원들은 처음으로 관세청이 수사권의 독립을 찾았다고 만세를 불렀다.

1960년대에 정해진 무거운 형벌도 수입자유화에 상응하여 선진국처럼 징역형의 대상인 밀수범, 재정벌의 대상인 부정 수출입범, 통고처분의 대상인 질서범으로 구분하고 최고 형량을 징역 10년에서 5년으로 낮추어 내국세 범칙형량과 형평[102]을 유지하도록 관세법 개정도 추진했다.

위기 앞에서 딴짓한 대기업들

상품별 그룹별 무역수지

1996년 4월, 관세청의 시스템과 조직, 기능에 대한 개편안을 마무리 지은 다음 5월부터 정보관리에 관한 시스템, 조직, 기능을 재검토했다. 나는 자리를 옮길 때마다 항상 소관법령을 영어판[103]과 함께 줄을 그으며 읽은 다음, 통계[104]를 읽고 정비했다. 통계는 모든 문제를 숫자로 표시한 지침서였다.

당시까지 관세청의 수출입통계는 총량 중심의 산술적인 통계에 지나지 않았다. 통화·금리·환율 등에 대한 거시정책의 수행에는 도움이 되어도, 부정 수출입, 상품별 무역수지, 기업별 무역수지 등에 대한 미시정책에는 소용이 없었다. 관세청이 만든 수출입통계도 통상산업부가 발표하고 여행자 수는 한국은행이 활용하는 상황이었다. 경제활동의 분석과 전망을 위한 가장 필수적이고 완벽한 수출입통계가 무역정책, 산업정책, 경제정책을 위한 정보로 가공되지도 못했다. 통계시스템이 월별로 주요 품목별, 주요 국가별로 구성되어 있었다. '일보'는 비용만 많이 들었고 관세행정에는 쓸모가 없었다. 무역과 산업뿐만 아니라 국방전략의 추진에 필요한 모든 정보를 제공할 수 있는 미국 관세청의 수출입통계 수준과는 너무나 차이가 났다.

먼저 통계시스템을 다음과 같이 정리했다. 첫째, 기간을 '일보'에서 '10일'을 원칙[105]으로 한다. 둘째, 품목은 주력상품 중심으로 개편하여 '주요 상품별 무역수지'와 '주요 품목별 10대 수출입기업 무역수지'를 만든다. 셋째, '10대 그룹별 무역수지'를 중심으로 기업별 수출입통계를 만든다. 넷째, 지역을 미국, 일본, 중국, EU 등 통상 현안 중심으로 재분류한다. 회사이름이나 상품명을 넣으면 상세한 수출입실적이 나오도록 컴퓨터시스템을 완전히 바꾸었다.

다음에는 통계조직을 무역정보국[106]으로 바꿈과 동시에 핵심요원을 엘리트로 배치하고, 10년 이상 근무한 초기 전산요원은 희망에 따라 퇴직하거나 재배치하고, 기술적인 문제는 민간회사에 외주하기로 했다. 수출입통계를 무역과 산업, 더 나가 경제 전체의 상황파악과 전략 개발을 위한 통합정보로서 활용하자는 것이었다. 당초 이러한 개편을 위해 최소 3개월 이상의 기간이 소요된다는 실무진들의 의견이 있었으나 한 달 만에 완성했다.

1996년 무역수지 적자는 상반기에 77억 달러에 달해 연간 목표 80억 달러에 육박했다. 새로운 통계시스템에 의해 종합무역상사의 수출입실적,[107] 30대 그룹의 무역수지·수출상품 구조·수입상품 구조·기술사용료 지급실적,[108] 그룹별 무역수지·수출상품 구조·수입상품 구조·주요 소비재 수입실적·기술사용료 지급실적[109]으로 구분한 통계를 작성했다.

1996년 상반기 수출입통계를 분석한 결과 지금까지 생각하지 못했던 많은 시사점을 제공했다.

첫째, 흑자도 적자도 모두 재벌이 주도했다. 77억 달러 무역수지 적자의 90%인 69억 달러는 10대 그룹 중 LG, 선경, 쌍용, 한진, 한화, 롯데 등 6대 그룹[110]이 차지하고 있었다. 쌍용을 제외하고는 원유수입을 감안해도 적자였다. 현대, 삼성, 대우, 기아 등 4대 그룹의 흑자는 96억 달러인 데 비해 10대

그룹의 흑자는 27억 달러였다.

둘째, 선진국으로부터 고가의 내구소비재, 개도국으로부터 중저가 소비재의 수입으로 국내 소비재시장은 양면공격을 받고 있었다. 승용차(78% 증가), 가구(39% 증가), 의류(44% 증가), 주류(29% 증가) 등 고급 소비재의 수입이 폭중하여 소비재 수입은 총수입의 11.1%나 차지하고 이 중 10대 그룹의 소비재 수입은 12%인 10억 달러였다.

셋째, 종합무역상사는 '수출역군'에서 '수입역군'으로 반전되었다. 10대 그룹의 소비재 수입[111]은 대행수입을 제외하고 세탁기·지갑·수세식 변기·화장품·골프용품·치약·과자류·대구·감초 등 자사 생산품, 중소기업제품, 신변잡화 등 돈이 될 만한 모든 품목에 걸쳐 있었다. 백화점을 경영하지 않는 그룹도 신변잡화를 수입하고 있었다. 소비재의 수출이 어려워진 1995년 이후 종합무역상사의 독립채산제가 채택됨으로써 돈이 되면 우리 기업을 치건 말건 아무거나 수입했다.

넷째, 재벌의 소비재 수입이 국내 소비재산업의 붕괴를 가속화시켰다. 대기업은 강력한 자금력과 방대한 판매조직을 갖고 소비재를 수입하여 중소 수출입업자의 수입과 달리 엄청난 파괴력을 가졌다. 재벌들이 외제승용차 수입[112]에 앞장서고 거래선을 통하여 판매를 강압하고 있었다.

수입을 반대하는 것이 아니라 재벌이 나서는 것이 문제라는 것이다. 일본과 미국의 대기업에서 볼 수 없는 행태였다. 8·3사채동결 조치, 조세감면, 정책금융으로 성장한 재벌들이 나서서 어떻게 국내산업과 중소기업을 죽이는 데 앞장설 수 있는가. 일본의 종합상사는 수출과 해외 원자재 개발에 진력하는데 우리 재벌의 경영철학은 무엇인가. 딴짓하다가 결국은 같은 배를 탄 자기도 죽는 것을 모르는 모양이었다.

1993년에서 1996년까지의 8% 단일관세율과 원화의 평가절상은 '최악의 정책조합(the worst policy mix)'이었다. 8% 단일관세율은 국내 소비재산업의 경쟁력을 잃게 하여 폭발적인 수입을 유발하는 반면, 상대적으로 높은 원자재 관세율로 수출경쟁력도 저하시켰다. 고평가된 환율은 수입만 하면 장사가 되는 반면 수출의 가격경쟁력을 더욱 저하시켰다. 1994년부터 국제수지는 급격히 악화되었고 1996년 상반기에 벌써 연간 적자 목표를 넘어선 위기 상황이었다.

정부는 1996년 상반기가 지날 때까지 '성장률 7.5%, 물가 4.5%, 경상수지 적자 60억 달러'의 '세 마리 토끼'를 잡는다고 큰소리를 치고 있었다. "무역수지 방어를 위해 환율정책 같은 단기적, 대중적인 대책은 바람직하지 않다."라고 헛소리까지 했다. 8% 단일관세율과 고평가된 환율은 아무도 지적하지 않았다. 1993년부터 악화일로였던 경상수지는 1996년에 정부의 예상보다 4배나 많은 238억 달러 적자가 되었다. 1997년 외환위기의 근본원인은 여기에 있다고 생각된다.

주먹을 앞세우는 미국식 통관

전략적 통관관리

세관은 수출입의 최일선에서 일하기 때문에 위기를 제일 먼저 감지할 수 있는 첨병이다. 간부회의에서 여러 차례 수출입통계를 놓고 토론했다. 구조적으로는 8% 단일관세율, 단기적으로는 고평가된 환율이 문제의 핵심이라는 데 의견이 일치되었다. 낮은 관세율과 높은 환율에서 무엇이든지 수입만 하면 장사가 되니 너도나도 수입에 나섰다. 고평가된 환율은 대외 임금 수준도 높이는 결과를 낳은 것이다. 미국의 영어 가정교사가 강남의 아파트촌을 누비고 다닌 것이 환율의 고평가를 말하는 확실한 증거였다. '미국 사람 수입'에까지 이르게 된 것이다. 관세율과 환율이 묶인 상태에서는 거시정책으로 수출을 증가시키는 데는 한계가 있었다.

미국의 전략무역센터는 '법보다 주먹'을 쓰는 조직으로 알려졌다. 재벌들이 막강한 조직과 자금으로 소비재를 수입하면 국내 소비재산업의 파괴는 가속된다. 법으로 안 되면 미국과 같이 주먹이라도 써야 할 상황이었다. 미국은 통관의 지연으로 적기의 상품공급을 저해함으로써 수입업자의 손실을 유발하는 방법을 자주 썼다. 1996년 미국의 '주먹' 관세청은 롱비치항에 두 달 넘게 마늘을 야적시켜 썩혀가며 원산지를 조사하고, 허위상표 부착 혐의가 있다고 신발을 하나하나 개봉 검사하고, 넥타이 무늬에 달러화가 있다고 화폐초상권 침해 시비를 걸고, 넥타이의 'Keep USA' 디자인이 원산지를 오해시킨다고 'Made in Korea'를 넣으라고 통관을 지연시켰다. 프랑스의 '주먹'은 일본 전자제품의 통관지를 알프스산 근처 세관으로 지정[113]하는 등 선진국 세관의 '주먹'은 무소불위였다. 미국과 프랑스의 관세청이 한 대로 우리 관세청이 따라 하면 통상마찰의 위험도 작다.

1996년 7월 수출입통계의 개편과 분석을 토대로 '국제수지 개선과 국내산업 보호를 위한 관세행정대책'[114]을 마련했다. 원산지, 과세가격, 성분표시, 환경오염 등에 대한 통관검사를 강화하고, 필요한 경우 유통단계까지 추적조사를 하는 '전략적 통관관리'가 핵심 내용이었다. 법이나 정책으로 다스릴 문제가 아니라 미국과 같이 '주먹'으로 다스리는 것이었다.

'전략적 통관관리'의 주요 내용은 다음과 같다. 첫째, 기업별 무역수지 통계에 의해 소비재 수입을 주도하는 대기업의 수입에 대한 기업별 통관관리[115]를 실시한다. 둘째, 품목별 무역수지 통계에 의해 무역수지 악화를 가속시키는 고가 소비재나 국산품과 경쟁관계에 있는 소비재에 대해 품목별 통관관리[116]를 실시한다. 셋째, 국가별 무역수지 통계에 의해 국제수지 적자국이나 통관이 까다로운 국가에 대해 국가별 통관관리[117]를 실시한다. 넷째, 서울올림픽 때 허용된 국내면세점에 대해 내국인 매입을 엄격관리[118]한다 등이었다.

'전략적 통관관리'는 대외적으로 통상마찰을 유발할 가능성이 있고, 대내적으로는 재벌들의 저항을 불러일으킬 가능성이 있었다. '전략적 통관관리 방안'을 전체 무역수지, 10대 재벌 무역수지와 함께 대통령에게 보고할 필요가 있다고 판단했다. 가끔 경제에 대해 묻던 청와대 김광일 비서실장이 지금 바깥에서는 경제가 위기라고 하는데 내부 사람들은 아니라고 하니 무엇이 맞느냐고 전화로 물어왔다. 전화로 위기상황에 가깝다고 보고하고 이미 대통령에게 보고할 준비를 하고 있다고 했더니 빨리 대통령에게 보고하라고 했다.

관세청장이 된 후 두 번째로 청와대 본관에 가서 1996년 상반기의 무역수지, 10대 재벌의 수출입 행태, 전략적 통관관리를 위한 '국제수지 개선과 국내산업 보호를 위한 관세행정대책'을 대통령에게 보고[119]하고 마지막에 "앞으로 우리 관세청도 선진국과 같이 국가경영을 위해 필요한 기업의 국제거래 동향정보 특히 대기업의 수출입 통관정보를 정기적으로 파악하고 이에 대처하여, 국제수지 개선, 국내산업 보호, 환경보호, 소비자 안전 등을 위한 최일선의 종합행정기관으로서 나라의 방패역할을 수행해나가겠습니다."라는 글로 보고를 마쳤다. 앞으로 통상마찰이 일어나면 전적으로 관세청장의 책임으로 이루어진 것이고 책임도 청장이 지겠다고 말했다.

대기업들, 사치성 소비재 수입중단을 선언하다
부정불공정 무역의 조사

1996년 5월에 관세행정 개편 방안을 확정하고, 7월에 관세정보체계의 정비와 전략적 통관관리 방안을 마련했다. 그리고 8월에 통고처분권을 확립한 다음, 9월부터 전략적 통관관리를 위한 부정불공정 무역 조사반을 출동시켰다.

본부세관에 분야별로 20개 부정불공정 무역 전담조사반[120]을 상설로 편성했다. 원산지표시 위반, 허위상표 부착, 수입가격 조작 등에 대한 조사 이외에도 첨단기술 유출, 음란물 반입, 불법 외환거래, 공해유발 물질 유입 등 모든 수출입 관련 법규 위반을 조사하는 것이었다. '부정불공정 무역 조사매뉴얼[121]을 만들어 사전교육을 실시한 후 수입 통관 정보를 기초로 조사대상을 선정하여 조사에 투입했다. 1974년 국세청의 연합조사반[122]을 참고했다. 조사에 들어가기 전에 마찰을 예방하기 위해 관계기관[123]에 사전에 조사목적과 내용을 대외비밀로 하여 설명했다. 10대그룹 기획조정실장회의에 나가 그들의 수입행태를 설명했더니 모두들 놀라워했다. 대부분 몰랐던 일이라며 그럴 수 없는 일이라는 데 인식을 같이했다.

첫 번째로 삼성물산과 현대종합상사부터 동시[124]에 조사하여 탈루한 관세를 추징하고 수입품에 대한 전량조사와 관세 사전납부 조치를 취했다. 관세추징보다 부수적인 행정조치인 전량조사와 사전납부가 사실상 더 무거운 벌이었다.

관세청이 현대종합상사와 삼성물산에 대한 부정불공정 무역 조사를 마친 다음 대우에 대한 조사를 들어가기 직전 김우중 회장은 사치성 소비재 수입의 중단을 선언했다. 대우에 이어 현대그룹, 삼성그룹, LG그룹, 선경그룹, 쌍용그룹으로 사치성 소비재의 수입중단 선언이 이어졌다.

1996년 11월 용산전자시장과 남대문시장에 100명의 조사반을 투입하여 아침부터 점포가 문을 닫을 때까지 무기한으로 조사[125]하고 조사 담당자가 폐업 확인을 한 후 다른 곳을 조사하도록 하여 밀수시장을 파괴해나갔다. 남대문시장 창고에서 3억 원의 밀수 전자제품을 적발하는 성과도 올렸다. 견딜 수 없었던 남대문상가 수입품상인들은 조합을 만들고 "정식 수입품만 팔자." "밀수품은 사지도 팔지도 말자."라고 결의하기에 이르렀다. 수십 년간 방치되었던 밀수시장이 한 달도 못 가 파괴되었다. 농산물시장은 집하창고나 유통시장을 중심으로 단속하여 밀수의 배후세력을 검거함으로써 시장파괴에 주력했다. 12월에 현대백화점과 롯데백화점을 조사하여 관세법과 다른 수입 관련 법규 위반을 처벌했다. 넓은 하늘과 바다를 지키다가 시장을 파괴하는 표본행정의 '선택과 집중'에 의한 성과였다.

11월 27일 오후 섹스상품을 판매하는 전국 45개 점포와 회사를 동시에 조사하여 불법수입 음란상품 1만 4,221여 점을 압수하고 1억 1,300만 원의 관세를 추징하고 14명을 연행 조사한 후 검찰에 고발했다. 사전에 치밀한 정보조사를 한 후 조사 시작 직전에 조사대상과 조사내용을 조사반에 지시하고 전국세관이 동시에 출동했다.

국제 마약거래 거점으로 활용되는 김포공항에 미국으로부터 도입한 마약견[126]을 배치하고 함정수사를 위해 조성한 '구룡산 자금'[127]을 활용하여 거액 마약밀매 조직도 검거했다. 관세청 직원들의 사명감과 사기가 충천했다.

영문성명도 법으로 정하자
국제 간의 세관협력

관세행정의 주요 부분인 귀금속, 보석, 마약, 총기 밀수의 단속은 자체 조사보다는 주로 다른 나라 세관과의 정보협력으로 이루어진다. 국제적인 밀수정보의 교환을 위해 교역이 잦은 모든 나라와 관세협력 협정을 맺고 매년 교환방문도 하고 서로 우의도 다진다. 주요국의 대사관에는 관세관을 교환하여 주재시키고 있다.

7월에 뉴질랜드, 8월에 인도네시아, 9월에 이스라엘, 10월에 필리핀, 11월에 홍콩에 출장을 다녀왔다. 뉴질랜드와 홍콩은 상호 교환방문이었고, 인도네시아와 이스라엘은 세관협력협정을 체결하기 위한 것이었으며, 필리핀은 환태평양 세관협력회의를 위한 것이었다. 출장을 다니면서 영문 성명의 표기가 중요한 일이라는 것을 알았다.

세관 간의 정보교환[128]은 밀수 단속에 필수적인 사항인데 우리나라의 정보에는 성명의 영문표기가 통일되어 있지 않아 문제가 있었다. 박씨의 경우 Park, Pak, Bak 등으로, 이씨의 경우 Lee, Rhee, Yi 등으로 다양하게 쓰고 있다. 더구나 정부가 정한 한글로마자표기법이 매큔-라이샤워(McCune-Reischauer, MR) 방식[129]을 채택했다 말았다 하는 바람에 혼란은 더했다.

외국세관으로부터 영문으로 블랙리스트를 받아도 다양한 표기방법 때문에 한글로 자동전환이 되지 않는다. 신속한 조치가 생명인데 귀중한 정보가 무용지물이 되는 경우가 허다했다.

한번 밀수 리스트에 성명이 오르면 여권을 갱신하고 성명의 영문표기를 달리하면 정보교환이 차단된다. 영문 성명을 여권을 낼 때마다 달리할 수 있다는 것은 국제 간의 정보교환을 무력화시키는 것이다. 주민등록법에 성명은 한글과 한자로 기재하도록 되어 있을 뿐 영문에 대한 규정은 없다. 여권법에도 성명의 표기방법에 대한 규정이 없다. 지구촌시대인 지금 한자보다 영문 성명이 더 중요한 것이라 생각되었다.

영문 성명을 개인이 마음대로 바꾸지 못하게 한자와 같이 출생 시부터 통일된 방식으로 주민등록표와 여권에 기재토록 하는 법 개정안을 만들어 내무부와 외무부를 찾아가 건의했다. 별걸 다 가지고 다닌다는 시큰둥한 반응만 보였다. 선진국은 작은 일을 크게 보는 나라이고 후진국은 큰 것도 작게 보는 나라라는 것을 절감했다. 통 큰 사람의 대범함이라고 하기에는 너무 맥이 빠졌다.

외국의 관세청을 방문해보니 그들의 로고를 넣은 기념패, 펜던트, 넥타이, 레터오프너, 티스푼, 휴대용 작은 칼, 티셔츠 등을 다양하게 만들어 선물하여 받는 사람에게 기념이 되도록 하고 있었다. 뉴질랜드 관세청 로고가 디자인된 넥타이, 인도네시아 관세청 로고가 새겨진 스위스제 휴대용 작은 칼, 예루살렘이 그려진 도자기 접시는 지금도 소중한 기념품으로 보관하고 있다.

외국 관세청을 본받아 우리도 관세청 로고가 새겨진 기념패, 카메라, 시계, 티셔츠, 넥타이와 도자기 접시를 예산으로 제작하여 주는 사람과 상대방에 따라 다양하게 사용하도록 했다. 우리나라를 방문하는 외국 관세청 사람들과 선물을 교환할 때도 다양하게 항상 준비되어 있어 아주 편리했다. 출장갈 때마다 선물을 고르느라 수고하는 실무자들의 짐도 덜게 되었다.

이스라엘과 세관협력 협정을 체결하고 이스라엘 외무부 장관과 서명식을 하고 기자회견을 한 다음 참석한 사람들에게 관세청 로고를 새긴 시계를 선물했더니 인기가 대단했다. 외무부 장관과 관세청장에게는 로고를 새긴 국산 카메라를 선물했다. 시계는 1만 원 미만이었고 카메라는 10만 원 미만이었던 것으로 기억된다. 예산도 절약하고 한국 전자제품도 톡톡히 선전했다. 이스라엘 출장[130]은 기독교인인 나에게 소중한 기억이 되었다.

계급장에서부터 깃발까지

관세청 단상들

1995년 12월 26일 관세청장으로 일하게 되었을 때 다산 《목민심서》의 가르침을 실천하기 위해 많은 시도를 했다. "국민을 주인으로, 행정을 서비스산업으로, 전수행정체제를 표본행정체제로"라는 취임사로 4,500명의 직원들과 만났다. 작은 일을 크게 보는 것이 선진국이고, 큰 일을 작게 보는 것이 후진국이며 작은 일에 충성된 사람이 큰 일에도 충성됨을 강조했다.

낮은 곳의 작은 일부터 시작했다. 출근한 첫날 '코너지'부터 없애게 했다. 불필요한 일의 대표적인 사례가 서류의 왼쪽 위에 삼각형으로 붙이는 파란 딱지였다. 윗사람에게 아부하기 위해 붙인다는 뜻에서 직원들은 파란 딱지를 '아부지'[131]라고 불렀다. 낮은 곳의 얘기를 듣기 시작했다. 수위, 청소원, 기사, 인쇄공, 전화교환원들과 이웃의 식당 '대원'에서 불고기를 먹으며 대화의 장을 만들었다. 수위장은 오후에는 주차장이 모자라 민원인들의 차량이 30분 넘게 기다리는 경우가 있어 불평이 많은데 자기에게 50대 분의 주차장을 할당한다면 해결할 수 있다고 해 그렇게 하도록 했다. 청소원들은 내가 온 후 야근이 늘어 청소를 늦게 하여 집에도 늦게 간다고 하여 퇴근시간이 되면 직원들의 퇴근과 관계없이 청소하고 정해진 시간에 퇴근하도록 했다.

관세청의 로고가 미국과 너무 비슷하여 외국세관과 기념패를 교환하기가 부끄러워 제작을 중지했다고 하여 직원들의 아이디어와 오리엔트 시계 수석 디자이너의 노력으로 방패 모양의 바탕에 세관의 상징인 천칭저울, 별, 닻을 넣은 로고[132]로 바꾸었다. 세관가의 후렴부에 나오는 '경제 국방군'이라는 표현은 개방시대에 맞지 않다고 하여 가사 공모를 통한 당선작에 따라 "우리는 대한의 경제 국방군"에서 "우리는 든든한 나라의 방패"로 바꾸었다. 관세청의 전통적인 '3색기'가 세관마다 색깔이 달라 하늘을 상징하는 하늘색, 땅을 상징하는 흰색, 바다를 상징하는 짙은 바다색으로 통일하도록 하고 새 로고를 가운데 두었다. 전국의 세관 간판도 3색기를 바탕으로 위에는 한글, 아래는 영문으로 통일하고 자동차 시대에 맞게 돌출간판도 규격과 색깔을 전국적으로 통일했다.

전국 세관을 순시하며 직원들의 애로와 건의를 들었다. 건의하는 애로는 즉시 실천하는 것을 원칙으로 하고 전체와 관련된 것은 컴퓨터를 통해 전체 세관 직원의 의견을 물어 50% 이상이 찬성하면 시행하도록 했다.

구미세관에서 배가 나온 사람들은 도르래식 허리끈이 미끄러지니 구멍 있는 가죽 허리끈으로 바꾸어달라고 해서 그렇게 했다. 안산세관에서는 경찰에 15년 근무하면 무궁화를 다는데 우리는 20년 넘게 근무해도 '작대기 4개'라는 건의에 따라 1960년대 초까지 사용했던 무궁화 계급장을 현대적인 감각으로 고쳐 달도록 했는데 직원들이 가장 좋아했다. 더운 날 단추도 못 푸는 더블 버튼식 정복을 싱글버튼도 함께 입도록 하고 한 가지뿐인 넥타이도 청색과 적색의 두 가지로 했다.

부산, 인천 항구의 경비초소에 배치되어 먼지를 쓰고 경비원 노릇을 하고 있는 세관 직원은 1997년부터 공익봉사요원[133]으로 대체했다. 포항제철이 설립된 이래 한 건의 위반도 발견하지 못한 감시초소도 철수시켰다. 동해세관의 가장 큰 애로는 한 주일에 두 번이나 숙직을 하는 것이라고 해서 전국의 소형세관은 전자장비를 설치하고 당직은 집에서 하도록 했다. 공항세관에서 심야에 비행기가 도착하면 임시개청 수수료를 받았는데 예산실과 협의하여 예산회계법상의 수입대체 경비로 인정받아 특근하는 세관 직원들의 수당과 첨단장비 도입에 쓰도록 했다.

직원들의 가장 큰 관심사는 인사였다. 공정한 인사, 적재적소 배치, 교육과 능력에 따른 인사가 건의의 주요 내용이었다. 건의를 종합하여 관세청의 주요 업무를 감시 업무, 수입 업무, 조사 업무로 구분하여 스스로 보직을 선택하도록 했다. 관세공무원교육원의 해당 교육과정을 80점 이상으로 이수하면 3개월 이내에 선택한 업무에 자동배치하고 이때의 퇴출 기준과 지역별 순환보직 기준도 정한 '교육과 보직변경에 대한 훈령'[134]을 만들어 시행했다. 청장도 봐줄 수 없는 인사 기준을 만들어 공부하는 기풍을 만들었다. 교육과정에 특강을 나가 관세행정의 발전구상을 교육시켰다.

군산세관에서 감시선의 유류를 불법으로 유출한 투서사건을 조사한 결과 평생 일해도 세관장이 될 수 없는 선박직의 사기저하가 근본 문제였다는 사실을 알게 되었다. 목포세관, 여수세관, 거제세관 등 감시 업무가 중요한 곳에는 선박직도 세관장이 되도록 인사규정을 개정하여 처음으로 선박직을 거제세관장으로 발령 내고 거제세관에서 전국 선박직 업무회의를 개최했다.

1996년 1월 17일 서울세관에서 시작하여 3월 25일 제주세관을 끝으로 30개의 세관, 11개 출장소, 교육원과 관세분석소 등 총 43개 기관을 순시하고 세관 직원들을 만났다.

눈이 내리던 날 수원세관 송탄출장소를 갔는데 간판은 찌그러졌고 골목길 가정집 같은 데서 근무하는 직원들을 보니 마음이 아팠다. 목포세관에서는 예산이 모자라 직원들이 페인트칠을 하고 쌓아둔 빈 통을 보았다. 삼천포출장소에 가서 감시선을 탔더니 두 번째 방문하는 청장이라고 반가워했고, 의정부출장소에 갔더니 압수한 불법 PX물품 창고를 안내하며 사상 처음으로 청장이 방문하여 감사하다는 말을 연이어 했다. 동해세관 통선장에서 감시정을 탔는데 화재위험이 있는데도 예산이 없어 난방장치를 못하고 석유난로를 피워두고 있었다. 인천세관에서 중국 보따리장수[135]들이 줄을 한 시간이나 서서 검사하는 것을 보고 세관과 해운회사가 협의하여 면세농산물의 중량에 따라 투명한 면세봉투를 사용하도록 했다. 당시 보따리장수들은 면세한도 내에서 참깨 등 소량 고가의 농산물을 가져와 팔고 10배가 넘는 의류 등을 사가는 우리의 고객이었다.

말하는 것은 모두 고쳤고 말하지 않는 것도 보이는 것은 모두 고쳤다. 부하들에게 화를 내거나 소리치며 꾸중하지 않는다는 공직생활의 좌우명[136]

을 지키기 위해 노력했다. 부하들이 하는 일이 마음에 들지 않아 화가 날 때는 참고해야 할 자료를 포함해 글로 써주었더니 꾸중보다 더 무서웠다고 했다. 자식도 마음대로 안 되는 게 세상 이치인데 남의 자식이 어떻게 마음에 들기를 바라겠는가.

부정불공정 무역 조사반이 정상 가동되고 있던 1996년 12월, 통상산업부 차관으로 가게 되었다. '국제수지 개선과 국내산업 보호를 위한 관세행정대책'을 대통령에게 보고한 것이 계기가 되었던 것 같다. 관세청장은 내 생각대로, 내 결정대로 일했던 처음이자 마지막 기관장이었다. 떠날 때 계급장에서 3색기까지 100가지가 넘는 사항을 100% 해결[137]했다고 보고했다. 무궁화 계급장으로 바꾼 것을 가장 좋아했다고 했다. 수위에서 청장까지 4,551명의 건의와 아이디어를 듣고 행동한 결과일 뿐이었다. 많은 일들을 할 수 있도록 건의와 의견과 헌신적인 수고를 아끼지 않은 사람들[138]에게 감사했다. 열심히 일했고 많은 보람을 느꼈으며, 정도 많이 들었다.

05 거간예산은 없어져야 한다

::: 예산

재정경제원은 벙어리·위헌 조직이었다
경제기획원과 재무부의 통합

재무부가 사라지게 된 1994년 12월 3일 토요일을 나는 잊을 수가 없다. 재무부 사람 아무도 몰랐다. 평생을 몸담아온 재무부가 없어진다는 발표에 나는 스스로 폭삭 내려앉는 충격을 받았다.

재무부와 경제기획원이 합쳐 재정경제원이 됨으로써 1960년대에 분리되었던 세입부처와 세출부처는 30여 년 만에 다시 합쳐져 거대한 공룡부처로 탄생했다. 재무부의 재무정책국,[139] 금융국, 증권보험국, 국제금융국을 합쳐 금융정책실이 된다고 발표되었고 세제실과 국고국은 그대로 있게 되었다. 경제기획원의 예산실과 대외경제국,[140] 경제정책국, 국민생활국은 그대로 남았다. 이런 일들이 모두 비밀작업팀에 의해 추진되었다고 한다. 재정경제원으로의 개편과 건설부와 교통부가 합쳐 건설교통부가 된 것이 개편의 핵심이었다.

내가 일했던 보험국, 이재국, 국제금융국은 모두 없어졌다. 말조심하라든지, 청와대 발표에 한 자 한 획도 손대지 못한다든지, 음험한 분위기가 감돌았다. 얼마 전 재무부에서 나간 윤진식 청와대 비서관이 '세정개혁 방안'이라는 것을 추진하느냐고 전화로 묻던 일이 기억났다. 경제수석실에서 회의를 하다가 자기가 들어가니 서류를 치웠는데 얼핏 보니 '세정개혁 방안' 같아 보였다면서 아는 것이 없느냐고 물었다. 당시 국세청과 세제실은 그와 비슷한 일도 하지 않았다. 그것이었구나! 재무부에서 나간 비서관은 재무부 개편[141]에서 빠진 것이었다.

당시 국회에서 세법이 통과된 후 시행령 작업도 끝나고 시행규칙을 준비하려는 때였다. 재정경제원이 되면 재무부령인 시행규칙은 국무총리령으로 만들어야 했다. 재무부 소관 시행규칙은 총 91개나 달했고 긴급관세에 관한 것은 법과 동일한 중요한 규칙이었다. 재정경제원은 시행규칙도 제정할 수 없는 벙어리 부처였고 또한 헌법을 위반한 위헌 부처였다. 재정경제부가 되었더라면 문제가 없는데 미처 생각하지 못한 것 같았다.

재정경제원의 문제점은 다음과 같았다. 첫째, 헌법상 국민의 권리를 규제하는 인허가 업무를 담당하는 중앙행정관청은 '부'라는 명칭을 쓰는 '행정각부(行政各部)'이기 때문에 내국세·관세·금융·외환·증권·보험 등에 관한 인허가 업무는 '부'가 아닌 '원'은 맡을 수 없다. 법리상 재정경제원은 인허가를 할 수 없는 위헌기관이다. 둘째, 행정각부가 맡고 있는 업무에 대한 집행명령인 '부령(部令)'은 '행정각부'만 갖고 있어 '재정경제원'은 집행명령을 할 수 없는 '벙어리 부처'다. 재무부 소관 총 91개의 시행규칙은 모두 국무총리령으로 바꾸어야 한다. 셋째, '원(院)'이나 '처(處)'는 고유 집행 업무가 없이 행정각부의 업무를 조정하는 국무총리의 보좌기관이다. 법률상 '부'는 헌법기관이지만 '원'은 정부조직법상의 기관이다. 입안을 한 사람들은 '원'이 '부'보다 높다고 착각한 것 같았다.

청와대에 가서 문제점을 얘기하고 '재정경제부'로 고칠 것을 건의했더니 대통령이 "한 자 한 획도 손대지 말라."라고 지시했다는 것이다. 부총리에게 찾아가 건의했더니 총리령을 간편하게 제정하는 방법을 찾아보라고 했다. 국회 법사위원장[142]을 찾아가 건의했더니 반영해보겠다고 말했지만 야당의 반대 속에 급히 처리하는 과정에서 그대로 넘어가고 말았다.

나의 작은 노력은 수포로 돌아갔다. 12월 23일 정부조직법이 통과되던 날 정들었던 재무부 간판을 내리고 기념촬영을 했다. 눈물이 핑그르르 돌았다. 책상유리 밑에 있던 직위표를 꺼내 집으로 가져갔다. 재무부는 몇 사람들의 손에 의해 그렇게 사라지고 말았다. 재무부의 간판이 내려지는 줄을 재무부는 몰랐다. 있을 수 없는 일이고 부끄러운 일이다. 재무부 사람들은 모두 침울했다. 오후에 통합된 경제기획원 청사로 이사를 갔다. 말로 표현할 수 없는 향수가 엄습해왔다.

'한 자'를 바꿀 수가 없어 우리는 91개의 시행규칙을 총리령으로 바꾸는 어처구니없는 일을 했다. '재정경제원'의 문제점을 들고 다닌 것이 후에 화가 되기도 했다. 국제금융국을 없앤 것이 1997년 외환위기의 현실적인 원인[143]이 되었다고도 했다. 국제금융국이 없는 나라는 아무데도 없었다. 눈이 하나인 나라에 가면 눈이 2개인 사람이 병신이 되는 수밖에 없었다.

환란을 당한 후 1998년 정부조직법 개정에서 '원'이 '부'가 되고, 선진국에 다 있는 국제금융국은 부활되었다. 실무자들은 다시 바보새 같이 91개의 총리령을 부령으로 바꾸는 작업을 말없이 했다. 새 정부의 조직개편을 맡았던 핵심인사[144]가 금융정책국과 국제금융국을 경제정책국의 금융정책과와 국제금융과로 개편하는 방안을 물어왔다. 어이가 없어 "책임지고 그렇게 하시오." 하고 한마디로 잘라버렸다. 파란 안경을 낀 사람에게 세상은 모두 파랗게 보이는 게 이치임에 어쩌랴. 예산은 다시 떨어져나가 기획예산처가 되었다. 금융감독 업무도 떨어져나갔다. 재정경제부는 실질적으로 대내에 세제실, 대외에 국제금융국만 남은 형해화된 조직으로 변했다. 권한이 별로 없는 재정경제부 장관이 부총리인들 무슨 소용이 있으랴.

돈을 벌어봐야 낭비하지 않는다

세입과 세출의 통합

1998년 예산을 편성할 때 실무진들과 함께 예산조정 업무를 직접 해보았다. 국회 예산결산특별위원회의 부별 심의와 계수조정소위원회에서 자정이 넘도록 산더미 같은 예산자료들과 씨름도 해보았다. 예산편성 작업과 국회심의 과정이 너무 평면적이었고 낭비도 많았다.

의회정치에서 국민의 대표로 구성된 국회는 나라살림에 쓰이는 세금을 최대한 줄이고 지출도 최대한 삭감하는 것이 원칙이다. 반대로 정부가 제출한 예산에 국회는 상임위원회마다 지역구 사업을 중심으로 예산을 증액하는 경우가 다반사였다. 계수조정소위원회에서 조정이 되기는 하지만 증액되는 경우도 있었다. 세입담당 부처와 예산담당 부처가 분리되어 있었던 때에 예산당국은 예산의 증액에 크게 저항하지도 않았다. 가능하면 많은 사업을 벌이려는 경향이 있고 세입에 대한 걱정은 다른 부처에서 하기 때문이다. 국채발행에 의한 적자예산도 세입과 세출이 분리되어 있으면 국회와 예산당국은 크게 우려하지 않는 경향이 있다. 시장경제체제에서 작은 정부의 이상을 실현하기 위하여 정부가 편성한 예산을 증액시키는 것은 맞지 않고 적자예산은 최대한 억제되어야 한다.

세입과 세출을 다루어본 경험으로 볼 때 세입과 세출은 같은 기관에 두어야 한다고 생각하게 되었다. 돈을 벌어본 사람은 낭비를 하지 않는다. 세입의 어려움을 알면 세출을 함부로 다루지 않는다. 조세의 개편은 예산의 편성에 전제가 되고 예산의 편성은 조세의 개편에 제약이 된다. 예산편성권이 의회에 있는 미국[145]을 제외하고 선진국에서 세입과 세출은 같은 기관에 두는 경우가 많다. 줄이려는 속성의 세입과 늘리려는 속성의 세출을 조정하는 것은 쉬운 일이 아니다. 재정경제원 차관으로 일할 때 예산실과 세제실을 동시에 맡아 마찰 없이 조정[146]할 수 있었다.

우리도 1960년대까지는 세입과 세출을 같은 기관에 두었다. 경제개발을 위한 기획 기능을 강화하기 위해 예산을 재무부에서 떼어 기획 기능과 합쳤다. 경제계획 기능이 의미를 잃은 시장경제체제에서는 예산을 원래대로 세입부서와 통합하는 것이 맞다.

거간꾼 권한과 업무는 없어져야 한다
거간예산의 비효율

재정경제원 차관으로 예산편성과 집행 업무를 할 때 여러 문제들이 있었지만 세 가지 문제는 시급히 고쳐야 한다고 생각했다. 하나는 실수요 기관이 아닌 중간 감독관청의 개입으로 일어나는 수직적인 비효율이었고, 다른 하나는 실수요 부처의 예산편성 자율성의 지나친 박탈로 나타나는 수평적인 비효율이었고, 그리고 중장기 국가계획과 예산의 분리에 의한 비효율이었다.

지방자치단체와 교육예산의 편성과 집행에 내무부(지금 행정안전부)와 교육부의 개입은 불필요하고 낭비적인 것이었다. 지방교부금이나 지방을 지원하는 예산은 예산당국이 실수요 기관에 직접 편성하고 집행하면 충분하다. 내무부와 교육부가 개입하여 재분배하는 형태로 예산이 편성되고 집행됨으로써 지방자치와 교육의 자율화가 저해되고 있다. 공무원의 직급별 정원과 급여가 예산에 반영됨으로써 충분한데도 총무처(지금 행정안전부 기능)가 또 개입하여 정원과 직제를 관리하는 것도 불필요한 경우다. 예산당국이 이미 편성한 예산을 지방자치 단체나 교육기관을 간섭하고 '다스리는' 용도로 쓰는 경우가 많고 예산의 비효율로 이어졌다. 실수요 기관이 아닌 중간 감독기관이 개입하는 거간예산은 없어져야 하고 거간부처들의 거간꾼 권한과 업무도 없어져야 한다. 지방의 자치와 교육의 창의성은 거간꾼이 사라져야 살아난다. 지방자치단체가 당연히 지원받는 자기예산을 타기 위해 중앙에 로비를 하고, 학생을 체벌할 때 회초리의 크기까지 규제하는 해프닝이 일어나는 것은 거간예산의 산물이라고 생각한다. 다른 나라에서 우리와 같은 거간예산은 보지 못했고 거간부처나 거간기능을 들은 적이 없다.

경상경비에 대한 예산의 편성에서 예산당국의 간섭은 지나쳤다. 경상비의 경우 예산당국은 세입의 범위 내에서 예산총액을 할당하고 수요부처의 자율성을 확대하는 것이 예산의 효율성과 창의성을 높일 수 있는 것이다. 장관의 관용차도 예산에 반영되어야 구입할 수 있었고 규격까지 정했다.

1960년대부터 시행해오던 경제개발 5개년계획이 없어지고 나서 목표와 계획이 불분명한 예산도 많았다. 국가의 목표와 장단기 계획도 관계부처와 씨름하다 보면 결국은 전년과 비슷한 결과가 되어갔다.

1998년 예산을 편성할 때 경찰청은 파출소 증설예산을 신청했다. 거꾸로 파출소 정비계획을 만드는 조건으로 패트롤카에 대한 예산과 수사비를 확대해 주었다. 파출소는 일제강점기에 조선인 동향 파악을 위해 동별로 설치한 것이 유래였다. 미국의 경우 파출소는 없고 경찰은 패트롤카에 의해 등하교 시간에는 학교 주위에 집중하고 저녁에는 다운타운에 집중하는 기동력을 중심으로 활동했다. 학교 폭력이 문제가 되는데도 우리 경찰의 기동력은 낮았다.

외무부는 북한이 UN에 가입하기 전 남·북 문제에 대한 UN 표결에 대처하기 위해 아프리카 등지에 설치한 남·북 대치공관은 그대로 두고 공관증설 예산을 요청하기도 했다. 불필요한 남·북 대치공관의 폐쇄계획부터 먼저 가져오게 하여 대사관 증설을 억제하도록 했다. 해외 대사관에 근무를 해본 경험으로 볼 때 배를 타고 태평양을 건너고 모스부호로 교신하던 시절의 해외공관과 세계가 인터넷으로 연결되고 비행기로 하루면 세계 어디도 갈 수 있는 지구촌시대의 해외공관 기능이 얼마나 달라졌는지 의문이었다. 계속 존치시킬 필요가 있는지 의문이 나는 공관도 많았다.

국도건설 예산도 교통량 조사가 불비한 상태에서 집행되고 있었다. 차량 통행도 많지 않은 골짜기에 4차선 고속도로에 4차선 국도가 2차선 구도로와 함께 건설되는 경우도 있었다. 예산낭비는 물론이고 환경 파괴와 국토의 낭비가 너무 많았다.

　예산의 편성과 집행의 효율성을 높이기 위해 거간예산은 없어져야 하고, 총액예산은 확대되어야 한다. 또한 예산당국의 중장기 국가계획의 조정 기능은 강화되어야 한다. 없어져야 할 부처나 기능은 그대로 있거나 강화된 것도 있다. 정해진 정원과 예산의 범위 내에서 이루어지는 각 부처의 직제 조정이나 정원 관리도 거간부처의 간섭으로 창의적인 직무수행을 방해받고 있다.

차세대 국가경영도 생각해야 한다
통합재정관리제도의 구상

우리나라의 재정은 OECD 회원국들 중에서도 견실하고 모범적인 것으로 평가되어왔고 IMF는 회원국들에게 재정에 관하여 자문할 때 한국을 모델로 권고하기도 했다. 미국과 일본에서 재정적자가 가장 큰 정책 문제로 되고 있지만 우리나라는 1977년 부가가치세 도입 이후 세입의 안정으로 재정적자를 걱정하지 않았다. 국가부채규모는 외환위기가 일어난 1997년 말 보증채무를 제외하면 50조 원으로 GDP의 10% 수준이었는데 2004년 말에는 200조 원 정도로 GDP의 25% 전후로 증가했고 잠재성장률의 계속적인 둔화를 감안하면 재정적자와 국가채무는 우려할 수준으로 계속 늘어날 전망이다. 국민·공무원·군인·사립교원 연금 등 4대 연금과 의료보험의 적자와 고령화 시대의 도래에 의한 사회보장지출의 증가를 감안하면 앞으로 추가적인 적자 요인은 감당하기 힘든 규모가 될지 모른다.

　우리는 재정적자와 국가채무의 누적을 방지하고 차세대의 국가경영을 원활히 하기 위하여 정부의 세입·세출·채무를 건전하게 관리하는 반면, 기업의 투자와 기술개발을 지원하여 대외경쟁력을 높이고 경제를 활성화하여 세입을 근원적으로 증가시키기 위해서는 저세율구조로 전환해야 하는 어려운 입장에 처해 있다.

이러한 상반된 정책을 동시에 추진하기 위해서는 저세율구조로의 전환과 동시에 정부의 세입·세출·채무를 GDP 기준으로 일정비율 이내로 통합하여 관리하는 '통합재정관리제도'의 실시가 필요하다고 생각된다. '통합재정수입'에는 조세, 법정부담금, 비자발적 기부금 등의 준조세를 포함하여 '통합국민부담률'을 정해 관리하고, '통합재정지출'에는 지방재정, 민간관리기금, 연기금과 공공보험, 정부투자기관 등 적자 발생 시 중앙정부의 책임이 예상되는 지출을 통합하여 관리 가능한 '통합재정지출기준율'을 정해 운용하고, '통합재정채무'에는 '통합재정수입·지출'의 관리대상이 되는 기관의 모든 채무와 채무부담행위를 포함하여 차세대가 상환 가능한 '통합재정채무기준율'을 정해 관리하는 방안을 구상해본다. 이러한 '통합재정관리제도'를 실시하면 재정적자와 국가채무의 누적을 효율적으로 관리할 수 있을 것으로 생각된다.

통합재정관리를 위하여, 통합 세입·세출·채무의 GDP 대비 일정비율 초과 금지, 새로운 재원 또는 대체재원 없이 새로운 제도나 사업 추진 금지, 대체세원이나 기존 조세감면의 조정 없이 새로운 조세감면 금지, 연기금·공공보험 등에 대하여 양입제출(量入制出)의 원칙에 따라 수입을 초과한 지출의 금지, 세계잉여금은 전액 국가채무상환 등의 내용을 포함하는 '통합재정관리법'의 제정이 필요하다고 생각한다.

국가재정의 부실 문제는 경기침체에 가려져 있다. 적자재정으로 경기를 지속적으로 활성화시킬 수 없다는 것은 일본의 '잃어버린 10년'의 경험에서 증명되었다. 저세율구조에 의해 민간의 소비와 투자를 활성화하고 재정을 건전하게 유지하는 근본적인 대책만이 경제를 구조적으로 활성화시킬 수 있다. 건전재정을 위하여 정부와 국회와 국민 모두의 심각한 고민이 필요하다. 정부와 국회가 단기적인 경기부양을 위한 적자재정과 정치적 포퓰리즘에 의한 과도한 사회복지 지출에서 벗어나지 못하면 차세대의 국가경영에 큰 장애를 만드는 결과를 초래할 것이다.

제2부

금융

06

실명(失明)으로 끝나다

▓ 금융실명제

초토화된 재무부

금융실명제 발표

1982년 7월 3일 토요일 아침, 재무부는 7·3조치라고 하던 금융실명제 실시를 전격 발표했다. 실시의 배경은 발표문의 제목 '사채 양성화와 관련한 실명거래제 실시와 종합소득세제 개편 방안'에서 보는 바와 같이 실명에 의한 금융거래를 실시함으로써 사채를 양성화하여 지하경제를 파괴하고 금융소득의 종합과세를 강화하겠다는 것이었다. 떳떳하지 못한 자금의 은둔처를 봉쇄하여 사회 부조리를 제거하는 것도 숨은 목적이었다.

7·3조치의 주요 내용은 1983년 7월 1일부터 은행, 단자회사, 증권회사와의 모든 금융거래는 주민등록증과 사업자등록증에 의한 실명거래만 허용하고, 15%로 분리과세되는 이자, 배당 등 모든 금융소득을 종합과세하며, 종합소득세율을 방위세와 주민세 포함 76.5% 수준에서 50% 수준으로 대폭 인하하고, 가명·무기명 금융자산을 실명으로 전환할 때 자금출처 조사를 면제한다는 것이었다.

출처가 불분명한 자금을 실명으로 전환하는 경우, 1983년 6월 30일까지 3,000만 원 이하 개인자금, 기업 증자자금, 은행 증자자금, 단자회사·상호신용금고 출자자금에 대하여 출처조사를 면제하고, 1983년 7월 1일부터 1986

년 6월 30일까지 3년 사이에는 5%의 과징금을 물리고 출처조사를 면제하며, 1986년 7월 1일 이후에는 3년간 이자의 50%를 포기시키고 출처조사를 면제한다는 것이었다.

금융실명제의 실시는 여러 차례 논의되어왔는데 전격적으로 실시를 발표한 배경은 1982년 초에 터진 유사 이래 최대 금액인 7,000억 원대의 '이철희·장영자 거액어음 사기사건(장영자사건)'[147]이었다. 이 사건을 계기로 어음거래를 중심으로 한 거대한 규모의 지하경제였던 사채시장을 양성화해야 한다는 여론이 일었다. 당시 사채시장 규모는 8,000억에서 1조 2,000억 원으로 추정되었는데 1981년 말 통화량 3조 9,860억 원의 3분의 1에 가까운 수준이었다. 장영자사건은 최고권력층의 비호를 과시하여 벌인 사기극이었기 때문에 최고권력층은 이 사건으로 손상된 이미지로부터 탈출할 수 있는 정책이 필요했다. 지하경제의 양성화를 표면적으로 내세웠지만 차제에 부정부패의 고리를 제도적으로 끊고 은신처를 파괴하여 나라를 바로잡아보겠다는 충정이 강하게 깔려 있었다. 금융실명제는 국민의 여론, 최고권력층의 필요, 일부 관료들의 충정이 합쳐져 전광석화처럼 추진된 것이었다.

1982년은 '경제기획원 점령시대'라고 불리던, 재무부로서는 오욕의 해였다. 10·26사태로 박정희 대통령이 피살되면서 제4공화국이 사라지고 12·12사태와 5·18광주사건의 혼란기를 거쳐 전두환 대통령의 제5공화국이 들어섰다. 중화학공업을 중심으로 한 성장위주 경제정책이 물가상승, 부동산투기, 국제수지 악화 등의 문제를 드러내게 되어 경제정책의 기조를 안정화와 자율화로 전환하게 되었다. 정책금융의 폐지, 금융의 자율화, 은행의 민영화, 금리와 세율의 인하, 금융실명제 실시 등의 여러 정책과제에 대하여 경제기획원은 신속 과감하게 추진해야 한다는 입장이었던 반면 재무부는 단계적인 추진을 주장했다.

조세, 금융 등 실질적인 핵심 정책수단을 갖고 있던 보수적인 재무부는 관치금융의 본산으로 비판받으면서 입지가 약화되기 시작했다. 특히 전두환 대통령의 신임이 두터워 경제대통령으로 불리던 김재익 경제수석비서관은 경제기획원 출신으로서 재무부에 대한 불신이 강했기 때문에 보수적인 재무부 사람들을 밀어내고 경제기획원 사람들을 주축으로 자율화정책을 강력하게 추진해야 일이 된다고 생각했던 것 같다. 장영자사건이 터진 후 재무부는 강경식 장관, 김흥기 차관, 이형구 재정차관보, 강현욱 이재국장으로 핵심라인이 모두 경제기획원 출신으로 교체[148]되었다. 이재국 과장들도 전원 교체하기로 하고 사람까지 정해놓았다가 불발되었다고도 했다. 재무부는 초토화되고 경제기획원의 재무부 점령시대가 오게 된 것이다.

경제기획원과 다른 정책견해를 가진 재무부 사람들은 이러지도 저러지도 못하는 어려운 입장에 처하게 되었다. 상부와 하부의 의견이 다른 것은 어쩌면 당연했다. 재무부 사람들은 미운 오리새끼가 되는 경우도 많았다.

경제기획원의 재무부 점령이 완료된 후 한 달 사이에 파죽지세로 세 가지 중대조치를 발표하게 되었다. 6월 28일 '투자촉진을 통한 경제활성화대책(6·28조치)'에서 금리의 대폭 인하, 은행의 민영화 등 금융자율화, 법인세율의 대폭 인하, 기계부품 생산 우량 중소기업 육성 등 투자활성화의 기반 구축을 위한 과감한 조치[149]를 발표했다. 7월 3일 '사채 양성화와 관련한 실명거래제 실시와 종합소득세 개편 방안(7·3조치)'에서 금융실명제 실시를 발표하게 되었다. 7월 28일에는 '제2금융권 활성화대책(7·28조치)'에서 금융기관 설립자유화와 사채 양성화를 유도하기 위해 단자회사와 상호신용금고를 자본금 기준만 맞으면 무제한 설립을 허용하고 자금출처 조사도 면제하는 조치를 취하게 되었다.

금융은 유리그릇같이 다뤄야
단계적 실시론과 전면적 강행론

7·3조치가 발표된 그해 2월, 나는 보험2과장에서 이재3과장으로 가게 되었다. 금융실명제는 그때까지 이재2과에서 담당하다가 장영자사건 후 지하경

제가 뜨거운 이슈로 등장하여 사채시장을 담당하던 이재3과[150]로 넘어왔다. 부가가치세에 이어 또 한 번 거센 소용돌이에 빠져들게 되었다.

나는 금융실명제 자체에 대해서는 긍정적이었으나 일시에 법에 의하여 강제적으로 전면 실시하는 방법론에는 반대 입장이었다. 장영자사건이 일어난 후 나는 사금융의 양성화 방안을 검토하고 있었는데 사채를 제도금융권으로 유도하기 위해 실명과 비실명을 차등과세하고 차등률을 단계적으로 확대하는 방안을 마련하고 있었다. 예적금 비밀보장법에 대하여는 상속세 조사에만 은행 계좌조사를 허용할 것이 아니라 사채이자소득에 대한 계좌조사까지 확대해야 한다는 입장이었다.

'금융은 유리그릇 다루듯이 조심스럽게 다루어야 한다'는 인식이 금융정책을 오래 다룬 재무부 사람들의 지론이었다. 관행은 관행으로 고쳐야 무리가 없기 때문에 금융실명제는 인센티브에 의하여 단계적으로 유도해야 부작용이 없다는 것이다. 실시하는 경우에도 일시에 법으로 강제할 것이 아니라 금융단협정을 통해 금융관행으로 형성시켜나가면 된다는 주장이었다. 다른 어떤 나라에서도 법으로 직접 금융실명제를 강제하는 예는 없었다. 서구에서도 사인(sign) 문화에 의해 오랜 세월에 걸쳐 실명거래 관행이 성립된 것이었다.

6월 강경식 차관이 장관으로 승진하기 직전, 나는 긴급히 금융실명제 실시 방안을 만들어 보고하라는 지시를 받았다. 실무자들과 함께 밤을 새워 토의한 결과 차등과세에 의해 금융실명제를 유도하는 단계적 실시 방안으로 결론을 내고 '지하경제의 현재화(顯在化) 방안'[151]을 만들었다. 단계적으로 실시해야 할 이유는 금융 측면에서 실명제가 전면적으로 실시될 경우 저축의 위축에 의하여 내자조달에 애로가 발생하고, 경제적인 측면에서 지하자금이 부동산투기와 귀금속과 사치품에 대한 실물투기로 몰리며 자산이 해외로 도피할 위험이 크고, 정치·사회적인 측면에서 현실적으로 노출할 수 없는 개인과 기업의 금전거래가 많다는 것이었다.

금융실명제의 단계적 추진 방안으로 3단계의 과세강화 방안을 제시했다.

이자소득에 대해 1단계에서는 분리과세 하되 실명은 15%, 가명은 25%로 한다. 2단계에서는 실명은 25%, 가명은 35%로 하되 종합소득세 과세의 선택권을 허용한다. 마지막 3단계에서는 분리과세를 폐지하고 완전 종합과세를 실시한다는 방안이었다. 금융실명제는 금융단협정으로 종합과세는 소득세법으로 규정하고, 이자소득세 조사를 위해서는 예적금 비밀보장법 개정으로 계좌조사를 허용하면 된다는 방안이었다.

실명거래제는 금융·경제적인 측면에서는 부작용이 있다고 하더라도 보완대책을 마련하면 추진이 가능하나, 정치·사회적인 측면에서는 'political cost'[152]에 대한 신중한 고려가 필요한 상황이었다. 일본에서도 상류사회, 특히 정계의 정치자금을 노출할 수 없는 정치·사회적인 여건 때문에 실명제인 그린카드(Green card)[153] 제도를 논의만 하고 실시하지 못하고 있었다. 독일도 실명제를 토대로 금융소득의 종합과세를 추진하다가 자금이 해외로 빠져나가 취소한 예도 있었다.

'지하경제의 현재화 방안'을 차관에게 보고하다가 'political cost' 부분에서 중단되고 말았다. 'political cost'가 무슨 의미냐고 물어 예를 들어 "대통령의 금전기록이 공개될 수 있느냐의 문제"라는 뜻이라고 했다. "황소는 코를 꿰서 끌고 가야지 꼬리를 잡고 끌고 갈 수가 없다. 사회가 바로잡히면 금융실명제가 되는 것이지 금융실명제로 사회를 바로잡을 수는 없다."라고도 했다. 실시 방안을 마련하라고 했는데 밤새도록 실시하지 않는 방안만 마련했다고 꾸중만 듣고 보고는 여기서 끝났다.

내가 단계적 금융실명제 실시를 보고하고 얼마 후 장영자사건의 문책 개각으로 강경식 장관[154]이 취임했다. 취임하자 곧 나를 불러 전면 실시 방안을 마련하라고 지시했다. 나는 전면 실시를 반대하는 사람인데도 금융실명제를 맡으라는 것이었다. 부가가치세라는 사자 등을 타고 혼이 났는데 하는 수 없이 다시 금융실명제라는 황소 등을 타게 되었다. 지금까지의 검토를 토대로 금융실명제를 위한 최종 보고서 '사채 양성화와 관련한 실명거래제 실시와 종합소득세 개편 방안'을 만들어 청와대에 보고하고 7월 3일 '7·3조치'가 발표되었다.

일주일 사이에 이어진 '6·28경기활성화 조치'와 '7·3조치'는 충격적인 금융변혁 조치였다. 발표 3일 뒤 7월 6일 화요일 증권은 큰손의 매물이 쏟아져 35개 종목의 하종가를 포함하여 202개 종목이 내리고 주가지수는 169.0을 기록했다. 종합주가지수가 5.4포인트가 내린 것이다. 무기명 거래가 대부분이었던 단자회사 자금은 하루 사이에 400여억 원이 빠지고 명동 사채시장은 거래가 아예 끊겼다.

발표 당일 암달러는 100달러가 8만 3,000원으로 3,500원이 오르고 부동산은 관망 속에 오름세를 나타냈으며 귀금속은 6·28경기활성화 조치 후 계속 오름세를 나타내 실물시장에는 호황의 징후를 보였다. 은행은 예금자의 발길이 뜸해졌다. 저축성예금은 줄고 대기성 단기예금이 들락날락하며 불안한 분위기였다. 시중은행의 무기명예금은 금액으로 50% 정도로 추정되었고, 국민·중소·주택은행은 90%가 실명예금이라 동요를 보이지 않았다.

장영자사건에 충격받은 민심은 7·3조치가 발표되자 기대와 우려가 교차하는 관망 자세에서 증시 폭락을 계기로 동요하기 시작했다. 언제나 증시는 당시의 정치, 경제, 사회의 종합지표였다. 7·3조치는 성난 황소같이 금융시장을 마구 짓밟았다. 많은 사람들이 우려를 표시하기 시작했다. 너무 앞서가는 것이 아니냐는 의문이 제기되었다.

핵심 5개 조문에 세상이 요란했다
금융실명거래법의 입안

7·3조치의 발표가 끝나자마자 단자회사와 상호신용금고를 자본금 기준만 맞으면 설립을 무제한 허용하고 자금출처 조사도 면제하는 '제2금융권 활성화대책(7·28조치)' 마련에 들어갔고, 금융실명제 입법까지 맡았으니 정신이

없었다.

이어지는 굵직한 조치들에 대해 재무부 사람들은 '경제기획원식 구름 잡는 일'이라며 부정적인 입장을 견지했다. 재무부 출입기자들도 사전 설득과 공작 없이 밀어붙이기식이라고 비판적인 입장이었다. 당시 내 업무일지에 '말 조심', '책임 묻겠다'라는 장관 지시가 적혀 있을 정도로 이성보다 감성이 앞서는 살벌한 분위기였다. 어떤 경제기획원 출신 간부는 술자리에서 취기가 돌자 재무부 사람들의 태도에 대해 "식민지가 되었으면 복종해야지 별수 있나."라고 호기를 부렸다. 나랏일에 이견은 있을 수 있지만 서로 편 갈라 갈등하는 것은 잘못이었다. 상대방의 얘기를 소홀히 들은 결과로 금융실명제는 시작부터 실패한 개혁으로 끝날 운명을 예고하고 있었다. 금융실명제 입법을 위해 재무부 사람들로 태스크포스[155]를 만들기도 했다. 부가가치세 때와 같이 태스크포스는 유명무실하게 되고 결국은 우리 과가 다 맡았다.

법안의 핵심내용에 대해 장관의 지침이 내려졌다. 비실명에서 실명으로 넘어갈 때 '도강세(渡江稅)' 부과, 부실기업 정리기금의 설치, 은행 임직원의 부실기업 정리 업무에 대한 형법상 배임죄의 적용배제 등이 주요 내용이었다. 7월 3일 발표한 내용과 이 지침에 따라 실명거래의 의무와 적용범위, 예적금의 비밀보장, 실명거래 위반에 대한 벌칙, 금융자산에 대한 세무조사 특례, 실명전환에 대한 과징금, 부실기업 정리기금, 은행 임직원 배임죄 특례 등을 합쳐 14개 본칙과 3개의 부칙을 포함하여 총 17개 조문의 '금융실명거래에 관한 법률'[156]의 초안을 8월 말에 만들었다.

36개 조문의 부가가치세법이 그랬던 것처럼 실명거래법도 벌칙까지 합쳐 실질적인 조항은 5개에 불과하고, 기존 금융자산의 실명화와 관련된 경과조치 규정을 포함하여 14개 조문밖에 되지 않는 작은 법이었지만 입안 과정은 어려웠다. 언론, 정치권, 금융기관 등에 대한 설득과 관계기관과의 협의가 생각 같지 않았다. '도강세'는 과징금으로 입법화되었지만 부실기업 정리기금은 경제기획원 예산실의 반대로, 배임죄는 법무부의 반대로 무산되었다. 부실기업 정리기금과 배임죄에 관한 조문을 빼고 11개 조문의 '금융실명거래에 관한 법률'을 정부안으로 확정하여 국회에 제출했다. 부가가치세 때나 8·8부동산종합대책 때나 마찬가지로 외부와의 전투보다 내부와의 전투가 더 치열하고 어려웠다.

뒤늦게 놀란 여당

금융실명제의 보완

금융실명제 발표 후 얼마 지나지 않아 반대의 목소리가 나왔다. 경제계는 말할 것도 없고 대부분의 언론들이 우려를 나타냈다. 야당인 민주한국당은 야당말살정책이라며 강하게 반대하고 나섰다.

8월이 되자 비판의 강도가 절정에 달했다. '경제기술관료(technocrat)의 수입이론', '백면서생(白面書生)의 설익은 외국이론' 등으로 7·3조치를 비판했다. '경제정책을 지배하는 고시 출신 장관지향성 관료와 외국유학 출신 장관지향성 관료학자', '정치적 책임을 지지 않는 입신지향형의 기묘한 존재'라는 표현들이 줄을 이었다. '7·3조치는 없던 것으로 하고 긴 안목으로 새로 접근하자'는 제안도 나왔다.

7·3조치 발표 후부터 폭락이 계속되던 주가와 다시 불이 붙은 부동산투기는 10월에 340여 상장기업 중 130여 개의 주가가 액면가 이하로 떨어지고 강남의 7,000만 원 하는 아파트가 1억으로 뛸 정도로 심하게 요동쳤다. 뒤늦게 금융실명제의 심각성에 놀란 여당인 민주정의당도 반대하고 나섰다. 배경에는 점차 강해가는 반대여론과 일본의 여당인 자유민주당이 그린카드제도를 반대하고 있었던 것이 영향을 미쳤다. 장영자사건으로 대대적인 당정개편이 있은 직후에 발표된 금융실명제였기 때문에 여당은 장영자사건의 충격에서 벗어나지 못한 상태였고, 내용을 제대로 파악하지도 못했던 것 같았다. 시간이 지날수록 강해가는 반대여론을 타고 당내 인사들도 신중론

을 들고 나오고 반대하는 사람도 늘어갔다.

결국 민주정의당은 7·3조치를 보완하기로 당론을 정하게 되었고 여러 차례 당정협의에서 밀고 당겼다. 나는 심사숙고 끝에 정치권이 걱정하는 정치자금은 경제정책과는 상관없고 무이자예금은 종합소득세와 관계없기 때문에 별단예금과 같은 무이자예금에 대해서 실명거래의 예외를 인정하는 대안을 제시했다. 부조리 제거라는 측면에서는 큰 루프홀이 되겠지만 루프홀을 만듦으로써 정치권이 받아들일 것이라고 생각했다. 내 제안은 누구에게도 받아들여지지 않고 8월 17일 대폭적인 보완책을 발표하게 되었다.

보완책의 주요 내용은 다음과 같다. 첫째, 1983년 6월 30일까지 만기에 관계없이 실명화시키고, 출처가 불명한 자금은 5%의 과징금을 매기도록 한 것을 만기가 안 된 것은 만기까지 비실명의 허용과 함께 과징금을 면제한다. 둘째, 3,000만 원 이하 개인자금, 증자, 단자회사와 상호신용금고 설립자금 등에 출처조사를 면제하도록 한 것을 모든 금융자산에 대해 출처조사를 면제한다. 셋째, 1983년 7월 1일 이후의 비실명에 대해 5%의 과징금과 최고세율 50%의 소득세를 부과하고 실명화하는 경우 3년간 이자의 50%를 포기시키도록 한 것을 이자소득세를 처음 3년은 30%, 다음 3년은 50%, 1989년 7월 1일 이후는 100% 과세하도록 한다. 넷째, 1983년 7월 1일 이후 모든 이자·배당소득을 종합과세하도록 한 것을 상당한 준비 후로 미룬다. 다섯째, 소득세 최고세율을 60%에서 40%로 낮추도록 한 것을 50%로 조정한다.

이러한 보완조치가 있었을 때 언론들은 '40여 일간 고군분투해온 재무부 금융개혁 주도세력들은 허탈', '소수 강경 주류 측은 당황한 표정' 등으로 보도하는 한편 '재무부 정통 관료들은 대들보와 서까래까지 빠져버린 격에 순리적으로 되었다고 안도하는 표정', '가난한 사람도 담을 높게 쌓고 사는 한국적 풍토 속에서 과격한 충격 조치는 금물이라던 재무부맨들은 올 것이 왔다는 묘한 반응' 등으로 정말로 묘하게 보도했다.

실명(失明)으로 끝나다

민주정의당의 보완책으로 문제는 끝나지 않았다. 8월 17일 보완조치에 따라 수정된 '금융실명거래에 관한 법률'이 국회에 제출되자 야당은 당론으로 반대하기로 결정하고 '금융실명제는 야당말살정책'이라고 들고 나오며 강력히 반대했다. 정치자금에 대해 여당은 칼을 쥐고 있는 입장이지만 야당은 칼끝을 잡아야 한다는 위기감 때문이었다. 내거는 명분에 관계없이 정치권의 금융실명제 반대는 여기에 근본 이유가 있었다.

금융실명제에 대한 위기감은 여당에도 확산되어 금융실명제 실시 연기론이 대두되기 시작했다. 정보와 수사의 칼을 쥐고 있지 않은 정치권의 'political cost'가 너무 크고 누구도 감당하기 어려울 것을 인지했기 때문이었다. 여당에서도 실세가 아닌 사람의 불안감은 더 컸다는 것을 감지할 수 있었다.

10월 26일 재무위원회에서 금융실명거래법을 상정하기로 되어 있었는데 하루 전인 25일 여당에서 금융실명제의 연기론을 제기[157]하고 나섰다. 이것이 도화선이 되어 여당 내에 금융실명제의 연기론, 보류론, 철회론이 확산되고 몇 차례 실시와 연기를 두고 오락가락했다. 금융실명제 연기론이 제기되자 잠자던 주가가 꿈틀거리기 시작했고, 실시론과 연기론이 교차하자 증권시장은 등락을 거듭했다.

10월 29일 중앙청 당정협의에서 금융실명제의 기본정신을 살리면서 실시 시기를 포함해서 모든 문제점을 보완하여 이번 정기국회에서 처리하기로 합의되었다. 실무자들은 총알받이가 되어 매일 초주검이었다. 청와대도 경제기획원도 원군을 보내지 않았다. 여당이 구체적인 수정안을 제출하지 않자 재무위원회는 공전되며 정치공방만 오갔다. 야당에서 '금융실명제로 국민경제를 가지고 놀았다'고 금융실명제 추진 관계자 문책을 촉구하고 나서기도 했다. 금융실명제 실시를 전제로 제출된 세법과 예산의 조정도 불가피하여 관련 실무자들은 부산하게 움직이며 분위기는 혼란스러웠다.

사실상 금융실명제는 무기 연기된 상황이었다. 심사숙고 끝에 나는 명(名)이라도 찾을 수 있는 대안을 마련하여 장관에게 보고했다. 금융실명제와 관련하여 처음부터 금융소득 자료의 컴퓨터 처리와 금융 전산망과 국세청 전산망의 연결 문제가 중요한 과제로 대두되었다. 이 점에 착안하여 전산처리 등 행정준비가 완료될 때 금융실명제를 실시한다는 안이었다. 사실상 무기 연기지만 형식상 언제라도 실시한다는 것이었다. 금융실명제를 추진하는 측과 반대하는 측, 그리고 여당과 야당 모두에게 명분을 주게 되어 쉽게 받아들여졌고 이 안에 따라 금융실명제 수정안을 마련했다. 컴퓨터 문제는 금융실명제 실시 자체의 필요조건은 아니고 금융실명제를 잘하기 위한 필요조건이었을 뿐이지만 당시로서 궁지에 몰린 재무부가 탈출할 수 있는 유일한 대안이었다. 컴퓨터가 없던 시절부터 서구에서는 금융실명제를 실시해왔고 종합소득세도 마찬가지다. 위기탈출을 위한 실무진의 고뇌가 서린 대안이었다.

부칙의 시행일 조항의 단서에 "다만 제3조의 규정에 의한 실명거래의 실시는 전산화 등 행정준비 상황과 경제여건을 감안하여 1986년 1월 1일 이후 대통령령이 정하는 날로부터 시행한다."를 추가함으로써 줄다리기는 끝났다. 실시 시기에 대해 국회의 동의가 논의되었지만 3년 연기와 정부가 전산화 등 행정준비 작업을 한다는 훈시규정을 추가하는 것으로 타협이 되었다. 비실명 금융자산 소득에 대해 분리과세하되 1983년 1월 1일부터는 50%를, 1985년부터는 100%를 가산한 세율로 차등과세하여 실명거래를 촉진하는 장치를 마련했다. 이런 수정을 거쳐 본칙 11개조 부칙 4개조 총 15개조의 '금융실명거래에 관한 법률'은 1982년 정기국회를 통과했다.

사채 양성화를 위한 실명거래와 금융소득 종합과세를 두 축으로 하는 금융실명제는 1982년 7월 3일 발표하고, 8월 17일 여당의 보완으로 금융소득 종합과세가 빠지고, 10월 29일 실명거래마저 실시가 연기됨으로써 발표 후

100여 일 만에 박제된 상태가 되어 실명(失明)으로 끝나고 말았다. 이에 따라 금리와 세율의 대폭 인하를 두 축으로 하는 6·28조치도 수정이 불가피했다. 소득세와 법인세의 대폭적인 인하는 수정될 수밖에 없었다.

실명(實名)제의 운명이 실명(失命), 실명(失明), 실명(失名)의 기로에서 오락가락하다가 사실상 무기 연기됨으로써 실명(失命)은 모면했지만 실명(失明)한 상태가 되었다. 실명제를 추진한 사람들은 실명(失名)을 면치 못하게 되었다. 실(實)은 놓치고 명(名)만 잡은 결과였다.

금융실명제가 연기되자 증권시장은 활기를 띠고 부동산도 안정을 찾아갔다. 금융실명제는 광란의 황소 같았다. 실무 '부역자들'은 '경제기획원 점령군'과 함께 황소 꼬리를 잡고 끌고 가려다가 뒷다리에 차인 꼴이 되었다. 재무부가 이런 소동에 말려들었을 때 경제기획원은 말이 없었다. 경제팀의 총수인 경제기획원 김준성 부총리는 직원조회에서 "최근의 부동산투기는 금융실명제도 원인"이라고 말했다. 경제기획원은 왜 '점령군'에게 지원사격을 하지 않았을까? 청와대의 김재익 경제수석은 왜 말이 없었을까?

1977년의 부가가치세와 쌀 막걸리, 1978년의 8·8부동산종합대책에 이어 네 번째 10대 뉴스를 만들며 광란의 황소 등을 타고 초주검이 된 상태에서 1982년의 크리스마스 캐럴을 들었다.

금융실명제는 두 얼굴의 야누스

긴급명령으로 금융실명제 실시

1982년 입법만 하고 시행을 미루어오던 금융실명제는 1989년 노태우 대통령 때에 와서도 금융실명제 실시준비단까지 만들어 실시를 논의하다가 흐지부지되었다. 그런데 이때는 입장이 바뀌어 오히려 야당에서 금융실명제를 실시하자는 정치공세를 펴게 되었다.

금융실명제는 법이 제정된 후 10년 동안 논란만 계속하다가 1993년 김영삼 대통령의 긴급명령으로 실시하게 되었다. 김영삼 대통령은 취임하자 "재임 중 한 푼의 돈도 받지 않겠다."라고 선언했다. 공직자 재산 등록을 실시하고 고위공직자에 대한 강도 높은 사정으로 토사구팽(兎死狗烹)이라는 말이 회자하던 8월 12일 저녁에 긴급명령으로 금융실명제를 그날 저녁 8시부터 실시한다고 발표했다.

김영삼 대통령은 "이 땅의 부정부패를 원천적으로 봉쇄하고 분배정의와 사회의 도덕성을 확립하기 위하여 이 시간 이후 모든 금융거래는 실명으로 한다."라는 특별담화를 발표하고 "금융실명제는 '신한국 건설'을 위해 가장 중요한 개혁 중의 개혁이며 개혁의 중추이자 핵심"이라고 규정지었다.

1982년 금융실명제와 달리 기존의 비실명예금도 소급하여 실명으로 전환하도록 하고 비실명에 의한 인출을 금지시킬 뿐만 아니라 5,000만 원 이하의 소액자금을 제외하고는 자금출처 조사를 한다는 것이었다. 과거의 불법을 용서하지 않겠다는 뜻이 담겨 있었다. 밤중에 '깜짝쇼'로 실시된 금융실명제는 커다란 충격이었다. 과거의 예금까지 소급 적용된 금융실명제에 의하여 수많은 과거의 비리가 드러나게 되어 정치인과 고위공직자들에 대한 사정은 끊임없이 이어졌다. 나중에는 전두환 대통령과 노태우 대통령이 구속되는 사태로까지 이어졌다. 금융실명제로 발목이 잡혀 아무도 찾아가지 않는 거액예금도 상당액이었고, 지하에 묻혀 있는 거액의 현금을 신권으로 탈바꿈하기 위한 사기사건이 몇 번 일어나기도 했다. 김영삼 대통령도 물러난 후 '국가안전기획부자금' 사건으로 어려움을 당하게 되었다. 남을 향하여 던진 금융실명제는 부메랑이 되어 자기를 치게 된 것이다.

1982년 금융실명제를 처음 추진할 때나 그 후에도 금융실명제는 법으로 강제할 것이 아니라는 생각에 변함이 없다. 원래부터 실명을 쓰고 있는 99% 정도의 사람들까지 주민등록증을 제시하게 하고 법으로 다스릴 필요는 없다. 범죄를 수사하기 위해서는 거액의 현찰거래나 외환거래에 대한 자금세탁방지법[158]으로 충분하다. 관행은 관행으로 고쳐야 하고 금융단협정으로 충분하다. 더구나 신용사회가 되면 신용의 축적을 위해 자발적으로 실명을 사용한다. 긴급명령까지 왜 필요했을까.

금융실명제가 실시된 후 부정부패가 얼마나 뿌리가 뽑혔는지 통계는 없지만 큰 변화를 체감할 수는 없었다. 2002년 대통령선거 때의 '차떼기' 정치자금이 말해준다. 이것이 돈 안 드는 정치개혁의 계기가 된 것은 사실이다. 정치개혁이 앞서야 하는데 순서가 거꾸로 되었다. 소는 코를 꿰어 끌고 가야 한다. 아직 미흡하기는 하지만 그 후 선거법과 정치자금법의 개정은 소의 코를 꿰는 것이었다.

금융실명제는 지하경제 양성화를 위한 칼로 구상되었는데 정치보복의 칼로 더 많이 사용되어 정치갈등을 확대재생산하는 도구가 되지 않았나 생각된다. 권력을 쥔 자는 반대자들의 흠을 들추기 위하여 계좌를 추적하고 싶은 끊임없는 유혹을 받을 것이다. 누구도 지킬 수 없는 선거법에서 금융실명제는 권력을 가진 자의 칼이다. 금융실명제는 어두운 면과 밝은 면 두 얼굴을 갖고 있는 야누스였다.

금융자율화도 미완의 개혁으로

::: 금융자율화

단자와 금고를 대량 인가하다

제2금융권 설립자유화

6·28조치의 4%p 금리인하와 18%p의 법인세율 인하는 아무도 상상하지 못했으며 7·3조치의 금융실명제는 모두를 경악시켰다. 이어서 발표한 '제2금융권 활성화대책(7·28조치)'에서 단자회사와 상호신용금고의 무제한 신규설립 허용도 놀라운 조치였다. 이 세 가지 조치는 서로 연결되어 있었다. 금리와 세율의 인하에 의한 기업 재무구조 개선과 은행민영화에 의한 금융자율화 조치가 6·28조치이고, 인하된 세율을 사채 양성화에 의한 세원확대로 보충하기 위해 금융실명제와 종합소득세를 실시하자는 것이 7·3조치이며, 단자회사와 상호신용금고의 설립을 무제한 허용하여 금융자율화의 기반을 마련하겠다는 것이 7·28조치였다.

1982년 7월 28일 사채시장을 제도금융권으로 유도하기 위해 발표한 '제2금융권 활성화대책'의 주요 내용은 다음과 같다. 자본금 기준에 따라 단자회사와 상호신용금고의 무제한 설립을 허용하고, 금리실세화의 1단계 조치로서 상호신용금고의 최고금리 인상과 자율화를 실시한다. 제2금융권 업무영역 확대를 위해 단자회사의 어음매매 중개 업무를 허용하고 대형 상호신용금고의 지점 설치를 허용하고 지역은행으로 육성하며, 제2금융권 예금보험과 감독 기능을 수행하는 신용관리기금을 설치한다는 것이었다. 사채시장을 제도금융권으로 유도하기 위해 출자금에 대한 자금출처 조사의 면제는 7·3조치에서 이미 발표했다.

신규설립 기준은 다음과 같다. 단자회사의 경우 최저자본금을 서울 200억 원, 지방 100억 원으로 한다. 상호신용금고의 경우 서울 50억 원, 직할시 30억 원, 인구 30만 이상 시 20억 원, 기타 시 10억 원, 읍 지역 5억 원으로 한다. 초기의 부실경영을 막기 위해 임원의 과반수를 금융기관 차장급 이상 경력자 등으로 하고, 자본금의 10%를 신용관리기금에 출연하며, 법인의 출자는 금지하되 기존 단자회사의 주주에 대해 5% 이내만 허용한다는 것이었다.

장영자사건 후 나는 '사금융의 제도금융화 방안'을 마련했다. 당초 실무진이 마련한 '사금융의 제도금융화 방안'의 주요 내용은 다음과 같았다. 첫째, 사채시장을 규제하기 위해 이자소득의 실명 15%, 가명 20% 차등과세에 의한 실명거래제를 단계적으로 실시한다. 또한 예적금 비밀보장법 개정으로 사채에 대한 세무조사를 실시하고, 사금융 단속을 위해 대금업법을 제정한다. 둘째, 제2금융권의 활성화를 위해 제2금융권 금리를 실세화하고, 단자회사의 신규설립과 어음중개 기능을 강화한다. 또한 상호신용금고의 신규 설립과 업무영역을 확대하고, 신용카드와 할부금융을 취급하는 소비자 금융회사를 설립하며 신용협동조합과 마을금고를 정비하고 활성화시킨다. 셋째, 사고방지 및 거래자 보호를 위해 제2금융권의 예금보험과 감독 기능을 수행하는 신용관리기금을 설치한다 등이었다.

7·28조치는 '사금융의 제도금융화 방안'을 기초로 마련되었지만 6·28조치와 7·3조치에 따라 중요한 수정이 있었다. 차등과세에 의한 금융실명제의 단계적 추진은 법에 의한 전면 실시로, 단자회사와 상호신용금고의 제한적인 설립은 무제한 설립으로 바뀌었고, 소비자금융회사와 대금업법 제정은 빠졌다. 기존 단자회사도 일부 선발회사를 제외하면 영업기반이 취약하기 때문에 업무영역 확대가 더 중요하다는 실무진의 주장은 받아들여지지 않았고, 예금보험제도의 도입을 전제로 금융자율화를 위한 금융기관 설립자유화

는 추진되었다. 당시 단자회사와 상호신용금고의 신규설립은 큰 특혜[159]로 생각하고 있었는데 기준에 맞으면 무제한 신규설립을 허용하는 것은 놀라운 조치였다.

무제한 설립을 발표한 후 단자회사는 몇 달 사이에 서울과 지방에 우후죽순처럼 12개가 무더기로 설립허가를 받게 되어 20개에서 32개로 늘었다. 언제 설립의 문이 닫힐지 모른다는 생각에 더욱 그랬다. 신용금고가 1982년 중 14개가 설립 허가된 데 비해 의외의 결과였다. 단자회사의 신규설립은 당초 목적과 달리 자금출처 조사면제를 악용한 상속세 회피수단으로 이용되기도 했다. 한정된 시장에서 무제한 설립에 따른 과당경쟁으로 신설회사뿐만 아니라 기존 단자회사도 부실화된다고 아우성이었다. 특히 10월 초까지 인가를 신청한 단자회사가 서울의 기존 단자회사 7개보다 많은 8개이며 모두 서울지역에 집중됨으로써 아우성은 더했다. 단자업계의 인력은 제한되어 있었는데 신설회사들의 인력 스카우트에 따른 잡음이 하도 심하여 신설사 사장회의를 소집하여 자제할 것을 요청했지만 실효가 없었다. 이런 문제들이 노출되자 기존 단자회사를 중심으로 신규설립을 중단해야 한다는 주장이 강하게 제기되었다. 금융실명제 실시의 연기론으로 곤욕을 치르고 있던 우리는 또 다른 곤경에 처하게 되었다.

시작에서 좌초하다

금융자율화의 좌초

국회에서 금융실명제 연기를 논의하고 있을 즈음 장관에게 상속세 회피, 과당경쟁, 스카우트 잡음, 서울 집중 등의 문제가 심각하고, 신규설립이 예상보다 너무 많으므로 서울지역이라도 신규허가를 중단할 것을 건의했다. 장관의 허락을 받아 10월 11일에 "그동안 사채 양성화가 충분히 되었고 서울지역에 8개사나 인가되어 앞으로 서울지역에는 신규허가를 일시 중단한다."[160] 라는 요지의 간단한 발표를 했다. 상호신용금고와 서울 이외 지역의 단자회사 설립에 대해서는 계속 인가를 했다. 무기한 무제한 신규설립은 반년이 못 가 '일시 중단'되었고 '일시 중단'은 사실상 영구 중단이었다.

상호신용금고도 다음 해 44개가 추가 허가되어 총 58개까지 허가하고 중단되었다. 신규인가와 함께 당시까지 지점 허가가 금지되었던 기존 상호신용금고에 대하여 증자를 조건으로 서울과 직할시 3개, 인구 30만 이상 도시에 2개의 지점 설치를 허용해 모두 18개의 지점이 설치되었다.

말썽이 끊이지 않았던 제2금융권 업무에 대한 혁신도 동시에 추진했다. 모든 사전인가는 간주인가제도[161]를 규정하여 지점 이전이나 감사 취임 등에 관한 모든 인가를 자율화했다. 신규허가와 관련하여 말썽이 끊이지 않던 신용협동조합의 신규허가 기준[162]도 마련하여 전국에 338개를 인가했다.

결국 단자회사의 설립자유화, 은행의 민영화, 금리의 실세화 등 금융자율화정책은 시작에서 좌초하고 말았다.

단자회사는 1972년 '8·3긴급조치'에 따라 상호신용금고법, 신용협동조합법과 함께 '사금융 양성화 3법'의 하나로 제정된 '단기금융업법'에 의해 설립되었다. 장기적으로 기업투자를 위한 장기금융회사로 발전하기 위해 '투자금융회사'[163]라는 이름으로 출발했지만 은행으로부터는 미운 오리새끼 취급을 받고, 1975년에 도입된 종합금융회사 때문에 장자(長資)회사로 갈 길을 빼앗겼다. 1982년에는 '동전 넣으면 커피 나오듯이' 대량 인가된 신설사들 때문에 설상가상이 되었고, 1990년 종합금융회사로 전환한 후 1997년 환란의 도화선이 되었다. 그러고는 사라지고 말았다.

은행의 민영화도 무주화(無主化)로 끝났다. 그해 은행법 개정에서 대주주의 의결권 한도를 정부가 10%로 제한했으나 산업자본이 금융자본을 지배해서는 안 된다는 여론에 밀려 8%가 되었다. 엄밀한 의미에서 10%로 의결권을 제한하는 것은 진정한 의미의 민영화는 아니다. 무주화된 시중은행의 경영을 간섭하던 정부는 끊임없이 관치금융과 관치인사의 구설에 시달렸다. 1997년 환란으로 제일은행, 서울신탁은행, 조흥은행은 매각되어 실질적인 민영화가 이루어졌고, 상업은행과 한일은행은 우리은행으로 합병된 후 정부의 보이지 않는 손 아래 민간에의 위탁경영을 하고 있는 중이다.

민영화나 설립자유화는 금융자율화의 제도적인 장치이고 금융자율화의 핵심은 금리자유화인데 금리에 있어서는 상호신용금고의 최고금리 한도를 인상하는 것으로 끝났다. 당시 주요 과제였던 초과자금 수요를 해결하기 위한 금리실세화는 한 발도 못 나갔고 환란 이후 금리자유화가 실현되었다. 환란은 우리에게 많은 것을 빼앗기도 했고 주기도 했다.

서로 다른 정책 견해들

경제기획원과 재무부

경제기획원의 재무부 점령시대가 오게 된 것은 주요 정책에서 두 부처 간에 많은 견해 차이가 있었기 때문이다. 개성에 있어서도 경제기획원은 공격적인 반면 재무부는 방어적이었다.

재무부와 경제기획원은 금융실명제, 은행민영화, 금융기관 설립, 금리실세화, 정책금융 등 주요 정책에 대해서도 다른 견해를 갖고 있었다. 간단히 말하면, 금융실명제에 대해 단계적 실시와 전면적 실시, 은행민영화에 대해 금융자본 형성 후 정부지분 매각과 정부지분 매각 후 금융자본의 육성, 금융기관 설립에 대해 제한적 허용과 무제한 허용, 금리에 대해 실세금리 중시와 실질금리 중시, 정책금융에 대해 단계적 폐지와 전면 폐지로 대립되었다. 결국 서로의 견해 차이가 너무 커 합의가 이루어질 수 없었다. 경제기획원 출신 청와대 김재익 경제수석비서관은 그와 뜻이 같은 경제기획원 사람들로 재무부를 점령하게 하여 그들의 정책을 직접 추진했다. 칼을 가진 자는 휘두르고 싶고, 칼로 일어선 자는 칼로 망한다고 성경에 쓰여 있다.

재무부 사람들은 전통적으로 자금의 시장수익률, 즉 실세금리를 기준으로 금리정책을 운용해야 한다는 입장이었다. 복부인들도 부동산투기로 30% 전후의 고수익을 올릴 수 있던 상황에 금리를 내리면 자금의 초과수요를 감당할 수 없다는 입장이었다. 금리자유화보다 금리실세화를 우선시했기 때문에 급작스런 저금리정책을 반대했다. 어쩌면 부동산투기가 성행하는 한 금리자유화는 어려웠고 부동산투기는 만병의 근원이기도 했다.

김재익 경제수석은 명목금리에서 물가상승률을 공제한 실질금리를 기준으로 금리정책을 운용해야 한다는 입장이었다. 물가안정과 기업 재무구조 개선을 위해 저금리정책을 추진해야 한다는 논리였다. 경쟁체제 강화를 통한 금리자유화를 위해 민영화와 설립자유화가 필요하다는 입장이었다.

당시 15~20%의 두 자릿수 물가상승률이 1982년 들어 7.1%로 꺾이기 시작해 계속 3% 전후의 한 자릿수로 하향안정세에 접어들기 시작하던 때였다. 6·28조치에서 저축성 예금금리를 12.6%에서 8.0%로 4.6%나 대폭 내려 처음으로 한 자릿수 금리가 된 배경은 이것 때문이었다. 8.0%도 실질금리 기준으로는 선진국에 비해 높다는 것이었다.

김재익 경제수석의 실질금리론에 대해 나는 물가는 전년 대비 상승률로서 상대수치이고 금리는 같은 %라도 자금의 가격인 절대수치이기 때문에 직접 비교는 논리적으로 맞지 않다고 주장했다. 금리는 자금의 시장가격이고 절대수치인 실세수익률과 비교해야 한다고 했다. 만약 실질금리를 기준으로 한다면 물가가 마이너스로 떨어질 때 은행이 예금자로부터 '보관료'를 받아야 하느냐고 물었다. 대답은 기억나지 않는다. 1986년 생산자물가지수가 마이너스로 떨어져도 '보관료'는 징수되지 않았다.

1983년 대표적인 정책금융의 하나였던 국민투자기금[164]에 대해서도 경제기획원은 즉시 폐지를 주장했는데 재무부는 중화학공업 투자의 자금수요를 감안하여 점진적으로 축소하자는 입장이었다. '정부투자기관 관리기본법'[165]을 제정할 때에는 반대로 재무부는 자율성 확대를 주장한 반면 경제기획원은 정부의 개입을 들고 나와 한바탕 논란이 있었다.

업무의 성격에서 경제기획원은 공격적이고 재무부는 상반될 수밖에 없었다. 재무부는 금융과 조세에 관한 정책을 담당하므로 한정된 자금과 세입으로 항상 각 부처의 요구를 들어줄 수 없는 입장이었다. 그러다 보니 항상 '아니오'라고 하는 것이 상례이어서 방어적이 될 수밖에 없었다. 반면 경제기획원은 예산 이외에 고유 소관 사항이 없었고, 전체 경제부처 소관 사항을 총괄적으로 기획하고 조정하는 것이 주 업무였다. 또한 기획 후에는 각 경제부처가 책임지고 집행했기 때문에 공격적일 수 있었다. 세종로 같은 건물에 근무하면서 '압축성장'을 이끌어온 견인차의 두 바퀴이면서도 가장 다툼이 잦았던 재무부와 경제기획원은 1994년 말 재정경제원으로 합쳐졌다.

역피라미드 금융구조를 바로 세워라

금융피라미드 구상

금융자율화의 최종목표는 책임경영과 금리자유화다. 금융구조의 조정과 부실기업의 정리는 금융자율화의 전제조건이다. 자금의 공급구조가 왜곡되어 있거나 은행이 스스로 정리하기 힘들 정도의 부실채권이 있는 경우는 책임경영도 금리자유화도 불가능하다.

금융은 '실물경제의 그림자'인데 실물경제구조와 금융구조가 괴리되어 있었다. 나는 괴리된 금융구조를 실물경제구조와 합치되게 조정하는 것을 선행과제로 생각했다. 실물경제는 대기업, 중기업, 소기업, 제조업, 도매업, 소매업 등 상부가 작고 하부가 큰 피라미드 구조를 하고 있었다. 금융은 시중은행과 단자회사를 중심으로 상부가 크고 하부의 상호신용금고와 신용협동조합은 영세하여 거꾸로 놓은 역피라미드 구조였다. 중소기업은 많은데 중소금융기관은 적었고 주택금융 수요는 많은데 주택금융 공급기관은 주택은행 하나였다. 시설자금 수요는 많은데 민간 투자은행은 발달되지 않았다. 중소기업의 규모와 수요에 상응하는 중소금융기관이 있어야 한다. 중소기업과 중소금융기관이 쉽게 만나 신속한 의사결정이 이루어져야 한다. 중소기업 사장이 중소기업 은행장을 만나기 힘들었고 시중은행장을 만나는 것은 더 어려웠다. 자금공급의 흐름이 원활할 수 없고 왜곡이 있을 수밖에 없었다.

중소기업 사장이 중소기업 은행장에게 전화 한마디로 자금의 수급이 이루어지도록 중소금융기관의 네트워크를 만들어주는 것이 진정한 중소기업 지원책이다. 7·28조치에서 상호신용금고에 지점 설치와 차입한도를 늘리고 지역은행으로 육성한다는 것은 이러한 구상에서 출발한 것이었다. 단자회사를 투자금융과 상업금융을 취급하는 중규모의 도시은행으로 발전시키는 것을 선결과제로 생각했다. 신용협동조합을 정비하고 발전시키는 정책도 영세기업이나 구멍가게에는 중요하다. 금융선진국의 금융피라미드는 바로 서 있었다. 능력과 규모에 따라 자금의 수요와 공급이 이루어지고 있었다. 설립자유화보다 기존의 금융기관을 발전시키는 것이 더 중요했다. 이러한 구상은 금융실명제와 신규인가의 소용돌이에 파묻히고 말았다.

금융실명제가 끝난 다음 해인 1983년 나는 이재1과장으로 가서 한국산업은행, 중소기업은행, 주택은행 등 정책자금을 공급하는 국책은행을 담당하면서 금융피라미드 구상을 실현하기 위한 프로젝트를 만들었다. 첫째, 개발금융권에 대하여 한국산업은행과 민간은행인 장기신용은행의 기능을 강화하기 위해 금융채권 발행의 다양화, 장기CD 발행, 장기자금에 대한 차등금리 적용 등 여수신 업무영역을 확대함과 동시에 제2장기신용은행과 벤처금융기관을 설립한다. 둘째, 중소기업 금융권에 대하여 중소기업은행 이외에 단자회사와 선발 상호신용금고를 중소기업금융을 담당하는 중규모의 민간지역은행으로 육성한다. 셋째, 주택금융권에 대하여 주택은행 이외에 시중은행, 보험회사, 상호신용금고 등에 주택금융을 취급하게 한다. 넷째, 서민금융권에 대하여 국민은행과 함께 상호신용금고와 신용협동조합의 업무를 확대한다. 다섯째, 소비자금융권에 대하여 할부금융회사 등 소비자금융기관을 설립한다 등이다. 모든 은행 업무를 취급하는 유니버설뱅크(universal bank)인 시중은행을 경쟁매체로 하는 경쟁체제를 확립함으로써 금융자율화를 위한 금융피라미드를 만드는 것이었다.

이러한 방향에 따라 1983년에 한국산업은행법과 장기신용은행법을 개정하여 업무영역의 확대와 아울러 한국산업은행의 자회사로 한국기업평가주식회사(1983년)와 한국기술금융주식회사(1984년)를 설립[166]했고 신용평가와 벤처금융의 효시가 되었다. 중소기업금융과 주택금융의 확대는 구상으로 끝났다.

해운산업은 투기판이었다

해운산업 합리화계획

금융자율화를 위한 또 하나의 전제는 부실기업의 정리였다. 금융기관의 부실채권을 정리하지 않는 한 금융자율화는 불가능한 것이다. 1982년 장영자사건이 터진 이후 금융기관의 부실채권은 폭발적으로 늘어났다. 근본적인 부실채권의 정리계획은 없었다. 금융사고가 난 금융기관의 유동성을 지원하고 연쇄부도 방지를 위해 관련 기업에 대한 금융 지원을 하는 등 사고수습을 위주로 한 미봉책이었다.

부실기업 문제는 금융정책과에서 담당하다가 1983년부터 이재1과가 맡게 되었다. 1982년에는 장영자사건으로 세상이 어지러웠는데 1983년에는 이에 버금가는 명성그룹사건[167]이 터져 또 한바탕 세상은 어지러웠다. 명성그룹사건이 터진 지 한 달 후인 9월에 영동개발사건,[168] 두 달 후인 11월에 대구 광명그룹 부도,[169] 다음 해인 1985년에는 종합무역상사의 하나인 국제상사의 부도로 이어져 사고수습에 정신이 없었다. 당시 이런 사고의 실무는 주거래은행과 은행감독원에서 처리하지만 재무부는 사후처리를 지원하고 조정해야 했기 때문에 금융사고가 터지면 부도어음 처리, 자금지원, 법정관리 등 사고수습 업무가 여간 복잡한 것이 아니었다. 청와대에 보고하고, 국회 재무위원회에 보고하고, 질의에 대한 답변서를 마련하는 일 등 부수 업무도 여간 고생스러운 것이 아니었다. 주거래은행, 은행감독원, 재무부 실무자들의 수고는 말할 수 없었다.

개별기업이 아닌 산업에 대한 부실채권의 정리는 해외건설산업에 이어 해운산업이 두 번째로 대상이 되었다. 당초 해운산업의 구조조정은 해운항만청에서 주관하고 있었다. 1984년 11월 청와대의 지시[170]로 갑자기 이재1과에서 해운산업 합리화계획을 수립하게 되었다. 재무부가 해운산업 합리화계획을 맡게 된 배경은 당시의 해운회사만큼 해운행정도 문제가 많았기 때문이다. 해운산업의 총부채 규모도 정확히 파악된 것이 없었고 대차대조표도 없는 해운회사도 있었다. 해운항만청에서 해운산업 합리화계획을 청와대에 보고했을 때 이런 문제가 지적되어 부실기업을 맡고 있던 이재1과로 넘어오게 되었다.

해운입국을 내세워 발족한 해운항만청은 안보적 관점에서 무리한 해운진흥계획을 수립하여 추진했다. 해운회사별 선복량(船腹量) 증강 목표까지 할당하며 7년 사이에 한국산업은행 자금으로 중고선을 대량 매입하여 1983년에 70개사, 선복량 680만 톤으로 2배 넘게 늘었고 그 결과 세계 13위의 해운대국이 되었다. 미국, 일본 등 해운 선진국들이 에너지를 3분의 1로 줄이는 경제선을 중심으로 구조조정을 하고 있을 때, 우리는 너도 나도 정부가 주선한 돈으로 다른 나라에서 스크랩(해체)하는 중고 노후선을 사들여 한두 척 가진 회사도 많았다. 정기항로를 다니는 컨테이너선 회사 일부를 제외하면 사실상 투기판이었다. 운임수입은 24억 달러였으나 과당경쟁과 유가상승으로 인하여 매년 1,000억 원이 넘는 적자가 쌓여 해운산업 전체가 도산위기에 처하게 된 것이다. 에너지 다소비형의 노후선이 많아 유가상승의 충격은 더욱 컸다. 대내외 총채무는 2조 원이 넘고 원리금상환액은 매년 4,000억 원에 달할 것으로 추정했다. 이러한 채무액도 은행에 떠넘기기 위해 장부가 없다고 주장하는 해운회사도 있었다. 해운항만청은 그동안 부채의 실체도 파악하지 못한 채 업계의 주장을 대변하고만 있었다. 싱가포르항에 붙잡힌 선박의 유류대를 한국산업은행이 대신 지급하고 있는 지경까지 되어 정부 차원의 지원이 불가피한 상황이었다.

먼저 한국산업은행의 실무자를 중심으로 부실규모의 추정부터 시작했다. 장부가 없다고 주장하는 해운회사는 현지조사로 비은행부채를 추정하고 대차대조표와 손익계산서를 한국산업은행 직원들이 만들어 부채와 적자규모를 파악했다. 더욱 놀라운 것은 한두 척의 배를 소유한 해운회사들이 사고파는 와중에서 해운항만청은 정확한 해운회사의 수도 파악하지 못하고 있었으니 거짓말 같은 상황이었다.

은행이 추정한 3조 원의 부채를 근거로 '해운산업 합리화계획'을 수립하고 그해 12월 24일에 발표하게 되었다. 일본도 우리와 같이 비슷한 해운회사 수와 선복량 700만 톤이 되었을 때 과당경쟁으로 도산위기에 처하게 되어 노선별로 6개 그룹으로 합리화계획을 추진했는데 이것을 참고하여 우리도 원양노선을 6개 정도로 상정하여 계획을 수립했다.

주요 내용은 벌크선의 경우 대형사는 130만 톤, 중소형사는 50만 톤을 기준으로 통합하고, 컨테이너선의 경우 대형사는 100만 톤, 소형사는 30만 톤을 기준으로 통합하며, 근해 노선의 경우 일본 노선과 동남아 노선으로 구분하여 정기 해운회사와 부정기 해운회사로 합병한다는 것이었다. 이에 따른 합병계획을 해운항만청에 제출하여 승인을 받도록 하고, 3년간 부채상환을 유예하고 이자도 일부 탕감한다는 것이었다. 3년의 근거는 당시 해운산업의 경기 사이클이 5년 정도의 주기였고, 3년 후에 호황이 온다는 전망을 기초로 했다.

합리화대상 68개사 중 53개사가 참여하여 원양 노선 8개 그룹, 일본 노선 3개 그룹, 동남아 노선 4개 그룹, 특수선 1개 그룹의 총 16개 그룹으로 합리화계획을 제출받고 이들 그룹에 대해 3년간 부채의 상환을 유예하기로 했다. 이 계획이 마무리될 즈음 나는 이재1과를 떠났다.

1차 해운산업 합리화계획 이후에도 세계적인 초과 선복량이 해결되지 않아 적자와 부채는 더 늘어났다. 1985년과 1987년 두 차례의 추가지원이 있었지만 끝내 해결되지 않았고 1987년 4월 19일 최대 해운회사인 범양상선 박건석 회장은 데리고 있던 사장에게 "인간이 되시오."라는 유서를 남기고 자살하고 말았다. 나는 뉴욕 재무관으로 근무하며 뉴스를 듣고 좀 더 잘했으면 하는 자괴감을 느꼈다.

해운산업 합리화에는 외부에 제대로 알려지지 않은 문제가 있었다. 일본의 해운합리화 과정을 검토하면서 이런 문제를 알게 되었다. 당시 해운업은 일부를 제외한 대부분의 군소회사들은 사실상 해운업자가 아니라 투기꾼이었다. 해운업은 미국, 일본과 같이 운항과 운임수입을 주로 하는 통상의 해운업과 선박왕 오나시스로 유명한 그리스같이 선박의 매매를 주로 하는 '선박투기업'[17] 두 가지였다. 우리는 두 가지가 뒤섞여 있었다. 중고선을 사들여 선박가격이 오르기를 기다리던 투기꾼 군소회사들은 사실상 모두 폐선과 청산의 방법을 택해야 했다. 한국산업은행의 부실이 문제가 되어 범양상선 등 선발회사들에 은행 부채의 유예를 조건으로 부실회사를 인수시켰는데 당시로서는 불가피했지만 결과적으로 잘못이었다.

1980년대 중반의 해운산업은 무모한 정부와 무책임한 경영인이 과도한 차입경영으로 빚어낸 부실산업의 전형이었다. 안보를 내세운 무모한 해운진흥계획, 투기꾼을 양산한 해운행정, 정부계획에 맹종한 무책임한 은행대출, 과도한 차입경영에 대해 책임질 사람이 없었고 해결할 사람도 없었다. 정부가 뒷돈을 대 벌어진 투전판이었는데 저지른 사람은 떠나고 책임과 비난은 성실했던 해운업자와 후임자들이 덮어썼다. 투기꾼이 설치고 부채도 자산도, 심지어 해운회사의 숫자도 제대로 파악하지 못한 채 부실하기 짝이 없는 상태에서 시작한 해운산업 합리화계획은 그 결과도 부실하기 짝이 없었다. 한국산업은행의 부실을 감수하고 투기꾼들의 노후 선박을 폐선 처분할 수 있는 용기가 누구에게도 없었다.

한강의 기적 뒤에 도사리고 있는 부실기업이 어디 해운산업뿐이었겠는가. 근본적인 정리계획이 없이 누적된 부실채권은 은행을 부실하게 만들었고 결국 1997년 외환위기를 맞게 했다.

08 통화 수준을 강바닥에 맞추다

::: 통화와 금리

소나기로 쏟아진 정책들

경제활성화 대책들

1988년 서울올림픽의 꿈에서 깨어난 우리에게 닥친 것은 성장둔화, 수출침체, 주가하락, 부동산투기, 노사분규 등이었다. 경기침체에 대한 처방과 안정이냐 성장이냐의 정책 우선순위를 두고 정부와 통합여당 민주자유당의 견해 차이는 1990년 3월 대폭적인 개각으로 이어졌다. "곡식과 잡초가 함께 자라고 있는데 성장이 더디다 해서 비료를 뿌렸다가는 잡초만 무성하게 자라기 쉽다."라고 주장하며 경기부양책을 거부하던 조순 부총리가 물러나고 이승윤 부총리, 정영의 재무부 장관, 김종인 경제수석으로 핵심 경제라인이 바뀌었다.

　새 경제라인 취임 직후 나는 이재국장으로 자리를 옮겨 일하게 되었다. 4월 4일 12개 경제부처 합동으로 '경제활성화 종합대책'이 발표되었다. 주요 내용은 금융실명제를 연기하고, 수출과 투자활성화를 위한 설비자금 공급확대와 무역금융 융자단가를 인상한다, 제2금융권의 실세금리를 인하하고, 부동산투기 억제를 위한 양도소득세 조사를 강화하고 투기꾼에 대한 제재를 강화한다 등이었다. 금융실명제는 부동산투기, 증시침체, 기업 투자의욕 감퇴의 누명을 덮어쓰고 두 번째로 없던 일이 되었다. '경제활성화 종합대책'이라기보다 1989년 4월부터 실시준비를 해오던 금융실명제를 연기한 조치가 핵심이었다.

4월 30일 월요일, 주가는 사상 최대인 31.7포인트가 하락하여 700선이 무너지며 한국판 '블랙 먼데이(Black Monday)'를 기록했다. 대통령은 뉴델리 ADB 연차총회에 참석한 재무부 장관을 불러들여 특별대책을 마련하라는 긴급지시를 내렸다. 즉시 마련한 증시 특별대책으로 3일 동안 93포인트가 오르는 사상 최대 상승기록을 세우는 요지경 같은 상황이 벌어졌다. 대통령의 긴급지시에는 증권회사와 보험회사가 매입한 부동산을 매각하도록 하고 기업의 비업무용 토지에 대한 규제를 강화하여 부동산가격을 안정시키라는 내용도 포함되어 있었다.

'경제활성화 종합대책'은 4월 13일 투기꾼을 단속하는 것을 중심으로 한 '부동산투기 억제대책'으로 이어졌다. 그리고 4월 30일 '증시 폭락 특별대책'과 함께 두 번째 부동산대책인 '부동산가격 안정대책'을 발표했다. 5월 7일 대통령의 '총체적 난국 극복을 위한 특별담화'에서 '비업무용 부동산 강제매각 조치'를 발표하고 다음 날 5월 8일 오전, 비업무용 부동산의 6개월 내 매각, 제3자 명의 부동산 담보 취득금지, 49개 그룹 토지매입 불허 등을 포함하는 '부동산투기 억제와 물가안정을 위한 특별 보완대책'을 발표했다. 같은 날 오후 4조 원의 증시안정기금을 조성한다는 발표를 했다.

성장우선을 내세운 새 정책라인은 금융실명제 연기에서 출발하여 경제활성화대책으로, 부동산투기 억제대책으로, 증시활성화대책으로, 한 달간 정책들을 소나기로 쏟아냈다. 대부분 실패로 끝났다. 급히 몰아치는 종잡을 수 없는 정책들의 행진이 어지럽게 난무하는 속에 실무진들도 함께 표류하는 피곤한 나날들이었다.

러프를 잘라 팔아라

경기는 침체되고, 전·월세는 폭등하고, 주가는 폭락하고, 현대중공업은 파업하는 상황이었다. 민주정의당, 통일민주당, 신민주공화당 3당이 통합하여 거대여당 민주자유당이 탄생했다. 그러자 평화민주당은 '호남고립'을 들고 나와 정치공세가 격화되었다. '총체적 난국'이라는 말이 회자했다.

재벌들의 부동산보유에 대한 강경대책이 나올 전주곡은 은행감독원이 조사한 30대 재벌의 부동산 보유 실태가 신문에 보도[172]된 것이었다. 경기침체 속의 재벌 부동산 보유와 주가 폭락 속의 증권회사 지점 설치용 부동산 보유가 '부동산 사재기'로 폭로되면서 '대통령의 진노'로 이어지고, '총체적 난국'을 돌파하기 위해 법적 근거도 없이 '통치권 차원'의 비상조치가 나오게 되었다.

1990년 5월 7일, 노태우 대통령은 총체적 난국을 극복하기 위한 특별담화를 통해 기업의 비업무용 부동산과 과다보유 부동산을 강제 매각시키겠다고 발표했다. 5월 8일 경제부처 합동으로 '부동산투기 억제와 물가안정을 위한 특별 보완대책(5·8부동산대책)'을 발표했다.

주요 내용은 다음과 같다. 여신 관리대상 49개 계열기업군은 공장, 연구소 등 생산활동에 직접 필요한 부동산 이외에는 취득을 금지하고, 이미 보유하고 있는 비업무용 부동산은 6월 말까지 처분계획서를 제출한 후 매각하도록 한다. 모든 기업의 비업무용 부동산과 제3자 명의의 부동산에 대한 금융기관의 담보취득을 금지하며, 금융기관의 점포 신설을 동결한다. 증권·보험회사의 과다보유 부동산을 3개월 내 자진매각하도록 한다는 것이었다. 법인세법의 비업무용 부동산에 관한 규정도 강화했다. 강력한 추진을 위해 청와대에 '부동산특별대책반'이 설치되었다.

한 달 사이 네 번째로 발표한 '5·8부동산대책'은 이름이 보완대책이지 사실은 하이라이트였다. 이 부동산대책은 처음부터 많은 문제점을 내포하고 있었다. 비업무용 부동산의 강제매각과 담보취득 금지는 법적 근거가 없었고, 과다보유의 판정은 자의성이 많았으며, 법인세법의 비업무용 기준은 현실성이 없었다.

법인세법의 비업무용 부동산에 관한 규정은 비용수익 대응의 회계원칙에 따라 수익에 직접 관련이 없는 부동산에 관한 취득세나 관리비 등을 비용으로 인정하지 않는다는 규정이고, 취득의 제한이나 매각처분과는 관련이 없는 규정이다. 투기억제를 위해 비업무용 부동산에 관한 규정을 더 강화했으니 현실과는 더 멀어졌다. 법인세법의 규정에 따라 국세청의 조사 결과 49대 재벌이 보유한 부동산 2억 600만 평의 30.3%인 6,200만 평이 비업무용 부동산으로 판정되었다.

국세청의 판정에 기업이 반발하고 나섰다. 과거의 비업무용 판정은 세금만 더 내면 되는 일이지만 지금은 매각하느냐 마느냐가 문제였다. 예를 들면 기준면적을 초과하는 골프장의 러프, 산을 깎아 만든 연수원의 경사진 벽면, 공장 진입도로 등을 매각대상인 비업무용이라 판정했으니 웃음거리가 되었다. 석탄산업법의 의무규정에 따라 석탄업자가 조림한 임야, 소방법에 따라 건설된 주유소의 땅도 비업무용이 되기도 했고, 설계기간이 1년 이상 걸리거나 정부의 인가가 늦어 취득 후 1년 내에 건물공사에 착공하지 않았다고 비업무용으로 판정하기도 했다. 이런 불합리한 예는 수도 없었다.

금융기관의 여신 관리규정은 당시까지 법인세법 시행규칙의 비업무용 기준을 그대로 원용하고 있었다. 비업무용 기준의 개선을 위해 실무적인 협의[173]를 했지만 합의되지 않았고 투기억제를 위해 강화된 법인세법의 비업무용을 여신운용에 그대로 적용하는 것은 불가능했다.

결국 여신 관리규정에서 독자적인 판정 기준을 마련하기로 했다. 첫째 법률의 규정에 따라 보유하는 경우(예 주유소), 둘째 기업의 귀책사유 없이 착공기간이 경과된 경우(예 건축허가 지연), 셋째 기준면적을 초과하지만 보유가 불가피한 경우(예 골프장 러프), 넷째 업무에 직접 사용하고 있어 사실상 처분이 불가능한 경우(예 진입로)는 업무용으로 인정하여 강제 매각처분을 당하지 않도록 개정했다.

국세청이 판정한 비업무용 부동산 6,200만 평의 10% 정도인 650만 평을 구제했다. 전체 비업무용의 50%나 차지하는 한진그룹의 제주도 제동목장, 대성탄좌의 문경임야, 동국산업의 괴산임야 3,300만 평은 사실상 구제되어야 했으나 빠졌다. 이것을 구제하면 비업무용의 60%가 업무용이 되는 바람에 숫자 맞추기의 '강력한 지시'로 매각대상이 되는 불운을 맞게 되었다.

외부로부터 세밀한 검토 없는 탁상행정이라는 질타를 우리가 덮어썼고, 내부로부터 재벌 봐주기라는 오해를 받아 자리 지키기도 어려울 뻔[174]했다. 역삼동 현대그룹 대지, 잠실동 롯데그룹 부지는 강제매각 대상이 되었다가 소송에서 기업에 귀책사유가 없는 것으로 판정되어 주인을 찾아갔다.

결과보다 원인을 다스리고, 사람보다 시스템으로 대응해야 하는데 '대통령의 진노'와 특정인의 아이디어로 법적 근거도 없이 허겁지겁 만들어진 5·8부동산대책은 '불확실성'의 전형이었고 한여름 밤의 꿈과 같았다.

투기의 근원 부동산담보

담보대출과 부동산투기

정부에서 일하며 부동산투기는 만병의 근원이고 집 없는 서민에게는 투기꾼이 도둑보다 무서운 것이라고 인식하고 있었다. 부동산투기는 틈만 있으면 일어났고 당시는 개인보다 기업의 투기가 더 문제였다. 언제나 정부의 일관성 없는 정책이 투기를 부추겼고 개인도 기업도 '부동산 사재기'에 나서고 있었다. 정부가 기업의 부동산 사재기를 응징하기 전에 정부 스스로의 정책 과오에 대한 분석과 대응책을 마련해야 했다.

기업의 부동산투기는 재주는 곰이 넘고 돈은 왕서방이 챙기는 메커니즘이었다. 부동산가격이 지속적으로 상승하는 상황에서 은행으로부터 대출받은 자금으로 부동산을 사고, 그 부동산을 담보로 은행에서 또 대출을 받아 경영자금으로 쓰고, 만기가 되어 부동산을 팔면 원리금 모두를 갚고도 남았다. 대출금은 기업이 아니라 투기가 대신 갚는 꼴이고 한두 번 더 굴리면 부동산이 공짜로 굴러들어 오는 판이었다. 재주는 은행이 넘고 돈은 투기꾼이 챙겼고 은행자금은 만성적인 초과수요 상태를 면할 수 없었다.

정상적으로 경영하는 기업도 미리 공장부지를 사두지 않으면 오르는 부동산가격을 감당할 수 없었다. 사내 유보자금으로 부동산을 사고 그것을 담보로 대출을 받아 경영하는 것이 훨씬 유리했다. 이런 상황에서 누가 부동산 사재기를 안 할 것인가. 정부의 일관성 없는 부동산정책과 금융기관의 부동산담보 위주의 대출관행이 부동산투기의 두 축이었다.

기업 부동산투기의 근원인 부동산담보 위주의 대출관행을 선진국과 같이 기업의 신용평가[175]에 의한 무담보 대출관행으로 전환하기 위해 '금융기관의 부동산 관련 여신운용에 관한 법률'[176]을 입안해 6월 21일 발표했다. 주요 내용은 부동산투기의 근원을 없애기 위해 금융기관의 부동산 담보취득은 비업무용이나 업무용에 관계없이 원칙적으로 금지하고, 은행자금으로 부동산취득을 금지하기 위해 일정액 이상의 금융 여신이 있는 기업의 부동산 취득은 사전승인을 받게 하며, 감독기관 또는 금융기관이 사업성, 수익성, 건전성을 기준으로 정한 심사 기준에 따라 행한 신용대출의 부실에 대해 신분상, 재산상의 책임을 묻지 않는다는 것이었다. 이 안에 대해 금융자율화에 역행한다는 비판이 있었으나 부동산투기 억제는 자율화에 우선하는 것임을 이유로 입법을 시도했다. 은행차입이 1,500억 원 이상인 기업에 대해 주거래은행이 부동산취득을 제한하는 '계열기업군 여신관리규정'이 있었으나 법적 제재수단이 없어 실효성이 약했고 부동산담보 취득금지에 관한 규정이 없었다.

부동산담보 취득을 금지하면 외부의 대출압력을 막아낼 방도가 없다는 이유로 은행장들은 강력히 반대[177]했다. 경제장관회의도 통과한 법안이 국무회의에 상정되던 날 청와대의 지시로 돌연 보류되었다가 폐기되었다. 무슨 이유에서였을까. 신용평가 위주로 대출관행이 그때 시작되었더라면 1997년 외환위기의 요인이었던 부동산담보 위주의 대출에 따른 부실대출이 그렇게 많아졌을까 하는 생각도 해본다. 금융기법 선진화와 부동산투기의 제도적인 억제를 위한 노력이 수포로 돌아갔다.

외상통화를 잡아라

어음통화론

자금이 만성적인 초과수요 상태였던 1990년 금융시장에 지금은 생소하지만 '꺾기'와 '타입대'라는 말이 유행했다.

1990년부터 통화관리를 탄력적으로 하기 위해 월별 평균잔액 관리에서 분기별 관리로 바꾸고 연간 목표를 15~19%로 했다. 1분기에 총통화증가율이 23.5%에 달하자 언론은 15~19%도 너무 높고 통화가 많이 풀렸다고 지적하고 나섰다. 기업은 자금부족으로 아우성인데 인플레와 투기를 막기 위해 통화를 최대한 억제해야 한다고 주장했다.

주가지수 700이 무너진 4월 30일 '블랙 먼데이' 이후 증권시장의 침체가 계속되자 증권사의 고객예탁금이 계속 빠져나가 3년 만기 회사채 수익률이 연리 15%에 달했고 콜금리는 19%까지 올라갔다. 은행이 기업에 12%로 융자를 해주면서 대출금의 일부를 강제로 다시 예금시켜 15%의 실세금리에 맞추는 구속성 양건예금[178] '꺾기'가 극성을 부렸다. 연초부터 통화지표를 낮추기 위해 양건예금에 대한 예대상계[179]를 강력히 실시하고 있었다.

기업의 자금난이 가중되자 전경련은 총통화증가율을 22%까지 늘려줄 것을 정부에 건의[180]했다. 자동차, 전자, 섬유, 철강 4대 주종업종의 수출이 부진하자 하반기에 들어 현대, 삼성, 럭키금성, 대우 등 4대 그룹의 자금사정도 악화되었다. 당좌대월 한도가 초과되면 다른 은행에서 발행된 당좌수표로 초과분을 메우는 변칙대출 '타입대'에 의존하고 있었다. 자금조달을 위해 금리불구, 금액불구, 체면불구의 '3불구'라는 말이 생기고 L그룹의 부도설이 나돌 정도로 자금경색은 심각했다. 자동차업계는 수출이 부진하자 1989년에는 국내의 할부판매에 주력했다. 100여만 대의 국내시장에서 현대, 대우, 기아, 쌍용, 아세아 5개 자동차회사의 판매경쟁이 가열됨에 따라 할부판매가 90%에 달했고 할부기간이 36개월[181]을 초과하기에 이르자 매출이 늘수록 자금부족 현상은 더 심해지는 함정에 빠지게 되었다.

증시대책으로 한국투신, 대한투신, 국민투신 등 3개 투신사에 2조 8,000억 원의 긴급자금을 지원(1989년 12월 12일)했던 은행권도 지급준비금 부족상태에 몰렸다. 연초부터 물가와 부동산가격의 상승 때문에 통화환수에 총력을 기울이게 되었고, 지불준비금 미달에 대해 연리 24%의 벌칙금을 매기기에 이르렀다. 통화환수를 위해 통화채를 발행하려 해도 제2금융권의 자금사정이 극도로 나빠 예전처럼 강제배정도 불가능한 상황이었다. 통화증가율을 억제하기 위해 통화당국이 정책자금을 제외한 민간대출을 사실상 중단시키는 상태로 갔다.

이러한 현상은 통화량이 근본적으로 부족해 발생한 것으로 판단했다. 은행지급어음[182]은 부족한 통화량을 보충함으로써 사실상 통화의 역할을 하는 '외상통화' 또는 '선물통화'였다. 고액 상거래의 대부분이 어음으로 거래되면서 자금시장에서 한국은행보다 삼성그룹이나 현대그룹의 영향력이 사실상 컸다. 실제로 기업이 발행하는 은행지급어음이 '어음통화'로서 '외상통화' 또는 '선물통화'의 역할을 하면서 금리와 주가에 대한 위력은 한국은행이 관리하는 M1, M2라는 '현물통화'보다 컸다. '한국중앙은행'보다 '삼성중앙은행'과 '현대중앙은행'이 더 세게 되었다. 한국은행이 돈을 풀어 '외상통화'를 규제하지 않고서는 '현물통화' 관리의 실효성은 크게 저하될 수밖에 없었다.

또한 은행지급어음은 정직한 중소기업이 동반부도를 내는 핵심요인이었다. 은행이 지급책임을 짐으로써 사채거래의 제도적 장치가 되기도 했다. 우리의 부도제도는 하나의 은행에서 하나의 수표나 어음이 부도나면 모든 은행이 동시에 부도를 내는 가혹한 담합제도[183]이다. 우리와는 달리 미국의 부도제도는 거래은행별로 부도를 내고 신용도는 떨어지지만 페널티를 물고 당사자 간의 타협으로 해결되었다.

만성적인 자금부족과 고금리를 해결하고 정직한 기업의 정상적인 경영을 보장하기 위해서는 통화량을 경제량에 맞도록 획기적으로 확대하고, 은행지급어음을 폐지하고 수표에 의해서만 지급하도록 하며, 부도제도도 일괄 부도에서 은행별 부도제도로 전환하는 근본적인 개혁이 필요했다. 한국은행과 함께 통화량 문제에 대해 몇 차례 토론회도 열어보고 어음제도와 부도제도에 대해서 논의해보았지만 한국은행과 견해 차이가 너무 커서 합의에 도달할 수 없었다. 세상이 다 통화량이 적다는데 한국은행은 통화량이 5% 증가하면 국내물가가 해마다 평균 1.75%씩 오른다는 분석에 기초하여 통화환수에 노력하고 있었다.

통화량이 늘면 과연 인플레가 일어나고 이에 따라 금리가 올라가는 것일까. 우리 경제의 수준에 맞는 적정통화량은 어디일까. 어음과 부도제도는 과연 그대로 두어도 되는 것일까. 모두 의문으로 남기고 훗날을 기다릴 수밖에 없었다. 환란이 일어난 다음 먼 훗날의 대답은 통화량이 적었다는 것이었다.

통화 수준을 강바닥에 맞추다

적정통화량과 통화관리

자금수요라는 도도한 물결이 밀려오는데 정해진 높이로 수위를 낮추고 더구나 강바닥의 굴곡에 관계없이 일정하게 수위를 맞추려는 것이 당시의 통화관리였다.

이재국장으로 가자 소나기 정책들로 고전하는 중 총통화(M2)의 연간증가율 목표 15~19%를 달성하는 데 비상이 걸렸다. 당시는 재무부 장관이 금융통화위원회 의장을 겸하고 있어 이재국은 통화관리를 한국은행과 협력하여 수행하고 있었다. 1분기에 총통화증가율이 23.5%에 달했다. 한국은행이 매일 통화량 증가를 체크하며 노력했지만 불가항력이었다. 결국 1990년의 총통화증가율은 20%를 넘었다.

통화관리에 대한 재무부와 한국은행의 견해 차이는 컸다. 통화량 수준, 관리방법, 단자회사의 역할 등에 대한 의견이 모두 달랐다.

통화량에 대해 재무부는 경제규모에 비해 근본적으로 부족하다는 생각이었고 한국은행은 반대의견이었다. 통화증가율의 관리도 현재의 통화 수준이 경제활동에 적정 수준이라는 것이 전제되었을 때 의미가 있다. 적정통화량이 아니라면 증가율의 관리는 의미가 없고 실물경제 활동을 제약하는 족쇄가 된다. GNP 대비 총통화의 비율[184]이 1989년 말 40%[185]로서 당시의 총통화 규모로 GNP를 감당하기 위해서는 1년에 2.5회전이 필요했다. 미국이 80% 정도, 일본이 120% 정도[186]였던 점에 비해 통화량은 너무 적었다. 적은 통화량은 단자회사의 어음중개에 의해 보충되었다. 통화의 유통속도는 선진국에 비해 언제나 과속이었다. 과속으로 달리다 보니 작은 돌부리에 걸려도 대형사고가 났다. 작은 금융사고에도 금융시장에 미치는 파장은 언제나 컸다.

통화관리에 대해서도 재무부는 통화안정증권의 매각과 콜 시장의 개입을 통한 간접관리방식에 따라 탄력적으로 하자는 입장인데 비해 한국은행은 은행별로 지급준비금의 규제와 콜 자금의 직접대출에 의한 타이트한 직접관리 방식을 계속하자는 의견이었다. 미국은 분기별로 탄력적인 목표(target cone)[187]를 정해 금리 중심으로 간접관리 방식을 택하고 있었다. 시중은행의 자금담당자들도 매일 하루살이같이 지급준비금을 마감하고 부족분은 한국은행에서 콜머니로 채워야 하니 피곤하기도 마찬가지다. 시중은행의 어떤 임원은 한국은행만 피곤을 모르고 즐기는 사람들 같다고 말했다.

단자회사의 역할에 대해 한국은행은 단자회사에 자금이 몰리면 통화관리가 어렵다는 판단에서 단자회사의 자금중개 업무에 대해 부정적인 의견[188]을 갖고 있었다. 재무부는 단자회사의 자금은 거의 모두 은행에 예치된 상태에서 어음의 매출과 할인이 이루어지고 또한 자금의 중개활동을 통해 유통속도를 높여 부족한 통화량의 보완역할을 한다는 입장이었다. 어떤 면에서 단자회사의 자금중개는 금리의 안정요인이 되고 은행의 요구불예금의 증가로 자금관리는 어렵게 만들지만 수익성은 증가시키는 요인도 되었다. 한국은행은 M2b[189]라는 지표를 개발하고 단자회사의 단기유동성에 대한 자금관리가 필요하다고 주장했으나 이것은 은행에 예치된 자금을 이중계산하는 것이고 통화관리에는 큰 의미가 없는 것이었다.

사사건건 의견이 달랐지만 중앙은행의 보수적인 입장을 이해하며 하루하루 피곤한 소모전으로 통화를 관리했다. 연간목표 15~19%는 한국은행의 15% 의견과 재무부의 19% 의견이 타협한 것이었다. 문제는 365일 매일의 평균잔액으로 연간목표를 계산했으니 하루를 놓치면 다음에 꼭 벌충을 해야 하는 피곤한 게임이었다. 계절과 경기의 사이클에 따라 통화수요가 다른데 매일의 연간 평균잔액을 관리한다는 것은 강물의 수위를 강바닥에 맞추어 일정한 높이를 유지하는 것과 같이 무리한 일이었다. 자금이 필요할 때는 조이고 자금이 필요 없을 때는 푸는 결과다. 미국의 소설가 마크 트웨인 (Mark Twain)이 말한 대로 "햇빛 쨍쨍할 때 우산을 빌려주고 비올 때 회수 (Bankers lend umbrellas on sunny days only to collect on rainy days)"하는 격이다. 이런 무리한 게임을 주장하는 한국은행의 입장을 이해할 수 없었다.

연말이 되어 1991년의 통화관리 목표를 정하는 데도 통화량의 적정규모, 증가율, 관리방식에 대해 모두 견해가 달랐다. 재무부는 연간 목표를 없애고 분기별로 상황에 따라 목표를 정하여 관리하자는 입장이었고 한국은행은 계속 '강바닥에 수위를 맞추는 365일 통화관리' 입장을 고수했다. 결국은 분기 말 즉 3월, 6월, 9월, 12월 총통화증가율 목표를 17~19%로 하기로 타협이 되었지만 '목표'냐 '전망'이냐의 표현을 두고도 씨름을 했으니 이런 피곤하고 무의미한 게임은 처음이었다.

관례에 따라 금융통화위원회 의장인 재무부 장관이 연초에 한국은행을 방문했을 때 노조는 현관문을 막고 간부들은 안에서 보고만 있었다. 그들은 최고 상사인 금융통화위원회 의장도 '중앙은행 독립'을 위해서는 그렇게 해야 한다고 생각했다.

되돌아보면 부질없는 논쟁이었다. GDP 대비 M2의 비율이 통화지표가 변경되기 전 마지막 연도인 2001년 84.7%[190]로 선진국 수준으로 되었다. 외환위기 때까지 40%대를 유지하다가 1998년부터 1년에 10%p 전후 확대되어 4년 만에 80%대로 되었으니 통화량도 외세에 의해 정상화되었고 이에 따라 5%대의 저금리시대가 열렸다.

2002년부터 개편된 새 통화지표를 미국, 일본과 비교하면 취지와 실효성에 의문이 생긴다. 새 통화지표의 근거인 IMF의 MFSM(Monetary and Financial Statistics Manual, October 2000)은 과거 통화지표의 근거인 SNA(System of National Accounts, 1993)와 '좋은 관행과 비교가능성(good practices and comparability)'을 지킬 것을 권장했다. 새 통화지표는 좋은 관행(practices)도 아닌 것 같고, 과거의 통화지표와 비교가능성(comparability)도 현저히 떨어지는 것 같다. 2003년 6월부터 시행된 일본의 개편된 통화지표는 기관 구분 이외에 변화가 없고, 미국의 통화지표는 그대로이다.

시중은행의 반대를 무릅쓰고 한국은행이 보루같이 지키던 직접통화관리도 통화공급이 충분히 이루어진 후 의미가 없게 된 다음에야 금리 중심의 간접관리로 바뀌었으니 80%의 마셜 k가 해결해준 것이라고나 할까. 옛날의 M2도 M2b도 모두 사라졌다. 부질없는 싸움을 하는 동안 우리 경제는 얼마나 주름살이 졌는지. 그러한 주름살에 대한 책임은 누가 져야 하는지.

불발로 끝난 금리체계의 개편

금리체계의 개편

'경제활성화 종합대책'에서 제2금융권 금리를 1%p 인하한다고 발표했다. 이 방침에 따라 제2금융권 여수신 금리 개편을 6월 28일 발표하고 7월 2일부터 시행하도록 했다.

CMA의 경우 30일은 3.1%(10.1→7.0%), 60일은 1.9%(12.4→10.5%), 90일은 0.9%(13.5→12.62%), 180일은 0%(14.0→14.0%) 인하했다. 여신금리도 단자어음 할인의 경우 우대금리(prime rate)는 1.5%(13.5→12.0%), 최고 한도는 0.5%(14.5→14.0%) 인하했다. 나머지 모든 제2금융권의 여수신 금리도 동시에 조정했다.

제2금융권 금리인하 조치는 자금경색과 금리상승의 압력이 강할 때 취해짐으로써 실효성이 없었다. 11월 들자 통화안정증권(1년 만기) 수익률은 연 16%를 넘어섰고, 회사채(3년 만기) 수익률도 18%를 넘어섰다. 꺾기를 감안한 기업의 실질자금 조달금리는 연 20%를 넘는 상태에 이르렀다. 1988년 말에 발표한 금리자유화는 자금경색 사태의 지속으로 완전히 실패로 끝났다.

나는 단저장고(短低長高)의 원칙에 따라 모든 금융기관을 포괄하는 합리적인 금리체계를 정착시킨 다음 금리자유화를 추진해야 한다고 판단했다. 미국, 일본 등의 선진국 금리구조를 참고하여 오랜 작업 끝에 은행, 단자, 종금, 증권, 투신, 금고, 신협의 모든 금리를 포괄하는 방대한 '금리체계 개편안'을 만들었다.

기본방향은 다음과 같다. 첫째, 자금조달 코스트를 낮추고 자금공급의 원활화를 위해 '단기저리 장기고리'의 원칙에 따라 수신금리를 1년 미만은 하향조정, 1년은 금리우대, 2년 이상은 자유화한다. 둘째, 저축자의 선택을 용이하게 하고 금융권별 균형발전을 위해 금융기관별, 상품별, 기간별 금리구조를 단순화한다. 셋째, 수신금리의 구조개편으로 여신금리 자유화에 따른 금리상승을 예방한다. 넷째, 2년 이상 수신금리의 자유화와 함께 장기 여신금리를 자유화한다. 다섯째, 고수익지향의 단기자금을 흡수하기 위해 채권시장과 어음시장을 활성화한다는 것이었다.

수신금리체계는 다음과 같다. 첫째, 상품구조를 단순화하기 위해 만기구조를 3개월, 6개월, 1년, 2년 이상으로 구분한다. 둘째, 입출금이 자유로운 보통예금, 저축예금, 기업자유예금, 가계종합예금을 종합예금으로 통합한다.

셋째, '단저장고'의 수신금리체계를 위해 2년 이상 금리는 자유화하고, 1년은 현 수준 10%를 유지하고, 6개월은 7.5%, 3개월은 5%로 한다. 3개월 미만은 종합예금과 같이 1개월 이상은 2.5%, 1개월 미만은 1%로 한다는 것이었다. 제2금융권의 금리는 은행금리체계에 일정률을 가산[191]하는 것이었다.

여신금리는 2단계로 나누어 자유화하도록 했다. 1단계로 당좌대월, 기업 어음 할인, 무역어음 할인 등 초단기 대출금리와 2년 이상 장기 대출금리는 자유화하고, 2단계로 1단계의 금리자유화가 정착하면 선도은행(leading bank) 의 우대금리를 한국은행 재할인 금리에 연동하도록 하는 것이었다. 통화채, 금융채, 회사채의 발행금리는 단계에 관계없이 자유화하도록 했다.

금리자유화를 재추진하기 위한 기초작업으로 심혈을 기울여 만든 '금리체계 개편안'은 심각한 자금경색 상태가 이어지자 불발로 끝났다. 이재국장으로 일하며 가장 아쉬운 일이었다.

Bottom-up으로도 공급해야

자금공급구조의 개편

은행 중심의 하향식(top-down) 일변도의 자금공급구조에 상향식(bottom-up)의 소비자 금융을 병행시켜 상하 양방향에서 자금을 공급하도록 하는 자금공급 구조의 개편을 추진했으나 빛을 보지 못하고 묻혀버렸다.

당시는 부족한 자금을 은행을 통해 생산자금융으로 공급하고 소비자금융 은 금기시하던 도그마가 확고했다. 은행 중심 자금공급은 대기업을 중심으 로 수직적으로 이루어짐으로써 중소기업에는 자금공급의 효과가 느리게 나 타나 중소기업의 자금부족은 만성적이었다. 또한 생산과 설비투자용으로 대 출된 자금을 부동산 매입이나 계열기업 확장을 위해 유용하여 자금공급의 효율성에도 문제가 많았다.

선진국에서는 하향방식의 자금공급과 함께 상향방식의 자금공급을 위해 소비자 할부금융인 소비자금융(consumer loan)과 신용카드가 발달되어 있었고, 중간에 있는 중소기업들의 수평적인 자금공급을 위해 생산자 할부금융인 팩토링(factoring) 금융도 활발했다. 아파트 난방을 상하 양방향으로 공급함으로써 전체의 난방효과가 균등해지는 것과 같은 논리다. 동시에 대출채권의 분할화에 의해 대출채권을 유동화(liquidation)함으로써 금융기관 간의 자금유통을 원활하게 하고, 금융상품의 표준화(standardization)에 의해 선물시장(futures market)을 활성화함으로써 장단기 자금 간의 유통도 원활하게 이루어지고 있었다.

하향과 상향의 양방향 자금공급과 함께 금융상품의 유동화와 표준화에 의한 금융기관 간 자금유통을 원활히 하는 '자금공급구조 개편 방안'은 고생하여 준비했으나 설득에 실패하여 묻혀버리고 말았다. 이 방안은 차관이 되어 1997년 '여신전문금융업법'으로 일부 빛을 보게 되었다. 아직 금융상품의 유동화와 금융선물시장의 발달은 미미한 상태에 머물러 있다.

단자와 종금은 어설픈 실험이었다

단자의 종금 전환

금융시장의 개방을 앞두고 1991년 2월에 단자회사가 은행, 증권, 종합금융회사로 발전할 수 있도록 '금융기관의 합병 및 전환에 관한 법률[192]'을 제정했다. 우량 단자회사를 선별적으로 은행이나 증권회사로 전환시키고 금융기관 간의 합병을 유도하여 경쟁력을 강화시키기 위함이었다.

주요 내용은 단자회사가 은행으로 합병이나 전환된 경우 대주주 소유제한(8%)에 대한 예외를 인정하고, 등록세와 청산소득에 대한 법인세를 면제해주고, 합병과 전환의 인가로 개별법의 인가를 가름하는 것이었다.

장차 장기금융회사로 발전한다는 전제로 1972년에 도입된 단자회사가 터를 잡아가던 1975년 외자도입을 원활히 하고 기업에 다양한 금융서비스를 제공하기 위하여 영국의 'Merchant Bank'를 모델로 하여 '종합금융회사에 관한 법률'이 제정되었다. 다음 해에 한국종합금융주식회사를 출발로 외국과 합작한 국제종금, 새한종금, 한불종금, 아세아종금, 한외종금 6개의 종합금융회사(Merchant Bank)가 인가되었다. 국제금융과 아울러 리스, CP, 증권, 투자신탁 등 예금과 보험을 제외하고 모든 국내 금융 업무를 하는 종합금융회사는 외자도입과 해외투자를 알선하고 국내외의 증권 발행과 인수 업무도 하는 장기금융기관의 역할을 하게 되었다.

단자회사는 종합금융회사가 나타남으로써 장기금융기관으로 발전할 길이 막혔다. 고유 업무라 생각하던 CP 업무도 종합금융회사에 빼앗겨 독자적인 업무영역이 없어진 데 더하여 당초 CP 매매는 원래 은행의 고유 업무이기 때문에 은행들은 자기 업무의 일부를 빼앗아간 단자회사들을 항상 미운 오리새끼같이 취급했다.

단자회사들로서는 진퇴유곡의 어려움에 빠질 수밖에 없었다. 설상가상으로 1982년 7월 28일 발표된 '제2금융권 활성화 대책'에 따라 12개의 단자회사가 무더기로 설립허가를 받게 되어 32개로 늘어난 단자회사는 과당경쟁에 말려들게 되었고 금융사고가 터질 때마다 무담보 단기거래를 주로 하는 단자회사는 소용돌이에 휘말렸다. '금융기관의 합병 및 전환에 관한 법률'은 과당경쟁에 휘말린 단자회사의 활로를 마련하는 것이 주목적이었다.

이 법이 1991년 2월 임시국회를 통과한 후 이재국장을 떠났다. 1982년에 단자회사를 대량 인가한 나는 결자해지의 마음으로 이 법을 추진했다.

1992년에 한국투자금융은 하나은행으로, 한양투자금융과 금성투자금융은 합병하여 보람은행으로 전환되었다. 그리고 은행이나 대기업이 소유한 서울, 한성, 동부, 고려, 한일 5개 투자금융회사는 증권회사로 전환하게 되어 8개의 선발 '단자'가 '장자'로 전환했다.

1993년 김영삼 정부의 '신경제5개년계획'에 따라 '단자회사와 종합금융회사의 업무영역을 통합하고 공통된 업무영역 내에서 각 사가 비교우위에 따라 국제금융 업무, 단기금융 업무, 기업 금융서비스 업무 등을 선택하여 특화'하는 방침이 정해졌다. 12월 '지방 투금사의 종합금융회사 전환 방안'[193]이 마련되고 1994년 9개 지방 단자회사[194]를 무더기로 종합금융회사로 전환시켰다. 영업기반이 취약하고 국제금융에 대한 인력이 부족한 지방 단자회사들이 오히려 먼저 종합금융회사로 전환하게 되었다.

1995년에는 '종합금융회사에 관한 법률'을 개정하여 투자금융과 종합금융 업무를 통합하고 나머지 15개 단자회사[195]가 또 한 번 무더기로 종합금융회사로 전환하여 우리나라는 30개나 되는 종합금융회사 천지가 되었다.

두 차례에 걸쳐 단자회사에서 무더기로 전환된 24개 종합금융회사는 200억 달러에 달하는 무분별한 단기 해외차입으로 1997년 IMF사태를 몰고 온 뇌관이 되어 엄청난 화를 자초하고 사라졌다. 종합금융회사가 '갑류 외국환은행'이라는 것과 지방 단자회사들이 국제금융 업무를 수행할 능력과 인력을 가지고 있는지에 대한 검토가 있었는지 의심스러웠다. '금융기관의 합병 및 전환에 관한 법률'의 당초 취지는 전환된 새 업무영역에 충분히 적응할 수 있는 우량 단자회사만 선별적으로 추진한다는 것이었다. 태국에서 배워온 단자회사와 영국에서 배워온 종합금융회사의 실험은 너무 큰 대가를 치르고 실패로 끝났다. 한건주의 아이디어 차원의 어설픈 정책은 다시 없어야 한다.

대통령에게 보고한 이재국장 자리

계열기업 여신관리 규정

이재국장으로 한 일 중 기억하고 싶은 일보다 잊고 싶은 일이 더 많았다. 성공한 시도보다 실패한 시도가 많았고 시도도 못 해보고 묻혀버린 것이 더 많았다. 미리 주눅이 든 상태에서 갔고, 고전의 연속이었다. 가을 체육대회에서 축구를 우승한 것이 가장 보람되고 기억하고픈 일이라고 할까.

발령을 받기 전 돈은 '빠듯하게' 관리해야 된다는 지시와 함께 대통령에게 보고한 자리이니 매사에 신중하라는 주의부터 받았다. 발령받던 날, 정부의 주요 인사에 깊이 관여하고 있던 실세 장관[196]에게 인사를 갔다. 국가안전기획부의 지인으로부터 이재국장 전화는 항상 감청하고 있으니 중요한 일은 감청을 피하기 위해 교환전화로 하라는 주의도 받았다.

경제활성화 대책, 재벌의 비업무용 부동산 매각조치, 제2금융권 금리인하 조치로 바쁘게 상반기가 넘어갔다. '금융기관의 부동산 관련 여신운용에 관한 법률'을 마련하느라 수고만 하고 국무회의 직전 수포로 돌아갔다. 금리자유화를 재추진하기 위한 기초작업으로 만든 '금리체계 개편안'은 심각한 자금경색 상태에서 불발로 끝났다. 은행 중심의 하향방식과 소비자금융의 상향방식을 병행하는 '자금공급 구조개편안'도 빛을 보지 못하고 묻혀버렸다. 1991년 통화운용계획도 분기별 말월 평균잔액 관리로 어렵게 전환시키고 끝내야 했다. '금융기관의 합병 및 전환에 관한 법률'은 다음 해 2월 임시국회를 통과했다. 1990년 이루어진 정책들도 대부분 실패로 끝나거나 착오된 방향으로 전개되었다.

당시 자산 기준 30대 계열에 대한 여신총액을 바스켓(basket, 총액여신한도)으로 묶어 관리하던 계열기업 여신관리규정은 중견기업의 성장과 대기업의 설비투자에 족쇄가 되어 대외경쟁력을 약화시키고 있었다. 1984년 3월부터 경제력 집중 억제를 위해 자산 기준 30대 계열기업군의 대출과 지급보증을 포함한 여신을 바스켓으로 묶어놓아 경영규모는 커가는데 여신규모를 늘어나지 못하게 했다. 전체를 합쳐도 일본의 도요타자동차에도 못 미치는 규모인 30대 계열의 성장에 족쇄를 채운 것이었다. 여신규제에서 예외가 되는 특별설비자금 등의 정책자금에 대한 압력은 가중되었고 정책자금 공급에서 밀리는 중견기업은 여신관리가 더 무거운 족쇄가 되었다. 또한 금융시장 개방을 앞두고 여신규제는 외국의 압력에 의해 어차피 풀릴 수밖에 없었다.

1991년 들어 여신관리 대상을 자산 기준 30대 계열에서 은행대출 기준 10대 계열로 축소하고, 10대 계열도 주력 2개사는 제외하고 바스켓 관리

대상으로 하고, 부동산 취득 및 출자규제 대상은 총자산 기준 49개 계열에서 은행대출 기준 50대 계열로 확대하도록 계열기업 여신관리규정 개정안을 마련했다.

2월 들자 한보그룹의 '수서지구 택지 특혜 분양사건'이 터져 주거래은행인 조흥은행과 함께 한보그룹의 자금관리로 밤샘을 하며 정신이 없었다. 청와대가 관련된 사건이라 위에서 어떤 지침도 없어 실무적인 판단[197]에 따라 처리하고 있던 어느 날 장관으로부터 '국제금융국장을 맡을 사람이 없는데'라는 말을 들었다. 1990년 11월 김영삼(YS)을 둘러싼 여당의 권력투쟁은 내각제 각서 파문이 터지자 사생결단의 투쟁으로 전개되고 있을 때였다. '신중'하지 못했던 어떤 일[198]이 생각나 자리를 옮겨야 한다는 암시라는 것을 느낄 수 있었다.

대통령에게 보고한 자리이니 매사에 신중하라는 장관의 말이 현실화[199]되었다. 3월 6일 10대 계열의 대출만을 관리하는 계열기업 여신관리규정 개정안을 금융발전심의위원회에 올리고 다음 날 국제금융국장으로 자리를 옮겼다. '대통령에게 보고한 이재국장 자리'는 그렇게 끝나고 말았다. 주눅이 들고 왜소하게 지내던 이재국장을 떠나게 되어 홀가분한 마음이었다. 함께 일한 직원들의 수고[200]는 엄청났지만 결과는 왜소했다.

09 허무했던 중앙은행 독립투쟁

::: 중앙은행론

카인의 후예들 싸움을 끝내다

독립투쟁의 종결

1997년 12월 24일 석양이 한강에 내리던 오후, 한국은행법 개정안과 금융감독기구설치법 제정안이 국회 재무위원회 금융관계법소위원회를 통과하자 그간의 고군분투에 눈물이 핑그르르 돌았다. 1948년 정부 수립부터 시작된 중앙은행과의 반세기 갈등이 끝났다. 서로가 만족하지는 못했지만 끝없는 소모전은 종지부를 찍었다.

정의도 진실도 없는 갈등이었다. 누구도 중재하지 않는 카인의 후예들 간의 떼와 오기로 맞선 이전투구였다. 끝날 듯 끝날 듯 이어진 싸움에 서로 지치면 언제 깨질지도 모르는 휴전으로 들어갔다. '100만 명 서명운동'으로 치달았지만 모두들 카인의 후예들 간의 싸움으로 구경하고 방관했다.

언론은 정서와 현실의 협력자들이었고 학자들은 정의와 진실을 외면했다. 숫자가 열세인 탓에 싸움은 언제나 초전에 밀렸고 밀린 만큼 만회는 힘겨웠다. 근본적인 해결을 위한 시도는 있었지만 용두사미로 끝나거나 정치논리에 밀렸다. 잠정 평화가 이루어지곤 했지만 때가 되면 불거지는 만성병이었다.

외세에 의해 시작된 반세기의 갈등은 외세에 의해 끝났다. 밀고 밀렸던 카인의 후예들은 언제 깨질지 모르는 불편한 휴전 속에서 협력을 하다가도 미워하고 싸웠다. 부끄럽고 서글픈 역사의 기록이었다. 누가 이렇게 만들었으며 누가 책임져야 한단 말인가.

FRB는 연방관청이다

연방준비제도위원회

중앙은행 문제를 처음 접하게 된 것은 1982년 '장영자어음사기사건'이 일어난 후 사금융의 제도금융화 방안을 검토할 때였다. 금융감독을 강화하는 방안으로서 통합금융감독관청의 설립을 검토하게 되었다. 통합금융감독관청의 설립을 위해서는 대를 걸쳐 내려오는 중앙은행의 독립이라는 문제가 선결과제였다. 1982년에 검토했던 통합금융감독관청 문제는 금융실명제와 금융자율화에 묻혀버렸다.

중앙은행 독립 문제의 쟁점은 크게 재무부와 한국은행의 관계, 금융통화위원회 의장의 재무부 장관 겸임 여부, 은행감독원의 분리 여부 등 세 가지였다. 한국은행의 설립 근거인 동시에 독립주장의 근거인 블룸필드 보고서(Bloomfield Report)는 6·25전쟁 때 소실된 것으로 알려져 재무부에 구체적인 내용을 아는 사람이 없었다.

1985년 뉴욕대학교에서 뉴욕연방준비은행과 연방준비제도위원회에서 일한 적이 있는 리터(Lawrence Ritter) 교수로부터 중앙은행에 관한 강의를 들었다. 강의에서 배운 내용과 교재[201]는 1988년과 1997년 두 번의 한국은행법 개정 논쟁에 귀중한 자료가 되었다. 미국의 연방준비제도(Federal Reserve System)에 대해 배운 주요한 내용은 다음과 같다.

첫째, 연방준비제도위원회(Board of Governors of the Federal Reserve System, FRB)[202]는 연방관청(a federal government agency)이다. 완전히 일치하지는 않지

만 우리의 중앙선거관리위원회와 유사한 성격의 공무원으로 구성된 관청이다. 우리나라 금융통화위원회가 특수법인인 한국은행에 설치된 것과 다르다. 우리와 반대로 FRB는 연방준비은행(Federal Reserve Bank) 위에 있는 관청이다.

둘째, 연방준비제도위원회를 연방준비제도이사회[203]라고 부르는 것은 잘못이다. 지역별 연방준비은행에 법인의 의사결정기구로서 연방준비은행이사회(Board of directors of the Federal Reserve Bank)[204]가 따로 있다. 행정관청인 Board of Governors를 이사회라고 부르는 것은 틀린 것이다.

셋째, 연방준비은행(Federal Reserve Bank)은 의회의 인가로 설립되며 상업은행(commercial banks)들이 출자한 민간기구(privately owned by the member banks)[205]이고 보스턴에서 샌프란시스코까지 12개가 있다. 한국은행은 민간기구인 특수법인이라는 점에서 연방준비은행과 같은 성격이라고 해석할수 있다.

넷째, 미국의 금융감독권은 정부 권한이다. 국법은행(national bank)[206]과 저축은행(thrift institution)[207]은 허가관청인 재무부 통화감독청(Office of the Comptroller of the Currency, OCC)[208]과 저축은행감독청(Office of the Thrift Supervision, OTS), 주법은행(state bank)은 주정부 은행국(Banking Department), 증권회사는 연방관청인 증권거래위원회(Securities and Exchange Commission, SEC), 보험회사는 주정부 보험국(Insurance Department)이 감독한다. 예외적으로 주법은행이 연방준비제도 멤버인 경우 FRB[209]가, 연방준비제도 멤버가 아닌 경우 연방예금보험공사(FDIC)가 주정부 은행국과 함께 감독[210]한다.

다섯째, 미국 헌법은 화폐 발행과 통화가치의 유지에 대한 권한을 의회에 부여하고, 의회는 통화가치 유지에 관한 권한을 법률로 FRB에 위임했다. 화폐(Federal Reserve Note)[211]는 재무부가 발행하고 연방준비은행을 통해 공급된다. 모든 행정권은 포괄적으로 행정부의 권한으로 하고 정부조직법으로 화폐에 관한 권한을 재무부에 부여한 우리 헌법[212]과 다르고 한국은행이 화폐를 발행하는 것도 다르다.

여섯째, FRB는 독립적인 중앙은행(independent central bank)으로서 대통령이나 행정부의 지휘를 받지 않지만 의회에 정기적으로 보고하고 감독을 받는다. 의회로부터 잦은 감시(monitor)와 간섭(scolding)을 받는다.

일곱째, FRB는 정부가 세운 전체적인 경제금융 정책목표의 틀 안에서 활동하고, 행정부와 계속적·정기적 협력을 하고 재무장관과는 정기적 회의를 한다. 대통령은 수시로 재무장관, FRB 의장과 경제금융 정책을 협의한다. FRB는 정부 내에서 독립적이라고 하는 것이 정확하다. 가장 중요한 경제정책의 하나인 통화와 금리에 대해 중앙은행의 의견을 존중은 하지만 정부가 말하지 않는 나라는 없다. 한국은행은 국회 재무위원회에서 정부당국자의 금리에 대한 발언은 중앙은행의 독립성을 저해하는 온당치 못한 것이라는 증언을 수차 한 적이 있다.

끝으로 환율 등 외환에 관한 업무는 재무부 소관[213]이고 FRB가 맡지 않는다. 중앙은행의 임무는 안정적인 통화관리를 통한 물가의 안정이기 때문에 끊임없이 평가절상을 하려는 속성을 갖고 있기 때문이다. 국제수지의 안정을 통한 대외균형의 유지는 정부의 임무이고 이렇게 함으로써 중앙은행에 대한 견제와 균형을 취할 수 있기 때문이다. 재무장관이 수석대표(Governor)인 IMF 총회에 FRB 의장은 교체수석대표(Alternate Governor)[214]로 참가한다.

대부분의 문제를 풀었지만 블룸필드 보고서를 찾지 못해 한국은행의 주장을 숙제로 남길 수밖에 없었다. 한국은행이 독립의 명분으로 내거는 관치금융의 청산은 미국의 경우 모든 감독기관이 연방정부 또는 주정부의 관청이기 때문에 개념적으로 성립할 수 없는 것이고 행태의 문제일 뿐이다.

FRB대로 하자

1988 중앙은행 독립투쟁

1987년 6·29선언으로 이루어진 개헌협상이 진행되고 있을 때인 7월 28일,

한국은행 부산지점 행원 36명이 한국은행의 독립성이 헌법으로 보장되어야 한다는 성명서를 발표했다. 이를 기폭제로 하여 본점의 행원들과 과장들이 가세하고 박성상 총재가 중앙은행이 정치적 목적으로 잘못 이용되지 않도록 중립성을 보장해야 한다고 천명함[215]으로써 한국은행의 독립 문제가 개헌의 이슈가 되었다.

8월 31일 민주정의당과 통일민주당은 중앙은행의 독립성을 헌법에는 명시하지 않되 한국은행법에 그 취지를 반영하기로 합의했다. 12월의 대통령 선거에서 각 당은 중앙은행의 독립성 보장을 공약으로 제시하여 노태우 대통령이 당선되었다. 1988년 4·26 총선 결과 헌정사상 처음 여소야대 국회가 구성됨으로써 간헐적으로 제기되던 한국은행법 개정이 본격화되었다.

1988년 4월, 뉴욕 근무를 마치고 보험국장으로 귀국했을 때 한국은행의 독립 문제가 뜨거운 이슈였다. 5월 20일 은행감독원의 분리와 증권·보험을 포괄하는 통합감독기구의 설립을 시사하는 재무부의 금융감독체계 개편[216] 발표, 7월 22일 한국은행의 주장을 반영한 평화민주당·통일민주당·신민주 공화당 야권 3당의 정책전문위원이 합의한 야당공동발의안[217] 발표, 8월 8일 재무부 견해에 가까운 6인 금융통화위원회 위원의 한국은행법 개정에 대한 의견서[218] 제출로 이어지면서 중앙은행 독립논쟁은 뜨겁게 달아올랐다.

한국은행 독립성 주장의 배경은 1987년 '6월항쟁'에서 이어진 경제민주화와 관치금융 청산이었다. 경제민주화와 관치금융 청산을 위해 중앙은행의 '독립성'이 보장되어야 하고, 독립성 보장을 위해 한국은행 총재가 금융통화위원회 의장을 맡아야 하고, 통화관리와의 '상호 보완'을 위해 은행감독원은 한국은행에 두어야 한다는 것이 주장의 핵심이었다. 중앙은행의 독립을 넘어 '독점'하자는 것이었다.

재무부의 기본입장은 통화신용정책의 최종책임은 재무부 장관에게 있다는 전제에서 금융자율화를 위해 중앙은행의 '중립성'은 강화하되 통화신용정책의 수립에 대한 최소한의 '연결장치'[219]는 있어야 하고, 중앙은행과 '상호 견제'를 위해 은행감독원은 분리해야 한다는 것이었다. 관치금융 문제는 경제개발계획의 추진을 위한 정책금융의 결과이며 금융자율화로 인한 정책금융의 축소에 따라 점진적으로 해소될 문제라는 것이었다.

5월 재무부는 과장들로 태스크포스[220]를 구성하여 한국은행법 개정안을 마련하도록 하고 8월부터는 국장들로 구성된 대책회의[221]에서 본격적으로 논의했다. 이를 계기로 나는 중앙은행 문제에 참여하게 되었다. 대책회의에서 나는 중앙은행에 대한 사실부터 정확히 파악하고, 사실을 기초로 정도에 입각한 대안을 마련한다, 대안을 당사자인 한국은행과 협의하고, 협의가 안 되면 단독으로 밀고 나간다, 정부안이 관철 안 되면 대통령의 거부권으로 맞선다는 적극적인 정면돌파 전략을 제시했다. 당시까지 중앙은행 제도에 대한 사실관계의 대부분은 한국은행이 제공한 자료에 의존하고 있어 실제와 다르거나 왜곡[222]된 것이 많았고 한국은행의 공세를 방어하는 소극적인 입장[223]이었다.

정면돌파 전략을 위해 행정관청이론과 중앙은행이론을 결합하여 중앙은행에 대한 새로운 접근법[224]을 만드는 데 많은 노력을 기울였다. 그동안 많은 왜곡과 논란을 거듭하게 된 근원은 다음과 같은 기본적인 혼동에서 비롯되었다.

첫째, 개념에 있어서 중앙은행과 한국은행의 혼동이다. 미국은 연방 관청(federal government agency)인 연방준비위원회(Board of Governors)와 민간법인인(privately owned)인 12개의 연방준비은행(Federal Reserve Bank)을 합쳐 연방준비제도(Federal Reserve System) 즉 중앙은행(central bank)[225]이라고 한다. 독일[226]도 마찬가지다. 독립관청인 위원회가 없이 재무부의 지휘를 받는 일본의 경우는 일본은행 자체가 중앙은행이다. 영국[227]도 같다. 따라서 우리의 경우 금융통화위원회[228]와 한국은행을 합쳐 중앙은행이라 할 수 있다. 중앙은행의 독립은 행정관청인 금융통화위원회의 독립을 의미하는 것이고 집행기관인 한국은행의 독립은 법리상 불가능한 논리다.

둘째, 법리에 있어서 기관과 법인의 혼동이다. 행정기관은 공법인(public juridical person)인 국가의 의사를 결정하고 집행하는 기관(organ)이고 행정관청(administrative agency)[229]이다. 국가라는 공법인은 입법부, 행정부, 사법부라는 기관을 통해 공권력을 행사하고, 행정부의 수반인 대통령은 국무위원인 각부 장관을 통해 행정권을 행사하도록 헌법이 규정[230]하고 있다. 대통령이 직접 한국은행을 감독하는 것은 헌법 원리에 맞지 않다. 사법인(private juridical person)의 지위를 갖는 한국은행은 특수법인[231]이고 내부에 행정관청은 있을 수 없다. 국가라는 인(人, person)의 팔(organ)이 한국은행이라는 인(人, person)의 몸통 속에 존재할 수 없다는 논리다. 금융통화위원회가 한국은행의 내부기관(organ)이라면 타인인 국가의 행정기관(organ)이 될 수 없고 독립도 불가능하다.

셋째, 제도에 있어서 중앙은행은 정부 내에서 독립성이 부여되고 금융감독은 행정관청이 맡는다. 중추적 국가 기능의 하나인 통화관리는 행정부든 국회든 어떤 형태로든 정부의 책임 아래 두고, 강력한 행정권의 하나인 금융감독은 행정관청만이 맡을 수 있다. 근대 헌법은 국가기관만이 민간인을 규제할 수 있고 민간인이 민간인을 다스릴 수 없는 것을 원칙[232]으로 한다. G5 선진국 모두 통화관리는 행정부 아래 두거나, 제4부로서 독립된 합의제 관청[233]의 책임하에 두고 있다. 금융감독은 약간의 예외[234]는 있지만 행정관청이 맡는다. 금융통화위원회가 외부기관으로서 행정관청이라는 전제가 설 때 은행감독원은 금융통화위원회의 지휘감독으로 감독권을 행사할 수 있는 것이다. 또한 중앙은행의 경영 업무는 어떤 형태로든 행정관청[235]의 감독을 받는 것이 일반적이다.

넷째, 모든 선진국에서 재무부가 외환정책을 맡고 대외적으로 정부를 대표[236]한다. G10 선진국 모두 외환정책은 정부, 즉 재무부가 맡고, 환율회의는 재무장관이 참석하며, IMF/IBRD 총회의 수석대표는 재무장관이다. 외환정책의 집행 업무는 재무부의 위임을 받아 중앙은행[237]이 수행한다. 정책의 균형을 위해서도 평가절상의 속성을 갖고 있는 중앙은행에 외환 업무를 맡길 수 없다.

위와 같은 중앙은행에 대한 새로운 접근법에 따라 태스크포스가 9월 초 '중앙은행제도 개편시안'을 마련했다. 첫째, 중앙은행은 통화신용정책을 관장하는 최고 의사결정기관으로서 합의제 행정관청인 금융통화위원회와 집행을 담당하는 특수법인 한국은행으로 구성한다. 둘째, 통화신용정책의 최종책임을 지는 재무부와 금융통화위원회의 최소한의 연결장치로서 재무부장관의 재의요구권을 두어 금융통화위원회가 사실상 '금융부'가 되지 않도록 한다. 셋째, 중앙은행의 독립성 제고를 위해 금융통화위원회 의장은 위원 호선에 의하여 대통령이 임명한다. 넷째, 은행감독원은 금융통화위원회 지휘감독에서 분리하여 재무부 장관의 지휘 아래 금융감독청을 신설한다. 다섯째, 외환 업무는 재무부에 계속 두는 것으로 한다.

당시의 한국은행은 제도적으로는 은행감독권까지 장악하여 어떤 선진국보다도 강한 중앙은행이었기 때문에 재무부로서도 현실적으로 한국은행을 만족시킬 대안을 마련할 수가 없었다. 대책회의에서 위와 같은 안으로 한국은행과 협의하고, 협의가 되지 않을 경우 한국은행에 미국의 FRB를 모델로 선택하든지, 아니면 G5 선진국 중 어떤 모델을 선택하도록 하는 방안을 제안했다. 중앙은행제도를 실험대상으로 할 수 없는 것이기 때문에 선진국에 없는 제도는 선택할 수 없다는 논리였다.

위와 같은 시안으로 실무협의를 했으나 한국은행은 현재보다 개악되는 것으로 판단하여 합의에 이르지 못했다. 한국은행은 종래와 같이 한국은행 총재가 금융통화위원회 의장을 겸임하고, 은행감독원은 계속 금융통화위원회의 지휘 아래 둔다는 입장에서 변함이 없었다.

한국은행이 당시까지 독립성의 상징으로 주장하던 미국 FRB 모델도 이때부터 거부했다. FRB를 모델로 하는 경우 금융통화위원회는 명실 공히 선거관리위원회나 공정거래위원회와 같이 합의제 행정관청으로 강화되고, 한국은행은 주식회사 형태의 서울중앙은행, 부산중앙은행, 광주중앙은행 등으로 되어야 하기 때문이었다.

한국은행이 FRB 모델도 거부하면서부터 중앙은행 문제에 대한 전세는 역전되었다. 항상 공세를 취하던 한국은행은 수세에 몰리게 되었고, 항상 수세에 몰리던 재무부가 공세를 취하게 되었다. 한국은행이 독립의 금과옥조로 생각하던 블룸필드 보고서는 6·25전쟁 때 소실된 것으로 알려져 한국은행의 주장에 많은 의문이 있었지만 어쩔 수 없었다.

9월 중순, 서울올림픽이 개막되면서 한 달간의 소강상태를 거친 후 재무부와 한국은행은 중앙은행의 독립에 관한 각각의 주장을 자료[238]로 만들어 언론계, 학계, 국회에 대한 로비전으로 들어갔다. 재무부는 기관 간에 밥그릇 싸움 하는 인상을 주지 않기 위해 간부를 중심으로 물밑으로 조용히 추진한 반면, 한국은행은 국민의 여론을 유리하게 돌리기 위해 전 행원이 공개적이고 적극적으로 나섰다. 특히 과반수 의석을 갖고 있는 야권 3당에 집중적으로 로비를 했다.

11월 들어 야당들은 7월의 공동발의안과 달라진 '한국은행법 개정안에 대한 야권 3당 정책위원회 의장 간의 합의내용'[239]을 발표하고, 이어서 여당인 민주정의당은 재무부 안을 토대로 한 '한국은행법 개정 방향에 대한 당정협의 결과'[240]를 발표하게 되었다. 여야 안 모두 한국은행의 의견보다 재무부의 의견에 가깝게 되자 격분한 한국은행은 정부 여당 안뿐 아니라 야권 3당 안도 반대하고, 총재가 공식적으로 처음 '한국은행법의 개정방향'[241]을 발표했다. 한국은행 노조와 평직원협의회는 민주정의당 당사에서 연좌농성을 벌인 후 '100만인 서명운동'[242]에 들어가 강력히 반발했다. 금융노련, 한국노총, 금융감독 3기관 노조협의회가 한국은행을 지지하는 성명서[243]를 발표하여 백병전 상태로 들어갔다.

12월 들어 평화민주당과 통일민주당은 야권 3당 합의안을 깨고 다시 한국은행의 의견을 반영한 한국은행법 개정안[244]을 국회에 제출하게 되었다. 민주정의당은 백병전 상태에 이른 상황이 정치적으로 큰 부담이 되었다. 개각으로 사공일 재무부 장관이 물러나고 이규성 장관이 취임하는 것을 계기로 한국은행법 개정안 국회 제출을 보류하고 노태우 대통령은 재무부와 한국은행이 합의한 단일 개정안을 마련하도록 지시했다. 정치권의 관심도 5공청문회에 집중되어 한국은행 독립 문제는 소강상태로 해를 넘기게 되었다.

원칙도 정론도 심판도 없었다

중앙은행 독립논쟁

정부당국자가 금리에 대한 발언을 하게 되면 한국은행은 독립성을 저해하는 온당치 못한 처사라고 발끈했다. 미국 FRB가 '독립 속의 협력공존'을 추구한다면 한국은행은 '고립 속의 유아독존'을 추구하는 게 아닌지 의심스러웠다. 중앙은행에 대한 재무부와 한국은행의 끝없이 평행선을 달리는 논쟁을 보면서 서글픔을 느꼈다. 양측의 논리 중 하나는 분명한 오류인데 수십 년을 서로 정당하다고 주장해왔다.

학자들도 양측으로 갈렸다. 서강대학교 경상대학장이었던 김병국 교수는 영국, 일본, 미국의 예를 들면서 "중앙은행 독립성 여부와 민주화를 등식화시키는 것은 국민을 기만하는 처사"이고, 한국은행법의 어버이라 불리는 블룸필드를 '선무당'으로 치부하며 한국은행의 독립성 주장은 "반민주적인 처사", "선진민주국에서 오랜 세월을 두고 정립되어 있는 금융질서를 파괴하는 하극상"이라고 주장[245]했다.

서강대학교 김병주 교수는 금융통화위원회가 '금융통과위원회'로 불리게 된 이유는 '시녀' 취급을 하는 정부, '식객' 취급을 하는 한국은행에 있다고 비판하고 "정부와 연결고리가 없는 중앙은행은 어느 나라에도 없다."라고 주장[246]했다.

서울대학교 정운찬 교수는 논리적 근거에 기초한 제안보다는 시류에 편승한 주장이 난무하고 자기 의견과 다르다는 이유만으로 배척하는 경우가 허다하다면서 '견제와 균형의 원칙'에 입각하여 "통화신용정책의 독립성은 부여하되 정부의 의견을 전달·반영시킬 수 있는 장치는 마련", "사전적 규제, 즉 인허가 업무와 여신관리는 한국은행이 계속 맡되 사후적 감독, 즉 검사 업무와 제재 업무는 독립된 금융감독위원회"에 넘겨야 한다는 주장[247]을 했다.

반면에 서울대학교의 석학 조순 교수는 중앙은행의 독립성은 나라의 실정에 따라 다르고 관치금융 청산과 민주화를 지향하는 시대의 요청이며 통화신용정책의 '최종적' 책임은 재무부 장관이 져야 한다는 주장은 '언어의 모순'이라고 전제했다. "금융통화위원회와 한국은행은 분리될 수 없는 유기체로 금융통화위원회가 두뇌라면 한국은행은 신체이고, 금융통화위원회 없는 한국은행은 두뇌 없는 등신 같고 한국은행 없는 금융통화위원회는 몸과 사지 없는 두뇌와 같기 때문에 금융통화위원회 의장과 한국은행 총재는 겸임이 아니라 한국은행 총재 즉 금융통화위원회 의장이고 금융통화위원회 의장 즉 한국은행 총재", "한국은행 총재 즉 금융통화위원회 의장은 재무부 장관이나 국무총리의 제청 없이 대통령이 직접 임명", "재무부 장관의 재의요구가 부결될 때 대통령이 최종결정을 하는 것은 독립성과 배치되며 대통령은 필요하다면 금융통화위원회를 설득", "은행감독원이 중앙은행으로부터 분리될 수 없는 것은 강의를 담당한 교사가 시험문제를 내고 시험문제를 낸 교사가 채점" 등의 주장[248]을 폈다.

교수들의 이론 스펙트럼은 너무 넓었다. 다른 교수들과 전문가들도 위와 유사한 논리로 양편으로 갈려 중앙은행의 독립과 은행감독원의 분리 문제를 다루는 글들을 기고했다. 정말로 알 수 없고 난감한 일이었다. 언론도 양편으로 갈라서거나 양비론이나 양시론의 입장[249]을 취했다.

국가의 중요정책을 결정하는 데 전문가로 구성된 위원회도 제대로 없었다. 타협하라는 여론이 주류였다. 무엇을 어떻게 타협하라는 대안도 없이! 싸움이 격렬해져 가는데 원칙도 정론도 심판도 없었다. 우리의 수준과 해결능력에 서글픔을 금할 수 없었다. 직원들의 정서에 따라가는 한국은행 리더들의 무소신과 편들기는 슬프기까지 했다.

6·25동란 중 불타지 않았다

블룸필드 보고서의 비밀

원칙도 정론도 심판도 없는 싸움을 종결짓기 위해 블룸필드 보고서와 한국은행법 제정과정을 추적했다. 김병국 교수의 글에 '한국은행법의 어버이 블룸필드는 선무당', '조선은행의 고도로 효율적인 국회 로비', '헌법정신 위반', '기만', '반민주', '하극상' 등 의미가 깊은 듯한 키워드가 있었다. 키워드에서 모순을 풀 수 있는 단서를 찾을 수 있을 것 같았다.

1956~1958년에 있었던 금융제도조사위원회에 재무부 이재국 사무관으로 파견 나갔던 박동희[250] 선배를 만나 제정 당시의 한국은행법과 영문판을 얻고 다음과 같은 제정 당시의 얘기를 들었다.

"블룸필드 보고서는 1948년 정부수립 후 한국은행의 설립에 대해 재무부와 조선은행의 의견이 달라 이승만 대통령이 미국의 전문가를 초대해 자문을 받도록 지시하여 만들어졌다. 당시 조선총독부 재무국의 간부 대부분은 일본인이었고 일부 조선 사람들은 친일파로 몰릴 것이 두려워 잠적했지만 조선은행 사람들은 그대로 남아 1950년 한국은행법이 제정되는 데 주도[251]적 역할을 했다. 한국은행법을 국회에 제출한 후 위헌 시비가 있어 굉장한 로비를 통해 전격 통과시켰다는 말도 있었다.

제정 당시부터 문제가 많아 금융제도조사위원회에서 개선을 검토했으나 재무부를 한국은행 사람들이 주도하고 있어 역부족이었고 금융제도조사위원회도 오래 못 가고 해체되었다. 조선은행 사람들이 재무부 핵심간부로 많이 왔고 한국은행 설립 후에도 장차관뿐 아니라 이재국장도 한국은행에서 오는 경우가 많아 재무부가 '한국은행 세종로출장소'라는 소리를 들었다. 재무부 출신 첫 장관인 김용환 재무부 장관이 취임하고부터 한국은행이 '재무부 남대문출장소'라는 말이 나왔다."

블룸필드 보고서를 추적했다. '한국은행법의 어버이'로 불리는 블룸필드가 제출한 보고서는 6·25동란 때 소실된 것으로 알려져 있었으나 어딘가에 있으리라는 생각이 들었다. 수소문하던 중 가까운 한국은행 출신 선배를 만나 미국의 대학도서관에서 읽었다는 정보[252]를 얻었다. 미국에 유학 가 있는 재무부 사람들에게 블룸필드 보고서를 찾아 보내라고 했으나 감감무소식이었다. 1988년 11월 펜실베이니아 주립대학교에서 박사과정을 공부하던 서정대 씨가 도서관에서 블룸필드 보고서를 찾아 보내왔다.

블룸필드 보고서와 박동희 선배가 보낸 제정 당시의 한국은행법 한글본과 영문본을 분석한 결과 논쟁의 핵심이 되었던 중앙은행 독립의 한계, 금융통화위원회의 법적 지위, 은행감독권 귀속, 재무부의 업무검사권, 정부 권한의 한국은행 이관 등에 대한 의문을 풀 수 있었고 많은 왜곡과 오류가 있었음을 알 수 있었다. 블룸필드 보고서는 두 번에 걸쳐 제출되었는데 1차 보고서는 찾지 못했지만 최종보고서 서문에 1차 보고서와 달라진 부분에 대한 설명이 있어 최종보고서만으로 모든 것을 추론할 수 있었다. 블룸필드 보고서를 정밀하게 분석한 결과 다음과 같은 11가지 결론을 얻었다.

첫째, 블룸필드 보고서는 6·25전쟁 중 소실된 것이 아니다. 한국의 중앙은행과 일반은행의 개편에 대한 권고안 '한국의 금융개혁(Banking Reform in South Korea, Bloomfield Report라 불림)'[253]은 뉴욕연방준비은행 국제수지과장 블룸필드(Arthur I. Bloomfield)와 감사과장대리 젠슨(John P. Jensen)이 만들었고 1차는 6·25전쟁 발발 전에, 최종보고서는 발발 다음 해인 1951년 3월에 제출되었다.

둘째, 권고안의 작성은 조선은행 사람들[254]이 주도했다. 블룸필드 보고서는 재무부 장관에게 제출한 것으로 되어 있었지만 재무부의 역할은 거의 없었던 것으로 보고서의 서문은 적고 있다. 전쟁 후에 제출되어 전쟁통에 소실될 수가 없었다. 보고서를 본 재무부 사람은 나타나지 않았다. 어떻게 된 것일까?

셋째, 권고안의 한국은행법 7조에는 '한국은행에 금융통화위원회를 둔다'는 규정이 없었다. 제정법에 이것을 추가한 것은 위헌 문제를 불러온 왜곡이었다. 공법인인 국가의 기능(function)은 법에 의해 위임[255]될 수 있어도 국가의 기관(organ)은 타인인 특수법인 한국은행에 들어갈 수 없다. 권고안과 달라진 조항은 주석을 달았는데 주석이 없는 점으로 보아 어디선가 왜곡되었다. '한국은행에 금융통화위원회를 둔다'를 추가[256]하지만 않았더라면 금융통화위원회가 합의제 행정관청이 되어 위헌시비가 일어나지 않았을 것이다. '내부기관'이라면 위헌이고 '장소적 개념'이라면 위헌은 아니지만 다른 법에는 예가 없는 기이한 일이다.

넷째, 권고안 7조에서 외환에 관한 업무를 금융통화위원회에 부여한 것은 미국에도 없는 돌출규정이었다. 환율을 협의하는 G10 재무장관회의에서 보는 바와 같이 선진국에서는 외환 업무는 모두 재무부의 권한으로 되어 있고, 평상시의 운용은 중앙은행에 위임하는 경우가 많다. 1962년 한국은행법 개정으로 외환 업무를 재무부로 이관한 것은 돌출입법의 조정이라 할 수 있다.

다섯째, 권고안 한국은행법 9조에 금융통화위원회 의장은 재무부 장관으로 하고 금융통화위원회 위원의 신분을 공무원으로 함으로써 금융통화위원회를 합의제 행정관청으로 하는 동시에 사실상의 '금융부'가 되지 않도록 했다. 해설에서 정부에 다수의결권[257]을 주도록 했다고 말하고 있다.

여섯째, 권고안 17조에서 금융통화위원회는 매월 2회 이상 열도록 한 것을 제정안에서 삭제[258]하여 '금융통과위원회'가 되는 계기를 만들었다. 활발한 활동을 위해 당초 7명의 위원과 대리위원(alternate member)을 두도록 권고했다. 후에 대리위원제도가 폐지되어 '금융통과위원회'를 가속시켰다고 할 수 있다.

일곱째, 권고안 한국은행법 28조는 은행감독관(Superintendent of Banks)[259]은 금융통화위원회의 추천으로 대통령이 임명하고 신분을 공무원으로 함으로써 금융통화위원회의 지휘를 받도록 했으나 제정법에는 은행감독관이 은행감독부장으로 바뀌어 권고안에 나오는 'Supervision and Examination Department'의 성격이 독립적인 관청인지 아닌지도 애매하게 되었다.

여덟째, 권고안 한국은행법 33조에는 재무부 장관의 업무검사권[260]이 있었다. 권고안에는 매년 1회 이상 "재무부 장관의 한국은행 검사(examine)"라고 적혀 있었으나 제정법에서 "한국은행은 정부에 입증"으로 변질되어 주객이 전도되었다. 제정 당시 감사원 감사만 받았다고 주장하는 오류가 여기서 나왔다. 통화신용정책을 제외한 업무에 대하여 중앙은행이 의회에 소속된 미국을 제외하고 행정부의 업무감독[261]을 받는 것이 원칙이다.

아홉째, 권고안 한국은행법 109조에서 재무부 권한을 한국은행에 이양하는 규정은 우리 헌법의 혼동에서 나온 위헌이었다. 미국 헌법[262]은 주요한 행정권의 대부분을 의회가 갖고 있고, 입법으로 위임할 수도 있고, 박탈할 수도 있다. 우리 헌법에는 행정권은 전부 행정부에 부여하고 있어 법으로 행정권을 박탈[263]할 수 없다. 금융통화위원회가 '내부기관'이라면 착오에 의한 당연무효(當然無效)라 할 수 있다. 따라서 법리상 한국은행법 111조의 한국은행법 저촉 법령의 폐지 규정도 무효라 할 수 있다.

열째, 권고안 한국은행법 26조 전시긴급조치권의 재무부 장관(Minister of Finance) 승인, 33조의 재무부(Ministry of Finance)의 업무검사의 경우는 제정법에서 재무부 장관과 재무부가 '정부'로 바뀐 반면, 권고안 109조 권한이양 규정의 재무부는 제정법에서 재무부 그대로 두었다. 왜 그랬을까?

끝으로 블룸필드에게 보낸 국회통과 한국은행법 영문판은 한글판과 다르게 변조되었다. 권고안대로 통과되었다고 부록에 첨부된 영문판 7조에는 "한국은행에 금융통화위원회를 둔다"라는 내용이 없는데 한글판에는 나온다. 당초안과 변경된 조문은 일일이 각주[264]를 달았는데 각주도 없고 설명도 없는 점으로 보아 블룸필드는 권고안대로 통과된 것으로 알고 있었다고 추정할 수 있다. 누가 그랬을까?

블룸필드 보고서의 권고안 자체도 미국 헌법을 전제로 하고 있고, 미국의 연방준비은행을 기본으로 하고 연방준비제도위원회와 통화감독청(Office of the Comptroller of the Currency)을 통합함으로써 법리상 많은 문제를 야기했다. 미국이 연방준비은행법(Federal Reserve Bank Act)이 아니라 연방준비법(Federal Reserve Act)인 점을 감안한다면 법의 명칭도 한국은행법이 아니라 중앙은행법(Central Bank Act)이 법리상 정확했다.

블룸필드 보고서는 한국은행법에 숨겨진 모든 비밀을 말해주었고 왜곡의 베일을 벗겼다. 한국은행이 주장했던 '금융통화위원회는 한국은행의 내부기관'은 왜곡의 결과이고, '1962년 5·16혁명정부의 한국은행법 개정으로 재무부에 외환 업무 이관과 업무검사권 신설'은 돌출 조문과 모호한 조문의 조정 결과이고, '재무부 통화정책 업무의 한국은행 이관'은 헌법에 위반하는 규정의 결과라는 것을 알 수 있었다.

1950년 제정된 한국은행법은 왜곡, 변질, 변조, 돌출, 혼동, 무리 등 너무 많은 흠결을 갖고 있었다. 한국은행법이 통과되던 1950년 4월 21일 위헌과 졸속처리를 문제 삼은 《동아일보》 사설[265]을 보면 심도 있는 검토가 없이 졸속 통과되었다는 것을 확인할 수 있다.

블룸필드 보고서, 제정 당시의 한국은행법, 통과 당일의 《동아일보》 사설을 종합하면 박동희 선배의 구전과 김병국 교수의 주장이 사실과 일치한다고 추정할 수 있다. 많은 무리와 혼동과 돌출로 '한국은행의 어버이' 블룸필드를 '선무당'으로 치부한 김병국 교수의 주장에 수긍이 간다. 《동아일보》의 사설로 당시를 재구성해보면 '고도로 효율적인 국회 로비', '굉장한 로비'의 정황도 그려진다.

왜곡과 변질은 오해와 편견을 낳고 오해와 편견은 논쟁과 싸움으로 이어져 반세기에 가까운 세월을 허송했으니 허망한 생각이 든다. 눈뜨고 코가 베인 재무부는 안방까지 내놓으라고 하는데도 금융통화위원회를 한국은행에 둔다는 것은 '장소적 개념'이라는 헛소리만 하며 왜곡의 근원을 추적하지 않았다. 한국은행은 금융통화위원회를 슬쩍하고도 재무부가 헛소리만 하고 있으니 적반하장으로 공세를 취했다. 6·25전쟁 후 재무부 장관에게 제출한 블룸필드 보고서 최종본은 잃어버렸는가 아니면 숨겼는가. 한국은행법을 제정할 때 조선은행 사람들은 과욕을 부린 것 같고 재무부 사람들은 허술했거나 친정 걱정이 과했던 것 같다. 반세기의 낭비와 갈등을 누가 책임져야 한단 말인가.

G5 아니면 G10도 좋다

소모전으로 끝난 한국은행법 개정

해가 바뀌고 1989년이 되었다. 한발 느긋해진 양측 간부들[266]의 열기도 식어갔다. 재무부에서는 침체를 지속하는 증권시장과 금융실명제 실시 문제가 뜨거운 이슈였다. 한국은행도 전열이 흐트러지고 간부들은 언제나 같이 모호한 입장에 서서 책임을 직원들에게 돌리고 갈등해소에 소극적으로 되어갔다. 1988년 말에 중앙은행에 대한 단일안을 만들라는 대통령의 지시가 내린 후 소모전 양상의 백병전은 지루한 국지전 상태로 전개되었다.

블룸필드 보고서를 찾은 다음 한국은행 간부들의 입장과 태도는 달라졌다. 독립의 모범으로 내걸던 미국 FRB도 원군이 되지 못했고, '한국은행법의 어버이'로 믿었던 블룸필드도 베일을 벗자 역공을 받는 빌미만 만들어주었다. 언론도 중앙은행 독립의 실체를 알게 되자 한국은행에 지원 세력이 되지 못했고 정치적인 계산으로 움직이는 야당은 처음부터 원군이 될 수 없었다. 결과적으로 중앙은행이 야당과 손잡고 나선 것도 전략 실수라면 간부들이 거들고 나선 것은 감각 부재라 할 수 있다.

나와 함께 중앙은행에 대한 새로운 접근전략을 세우기 위해 수고한 윤진식 보험정책과장이 한국은행법을 담당하는 금융정책과장으로 가게 되었다. 'G5 아무거나 선택하라. G10도 좋다. 그러나 국민을 실험할 수는 없다'라는 전략과 함께 내가 가진 FRB 관련 자료를 넘겨주었다. 해가 바뀌고 보험국 본연의 업무로 돌아왔다.

'G5 아니면 G10도 좋다'는 전략은 한국은행을 설득하고 비전문가들의 지지를 받을 수 있는 좋은 전략이었다. 새로운 시도는 국민을 실험대상으로 삼을 뿐 아니라 실패에 대한 리스크가 크기 때문에 국민의 동의를 받아내기 힘들다.

1989년 1월부터 재무부와 한국은행이 단일안 마련을 위한 실무대책반을 만들고 협의를 시작했지만 한국은행법 문제는 논리와 설득으로부터 떠난 지 오래된 고질 상태였다. 설립 초기뿐 아니라 당시에도 제도적으로 선진국 어느 나라에 비해 독립성이 강한 한국은행을 더 독립시켜달라는 데에는 대안이 없었다. 한국은행이 '재무부 남대문출장소'로 불리게 된 것은 행태의 문제이고 사람의 문제인데 이것을 제도로 해결하려는 시도는 처음부터 불가능한 과제였다. 한국은행이 격분하여 봉기하도록 만든 재무부의 행태는 분명한 잘못이고, 야당과 함께 직원들의 주장에 동조한 한국은행 간부들은 무책임했다.

1989년 4월 실무대책반들이 G5 선진국의 중앙은행과 은행감독을 시찰[267]했다. 2주간 일본, 미국, 프랑스, 서독, 영국 5개국의 중앙은행제도와 은행감독제도를 시찰한 결론은 단순했다. 한국은행이 주장하는 독립된 중앙은행은 선진국에 없고 은행감독은 재무부가 맡거나 책임 아래 있다는 것이었다. 한국은행이 믿었던 독일마저 중앙은행은 행정부 내에서 독립되어 있고 은행감독은 재무부에서 맡고 있었다. 합동조사단 파견 결과 보고서인 〈주요 선진국의 중앙은행·은행감독에 관한 제도 및 운영실태〉[268]가 1989년 5월에 제출되었다. 이 보고서는 블룸필드 보고서와 함께 우리나라 중앙은행 논쟁을 종결짓는 분수령이 되었다. 이 보고서가 제출된 후 경제민주화와 관치금융 청산을 내걸고 '한국의 실정에 맞는 중앙은행의 독립성 확립'이라는 새로운 테제가 등장하기 시작했다. 진퇴유곡에서 탈출구로 만든 것이 '한국적 독립'이었다. 국회에서 한국은행이 주장하는 바와 같은 독립된 중앙은행이 어디에 있느냐는 질문에 한국은행 측에서 필리핀과 온두라스에 있다고 답변하자 실소가 터졌다.

블룸필드 보고서로 전세가 역전되기 시작해 이 보고서로 한국은행의 입지는 논리에서 점점 멀어지기 시작했다. 합의는 처음부터 이루어질 수 없는 것이었다. 예상대로 10월에 정부여당 안이 마련되고, 한국은행은 반대하고 노조는 파업하고, 정치권은 표를 계산하고, 금융통화위원회가 나서 중재하고, 눈이 내리기 시작한 11월 말에 재무부와 한국은행 간에 생소하고 어색한 이름의 '정례정책협의회'가 열렸다. 2년간의 긴 장정에 지친 재무부와 한국은행은 휴전에 들어갔다. 또 한 번 허무하게 카인의 후예들은 무승부를 기록하며 커다란 상처만 남겼다. 누구를 위해 무엇을 위해 싸웠는가. 타협이라는 핑계로 일을 피한 사람이나 소속에 얽매여 억지논리를 부끄러움도 없이 펴온 사람들 모두 역사 발전의 걸림돌들이었다.

1988~1989년에 걸친 한국은행 독립투쟁에 관한 모든 자료를 집대성해서 6권에 2,500여 페이지나 되는 《한국은행법 관련 자료》를 만들었다. 내일을 대비해 구축한 최초의 독자적인 정보체계였다.

1995년에는 정부가 먼저 공격에 나서 한국은행법 개정을 시도했다. 1988년은 한국은행이 먼저 싸움을 걸었는데 이번 2차전은 정부가 싸움을 걸었다. 현행 중앙은행제도와 은행감독제도의 문제점과 그간의 논란을 보고받은 이석채 차관은 원칙을 바로잡아야 한다는 충정으로 적극 나섰다. 개정안은 금융통화위원회 의장이 한국은행 총재를 겸임하고, 은행감독원을 한국은행에서 분리하여 증권, 보험을 포함한 금융감독원을 설립하는 것을 주요 내용으로 하는 1989년에 마련된 정부안 그대로였다. 청와대 한이헌 경제수석의 지원도 받아 국회 제출까지는 잘 나갔다. 한국은행 사람들이 총공세를 취하자 청와대부터 무너지고 여당도 정치계산으로 돌아서 재정경제원은 밀리게 되었다. 협조를 약속한 청와대가 제일 먼저 보류를 주장했다.

국회 재무위원회 소위에서 한국은행법 개정이 무산되던 날 고군분투하던 이석채 차관은 소위 회의실을 떠나지 못하고 한숨을 쉬며 실망과 분함을 감추지 못했다. 당시 세제실장이었던 나는 한국은행법 개정에 관한 대책회의에서 한국은행법 개정은 논리와 이성의 싸움이 아닌 억지와 감정의 백병전이 될 것이라며 이렇게 얘기했다. "장관은 밀고 나갈 의지와 지혜를 갖고 있어야 하고, 장관과 뜻을 같이하는 소신 있는 한국은행 총재가 있어야 하고, 대통령과 경제수석이 법 개정에 대한 확실한 담보를 해야 하고, 흔들리지 않는 여당의 지지가 있어야 성공하는데, 당시는 어떤 요건도 갖추지 않아 성공하기 어려울 것이다." 이석채 차관이 의욕적으로 밀어붙인 2차전도 실패로 끝났다. 양측[269]은 사람에 따라 무소신, 무기력, 무능력을 보이며 상처만 남기고 끝났다.

대통령은 끝내 나서지 않았다

통합감독기구의 좌절

1997년 1월 7일, 김영삼 대통령은 연두기자회견에서 "금융개혁을 위해 대통령 직속으로 금융개혁위원회를 기업인·민간인 등으로 구성하겠다."라고 발표했다. 이어서 박성용 전경련 부회장을 위원장, 김병주 서강대학교 교수를 부위원장으로 하고 31명의 기업인, 금융인과 전문가를 위원으로 하는 대통령 직속 금융개혁위원회[270]가 설치되었다. 고비용·저효율 구조의 지속으로 대외경쟁력은 약화되고 국제수지 적자가 누적되는 데다 금융기관의 대외신인도가 하락하고 있는 상황을 배경으로 금융개혁위원회가 설치되었다.

1997년 3월 개각으로 취임한 강경식 부총리 겸 재정경제원 장관과 함께 나는 차관으로 일하게 되었다. 금융기관의 부실채권과 구조조정이 시급한 과제였다. 금융구조개혁을 위해 다기화되어 있는 금융감독체계의 개편이 가장 중요한 과제의 하나였다. 1982년 당시 재무부 장관이었던 강경식 장관이 주도한 '투자촉진을 통한 경제활성화대책(6·28조치)'에서 "모든 금융기관을 포괄하는 감독체제 확립"을 발표한 적이 있었으나 금융실명제에 밀려 추진하지 못했던 과제였다. 당시 나는 이재국 이재3과장으로 일하면서 사금융 양성화 방안의 하나로서 효율적인 통합감독기구의 설립이 절실함을 공감했다. 1987년 미국의 블랙 먼데이를 조사한 '브래디 보고서(Brady Report)'에서 블랙 먼데이 같은 사태의 재발 방지와 효율적인 대응을 위해 통합감독기구의 설립을 대통령에게 권고한 것에 영향도 받았다. 1988년 한국은행법 개정 파동에서 금융감독청의 설립이 무산된 데 대해 아쉬움도 많았다. 통합금융감독기구의 설립을 위해서는 한국은행법의 개정이라는 트랩을 넘어야 했지만 한국은행의 결사반대로 두 번이나 무산된 뼈저린 경험을 갖고 있었다.

이번에는 지난 두 번의 경우와 여건이 달랐다. 내부적으로 중앙은행과 금융감독에 대한 축적된 연구와 논리가 확고히 확립[271]되어 있었고, 청와대가 먼저 나선 데다가 재정경제원 장관, 한국은행 총재, 청와대 경제수석이 같은 견해를 갖고 있었다. 수많은 금융기관이 관련된 한보철강과 기아자동차 부도사태[272]로 통합감독기구 설립에 대한 우호적 여론이 형성되어 있었다. 이번 게임의 양상은 과거와는 달라질 것이라고 생각되었지만 승부의 분수령은 언제나 종반전 정치권의 향배에 달려 있었다.

정치권은 언제나 문제의 근본적인 해결보다도 무마라는 차선을 선호했고 원칙과 정도보다는 타협과 포퓰리즘에 젖어왔다. 야당은 어쩔 수 없다 치더라도 현실에 순응하며 자기합리화 논리에 살아온 사람들이 주류를 이루는 여당이 결정적인 순간에 어떤 태도로 나오느냐가 문제였다. 1995년 2회전을 방관했던 정치인 대통령이 임기 말 대통령선거를 앞두고 어떤 태도로 나올 것인가도 큰 변수였다. 부가가치세도 막판에 대통령의 결단과 중재로 실시되었다.

3회전의 게임 양상은 예상에서 약간 빗나갔지만 대세는 비슷한 양상이었다. 일부의 전문가를 제외하고는 대부분의 사람들은 상식, 원론, 로비에 따라 움직였다. 로비 자료에 의존하는 '군중'들이 다수를 이루는 자문기구의 권고안은 언제나 '자문' 수준을 벗어나지 못했다. 상식에서 소신은 나오지 않고 '군중'에 정책은 없다.

4월부터 금융개혁위원회에서 중앙은행과 감독체계 개혁에 대한 논의가 본격화되자 치열한 로비전이 전개되었다. 강경식 재정경제원 장관, 이경식 한국은행 총재, 김인호 경제수석, 박성용 금융개혁위원회 위원장의 4자 회동에서 한국은행의 독립과 금융감독위원회의 설립이라는 두 원칙에 합의했다. 이런 원칙에 따라 5월에 확정된 금융개혁위원회의 권고안은 금융통화위원회를 한국은행의 최고 의결기구로 하고, 의장이 한국은행 총재를 겸임하고,

국무총리 직속 금융감독위원회를 설치하고, 은행·증권·보험감독원과 재정경제원 금융정책실의 감독 기능을 통합하여 금융감독원을 설치한다는 것이었다. 이런 권고안을 보고[273]받은 대통령은 재정경제원이 금융개혁위원회 권고안을 토대로 관계기관의 의견을 수렴해 법안을 만들라는 지시를 내렸다.

재정경제원은 금융감독위원회가 사실상 '금융부'가 된다고 반대했고, 한국은행은 금융통화위원회를 장악하려던 기도가 좌절되어 파업을 불사하겠다고 나섰다.

강경식 장관은 청와대 보고 후 4자 회동에서 협의한 내용[274]을 구술해주며 대통령에게 보고할 최종안을 만들 것을 지시했다. 주요 내용 중 새로운 내용은 한국은행과 관련하여 총재에 대한 물가안정목표를 정하는 계약제도, 선별지원 금융에 대한 감독권, 재정경제원과 정기적 협의제, 재의요구권 이외의 의안제안권과 열석발언권 삭제, 외환 업무의 이관 등이었고, 감독과 관련하여 금융감독위원회 사무국 설치, 은행·증권·보험감독원은 1999년 말까지 현재대로 유지, 재정경제원 산하 통합보험기구 설치, 재정경제원에 법령제정권과 금융기관 본인가권 부여 등이었다. 이때까지 4자 회동은 선입견과 기관 이해관계를 벗어나기 위해 실무자 참여 없이 이루어졌다.

나는 이때부터 본격적으로 한국은행 문제에 개입[275]하게 되었다. 금융정책실 실무진들에게 결과적으로 타협을 하더라도 원칙에 따라 정도로 가는 개편안을 마련하도록 했다. 4자 회동의 협의안과 차이가 있는 경우 두 안을 동시에 만들어 장관과 최종협의를 하자고 했다. 1982년 과장으로서 금융실명제를 추진할 때도 겪었지만 장관은 원칙만 지켜지면 실무진들의 의견을 받아들이는 사람이었다.

내가 실무진들에게 제안한 원칙은 중앙은행에 관하여 첫째 법 이름을 '중앙은행에 관한 법률'로 하고, 둘째 중앙은행은 합의제 행정관청인 금융통화위원회와 특수법인인 한국은행으로 구성하고, 셋째 금융통화위원회가 '금융부'가 되지 않도록 재정경제원의 재의요구권은 절대 있어야 하고, 넷째 외환업무를 재정경제원 소관으로 두는 것은 꼭 지키도록 하는 것이었다. 금융감독에 대해서는 첫째 금융감독권은 어떤 형태로건 정부의 권한임을 명백히 하고, 둘째 종국적으로는 재정경제원 산하에 금융감독청을 두는 것을 전제로 하고, 셋째 과도기적으로 금융감독위원회와 금융감독원을 두는 경우 금융감독청으로의 전환에 관한 경과조치를 두도록 하는 것이었다.

이런 원칙에 따라 실무진들이 만든 초안의 대강은 다음과 같다. 한국은행에 대하여 첫째 한국은행법을 대체하여 '중앙은행에 관한 법률'[276]을 제정하고, 둘째 금융통화위원회를 정책결정기구로 특수법인인 한국은행을 집행기구로 하고, 셋째 금융통화위원회 의장은 국무회의 심의를 거쳐 대통령이 임명하고 한국은행 총재를 겸임하며, 넷째 재정경제원 장관에게 의안제안권, 재의요구권과 차관의 열석발언권을 주고, 다섯째 외환 업무는 재정경제원 소관으로 하고 중앙은행은 필요할 때 협의[277]하도록 하는 것이었다.

금융감독에 대하여 첫째 재정경제원 아래 금융감독청을 신설하고, 둘째 과도기적으로 은행·증권·보험감독원을 두되, 통합감독기구로서 금융감독위원회를 신설하고, 셋째 3년 후 2000년에 금융감독청으로 통합하는 경과조치를 두고, 넷째 금융감독에 대한 법령제정권과 금융기관 인가권은 재정경제원에 두고, 다섯째 통합예금보험기구는 재정경제원 아래 두는 것이었다.

장관은 이러한 실무진의 개편안을 받아들였다. 다만 금융감독청에 관하여 이번에는 은행감독권을 한국은행으로부터 분리하는 것으로만 하고 금융감독청은 다음 장관이 하도록 금융개혁위원회 안을 그대로 채택하도록 했다. 통합금융기구를 재정경제원 산하로 가져오면 밥그릇 챙기기라는 오해를 불러온다는 점 때문이었다.

이러한 정부 안을 만드는 데 내부적으로 많은 어려움이 있었다. 실무작업을 하는 금융정책실의 입장에서는 재정경제원 장관이 갖고 있던 금융통화위원회 의장을 내놓고 최종책임자의 입장으로 후퇴하는 것은 살을 도려내는 아픔이었고, 은행감독원이 한국은행 내부기구로 있었지만 재정경제원 장관이 금융통화위원회 의장이었기 때문에 사실상 은행감독권을 행사했는데 증권·보험감독권까지 묶어서 몽땅 내어놓아야 했기 때문에 얻는 것은 하나도 없고 빼앗기는 것뿐이었다. 원칙과 정도로 가자고 설득하고 3년 후 금융감독청을 설치할 것을 기약하며 실무진들을 설득했다.

장관은 정부 안[278]을 대통령에게 보고하고 1997년 6월 16일 이경식 한국은행 총재, 박성용 금융개혁위원회 의장과 함께 과천청사에서 발표했다.

한국은행은 비상총회를 열어 한국은행의 집행기구 전락과 은행감독원 분리를 반대하고 총재를 '배신자'로 낙인찍고 퇴진운동을 벌이며 반발했다. 총재를 제외한 모든 간부[279]도 동조하고 나섰다. 한국은행 노조도 중앙은행 말살기도를 총파업으로 저지하겠다고 나서고 증권·보험감독원 노조도 가세하여 3차전은 뜨겁게 달아올랐다. 은행·증권·보험회사에 비해 엄청나게 높은 임금을 받고 국가의 핵심 공권력을 행사하는 기관의 사람들로서 도를 넘었지만 언제나 그랬듯이 사회는 방관만 했다. 다른 나라의 중앙은행이나 금융감독기관에 이렇게 과격한 노조가 있다는 얘기는 들어보지 못했다.

정부 안은 당정협의를 거치고 한국은행의 주장을 일부 반영하여 법 이름을 '중앙은행법'에서 '한국중앙은행법'으로 바꾸고, 재정경제원 장관의 의안 제안권을 삭제하고, 재정경제원 장관·금융통화위원회 의장·금융감독위원회 위원장의 정례정책협의 조항을 삭제하는 등 본질적인 사항을 제외하고 일부를 수정하여 정부 안을 확정했다.

'한국중앙은행법'과 '금융감독기구 설치에 관한 설치법'을 포함한 13개 금융개혁법은 7월 24일 입법예고를 한 후 8월 19일 국무회의를 통과하고 국회에 제출되었다. 8월 임시국회에서 통과시키고 9월 중순에 공포한다는 계획이었는데 예정보다 두 달이나 늦어졌다.

금융개혁법의 시급성을 역설하고 8월 임시국회에서 조속처리를 부탁했지만 12월 대통령선거를 앞두고 정치권은 대통령선거 준비에 여념이 없었다. 여·야당 의원들을 일일이 찾아다니며 호소했지만 여름휴가, 해외출장 등을 이유로 8월 임시국회는 열리지 않았다. 금융기관의 부실채권을 조속히 정리하고 국제금융 시장에서 대외신인도를 제고하여 해외차입 활동을 정상화하기 위해 제출한 13개 금융개혁법의 시급성을 정치권은 외면했다. 대선을 앞둔 그들에게는 한국은행의 반대가 더 중요했던 것 같았다.

정부는 8월 25일 제일은행과 종합금융회사에 대한 1조 원의 한국은행 특별대출, 금융기관 대외채무의 정부지급보증 등의 내용을 포함하는 1차 금융시장 종합안정대책을 발표하며 대기업 연쇄부도에 따른 금융기관 부도를 방지하고 외국인 투자자금 회수를 막아보려고 안간힘을 쓰고 있었다.

9월 10일 정기국회가 열렸지만 조속처리를 부탁하는 정부의 노력에도 불구하고 9월 23일에 가서야 국회 재경위원회 주최의 금융개혁법 공청회가 열렸고 다음 날 13개 금융개혁법에 대한 제안설명을 했다.

외국인의 계속된 매도세에 따라 주식시장이 붕괴조짐을 보이고 외환보유고의 감소가 지속되자 10월 29일 연기금의 주식투자 확대, 시설재 도입용 상업차관의 자유화 등을 포함하는 2차 금융시장 종합안정대책을 발표하기에 이르러 외환위기의 징조가 현실화되어갔다. 금융기관의 부실채권 증가와 그에 따른 대외신인도 저하로 금융불안은 가속화되었다.

10월 1일부터 국정감사에 들어갔고 10월 30일 재경위원회가 열려 13개 금융개혁법이 상정되고 다음 달 11월 4일부터 금융관계법소위원회가 열렸다. 대외신인도 제고를 위해 시급했던 13개 금융개혁법은 국회에 제출된 후 두 달 반이나 방치된 후 심의에 들어갔다.

한국은행은 11월 10일 부서장 명의의 성명을 통해 "금융불안을 극복하기 위해 금융감독기구의 통합을 포함한 금융개혁 관련 법안의 국회통과가 시급하다는 정부의 주장은 사실이 아니다."라고 반박했다. 야당인 새정치국민회의도 "금융감독기구의 통합은 시기상조"라며 정부 안에 반대의견을 명백히 표시했다.

실질적인 토의가 이루어지는 소위원회는 관례에 따라 정부 측에서 차관의 책임으로 진행됐다. 13개 금융개혁법, 특히 중앙은행과 감독체계에 대한 2개 법의 조속통과를 역설했지만 한국은행의 반대가 격렬해지자 야당인 새정치국민회의와 자유민주연합은 한국은행 개편과 금융감독기구의 통합에 관한 핵심법안은 반대하고 나머지 11개 법만 이번 회기에 통과시키자고 했다.

난항을 거듭하자 정부는 여당인 신한국당과 협의하여 수정안[280]을 만들었다. 주요 내용은 중앙은행의 명칭은 '한국중앙은행'에서 '한국은행'으로 그대로 두고, 금융감독위원회는 총리실 산하에서 재정경제원 산하로 변경하는 것이었다. 금융감독위원회의 소속에 대해 소위에서 재정경제원 산하로 하는 것이 정도나 밥그릇 챙기기라는 오해를 벗어나기 위해 총리 산하로 두었기 때문에 여야 만장일치로 재정경제원 산하로 바꾸었다.

야당은 금융통화위원회 의장의 한국은행 총재 겸임과 은행감독원의 분리는 계속 반대하고 표결처리하는 경우 물리적으로 방해하지 않는다는 데까지 합의했다. 대통령선거를 의식한 정치적인 결정이었다. 11월 13일 오전 이러한 수정안은 소위에서 5:3 표결로 통과되었다. 오후에 재경위원회에서 13개 금융개혁법을 상정하리라 기대했는데 내일로 미루고 산회되고 말았다.

14일 오후 열린 재무위원회에서 13개 금융개혁법이 상정되기 직전 이상득 위원장은 휴식을 위해 잠시 정회를 선포했다. 속개하려고 했으나 여당은 재적의원의 과반수인 의결정족수에 미달하게 되었다. 야당의원들도 당내 행사 때문에 하나 둘 떠났다. 의사당 복도에서 재정경제원 사람들이 떠나는 야당 의원들을 붙잡는 촌극이 벌어지기도 했다. 의결정족수가 되어 속개했으나 야당의원들이 참석하지 않았다. "표결 통과까지 양보했는데 자기들 행사에 다 가고 머릿수를 채울 때까지 기다리라니 이런 법이 어디 있느냐."라고 발끈한 야당은 갑자기 불참 입장을 통보하게 되었다. 대통령선거를 앞두고 단독처리에 부담을 느끼고 있었던 여당에게 시끄러운 법안을 단독처리하도록 몰아 정치적인 부담을 지우려는 야당의 계산이 깔려 있었다. 여야 간사들은 다음 주 17일 월요일 재무위원회를 열어 13개 법안을 다루기로 하고 자정이 가까울 무렵 산회했다. 차가운 겨울바람을 맞으며 어두운 의사당을 떠날 때 불길한 예감이 스쳤다.

국회 앞에는 13일에 이어 14일에도 한국은행 직원들을 중심으로 증권감독원과 보험감독원 노조가 가세하여 격렬하게 반대시위를 하고 통과가 임박하자 한국은행 직원들은 총사퇴를 결의하기에 이르렀다. 민병도, 하영기, 김명호 씨 등 전직 한국은행 총재들도 가세하고 나섰다. 10월 중순부터 외환위기는 다가오는데 우리의 이런 모습이 전파를 타고 전 세계에 생생하게 방송되고, 타전되고 있었다.

문제는 다음 날 15일 벌어졌다. 신한국당과 통합하게 된 통일민주당의 조순 총재가 4,000여 한국은행 직원이 총사퇴를 결의한 마당에 한국은행법과 금융감독기구 설치법이 통과되면 대선을 앞두고 큰 화를 당할 수도 있다는 의견을 밝히자 신한국당의 대통령선거대책위원회에서도 금융개혁법 처리의 연기론이 대두되어 문제는 복잡해졌다. 실무진들은 본회의 상정을 대비해 국회 법사위원회 심의관에게 법조문을 설명하고 있던 중이었다.

16일 일요일 신한국당 목요상 원내총무는 야당 총무들과 협의했으나 합의에 이르지 못했다. 16일 오후 3시 강경식 장관은 간부들을 불러 대책회의를 했다. 장관에게 이제는 대통령[281]이 나서야 하지 않느냐고 말했더니 이미 요청해봤지만 거절했다는 것이었다. 10월 22일 이회창 총재로부터 탈당을 권고받아 신한국당을 탈당한 김영삼 대통령은 오기의 정치인이었고 이미 레임덕에 걸려 있었다. 대통령이 금융개혁을 하라고 지시하고는 대통령이 나서지 않는 전쟁이 어떻게 되겠는가. 1977년 부가가치세도 결국은 대통령이 나서서 해결했다.

17일을 맞았으나 야당은 불참하고 여당은 단독처리를 주저했다. 하루 종일 기다렸으나 허사였다. 다음 날 18일 아침 서울을 출발하여 오후 베이징에서 한·중 경제차관회의에 참석하고 다음 날 아침 중국국가계획주임을 만나고 있는데 강경식 부총리의 경질 연락을 받고 나머지 일정을 취소하고 귀국했다. 18일 정기국회는 끝나고 외환위기는 다가오는데 통과될 뻔했던 핵심 금융개혁법[282]은 표류하고 말았다. 나라 경제가 위기로 치닫고 있는데도 역시 우리의 정치권은 문제해결보다 문제를 덮는 데서 조금도 달라지지 않았다. 야당들은 위기인 줄 몰랐는가 알고도 그랬는가?

반세기의 왜곡, 외세로 풀다
한국은행법 개정과 통합감독기구의 설립

1997년 11월 21일 우리는 외환위기를 극복하기 위하여 IMF에 긴급유동성조절자금의 지원을 요청하게 되었다.

자금지원을 위한 협상을 위해 발리노(Thomas Balino) 국장보를 팀장으로 한 IMF 협상단 금융팀이 11월 23일 서울에 오고 24일 협상단장인 나이스(Hurbert Neiss) 아시아태평양국장이 서울에 왔다. IMF 협상의 중요성에 따라 나는 우리 측 협상단장을 맡아 중요 사항은 IMF 측 협상단장인 나이스 국장과 직접 협의에 나섰다.

IMF 협상단이 가져온 실무협상안 'IMF 지원협정을 위한 주요 경제프로그램(Korea-Main Measures of the Economic Program to be Supported by a Stand-by Arrangement with the IMF)'에 한국은행법 개정안과 통합금융감독기구 설치법의 연내 국회통과를 자금지원의 핵심조건으로 했다. 한국은행법 개정안과 금융감독기구 설치법을 다시 제출해야 하는가에 대해 논란이 있었으나 나이스 국장을 만나 이미 제출된 법안으로 하기로 합의[283]했다.

11월 24일 여·야당은 IMF의 요구에 따라 정기국회에서 처리하지 못한 '한국은행법'과 '금융감독기구 설치에 관한 법률' 등 9개 금융개혁법을 12월 18일 대통령선거가 끝난 후 임시국회를 열어 연내에 처리[284]하기로 합의했다. 12월 3일 대통령후보 3인의 IMF 합의 이행각서[285]가 제출되고 IMF 자금지원에 관한 의향서(Letter of Intent)[286]가 정책 프로그램과 함께 서명되었다. 김대중 후보의 IMF와의 재협상 주장으로 국제금융시장에 파문이 일게 되자 12월 13일에는 청와대에서 김영삼 대통령 주재로 한나라당 이회창, 새정치국민회의 김대중, 국민신당 이인제 후보가 만나 IMF와의 합의 사항을 준수한다는 데 합의했다.

12월 18일 새정치국민회의 김대중 후보가 대통령에 당선되고 22일에 금융개혁법 처리를 위한 임시국회가 열렸다. 그날 오후부터 재경위원회 금융개혁법소위원회가 열렸다.

외세에 밀려 최종 결판을 내는 마당에 한국은행의 입장에서 생각해봤다. 부동산도 10년간 점유하면 진정한 소유자가 아니더라도 소유권을 인정하는 것이 법의 원칙이다. 한국은행은 법에 따라 50년 가까이 평온하지는 않았지만 공연하게 행사하던 은행감독권을 내놓으려니 살을 도려내는 아픔이 있는 것은 인지상정이리라. 오기에 차 카인의 후예같이 싸우기도 했지만 우리들은 남보다는 나아야 할 것이 아닌가. 은행감독권은 불가피하게 떼어내더라도, 한국은행과 정부와 최소한의 연결장치만 마련된다면 한국은행의 의견을 들어준들 어떠랴. 은행감독권을 떼어와 증권·보험감독권까지 얹어 총리실로 넘겨주게 되는 금융정책실 실무진들의 아픔을 생각할 때 한국은행과 재정경제원 모두에게 껄끄러울지도 모르는 금융통화위원회라는 행정관청을 굳이 만들어야 하는가.

소위에서 재정경제원 장관의 재의요구권만 보장이 된다면 한국은행에 금융통화위원회를 두고 한국은행 총재가 금융통화위원회 의장을 겸임하는 데 동의했다. 금융통화위원회가 한국은행 내부 정책의결기구가 되면 일본과 영국 형의 중앙은행과 유사하게 되는 것이고 법의 명칭을 한국은행법으로 해도 논리에 맞다. 밥그릇 챙기기란 오해를 받지 않기 위해 금융감독위원회를 국무총리 아래 두는 정부 안을 제출했지만 재정경제원 산하로 하는 것이 정도라고 했다. 다만 새정치국민회의가 금융감독위원회 사무국을 두지 말자는 주장에는 사실상 불가능한 주장이라고 끝까지 동의하지 않았고, 인원도 10인 이내로 하자는 주장은 집권당이 되어 운영해보면 잘못을 알 것이라는 말로 대응[287]했다. 나머지 주요 내용은 지난 11월 13일 소위에서 표결로 통과된 내용과 같았다.

1997년 12월 24일 크리스마스이브에 반세기를 다투던 한국은행법은 소위를 통과했다. 자기 나라의 중앙은행 문제를 외세로 통과시킨 정치권에 대한 연민과 자괴감을 안고 겨울 밤바람이 차가웠던 여의도를 떠났다. 12월 29일 김대중 대통령 당선자의 뜻에 따라 금융감독위원회를 다시 원안대로 국무총리 산하로 하고는 금융개혁법은 재경위원회를 통과하고 본회의도 그날 밤 통과했다. 반세기 전 FRB라는 외세로 도입된 중앙은행제도가 지금 IMF라는 외세로 바로잡게 되니 착잡한 마음 그지없었다.

허무한 싸움은 끝나고

역사의 참회

1950년 제정된 한국은행법은 일본의 식민통치를 벗어나고 혼란했던 시기에 위헌으로 훼손되었다. 행정관청인 금융통화위원회를 한국은행에 두어 위헌을 불러오고 외환정책까지 가져간 것은 조선은행 사람들의 무리와 과욕이 낳은 과잉공격이었다. 조선총독부 재무국에 얼마 안 되는 조선 관리들은 친일로 몰릴 것이 두려워 잠적했고 건국 정부의 재무부는 조선은행 사람들이 차지하여 재무부가 '한국은행 세종로출장소'였다.

1962년 5·16군사정부는 당시까지 누리던 한국은행의 과도한 권한들을 빼앗았다. 재무부 장관의 재의요구권이 신설됨으로써 재무부를 '한국은행 세종로출장소'로 삼았던 한국은행의 영화가 기울기 시작했다. 재무부 장관이 금융통화위원회 의장인데 재의요구권을 신설한 것은 군사혁명이라는 시류를 탄 과잉반격이었다. 한국은행으로서는 치욕으로 생각하고 있는 법 개정이었다.

1988년 한국은행이 민주화를 계기로 100만 인 서명운동까지 벌이며 재무부 장관이 갖고 있던 금융통화위원회 의장은 빼앗고 은행감독원은 그대로 두겠다는 재반격 또한 1962년의 재무부 사람들과 마찬가지로 과욕이었다. 재반격을 불러온 근저에는 '재무부 남대문출장소'로 불리도록 한국은행의 자존심을 상하게 한 재무부 사람들의 난폭이 있었다. 1988년 재무부 사람들이 당한 것은 선배들이 저지른 난폭의 업보였다. 카인의 후예들같이 미워하고 싸운 재무부와 한국은행 사람들은 모두 선배들이 저지른 업보를 치른 피해자들이었다. 민주화라는 대세를 타고 싸움을 건 한국은행이 초전에는 우세했지만 재무부는 전세를 역전시키고 결국 휴전으로 끝났다. 1995년 재정경제원의 한국은행법 개정 시도는 이때에 대한 반격의 성격이 짙다.

1997년의 한국은행법 개정은 재정경제원도 한국은행도 지쳐 있는 상태에서 청와대가 불을 붙인 싸움이었다. 한보철강과 기아자동차의 부도로 감독체계의 개편에 대한 국민의 공감대가 형성된 것이 지금까지 당사자의 싸움이었던 점과 다른 것이었다. 1988년부터 재무부는 왜곡된 역사를 바로잡기위해 수비전략에서 정면공격에 나섰다. 10년 후 1997년, 반세기에 걸쳐 왜곡된 진실을 바로잡기 위한 소신에 찬 청와대의 용기는 놀라운 것이었지만 마지막에 가서 레임덕에 걸린 대통령은 말이 없었고 대선을 앞둔 정치권의 계산으로 역시 표류하고 말았다.

1997년 몰아친 외환위기는 IMF라는 외세를 불러왔다. IMF라는 외세는 FRB라는 외세가 만든 중앙은행을 버리고 새로운 중앙은행과 감독기구를 갖게 했다. 외세 앞에 고개 숙인 우리들의 초라한 자화상이었다.

허무한 싸움은 그렇게 끝났다. 코소보전쟁에서 본 바와 같이 전쟁은 내전이 더 잔인하고 많은 상처를 남긴다. 인간의 감성이 이성을 압도하면 지적 능력은 저하된다. 서로가 죽어가면서도 허무한 싸움을 한다.

카인의 후예들 간에 잔혹하게 싸운 유산을 우리는 지니고 있다. 누가 우리를 풍차 보고 돌진하는 돈키호테로 만들었으며 누가 산 너머 신기루 속의 오아시스를 찾아 헤매게 했는가. 제도의 문제가 아니라 행태의 문제였고, 법의 문제가 아니라 관행의 문제였으며, 우리들의 문제보다 선배들의 문제였다.

한국은행이 잃었다면 재정경제원도 잃었다. 시류를 탄 공격과 반격에 상처도 많이 주고 많이 받았다. 새로운 중앙은행의 역사를 써야 할 사명이 그 후 남아 있는 사람들에게 있다.

10 자기주장을 자기 보험회사에

⁝⁝⁝ 보험시장

출근길의 멱살잡이

자동차보험의 문제점

뉴욕에서 3년간 근무하다 1988년 서울올림픽을 앞두고 보험국장으로 돌아왔을 때 출근길[288]에서 가장 눈에 띄는 것은 많아진 차와 운전자끼리 길을 막고 싸우는 광경이었다. 출근길에서 자동차 접속사고로 두 사람이 길을 막고 싸우는 일은 한 주에 한두 번은 볼 수 있었다. 서로 멱살 잡고 싸우기도 했다. 길이 막히고 짜증이 났지만 속수무책이었다. 자가운전이 늘어나면서 차도 사고도 싸움도 많아진 것이다. 오래 가면 국민성까지 나빠질까 걱정할 정도였다.

뉴욕에서는 그런 광경을 보지 못했다. 조용히 경찰을 기다리거나 서로의 인적 사항과 보험관계를 확인하고 헤어진다. 뉴욕에서 존 F. 케네디 국제공항을 갔다 오다 추돌사고가 발생했다. 우리는 서로 다투지 않았다. 내가 가입한 보험회사 대리점에 전화를 하고 차를 수리한 다음 보험회사에 사고경위서를 보내는 것으로 끝이었다. 잘잘못은 보험회사끼리 가리고 경찰은 상관이 없었다.

자동차사고 처리방법부터 바꾸어야겠다고 생각했다. 뉴욕의 보험제도와 사고처리 방법은 우리와 근본적으로 달랐다. 미국은 가입회사가 자기 고객의 손해를 먼저 보상하고 상대방 보험회사와 과실비율에 따라 분담하는데 우리는 과실이 있는 보험회사가 손해의 전액을 책임지도록 되어 있었다. 미국은 보험회사의 손해사정인끼리 과실을 판정하는 데 비해 우리는 과실을 경찰이 판정했다. 미국은 운전자 중심으로 사고에 따라 보험료가 할인·할증되는 데 비해 우리는 자동차 기준으로 보험료가 산정되고 할인·할증이 없었다.

자동차보험의 보험료제도와 사고처리 방법을 미국식으로 바꾸기 위해 보험회사 사장단회의에서 논의해보았는데 모두가 반대했다. 이유는 보험료가 낮아 결손상태인데 그렇게 하려면 보험료 인상이 선행돼야 하고, 보험료를 운전자 중심으로 바꾸기 위한 사고기록 관리제도가 없으며, 운전자의 과실 비율을 정확히 판정할 손해사정이 어렵다는 것이었다.

자동차보험이 한국자동차보험주식회사의 독점에서 10개 손해보험회사로 다원화된 후 적절한 수준의 보험료 인상이 없어 적자를 면하지 못했고 자동차보험 손해사정인도 부족한 것은 사실이었다. 적절한 수준의 인상을 약속하고 사고기록 문제는 내가 나서서 치안본부와 협의하겠다고 했다. 손해사정 문제는 손해사정인의 적극 양성으로 대처해나가자고 제의했다. 실제는 소액보험금청구의 상당한 억제요인이 되었던 경찰의 사고증명을 폐지하는 것이 가장 큰 반대요인이었다. 자가운전자들은 보험금이 적은 경우 파출소에 가서 줄을 서고 피고인 대접을 받는 것이 싫어 스스로 처리하는 경우가 많았고, 이것이 상당한 적자보전 요인이 되고 있었다. 당시 경찰은 교통사고에 관한 한 검사와 판사의 역할을 동시에 하는 막강한 존재였다.

치안본부가 보험사고 정보의 제공을 거절했다. 인별로 사고기록이 되어 있지도 않고 정부의 정보를 민간에 제공할 수 없다는 것이었다. 하는 수 없이 앞으로 보험회사가 보험사고 정보를 축적하는 것을 전제로 운전자 중심의 할인·할증 요율로 개편하기로 업계와 합의했다. 먹살잡이식 사고처리 방법을 그대로 두었다가 국민성까지 나빠지겠다는 점을 업계도 공감했다.

자기주장을 자기 보험회사에

자동차보험의 개선

손해보험업계와의 협의를 끝내고 뉴욕의 자동차보험제도를 모델로 하여 가입보험회사 중심의 보상체계로 바꾸고, 운전자의 연령, 운전경력, 사고경력에 따라 운전자 중심의 할인·할증 요율 체계로 바꾸는 개편작업을 시작했다.

사고가 발생했을 때 경찰에 연락하지 말고 서로 과실을 따지고 싸울 필요도 없이 상대방에 대한 성명, 운전면허, 보험가입 상황 등만 적고 '자기주장을 자기 보험회사에' 보고하도록 하고, 손해사정인끼리 가입자의 과실 정도를 판정하여 정산하고, 가입자의 연령, 운전경력, 사고경력에 따라 보험료를 할인하거나 할증하는 운전자 중심의 요율을 정하며, 보험금을 청구한 사고를 기록하고 보험회사 간 정보를 교환하는 시스템을 만든다는 것이 핵심이었다.

1988년 11월, 6개월 작업 끝에 완성된 '자동차보험제도 개선 방안'[289]을 사장단회의의 협의를 거친 다음 1989년 3월부터 시행할 것을 발표했다.

주요 내용은 자기주장을 자기 보험회사에 신고하여 보상받도록 하고, 운전경력과 연령에 따라 100%까지 할증하는 반면 무사고의 경우 최고 40% 할인하고, 3년간 사고벌점을 기준으로 200% 할증하고, 보험 기간을 6개월에서 1년으로 연장하고, 매년 4월 1일 전년도의 실적손해율을 기준으로 보험료를 조정한다는 것이었다. 이러한 개편으로 보험료는 40%의 인상요인이 있지만 평균 20% 정도 인상하게 되었다. 앞으로 사고기록이 누적되면 단계적으로 적자요인을 해결한다는 복안이었다.

자동차보험의 인상요인에 대한 보상으로 인하하지 않았던 화재보험은 15%, 해상보험은 25%를 인하하고, 2년 단위로 4월 1일 요율조정 요인이 10%를 초과할 때 요율을 조정하도록 하는 '손해보험 요율조정지침'을 동시에 발표했다.

물가와 여론을 이유로 인상요인이 40%나 될 때까지 보험료 인상을 억제한 것은 핀 빠진 수류탄을 후임자에게 돌리는 식이었다. 1981년 보험2과장 때 눌러만 오던 자동차보험료를 무려 74.7%나 올린 적이 있었다. 이러한 문제를 해결하기 위해 매년 4월 1일, 전년도 손해실적을 기초로 조정요인이 5% 초과할 때 자동차보험료를 조정하도록 했다. 부정기적으로 보험료를 조정함으로써 인상요인을 누적시키고 누적요인이 커서 손을 못 대는 악순환을 방지하기 위한 제도였다.

자동차보험제도 개편의 취지는 이해하나 보험료 20% 인상에 반대한다는 여론이 일어났다. 옛날에는 콩나물 버스가 한 달에 한 번 꼬집는 단골 메뉴였으나 자가운전 시대가 되고 나서는 자동차보험료와 보상 시비가 그 자리를 차지했다. 신문, 방송 모두 보험료 인상을 부각시키며 반대에 나서는 바람에 나는 시행을 미루고 지적된 문제에 대한 재검토 작업에 들어갔다. 실무자들을 미국과 유럽에 보내 선진국의 보험과 보상제도를 재점검하도록 했다. 운전경력별, 남녀별, 연령별 실적통계를 최대한 수집하여 이를 반영하여 할인·할증 제도를 보완했다.

다시 6개월간의 재검토 끝에 할인·할증은 더 합리적으로 조정하고 보험료는 인상하지 않는 최종안을 성안했다. 일부 기자들에게 사전에 비공식 브리핑을 통해 적극 협조를 부탁하고 업계도 신문과 방송을 적극 설득했다. 이번에는 업계가 요금인상이 반영되지 않았다고 반발했으나 새 제도는 보험료 인상이 없더라도 사고기록이 누적되면 제도적이고 탄력적으로 인상된다는 점을 들어 설득했다. 이런 과정을 거쳐 1989년 6월 15일 지난번의 개선안을 수정한 '자동차보험제도 개선 방안'을 발표하고 당초보다 4개월 늦추어 7월 1일부터 시행하게 되었다.

최종 확정된 방안은 다음과 같다. 첫째, 사고발생 시 경찰신고 없이 자기주장을 자기 보험회사에 신고하여 보상받은 후 보험회사 간 과실에 따라 정산한다. 둘째, 운전경력[290]에 따라 10~25%를 할증한다. 셋째, 연령[291]에 따라 남자는 5~100% 할증만 하고, 여자는 10~50% 할증하고, 26세 이상은 5~10% 할인한다. 넷째, 무사고[292]의 경우 10~50% 할인한다. 다섯째, 사고별

점[293] 1점당 10%에서 최고 120%까지 할증한다. 여섯째, 보험기간을 6개월에서 1년으로 연장한다. 일곱째, 매년 4월 1일 전년도 실적손해율을 기준으로 보험료를 조정한다.

기본보험료의 인상은 없지만 할인·할증 제도의 확대에 따라 초년도에는 3.3%의 인상효과가 있었다. 소비자보호원이 보험료가 많이 오른 젊은 출근자를 중심으로 길거리에서 샘플 조사한 결과 자가용은 23%나 오른다고 발표한 해프닝[294]은 있었으나 대부분의 신문·방송에서 제도개선을 긍정적으로 받아들였다. 재무부 출입기자들의 협조가 없었다면 아마 불가능했을 것이다.

7월 1일 손해보험업계가 합동으로 신문광고를 통해 개편된 자동차보험제도를 홍보했다. '사고발생 시 경찰관서의 사고신고 여부와 관계없이 보험회사로부터 보상을 받을 수 있다.'라는 것과 '사고발생 시 현장에서 다투지 말고 상대방의 성명, 차량번호, 가입보험회사만 확인하고 사고내용에 대한 자기주장을 자기 보험회사에 알리면 보험회사는 신고에 따라 보상하고 과실책임 여부는 보험회사 간에 결정하여 정산한다'라는 구체적인 보상절차 개선 내용을 광고 문안에 삽입했다. 보험회사들은 운전면허증 크기의 '자동차사고 처리요령'을 만들어 앞면에는 서로 다투지 말고 '상대방의 성명, 차량번호, 가입보험회사'만 적고 '자기주장을 자기 보험회사에' 신고하여 보상받으라는 내용을 담고, 뒷면에는 회사와 정비업소 전화번호를 기재하여 모든 가입자에게 나누어주었다.

제기된 문제를 보완한 새 자동차보험제도는 큰 마찰 없이 성공적으로 시행되었다. 길을 막고 싸우는 일은 그 후 거의 찾아볼 수 없는 현상이 되었다. 사회는 사람보다 제도로 고쳐나가야 한다는 것을 일깨워주었다. 나는 자동차보험제도를 개편하느라 실무자들과 함께 1년간 혼신의 노력을 쏟았는데 공직생활에서 크게 보람을 느꼈던 일 중의 하나라고 생각한다.

눈비 올 때 전조등을 켜자

후진 교통문화

자동차보험 개편과 함께 손해보험협회에 '자동차사고대책위원회'를 만들어 사고예방을 위한 노력도 했다. 사고예방은 보험회사의 수지개선과도 직결되었다. 과거의 일회성 캠페인이 아니라 체계적이고 지속적인 활동을 하기로 했다.

내가 1980년 보험2과장으로 일할 때 자동차가 50만 대를 넘었는데, 8년 후 보험국장으로 왔을 때는 그때의 4배인 200만 대가 되었다. 교통사고도 급증하여 자동차 1대당 사망자 수가 1987년 기준으로 44.7명으로 미국과 일본의 2.6명에 비해 무려 17배나 높았다. 먼저 사고의 원인을 분석하고 원인에 따라 사고예방 캠페인을 벌이기로 했다.

방어운전(defensive driving) 요령[295]을 만들어 보험가입자들에게 나누어주도록 하고, 사고가 많은 지점에 경고 간판을 확대해나가기로 했다. 사망사고의 가장 큰 원인은 눈비 오는 날 전조등을 켜지 않은 채 달리는 것과 자가운전자들이 야간에 네거리에서 신호를 기다릴 때 전조등을 끄고 있다가 그대로 출발하는 것 때문이라고 조사되었다. 눈비가 올 때 전조등을 켜지 않으면 백미러에 뒤차가 분명히 보이지 않아 접촉사고뿐 아니라 보행자의 사망사고에도 큰 원인이 되었다. 근거를 찾아보았더니 교통법규에는 없고 운전면허증을 교부할 때 네거리에서 전조등을 끄는 것이 운전 예의라고 교육하고 있었고 영업용 운전자들의 오랜 관행[296]이었다. 뉴욕에서는 날씨가 흐리기만 해도 전조등을 켰고 야간에 네거리에서는 전조등을 끄지 않았다.

나는 먼저 치안본부 교통관계자를 만나 전조등 켜기에 대한 협조를 요청했으나 반응이 없었다. 하는 수 없이 손해보험업계가 기금을 갹출하여 '전조등 켜기 캠페인'을 벌여나갔다. 운전자들이 많이 듣는 라디오방송을 중심으로 교육광고를 하고 TV나 신문, 잡지에도 기금이 허락하는 대로 광고를 했다.

많은 돈을 투입하여 광고를 했지만 효과가 나타나지 않았다. 내가 네거리에서나 비올 때 불을 켜고 있으면 경찰이 와서 전조등을 끄라고 하는 경우가 많았다. 그럴 때마다 경찰을 교육시켰으나 한 해가 지나도 효과는 별로 없었다. 3년 후 전조등을 켠 차가 가끔 보이다가 10년이 지나자 제법 보이더니 지금은 완전히 정착되었다. 1988년 만든 방어운전 요령이나 "눈비 올 때 전조등을 켭시다."로 시작하는 전조등 켜기 광고는 라디오를 타고 오래도록 흘러 나왔다.

당시 교통문화를 생각하면 우리는 개발도상국이 아니라 후진국이었다. 교통법규를 지키는 것이 어쩌면 국민에게 준법정신을 교육하는 가장 기초적인 것인데 우리의 교통법규와 교통신호시스템은 선진국 어디에서도 볼 수 없는 것이었다.

'뉴욕에서 교통질서를 잘 지키던 박사가 서울 오면 위반한다'는 말이 있었다. 이유는 우리의 법규와 시스템에 문제가 있다는 것이다. 선진국에 없는 좌회전 우선은 공해와 교통체증을 유발하고, 추월선 주행을 방치하여 정체를 유발하고, 양보운전을 홍보하여 누가 우선인지 모르고 마음이 약한 사람만 손해 본다. 양보운전보다 방어운전을 홍보하고 양보(yield)나 정지(stop)를 확실히 가르치는 것이 더 중요하다.

취리히는 공해유발의 주범인 자동차 공회전을 방지하기 위해 네거리에 정차해 있을 때는 엔진을 끄도록 하고 있으며 많은 나라에서 밤낮없이 전조등은 켜도록 하고 있다. 경찰이 했으면 한 달도 안 걸렸을 전조등 켜기가 민간이 하느라 거금을 들였고 10년이나 걸렸다. 도로시스템이 좋지는 않지만 신호체계와 주행질서만 바로잡아도 정체와 공해를 상당히 해결할 수 있다. 이런 문제들은 많은 세월이 흘러 내가 국가경쟁력강화위원장으로 일한 2009년에야 개선되었다.

아파트 건설을 반대한 건설부

삼성생명과 대한생명의 본사사옥 건설을 계기로 보험회사의 부동산 과다보유 문제가 불거졌다. 이를 계기로 보험회사의 부동산 보유한도 15%를 10%는 업무용으로, 5%는 임대주택 건설, 도시재개발, 사회복지사업 등 공익사업 투자용으로 나누도록 하는 보험회사 재산운용 준칙을 개정하게 되었다. 생명보험회사의 대규모 자금을 아파트와 신도시 건설에 투자하는 방안을 추진했다.

생명보험회사는 많은 자금을 보유하고 수익성, 유동성, 안전성의 3원칙에 따라 부동산, 유가증권, 예금에 3분하여 자금을 관리한다. 주택이나 신도시에 투자할 수 있는 장기자금을 많이 보유하고 있었다. 미국과 일본에서는 생명보험회사의 임대아파트와 신도시 건설 투자가 활발하다. 보험회사가 건설한 세계 대도시의 고층빌딩은 적정가격에 양질의 사무실 임대서비스를 제공하고 있다.

1989년 6월, 생명보험 운용자산의 5%를 매년 주택과 신도시 건설에 투자하는 보험자금 주택투융자 방안[297]을 발표했다. 6개 선발 생명보험회사가 매년 주택건설에 1,000억 원, 주택매입 자금융자에 1,000억 원, 총 2,000억 원씩 5년간 1조 원을 투자하는 것이었다. 주택건설은 공급이 거의 없는 호텔식 독신자아파트와 영구임대주택에 주로 투입하고, 주택대출은 5,000만 원 한도 연 13%, 10년 만기로 했다. 호텔식 독신자아파트는 서울에 체류하는 외국인과 가족과 떨어져 지방에 근무하는 직장인들을 중심으로 수요가 상당했고 영구임대아파트의 수요도 많았다. 임대료도 영구임대주택의 경우 시중 임대료보다는 싸고 공공임대주택보다는 비싸게 하고 독신자아파트는 수지 보전을 위해 자율적으로 결정하도록 하는 방안이었다. 서울의 중심 회현동에 재개발사업의 일환으로 호텔식 독신자아파트를 짓겠다는 구체적인 방안도 검토했다.

건설부가 당연히 환영할 것으로 생각했는데 주택건설업계를 대변하며 완강하게 반대했다. 재벌보험회사들이 주택사업과 재개발사업에까지 뛰어든다는 이유였다. 주택업계가 하지 않는 부분에 투자하는 것을 반대하는 것은 해코지에 지나지 않았고 이를 편들고 나선 건설부를 이해할 수 없었다. 보험회사의 주택 건설과 신도시 건설을 허용했더라면 주택 문제 해결에 크게 기여했을 것이고 재개발사업을 허용했더라면 사무실 임대료 안정에도 크게 기여했을 것이다. 몇 달에 걸친 우리들의 노력은 아쉬움을 남기고 수포로 돌아갔다.

주택투자와 재개발사업은 포기하고 삼성생명은 일원동 삼성병원에, 교보생명은 교보문고에, 대한생명은 실버타운에 투자하게 되었다. 일원동의 삼성병원 투자에는 서울시의 요청으로 재무부의 추천이 필요했다. 교보문고의 투자에는 서적상들의 반대가 많았다. 이런 투자는 결국 병원문화, 서적 유통구조, 노인복지시설의 발달에 큰 기여를 했다. 주택 건설을 반대한 주택담당 부처 건설부와 시민을 위한 병원을 짓는 데 재무부의 추천을 요구한 서울시의 행태는 이해할 수 없는 일이었다.

생명보험회사 무상증자는 특혜가 아니다
생명보험회사 공개와 무상주 배당

1985년에 동양 최고층 63빌딩을 준공한 대한생명은 사옥 건설에 따른 자금 사정 악화를 해결하기 위해 1989년 기업공개를 추진하게 되었다. 지금까지 재무부는 무상증자와 기업공개를 불허해왔으나 생명보험시장이 내외국인에게 개방되고 치열한 경쟁이 불가피함에 따라 내국 생명보험회사의 경쟁력 강화를 위해 기업공개를 계속 불허할 수 없는 상황이었다. 거대회사로 성장한 생명보험회사를 소수의 주주가 좌우하는 것보다 공개함으로써 투명경영을 실현하고, 포항제철이나 한국전력과 같이 기업과실의 국민 참가를 위해 계속 비공개로 둘 수도 없었다. 당시까지 삼성, 교보, 대한, 상위 3개사는 발생한 이익을 계약자 배당으로 처분하려 했다. 계약자 배당을 자율화하면 흥국, 제일, 동아, 하위 3개사는 경쟁을 당할 수 없었다. 재무부는 고육책으로 상위사들의 배당을 억제하고 하위사들을 함께 끌고 가는 선단호송(船團護送)정책을 채택하고 있었으나 이 정책은 비판받아왔고 생명보험시장 개방에 따라 전환이 불가피했다. 처음 공개를 반대하던 생명보험회사들도 합작보험회사와 외국 생명보험회사가 대거 진출함에 따라 치열한 경쟁에서 이기기 위해 공개를 찬성하게 되었다.

보험학회 및 업계와 함께 생명보험회사 기업공개에 대한 방안을 검토했다. 생명보험회사의 기업공개에 대하여 공개 적격 여부, 재평가와 무상증자 허용 여부, 유보이익의 분배 기준 등이 주요 문제였다.

공개 적격 여부는 주식회사인 우리나라에서는 문제가 없다. 보험업법에 생명보험회사는 주식회사와 상호회사 두 가지 형태를 허용하고 있었다. 상호회사는 상호보험을 목적으로 계약자로 구성되는 사원총회가 주주총회와 같은 최고 의결기구인 특수한 회사로서 공익법인이나 영리법인에도 속하지 않는다. 일본은 대부분 상호회사 형태를 취하고 있어 공개가 불가능하고 미국은 대부분 주식회사로서 공개되어 있었다.

재평가와 무상증자 여부는 자본충실의 원칙에 따라 규제는 되지만 법률에서 허용하고 있고 다만 임의 재평가의 경우 법인세의 납부 여부만 문제이다.

재평가 차익을 포함한 유보이익의 주주와 계약자 간 분배가 문제였다. 이것도 주식회사이기 때문에 주주총회의 결의로 처분할 수 있어 법률상은 문제가 없다. 문제는 생명보험업계가 당시까지 상호회사의 논리에 따라 보험회사 자산은 계약자 자산으로 공표해왔고, 이에 따라 보험회사가 보험금 지급을 위해 적립하는 책임준비금에 대해 법인세를 면제받아왔다는 데 있었다. 법률상 주주의 자산이 현실에서는 계약자 자산인 것으로 이해되고 있었다는 점이었다. 이러한 논리는 보험학계도 주장해왔다.

법률과 현실을 조화하는 선에서 생명보험회사가 공개할 때 재평가 차익과 유보이익의 분배 기준을 만들어 1989년 10월 '생명보험회사 이익분배 기준'[298]을 발표했다. 책임준비금을 100% 이상 적립한 경우, 주주 30%, 계약자 40%, 법인 즉 사내유보 30%로 이익준비금과 재평가 적립금의 무상증자를 허용하도록 했다. 또한 당기순이익의 배당도 30%를 한도로 했다. 프랑스는 우리와 비슷한 경우 재평가 차익의 40%를 주주지분으로 배당한다는 것을 참고했다. 법률상은 100% 주주에게 분배해도 되지만 계약자 배당을 억제해온 선단호송정책과 현실적인 상호회사의 논리를 적용하여 계약자에게 40%를 할당한 것이다. 보험회사의 자산은 창업 이래 모든 계약자의 자산이 누적된 것이기 때문에 무상증자 당시의 계약자에게 돌아간다는 것도 부당하여 30%는 법인 자체에 분배, 즉 사내에 유보하여 공익사업에 투자하도록 함으로써 사회 전체에 환원하도록 구상한 것이다.

이러한 방안에 대하여 언론과 사회단체들은 주주에 대한 특혜라고 주장했다. 그 결과 공개는 무산되었다. 당시 6개 생명보험회사의 자본금은 183억 원인데 비해 총자산은 18조 원에 달해 무상증자로 주주가 수조 원의 엄청난 특혜를 받는다는 논리였다. 이런 시비는 선단호송정책을 유지해온 정부, 유리할 때 상호회사의 논리를 원용하여 부동산투자를 정당화하고 조세의 감면까지 받았던 업계, 이런 논리를 뒷받침해 온 보험학계가 책임져야 할 업보에 속했다. 논리적으로 재평가와 무상증자에 따라 주주의 자산에 변동이 없고, 1주당 가격이 소액으로 분할됨으로써 처분에 편익이 생겼을 뿐인데 특혜라고 주장했다.

보험회사의 경우 납입자본금은 일종의 창업비에 해당하는데 납입자본금을 초과하는 이익준비금이나 재평가 적립금을 계약자에게 배당하라는 것은 가중치와 진법에 관한 수학적인 착각이고 법률상 일종의 몰수[299]에 해당하는 논리다. 그러나 이러한 주장에 다수가 동조했다. 은행자산도 고객의 자산인데 무상증자와 재평가에 대하여 아무 말이 없는데 사유재산을 보호하는 헌법 위에 정서(情緖)법이 위력을 발휘한 사례가 되었다. 생명보험회사 공개는 감독당국의 오락가락과 함께 논란만 거듭했다.

물타기전략으로 내국 생명보험회사 인가
생명보험시장의 개방

1985년 7월 미국 AIG[300]가 USTR(United State Trade Representative)[301]에 불공정 거래 여부를 조사해달라고 미국통상법 '301조'에 의한 청원을 제출함에 따라 시작된 한·미 간의 통상마찰이 1986년 7월에 양담배와 함께 일괄 타결되었다. 이에 따라 1986년 12월 '외국 생명보험회사 국내지점 설치허가 기준'을 확정하고 ALICO(American Life Insurance Co.)[302]와 LINA(Life Insurance Company of North America)[303]를 허가함으로써 한·미 간 생명보험시장 개방 분쟁이 일단락되었다. 무역보복 조치를 앞세워 애트나와 메트로폴리탄이 합작생명보험회사를 설립하기 위해 통상압력을 가해오자 1987년 9월에 합작회사 설립에 합의하고 1988년 3월에 '합작생명보험회사 설립허가 기준'을 확정 발표했다. 합작회사의 설립 기준은 15대 재벌은 참여를 불허하고 16~30대 재벌[304]은 49% 이하의 소액주주로만 참여하도록 했다. 동시에 자본금의 30%를 보험보증기금에 납입하도록 하는 것이었다.

이런 상황에서 1988년 4월에 보험국장으로 귀국하게 되어 전면 개방에 대응한 생명보험시장의 방어대책을 구상하게 되었다. 여러 방안을 검토한 끝에 내외국인 동등대우 원칙에 의한 물타기(watering)로 대응하기로 했다. 개방압력의 가장 큰 이유는 당시 급속하게 성장하고 있는 생명보험시장을 6개사가 과점하고 있었기 때문에 4개 미국사가 진출에 성공하는 경우 10분의 1의 과점자가 된다는 계산이 깔려 있었다. 여기에 대응하여 외국회사의 진출에 앞서 5월에 '내국 보험회사 설립허가 기준[305]'을 발표하고 내국인에게도 생명보험시장의 진출을 허용하게 되었다. 1989년 하와이에서 열린 미국 변호사회연차총회[306]에서 한국의 보험시장 개방정책에 대한 강연을 해달라는 초청을 받았다. 그곳에서 개방압력을 가한 회사들은 10분의 1의 기대가 30분의 1로 물타기되어 실망했다고 했다. 물타기 전략에 따라 6개의 내국 생명보험회사[307]와 8개의 지방 생명보험회사[308]를 인가하게 되었다. 미국과의 합의에 따라 5개 합작생명보험회사[309]와 5개 외국 보험회사[310]가 인가되었다.

6개 내국사의 과점체제였던 생명보험시장은 1987년에서 1990년 3년 사이에 24개의 신설사가 인가되어 12개의 내국 생명보험회사, 8개의 지방 생명보험회사, 10개의 외국계 생명보험회사 총 30개사의 격렬한 경쟁체제로 전환되었다. 그 후 부실 생명보험회사 정리과정에서 우리의 피해도 상당했다고 생각된다.

1년 사이에 경쟁회사가 24개 인가되는 과정에서 처음에는 기존 내국 생명보험회사의 반발이 강했다. 외국보험사만 허가하는 것은 내외국인 동등대우에 맞지 않고, 강력한 경쟁력을 가진 소수의 합작사나 외국사와 경쟁하는 것보다 대량인가에 의한 군소회사와의 경쟁이 더 유리할 것이라고 설득했다. '생명보험 전문인력 양성 방안'을 만들어 기존 생명보험회사들이 걱정하는 인력 스카우트에 따른 영업조직 파괴에 대한 대응책도 만들었다. 치열한 경쟁은 선발 6개 생명보험회사에 유리하고 결국 후발사들은 자연스럽게 정리될 것이라고 생각했다. 그것을 전제로 보험보증기금도 설립했다. 보험업법을 개정하여 보험감독원[311]을 설립함으로써 과당경쟁의 방지를 위한 감독기능을 강화하고, 합리적인 보험료 산출과 자동차사고 기록관리를 위해 보험개발원[312]도 설립했다. 1989년 한국보증보험[313]도 설립되었다.

ALICO 지사장을 해임하고 추방하다

외국 생명보험회사 지사장의 추방

보험시장 개방의 배후에는 10년에 걸친 AIG의 끈질긴 노력이 있었다. AIG 는 1950년 주한미군을 상대하는 대리점 형태로 진출한 후 1977년에 손해보험 자회사 AHA가 진출하고, 1988년 생명보험 자회사 ALICO가 진출했다.

AIG는 규제가 많았던 보험시장에서 고전을 면치 못하자 미국통상법 301 조에 의한 무역보복과 USTR을 앞세워 영업확대와 이익실현을 추구했다. 언제나 백악관과 청와대를 압박하는 방법으로 문제에 접근했다. 10여 년의 노력 끝에 1986년 7월 손해보험시장과 생명보험시장을 완전히 개방시키는 데 성공했다. 그 과정에는 서로 갈등도 많았고 그린버그(Greenberg)[314]라는 이름이 언제나 등장했다.

갈등의 시초는 1979년 AHA가 손해보험시장에서의 차별대우를 이유로 미국통상법 301조에 의한 제재조치를 USTR에 요구하는 청원이었다. 청원의 핵심 내용은 해상보험 허가, 화재보험 풀(pool)[315] 참여, 재보험 참여 세 가지였다. AHA가 제출한 이 청원은 한·미 간에 최초로 제기된 '301조' 청원이었고, 1985년 AHA, ALICO, AIG가 공동으로 두 번째 제출한 '301조' 청원은 가장 강한 무역보복 조치를 요구한 청원이었다.

1979년 청원의 배경은 AIG 그린버그 회장이 재무부와 해상보험 허가, 화재보험 풀 참여, 재보험 참여를 합의했는데 이행하지 않는다는 이유였다. 대화를 녹음한 것도 있다고 하며 압박했으나 문제는 재무부에 합의를 해준 사람이 없다는 것[316]이었다. 마찰이 계속되던 1980년 8월에 나는 보험2과장으로 가서 이 문제를 맡게 되었다.

나는 한국이 최초로 당한 '301조' 제소에 관하여 미국대사관의 호그(John Hoog) 서기관[317]과 이 문제를 협의하기 시작했다. USTR에서 온 대표단과 며칠간 협의한 결과 해상보험은 곧 인가하고, 재보험은 사실상 개방되어 있는 상태라 참여를 허용하는 데 쉽게 합의했다. 화재보험은 강제보험이고 지점인 AHA가 한국보험회사와 동등하게 풀(pool)에 참여하는 것은 불공평하기 때문에 먼저 금융 풀(pool)[318]을 해체하여 경쟁하도록 하는 것으로 합의하고, 1989년 1월 USTR의 런디(Lundy) 대표와 재무부 이규성 차관보의 서신교환[319]으로 마무리 지었다. 이에 따라 AHA는 제재조치 청원을 철회했다.

두 번째로 1985년 AHA, ALICO, AIG가 공동으로 제출한 '301조' 청원은 양담배, 지적소유권, 쇠고기와 함께 역대로 가장 어려운 한·미 통상 현안이 되었다. 1986년 일괄 타결되어 AHA는 화재보험 풀(pool)에 참여하게 되었고 ALICO는 1987년에 생명보험시장에 진출하여 AIG의 10년 노력이 결실을 이루었다.

1988년 ALICO는 재해입원특약부 정기보험을 판매했는데 보험사고가 많이 일어나 1년간 보험료 수입 7,000여 만 원에 보험금 지급이 5억이 넘는 손실을 보자 택시와 오토바이 운전사들과의 계약 중에서 납입보험료를 반환하거나 위조해약 신청서를 만들어 800여 건을 불법으로 해약하는 사태가 일어났다. 이 과정에서 모집인이 보험료를 횡령하는 사례도 있었다. 이에 대해 1988년 11월 14일 재해입원특약부 정기보험의 6개월 판매정지와 함께 지사장은 죄질이 나빠 해임과 함께 법무부와 협의해 '한 달 내 한국을 떠나라'는 추방명령을 내렸다. 불법행위를 한 모집인들은 검찰에 고발하고 해약된 보험은 가입자가 원할 경우 원상회복시키도록 했다.

이에 대해 그린버그 회장은 한국 재무부의 부당한 조치에 대해 '모든 법적 수단(all kinds of legal remedies)'을 동원하여 싸우겠다고 했고 그 내용이 《저널 오브 컴머스(The Journal of Commerce)》에 크게 보도되었다. 미국대사관에는 본국에 진상을 보고하라는 지시가 내려왔다. 내 설명을 들은 대사관 참사관[320]은 납득이 된다고 했다. 해임과 추방은 죄질에 비해 가벼운 것인데 나야 말로 '모든 법적 수단'을 다해 지사장과 관련자들을 전원 검찰에 고발하여 구속시키겠다고 대응했다.

미국 본사에서 사장이 와서 ALICO의 잘못을 인정하며 신문보도는 오보이니 양해하고 지사장의 추방 기한을 6개월 정도 연장해달라는 제의를 했다. 나는 ALICO의 잘못과 오보라는 해명을 문서로 써오도록 했다. 다음 날 해명서를 가져온 AHA 사장에게 이 해명서의 사본을 주미 한국대사관에 보내어 다른 소리 하면 미국에서 기자회견을 통해 공개하겠다고 말했다. 추방 기한은 출국준비에 필요한 만큼 연장해주었다. 재무부와 AIG와의 갈등은 길고 깊었다.

제3부

국제금융

양키본드를 발행하다

::: 뉴욕금융시장

청와대에 3일 근무하다

주미대사관 재무관

1985년 2월, 나는 청와대에서 재경비서관으로 근무한 지 3일 만에 떠나야만 했다. 경복궁이 보이는 창가에 자리를 잡고 일하고 있는데 수석비서관회의를 마치고 나온 사공일 경제수석이 불렀다. 신원조사 문제로 재무부로 돌아가야 되겠다는 것이다. 내 자리로 돌아와 짐을 챙겼다. 3일간이었지만 경복궁을 돌아가는 출근길은 찬바람이 몰아쳤는데 돌아서는 길도 바람이 차갑고 세찼다. 재무부에는 후임자도 정해져 내가 돌아갈 자리는 없었다. 난감한 상황이었다. 우울한 마음으로 집에 왔더니 아내가 성경을 읽어주며 위로를 했다. "그 노염은 잠깐이요 그 은총은 평생이로다. 저녁에는 울음이 기숙할지라도 아침에는 기쁨이 오리로다."

그 전 해 9월 중순경, 청와대 홍재형 재경비서관으로부터 후임으로 오겠느냐는 제의를 받았다. 당시 재무부 총무과장으로 일하면서 미국에 공부하러 갈 준비를 하고 있는 참이어서 망설였다. 전에도 청와대 재경비서관실 행정관으로 추천되었으나 여러 사정으로 거절한 적이 있었다. 두 번이나 거절하는 것이 어려웠고, 파격적으로 승진까지 시켜 데려간다는 것이어서 가기로 결정했다. 3개월에 걸친 정밀신원조사를 마치고 다음 해 2월 22일부터 청와대 근무를 시작했다. 무려 6개월이 걸린 인사였다. 뒤에 안 일이었지만 우여곡절[321]이 많았다.

청와대에서 돌아온 나는 주미대사관 재무관(Financial Attache)으로 가게 되었다. 가고 싶었던 자리라 차라리 잘되었다고 생각했다. 영어 시험과 외교관 적격심사를 거친 다음 국가안전기획부와 외교안보연구원의 주재관 교육을 받고 1985년 6월 미국으로 떠났다. 가족들과 하와이에 도착했을 때 와이키키 해변에는 '저녁의 울음'이 기숙한 뒤에 찾아온 '아침의 기쁨'이 파도에 실려왔다. 로스앤젤레스를 거쳐 뉴욕 케네디 공항에 도착했다. 다음 날 파크 애비뉴(Park Avenue)의 코리아 센터(Korea Center)에 있는 재무관실로 출근했다.

서울에서 전임자로부터 업무에 대한 인수를 받았지만 처음 하는 해외근무라 모든 것이 얼떨떨했다. 사무실을 정리[322]하고 같은 사무실을 쓰는 한국산업은행 사람들과 현지 비서의 도움으로 업무를 시작했다. 워싱턴에 가서 유병현 대사에게 부임신고를 했다. 재무관[323]은 워싱턴 대사관 소속이었지만 업무의 편의를 위해 뉴욕에 주재했다. 맨해튼의 호텔에 한 주를 머문 후 뉴저지 테너플라이(Tenafly)에 있는 숲속의 2층집으로 이사했다.

씨티와 체이스를 잊지 마라

1973년 오일쇼크와 점보 론

내가 뉴욕에 갔을 때 재무관의 주요 업무는 한국 증권의 뉴욕 증시 상장, 뉴욕 금융시장의 동향 파악, 현지 금융기관 업무의 지원과 감독, 외채의 조기상환 등이었다. 옛날에는 은행 차관을 얻는 것이 주요 업무였지만 당시는 오히려 차관의 조기상환을 위한 협상을 했다. 뉴욕에 진출한 은행, 증권, 보험의 지점이나 현지 법인들과의 월례회의를 통해 업무상의 애로나 문제를 듣고 해결하는 것도 주요 업무였다.

부임 후 미국 금융기관의 한국 담당(Korea desk) 사람들을 찾아가 인사를 했다. 금융은 신용이 바탕이고 신용의 기본은 사람이기 때문에 한국 관련 금융기관 사람들에게 인사하고 알아두는 것이 최우선 업무였다. 다른 나라 재무관은 떠날 때 후임자와 함께 인사하거나 리셉션을 통해 쌓아놓은 인맥을 유지해가는데 우리는 그러지 못한 것이 아쉬웠다.

1986년 6월에는 증권회사 퍼스트보스턴(First Boston)이 주간사가 되어 코리아 펀드(Korea Fund) 2차분 4,000만 달러가 성공적으로 발행되었다. 코리아 펀드는 한국 주식에 투자하는 기금이다. 최대 증권사인 메릴린치(Merrill Lynch)는 1차 발행 때 성공 가능성이 없다고 주간사 요청을 거절하고서는 퍼스트보스턴이 주간사로 나서 1차 발행에 성공하자 2차 발행에서는 주간사를 하겠다고 나섰다. 신의를 지키기 위해 2차에서도 퍼스트보스턴을 주간사로 지정했다.

9월 말에는 IMF/IBRD 연차총회가 워싱턴에서 열렸다. 재무관에게는 중요한 행사였다. 장관과 많은 수행원이 오기 때문에 공항 영접에서부터 호텔 예약까지 많은 준비[324]가 필요했다. 체류 호텔에 태극기를 게양하고 작은 일도 챙겨야 했다. 도착하는 날 아시아소사이어티(Asia Society)에서 한국경제에 대한 정인용 장관의 오찬 연설이 있었다. 원화환율에 대한 질문에 장관은 "재무부 장관은 환율에 대한 질문에 거짓말을 할 권한이 있다. 거짓말이라도 듣겠느냐?"라는 유머로 받아넘긴 것이 멋있게 보였다.

12월 월도프 아스토리아 호텔(Waldorf Astoria Hotel)에서 열린 지적재산권에 관한 회의에 청와대 사공일 경제수석이 참석했다. 한국의 모조품과 해적판 서적들이 문제였다. "한국에는 책 도둑은 도둑이 아니라는 속담이 있다. 병원에서 감기 환자에게 증류수라도 놓아야 돈을 받을 수 있다. 정부도 노력하고 있으니 참고 지켜봐 달라."라고 미국 측을 설득했다. 미국 측에서는 베이커(James Baker) 재무장관이 참석했다.

1987년 4월 정인용 재무부 장관을 수행하여 씨티은행과 체이스맨해튼은행을 방문했을 때의 일이다. 1973년 1차 오일쇼크로 외환보유고가 1,000만 달러 전후로 떨어져 부도 직전까지 갔을 때 당시 정인용 차관보는 가방 하나 들고 매일 이 은행, 저 은행 구걸하다시피 찾아다녔다. 그때 씨티은행과 체이스맨해튼은행이 중심이 되어 당시로서는 거액인 2억 달러의 점보 론(jumbo loan)을 해주어 부도를 면하게 되었다고 했다. 점보 론이 없었다면 오늘의 우리가 없었을 것이라고 말하며 "후배들에게 씨티와 체이스의 도움을 잊지 말도록 전하라." 라고 당부했다. 10년 뒤 1997년 외환위기 때 외채만기를 조정하는 데 씨티은행은 또 한 번 큰 역할을 했다.

태평양전쟁 직전 일본 재무관이 체이스맨해튼은행을 통하여 백악관과 전쟁방지를 교섭했다고 한다. 체이스맨해튼은행으로부터 이미 때가 늦었다는 백악관의 회신을 받은 일본 재무관이 마지막으로 본국에 "너무 늦었음(too late)"이라는 전문을 보냈을 때 일본군의 진주만 공격이 개시되었다는 얘기를 장관이 들려주었다. 나라가 어려울 때 뉴욕 재무관 자리는 아주 중요한 자리니 열심히 배우고 일하라고 격려하며 앞으로 국제금융을 모르면 중요한 일을 할 수 없을 것이라고 했다.

반토막 난 일본의 달러자산

플라자합의

1985년 9월 22일 재무관실에서 얼마 떨어지지 않은 플라자호텔에서 미국이 주도한 플라자합의(Plaza Accord)가 있었다.

1980년대 들어 미국의 재정과 경상수지 적자가 빠르게 확대되고 제조업의 위기가 심화되면서 미국 주도로 일본, 독일, 영국, 프랑스 등 G5 재무장관들은 뉴욕 플라자호텔에서 엔화와 마르크화에 대한 달러화의 약세를 유도하는 합의를 했다.

플라자합의 후 엔화는 달러당 260엔에서 130엔으로 100% 절상되어 일본의 미국 수출가격은 급격히 오르고 일본의 대외자산은 엔화 기준으로는 반 토막이 되어버렸다. 이 여파는 부동산가격의 하락을 불러와 일본경제의 '버블'이 터지면서 금융기관의 부실채권 규모가 누적되었고 '잃어버린 10년'으로 이어지게 되었다. 플라자합의 후 2년간 달러화는 주요 통화 대비 30% 절하되었다.

플라자합의와 관련하여 뉴욕 증권가에는 이런 이야기가 있었다. 미국이 대외부채를 갚기 위해 1,000억 달러짜리 지폐 한 장을 일본에, 500억 달러짜리 지폐 한 장을 독일에 지불하고 서로 교역을 폐쇄하면 일본과 독일 경제는 50~70%가 붕괴될 것이고, 미국은 30% 이하의 피해를 볼 것이란 것이다. 미국은 일본과 독일을 이런 논리로 압박해서 합의를 유도했다는 것이다. 미국은 법률상 액면 금액의 제한이 없어 1,000억 달러짜리도 발행할 수는 있다. 실제로 미국에서 1만 달러 지폐가 발행된 경우도 있다고 했다. 당시 뉴욕 증권가에서는 미국의 대일본 채무의 50% 탕감이 플라자합의의 숨은 배경이라 분석했다.

플라자합의를 보면 환율은 정부가 필요하면 개입하는 일종의 주권행사와 같은 것이다. 모든 나라가 자국의 수출을 유리하게 하기 위해 조작 (manipulation)은 몰라도 시장에 완전히 맡기고 개입(intervention)을 하지 않는 경우는 없다. 환율을 시장에 맡겨 정상적으로 운용된다면 문제가 없지만 시장실패를 조정하기 위한 개입은 불가피하다. 플라자합의는 미국 측으로서는 시장실패에 대한 불가피한 개입이었고 일본의 입장에서는 크게 당한 것이었다.

외채 안 떼먹은 나라는 한국뿐이다

세계외채회의

1987년 6월 미국, 일본, 독일 등 세계의 채권국과 브라질, 아르헨티나, 멕시코 등 채무국이 한자리에 모인 세계외채회의(World Debt Congress)[325]가 열렸다.

당시는 남미의 외채상환 문제가 가장 큰 국제금융의 이슈였다. 남미는 한국이 외채를 너무 잘 상환하여 미국, 일본과의 외채조정 협상이 어렵다는 불평(?)을 했다. 남미 대표는 세계에서 유일하게 외채를 1달러도 떼어먹지 않은 나라는 한국이라고 말했다. 남미 국가들은 미국도 독립전쟁 때 프랑스에 진 외채를 다 갚지 않았고, 독일과 일본은 전쟁 배상금을 갚지 않았다며 우호적인 채무조정이 필요하다고 주장했다. 남미 국가들은 한국이 앞으로도 외채를 다 갚는다면 아마 거액의 외채를 다 갚는 최초의 사례가 될 것이라고도 했다.

당시 한국은 조건이 좋지 않은 대외채무를 조건이 좋은 채무로 조정하기 위해 노력했다. 과거 재무관들은 차관 도입에 고생을 했는데 나는 조건이 나쁜 차관을 조기에 상환하는 교섭으로 애를 먹었다. 1985년부터 시작된 저유가, 저금리, 저달러의 3저현상으로 경상수지 흑자[326]가 누적되어 1987년 들어 환율 평가절상의 압력이 높았다. 1987년 5월 재무부에서 조건이 나쁜 PEFCO[327] 차관을 조기에 상환하도록 교섭하라는 지시가 떨어졌다. 조기상환 기간에 대한 현재 금리와의 차액 손실(economic loss)을 보상하지 않고는 불가하다는 PEFCO의 입장 때문에 조기상환은 불발로 끝났다.

사상 최대로 폭락하다

블랙 먼데이

1987년 10월 19일 월요일은 다우존스 주가지수(Dow Jones Industrial Average)가 22.6%(508.32포인트) 하락하여 1,738.40포인트까지 사상 최대로 폭락한 악몽 같은 블랙 먼데이였다. 주요국 주가와 함께 한국 주가도 동반 폭락했다.

1987년 8월 25일 다우존스 주가지수는 연초 대비 40% 수직 상승하여 사상 최고인 2,722.42를 기록했다. 2개월 후 10월 19일은 전날 2,246.74에서 하루에 사상 최대인 22.6%, 508포인트가 폭락한 1,738.40을 기록했다. 대공황의 시작이었던 1929년 10월 29일 12.6%에 비해 2배 정도였다. 매도 잔량이 엄청나게 쌓이고, 브로커들은 주식 매매대금을 지불하지 못하고, 투자자들은 파탄에 빠져 자살도 속출했다. 며칠 만에 한국, 일본, 영국, 싱가포르, 홍콩으로 번져 세계적으로 1조 7,000억 달러의 투자손실을 초래했다.

연일 뉴욕 증권시장 동향을 재무부에 보고하기에 정신이 없었다. 당시 외무부의 업무규정은 주요 보고는 대사관 외신관을 통해 외무부를 경유하도록 되어 있었다. 블랙 먼데이 때의 뉴욕 증시 상황과 같이 신속을 요하는 경우는 재무부 텔렉스로 바로 보냈다. 주재관의 경우 현지의 소속은 외무부이고 업무는 원 소속 부처이기 때문에 업무수행에 애로가 한두 가지가 아니었다.

블랙 먼데이의 원인을 조사하고 대책을 수립하기 위해 레이건 대통령의 지시로 그해 11월 브래디(Nicholas Brady)를 위원장으로 태스크포스가 만들어지고 2개월간의 조사를 거쳐 1988년 초 원인과 대책을 분석한 〈증권시장 메커니즘 보고서(Report of the Presidential Task Force on Market Mechanism, Brady Report)〉가 제출되었다.

블랙 먼데이는 미국 재정과 국제수지의 쌍둥이적자 누적, 1982년 이래 5년간 지속된 고주가, 플라자합의 후 달러 유출방지를 위한 고금리정책, 기업합병 규제 법규의 강화 움직임 등 구조적인 요인과 함께 기술적인 요인이 복합적으로 작용한 결과였다. 블랙 먼데이의 기술적인 원인으로 사전에 입력된 조건에 따라 매도와 매수 주문을 하는 컴퓨터시스템에 의한 블록 매도(block sales)를 가장 중요하게 지적했다.

사고의 재발방지와 효율적인 대응을 위해 다섯 가지의 조치를 건의하는 것으로 결론을 내렸다. 첫째, 하나의 관청(one agency)이 여러 시장과 금융시스템에 영향을 주는 이슈를 조정한다. 둘째, 청산결제제도(clearing system)를 단일화하여 모든 시장의 금융위험을 줄인다. 셋째, 거래담보금(margin)을 만들어 모든 시장에 적용하여 투기를 막는다. 넷째, 거래차단제도(circuit breaker system) 즉 상하종가와 거래정지제도를 만들어 시장시스템을 보호한다. 다섯째, 정보시스템(information system)을 만들어 시장의 거래와 상태를 관찰한다.

통합감독관청에 관한 사항 이외의 네 가지는 한국 증권시장에서 이미 시행되고 있는 것이었다. 요약 보고서를 '브래디 보고서'와 함께 재무부에 보냈다. 당시 한국에서는 거래담보금제도와 상하종가에 대한 논란이 있었지만 미국에서 이 제도를 도입해야 한다는 권고가 있은 다음 조용해졌다. 금융감독에 관한 사항 이외에 우리에게 참고가 될 만한 것이 없다는 것이 보고의 요지였다.

양키본드를 발행하다

미국채권시장

재무부 사람들이 본격적으로 유학을 가게 된 것은 IBRD와 어려운 협상을 거쳐 합의된 차관자금[328] 덕이었다. 나는 IBRD 차관자금의 유학 프로젝트를 어렵게 만들어 후배들을 유학 보내고 정작 나는 갔다 오지 않으면 처진다는 마음 때문에 재무관으로 오기 전 미국에 공부하러 갈 준비를 하고 있었다. 부가가치세로부터 금융실명제까지 일에 너무 지쳐 업무에서 멀리 떠나고 싶기도 했다.

청와대에서 돌아온 후 미국에 공부하러 가고 싶은 마음을 김만제 장관에게 얘기했더니 쾌히 승낙[329]해주었다. 주미재무관으로 간 것은 업무와 공부 두 가지가 목적이었다. 3년의 뉴욕 생활은 사계절 주경야독으로 눈코 뜰 새 없었다. 뉴욕대학교(New York University, NYU)[330]의 대학원은 저녁 6시부터 강의가 시작되어 월스트리트의 금융기관 사람들이 많이 다니는 대학이었다.

1986년 봄학기부터 NYU 경제학 석사과정을 다녔다. 뉴욕에 도착한 후 업무의 틈을 내서 NYU 입학절차[331]를 밟았다. 한 주에 두 번 강의 듣고 여름학기를 포함하여 다섯 학기 만에 코스워크를 마치고 논문 〈한국을 위한 새로운 자금원으로서의 양키본드(Yankee Bonds as a New Financing Source for Korea)〉[332] 도 통과되어 석사과정을 마쳤다. 낮에는 업무와 공항 영접으로 쫓기다가 저녁에는 강의 듣고 주말에는 밀린 공부를 하느라 조금의 여유도 없는 생활이었다.

어렵게 얻은 기회를 업무와 연결하기 위해 금융 업무와 관련이 있는 과목을 주로 공부했다. 주식시장(stock market), 채권시장(bond market), 선물시장(futures market), 외환시장(foreign exchange market) 등 금융시장(financial market)과 중앙은행(central banking)에 관한 공부에 역점을 두었다.

가장 애를 먹은 과목은 선물시장[333]이었는데 《월스트리트 저널》의 선물시장 시세표를 가지고 강의도 했고, 시험도 선물시장 시세표를 보고 미래의 가격을 예측하는 것이었다. 선물시장 과목의 수강생 대부분이 월스트리트의 선물시장에서 일하는 사람들이라 그들은 쉽게 공부했는데 나는 낙제를 겨우 면하고 공부를 마쳤다. 1997년 우리나라에 선물시장을 도입할 때 이때의 공부가 큰 도움이 되었다.

가장 유익했던 과목은 중앙은행을 중심으로 한 금융시장구조(financial market structure)였다. 리터(Lawrence Ritter)[334] 교수는 뉴욕연방준비은행에서 조사부장과 연방준비제도이사회의 자문역을 했던 경력이 있었다. 지금까지 논란이 되던 중앙은행에 대한 많은 문제를 공부했다. 중앙은행 강의는 1997년 한국은행 개편과 금융감독원 설립에 크게 활용되었다.

논문의 주제는 당시 만성적 자금부족과 고금리가 한국 금융의 근본 문제였기 때문에 여기에 초점을 맞추었다. 시설자금과 무역금융의 대부분이 대기업에 집중됨으로써 중소기업의 자금부족 해결은 고양이 목에 방울 걸기 같은 문제였다. 대기업의 설비자금 차입을 미국 채권시장으로 돌리면 국내의 한정된 자금량에 대한 수요가 줄어들고 이에 따라 금리의 인하가 가능하고 중소기업의 자금공급도 좋아질 것이라는 점에서 양키본드(Yankee Bond, 미국채권의 별칭)를 논문의 주제로 삼았다.

당시 한국의 장기자금은 은행을 차주로 한 협조융자(syndicate loan)와 변동

금리채권(floating rate note)을 통해 조달하고 있었고, 1986년 처음으로 한국산업은행이 유로본드(Eurobond, 유럽시장채권)를 발행하는 상황이었다. 양키본드는 진출은 어렵지만 자금량, 금리, 만기에서 가장 유리한 차입수단이었다. 양키본드는 시장이 커 거액의 차입이 쉬웠고 만기도 유로본드가 최고 10년 정도인데 비해 30년도 가능했다. 금리도 발행비용을 포함하면 비슷했고 고정금리라는 이점도 있었다. 양키본드시장을 메이저리그로 부르는 반면 유로본드시장은 마이너리그라고 부르기도 했다.

양키본드시장에 진출하기 위해 가장 어려운 점은 신용등급을 AA 이상 받는 것과 미국증권거래위원회(SEC)의 까다로운 상장절차를 통과하는 것이었다. 구체적으로 삼성전자, 현대자동차, 포항제철, 한국전력 등이 양키본드를 발행할 때를 가상하여 관문을 통과하기 위한 구체적인 조건과 절차를 세부적으로 분석한 결과 한국의 양키본드시장 진출은 '필요하고 가능하다'고 결론지었다. 양키본드시장의 진출이 이루어진다면 국제금융시장에서의 원활한 차입, 국내금리의 인하, 중소기업 자금공급의 확대, 대외경쟁력의 강화 등 많은 이점이 있을 수 있었다.

1991년 국제금융국장으로 일하게 되었을 때 논문에서 공부한 대로 삼성전자와 한국전력이 양키본드시장에서 대규모의 자금을 조달하도록 했다. 당시 국내의 금리가 워낙 높아서 상업차관도 큰 특혜로 생각하고 있었던 때라 본드 발행은 말할 나위도 없었다. 한국산업은행과 수출입은행이 양키본드시장에 진출하고 있을 정도였다. 삼성, 현대 등이 외국에 나가 장기저금리의 시설투자 자금을 조달함으로써 금리인하, 중소기업 자금 확대, 대외경쟁력 강화 등 많은 효과가 있기 때문에 특혜로 볼 것이 아니라 정부가 나서서 본드 발행을 적극 추진해야 할 때였다. 당초 삼성전자와 한국전력은 단기 상업차관 도입을 추진하고 있었고 양키본드에 대해 생각하지 않던 때라 국제금융국이 나서 양키본드 발행을 주선했다.

1992년 삼성전자의 양키본드 발행을 위해 삼성전자 실무진들과 함께 스탠더드앤드푸어스(Standard & Poor's, S&P)와 무디스(Moody's) 사람들을 만나 신용등급을 협의했다. 1992년 11월 삼성전자는 민간기업 최초로 최고의 조건으로 2억 달러의 양키본드 발행[335]에 성공하여 국제금융시장 진출의 큰 이정표를 세우며 MEGA DRAM 설비투자를 성공적으로 완료했다. 2억 달러 양키본드 발행 후 삼성전자는 반도체 성공신화 시대에 들어갔고 자체 자금으로 투자재원이 충분해 추가발행이 필요 없게 되었다. 1973년 2억 달러의 은행차관으로 나라의 부도위기를 막았는데 19년 후 삼성전자가 양키본드로 2억 달러를 차입했으니 우리 경제의 성장에 감개무량할 뿐이었다.

한국전력[336]은 계속되는 발전설비투자를 위한 자금조달에 애를 먹고 있다가 1992년 7월 3억 달러의 양키본드를 발행한 후 계속 발행함으로써 설비자금 문제를 완전히 해결했다. 이어서 8월에 포항제철[337]도 2억 5,000만 달러의 양키본드 발행에 성공하고 한국통신의 양키본드 발행으로 이어져 우리 기업은 성공적으로 메이저리그에 진출하게 되었다. 현대자동차는 양키본드시장에 대해 소극적이었다.

주경야독의 뉴욕 3년

뉴욕의 단상들

뉴욕 재무관 근무 3년 내에 공부를 끝내기 위해 여름학기도 빠지지 않고 두 과목씩 강의를 들었다. 금요일 밤부터 일요일 밤까지 공부에만 매달렸다. 외국생활의 하이라이트는 여행인데 내가 공부한다고 가족들도 함께 붙잡혀 있었다.

토요일에 골프를 치자고 제의를 받으면 차가 한 대라 일주일분 쇼핑을 한다는 핑계로, 일요일에는 교회를 핑계로 거절했다. 현지 금융인들은 내가 공부하는 것을 몰랐고 다 마친 다음 논문을 나누어줄 때에야 알았다. 서울에서 손님이 와서 골프를 나갈 때는 전날 연습장에 가서 드라이브만 연습하고,

골프장에 가서는 티샷만 치고 필드에서는 공을 주워 다니는 경우도 있었다.

폭설이 내리는 어느 날 밤 10시경 시험을 마치고 나오니 NYU 캠퍼스의 워싱턴 광장(Washington Square)에 눈이 엄청나게 쌓여 있었다. 지하철을 타고 조지 워싱턴 브리지(George Washington Bridge) 버스터미널에 갔더니 뉴저지로 가는 차편이 대부분 끊겼다. 미국도 우리와 마찬가지로 승객들은 이리 뛰고 저리 뛰고 아비규환이었다. 자정이 넘어 겨우 집 근처로 가는 버스가 와 일단 탔다. 집 근처에 내리니 눈이 허벅지까지 쌓였다. 15분 정도 걸으면 될 길을 한 시간 가까이 걸어 집에 당도하니 온 가족이 불을 켜놓고 기다리고 있었다. 새벽 2시가 넘은 시각이었다. 한 시간이면 올 길을 네 시간의 사투 끝에 집에 온 것이다. 다음 날 뉴스를 보니 100년 만의 대폭설이었다.

1987년 겨울, 교회의 성경공부 시간에 요한계시록을 강해하던 목사께서 그날의 성경 구절에 나오는 붉은 용 이야기는 공산당이 생겨나 세계의 반을 지배하게 되나 갑자기 사라진다는 예언으로 성경학자들은 해석하고 있는데 5년 후 1991년에 소련이 지구에서 사라진다는 것이다. 소련이 어떻게 사라진다는 것인지 당시에는 아무래도 믿을 수 없는 얘기였다. 귀국 후 국제금융국장으로 일하면서 소련 경협자금 30억 달러 중 15억 달러 정도를 집행하던 1991년 8월에 예언대로 소련이 사라지게 되었다.

2년이 지나자 아름답던 뉴저지 평원도 심드렁해지기 시작했다. 서울은 산이 하늘을 받혀주니 그 사이 숨 쉴 공간이라도 있는데 하늘과 땅이 달라붙어 답답해지기 시작했다. 뉴욕에 친척들도 많고 친구들도 많았지만 시간이 지날수록 향수는 더해갔다. 3년 동안 뉴욕에서 지내니 서울의 자장면과 설렁탕이 먹고 싶어지고, 서울 하늘과 사람들이 그리워졌다. 국제금융국장이 되었을 때 해외에 나간 지 2년차가 되는 재무관들을 서울에 불러 해외재무관회의를 열었다. 본국의 사정을 파악하고 재교육하는 것이 명분이었지만 실제로는 향수를 달래기 위한 위로 휴가였다.

공부를 마치던 다음 해 서울로 귀국하라는 전화를 받고 너무 좋았다. 보험국장으로 귀국하게 되어 운도 좋았다. 2주일 동안 짐을 정리하고 인사도

하고 귀국준비를 했다. 3년 동안 주경야독을 하면서 많이 배우고 바쁘게 살았다. 1988년 4월 14일, 친지와 친구들, 현지 금융인들과 교회 사람들의 환송을 받으며 케네디 공항을 떠났다. 뉴욕의 추억에 눈물이 핑그르르 돌았다. 뉴욕이여 안녕!

Talking이라던 금융개방 협상

::: 금융시장 개방

각목으로 머리를 쳐라

협상의 배경

1990년 2월부터 열린 한·미 금융정책회의(Financial Policy Talking, FPT)[338]는 한국의 환율과 금융시장의 개방을 협상하는 회의였다. 1991년 3월에 국제금융국장으로 갔을 때는 한·미 금융정책회의를 통해 미국의 금융시장 개방압력이 최고로 강했던 시기였다.

1990년 두 번 열린 한·미 금융정책회의는 환율 문제로부터 시작하여 금융자율화, 증권시장 개방, 외국 은행 국내지점 규제철폐 등이 주요 의제였고 콜 시장의 개방, 금리의 완전 자유화, 정책금융의 폐지 등으로 확대되었다.

한·미 금융정책회의가 열리게 된 것은 미국 국제수지 적자의 누적이 배경이었다. 한국은 저금리, 저환율, 저유가의 '3저호황'에 의하여 1986년부터 4년간 국제수지 흑자를 시현하고 대미 무역수지 흑자도 확대되었다. 미국은 한국을 '제2의 일본'으로 만들어서는 안 된다고 판단하고 1989년 환율과 금융정책에 대한 협상을 제의함에 따라 정례적으로 열리게 되었다. 미국은 1988년 무역법을 개정하여 민간기업의 제소 없이 불공정 무역국가를 '우선협상대상국(Priority Foreign Countries, PFC)'으로 지정하여 시장개방 협상을 할 수 있는 '슈퍼301조'[339]를 신설하고, 교역상대국의 불공정한 환율과 경제정책을 조사하여 환율조작의 의심이 있는 경우 '환율조작국'으로 지정하여 시정 협상을 할 수 있는 '3004조'[340]를 규정한 종합무역법(Omnibus Trade and Competitive Act)을 제정했다.

우리가 1989년 8월 한·미 금융정책회의를 받아들이게 된 것은 '3004조'가 직접적인 근거이지만 '슈퍼301조'에 의한 무역보복을 피하기 위한 것도 배경이 되었다. 미국은 일본에 대하여 1983년 엔달러위원회(Yen-Dollar Committee)를 발족시키고, 1985년의 플라자합의에 따라 엔화의 절상을 유도하며, 1989년부터 일본은행들이 국제결제은행(Bank for International Settlements, BIS)[341] 자기자본비율 8%를 지키도록 압력을 가했으나 일본과의 무역적자가 별로 줄어들지 않았다. 1989년 '슈퍼301조'에 의한 보복 조치를 피하기 위해 일본은 미국과 구조조정협의(Structural Impediment Initiative, SII)'를 하게 되었다. 이 회의에서 일본의 시장개방을 위해 토지제도, 계열기업 관계, 유통체계 등 광범위한 자율화를 압박했다. 일본에 적용한 방법을 한국에도 적용하게 된 것이다.

미국의 한국에 대한 불공정 무역 시정과 시장개방에 대한 압력이 얼마나 강했는가는 1992년 10월 22일자 《월스트리트 저널》의 기사를 보면 알 수 있다. 한국이 지키기를 주저하는 합의에 도달하기 위해서는 "한국 사람들은 각목으로 다스려야 한다. 그들이 무언가를 하도록 만들기 위해서는 각목으로 머리를 쳐야 한다(Koreans are two-by-four people. You have to whack'em on the head with a board to make'em do anything)."라고 어떤 미국 통상관리가 말했다고 보도했다. 미국과 한국 양측에 대하여 많은 것을 함축하고 있는 말이다.

Talking이 아니라 Negotiation이었다

한·미 금융정책회의

1991년 5월 3차 FPT는 일본 도쿄에서 비공식으로 열렸고, 9월에 4차 FPT[342]가 서울에서 열렸다. 회의를 거듭할수록 미국 측의 요구 사항이 늘어나고 구체적인 문제로 확대되었다.

환율 문제는 1989년의 경상수지 흑자가 크게 줄어들었고 1990년 3월부터 시장평균환율제가 실시됨으로써 1988년 이래 지정되어오던 환율조작국에서 1990년 4월에 제외됨으로써 주요 의제에서 빠졌다. 우리가 금융정책회의에 응하게 된 것도 영향을 미쳤다.

4차 FPT에서는 지금까지 논의됐던 금융자율화, 증권시장 개방, 외국 은행 국내지점 규제 철폐, 콜 시장의 개방, 금리의 완전 자율화, 정책금융의 폐지 등에서 외국 은행의 CD 발행한도 증액 등 내외국 은행 동등대우, 외환포지션 제도 개선 등 외환관리제도 개선, 외국 증권사의 증권거래소 가입 등 증권시장 개방, 금리자유화 추진계획, 외환자유화를 위한 외국환관리법 개정 등 모든 부분에 대한 구체적인 문제가 의제로 제시되었다.

FPT를 담당한 후 첫 회의에서 FPT의 법적인 성격에 대해 미국 측에 따졌다. 미국 종합무역법 제3004조는 미국 재무장관에게 무역상대국이, 첫째 실질적인 경상수지 흑자를 누리고 있고, 둘째 미국과 쌍무무역에서도 상당한 흑자를 누리고 있고, 셋째 불공정한 비교우위를 확보할 목적으로 미국달러에 대한 환율을 조작(manipulate)한다고 간주하는 경우에 환율조작국으로 지정하고 이를 시정하기 위한 쌍무협상권을 부여하고 있었다. 우리는 미국이 환율협상을 제기한 1989년부터 무역수지가 급격히 악화되었다. 1990년부터는 다시 적자기조로 되돌아서게 되고 미국과의 무역흑자도 급격히 악화되어 1990년에 균형 상태로 후퇴하고 1991년부터는 적자기조로 들어선 상태였다.

미국 측은 나의 물음에 대하여 한·미 금융정책회의는 법에 의한 공식회의가 아니고 '앞으로의 분쟁 발생을 예방하기 위하여(to prevent possible disputes in the future)' 비공식적으로 개최하는 '단순한 대화(just talking)'라고 답변했다. 일본은 합의 사항에 귀속되는 공식협상이었다. 한국을 제2의 일본으로 만들지 않기 위한 사전예방 조치적인 성격이 강했고 미국은 대화(talking)라고 했지만 우리에게는 강한 분위기 속에 진행된 협상(negotiation)이었다.

환율에 대해서도 나는 시장왜곡의 경우 필요한 개입(intervention)은 하지만 부당한 조작(manipulation)은 하지 않는다고 주장했다. 미국의 주도로 이루어진 1985년 플라자합의를 예로 들면서 환율에 개입하지 않는 나라가 있느냐고 따졌다.

금융정책회의는 미국 측의 일방적 요구와 이를 어떻게 부작용 없이 수용하느냐로 수세에 몰린 한국 측의 방어가 부딪치는 격렬하고 어려운 협상이었다. 회의 때마다 미국 측의 요구 사항을 대부분 들어주었다. 우리도 풀기 어려운 금리자유화나 자본거래 자유화를 요구할 때는 무력감과 함께 울화가 치밀기도 했다.

개방압력을 막은 블루프린트

개방계획의 확정

한·미 금융정책회의에서 우리는 이곳저곳으로 쫓겨 다니며 미국의 각목(two-by-four)에 머리를 얻어터지는 형국이었다. 미국의 금융시장 개방압력은 잘 짜인 작전에 따라 금융정책 전반에 걸쳐 계속 밀려오는 파도였다. 외국은행에 대한 제도적인 규제를 하나씩 철폐한 다음 4차 한·미 금융정책회의에서는 우리의 금융시장을 미국 수준으로 개방하고 자율화하는 블루프린트(Blueprint)를 제시할 것을 요구했다. 개별적인 접근으로서는 문제를 해결하지 못하고 밀리기만 했다. 담당국별로 제출한 의견을 종합하다 보니 너무 소극적이거나 논리에 닿지 않는 것도 많았다. 우리의 지리멸렬이 미국의 각 목을 부르는 면도 있었다.

미국과 개방협상을 하면서 19세기 말 서구세력의 개항압력을 생각했다. 어쩔 수 없는 대세라면 밀리면서 열어줄 것이 아니라 적극적으로 대처하는 것이 유리하다는 생각을 했다. 타결이 임박한 UR 금융협상을 위해서도 금융시장 개방에 대한 전체적인 전략이 필요했다. 일본 대장성은 미국과 금융시장 개방협상을 할 때 국제금융국이 주도하고 은행국과 증권국으로 구성한 '3국지도체제'[343]를 만들어 대처했다. 우리도 일본의 예와 같이 이재국, 증권국과 함께 국제금융국이 주도하는 협의체를 만들어 금융시장 개방 전체에 대한 블루프린트를 마련하고 미국과의 협상에 대처하기로 했다.

1991년 9월 4차 한·미 금융정책회의가 끝나고 10월부터 이재·증권·국제금융 3국으로 구성된 한·미 금융정책회의 태스크포스[344]를 만들고 블루프린트 작업에 들어갔다. 지금까지와 거꾸로 국제금융국에서 전체적인 구상부터 먼저 만든 다음 실무국과 협의했다. 국제금융국과 의견이 다른 경우는 다음 해 3월 열리는 워싱턴 FPT에 담당국장이 직접 나가 협상하라고 압박했다.

블루프린트 회의에서 외국 은행 서울지점은 우리의 은행이라는 사고의 전환이 없으면 금융개방 협상은 끌려다녀야 하고 외국 은행에 대한 적대의식으로는 지구촌시대의 경쟁을 이겨나갈 수 없다는 점을 강조했다. GNP 대신에 GDP가 중심개념으로 자리잡지 않았는가. 외국 은행의 개방압력이 강한 것은 우리 경제가 건강하다는 증거이고 경쟁이 없으면 결과는 쇠퇴하는 것이다. 20세기를 앞두고 쇄국의 길을 택한 우리는 개국의 길을 택한 일본에게 당하지 않았는가. 적극적인 사고의 전환을 촉구하고 국제금융국의 의견에 반대한다면 워싱턴에 직접 가서 해결하라는 압박으로 외부보다 힘든 내부협상을 끝낼 수 있었다.

국제금융국이 작성한 안에 따라 단계별로 국제수지, 내외 금리차, 물가에 대한 전제조건을 달아 감당하지 못할 경우에 대한 세이프가드(safe guard)를 장치했다. 전체를 한눈에 볼 수 있는 '3단계 금융자율화 및 개방계획

3단계 금융자율화 및 개방계획(Blueprint)

단계	전제	계획
1단계-단기 (92~93 시행) 1992년 3월 말 계획 확정	국제수지: 적자지속 내외 금리차: 10% 내외 물가: 9% 내외	- CD 발행한도 확대 및 기간다양화 - 국내거주 외국 금융기관 주식투자의 내국인 대우 - 외국 증권사 영업기금의 선물환 거래 허용 - 콜 자금의 만기 다양화 - 실수요 증빙 면제대상 외화예금 범위확대 - 실수요 증빙 사후제출 대상 선물환의 범위확대 - 일일 환율변동폭 확대
2단계-중기 (94~96 시행) 1992년 6월 말 계획 확정	국제수지: 균형유지 내외 금리차: 5% 내외 물가: 7% 내외	- 점외자동입출금기(ATM) 설치 허용 - 은행감독 규정의 명료화 - 국내진출 외국 증권사의 복수지점 허용 - 외국 투신사의 국내사무소 설치 허용 - 외국환은행의 포지션관리 완화로 원화조달 확대 - 원화의 소지 및 경상거래 허용 - 내국인의 해외 증권투자 허용
3단계-장기 (97 이후 시행) 1992년 12월 말 계획 확정	국제수지: 흑자기조 내외 금리차: 2~3% 물가: 5% 이내 안정	- 금리자유화 본격 추진 - 신탁수탁자금의 통화안정 채권 인수의무 폐지 - 외국 은행 및 증권사의 현지법인 형태 진출 허용 - 외국 증권사의 영업기금 요건완화 - 외국인의 국내 주식투자 한도 확대 및 채권투자 허용 - 외국 투신사 지점 설치 허용 - 시장금리연동부저축상품(MMC, MMF) 도입 - 상업차관 허용

(Blueprint)' 매트릭스를 만들었다. 블루프린트에는 미국이 4차 FPT에서 요구한 금리자유화, 화폐시장의 발전, 외환·자본거래 자유화, 원화 조달기회 확대, 증권산업 자유화, 은행 감독규제 명료화 등 6개 분야가 모두 포함되었다.

1992년 1월 서울에서 비공식으로 열린 5차 FPT[345]에서 미국 재무부 측에 우리가 추진하고 있는 블루프린트 구상에 대해 설명했다. 미국 측은 전제조건에 대해 문제를 제기했지만 모든 현안과 장기적인 개방계획이 포함된 우리의 블루프린트 구상에 원칙적으로 동의했다.

1992년 3월 워싱턴에서 6차 FPT[346]가 열렸다. 블루프린트를 설명하고 1단계 단기계획은 3월 말, 2단계 중기계획은 6월 말, 3단계 장기계획은 12월 말까지 세부내용을 확정하여 발표하겠다고 제안했다. 미국 측은 대체로 만족했지만 전제조건에 대해서는 금융자율화와 시장개방이 이루어져야 국제수지, 내외 금리차, 물가 문제가 해결되는데 국제수지, 내외 금리차, 물가 문제가 해결되어야 금융을 자율화하고 시장을 개방하겠다는 것은 '닭이 먼저냐, 달걀이 먼저냐'의 논쟁같이 개방하지 않겠다는 것이라고 주장했다.

사실 블루프린트는 미국의 압력은 거센데 재무부 내부의 합의는 어려운 상황에서 어려운 고비를 넘기기 위한 전략이라는 성격을 띠고 있었다. 담당국과 어렵게 협의한 것이라는 점을 강조하고 더 이상을 요구하면 국제금융국도 어쩔 수 없다고 설득했다. 미국의 입장에서는 미흡하겠지만 담당국에서는 블루프린트의 자율화와 개방계획이 너무 앞서가는 것이 아니냐는 입장이었다. 따라서 그 이상 과감한 안을 만들 수 없었다. 상황에 따라 3단계 계획을 앞당길 수도 있다는 약속으로 미국 측을 설득시켰다.

최초로 미국의 요구 사항을 모두 포함한 전체 금융시장에 대한 포괄적인 개방계획과 개방일정을 블루프린트로 제시함으로써 미국의 금융시장 개방 압력에서 벗어났고 1992년 3월 워싱턴에서 열린 6차 회의를 끝으로 공식적으로 FPT는 끝났다.

미국 재무부와의 약속대로 당초 마련한 블루프린트의 일부를 수정하여 1992년 3월 말에 1단계 단기계획[347]을 발표하고 일부 보완을 거쳐 6월 말에 '금융규제 완화와 시장개방계획(Financial Deregulation and Market Opening, 2차 Blueprint)'을 완성했다. 동시에 2단계 중기계획[348]을 발표했다. 9월에 IBRD, 11월에 IMF와 협의[349]를 거쳤는데 평가보고서가 다음 해 오게 되어 3단계 작업의 마무리를 앞두고 나는 1992년 12월에 국제금융국을 떠났다. 3단계 장기계획[350]은 다음 해 1993년 6월 말에 확정하여 발표했다. 블루프린트는 그 후 UR 금융개방협상[351]과 OECD 가입 시의 자본시장 개방계획에도 큰 수정 없이 적용되었다.

우리도 각목으로 치다

외국 은행의 외환영업 정지

19세기 말 우리는 서구의 개항압력에 저항만 하다가 나라를 잃고 말았다. 소극적으로 저항만 할 것이 아니라 우리도 적극적으로 해외에 진출하고 국내에 진출한 외국인들에 대해 엄격한 법 집행으로 나라의 권위를 세워야 한다고 생각했다.

3단계인 1997년에 가서야 상업차관을 자유화하도록 계획했는데 그 전에 장기차입을 자유화해야 된다고 생각했다. 뉴욕에서 근무할 때 구상한 대로 한국의 대기업이 미국의 증권시장에 진출하여 장기저리 자금을 조달함으로써 국내금융시장의 여유가 늘어나고 금리가 떨어진다면 개방에 따른 충격도 덜할 것이라는 생각도 했다. 당시 미국과의 금리격차는 10% 정도였고 물가를 감안한 실질금리도 7% 정도 되었으니 외국 은행에는 땅 짚고 헤엄치기였고 본점의 자금을 자유롭게 가져올 수 있다면 그야말로 노다지(bonanza)가 한국이었다.

외국 은행들은 우리의 외환관리 규정이 국제기준(global standard)에 맞지 않는다고 주장하면서 위반하는 사례가 많았다. 외환사정이 어려웠던 1970년대에 만들어진 우리의 외환관리 규정이 문제가 많다는 것을 인정하고 외국환관리법을 전면 개정하기로 했다. 외국 은행들의 협의체인 외국은행단(Foreign Bankers Group)에 나가 외국환관리법 전면 개정을 약속하고 법이 개정될 때까지 현행법을 엄격히 지켜줄 것을 당부했다. 위법할 경우에는 처벌을 감수해야 할 것이라고 경고했다. 외신기자들과도 외신기자클럽(Foreign Correspondent Club)[352]을 통해 분기별로 정례 미팅을 하면서 우리의 개방계획을 설명하고 이해를 넓혔다. 오해와 마찰에 의해 일어나는 문제를 예방하기 위해 미국대사관 사람들과도 자주 접촉했고 일본 대장성[353]과의 교류도 시작했다.

1991년 들어 외국 은행들이 본·지점 간에 외화를 싸게 사서 비싸게 팔아

변칙자금을 조성하고 부당이득을 챙기는 것이 은행감독원 검사 결과 드러났다. 지금까지 외국 은행에 대해서는 비교적 관대한 처분을 내려왔는데 이것을 약점으로 이용하여 변칙거래가 성행했다. 법의 권위를 세우기 위해 9월에 처음으로 변칙 외환거래 규모가 가장 큰 엥도수에즈은행(Indo-Suez Bank)[354] 서울지점에 4일간의 외환 업무 정지, 10월에는 변칙 외환거래 규모가 작은 맨트러스트은행(Manufacturers Hanova Trust)[355] 서울지점에 대해 3일간 외환영업을 정지시켰다. 다음 해 1월에는 변칙 스와프 거래를 한 아메리카은행(Bank of America), 체이스맨해튼은행(Chase Manhattan Bank), 노바스코티아은행(Nova Scotia Bank) 서울지점에 대해 '주의적 기관경고'[356]를 내렸다. 한국의 외환관리 규정을 무시한 데 대해 일벌백계로 다스리기 위해 과거에 없었던 영업정지라는 무거운 벌을 내리고 무더기로 경고를 내렸다. 우리도 '각목(two-by-four)'으로 머리를 쳤다. 각국 대사관에 충분히 설명하여 반발은 크게 없었고 외신기자들에게도 상세히 설명함으로써 왜곡된 보도는 없었다.

우리 은행이 해외에서 부당한 대우[357]를 받는 경우가 많은데도 시정을 위한 노력이 미미했다. 해외에 나가 있는 재무관들이 매년 4월 말 주재국의 한국계 은행에 대한 차별 또는 부당한 대우를 조사하여 보고하도록 하는 국별 금융애로 보고서(Country Report)[358] 제도를 만들었다. 국별 금융애로 보고서는 UR 협상과 각국과의 개별협상에 우리가 일방적으로 공격만 당하지 않고 적극 공격을 하기 위한 것이었다. 현지 감독당국의 과잉규제나 영업상의 차별 등으로 불리한 대우를 받을 경우 상호주의 원칙에 따라 해당 국가 금융기관이 한국에 진출할 때 상응한 제한이나 제재를 가하는 것도 목적이었다.

개방압력은 우리 경제가 매력이 있을 때까지 이어질 것이므로 제도적인 공격장치가 필요했다. 각목으로 머리를 맞고만 있을 것이 아니라 우리도 칠수 있는 시스템이 필요했다.

지구촌시대라는 파도를 타고 갈 적극적인 자세도 필요했다. 뉴욕 재무관으로 근무하던 1987년 델라웨어에서 개최된 한·미 경제협의회에서 한국 진출을 시도하고 있던 보험회사 ALICO의 사장은 "한국 관리는 청와대를 동원하지 않으면 말을 듣지 않는다."라고 스스럼없이 말했다. 일본의 경우는 수상이 'OK' 해도 대장성 과장이 'NO' 하면 안 된다고 했다. 레이건 대통령 시절 백악관 미·일 정상회담의 통역 내용이 일본 수상의 발언과 상당히 달랐던 일이 있었는데 미국 대통령은 일본 수상이 아니라 실무과장과 정상회담을 한 결과가 된 것이다.

우리는 실무자들이 열심히 노력해 합의해놓은 것도 높은 곳에서 무너뜨리는 경우가 많았다. 1992년 어렵게 미국 재무부와 블루프린트를 합의한 후 늦가을 도널드 그렉(Donald Greg)[359] 미국대사가 최각규 부총리에게 금융시장 개방에 관련해 미국 측의 불만을 적은 편지를 보내고 그 불만을 이용만 재무부 장관에게 보내면서 풍파가 일었다. 다 끝냈다는 협상에 왜 또 불만이 생겼느냐고 야단이었다. 나는 우리 경제가 미국 은행들에게 매력이 있는 한 불만은 이어질 것이고 그러한 불만은 우리 경제가 건강하다는 이유도 된다고 설명했다. 아침식사를 했다고 점심을 굶을 수는 없지 않은가. 그렉 대사가 재무부 장관에게 직접 편지를 보내지 않고 부총리에게 보낸 이유를 알수 있었다. 우리들은 그의 말을 믿은 것일까, 겁낸 것일까.

30년 만의 전면 개정

외국환관리법 개정

금융시장의 개방을 앞두고 가장 중요한 고려 사항은 국제수지와 내외 금리 격차였다. 국제수지 적자가 지속되면 개방에 많은 위험이 따르고 10%나 되는 내외 금리격차가 지속되는 한 급속한 개방은 국내금융기관의 몰락을 몰고 올 위험성이 있었다. 주가지수가 우리 경제에 대한 심리적인 종합건강지수라면 국제수지는 체질적인 종합건강지수라고 할 수 있다. 대외개방을 앞두고 우리 경제의 건강지수를 한눈에 볼 수 있는 국제수지분석표를 만들고

30년 전에 제정된 외국환관리법은 당시의 경제상황과 맞지 않아 전면 개정하기로 했다.

국제금융국장으로 갔을 때 국제수지와 외환에 관한 통계가 담당자별로 나누어져 있었고 일보, 주보, 순보, 월보 등으로 나누어져 통계 간에 연결이 되지 않아 전체를 파악하기가 힘들었다. 국제수지와 외환에 관한 모든 통계를 10일 단위로 하나의 표에 논리적으로 집적한 종합분석표를 만들고 이와 관련되는 통계를 이야기식(story telling)으로 만들었다. 고치고 또 고쳐 하나의 표에 무역수지, 자본수지, 외환보유고, 환율, 해외금리 등 주요 통계가 모두 포함되는 주요 외환지표를 만들고 부표에 상세내역을 붙이고 끝에는 대외부채와 금융기관의 해외차입 동향을 붙이는 국제금융종합통계표[360]를 만들었다. 국제금융종합통계표를 만들면서 경제 전체를 조망하는 안목을 키울 수 있었다. 국제수지는 우리 경제에 대한 종합건강지수이고 국제수지가 나쁘면 그 경제는 탈이 난 것이라는 것도 알 수 있었다.

외국환관리법은 1961년에 제정된 후 1960년대에 세 차례의 개정을 거쳤지만 '원칙적으로 금지하고 예외적으로 허용'하는 체계(positive system)를 기본으로 하고 필요에 따라 제한을 완화하는 기본 골격은 그대로 유지되고 있었다. 현실과 동떨어진 사문화된 조문도 많았다. 매년 국무회의 의결을 거쳐 대통령의 재가를 맡는 '외국환 수급계획'은 아무 의미가 없었다. 달러가 모자라던 시절에 '외국환 수급계획'에 포함되지 않으면 시설재 수입도 못하던 때에 만들어진 법이다. 모든 대외거래 대금을 한국은행에 예치해야 하는 외환집중제, 무역거래에 대한 실수요 증명제도, 현지금융에 대한 허가제도 등 현실과 맞지 않는 규정이 너무 많았다. 외국 은행들의 불평도 많았다.

금융시장 개방을 앞두고 '원칙적으로 모든 대외거래를 허용하고 예외적으로 규제'하는 체계(negative system)로 외국환관리법을 전면 개편하는 작업에 착수했다. 외국환관리법의 개정을 위해 재무부 국제금융국, 한국은행, 외국환은행의 전문가들로 개정작업반[361]을 구성하여 1년 여 작업 끝에 완성했다.

주요 개정내용은 다음과 같다. 국제수지 균형을 위해 특별히 필요한 경우를 제외하고는 경상거래와 자본거래를 자유화하고, 외환 집중대상을 외화·귀금속·증권·채권에서 증권과 채권은 제외하고, 비거주자에 대한 외환의 매각·예치·보관의무를 폐지하고 등록의무만 부과하는 것이었다. 자유화된 자본거래도 국제수지 균형이나 국내금융시장에 긴급사태가 발생할 경우에는 허가의무를 부과할 수 있도록 하고, 국내 서비스산업에 미치는 영향이 큰 용역거래는 계속 허가대상으로 남겨두었다.

외국환관리법은 1991년 정기국회를 통과하고 500여 개 조문에 달하는 방대한 외국환관리규정은 다음 해 8월에 완성되어 1992년 9월 1일부터 시행에 들어갔다. 재무부와 은행에서 파견 나온 사람들의 수고로 외국환관리법령을 전면 개편하는 방대한 작업을 수행할 수 있었다.

새 외국환관리규정[362]의 주요 내용은 60일 이상 해외체재자에 대해 해외체재 경비와 주택임차, 자동차 구입 등 현지 정착에 필요한 정착비를 대폭 현실화하고, 법무부 장관의 체류 인정 또는 고용주의 확인이 있는 중국교포 등 외국인 국내취업자에 대해서는 국내에서 번 소득의 대외송금을 정식으로 허용하고, 수출선수금 영수한도를 확대하고, 외화증권을 발행할 수 있는 대상에 지하철공사 등 공공법인과 첨단산업기업 등을 추가하는 것이었다.

외국환관리규정과 함께 적극적인 해외진출을 촉진하기 위하여 '해외투자 지침'과 '해외 부동산투자 지침'[363]도 별도로 제정했다. 해외투자의 경우 장려사업, 제한사업, 일반사업 세 가지로 분류하고 장려사업은 우선적으로 허가하고 금융우대 지원혜택이 주어지며, 제한사업은 금융지원은 물론 허가 자체를 원칙적으로 금지하는 것을 주요 내용으로 했다. 부동산투자의 경우 주택개발을 위한 해외건설, 외국에서 같은 업종의 사업을 계속하는 음식점, 주유소, 세탁소 등에 대해 해외부동산 매입[364]을 허용하여 해외교민 진출을 적극 지원하는 것이었다.

13 수원국에서 원조국으로

::: 대외금융협력

템스강변의 감격

EBRD 창립총회

국제금융국장으로 일하면서 국제회의에 참석하며 많은 것을 배우고 느꼈다. 1991년 런던에서 열린 유럽부흥개발은행(European Development Bank, EBRD) 창립총회와 1992년 워싱턴에서 열린 국제개발협회(International Development Association, IDA) 회의에서 느낀 감격을 잊을 수 없다.

한국은 소련을 포함한 동구권 7개 국가들의 정치경제적 개혁을 지원하기 위해 36개국이 참여하는 EBRD의 창립회원국이 되었다. 1991년 4월 15일 런던에서 개최된 창립총회에 정영의 재무부 장관을 수석대표로 하여 참가했다. 영국의 메이저 총리, 프랑스의 미테랑 대통령 등 27개국의 국가원수급 인사들이 대거 참석한 것을 보면 이 은행 설립의 중요성을 알 수 있었다.

EBRD에 가입한 것은 범세계적인 동구권 개혁 지원에 동참함으로써 우리의 경제 수준에 맞는 역할과 책임을 수행하고 우리 기업들이 동구권 개발사업에 다른 선진국 기업들과 동등한 자격으로 참여할 수 있는 계기를 만들어주는 것이 목적이었다.

아시아에서는 한국과 일본이 창설 멤버[365]로 참여했다. 템스강변 마린 센터(Marine Center)의 창립총회장에는 우리와 일본을 제외하고는 백인들[366]뿐이었다. 동구 백인 국가들을 지원하기 위한 백인 국가들이 만든 은행의 총회장에 앉아 있을 때 가슴이 벅차오르는 감동을 느꼈다. 그때처럼 한국인의 긍지를 강렬하게 느낀 것은 처음이었다. 눈물이 핑그르르 돌았다.

다음 해 1992년 4월 13일 헝가리 부다페스트[367]에서 열린 1차 총회에도 참석했다. 1997년 런던에서 열린 6차 EBRD 총회[368]에는 수석대표로 참석하여 국제기구에서 처음 기조연설을 했다. 템스강변의 감격은 공직생활에서 가장 강하고 오래도록 각인되었다.

수원국에서 원조국으로

IDA 대표자회의

1992년 9월 워싱턴에서 IMF/IBRD 연차총회와 함께 열리는 IDA(International Development Association)의 10차 재원보충대표자회의(IDA-10 Deputy Meeting)에 대표로 참석했다. IDA는 후진국에 무상자금을 원조하는 IBRD의 자매기관이다.

25개 원조국[369] 대표가 참석하는 대표자회의에서 나는 중국 측의 요청[370]으로 중국에 대한 무상원조가 지속되어야 한다는 발언을 했다. 당시 중국은 시장경제에 편입된 직후라 무상원조의 지속을 희망하고 미국은 중국을 견제하기 시작한 때였다. 나의 발언에 대해 미국 대표는 반대하고 나섰는데 그의 반대이유에 감격했다. 중국보다 가난한 나라가 많고 원조자금 운용이 방만하기 때문에 무상원조자금의 계속 지원을 반대하면서 지원하는 경우에도 한국 수준의 경제운용계획이 전제가 되어야 한다고 했다. 내게 동의를 구하면서 한국은 IDA 역사상 유일하게 수원국(beneficiary country)에서 원조국(donor country)[371]으로 발전한 경우라고 지적했다. 이 사실을 몰랐던 나는 콧날이 찡한 감격을 느꼈다.

런던 EBRD 창립총회에 이어 두 번째로 한국인으로서 자긍심이 강렬하게 일어났다. 책상에 세워진 태극기가 너무 자랑스러웠고 멋있었다. 이러한 감정은 2002년 월드컵에서 스페인을 꺾고 4강의 신화를 이룬 날 밤 거리를 메운 인파와 자동차 경적소리에서 세 번째로 느꼈다.

30억 달러는 이행됐어야 했다

소련 경제협력차관

1990년 9월에 수립된 소련과의 외교관계의 후속 조치로서 다음 해 1월 현금차관 10억 달러, 소비재차관 15억 달러, 자본재 연불수출 5억 달러 총 30억 달러의 경제협력차관을 공여하기로 약속했다. 30억 달러의 경제협력차관 공여 관계로 1991년 4월 모스크바에 출장[372]을 갔다. 세레메체보 국제공항에 도착하니 날씨도 음산한데 조명도 어두웠고 건물들은 모두 헐어가고 있었으며 길거리에는 낡은 자동차만 달리고 있었다.

우리는 레닌 언덕에 있는 영빈관에 머물며 리무진을 타고, 크렘린 궁전 국빈식당에서 러시아의 전통음식으로 식사하고, 볼쇼이 극장에서 서커스를 보고, 끝없는 자작나무숲을 지나 러시아의 최고 문화유산인 자고르스크사원을 돌아보며 글자 그대로 칙사 대접을 받았다. 6·25전쟁으로 원수가 되었던 소련의 심장부인 붉은 광장을 거닐면서 당시로서는 음산한 두려움과 함께 수수께끼 같은 혼란을 느꼈다.

고르바초프 대통령은 1950년 폐허가 된 서울과 1988년 올림픽을 개최한 서울을 집중적으로 보도하면서 페레스트로이카와 글라스노스트를 홍보했다고 했다. 서울올림픽으로 고려인[373]들은 유대인들과 같은 정도의 일등시민 대접을 받게 되었다고 했다.

정영의 재무부 장관과 소련 오를로프(Vladimir E. Orlov) 재무장관 간에 30억 달러 지원과 양국의 협력에 대한 회의가 있었다. 오를로프 장관은 '가격'을 배우기 위해 부하들을 서울에 보내고 싶다는 수수께끼 같은 말을 했다. 금리, 환율 등도 가르쳐달라고 했다. 그들은 10월혁명 이래 74년을 '가격'이 없이 '계산'으로 살아온 것이다. 돈의 가격이 금리이고, 외화의 가격이 환율이고, 나라 서비스의 가격이 세율이라는 것을 모스크바에서 새삼 알았다. 우리에게 가격은 공기같이 귀중한 존재인데도 느끼지 못하고 살지만 그들에게는 대단한 과제였다. 소나기 내릴 때 잽싸게 들고 나오는 비닐우산의 가격은 논리적으로 따지면 단군시대부터 지금까지 수많은 사람들의 흥정으로 나온 시장경제의 '위대한' 결과이자 발견물이 아닌가.

경제계획위원회(GOSPLAN)의 마스류코프(Maslyukov) 부수상을 방문했을 때 1991년의 소련의 빵값은 1943년에 결정된 그대로이고, 밀의 가격은 그때부터 6배나 올라 밀로 빵을 만들면 오히려 손해를 보는 것이 소련 경제의 고민이라고 했다. 정영의 장관의 한마디 질문에 그의 대답은 면담시간의 대부분인 50여 분이나 써버렸다. 오를로프 재무장관도 한국 기자와의 30분 기자회견에서 하나의 질문에 30분을 대답하고 두 번째 질문에 대답하는 중 다음일정 때문에 회견은 끝났다. 북한 사람들도 말을 잘하던데 공산주의 사람들은 다 그런가 보다. 왜 그럴까. 사상투쟁에서 살아남기 위해서일까?

일반근로자의 월급이 20달러 정도이고 지하철 한 달 패스가 20센트, 아파트의 월세가 1달러 정도인데 미국 담배 말보로 한 갑이 10달러, 스카치위스키는 100달러 가까이 줘야 된다고 하는 나라. 저금통장에 돈이 아무리 쌓여도 물건이 없어 못 사는 나라. 다른 사람이 줄을 서면 무조건 줄을 서 아무 물건이나 산 다음 붉은 광장에 나가 필요한 물건과 바꾸는 알 수 없는 경제학[374]의 나라. 그러면서 우주선을 쏘아올리고 초강대국 노릇을 하는 사회주의 종주국 소비에트사회주의공화국연방(Union of Soviet Socialist Republics).

다리를 번쩍번쩍 들며 이상한 걸음걸이를 하는 의장대를 따라가 만난 레닌 묘와 그 앞의 수많은 참배객들을 보았다. 그는 조국 러시아를 가난과 고통에서 구하기 위하여 10월혁명을 일으켰다. 그래서 탄생한 마르크스레닌

주의라는 사상은 열병처럼 세계로 번져나가 '동무'의 이름으로 친구를 몰아내고, 형제의 이름으로 형제를 죽이고, 평등의 이름으로 새로운 불평등을 만들어나갔다. 그의 사상이 그의 뜻과는 반대로 형제들에게 공포와 빈곤과 나태라는 무거운 고통의 굴레를 씌우고, 조국을 황량하게 파괴시킨 결과에 대해 유리관에 안치된 레닌은 아무 말이 없었다. 자유체제와 공산체제가 대립된 역사의 소용돌이 속에서 우리도 형제끼리 싸워 피를 흘렸고 강산은 폐허가 되었다.

모스크바를 떠나는 날 공항으로 가는 길은 4월인데도 눈이 내렸다. 그동안 수고한 고려인 통역[375]에게 서울에서 가져온 자동우산을 주었더니 무척이나 감사해했다. 어두운 공항을 들어서며 모든 것이 잘못되어 있다는 생각이 들었다. 이것이 마지막으로 본 공산주의의 종주국 소비에트사회주의공화국연방이었다.

1991년 8월 고르바초프 대통령을 실각시킨 군부 쿠데타는 3일 천하로 끝났지만 옐친이 주도한 제2의 러시아혁명으로 소련공산당과 함께 소비에트사회주의공화국연방이 독립공화국연합(Commonwealth of Independent States, CIS)[376]으로 바뀌었고 러시아연방이 다시 탄생했다.

14억 7,000만 달러까지 집행되던 경제협력차관[377]은 소련의 해체과정에서 채무자가 불분명해짐으로써 공중에 뜨고 말았다. 국내 언론들은 차관 제공의 중지를 촉구하고 나섰다. 우리의 이러한 태도에 초강대국으로서의 자존심을 상한 러시아는 강한 불쾌감과 배신감을 나타냈다. 포항제철에 미사일 하나만 떨어져도 50억 달러가 날아가는데 러시아가 북한에 무기제공을 중단한 대가도 생각하지 않는다는 소리마저 들렸다. 내부에서도 우리가 언제부터 잘살게 되었다고 대국 러시아에게 그러느냐는 소리도 나왔다. 나는 대소 경제협력차관 30억 달러는 장기적인 안목에서 집행되어야 한다고 주장했으나 여론과 관련 부처의 대세는 차관 제공 중지였다.

1991년 12월, 러시아의 추가보증이 있을 때까지 8억 달러의 소비재차관을 중단했다. 다음 해 5월에는 이자지급의 불능을 통보해왔다. 러시아와의 관계가 나빠진 상태에서 나는 채무자를 소련에서 러시아로 바꾸는 어려운 회담을 새로 등장한 옐친 대통령이 이끄는 러시아연방과 하게 되었다.

러시아 측은 처음에 소비에트연방 15개 공화국 중 러시아연방의 지분에 해당하는 75%만 책임질 수 있다고 주장했다. 모스크바와 서울에서 연달아 열린 1년이 넘는 협상[378]에서 우여곡절 끝에 1992년 7월에 러시아는 구소련 시기에 이루어진 차관 전액에 대하여 채무를 승계하는 법률문서를 제출하기로 합의하고 나머지 차관을 일단 재개하기로 합의했다. 11월에 채무승계 법률문서는 가져왔으나 연체이자에 대한 합의가 무산되어 나머지 15억 달러의 소비재차관 및 자본재차관은 다시 중단되었다.

만기가 도래한 차관의 이자가 연체되고 몇 차례에 걸친 현물상환에 대한 약속도 이행되지 않아 결국 러시아에 대한 차관의 추가제공은 완전히 중단되고 말았다. 사실은 그들이 이행하지 않았다기보다 해체되어가는 과도기의 공산체제[379]가 거짓말을 한 것이라 생각되었다. 원리금상환과 차관재개를 위해 여러 차례 협의도 하고 합의도 했으나 인형 속에 인형이 있는 러시아 민속인형같이 합의를 해도 계속 또 합의를 해야 했다.

결국 30억 달러의 경제협력차관은 현금차관 10억 달러와 소비재차관 4억 7,000만 달러 합계 14억 7,000만 달러가 집행된 후 추가집행이 정지됨으로써 러시아의 자존심을 상하게 만들었다. 러시아는 우리나라의 산업기술 수준이 러시아의 현실에 맞고 일본과 중국은 러시아의 잠재적인 적국이었기 때문에 한국과의 경제협력에 적극적이었다. 차관제공의 대가로 첨단기술도 우리가 원하는 대로 제공하겠다고 했다.

30억 달러로 철의 장막이 열리지 않았는가. 공짜도 아니고 빌려주는 것인데 러시아가 어려울 때 도와주면 좋은 우방도 되고 장기적으로 시베리아 개발과 북태평양 어업협상에서도 충분히 실리를 확보할 수 있다. 고종황제는 러시아공사관까지 피난 갔지 않았는가. 아무리 생각해도 우리의 결정이 너무나 단견이 아니었던가 생각된다. 대소 경제협력차관 30억 달러는 이행됐어야 했다.

아시아의 발칸반도로 만들지 마라

두만강 유역 개발계획

우리는 역사에서 오늘의 난관을 극복할 수 있는 지혜를 배우고 미래를 개척할 수 있는 예지를 배운다. 19세기 말 고종황제가 러시아 황제에게 도와줄 것을 간절히 요청했고, 같은 때 일본은 러시아와 조선의 분할점령을 협상했으며, 조선을 일본에 빼앗긴 레닌 정부는 우리의 독립군에게 재정지원을 했다. 한반도를 러시아의 식민지로 만들지 못한 상황에서 태평양 진출의 길목인 대한해협의 통행을 보장해줄 강한 정권의 존재가 필요하다는 점에서 독립군을 지원하는 것이 러시아의 이익에 합치되었다는 것을 의미한다.

제2차 세계대전 후 소련은 한때 북한의 편에 섰지만 러시아는 한반도와 정치경제적인 이해관계가 일치했기 때문에 전통적으로 '강한 한반도' 정책을 유지해왔다. 전략의 중심이 남북한을 오가지만 전통적인 '강한 한반도' 정책은 변하지 않는 것 같다. 경제적인 측면에서 러시아는 우리 수준의 공업제품이 필요했고, 또한 러시아가 한국에 종속될 위험이 없다는 점에서도 한국과의 긴밀한 경제협력을 원했던 것 같다.

러시아가 근대 외교사에서 가장 성공한 것 중의 하나는 1860년 베이징조약으로 청나라로부터 연해주를 할양받은 것이고, 가장 실패한 것 중의 하나는 1867년 750만 달러에 알래스카를 미국에 매각한 것이라고 한다. 청나라는 연해주를 러시아에 할양함으로써 북태평양과의 연결 통로가 차단되었고 러시아는 연해주를 얻음으로써 극동에 부동항 블라디보스토크를 갖게 되어 남진정책의 거점으로 삼을 수 있었다.

한반도를 러시아의 영향력 아래 둘 수 없는 경우 연해주와 동지나해를 연결하는 해로의 확보를 위해서는 한반도에 강력한 국가의 존재가 필요했다. 반면에 러시아의 남진정책을 저지하는 것이 외교 전략의 기본이었던 영국은 대한해협을 봉쇄하여 러시아의 동지나해 통로를 봉쇄할 필요가 있었기 때문에 일본이 한반도를 식민지화하는 것을 지지했다. 현재 러시아는 영토분쟁이 잠복해 있는 중국과 일본을 견제할 필요가 있지만 한반도가 강력한 군사력을 갖는 것을 견제할 필요는 없다.

1991년부터 유엔개발계획(UNDP)은 두만강 유역의 북한의 나진, 중국의 훈춘, 러시아의 포시에트를 연결하는 1,000제곱킬로미터에 달하는 삼각지역을 암스테르담이나 홍콩 같은 국제교역의 중심지로 개발하겠다고 '두만강 유역 개발계획'을 추진했으나 사실상 중단되고 말았다. 두만강 하류에 대형 선박이 다닐 수 있는 운하를 건설하여 중국 훈춘과 동해를 연결시키려는 계획은 러시아와 일본이 소극적인 반응을 보여 지금은 없던 일로 되어버렸다. 두만강 하류에 잠수함이나 군함의 통행이 가능한 운하를 개설하는 안은 러시아로서는 연해주와 한반도를 잇는 방어선의 파괴를 의미하고 중국으로서는 봉쇄된 북태평양 통로를 개설한다는 의미를 갖는다.

제2차 세계대전 당시 소련이 두만강 하류에 철근 콘크리트 말뚝을 박아 대형선박의 출입을 봉쇄했다는 사실이 보도된 적이 있는데 두만강을 둘러싼 러시아와 중국의 이해관계를 암시하고 있다. 일본도 뒷마당인 동해가 중국의 대형선박 통행로가 되는 것을 바라지 않는 것은 당연하다. 미국을 포함한 일본·중국·러시아 등 세계 4대 강국의 이해관계가 얽힌 두만강 유역 지역을 개발하는 것은 '아시아의 발칸반도'로 만들 위험도 있다.

나는 관계부처회의[380]에서 '두만강 유역 개발계획'을 반대했다. 두만강 하구에 운하를 뚫는 이 개발계획은 주변국의 전략을 생각하지 않은 방향착오라고 지적했다. 러시아와 일본은 극동 관련 연구소 연구원이나 하위직 공무원이 회의에 참석하는 반면, 중국과 중국의 입장을 지지할 수밖에 없는 북한은 차관급 고위직을 참석시켜 적극적으로 추진한 배경을 생각해봐야 한다. 우리는 차관이나 고위공무원을 내세워 적극 추진에 나섰다.

UNDP가 추진한 '두만강 유역 개발계획'은 결국에는 당초와 많이 달라졌다. 중심지역이 나진·선봉지구로 바뀌었다. 러시아와 일본은 처음부터 소극적이었다. 어쩌면 방해했는지도 몰랐다. 주변국의 움직임은 러시아의 '강한 한반도' 전략이 아직도 유효하다는 것을 암시하는 증거라 판단되었다. 두만 강 하류의 운하를 중심으로 삼각지역 개발안이 무산된 것은 우리로서는 다행 이라 생각된다. '두만강 유역 개발계획'은 처음부터 불가능한 프로젝트였다. 우리의 방향착오는 불과 100년 전의 역사를 잊어버린 결과라 생각되었다.

러시아는 누구인가

한·러 관계 역사

제정러시아 외교문서보관소에서 구한말 나라의 운명이 풍전등화 같을 때 고종황제가 러시아 황제 니콜라이 2세에게 보낸 절박한 사연의 외교친서 3통이 1995년 4월에 발견되었다.

일본과 전쟁이 일어나면 러시아 편에 서겠다는 것, 한성에 있는 일본군을 몰아내기 위해 러시아군을 보내달라는 것, 그리고 이상설 등 3인의 밀사가 헤이그 만국평화회의에서 일본의 불법침략을 호소할 수 있도록 도와달라는 것이었다. 1896년 고종황제가 새벽에 왕세자와 함께 러시아공사관으로 피신 하는 아관파천을 전후한 당시의 절박함이 잘 나타난 편지다. 고종이 보낸 외교친서는 러시아에 기대어 나라를 구해보려는 서글픈 노력이었다.

고종황제가 아관파천을 한 100일 후인 1896년 5월 24일 러시아 황제 니콜 라이 2세의 대관식에 참석한 일본의 축하사절인 야마가타 전권대사는 러시 아 외상 로마노프와 조선을 38도선에서 분할점령하자는 비밀협상을 했다. 당시 민영환을 비롯한 조선의 사절단도 모스크바에 있었으니 외교의 비정함 을 보여준다.

1904년 러일전쟁에서 승리한 일본은 영일동맹을 맺어 영국이 청나라의 이권을 챙기는 대신 일본이 조선을 식민지로 만드는 데 동의하고, 미국과

가쓰라-태프트 밀약을 맺어 미국이 필리핀을 식민지화하는 대신 일본이 조선을 식민지화하는 데 양해했다. 이러한 열강 간의 합의를 배경으로 일본은 1910년에는 한일병합으로 한반도를 일본의 완전한 식민지로 만들었다.

일본의 식민지통치에 항거하여 1919년 3·1독립운동이 일어난 후 상하이에 수립된 대한민국임시정부 이외에 러시아 하바롭스크를 중심으로 한 공산당의 독립운동도 있었다. 1917년 10월혁명으로 러시아에 프롤레타리아 독재정권을 세운 레닌 정부는 하바롭스크를 중심으로 무장투쟁을 하던 독립군에게 상당한 재정지원[381]을 했다. 러시아는 국제공산주의운동의 일환이었지만 공적인 정부예산으로 독립투쟁 자금을 지원한 유일한 나라였다.

한반도가 일본의 식민지가 되는데 후견인이 되었던 영국과 미국을 동맹국으로 하고 일본의 후방지원을 받은 남한과 독립투쟁 자금을 지원했던 소련과 모택동 정부가 들어선 중국을 동맹국으로 한 북한은 1950년 한국전쟁을 치렀다. 이해관계에 따라 바뀌는 국제역학관계의 무상함과 약소국의 비애를 느끼지 않을 수 없다.

우리 독립군(비록 공산계열이었지만)에게 자금을 지원한 나라가 소련이었고 지금 그들이 러시아란 이름으로 우리에게 와 있다. 우리들은 상환능력이 없다고 러시아에 약속한 30억 달러를 이행하지 않았다.

서구와 몽골로 이어진 오랜 식민지에서 500여 년 전에 독립국가가 되었고 서구가 침략을 했지 자기들이 침략한 적이 없다는, 스스로 가장 비참한 역사를 가진 나라라고 하는 러시아. 서구에서는 옛날 스웨덴 루스 총독의 이름에서 유래되었다고 하지만 그들은 부인하는 루스의 땅 러시아. 서구의 침략을 방어하기 위한 방어적 팽창주의에 따라 러시아 주위에 수많은 위성국을 만들었던 러시아. 이것이 내가 소련과의 경제협력 업무를 하며 읽은 러시아의 과거다.

결국 미국의 '별들의 전쟁(Star Wars)' 계획을 따라잡지 못하고 미국이 말한 대로 '악의 제국' 소련은 스스로 지구촌을 떠나고 말았다.

통일은 언제 오는가

남·북 경제통합대비계획

나는 매년 대외관계 일로 해외출장을 다녔다. 5대양 6대주를 두루 다녔다. 1977년 4월 헤이그에서 열린 네덜란드와의 조세조약 체결을 위한 출장으로부터 시작하여 1997년 11월 ASEAN+6+IMF/IBRD 재무장관회의까지 27번의 해외출장을 다녔다. 국제금융국장으로 일한 2년 동안 IMF, IBRD, ADB, EBRD 등 7차례 국제회의를 참석하면서 보람도 느끼고 낭패도 당했다.

1991년 4월 EBRD 창립총회에서 1990년 10월에 통일된 독일의 모습을 보고, 1991년 8월 소비에트연방의 해체와 러시아의 재탄생을 보면서 우리는 어떻게 될 것인가에 대한 의문에 부딪혔다. EBRD에 가입하여 동구 공산국을 지원하고 IDA에 원조자금을 지원하면서도 세계 최빈국의 하나인 북한은 우리와 아무 관계가 없었다. 그해 10월에는 남·북한이 동시에 UN에 가입했다. 북한은 왜 그래야만 할까. 그들이 민족사에서 반역을 저지르는 것이라면 우리들은 방관하고 있는 건 아닐까.

통독 이후 동독주민들은 동독 경제의 급속한 파산에 절망하고 시장경제의 경쟁원리에 적응하지 못해 2등 국민으로 전락했다. 동독인들은 40여 년 동안 공산주의체제에서 고통받은 것도 억울한데 통독 후 경제적·사회적 차별을 받게 되자 커다란 상처가 되었다. 동독에 있는 몰수재산의 반환을 담당하던 신탁관리청장이 동독인에 의해 피살되는 사건도 있었다. 서독주민들은 엄청난 통일비용을 걱정했고 동독주민의 지원을 위한 마르크화의 1:1 통화통합은 동독 산업의 경쟁력 상실을 가져왔다. 통일이 되면 우리는 어떻게 될까.

1990년 7월 20일 남·북한의 자유왕래를 보장하는 민족대교류를 선언하고 남·북 교류협력에 관한 법률과 남·북 협력기금법이 제정되었으나 일방적인 정치선언의 의미만 있었다. 남·북 교류협력에 관한 법률에 따라 국제금융국에서는 인적 교류에 따른 환전, 물적 교류에 따른 청산결제 등에 관한 지침을 마련하게 되었다.

동·서독의 통일과 통일 전 교류경험을 토대로 남·북 교류와 함께 남·북 경제통합에 관한 장기계획을 검토했다. 독일에 주재하는 재무관, 한국은행과 수출입은행 프랑크푸르트사무소를 통해 독일통일에 관한 자료를 수집했다. 동·서독 간의 경제교류, 경제통합, 통화통합, 국유재산 처리, 통일비용 등에 관한 1,500페이지에 달하는 방대한 자료를 분석했다. 당시까지 남·북 관계의 기본지침은 남·북 군사대치와 흡수통일을 전제로 한 것이었고 남·북 간의 경제통합을 위한 장기 플랜은 없었다.

동·서독 간의 경제교류[382]는 분단 이후 청산결제방식(Swing Facility)에 의한 독일 내부거래로 활발하게 지속되어왔다. 동·서독 마르크화의 환율도 정치적으로 결정되었고 동독의 미결제 무역대금은 서독의 무이자차관으로 정리되었다. 인적 교류도 1964년부터 친지의 방문이 허락되었고 1981년부터는 이주도 가능했다.

1990년 1년 사이에 급속도로 이루어진 동·서독의 정치경제 통합은 동독주민의 대량이주와 동독경제의 급속한 파국으로 서독경제에 엄청난 부담[383]을 지웠다. 동독산업의 경쟁력은 예상보다 취약했고 농업마저 경쟁력이 없었다. 사회간접시설은 재건설이 필요할 정도로 열악했고 사회주의 교육과 수동적인 일상생활에 젖은 동독주민은 창의력과 근면성이 결핍되어 서독 수준의 생산성에 접근하는 데 상당한 시간이 필요했다. 통일 후 생산성을 초과하는 고임금, 높은 실업률, 고금리와 인플레, 성장둔화 등 엄청난 통일비용을 불러왔다. 결과적으로 경제는 동독의 계획경제체제를 점진적으로 시장경제체제로 전환하는 것이 바람직했다는 지적이 나왔다.

통화통합에 있어서 정치적으로 평균 1:1의 교환비율[384]이 결정되고 공식통화는 서독마르크화로 했다. 통일 전부터 열악했던 동독산업의 경쟁력이 더 악화되어 동독기업의 도산과 대량 실업 사태를 유발했다. 국유재산 처리에 있어서 동독정부에 의해 몰수된 재산과 기업은 원권리자에게 반환하도록 했다. 사실상 반환이 불가능[385]한 경우는 금전으로 보상하도록 했다. 통일비용에 있어서 낙후된 동독의 사회간접시설, 환경오염, 주택난을 해결하는 데 서독의 1년간 GDP 규모에 해당하는 자금[386]이 소요될 것으로 추정했다.

우리는 6·25전쟁이라는 비참한 동족 간의 전쟁을 거쳤고 그 후 적대 관계의 지속으로 남·북 사이에는 인적·물적 교류는 거의 없었다. 경제력이 튼튼했던 서독도 통일이 급속하게 이루어짐으로써 엄청난 부담을 초래했는데 우리의 경우는 개도국으로 후퇴할 가능성이 높다고 추정되었다. 기아선상에 있는 북한주민 500만 명 정도가 일시에 서울에 오는 경우 서울에 있는 모든 공공시설을 다 사용해도 잠재울 자리도 없는 것이 우리의 상황이었다. 오래도록 외부와 차단되어 혹독한 강권통치에 살았던 북한주민이 남한주민과 동질성을 회복하고 시장경쟁에 적응하는 것은 한 세대가 지나기 전에는 불가능하리라 생각되었다.

남·북 경제통합을 위한 계획을 수립할 때 세운 전제는, 첫째 소련이 붕괴하고 중국이 시장경제에 편입함으로써 한반도의 전쟁 가능성은 크지 않고, 둘째 동·서독처럼 평화통일의 기회가 갑자기 올 수 있고, 셋째 통일의 단계는 경제사회적인 통합이 이루어진 다음 정치적인 통일을 하고, 넷째 통일비용을 최소화하기 위해 통일 전 광범위한 교류에 의해 남·북의 경제수위 차를 최소화한다는 것이었다.

이런 전제에서 수립된 '남·북 경제통합대비계획'[387]의 주요 내용은 다음과 같다. 첫째, 청산협정의 체결과 동시에 남·북 간의 자금결제를 담당할 은행을 지정한다. 둘째, 남·북 교역과 직접투자를 활성화하기 위해 조세감면과 자금지원을 확대한다. 셋째, 남·북 경제의 수위 차가 접근할 때까지 남·북 경제연합 단계를 거쳐 경제통합을 한다. 넷째, 통화의 교환비율은 생계자금을 제외하고 실세교환율을 적용하여 북한 산업의 급격한 몰락을 예방한다. 다섯째, 북한에 몰수당한 재산에 대해서는 현금보상을 원칙으로 한다. 여섯째, 북한 기업과 협동 농장은 종사자들의 지분 참여에 의한 소유권을 인정한다. 일곱째, 조세와 재정은 남·북 경제연합단계에서는 자율권을 보장한다. 여덟째, 북한의 대외채무는 남한정부가 인수한다 등이었다.

우리가 수립한 '남·북 경제통합대비계획'을 삼청동 남·북 대화사무국에서 열린 남·북 교류협력회의에 보고했다. 독일에서 수집한 자료를 《독일통일관계 자료집》[388]으로 묶어 통일원과 국가안전기획부 등 관계부처에 배부했다. 지금은 크게 새로운 발상이 아니었지만 남·북 간 적대 관계의 정도가 강했고 전쟁에 의한 흡수통일을 전제로 모든 정책이 세워져 있었던 당시의 상황에서는 남·북 관계 정책의 큰 전환이었고 실무자의 입장에서는 용기도 필요했다.

국제기구회의에 다니면서 배우고 들은 정보에 의해 추정해보면 우리의 통일을 원하는 세력이 있는가에 대한 회의가 일었다. 세계 4대 강국의 이해가 얽혀 있는 한반도의 역학 관계도 독일과 달랐다. 전통적으로 '강한 한반도' 정책을 유지하고 있는 러시아는 아관파천 때와 비슷한 여건이다. 2001년 러시아대사 출신인 이정빈 외교부 장관이 미국이 추진 중인 국가미사일방어(NMD) 체제에 대하여 미국과 러시아 간에 미묘한 줄타기를 하다가 낙마한 사건이 우리의 현실을 잘 말해준다.

독일이 통일된 지 한 세대를 넘었다. '남·북 경제통합대비계획'을 만든 지도 한 세대를 넘었다. 우리의 통일을 원하는 나라는 누구인가. 우리의 통일은 언제 올 것인가.

제4부

아시아 외환위기

14 단기자본과 유동성의 미스매치

⠿ 1997 아시아 외환위기

1997년 동아시아에 불어닥친 금융위기는 일본의 '잃어버린 10년'의 재채기로 아시아가 감기에 걸린 것이었다. 태국에서 시작된 감기가 북상하여 한국까지 전염시켰고 동아시아경제는 맥없이 무너졌다. 무너질 것이 없는 나라는 제외하고!

1997년 아시아 외환위기의 뿌리는 한국, 태국, 인도네시아, 말레이시아, 필리핀 5개국에 흘러간 일본 867억 달러, 미국 220억 달러, EU 986억 달러, 전체 2,073억 달러의 은행대출이었다. 이러한 거대한 유입은 자본유출입, 경상수지, 기업부채비율, 대외채무에서 거품으로 나타났다. 해외자본 유입으로 아시아 금융시장은 들떠 있었고 기업은 확장의 길을 걸었고 경상수지 적자가 누적되어 거품으로 나타났다.

한국의 경우 1997년 위기 전 3년간 580억 달러의 단기자본 유입에 의한 환율절상에 따라 380억 달러의 경상수지 적자가 누적되었고, 해외차입자금으로 투자를 한 기업의 부채비율은 1997년 400%에 육박했다. 대외채무는 1997년 1,616억 달러로 GDP의 31%였고 단기차입은 583억 달러였다. 위기를 당한 태국, 인도네시아, 말레이시아, 필리핀도 정도의 차이는 있었지만 해외자본 초과유입, 환율 고평가, 경상수지 적자, 높은 기업부채비율, 높은 대외채무는 같은 양상이었다.

1997년 아시아 외환위기의 원인에 대해 WTO 체제의 출범에 따라 동양의 정실자본주의(crony capitalism)와 폐쇄사회(secrecy society)가 서양의 시장

자본주의(market capitalism)와 투명사회(transparency society)에 통합되는 과정에서 일어났다는 역사적인 견해도 있다. 수출 위주의 경제성장 정책을 추구하던 동남아시아 국가들이 중국이 시장경제에 편입됨에 따라 급속하게 경쟁력을 상실하고 경상수지 적자가 과도하게 누적되어 위기가 초래되었다는 견해도 있다.

아시아 외환위기에 대한 통계적 진단은 단기자본의 과도한 유입과 이에 따라 환율이 고평가되고 경상수지 적자가 누적된 상태에서 갑작스러운 단기자본의 급격한 유출에 그 원인이 있었다는 것을 보여준다. 위기 전과 후인 1996년과 1998년을 비교하면 환율이 대폭 절하된 것과 함께 경상수지가 흑자로 전환된 것은 고평가 환율과 경상수지 적자 누적이 위기의 뿌리라는 것을 보여준다.

한국의 경우 1997년 기아자동차 등 대기업의 부도가 이어지자 단기 차입금 375억 달러가 썰물같이 빠져나갔다. 최대 채권국 일본은 단기차입 218억 달러의 60%인 130억 달러의 자금을 회수해갔다. 일본의 단기 엔캐리자금의 급격한 유출이 통화가치 폭락의 가장 큰 요인이었다. 경제의 펀더멘털보다 투기성 자본의 과도한 유출입이 더 큰 문제였다.

동남아에서 시작된 태풍의 북상

위기의 도래

1997년 7월 1일 홍콩이 중국에 반환된 다음 날인 7월 2일, 태국의 밧(THB)화 폭락을 시작으로 아시아에서 외환위기가 막을 올렸다. 1944년 브레턴우즈 체제가 성립된 후 세계경제의 새로운 시련이 시작된 날이기도 했다.

1997년 7월 태국에서 발생한 위기는 인도네시아를 돌아서 연쇄적인 환매사태를 타고 북상하여 10월 20일부터 나흘간 홍콩의 주가를 23.3% 폭락시켰다.

11월 들어 한국에도 위기가 전염되었다. 위기의 전염효과(contagion effect)는 빠르고 강력했다. 고정환율과 1,400억 달러의 외환보유고를 갖고 있던 중국은 가까스로 태풍을 피해갔지만 처음으로 경제성장률이 8% 이하로 떨어졌고, 말레이시아는 자본통제를 통하여 위기에 정면 대응했지만 많은 상처를 입었다. 일본의 '잃어버린 10년'의 재채기로 밀려나온 867억 달러의 엔캐리자금은 아시아를 감기 들게 하는 데 충분했다.

아시아 외환위기는 1980년대 남미의 외채위기와는 여러 점에서 달랐다. 첫째 민간기업 부문의 취약성에 의해 발생했다는 점에서 공공부문의 외채 누중에 의해 발생한 남미와 다르고, 둘째 단기로 조달한 자금을 장기자금으로 운용함으로써 생긴 유동성의 만기불일치가 원인이었다는 점에서 해외차관을 비효율적으로 투자함으로써 생긴 자금의 잘못된 사용(misuse)에서 발생한 남미와 다르고, 셋째 경제성장률, 저축률, 실업률, 물가 등 상대적으로 견실한 경제여건(sound economic fundamentals)을 유지해왔다는 점에서 경제여건이 부실했던 남미와 다르고, 넷째 해외투자자들의 급속한 자금회수에 의한 신뢰도위기(confidence crisis)였다는 점에서 채무불이행이 문제였던 남미와 달랐다. 동남아시아에서 시작된 위기가 동북아시아까지 전염되었고 단기유동성의 만기불일치와 단기자금의 급격한 유출이 위기의 직접적인 원인이었다는 점에서 1997년 위기는 외환위기로 부를 수 있다.

과도한 자금유입과 고평가 환율

경상수지 적자

1997년 아시아 외환위기와 2008년 글로벌 금융위기에서 나는 경상수지가 나쁘면 병든 경제라는 것을 경험했다. 공급이 늘어나면 가격이 떨어진다는 것이 경제원론이다. 1997년 아시아 외환위기 때 환율은 경제의 펀더멘털이 아니라 해외자금의 유출입에 따라 움직였다. 기술과 자원이 빈곤한 소규모 개방경제는 대외균형이 무너지면 위기를 당하게 마련이다.

아시아 외환위기의 뿌리는 고평가 환율과 경상수지의 적자 누적이었다. 위기가 일어나기 전후 1996년과 1998년의 달러에 대한 환율과 경상수지를 비교하면 한국의 경우 환율이 844.2원에서 1,207.8원으로 43.1% 절하되자 경상수지는 238억 달러 적자에서 400억 달러 흑자로 전환되었고, 태국의 경우 환율이 25.61밧에서 36.69밧으로 43.3% 절하되자 경상수지는 143억 달러 적자에서 142억 달러 흑자로 전환되었다. 인도네시아도 환율이 2,383 루피아(IDR, Rp)에서 8,025루피아로 236.8% 크게 절하되자 경상수지는 76억 달러 적자에서 40억 달러 흑자로 전환되었다. 모두 같은 행태였다.

경상수지 적자가 누적되는데도 환율이 고평가 상태를 유지한 것은 해외자금의 과도한 유입이 원인이었다. 해외자본의 유입은 절상압력이 되었고 절상된 환율은 경상수지 적자를 확대하여 해외차입수요를 더욱 증가시키는 악순환이 일어났다. 1996년 이전 3년간 총해외유입자금이 한국은 976억 달러, 태국은 551억 달러, 인도네시아는 397억 달러 증가하였다. 1996년 단기외채의 비중은 한국 48.5%, 태국 39.5%, 인도네시아 25.0%였다. 1997년 통화가치를 유지하기 위해 노력한 것은 해외자금의 유출을 막기 위한 수단이었지 원인은 아니었다.

1997년 전후 아시아의 환율과 경상수지 상황

(달러환율, 억 달러)

	구분	1994	1995	1996	1997	1998
한국	환율(원)	788.7	774.7	844.2	1,415.2	1,207.8
	경상수지	-44.6	-97.5	-238.3	-102.9	400.6
태국	환율(밧)	25.09	25.19	25.61	47.25	36.69
	경상수지	-78.0	-132.1	-143.5	-31.1	142.9
인도네시아	환율(루피아)	2,200	2,308	2,383	4,650	8,025
	경상수지	-27.9	-64.3	-76.6	-50.9	40.9

자료: ADB; 한국은 한국은행.

비 올 때 우산을 뺏어갔다

아시아 외환위기의 직접적인 원인은 선진국 단기캐리자금의 급격한 유출입 (dash-in and rush-out)에 있었다. 일본, 미국, 유럽에서 낮은 금리로 유입된 단기자금은 아시아에서 비싼 금리의 장기대출로 이루어짐으로써 만기불일치가 생겼다. 기업은 차입금으로 과도한 투자를 하여 부채 비율이 치솟았고, 과도한 자본재 수입으로 경상수지 적자는 급격히 쌓여갔고, 단기캐리자금은 증권시장과 부동산에 불을 붙였다. 어느 날 아시아경제의 허약체질이 노출되면서 단기자금이 유출되기 시작하자 거품은 터지게 되었다.

아시아 외환위기에서 가장 큰 고통을 당한 나라는 한국, 태국, 인도네시아, 말레이시아, 필리핀 5개국이었다. 일본, 유럽, 미국으로부터 금리가 낮은 단기자금을 폭발적으로 차입하여 장기대출을 하였다가 폭발적인 자금유출이 일어나자 금융시장이 초토화되었다. 단기자금 시장금리를 보면 일본은 1991년 5.56%에서 1996년 0.56%로 내려가 제로금리시대가 열렸고, 미국과 영국은 각각 1991년 4.09%, 4.31%에서 1996년에 5.58%, 5.63%로 약간 올랐다. 금융위기가 일어나기 전 1996년까지 3년간 단기차입금을 보면 한국은 122억 달러에서 702억 달러, 태국은 226억 달러에서 426억 달러, 인도네시아는 179억 달러에서 322억 달러로 폭발적으로 늘었다. 이렇게 쓰나미같이 밀려온 단기차입금은 1997년과 1998년 2년 사이에 한국 375억 달러, 태국 129억 달러, 인도네시아 121억 달러가 유출되었다. 당시 아시아의 상업어음 (commercial bill) 할인금리는 한국 12% 전후, 태국과 인도네시아는 15% 전후였기 때문에 미국과 일본의 단기자금에 대한 수요는 사실상 무한대였고, 저금리의 유혹은 만기불일치의 위험보다 훨씬 컸다. 단기캐리자금의 급격한 유출은 아시아 사람들에게 어떤 수단으로도 감당할 수 없는 태풍이었고 과거에 상상하지 못한 미증유의 사태였다.

주요국 단기금리와 아시아 총외채·단기외채

(%, 억 달러)

		1991	1993	1995	1996	1997	1998
금리	일본	5.56	2.09	0.57	0.56	1.33	0.75
	미국	4.09	3.36	5.64	5.58	5.70	4.94
	영국	4.31	3.38	6.50	5.63	5.81	5.07
외채	한국	397.3	472.0	1,089.3	1,448.4	1,616.2	1,515.6
	(단기외채)	112.0	122.0	513.6	702.7	583.7	359.7
	태국	377.0	526.4	1,000.4	1,077.4	1,097.0	1,049.2
	(단기외채)	124.9	226.3	441.0	426.1	378.4	296.6
	인도네시아	795.5	891.7	1,244.0	1,289.4	1,361.6	1,512.4
	(단기외채)	143.2	179.9	259.7	322.3	328.7	201.1

자료: ADB; 한국은 한국은행(금리는 CD, 90일).

나는 이런 사태의 소용돌이 속에서 힘겨운 노력을 했다. 1997년 4월 런던의 HSBC, 바클레이즈(Barclay's), 스탠다드차타드(Standard Chartered)은행을 찾아갔고, 암스테르담의 ABN암로은행(ABN Amro Bank)을 찾아가 지속적인 거래를 당부하고 유동성 문제가 있는 은행에 대한 정부의 보증을 약속했다. 7월에는 취리히의 크레디트스위스(Credit Suisse)와 스위스은행(Swiss Bank)을 찾아가 한국과의 계속 거래를 부탁하였다. 9월에는 서울에서 외국은행단(Foreign Banker's Group) 회의를 열어 "필요할 때 친구가 진정한 친구다(A friend in need is a friend indeed)."라고 말하며 급격한 자금회수의 자제를 요청했다.

10월 23일 홍콩 증권시장의 대폭락이 있은 후 홍콩의 금융시장이 경색되자 단기차입의 길도 사실상 막혀버렸다. 많은 노력은 효과가 없었고 375억 달러의 단기외채가 썰물같이 빠져나가는 대세를 막지 못했다. 최대 단기차입선이었던 일본이 130억 달러를 회수하여 타격이 가장 컸다.

강요된 변화 'IMF 프로그램'

IMF 구제금융

1997년 미국 컨설팅회사 부즈 앨런 앤드 해밀턴(Booz·Allen & Hamilton)이 "한국은 저임금의 중국과 고기술의 일본의 호두가위에 낀 호두 같은 운명이다. 스스로 변하지 않으면 종국에는 변화를 강요당할 것이다."라고 지적한 대로 우리는 IMF 구제금융을 받고 변화를 강요당했다. 우리보다 먼저 태국과 인도네시아가 변화를 강요당했다. 1997년 재정경제원 차관으로서 IMF 구제금융을 협의하면서 모든 것을 우리 탓으로 생각하고, 강요된 변화를 받아들이고, 위기를 기회로 삼기 위해 노력했다.

1997년 아시아 외환위기에 대한 IMF의 구제금융은 태국 172억 달러, 인도네시아 430억 달러, 한국 583억 5,000만 달러로 총규모 1,185억 5,000만 달러였고, 1998년 필리핀에 대한 13억 7,000만 달러가 있어 모두 합치면 1,199억 2,000만 달러였다. 인도네시아 220억 달러, 한국 233억 5,000만 달러는 일본과 유럽이 지원한 2차 방어선 자금이었다.

IMF 구제금융의 조건으로 이루어진 정책프로그램은 각 나라의 상황에 따라 다르지만 1) 거시정책 목표의 하향조정, 2) 금융과 재정의 긴축 운용, 3) 금융과 기업의 구조조정, 4) 무역과 자본의 자유화 확대 등 4대 분야를 중심으로 구성되었다. IMF가 창구 역할을 하고 태국의 경우 일본이 주도했고, 한국의 경우 미국이 주도하였다. 인도네시아의 경우는 33년을 집권한 수하르토(Haji Mohammad Suharto) 대통령의 사임과 함께 많은 진통이 있었다.

태국은 1997년 7월 28일 구제금융을 신청하고, 8월 3일 172억 달러(IMF 40억 달러, IBRD 15억 달러, ADB 12억 달러, 일본 40억 달러, 호주·중국·홍콩·싱가포르·말레이시아 각 10억 달러, 한국·인도네시아·브루나이 각 5억 달러)의 구제금융을 지원받게 되었다. 정책프로그램의 주요 내용은 성장률 4%와 물가 9% 조정, 국내 구제금융의 지원을 차단하기 위한 금융긴축, 1조 밧 지출 삭감과 VAT 10%

인상의 재정긴축, 56개 단기금융회사 영업정지와 금융구조조정, 금융기관 외국인 지분 25% 이상 확대, 공공서비스 정부보조금 금지 등이었다.

인도네시아는 10월 8일 구제금융을 신청하고, 10월 31일 430억 달러(IMF 101억 4,000만 달러, IBRD 45억 달러, ADB 42억 달러, 일본 70억 달러, 싱가포르 50억 달러, 미국 30억 달러, 말레이시아와 호주 10억 달러 등)의 지원을 받았다. 정책프로그램의 주요 내용은 성장률 3%와 물가 9% 조정, 1% 흑자 예산의 재정긴축, 16개 은행 폐쇄와 금융구조조정, 독점철폐 및 민영화, 연료비 보조금 철폐 등이었다. 이러한 당초 합의는 1998년 추가협의에 따라 상당히 조정되었다.

한국은 11월 21일 구제금융을 신청하고, 12월 3일 최단기간 최대 금액 583억 달러(IMF 210억 달러, IBRD 100억 달러, ADB 40억 달러, 일본 100억 달러, 미국 50억 달러, 프랑스·독일·영국·이탈리아 4개국 50억 달러, 오스트리아와 캐나다 각 10억 달러 등)의 지원을 받았다. 정책프로그램의 주요 내용은 1) GDP 1%의 경상수지 흑자, 5% 물가, 3% 성장률 조정, 2) 환율과 금리의 신축적인 운용과 금융긴축, 3) GDP 1.5% 세출 삭감과 VAT 과세 범위 확대의 재정긴축, 4) 5개 지방은행과 22개 종합금융회사의 폐쇄 등 금융구조조정과 통합감독기구 설치, 5) 수입승인제 폐지 등 무역자유화와 외국인 주식보유한도 50% 확대 등 자본자유화 확대, 6) 기업의 투명성 제고와 부채비율 축소, 7) 노동시장 유연성 제고 등이었다.

필리핀은 1998년 3월 27일 IMF의 13억 7,000만 달러 구제금융을 받게 되었고, 말레이시아는 IMF 구제금융의 요청 없이 미국달러에 대한 링깃(MYR, RM)화의 고정과 자본통제, 그리고 금리인상과 재정긴축에 의해 위기를 어렵게 넘겼다.

싱가포르와 홍콩은 아시아의 금융센터로서 자본의 급격한 유출입을 함께 타고 넘었고, 900억 달러의 외환보유고를 가지고 있었던 대만과 1,043억 달러의 외환보유고를 가지고 있었던 중국은 큰 상처를 받지 않고 위기를 피해 갔다. 아시아 외환위기의 파도는 아시아를 휩쓴 뒤 러시아, 동유럽, 중남미로 넘어가고는 일단 잦아들었다. 아시아를 탈출한 자본이 또 다른 위기의 불씨가 될 줄은 중심국들은 물론 아무도 몰랐다.

중심국 은행들은 IMF 구제금융과 중심국 지원금융을 믿고 안심하고 대탈주극을 벌였다. 583억 달러의 IMF 구제금융 패키지가 합의된 12월 3일 전후 일본계 은행은 70억 달러를 집중적으로 회수함으로써 IMF의 지원에도 불구하고 모라토리엄의 위기로 몰렸다. 나는 당시 이런 사태에 크게 당황했다. IMF 구제금융은 주변국 민간은행의 부채를 정부의 부채로 이전시키고, 중심국 민간은행은 주변국 정부의 공적자금으로 채권을 회수해가는 꼴이 되었다. 일본이 회수해간 130억 달러는 그들이 지원하기로 한 100억 달러를 넘는 규모였다. IMF는 투기자본을 위한 '최종대부자'가 되고, 중심국은 그들 은행의 지원자가 되었다. 누가 누구를 위하는 구제금융이고 지원금융인지 모를 판국이었다. 병 주고 약 주고 또 병 주는 상황이었고 재주는 IMF가 넘고 돈은 투기자본이 버는 격이었다. 태국, 인도네시아, 한국 아시아 3개국의 최대 채권자인 일본계 은행들은 IMF의 보호 아래 안심하고 철수를 완료했다.

투기자본이 휩쓸고 간 자리

위기의 상처

아시아 외환위기로 아시아 사람들은 과거에 상상도 하지 못한 고통을 당했다. 일본의 제로금리에 가까운 엄청난 규모의 단기캐리자금의 쓰나미는 더 무서웠다. 1985년 플라자합의로 엔화가 50%나 절상된 배경에 대해 당시 월스트리트 사람들은 일본이 과거 30년 동안 엔화 약세에 의해 벌어들인 엄청난 무역수지 흑자를 상품 수입으로 쓰지 않고 달러 수출로 국부를 축적한 데 대한 응징이라고 평가하기도 했다. 일본은 플라자합의로 당한 상처를 아시아 이웃들에게 수출한 결과가 되었고 태평양전쟁 후 또 한 번 아시아 이웃들에게 큰 상처를 남겼다.

1997년 아시아 외환위기 상황

(%, 억 달러)

		1996	1997	1998	1999	2000
한국	성장률/실업률	7.2/2.0	5.8/2.6	-5.7/7.0	10.7/6.3	8.8/4.4
	경상수지	-238.3	-102.9	400.6	216.1	104.4
태국	성장률/실업률	5.9/1.1	-1.4/0.9	-10.8/3.4	0.8/3.0	4.8/2.4
	경상수지	-143.5	-31.1	142.9	124.7	92.1
인도네시아	성장률/실업률	7.8/4.9	4.7/4.7	-13.1/5.5	0.8/6.4	4.8/6.1
	경상수지	-76.6	-50.9	40.9	57.8	78.3

자료: ADB; 한국은 한국은행.

투기자본이 휩쓸고 간 다음 우리는 경기침체와 대량해고를 겪었고, 자산 가격이 폭락하는 혹독한 시련을 치렀다. 1998년 경제성장은 한국 -5.7%, 태국 -10.8%, 인도네시아 -13.1%로 폭락하였고, 실업률은 각각 7.0%, 3.4%, 5.5%로 폭등하였다. 위기기간에 한국에서 106만 명, 태국에서 85만 명, 인도네시아에서 179만 명이 직업을 잃었다. 주가는 한국 61%, 태국 53%, 말레이시아 64% 하락하였고, 홍콩과 싱가포르는 각각 43%와 45% 하락하였다. 은행과 기업은 파산하거나 해외로 헐값에 매각되었고 빌딩도 팔려나갔다. 한국은 2만여 개의 기업이 사라졌고 6개 은행과 22개 종합금융회사가 바람과 같이 사라졌다. 말레이시아, 필리핀도 큰 고통을 당했다. 금융시장이 발달한 도시국가 홍콩과 싱가포르는 비껴갔다. 지구촌이 개방된 후 처음 맞는 재앙이었다.

아시아 협력체제의 태동

치앙마이 구상

1997년 12월 2일 아시아 외환위기가 소용돌이칠 때 쿠알라룸푸르에서 ASEAN+3 재무장관회의가 처음으로 열렸다. 동남아시아국가연합(Association of South-East Asian Nations, ASEAN)의 창설 30주년을 기념하여 한국, 중국, 일본 3개국이 정식으로 초청되었고, 미국, 오스트레일리아, 홍콩, 그리고 IMF와 IBRD도 특별히 참여했다. 회의의 이슈는 위기의 원인과 역내 금융협력이었다. 나는 회의에 참석하여 한국의 위기극복 노력에 대해 고통스러우나 전화위복의 계기가 될 것(a difficult pill to swallow, it may be a blessing in disguise)이라고 설명하고 일본, 미국, IMF, IBRD와의 협력을 위해 분주하게 보냈다.

재무장관회의 개막식에서 마하티르(Mahathir bin Mohamad) 말레이시아 총리는 헤지펀드(hedge fund)가 아시아 외환위기의 원인이라고 강하게 비판하였다. 그해 9월 20일 홍콩 IMF·IBRD 총회에서도 국제금융시장의 외환거래는 비정상적이며 중단되어야 한다고 주장하고 소로스(George Soros)는 링깃화의 폭락을 야기한 장본인이라고 공격한 적이 있었다. 그전에도 금융시장의 개방이 사악한 투기꾼들(rogue speculators)을 위한 것이고, 국제 투기꾼들의 세계는 잔인한 야수들이 활개 치는 정글이라고 비판한 적도 있었다. 마하티르 총리의 비판은 아시아 사람들의 극단적인 견해를 보여주는 사례였다.

마하티르 총리의 비판에 대해 캉드쉬(Michel Camdessus) IMF 총재는 헤지펀드가 시장 기능에 의한 국제적인 자금이동이라는 긍정적인 측면과 연금기금(pension fund) 등 기관투자가에 비해 소규모라는 점을 들어 위기의 주범은 아니며 긍정적인 역할도 있다고 옹호했고 가이트너(Timothy Geithner) 미국 재무부 차관보도 같은 입장이었다. 스티그리츠(Joseph Stigritz) IBRD 부총재는 아시아 외환위기는 거시경제여건보다 금융시장의 신뢰도 추락을 위기의 원인으로 규정하고 신뢰회복을 위해 금융시장의 투명성 제고와 감독과 건전성 규제 강화를 대책으로 제시했다. 거시정책에서 전통적인 재정과 금융의 긴축보다 성장정책을 추진해야 한다고 주장해 IMF의 긴축정책에 대한 반대를 시사했다.

도널드 창(Donald Tsang, 曾蔭權) 홍콩 재무부 장관은 아시아 국가들이 역내의 6,000억 달러가 넘는 외환보유고를 역외 장기채권에 투자하고 이 돈이 역내의 단기차입으로 환류되는 것을 개선하기 위해 역내에서 장기채권을 발행하는 구상을 발표했다. 나와 함께 ASEAN 국가들은 그의 구상을 지지했다.

위기의 재발을 막기 위한 아시아 역내의 협력 방안에 대한 견해는 일본과 달랐다. 1997년 8월 3일 태국에 대한 172억 달러의 구제금융을 발표하였을 때 사카키바라 에이스케(榊原英資) 일본 대장성 국제금융담당 차관은 "일본은 아시아에서 경제규모에 상응하는 중요한 역할을 할 것이다."라고 말했고, 9월 20일 홍콩 IMF 총회에서 구체적인 대안으로 미쓰츠카 히로시(三塚博) 일본 대장성 장관은 아시아통화기금(Asian Monetary Fund, AMF) 구상을 밝히며 1,000억 달러의 출연을 제안했다. 일본의 AMF 구상에 대해 미국과 IMF는 반대가 강했고 중국은 유보적인 입장이었으며 아시아의 많은 나라들도 적극적인 지지를 보이지 않아 제안으로 끝났다. 일본계 은행의 급격한 자금 회수는 일본의 AMF 구상이나 300억 달러를 아시아에 지원하겠다는 미야자와 구상(Miyazawa Initiative)의 빛을 바래게 하였다. 나는 일본의 AMF 구상은 좋은 대안이라고 생각했지만 급속히 자금을 회수한 일본의 본심이 무엇인지 혼란스러웠다.

아시아의 역내 협력 방안에 대한 논의는 치앙마이 구상(Chiang Mai Initiative, CMI)과 아시아채권시장 구상(Asian Bond Market Initiative, ABMI)으로 현실화되었다. 2000년 5월 6일 태국 치앙마이에서 열린 ASEAN+3 재무장관회의에서 위기를 대비한 회원국 간 통화스와프 계약을 체결하는 CMI가 합의되었고, 2003년 8월 7일 필리핀 마닐라에서 열린 ASEAN+3 재무장관회의에서 미국 국채에 집중되어 있는 외환보유고의 투자처를 역내 채권시장으로 유도하기 위해 한국이 제안한 ABMI가 합의되었다.

나는 기획재정부 장관이 되어 2008년 5월 4일 스페인 마드리드에서 ADB 총회와 함께 열린 ASEAN+3 재무장관회의에 참석하여 CMI를 양자 간 통화스와프에서 다자간 협력기금으로 발전시키고 기금규모를 1,200억 달러로 확대하는 방안을 제안했다. 또한 ABMI의 활성화를 위해 채권보증투자기구(Credit Guarantee and Investment Mechanism)의 설립도 제안하여 원칙적인 합의에 이르렀다. 나는 이 회의가 열리기 전 한·중·일 재무장관회의 의장으로서

쉐쉬런(謝旭人) 중국 재정부장과 누카가 후쿠시로(額賀福志郎) 일본 재무성 장관과 협의하여 CMI협력기금을 한·중·일과 ASEAN이 80대20의 비율로 분담하고 한·중·일의 분담비율을 2대4대4로 조정하였다. 중국과 일본이 경쟁관계에 있는 상황이었기 때문에 한국의 중재 역할이 중요했다. 다음 해 한국은 16%인 192억 달러, 중국과 일본은 각각 32%에 해당하는 384억 달러를 분담하는 것이 확정되었다.

AMF 구상은 미국과 IMF의 반대로 무산되었지만 CMI와 ABMI가 대안으로서 역할을 할 수 있게 되었다. 앞으로 아시아의 위기를 스스로 해결할 수 있는 역내 협력기구로 발전하기를 기대한다.

호두가위에 낀 한국경제

::: 위기의 한국경제

1997년 외환위기 직전 미국 컨설팅회사 부즈 앨런 앤드 해밀턴은 고비용·저효율 구조에 의하여 침체국면에 들어선 우리 경제를 저임금의 중국과 고기술의 일본이라는 호두가위에 낀 호두에 비유하며, 스스로 변하지 않으면 결국 변화를 강요당할 것이라고 진단했다. 《월스트리트저널》은 "한국에 가장 필요한 상품(the commodity Korea needs most)은 리더십이다. 지금 달러보다 더 부족한 것(even shorter supply than dollars)은 그것이다."라고 리더십의 공백(leadership vacuum)을 지적했다.

한국경제가 이런 지적을 당할 때 이미 위기는 진행 중이었고 종국에는 IMF에 의해 변화를 강요당했다. 우리가 잘못한 것들은 너무 많았고 강요당한 변화는 큰 고통과 많은 상처를 남겼지만 숨겨진 축복(disguised blessing)이 될 수 있었다. 1997년 강요당한 변화는 후회스러운 역사였지만 많은 교훈을 남겼다.

세 마리 토끼를 잡을 수 있다

1996년, 다음 해의 위기를 앞둔 우리의 행적들을 추적해보면 외환위기는 상상도 못 하고 있었고 리더십과 행동은 실종되어 있었다.

정부는 상반기에 성장률 7.5%, 물가 4.5%, 경상수지 적자 60억 달러의 '세 마리 토끼'를 잡는다고 큰소리를 치고, 무역수지 방어를 위해 환율정책 같은 단기적 대중적인 대책은 바람직하지 않다고 빗나간 소리까지 했다. 청와대는 하반기에 '뼈를 깎는 노력'으로 국가경쟁력 10% 이상 높이기를 제창하며 구조조정을 추진하였다. 한국은행도 하반기 들어 수출이 증가해 경상수지 적자를 79억 달러로 막을 수 있다고 큰소리치고 환율절하를 막기 위해 유사 이래 처음 선물환까지 투입하는 '방향착오'까지 했다.

8% 단일관세율과 고평가 환율이라는 최악의 정책조합(the worst policy mix)은 아무도 지적하지 않았다. 수출을 포기해야 할 환율 수준에서 추진된 정부의 '세 마리 토끼', 청와대의 '뼈를 깎는 노력', 한국은행의 '방향착오'는 경상수지 적자를 예상보다 4배나 많은 사상 최대인 238억 달러에 달하게 만들었다. 우리는 가장 큰 토끼를 놓치고, 경제의 뼈를 실제로 깎았고, 위기 방향으로 치달아 1997년 외환위기를 맞았다.

신문 보도에 나타난 정부, 한국은행, 정부의 싱크탱크인 한국개발연구원(KDI) 등에서 쏟아낸 말과 행적들을 옮겨보면 다음과 같다.

위기 이전 정부, 한국은행, KDI의 행적들

- "성장률 7~7.5%, 물가 4.5% 이내, 경상수지 적자 50억~60억 달러 등 거시경제의 세 마리 토끼를 모두 잡을 수 있다." (1996. 3. 29. 정부)
- "올해 세계경제의 안정적인 성장세(3%선)에 힘입어 수출이 14.3%, 수입은 이보다 낮은 11.1% 늘어날 것으로 전망되어 올해 경상수지 적자 규모는 65억 달러로 전망된다."

(1996. 4. 18. KDI)

- "상반기 중 국제수지 적자폭이 74억 달러 수준까지 증가할 전망이나, 하반기에는 수입 증가세가 크게 둔화돼 적자폭을 연간 79억 달러 선에서 억제할 수 있을 것이다." (1996. 5. 18. 한국은행)

- "올해의 3대 거시경제 목표 중 성장률과 물가는 이룰 수 있을 것으로 보이고 국제수지는 어려우나 환율정책 같은 단기적, 대증적 대책은 바람직하지 않다." (1996. 5. 23. 정부)

- "청와대 수석비서관회의에서 최근 경제상황에 관한 우려의 목소리들이 제기되지만 현 경제상황에 대해 위기는 아니다라는 입장이다." (1996. 6. 29. 청와대)

- "앞으로 경제정책은 서민생활의 안정을 도모하는 데 중점을 두겠다. 환율의 평가절하 추세가 지속된다면 연말에 경상수지는 나아질 것이다." (1996. 8. 8. 정부)

- "한국의 올 경상수지 적자 규모가 140억~150억 달러, 소비자물가 상승률은 연평균 5.25%에 달할 것이다." (1996. 8. 17. IMF연차협의단)

- "고비용·저효율 구조를 타개하기 위해 '국가경쟁력 10% 높이기 운동'을 전쟁하는 기분으로 총력전을 펼쳐나가자. 비용을 10% 절감하든지, 능률을 10% 올리든지, 아니면 이 두 가지를 함께 하든지 해서 경쟁력을 높이자." (1996. 9. 23. 청와대)

- "환율을 900원 선까지 올리는 것만이 수출경쟁력을 회복하는 길이다." (1996. 12. 17. 무역협회)

- "재정경제원 부총리는 불가능해 보였던 물가 억제 목표 4.5% 이내를 달성해준 것이 고마워 물가정책국 망년회에 참석하여 직원들과 소주도 꽤 마시고 노래까지 불렀다." (1996. 12. 30. 신문 보도)

- "불안할 정도로 매우 큰 경상수지 적자폭을 줄이기 위해 즉각적인 원화가치 절하가 필요하다. 한국은행은 (절상을 위해) 개방경제체제하에서는 있을 수 없는 외환시장의 차르(러시아 절대군주) 같은 역할을 해왔다." (1997. 1. 3. MIT 교수 루디거 돈부시)

- "새해 첫날에 눈보라가 몰아친 뒤 햇빛이 비친 것처럼 우리 경제도 새해에는 어렵게 출발하지만, 하반기 들어 활력을 되찾을 것이다." (1997. 1. 4. 정부)

- "1997년은 경제적으로 한국인에게만 가혹한 한 해가 될 것 같다. 한국은 성장률 저하와 수출 둔화로 불황 국면이 계속될 것이다." (1997. 1. 6. OECD)

- "원화가 절하되면 수출에 도움이 될 것이다. 엔화의 달러 대비 환율도 80엔에서 115엔까지 올라갔다." (1997. 1. 13. 하버드대 교수 제프리 삭스)

- "원화가치의 가파른 하락으로 인해 외환시장이 출렁거리고 있지만 현재의 환율 수준이 우리 경제의 현재 상황을 제대로 반영하고 있다." (1997. 1. 16. 한국은행)

- "통상산업부는 지난 1월 말 국제수지 개선을 위해서는 원달러 환율의 상승(절하) 추세가 계속 이어져야 한다며 이런 입장을 재정경제원에 제시했다." (1997. 1. 31. 정부)

정책당국자들이 이런 행태를 보일 때 우리 경제는 위기로 달려가는 심각한 상황이었다. 성장률과 물가 이외에 경상수지, 대외부채, 기업재무구조 등은 최악의 상황이었다. 다음 해 1997년 우리 경제는 대기업의 연쇄부도, 금융기관 부실채권의 급증, 대외신인도의 하락, 해외차입의 단절로 인해 위기로 치달았다. 위기 직전 1996년 심각한 한국경제의 다섯 가지 대표적인 실상은 다음과 같았다.

첫째, 1990년대에 들어 생산성은 정체된 속에 임금, 금리, 지가 등 요소비용의 지속적 상승에 의해 고비용구조는 누적적으로 악화되어갔다. 1987~1996년 경제는 연평균 8.6% 성장했는데 임금은 연평균 9.1% 상승하였다. 금리는 1996년 기준 11.9%로 금융비용이 일본에 비해서는 4배, 대만에 비해서 2배나 높았다. 공장용지가격은 1995년 기준 미국과 일본의 4배에 달했다.

둘째, 고평가된 환율과 8% 단일관세율의 정책조합은 대내외 가격경쟁력을 급격히 추락시켰다. 원화의 달러환율은 1994년 2.3%, 1995년 1.8%나 절상되어 경상수지 적자는 1994년 44억 달러에서 1996년 238억 달러로 폭발적으로 증가하였다. 1993년 세계 유일의 8% 단일관세율이 시행됨으로써 소비재 수입은 폭발적으로 증가한 반면 섬유, 신발 등 국내 소비재산업의 가격경쟁력이 급격하게 악화되어 국내시장은 잠식당하고 내수산업은 도산하거나 공장을 해외에 이전하지 않으면 안 되었다. 가격경쟁력이 추락하여 수출과 투자는 위축되고 수입과 국내소비는 급격히 증가하였다.

셋째, 과다한 단기차입자금으로 회임기간이 긴 장기사업에 투자하는 확대지향적 차입경영으로 기업이 성장할수록 재무구조는 악화되었다. 1996년

부채비율은 제조업 317.1%, 30대 그룹 382.0%로 1995년 기준 미국 159.7%, 일본 206.3%, 대만 85.7%와 비교하면 크게 높았다. 더구나 기업의 차입금은 주로 외자에 의해 조달되어 1996년에 총외채 1,448억 달러로 누적되었고, 단기외채는 총외채의 48.5%인 702억 달러였다. 한강의 기적은 1996년 이미 한강의 빚더미로 변해 있었다.

넷째, 금융기관은 기업규모와 물적담보를 기초로 대출함으로써 무모한 기업 확장에 대한 견제역할을 하지 못했다. 여신심사능력이 취약하여 경기확장기에 과다한 여신을 공급하다가 경기하강기에 기업자금사정이 어려울 때 여신을 감축하여 기업부실 → 여신감축 → 기업도산→ 은행부실의 악순환을 자초하였고, 단기로 조달한 자금을 장기자금으로 대출하여 유동성관리의 불안정성을 초래하였다.

다섯째, 금융의 자율화(deregulation), 개방화(opening), 글로벌화(globalization) 추세에 상응한 감독(supervision)의 강화가 이루어지지 못했다. 규제하여야 할 단기차입은 자율화하였고 자율화하여야 할 장기차입은 규제하는 방향착오까지 했다. 효율적인 감독체계를 정립하지 못함으로써 부실채권을 양산하고 대외신뢰도의 저하를 초래했다. 금융감독기관이 부문별하게 다원화되어 있어 다수 금융기관이 관련된 대형 금융 사고의 예방과 위기관리에는 취약하였다. 위기의 뇌관이 되었던 한보철강의 경우 60개, 기아자동차의 경우 100여 개의 금융기관이 관련되어 있었으나 통합된 정보와 감독이 없었다. 24개 종합금융회사가 무분별하게 해외진출을 확대하여 단기외화차입을 급격히 증가시켰다.

한강의 기적은 끝났다

호두가위에 낀 호두

외환위기의 뿌리에는 대외적으로 해외자금 유입 초과, 고평가 환율, 경상수지 적자가 있고, 대내적으로 저기술, 부채경영, 부실은행이 있었다. "세 마리 토끼를 잡을 수 있다."라는 정부당국자의 호기와는 반대로 외국인들은 "정부가 주도한 한국의 경제기적(economic miracle)은 끝났다."라고 진단했다. 1996년 이전의 한국경제를 분석한 부즈 앨런 앤드 해밀턴의 보고서 〈21세기를 향한 한국경제의 재도약(Revitalizing the Korean Economy toward the 21st Century)〉[389] 은 "한국은 저임금의 중국과 고기술의 일본의 호두가위에 낀 호두(nut in nutcracker) 같은 운명이다. 변화를 위한 행동은 없고 논의만 무성(words without deeds)하다. 스스로 변하지 않으면 종국에는 변화를 강요(eventually force change)당할 것이다."라고 우울하고 무서운 진단을 내놓았다. 주요 내용은 다음과 같다.

첫째, 정부 주도의 수출 주도형 경제계획으로 30년 만에 세계 11위 경제대국이 된 경제기적은 끝나고, 저임금의 중국과 고기술의 일본이라는 호두가위에 낀 호두같이 힘겹게 생존해나가고 있다. 한국기업은 높은 금융비용, 금융부문의 미숙성, 경직된 노동시장, 광범위한 관료주의적 개입으로 불필요한 비용을 너무 많이 지급하여 한국경제의 역동성을 상실했다. 외국인직접투자를 억제하고 다른 경제권과의 교류를 소홀히 해 한국기업과 세계적기업 사이의 경영기법과 기술 전반에 심각한 격차가 존재한다. 한국이 중국과 같은 신흥국의 저비용과 일본과 같은 선진국의 고기술의 경제적 호두가위(economic nutcracker)를 탈출하고 경쟁력을 재창출하기 위한 혁신을 이루어내지 못한다면 수많은 신흥경제권에 추격당해 급격한 대규모 구조조정을 피할 수 없게 되고 결국 쇠퇴하게 될 것이다.

둘째, 한국경제의 문제에 대해 놀랄 만한 연구와 제안이 있었지만 실질적인 조치는 취해지지 않아 행동은 없고 말만 무성하다. 행동이 없는 것은 한국이 직면한 어려움과 심각성에 대한 공감대가 부족하고, 한국이 나가야 할 비전과 전략에 대한 이해의 공유가 부족하고, 변화에 따른 고통을 망설이고, 변화를 위협과 피해로 보는 사람이 많다는 네 가지가 요인이다. 노동법과 같은 근본적인 조치들도 법제화 과정에서 변질되었고, 연쇄부도의 우려에 의해 금융부문과 제조업의 규제완화와 구조조정은 지연되었고, 재벌규제는 취약점을 치유하기보다 산업공동화를 촉진했고, 미성숙 단계의 민주체제는 정치경제적 불신감을 확산시켰다. 한국이 직면한 경제적 기회와 쇠락의 위협에 대한 행동결여는 막대한 대가를 치를 위험이 있다.

셋째, 한국경제의 비전은 정부개입의 최소화와 창의적 기업가정신의 창달에 의해 세계일류의 경영기법, 기술, 지식을 갖춘 경제체제로 탈바꿈하여 2020년에 동북아시아의 중추적 역할을 담당하는 선진산업국이 되는 것이다. 비전을 달성하기 위해서는 한국이 단독으로 일본과 중국이라는 두 경제대국과 경쟁할 경우 실패할 확률이 높기 때문에 외국의 경영 노하우와 기술적 경험을 최대한 이용해야 한다. 시장 주도(market-led), 지식기반(knowledge-based), 기업가정신(entrepreneurial)을 바탕으로 한 신경제패러다임으로 바꾸어야 한다. 신경제패러다임은 개인은 고용, 보건, 교육에 대해 스스로 책임지고, 기업은 개인에게 고용기회를 제공하고, 정부는 개인에게 높은 삶의 질과 기업에 매력적인 경제환경을 제공하는, 정부·기업·개인 간의 신사회계약을 의미한다.

넷째, 한국경제의 비전달성을 위한 전략은 변화의 촉매역할을 할 도화선에 점화하고, 광범위한 분야에 대한 변화를 제도화하고, 변화를 완결하고 재조정하는 3단계로 추진하는 것이다. 제1단계로서 정부 경제기능 재편, 금융시장 자유화, 노동시장 유연화 등 구조적인 장애의 제거를 통해 변화를 위한 도화선 점화, 제2단계로서 지식기반의 경쟁력 강화, 창조적 기업가사회로의 이행, 동북아중추를 위한 교육·지식·물적 인프라 건설, 일본·중국과의 경쟁을 위한 선진국과의 연대 등 변화의 제도화, 제3단계로서 한국경제의 재도약을 위한 개혁프로그램의 완전한 이행으로 구분한 집중된 노력이 효과적이다.

다섯째, 전략의 실천사항으로서 제1단계 도화선의 점화를 위해 독립적인 권한을 가진 기관을 설립하고, 제2단계 개혁의 제도화를 위해 규제 철폐 확대, 교육개혁, 벤처기업 창업 촉진, 동북아중추 공항만 건설, 한두 개의 파트너 선진국 확보 등을 추진하고, 제3단계 개혁의 완성을 위해 완결하지 못한 프로그램을 재조정하고 완성하는 것이다.

끝으로, 경제 재도약을 위한 정치적 의지와 신경제패러다임과 신사회계약에 대한 실질적인 합의가 없이 논란만 계속된다면 종국에는 변화를 강요당하는 위험한 상황에 처할 것이다.

부즈 앨런 앤드 해밀턴의 경고대로 한강의 기적이라 불리던 한국의 경제기적은 끝났고 우리는 외환위기를 맞았고 개혁을 강요당했다. 이 보고서는 우리가 이미 위기상황에 빠진 1997년 10월 제출되었는데 1년만 일찍 제출되었더라면 좋았을 것이라는 생각이 든다. 원래 재앙을 맞으려면 일이 꼬이는 것이 세상사다.

고평가 환율과 단일관세율

위기의 정책조합

1996년 우리 경제는 수출부진과 경상수지 악화가 심각했고 성장률과 물가는 소비 증가와 수입 증가에 힘입어 어렵게 굴러갔다. 경상수지의 급격한 악화는 최악의 정책조합인 고평가 환율과 8% 단일관세율의 함정이 핵심요인이었다. 가격경쟁력의 핵심변수는 대내적으로 임금이고 대외적으로 환율과 관세율이다. 1994년 이후의 경상수지 적자 추이를 보면 외환위기의 근본 원인인 고비용과 저효율의 경제구조는 8% 단일관세율과 깊은 관련이 있음을 추정할 수 있다. 우리 경제는 대외균형(external balance)이 대내균형(internal balance)에 의해 파괴되어 위기국면으로 가고 있었다.

1996년 '세 마리 토끼' 중 성장률은 6.8%, 물가는 4.9%로 그런대로 넘어갔으나 경상수지 적자는 전망의 4배인 238억 달러였다. 설비투자증가율은 1994년 23.9%, 1995년 18.1%에서 1996년 9.1%로 반감했고, 수출증가율도 1994년 13.9%, 1995년 30.0%에서 1996년 4.1%로 폭락한 반면 수입증가율은 같은 기간 22.1%, 32.0%, 11.3%로 높았다. 민간소비증가율은 1994년

수출, 환율, 경상수지 추이

(억 달러)

	1993	1994	1995	1996	1997
상품수출	807.9	919.8	1,195.8	1,244.3	1,323.7
(반도체 제외)	771.9	853.7	1,073.7	1,144.8	1,187.4
원/달러	807.2	788.7	774.7	844.2	1,415.2
엔/달러	111.9	99.6	103.5	115.7	130.6
상대환율(배수)	7.2	7.9	7.5	7.3	10.8
경상수지	20.3	-44.6	-97.5	-238.3	-102.9
(일본)	1,316.3	1,302.5	1,110.4	657.9	968.1
여행수지	-5.7	-11.7	-11.9	-26.0	-22.6

자료: 한국은행(상대환율은 원/엔 달러환율 배수).

8.2%, 1995년 9.6%, 1996년 7.1%가 되어 성장률에는 내수증가가 기여하였고 물가에는 환율의 고평가와 수입증가가 기여한 것이었다.

가격경쟁력의 급격한 추락이 단기간에 한국경제가 위기국면으로 치달아 간 결정적인 요인이었다. 가격경쟁력의 추락 요인은 1993년부터 시행된 8% 단일관세율과 1994년부터 시작된 원화의 평가절상이었음이 경제지표에 확실하게 나타난다.

먼저 환율을 보면 1994년부터 경상수지가 급격히 악화되는 것과 반대로 절상되었다. 1993년 원화의 달러환율은 807.2원이었는데 1994년 788.7원(+2.3%), 1995년 774.7원(+1.8%)으로 절상되었고, 1996년 844.2원(-8.2%)으로 절하가 시작되었다. 환율이 절상되기 시작한 1994년부터 3년간 연평균 수입은 21.8%나 크게 증가한 반면 수출은 18.1%(반도체 특수를 제외하면 14.3%) 증가하는 데 그쳤다. 여행수지 적자도 환율의 절상이 시작된 1994년부터 3년간 연평균 75.1%로 크게 증가했다. 고평가 환율은 수출 증가를 둔화시키는 반면 수입은 증가시키는 양날의 칼이었다.

경상수지는 1993년 20억 달러 흑자에서 환율이 절상되기 시작하자 적자로 반전되어 1994년 44억 달러, 1995년 97억 달러, 1996년 238억 달러로 적자가 급격히 증가하였다. 당시 일본은 1,000억 달러 전후의 흑자를 내고 있었다. 일본과 경쟁품목이 많았기 때문에 달러환율보다 엔화와의 상대환율이 가격경쟁력에 크게 영향을 미쳤는데, 1996년 엔화의 달러환율은 115.7엔으로 원화와의 상대환율이 8대1 이하였기 때문에 가격경쟁력이 크게 떨어져 있었다. 가격경쟁력의 추락에 의해 수출과 투자는 위축되고 수입과 국내소비는 급격히 증가하였다. 1996년 OECD 회원국의 GDP 성장률은 3.0%, 미국은 3.6%, 일본은 3.5%, EU는 1.7%로 좋은 편이었고 세계교역량도 4.2% 증가하여 수출여건은 좋았다.

다음 8% 단일관세율이 1993년부터 적용됨으로써 수입은 급증하고 국내소비재산업의 가격경쟁력은 크게 떨어졌다. 1988년 평균 18.1%의 복수관세율(2,188개 품목)에서 1989년 평균 12.7%로 낮추고 1993년부터 8% 단일관세율로 개편했다. 일본, 미국, EU의 대표적인 품목 최고관세율을 보면 의류의 경우 일본 16%, 미국 28.6%, EU 13.8%, 운동화의 경우 일본 30%, 미국 15%, EU 8%, 철강의 경우 일본 0%, 미국 4.1%, EU 5.5% 등이었다. 관세율은 산업과 품목마다 경쟁여건이 다르기 때문에 평균을 기준으로 획일적으로 적용해서는 안 된다. 소비재와 완성재는 높게, 원자재와 투자재는 낮게, 가격경쟁력이 낮은 경우는 높게, 가격경쟁력이 높은 경우는 낮게 하는 것이 일반적이다. 평균 18.1%의 복수관세율에서 5년 만에 통상마찰 예방을 명분으로 8%의 단일관세율로 개편한 것은 너무 과격했고 세계에 유례가 없는 사례였다.

1993년의 8% 단일관세율이 시행된 후 1994년부터 외환위기를 맞기 전까

1995년 주요 품목 관세율 비교 (%)

	한국	일본	미국	EU
의류	8	9~16	3.7~28.6	13.8
직물	8	8~16	17	10.7
운동화	8	27~30	5~15	8
가죽의류	8	12.2~19.5	4.7~6	6.4
철강·비철금속	8	0	4.1	5.5

자료: 1995년 관세율표.

상품 및 고가 소비재 수입 추이
(상품수입은 억 달러, 개별품목은 백만 달러)

	1993	1994	1995	1996	1997
상품수입	838.0(2.5)	1,023.5(22.1)	1,351.2(32.0)	1,503.4(11.3)	1,446.2(-3.8)
모피의류	9.7(124.3)	25.9(167.0)	59.4(129.3)	121.7(104.9)	41.3(-66.1)
향수	3.4(22.1)	7.1(108.8)	12.4(74.6)	25.3(104.0)	32.4(28.1)
위스키	45.1(7.3)	76.0(68.5)	121.7(60.1)	187.0(53.6)	190.5(1.9)
포도주	5.9(2.4)	8.1(37.2)	13.7(69.1)	16.5(20.4)	22.8(38.2)
골프용품	21.3(-17.5)	23.0(7.9)	62.5(171.7)	110.3(76.4)	108.5(-1.6)
승용차	45.1(-18.0)	117.9(161.4)	258.3(119.0)	429.6(66.3)	281.4(-34.5)
컬러TV	8.7(17.6)	10.9(25.2)	21.5(97.2)	35.5(65.1)	41.8(17.7)
바닷가재	1.3(8.4)	3.4(161.5)	6.2(82.3)	12.7(104.8)	13.3(4.7)

자료: 한국무역협회(무역통계 1998). 괄호 안은 전년 대비 증감률(%).

지 3년간 수입은 연평균 21.8%로 크게 늘어났다. 수입증가율은 수출증가율보다 5.7%p나 높아 단일관세율은 고평가 환율과 함께 경상수지를 급격히 악화시키는 결과를 초래했다. 특히 고가의 소비재 수입이 폭발적으로 늘어났다. 1994년 수입이 3배 가까이 폭증한 품목은 모피의류(167.0%), 향수(108.8%), 승용차(161.4%), 바닷가재(161.5%), 2배 가까이 증가한 품목은 위스키(68.5%)였고, 포도주(37.2%), 컬러TV(25.2%) 등도 크게 늘어났다. 이런 추세는 1995년 이후에도 이어지다가 외환위기를 맞은 1997년에 반전되었다.

고평가 환율과 8% 단일관세율의 정책조합은 경제정책사에 남을, 세계에 유례가 없는 최악의 정책조합이라 생각된다. 최악의 정책조합은 우리 경제를 위기로 몰아넣었다. 1996년 세 마리 토끼 중 물가는 잡았다고 재정경제원은 자축했다는데 실상은 울어야 할 일이었다. 물가는 행정력으로 잡는다고 잡히는 것이 아니라 통화긴축, 평가절상, 낮은 관세율, 수입 확대, 공공요금 억제에 따른 결과다. 행정력으로 물가를 관리하던 물가관리국은 그 뒤 사라졌다. 선진국에 그런 부서는 없었다.

소규모 개방경제에서 경상수지가 감내하기 힘든 수준으로 악화되면 위기로 갈 수밖에 없다. 대외균형과 대내균형이 상충할 때는 비난을 무릅쓰고 대외균형을 선택해야 한다. 대내균형을 나타내는 물가안정은 중앙은행의 임무이고 표를 의식하는 정치권의 속성이다. 외환 업무를 중앙은행에 맡기지 않고 정부가 직접 하는 이유가 여기에 있다.

이미 호두는 금이 갔다

경상수지 악화

한국경제는 저비용의 중국과 고기술의 일본의 호두가위에 낀 호두가 되어 1996년 호두에 이미 금이 갔고 그 금이 벌어지고 있었다. 1990년대 들어 생산요소비용은 올라가는데 생산성 향상은 정체된 상황에서 고평가 환율과 낮은 단일관세율이 상승작용을 하여 대외경쟁력이 급격히 추락하였다. 대외경쟁력 추락은 경상수지를 크게 악화시키고 경상수지 적자의 누적은 대외지급능력을 상실하게 만들어 위기로 가게 된 것이다.

첫째, 1996년 대외경쟁력은 완전히 추락한 상태였다. 요소비용을 보면 1987~1996년 10년간 연평균 경제성장률이 8.6%였는데 임금은 연평균 9.1% 상승하였고, 금리는 1996년 기준 11.2%로 금융비용이 일본에 비해 4배, 대만에 비해 2배나 높았다. 공장용지가격은 1995년 기준 미국과 일본의 4배에 달했다. 원화의 달러환율은 1994년부터 2년 사이 4.27% 절상되어 일본 엔화와의 상대환율이 10대1 아래로 크게 떨어짐으로써 일본과 경쟁하는 품목의 가격경쟁력이 크게 추락했다. 관세율은 1988년 평균 18.1%의 복수세율 (2,188개 품목)에서 1993년부터 8% 단일관세율로 과격하게 개편되었다.

둘째, 1996년 경상수지는 238억 달러 적자로 급속히 증가하였다. 당시 특수호황을 누린 반도체를 제외하면 1994년 145억 달러, 1995년 262억 달러, 1996년 382억 달러의 적자로 연간 100억 달러씩 적자가 폭발적으로 증가하였다. 가격경쟁력이 한계에 있던 섬유, 신발 등 국내 산업은 가격경쟁력

경상수지, 대외부채, 외환보유고 추이

(억 달러)

	1993	1994	1995	1996	1997
경상수지	20.3	-44.6	-97.5	-238.3	-102.9
(반도체 제외)	-60.1	-145.0	-262.0	-382.3	-255.9
상품수지	30.3	-35.3	-65.2	-167.0	-62.2
외환보유고	202.6	256.7	327.1	332.4	204.1
대외채무	–	807.7	1,089.3	1,448.4	1,616.2
(단기)	–	361.8	513.6	702.7	583.7
순대외채권	–	-166.4	-229.9	-414.0	-637.2

자료: 한국은행.

이 급격히 추락하자 국내시장을 잠식당하고 수출이 어렵게 되어 구조조정의 기회도 갖지 못한 채 도산하거나 공장을 해외에 이전하지 않으면 안 되었다.

셋째, 1996년 대외지급능력은 사실상 불능 상태였다. 1996년 외환보유고 332억 달러는 단기대외채무 702억 달러의 47.3%에 불과하고 순대외채무는 414억 달러에 달했다. 경상수지 적자는 1994년 GDP의 1.0%에서 1996년 4.2%로 폭발적으로 증가했다. 통상 GDP의 3%[390]를 초과할 경우 해외차입이 사실상 어렵고 지급불능 상태로 가고 있다는 것을 의미한다. 미국도 경상수지 적자가 GDP의 2.9%였던 1985년 플라자합의에 의해 일본 엔화의 달러환율을 250엔에서 내리도록 했고 10년 후 1995년에는 한때 80엔대로까지 떨어졌다. 1996년까지 3년간 경상수지 적자의 누적규모 380억 달러는 경제규모에 비해 너무 크고 1997년 대외채무는 1,616억 달러로 GDP의 31.4%[391]였는데 공공외채가 거의 없다는 점을 감안하면 너무 높은 수준이었다.

끝으로, 기업지급능력도 부도 수준이었다. 제조업은 높은 부채와 금리로 제로 수준의 이익을 실현하고 있었다. 1996년 제조업은 부채비율 317.1%와 차입금이자율 11.2%로 너무 높았고, 이자보상비율 112.1%와 금융비용부담률 5.8%도 너무 높아 순이익률이 0.5%로 제로 수준에 가까웠다. 한국의 부채비율은 1995년 기준 미국 159.7%, 일본 206.3%, 대만 85.7%에 비해 과도하게 높았다. 위기가 일어난 1997년 제조업 부채비율은 396.2%로 아마

제조업의 부채와 손익관계 비율 추이 (%)

	1993	1994	1995	1996	1997
부채비율	294.8	302.5	286.7	317.1	396.2
매출액순이익률	1.1	1.9	2.8	0.5	-1.0
이자보상비율	118.7	135.5	149.6	112.1	129.1
금융비용부담률	5.9	5.6	5.6	5.8	6.4
차입금이자율	11.2	11.4	11.7	11.2	10.6

자료: 한국은행.

세계 최고 수준이었을 것이다. 한국은 영업이익으로 차입금이자를 겨우 갚는 상태였다.

한국은 1996년 대외경쟁력, 경상수지, 대외지급능력, 기업지급능력 네 가지 측면에서 위기에 빠졌고 사실상 부도상태였다. 통상적인 경우 IMF는 경상지급의 3개월분을 적정 외환보유고로 권고하는데 1996년의 월 경상지급이 120억 달러 수준이었기 때문에 외환보유고 332억 달러는 최저 외환보유고 360억 달러에 미달했다.

환율과 관세율은 수출, 수입, 임금에 결정적인 영향을 미치는 가장 강력한 변수이고 당시로서는 유일한 수단이었다. 환율은 과도한 임금상승에 따른 가격경쟁력의 상실을 보전할 수 있는 수단도 된다. 매년 5% 정도의 절하만 있었더라도 결과는 달랐을 것이다. 고비용과 저효율의 구조에 환율까지 절상되었으니 불에 기름을 부은 격이었다. 1996년에는 물가를 희생해서라도 환율을 크게 올려 수출을 늘리고 관세율을 올려 수입을 억제했어야 했다. 소규모 개방경제는 대외균형이 무너지면 위기로 갈 수밖에 없다. 경상수지가 급격히 악화되어 경제가 위기로 치달아가는데 '세 마리 토끼'를 잡겠다고 호기를 부린 정부는 우리를 슬프게 했고, 환율상승을 억제한다고 노력한 한국은행은 우리를 절망케 했다.

불발로 끝난 복수관세율

나는 경상수지 적자가 급격히 늘어날 때 단일관세율을 복수관세율로 개편하는 두 번의 시도를 했지만 불발로 끝났다. 처음은 1995년 재정경제원 세제실장 때였고 다음은 1996년 관세청장 때였다.

1995년 세제실장 때 관세율을 소비재와 완성재는 높은 세율, 원자재와 자본재는 낮은 세율, 기타는 중간 세율로 하는 국제적인 관례를 원칙으로 하고 "원자재와 농산품은 일본 관세율, 완제품은 미국 관세율"을 따르는 전략에 의한 복수관세율 개편안[392]을 만들어 실무자 시절 단일관세율을 도입한 그 장관에게 보고했지만 그 '권한'은 묵살했다. 1996년 관세청장이 되어 다시 바뀐 장관에게 일선 세관장의 의견을 종합하여 1,524개 품목을 복수관세율로 전환하는 방대한 관세율 개정안[393]을 건의하였지만 '세 마리 토끼'를 잡겠다던 그 장관은 또 묵살했다. 두 번 다 수고는 많았지만 결과는 없었다.

1988년 2,188개 품목 평균 18.1%이었던 복수세율을 1993년부터 통상마찰을 예방하기 위해 '선진국 수준'인 8% 단일관세율로 개편했다. 8% 단일관세율의 문제점은 첫째는 단일관세율은 산업과 품목의 경쟁력 상황을 반영하지 못한다는 것이고, 둘째는 8%는 당시 한국산업은행이 조사한 내외 가격차의 단순평균을 기준으로 하였기 때문에 단일관세율일 경우에도 가중평균 수준인 12%가 되어야 했다는 것이다. 예를 들어 6-8-10%와 8-8-8%의 평균은 같은 8%이지만 6%는 크게, 10%는 작게 보호함으로써 현실에서는 죽고 사는 엄청난 차이가 생긴다. 당시 운동화의 경우 일본은 최고 30%, 미국은 최고 15%였고, 철강의 경우 일본은 0%, 미국은 4.1%였다. 또한 관세율은 산업의 현황이나 통상교섭에 따라 소수점 이하까지 세밀하게 결정된다. 당시 일본의 평균 관세율은 1.6%였지만 원자재는 대부분 무세였다. 일본은 교토 지방의 전통과자류와 유사한 과자류에 대해 40%의 관세율을 적용하고

288 | 제4부 아시아 외환위기

있었다. 8%의 기준이 되었던 내외국 가격차도 시기에 따라 바뀌는 것이기 때문에 맞지 않다. 평균이라는 것은 개념이지 실제로 존재하는 현실이 아니다. 8% 단일관세율은 통상마찰 예방을 넘어 통상교섭에서 무장해제를 한 것으로 국내시장의 경쟁력 상실이라는 대가가 너무 컸다. 1980년대 시카고 학파들의 건의를 받아 단일관세율을 채택한 칠레는 경제가 엉망이 되자 옛날로 되돌아갔다.

1996년 복수관세율로의 전환을 위한 노력이 수포로 돌아가고 수출은 위축되고 수입은 크게 늘어나 국내시장은 무엇이든지 수입만 하면 장사가 되는 상황이었다. 무역수지 적자는 상반기 77억 달러에 달해 연간 목표 80억 달러에 육박했다. 77억 달러 적자의 90%가 10대 대기업그룹의 주도 아래 발생했다. 국내 소비재시장은 선진국의 고가 내구소비재와 개발도상국의 중저가 소비재에 의해 양면공격을 받았고 국내 소비재산업은 붕괴되어가고 있었다. 수출과 원자재 개발을 목적으로 설립된 종합무역상사는 수출이 어렵게 되자 수출역군에서 수입역군으로 반전되었다. 10대 그룹은 자동차, 수세식 변기, 화장품, 골프용품, 치약, 과자류 등 돈이 되면 모두 수입해 강력한 자금력과 방대한 조직을 통해 거칠게 판매하면서 나라의 위기를 가속화시키고 있었다.

심상치 않은 수출입 동향과 대기업의 무분별한 수입을 억제하기 위해 〈국제수지 개선과 국내산업 보호를 위한 관세행정대책〉[394]을 정리하여 그해 7월 김영삼 대통령에게 직접 보고하고 특단의 대책이 없으면 우리 경제가 감당할 수 없는 상황이 올 것이라고 했다. 보고서의 주요 내용은 수입품의 원산지, 과세가격, 성분표시, 환경오염 등에 대한 통관검사를 강화하고, 필요한 경우 유통단계까지 추적조사를 하는 전략적 통관관리를 해야 한다는 것이었다. 법이나 정책으로 다스릴 문제가 아니라 미국이나 프랑스같이 필요하면 '주먹'[395]으로 수입통관관리를 엄격하게 하는 것이었다.

전략적 통관관리의 주요 내용은, 첫째 기업별 무역수지 통계에 의해 소비재 수입을 주도하는 대기업의 수입에 대해 기업별 통관관리[396]를 하고, 둘째 품목별 무역수지 통계에 의해 무역수지 악화를 가속시키는 고가 소비재나 국산품과 경쟁관계에 있는 소비재에 대해 품목별 통관관리[397]를 하고, 셋째 국가별 무역수지 통계에 의해 국제수지 적자국이나 통관이 까다로운 국가에 대해 국가별 통관관리[398]를 하고, 넷째 서울올림픽 때 허용된 국내면세점에 대해 내국인 매입을 엄격관리[399]한다는 것이었다.

세관에 분야별로 20개 부정불공정 무역 전담조사반을 설치하고 원산지 표시 위반, 허위상표 부착, 수입가격 조작 등에 대한 조사와 함께 첨단기술 유출, 음란물 반입, 불법 외환거래, 공해유발물질 유입 등 법규위반도 엄격하게 조사했다. 10대 그룹 기획조정실장회의에 나가 그들의 수입행태를 설명하고 무분별한 수입의 자제를 당부했다. 관세청이 최대 종합무역상사인 삼성물산과 현대종합상사에 대한 부정불공정 무역 조사를 마친 다음 대우에 대한 조사에 들어가자 대우그룹은 사치성 소비재 수입의 중단을 선언했다. 대우그룹에 이어 현대그룹, 삼성그룹, LG그룹, 선경그룹, 쌍용그룹으로 사치성 소비재에 대한 수입중단 선언이 이어졌다. 용산전자시장과 남대문시장의 밀수품시장에 100명의 조사반을 투입하여 아침부터 저녁까지 밀수품점포가 문을 닫을 때까지 무기한으로 조사를 시작했다. 수십 년간 방치되었던 밀수시장이 한 달도 못 가 파괴되었다. 근본적 문제인 관세율은 손대지 못했으니 앞문은 열어두고 뒷문을 지키는 우스꽝스러운 일이었다.

수입통관관리의 강화와 함께 수출업체에 큰 애로가 되고 있던 1977년부터 시행된 관세환급제를 개편토록 했다. 관세환급제는 수출 지원을 위하여 100% 정액환급을 목표로 도입되었는데 18년 동안 시행했지만 시시포스의 형벌같이 밀어도 밀어도 정액환급률은 20% 수준에 머물러 있었다. 정액환급은 전년도의 평균환급률로 결정되는데 실액환급이 평균환급률보다 유리한 50% 정도의 수입자는 정액환급을 포기하고 매년 그 50%의 50%인 25%가, 그다음 해에는 25%의 50%인 12.5%의 수입자가 실액환급으로 가게 되어 수학적으로 정액환급대상은 0%에 수렴하게 된다. 평균치를 결정한 그 순간에 실액환급으로 간 수입자를 제외하면 결과적으로 최고치가 되는 논리적 모순이 있게 된다. 이러한 모순을 해결하기 위해 수출용 원자재에 대한 사전징수/사후환급에서 사전유예/사후정산 하는 관세정산제[400]로 개편하였다. 수학적으로 불가능한 제도를 18년간 시행해 수출가격을 6% 정도 상승시켰으니 참으로 어처구니없는 일이었다.

허사로 끝난 수출포기점 환율

경쟁력강화 대책

나는 환란이 일어나기 전해인 1996년 크리스마스이브에 관세청장에서 통상산업부 차관으로 갔다. 당시 통상산업부는 고비용·저효율 구조의 개선을 위한 〈300대 무역·산업·에너지 실천과제〉를 추진하고 있었다. 지난 30년간 수출 주도의 고도성장 산업정책으로 경제를 이끌어온 견인차의 하나였던 통상산업부의 위기감은 아주 컸다. 상품수지는 1993년 30억 달러 흑자가 1994년 35억 달러 적자로 반전된 후 1996년 167억 달러 적자로 크게 폭발했다. 무역수지에 빨간 불이 켜지고 한보철강, 기아자동차, 쌍용자동차, 삼미그룹, 진로그룹은 부도에 직면해 있었다. 다음 해 통상산업부의 예상대로 이들 대기업은 줄줄이 부도가 나거나 정리되었다.

나는 고비용·저효율 구조의 개선을 위한 300대 실천과제와 별도로 폭발하는 무역수지 적자의 개선을 위해 환율, 금리, 자금에 대한 시급한 과제부터 추진했다.

첫째, 환율을 수출포기점 920원 수준으로 올리는 것이었다. 환율이 1996년 연말에 840원대로 절하되자 한국은행[401]은 정부의 물가안정정책에 따라 절하를 억제하기 시작했고 1997년 들어 870원대로 계속 올라가자 역사상 최초로 선물환을 풀어 절하를 강력히 억제하고 나섰다. 당시 120엔대로 빠르게 절하되던 엔화와의 상대환율이 크게 절상되어 주력 수출품인 자동차, 전자, 조선, 철강 등의 가격경쟁력이 크게 떨어졌다. 통상산업부가 무역협회와 공동으로 무역업체에 대한 조사를 한 결과 채산이 맞지 않아 내수로 전환하거나 공장을 해외로 이전해야 하는 수출포기점 환율은 달러당 910원 전후, 적정환율은 920원 전후로 나왔다. 이 결과를 토대로 환율의 상승 추세가 계속 이어져야 하며, 환율은 수출포기점 920원 이상으로 올라가야 한다는 견해를 재정경제원에 제시했다. 일본 엔화와의 상대환율이 가격경쟁력에 크게 영향을 미치고 엔화와의 상대환율이 10대1 이하인 경우 가격경쟁력이 크게 떨어지는데 당시 8대1 이하인 상태에서 경상수지 적자는 당연했다. 당시 엔화의 달러환율을 감안하면 원화의 달러환율이 1,100원 이상은 되어야 했다. 재정경제원은 환율상승이 일시적으로는 무역수지 개선에 기여하지만, 물가상승과 외환차입비용 증대로 이어져 장기적으로는 수출경쟁력을 떨어뜨리는 역효과가 있다는 입장이었다. 시급한 과제였지만 또 한 번의 좌절이었다.

미국의 돈부시(Rudiger Dornbusch)[402] MIT 교수와 삭스(Jeffrey Sachs)[403] 하버드대 교수는 1997년 1월 한국을 방문하여 환율의 절하를 강력하게 권고하고 환율이 유일한 처방임을 지적했다. 돈부시 교수는 환율절하를 억제하고 있던 한국은행에 대해 현대 개방경제체제에서는 있을 수 없는 외환시장의 차르(tsar, 러시아의 절대군주) 같은 역할을 고수하고 있다고 비판했다. 1994년부터 서울 아파트촌에 미국인 영어 가정교사가 무리 지어 온 것은 환율의 고평가를 잘 보여주는 사례다. 미국보다 한국에서 돈을 버는 것이 더 좋았다는 얘기다. 1996년 경상수지 적자가 238억 달러로 GDP의 4.2%에 달했고 반도체를 제외하면 382억 달러에 달해 위험선을 넘어섰다.

둘째, 금리인하와 자금공급 확대에 관한 것이었다. 만성적인 자금부족과 고금리 기조의 고착을 타개하기 위해 금리인하와 금리 중심의 신축적인 통화관리를 내용으로 하는 〈실물경제 측면에서 본 금융개혁 현안과제〉[404]를 만들어 청와대가 주도하여 발족한 금융개혁위원회에 제출했다. 건의안은 자금공급 원활화와 금리인하, 여신관리제도 개선, 환율 및 무역금융제도 개선, 상향식 자금공급 확대, 중소지역금융기관 활성화, 중장기 설비자금공급 원활화 등 11개 과제를 포함했다.

셋째, 무분별한 수입에 대한 도덕적 설득(moral persuasion)을 하는 것이었다. 관세청이 매월 분석한 품목별, 지역별, 30대 그룹별 수출입 동향을 기초로 관계부처 국장이 참석하는 무역수지관리회의[405]를 개최하여 필요한 대책을 협의하였다. 대기업그룹이 경제를 위기로 몰고 가는 무분별한 수입행위에 대해 관계부처와 함께 도덕적 설득을 해나갔다. 관세청의 부정불공정 무역 조사와 함께 외환위기를 앞둔 안간힘이었다.

고비용·저효율 구조의 개선을 위한 〈300대 무역·산업·에너지 실천과제〉는 다음과 같다. 여기에 복수관세율 개편도 포함되었다.

첫째, 무역수지 개선 실천과제는 1) 무역어음 확대, 수출선수금 확대 등 수출자금지원 확대 10개, 2) 해외전시회 참가 지원 등 해외마케팅 지원 강화 12개, 3) 수출입자유 확대, 관세환급 확대 등 무역제도의 선진화 13개, 4) 국산기계수요기반 확대, 소비재 연지급수입기간 단축 등 수입유발요인의 최소화 11개, 5) 사치성 고가품 위주로 특별소비세 개편 등 건전소비문화 확산 8개, 6) 수입식품 유통기한 관리 강화, 원산지 위반 제재 강화 등 총 60개였다.

둘째, 산업경쟁력 강화 실천과제는 1) 통화공급 확대와 금리인하, 설비투자자금의 확대, 기본관세율체계의 개편 등 생산요소비용 인하 27개, 2) 임시투자세액 공제제도 부활, 관세감면제도 개편, 기술개발 조세지원 강화, 벤처기업 창업 육성 등 생산성 제고 추진 47개, 3) 국산기계의 외화 대출 확대와 해외차입 허용, 중소기업회생자금 지원, 어음보험제도 추진 등 산업구조고도화 촉진 25개, 4) 반도체장비 국산화 추진, 자동차부품 기술개발 지원, 선박수출착수금 연수한도 폐지 등 산업경쟁력 10% 높이기를 위한 총 150개였다.

셋째, 에너지절약 실천과제는 1) 에너지가격 합리적 조정, 에너지절약시설투자 지원, 에너지기술개발 촉진 등 절약기반 조성 11개, 2) 에너지다소비사업장 절약계획 추진, 열병합발전 보급 확대, 지역난방 보급 확대 등 수요부문별 과제 28개, 3) 휘발유 옥탄가 하향조정, 무연탄 활용 확대, 발전설비 효율적 운영 등 에너지산업별 과제 11개 총 50개였다.

〈300대 무역·산업·에너지 실천과제〉는 과제별로 담당관을 정하고 현황, 문제점, 외국 사례, 개선 방안, 기대효과, 추진일정을 소상히 담은 방대한 분량이었다. 안광구 통상산업부 장관은 크리스마스와 연말연시에도 불구하고 휴일 한 번 쉬지 않고 도시락을 먹으며 자정이 넘도록 일했다. 하나하나 점검하며 적극적으로 추진하고 있던 중 1997년 3월 안광구 장관은 한보철강 부도에 책임을 지고 물러나고, 나는 재정경제원 차관으로 떠나고, 심혈을 기울여 만든 정책들은 제대로 추진되지 못하고 말았으니 안타까운 일이었다.

거부점이 너무 많은 산업정책

경제산업부 구상

통상산업부에서 짧은 기간에 많은 일을 계획하였으나 시작만 하고 모두 미완으로 끝나 아쉬움이 크다. 경제기획원, 재무부와 함께 지난 30년간 한강의 기적을 이끌어온 3대 견인차의 하나였던 상공부는 수입이 자유화되고 산업에 대한 규제가 완화되면서 '침 없이 침'을 놓아야 하는 부처가 되었다. 상공자원부가 통상산업부로 바뀌면서[406] 일과 책임은 그대로였지만 수입 허가나 수출금융 같은 정책수단이나 권한은 사라졌다.

재무부가 실물경제와 괴리된 고평가 환율과 8%의 단일관세율을 추진할 때도 통상산업부는 반대했지만 힘이 없었다. 나는 재무부에서 일할 때 상공부의 의견을 가능한 한 받아들이는 입장이었다. 이재국장 때는 금리를 내리고 통화를 늘리라는 상공부 건의를 받아들이기 위해 노력했고, 국제금융국장 때는 상공부와 함께 환율과 수출금융 확대를 적극 추진했고, 세제실장 때는 상공부가 건의한 복수관세율을 추진했지만 단일관세율을 만든 장관에게 막혀 어쩔 수 없었다. 내가 통상산업부로 갔을 때 재무부와 경제기획원이 합쳐진 재정경제원은 공룡이 되어 있었고 허가권이 없어진 통상산업부의 힘은 너무 없었다. 통상산업부가 사실상 스스로 할 수 있는 일은 아무것도 없었다.

당시 삼성자동차의 인가가 큰 이슈였는데 통상산업부가 공장 설치를 허가한 것이 아니라 외자도입법에 의한 기술도입 계약의 신고를 수리한 것이었다. 외자도입법에 의한 기술도입의 신고도 재정경제원의 권한을 통상산업부에서 위임받은 것이다. 현대자동차가 추진했던 하동해안의 철강공장은 건설교통부의 공유수면매립법의 허가, 포항제철이 추진했던 광양의 화력발전소는 환경부의 대기환경보전법의 허가를 통상산업부가 반대하는 방법이 수단이었다. 그것도 협의를 하지 않고 허가를 내주는 경우 법률상으로는 어쩔 도리가 없었다.

한보철강사건[407]이 터지자 책임 문제가 거론된 통상산업부는 당진제철소를 인가한 것이 아니라 코렉스(COREX) 공법 기술도입 신고를 수리한 것밖에 없었다. 기술도입 신고는 철강담당과장의 전결[408]로 처리한 것이었다. 무리한 사업을 막지 못했다는 여론과 주무부서로서의 책임을 면할 수 없어 취임한 지 3개월 만에 안광구 장관이 물러났다.

통상산업부는 정보통신부, 과학기술부 등과의 업무 중복으로 마찰도 있었고 효율성에도 문제가 많았다. 통상산업부는 IT산업과 기술개발의 주도권을 놓고 정보통신부, 과학기술부와 소관다툼을 했다. 벤처기업의 육성을 두고도 마찬가지였다. 어떤 장관이 경제기획원은 오너러블(honorable)하고, 재무부는 파워풀(powerful)하고, 상공부는 컬러풀(colorful)하다는 말을 했다. 통상산업부는 산하 단체가 많고 행사에 참여할 곳도 많아 그런 말이 나온 것 같은데 과거 상공부 시절의 화려함이 사라진 통상산업부의 분위기는 가라앉아 있었다. 외자도입법, 공유수면 매립법, 대기환경보전법 같은 남의 '칼'이나 빌려야 되는 통상산업부를 그대로 두는 것은 조직과 인재의 낭비라는 생각이 들었다.

산업정책 추진의 거부점(veto point)을 최소화하기 위해 여러 부처에 나누어져 있는 산업정책 기능을 하나의 부처, 경제산업부로 통합하는 것이 효율적이라 생각한다. 산업정책부서 간의 거부점이 너무 많으면 낭비가 많고 효율적인 산업정책의 추진이 어렵다. 외무부로 넘어간 통상 업무가 통상산업자원부로 환원된 것은 잘된 일이라 생각된다. 통상정책과 산업정책은 분리해선 안 된다. 통상마찰에서 수세적인 경우 미국의 USTR(무역대표부) 같은 독립적인 통상기구가 전략적으로 불리하다는 의견이 많다. 우리는 공세보다 수세인 경우가 대부분이다. 경제정책 업무, 물가 업무와 경제협력 업무를 경제산업부로 이관하는 것이 어떤가 한다. 세입 기능보다 종합적인 수출입 행정기관의 성격이 강해져가는 관세청과 산업통계를 주로 하는 통계청은 업무의 성격상 경제산업부 산하로 이관하는 것이 더 합리적이라 생각한다. 일본도 통산산업성을 경제산업성으로 개편했다. 미국은 상무부에서 산업통계를 담당하고 9·11테러 이후 관세청을 신설된 국토안보부 산하로 이관하였다. 예산과 조세를 포함한 재정 업무와 금융 업무를 통합한 재무부를 설치하고 그 아래 공권력을 행사하는 금융감독원은 금융감독청으로 개편하는 것이 바른 길이라 생각된다.

1997년 3월 무역수지 개선 실천과제, 산업경쟁력 강화 실천과제, 에너지 절약 실천과제 등 '300대 실천과제'를 만들고 의욕적으로 추진하던 안광구 장관이 물러나고 임창열 장관이 취임함에 따라 같은 재무부 출신이 장·차관을 하게 되어 나는 자의반 타의반으로 통상산업부를 떠났다.

16

도전과 응전

∷∷ 1997 한국 외환위기

1997년 한국의 위기를 정부는 외환위기(foreign exchange crisis)라고 말하지만, IMF는 경제위기(economic crisis)로 불렀다. 위기의 본질을 경제의 구조적 문제로 보는 점에서 외환부족에 의한 유동성의 문제로 보는 우리의 시각과 달랐다. 사실은 두 가지 시각이 모두 맞는 것이다.

1997년 아시아에 몰아친 외환위기의 직접적인 원인은 유동성의 만기불일치와 금융기관의 신뢰도 추락이었고, 경제성장에 대한 과욕이 부른 불안정성(instability by eagerness and ignorance)의 거품이 터진 것이다. 동남아시아에서 시작된 외환위기는 연쇄적인 환매사태에 의한 전염효과(contagion effect)를 타고 홍콩과 대만을 거쳐 한국으로 북상함으로써 동북아시아로 번졌다.

동남아시아의 금융위기가 북상할 때 한국경제는 대기업의 연쇄부도에 의한 대마불사의 함정, 소비재의 폭발적인 수입에 의한 단일관세율의 함정, 경상수지 적자 속의 평가절상에 의한 고평가 환율의 함정, 해외 캐리자금의 급격한 유출입에 의한 단기차입의 함정에 빠져 있었다.

호두가위에 낀 호두 같은 운명이었지만, 변화를 위한 행동은 없고 논의만 무성하였다. 스스로 변하지 못하고 종국에는 IMF 구제금융으로 변화를 강요당했다.

1996년 정부는 '세 마리 토끼'를 잡겠다고 호언했지만 경상수지 적자가 GDP의 4.2%에 달하는 238억 달러나 되어 우리가 감당할 수 없는 수준이었다. 위기에 대한 인식은 부처마다 달랐다. 무역을 담당하는 관세청과 통상산업부는 위기의식이 높았던 반면, 한 번도 위기를 당해보지 않았던 재정경제원과 한국은행의 생각은 달랐다. 환율과 관세율에 대한 생각은 크게 달랐다. 환율이 1996년 연말에 840원대로 올라서자 한국은행은 절하를 억제하기 시작했고 1997년 들어 870원대로 계속 올라가자 절하를 억제하기 위해 선물환을 풀기도 했다. 1997년 초부터 청와대는 금융개혁위원회를 만들어 금융구조 개혁에 나섰고 재정경제원은 한보철강의 부도처리에 정신이 없었다. 고평가 환율과 단일관세율에 대해 아무도 관심이 없었다.

경상수지가 나쁘면 병든 경제

경제의 건강지수

1997년 3월 7일 재정경제원 차관으로 왔을 때 경상수지의 심각성에 대한 인식은 약했고, 8% 단일관세율과 고평가된 환율로 만들어진 최악의 정책조합에 대해서는 누구도 문제제기를 하지 않았다. 10% 경쟁력 높이기와 금융개혁 같은 구조조정에 초점이 맞추어져 정책의 시의성과 방향성에 착오가 있었다. 대통령선거를 앞둔 정치권에서도 경제에 대한 관심은 크지 않았고 언론에서 간헐적으로 대란설을 보도하는 정도였다. 나는 취임식에서 나의 경제에 대한 상황인식을 전체 직원들에게 말했다. 최우선 정책목표는 경상수지 개선이고, 이를 위해 우리가 해야 할 최우선 과제는 환율의 절하와 관세율의 조정이라는 점을 다음과 같이 밝혔다.

"경상수지가 나쁘면 다른 경제지표가 좋아도 그 경제는 건강하지 않다. 우리의 최우선 과제는 경상수지 개선이다.
경상수지 적자를 해결하기 위해서는 경쟁력강화 이외는 길이 없다. 단기적으로는 환율과 관세율에 의해서 결정되는 가격경쟁력에 의하여 승패가 좌우되고, 중기적으로 품질향상이며, 장기적으로는 기술이다.

환율이 적자 속에 절상되었고 엔화에 대해서 상대적으로 절상된 속에 가격경쟁력, 대외경쟁력, 경상수지는 개선될 수 없다. 8% 단일관세율을 가진 나라는 세계에 없다. 품질과 기술의 개발에 대한 정책도 재검토해야 한다.

WTO 체제는 경제의 국경이 없는 체제다. 과거에 고세율은 고세입을 보장했지만 앞으로 고세율은 세입을 낮게 수렴시키는 경향이 있다. 현재의 고금리, 고임금, 고지가 상태하에서 세율마저 높다면 기업은 문을 닫거나 해외에 가는 길 외에는 없다.

통화, 금리, 환율에 대한 과거의 도그마에서 헤어나지 못하면 우리의 경제 문제는 더 어려워진다. 군사강국 소련, 무적의 로마제국, 지구상에서 가장 큰 공룡이 사라진 이유를 생각해라. 변하지 않고 자기모순에 빠지면 망한다.

경상수지 적자가 작년 238억 달러로 급증하는 상황에 대처하여 역량을 발휘해달라. 우리는 세계에서 가장 가난한 농업국가에서 한 세대 만에 세계 10대 교역국으로 올라선 역량을 갖고 있다."

취임식을 마치고 김석동 외화자금과장[409]을 불러 환율과 외환보유고 상황을 챙겼다. 863원과 297억 달러! 환율과 보유고를 매일 보고하라고 지시했다. 노란 포스트잇 종이에 "일일 점검! 수시 점검!"이라는 글을 써서 책상 유리 밑에 넣었다. 그것은 한국경제에 대한 옐로카드였다. 이렇게 재정경제원 차관 업무는 시작되었다.

할 수 있는 것은 다 했지만

위기예방 대책

1997년 하루도 쉬지 못하고 밤낮없이 일할 수밖에 없었다. 대기업 연쇄부도의 처리, 금융시장 불안의 관리, 국제수지 적자의 관리, 금융산업의 구조조정, 금융감독체계의 개편 등 끝없는 도전과 응전의 순간들이었다. 국제금융시장의 자금경색이 일어나면서부터는 외환보유고 관리와 해외차입 노력이

1997년 위기대응대책

구분	대책내용
금융구조 조정정책 (7개)	부실채권정리기금 설치[1조 원(7월 1일)→3.5조 원(8월 25일)→10조 원(11월 19일)], 상호지급보증한도 축소(4월 1일), 금융감독기관 통합 개편(8월 23일), 중앙은행 개편 등 20개 금융개혁법 추진(8월 23일), 결합재무제표제도 도입(8월 23일), 종금사구조조정(인수합병폐지 등, 11월 19일), 금융기관담보부동산매각면세 등(8월 25일)
금융시장 안정대책 (13개)	한보철강재산보전처분(1월 24일), 중소기업 긴급자금 지원(5.5조 원, 2월 11일), 부도유예협약(4월 21일), 콜중개한도 폐지 등(4월 30일, 8월 25일), 기아그룹 부도유예(7월 15일), 중소기업보증한도 확대(7월 15일), 한은 특별대출(은행·종금 2조 원, 8월 25일), 제일은행 정부출자(8,000억 원, 8월 25일), 근로자주식저축한도 확대(10월 13일), 주식액면분할 허용 등(10월 19일), 배당소득 분리과세 등(10월 19일), 연기금 주식투자 한도 확대(10월 29일), 예금전액보장 및 기금 확대(8.3조 원, 11월 29일)
외환시장 안정대책 (15개)	환율실세화(3월 15일), 해외차입한도 확대(3월 15일, 3월 31일), 연지급수입기간 자유화(3월 31일), 외국인 주식투자 한도 확대[10%(2월 25일) → 20%(3월 31일) → 23%(5월 21일) → 26%(8월 25일)], 채권투자개방 확대(3월 31일, 11월 19일), 외화증권 발행 자유화(4월 30일), 금융기관 대외채무지급 정부보증(8월 25일), 수출선수금 한도 폐지(8월 25일), 외국인 주식양도차익 비과세(10월 25일), 국공채시장 개방(10월 29일), 상업차관 자유화(10월 29일), 연지급수입 자유화(10월 29일), 환율변동폭 확대(10%, 11월 19일), 종금사 외환 업무 중지(11월 19일), 외국 은행 스와프 확대(20억 달러, 11월 29일)
기타 대책 (4개)	중소기업 구조조정과 창업 활성화 대책(3월 31일), 중장기경제체질 강화 대책(9월 1일), 긴축예산 집행 및 편성(10월 1일), 복수관세율 개편(12월 13일)

시급해졌다.

파도같이 밀려오는 문제를 해결하기 위해 1997년 14차에 걸쳐 7개 금융구조조정대책, 13개 금융시장 안정대책, 15개 외환시장 안정대책, 4개 기타 경제정책 등 총 39개의 대책을 추진하였다. 환란이 올 수 있다는 걱정은 했지만 그렇지 않을 수도 있다는 기대를 하기도 했다. 흔들리는 금융시장과 외환시장의 상황에 따라 할 수 있는 대책은 다 하였지만 대외신뢰도를 회복하고 자금유출을 막아내기에는 역부족이었다.

첫째, 금융구조조정을 위해 1997년 초 금융개혁위원회가 발족하고 금융구조 전반에 걸쳐 20개 금융관계법의 개편을 추진했다. 주요한 금융개혁법은 통합금융감독기구에 관한 법률, 한국은행법, 은행법, 예금자보호법, 증권거래법, 보험업법, 금융구조 개선에 관한 법률, 부실채권정리기금에 관한 법률 등이었다. 부실채권정리기금에 관한 법률 등 7개 법만 경제위기 발생 전인 7월에 통과되었고, 통합금융감독기구에 관한 법률 등 나머지 13개 법안은 위기가 온 후 12월에 IMF의 권고에 의해 통과되었다. 통합금융감독기구에 관해 한국은행과 내분사태는 있었지만 30여 년을 끌어온 중앙은행의 독립과 통합금융감독기구의 설립에 관한 논란을 매듭지었다는 데 역사적인 의미가 있었다.

둘째, 금융시장 안정을 위해 1) 20조 원의 부실채권정리기금 설치, 2) 대기업부도에 따른 중소기업 긴급자금 지원, 3) 채권채무 당사자 간의 협상기회를 주기 위한 부도유예협약제도 도입, 4) 기아자동차 부도유예 조치, 5) 부실은행·종금·신용금고 정리, 6) 제일은행과 종금에 대한 2조 원 한국은행 특별대출, 7) 제일은행에 대한 8,000억 원 정부출자, 8) 3년간 전액 예금보장, 9) 근로자주식저축 가입금액 확대, 10) 장기보유자의 배당소득 10% 분리과세, 11) 연기금 주식투자 한도 확대 등 가능한 모든 대책[410]을 동원했다.

셋째, 외환시장의 안정을 위해 1) 환율의 실세화, 2) 은행의 해외차입 한도 확대, 3) 외국인 주식투자 한도 확대, 4) 중소기업의 연지급수입 자유화, 5) 외화증권 발행 자유화, 6) 금융기관 대외채무의 정부지급보증, 7) 수출선수금 영수한도 폐지, 8) 국공채와 회사채시장 개방, 9) 상업차관과 현금차관 자유화, 10) 환율변동폭 확대, 11) 외국 은행 스와프 한도 20억 달러 확대 등 외환거래에 관한 가능한 모든 대책[411]을 추진했다.

1997년 1월 한보철강 부도와 7월 기아자동차 부도는 한국경제의 대외신뢰도를 크게 저하시켰다. 금융시장과 외환시장의 안정대책과 함께 금융과 기업의 투명성을 높이기 위해 금융기관 부실채권 내역의 공개와 계열기업에 대한 결합재무제표 작성도 의무화했다. 1997년 1월 한보철강 부도 이후 11번에 걸친 시장안정조치에도 불구하고 금융경색이 가중되어가자 8월 25일부터 정부가 할 수 있는 남아 있는 모든 대책을 망라한 금융시장 안정 종합대책을 세 차례나 발표하기에 이르렀다. 대책을 발표할 때마다 주가는 더 떨어지고 외국투자자들의 자금회수는 가속되었다.

넷째, 위기대응을 위한 노력과 함께 고비용·저효율 구조의 개선을 위한 경제대책도 동시에 추진하였다. 중소기업 창업 활성화와 구조조정 대책, 한 자릿수 긴축예산 편성, 중장기적인 경제체질 강화 대책을 추진하였고, 8% 단일관세율을 복수관세율로 개편했다.

주요한 구조개선 대책은, 1) 8% 단일세율에 묶여 있던 섬유, 신발 등 257개 품목 세율의 상향조정, 2) 벤처기업에 대한 자금출처 조사 면제, 벤처기업 출자자금에 대한 20% 소득공제 등의 세제상 우대조치 시행, 3) 한 자릿수 4%가 증가한 긴축예산의 편성, 4) 〈열린 시장경제로 가기 위한 국가과제〉[412]의 추진 등이었다. 21개 당면 국가과제의 주요 내용은 정부의 역할과 기능 재편, 기업지배구조의 선진화와 경쟁의 촉진, 노동시장 유연성 제고, 동북아물류기지 추진, 기술혁신과 정보화 등이었다.

동원 가능한 모든 대책을 강구하는 한편 IMF에 자금을 신청하지 않고 문제를 해결하기 위해 미국, 일본, 유럽의 금융기관에 1997년 4월부터 경제특사와 고위간부를 파견하여 원활한 해외차입 노력을 계속하였다. 10월에는 해외 은행과 대기성자금(back-up facility)도 협의하였지만 실패하고 말았다.

외환시장 경색에 따른 금융기관의 부도를 막기 위해 대외결제자금의 부족분을 불가피하게 지원하게 됨으로써 가용 외환보유고 수준이 격감하게 되었다. S&P 등 신용평가기관들이 국가신용등급을 하향조정하고 있을 때인 1997년 11월 5일, 한국 외채 1,100억 달러 중 800억 달러의 만기가 연내에 도래한다는 블룸버그통신의 부정확한 보도는 설상가상이었다. 외국 금융기관들의 중장기 및 단기에 걸친 전반적인 자금회수가 가속화되었고 자력으로는 대외부도(default)를 막을 수 없는 상황으로 가고 있었다.

부도유예협약과 기아자동차

1997년 초 통상산업부에서 한보철강뿐 아니라 삼미특수강과 기아특수강의 부도가 임박했고 쌍용자동차도 오래가지 못할 것이라는 보고를 받았다. 기아특수강이 부도가 나면 연대보증을 선 기아자동차도 견디기 어렵다고 했다. 특단의 대책을 강구하지 않으면 감당하기 어려운 사태로 진전될 것이라는 것이 통상산업부 실무진의 판단[413]이었다. 이러한 상황에 대처하여 재정경제원 차관으로 오자마자 대책 마련에 나섰다.

뉴욕에서 재무관으로 근무할 때 우리나라의 어음제도, 담합부도제도, 연대보증제도는 미국에 없는 불합리한 제도라는 것을 알았다. 어음제도는 성실한 하청업체의 연쇄부도를 몰고 오고, 담합부도제도는 한 지점에서 한 개의 어음이 부도나면 모든 은행의 모든 지점에서 동시에 부도를 내고, 연대보증제도는 한 기업의 부실로 전체 그룹이 도산되게 만들었다. 부도 소문이 나돌면 담보가 없는 종합금융회사가 앞장서고 은행들도 경쟁적으로 돈을 회수하는 것이 관행이었다. 미국의 소설가 마크 트웨인이 말한 대로 햇빛 쨍쨍할 때 우산을 빌려주고 비 올 때 재빨리 회수했다.

미국의 부도제도[414]는 물건을 살 때도 흥정이 있는 것같이 잔고가 없어도 협상에 의해 1차 부도(bounce)를 해결할 수 있고, 그래도 안 되면 최종부도 (default)가 난다. 최종부도의 경우도 협상이 가능하며 법원의 채무조정절차 (reorganization) 중에도 기업의 정상경영이 가능하고 협상에 의해 기업회생절차도 진행될 수 있다. 어떤 은행에서 하나의 수표가 부도가 났다고 다른 은행이 따라 하지도 않고 그런 정보교환도 없다. 부도가 나거나 채무조정절차에 들어간 기업의 주식이나 채권은 장외시장(over-the-counter market)에서 거래되어 기업의 갱생과 함께 은행의 자금회수도 최대한 이루어질 수 있다.

1월 한보철강의 부도에 이어 3월에 삼미특수강이 부도났다. 한보철강 부도의 충격이 크자 대통령은 대기업의 부도를 내지 않고 원만히 수습하기를 원했다. 미국과 같이 부도지경에 몰린 기업과 은행이 협상을 통해 상호 이익이 되는 선에서 타협이 되도록 하자는 취지에서 4월에 부도유예협약제도를 금융단의 자율협정으로 만들게 했다. 금융기관의 경쟁적인 자금회수를 방지하여 기업의 경영안정을 도모하기 위한 것도 목적이었다. 은행의 부실채권을 조기에 정리하기 위해 정부 주도의 부실채권정리기금 3조 5,000억 원도 창설했다.

7월 15일 매출 12조 1,000억 원에 9조 7,000억 원의 부채[415]를 안고 있던 기아자동차는 부도유예협약에 들어갔다. 일단 부도를 면하게 되자 주채권은행인 제일은행과 한국산업은행의 자금지원 조건이었던 회장의 사표와 노조의 구조조정동의서를 두 달 동안 거부했다. 대통령선거를 앞두고 야당뿐만 아니라 정부와 여당도 기아자동차의 부도처리와 법정관리를 반대했다. 일부 시민들은 기아살리기범국민연합을 조직하고 '주식이 분산된 국민기업 기아자동차를 살리자'고 주장했다. 기아자동차는 언론과 여론 플레이를 통해 정부를 압박하고 경영진의 퇴진 없이 부도유예협약을 이용하여 자금지원을 받으려 했다.

기아자동차는 3개월을 끌다가 10월 22일 법정관리[416]를 확정했다. 기아자동차가 이렇게 버틴 배경은 대마불사의 요행수를 믿었던 것 같고, 12월 대통령선거를 이용하여 다음 정부까지 끌고 가서 기존의 경영자들이 계속 살아남는 방법을 도모하자는 전략이었던 것 같았다. 세계적 대기업인 기아자동차가 법정관리를 거부하며 석 달을 버티는 동안 우리의 대외신뢰도는 떨어질 대로 떨어졌다. 김선홍 기아자동차 회장은 결국 국민에게 사과하고 물러난 뒤 다음 해 법정에 서게 되었다. 대마불사의 함정을 빠져나오지 못한 것이 위기로 가는 도화선이 되었다.

8% 단일관세율의 탈출

우리의 조세제도는 단일관세율제도를 제외하고 대외경쟁력에 문제는 없었다. 경상수지의 급격한 악화를 불러온 요인의 하나였던 8% 단일관세율의 함정을 탈출하는 것도 핵심과제였다. 나는 1995년 재정경제원 세제실장 때와 1996년 관세청장 때 두 번 복수관세율 개편을 추진했지만 불발로 끝나고 1997년 재정경제원 차관으로 와서 세 번째의 시도 끝에 8% 단일관세율을 깨고 복수관세율로 개편했다.

단일관세율을 깨고 원자재는 낮추고 완제품은 선진국의 예에 따라 올렸다. 평균 관세율은 낮아졌지만 대외경쟁력에는 훨씬 유리했다. 원자재와 농산물은 일본, 완제품은 미국과 꼭 같은 관세율로 전면 개편하는 것을 원칙으로 하였다. 그렇게 할 경우 일본과 미국과의 통상마찰을 예방할 수 있고 다른 나라와의 마찰은 개별협상을 하면 된다. 섬유, 신발 등 경쟁력 위기산업의 기본관세율을 인상하여 공정한 경쟁여건을 조성하도록 하고 특히 크게 경쟁력을 상실한 중소기업의 경쟁력 강화에 주력하여 총 2,871개 세목 중 257개 품목의 세율을 조정했다. 나머지 2,000여 개 품목은 시간을 두고 산업 여건에 따라 단계적으로 개편하기로 했다.

복수관세율 개편의 주요 내용

- 기초원자재·중간재 인하(152개 품목) :
  - 천연고무·양모·원면 등 48개 비경쟁 기초원자재 2% → 1%,
  - 원피·팜유 등 18개 수입의존도가 높은 기초원자재 3% → 2%,
  - 수입의존도가 높은 국산 불가능 86개 중간재·부품 중 메탄올 등 8% 품목 → 5%, 항공기엔진 등 5% 품목 → 3%
- 구조조정 중인 가격경쟁력 취약품목 인상(69개 품목) :
  - 면직물, 합성직물 등 65개 의류 8% → 10-13-16%,

- 가죽신발 등 4개 신발류 8% → 13%
- 3년 이상 탄력관세 품목 및 역관세 품목 기본관세율 전환(36개 품목)
- 첨단산업용품에 대한 관세감면율을 10%에서 30%로 인상

복수관세율 개편으로 재정제도의 미비점이 보완되었고 우리의 조세 제도는 IMF 회원국 중 가장 잘된 제도로 평가받았고 재정의 건전성과 기업의 경쟁력에 문제는 없었다. 1977년 내가 실무자로 도입작업[417]을 하였던 부가가치세에 대해 IMF는 "세계 최고의 조세제도(the best tax system in the world)"[418]라고 평가했다. 우리의 10% 단일세율 부가가치세는 내국세입의 35% 전후[419]를 차지할 정도로 생산성이 높았고 아직도 30% 이상의 비중을 차지하고 있다. 부가가치세는 모든 거래단계에 걸쳐 상호검정(cross checking) 기능이 있어 소득세와 법인세의 탈루를 막아 한국의 재정은 흑자를 고민하는 해가 많았다. 양호한 재정상태는 우리가 1997년 경제위기를 극복하는 데 큰 힘이 되었고 아직까지 국가부채는 OECD 회원국 중 양호한 수준이다.

복수관세율로 개편한 후 관세율의 인상에 따른 통상마찰은 없었다. 가격경쟁력의 핵심변수인 관세율의 문제 때문에 경쟁력을 잃은 산업은 구조조정이나 전업도 못 하고 해외로 이전하거나 문을 닫고 난 후였다. 착오에 의해 탄생한 8% 단일관세율은 우리 경제에 엄청난 비용을 초래했고 이것을 바로잡는 데 세 번의 수고가 필요했으니 참으로 안타까운 일이었다. 엄청난 비용을 초래한 사람들은 시대를 타고 출세가도를 달렸으니 역사의 아이러니였다.

환율 920원, 보유고 500억 달러

고평가 환율의 함정

내가 재정경제원 차관으로 왔을 때 환율은 863원, 외환보유고는 297억 달러였다. 가장 시급했던 일은 환율을 수출포기점 수준인 920원까지 올리고, 외

환보유고를 경상지급의 3개월분인 360억 달러로 증액시키고 추가로 위기예방을 위해 500억 달러까지 확충하는 노력이었다. 실무진에게 환율은 조속히 920원 이상으로 올리고 보유고는 3월 중 360억 달러로 쌓고 6월까지 500억 달러로 확충하도록 지시하고 환율과 보유고 상황을 매일 보고받았다. 외환시장을 모니터하기 위해 실무진과 삼성, 현대, LG 등 외환거래가 많은 대기업과 핫라인을 만들도록 했다.

우리 실무진이 통상산업부, 관세청, 무역업계와 공동으로 조사한 1997년 상반기 제조업의 손익분기점 환율[420]은 900원 수준이었고, 엔화의 달러환율을 123엔으로 전제하고 내수비중과 원자재비중을 고려하여 추정한 최저 적정환율은 920원이었다. 1996년 기준 월 경상지급은 수입기준으로 120억 달러였고, 무역외지급을 포함하면 151억 달러였다. IMF가 권고하는 적정보유고는 경상지급의 3개월분이다. 수입기준 360억 달러이고 무역외지급을 포함하면 453억 달러였다.

1997년 2월 말 863원이었던 환율은 3월 말에 897원까지 올라간 후 5월까지 890원대에 묶여 있었다. 6월 들어 다시 880원대 내려갔다. 한국은행이 890원을 마지노선으로 잡고 더 이상의 상승을 억제했다. 한국은행 국제금융담당 이사에게 전화를 걸어 환율이 900원 넘어가도록 손대지 말라고 했다. 전화를 받은 간부는 "890원은 마지노선이다."라고 대답했다. 실질실효환율[421]을 기준으로 할 때 890원이 적정선이고 급격한 환율 변동은 바람직하지 못하다는 것이었다. 경상수지 적자가 감당하기 어려운 수준인데 어이없는 일이었다. 5월 이후 한국은행법 개정으로 감정이 악화된 탓에 협력이 쉽지 않았다. 그 간부에게 환율과 보유고에 대한 나의 뜻을 간곡히 전달했다.

실무진에게 한국은행과 협조하여 920원까지 손대지 말라고 다시 지시했다. 8월 들어 외국 은행의 자금회수가 가속화되자 환율은 다시 890원대로 올라갔고 8월 말에는 900원대로 올라갔다. 홍콩의 주가가 10.4% 폭락한 10월 23일 내가 지시했던 920원을 넘었지만 이것은 동남아 외환위기가 북상 중이던 때였다.

환율 및 외환보유고 변동 추이

(억 달러)

월	1996 원/달러	1996 보유고	1997 원/달러	1997 보유고
1	784.30(-1.2)	332.6	861.30(-2.0)	309.7
2	780.70(-0.8)	351.2	863.90(-2.3)	297.6
3	782.70(-1.0)	334.5	897.10(-5.9)	291.5
4	778.70(-0.5)	359.3	892.10(-5.4)	298.3
5	787.90(-1.7)	362.4	891.80(-5.3)	319.0
6	810.60(-4.4)	365.6	888.10(-4.9)	333.2
7	813.30(-4.7)	350.6	892.00(-5.4)	336.7
8	819.40(-5.5)	335.6	902.00(-6.4)	311.4
9	821.20(-5.7)	328.4	914.80(-7.7)	304.3
10	831.30(-6.8)	322.3	965.10(-12.5)	305.1
11	828.70(-6.5)	323.2	1,163,80(-27.5)	244.0
12	844.20(-8.2)	332.4	1,415,20(-40.3)	204.1

자료: 재정경제원. 괄호 안은 전년 말 대비 변동률(%).

11월 19일 우리가 IMF에 가지 않는다고 발표한 날 환율은 처음 1,000원대를 돌파했다. IMF 자금지원 요청을 발표한 11월 21일 환율은 1,100원대를 돌파하고 IMF 자금요청 의향서에 서명한 12월 3일 1,200원대를 돌파했다. 12월 15일 1,700원대를 돌파한 환율은 12월 24일 1,964.80원으로 최고점에 달했고 12월 31일 1,415.20원으로 마감했다.

1997년 상반기에 환율을 방어하기 위해 1달러도 쓰지 못하게 하고 외환보유고 확충을 위해 많은 노력을 했다. 외환보유고는 은행의 중장기 차입한도를 폐지, 기업의 해외주식연계증권 발행한도의 폐지, 외국인투자기업의 외화운전자금 차입허용 등의 조치로 5월에 319억 달러로 늘어났고 6월 말 333억 달러까지 갔으나 500억 달러 목표는 불가능했다. 한보철강 부도 이후 이미 대외신인도에 문제가 생겨 금융기관의 해외차입이 어려워지고 있었기 때문이었다.

외환보유고는 7월 336억 달러를 피크로 8월부터 외국 은행의 자금회수가 가속화되자 하향곡선을 걸었고 11월 말에는 244억 달러, 국내은행 예치를 제외한 가용보유고는 72억 달러로 격감했다.

10월 들어 환율상승과 외화유출은 양날의 칼이 되어 이러지도 저러지도 못하는 궁지에 빠졌다. 해외차입이 끊어진 상태에서 환율이 급격히 올라가자 외환투기와 함께 외화유출은 가속화되었다. 환율을 가능한 한 빨리 대외균형을 유지할 수 있는 수준인 920원으로 올린 다음 그 수준을 유지해야 경상수지 흑자 전환과 함께 외환투기를 막을 수 있었는데 질질 끄는 바람에 외환투기를 부추기고 외환보유고도 고갈되어갔다. 11월부터는 우리가 할 수 있는 것이 아무것도 없었다.

1996년 경상수지 적자 238억 달러는 정부가 갖고 있는 가장 강력한 정책변수인 환율의 적절한 운용에 실패했기 때문이었다. 환율운용에 실패한 요인은 단기자금의 과도한 유출입을 관리하지 못했기 때문이었다. 한국은행은 환율을 방어하기 위해 선물환까지 푸는 방향착오를 하면서 금리는 손대지 않아 금리와 물가에 대한 도그마를 벗어나지 못했다. 물가안정을 목표로 하는 중앙은행의 속성이 평가절상이라는 것을 이해한다 하더라도 한국은행의 행태는 너무 큰 실책이었고 금융감독체제 개편을 둘러싼 한국은행과의 갈등은 협력을 어렵게 했다. 정상적일 때는 몰라도 위기를 앞두고 환율을 중앙은행에 위임해서는 안 되고 더구나 시장에 맡겨서도 안 된다.

고평가 환율의 함정에 빠진 것이 위기의 가장 큰 요인이었다. 경상수지는 경제의 종합건강지수이고, 환율은 나라경제를 지키는 주권이다. 위기국면에서 평가절하와 외화유출은 양날의 칼이지만 경상수지를 개선하기 위해 절하를 우선할 수밖에 없다. 환율은 수출, 수입, 임금에 결정적인 영향을 미치는 가장 강력한 변수이기 때문이다. 1985년 9월 22일 뉴욕 재무관으로 근무할 때 일본 엔화환율을 배로 절상시킨 플라자합의를 보고 환율관리는 주권행사라는 것을 절실히 느꼈다.

환란의 도화선, 종합금융회사

아시아 외환위기에서 가장 큰 고통을 당한 한국, 태국, 인도네시아는 1996년까지 선진국, 특히 일본의 낮은 금리의 단기자금을 과도하게 차입하여 높은 금리의 장기대출을 하였다. 1997년 썰물 같은 선진국의 자금유출은 아시아 금융시장을 초토화했다.

1996년 자금시장 단기금리는 양도성예금증서(CD, 90일)를 기준으로 보면 미국은 5.58%, 일본은 제로금리대인 0.56%로 낮았다. 외환위기가 일어나기 전 1996년 단기차입금은 720억 달러로 1991년 112억 달러에 비해 594.5%나 폭발하였다. 당시 한국의 양도성예금증서(CD, 91일)의 금리는 12.63%였기 때문에 미국과 일본의 단기자금에 대한 수요는 사실상 무한대였고 저금리의 유혹은 만기불일치의 위험보다 훨씬 컸다.

1996년 우리의 대외채무는 1,448억 달러였고 단기채무는 그 48.5%인 702억 달러였다. 역외금융과 국외점포의 차입을 포함한 금융기관의 해외차입금은 1,227억 달러였고 단기차입은 그 63.5%인 780억 달러였다. 종합금융회사는 차입금 200억 달러 중 단기차입이 64.5%인 129억 달러로 추계되었다. 당시 해외차입금의 용도는 1년 이상의 시설자금으로 제한되어 있었기 때문에 해외 단기차입금 780억 달러는 만기불일치 상태에 있었다. 1997년 60%가 넘

한국·미국·일본의 단기금리와 한국의 대외채무 추이
(%, 억 달러)

		1991	1993	1995	1996	1997	1998
단기금리	한국	18.54	12.96	14.05	12.63	13.38	15.52
	미국	4.09	3.36	5.64	5.58	5.70	4.94
	일본	5.66	2.09	0.57	0.56	1.33	0.75
대외채무		397.3	472.0	1,089.3	1,448.4	1,616.2	1,515.6
(단기)		112.0	122.0	513.6	702.7	414.0	359.7

자료: 한국은행(한국은 91일, 미국과 일본은 90일 양도성예금증서 유통수익률).

1996년 대외채무, 해외차입 현황

(억 달러, %)

	대외채무	금융기관차입	종합금융차입
대외채무	1,448.4	1,227	200
(단기)	702.7	780	129
단기차입비율	48.5	63.5	64.5

자료: 재정경제원(금융기관에는 외국 은행 지점과 종합금융회사 포함, 역외금융과 국외점포의 차입은 금융기관 차입에 포함)

는 해외 단기차입이 1년 이상의 대출로 묶여 있는 상태에서 375억 달러의 해외유출은 감당이 불가능하였다. 특히 종합금융회사는 1997년 들어 신규차입이 불가능했고 장단기차입에 관계없이 만기연장도 불가능하였다. 1996년 말 국내금융기관의 전체 금융자금 대출 163조 7,000억 원 중 할인어음, 무역금융, 당좌대월 등 1년 이내 단기대출은 35조 2,000억 원으로 21.5%였고 나머지 88.5%는 1년 이상의 장기대출이었다.

1997년 종합금융회사는 30개에 달했다. 1982년 금융자율화 조치에 의해 단기어음할인을 주 업무로 하는 단기금융회사는 32개까지 늘어났는데 1992년에 선발 8개 단기금융회사가 은행과 증권회사로 전환했고, 1994년 9개 지방 단기금융회사와 1995년 나머지 15개 단기금융회사가 모두 종합금융회사로 전환하여 1996년에는 기존의 6개 종합금융회사와 합쳐 30개나 되는 종합금융회사로 늘어났다. 외환 업무 경험이 없었던 24개 전환 종합금융회사들은 장기외화차입보다 단기외화차입이 금리가 싸고 쉬웠기 때문에 단기차입금의 리스크도 제대로 모르고 닥치는 대로 차입하여 수익성이 높은 장기대출을 했다. 1996년 일본의 양도성예금증서(CD, 90일) 금리는 0.56%, 프라임레이트는 1.63%였고, 미국의 양도성예금증서(CD, 90일) 금리는 5.58%, 프라임레이트는 8.25%로 한국에 비해 크게 낮았고 단기금리는 더 낮았다. 한국의 양도성예금증서(CD, 91일) 금리는 12.63%, 기업대출평균금리는 10.98%였는데 금리 수준도 높았고 단기가 높은 구조였다.

종합금융회사들은 단기차입금을 볼링설비리스로 운용하여 읍 단위까지 볼링붐을 일으켰고 엄청난 국제수지의 적자요인을 만들었으니 어처구니없는 일이었다. 국제금융시장에 겁 없이 경쟁적으로 뛰어든 종금사들은 단기차입으로 태국, 인도네시아, 러시아 등의 정크본드(junk bond)까지 샀고 동남아에 외환위기가 들이닥치자 고스란히 떼이고 말았다.

종합금융회사들은 한보철강 부도로 한국의 대외신인도가 떨어진 후 신규차입이 중단되자 7일 이내의 초단기차입으로 하루하루를 넘기다가 기아자동차 부도사태가 터지고는 1일자금(over night)으로 허덕이게 되었다. 홍콩의 금융시장에서 종합금융회사들은 금리, 금액, 기간을 불문하고 돈을 빌리려 홍콩의 이 골목 저 골목을 누비고 다니는 떼거지라는 보도까지 나오게 만들었다.

당시 종합금융회사에 대한 감독 업무는 개별 업무에 따라 은행법, 증권거래법, 증권투자신탁업법, 종합금융회사에 관한 법률, 단기금융업법, 시설대여업법, 외국환관리법, 외자도입법 등에 따라 재정경제원의 자금시장과, 산업금융과, 증권업무과, 국제금융과 등에 흩어져 있었고 검사 업무도 재정경제원 감사관실, 은행감독원, 증권감독원, 신용관리기금 등에 분산되어 있었다. 체계적이고 종합적인 감독은 부재한 상태였고 통합된 정보도 없었다.

기아자동차 부도사태 후 8월 들어 외화유출이 심각해졌을 때 종합금융회사의 외화차입상태[422]는 부도 지경이었다. 외화부족이 심각한 12개 종합금융회사에 대해 외환보유고를 가지고 15억 달러를 지원했다. 10월에는 대기업 부도사태가 이어지자 기아자동차의 주거래은행인 제일은행에 대한 1조 원의 한국은행 특별대출[423]과 함께 자금난이 심각한 16개 종합금융사에 대하여도 1조 원의 한국은행 특별대출까지 했다. 한국은행은 최초로 종합금융회사에 특융을 하게 되었다.

우리는 위기를 당한 적이 없어 장단기 외채관리를 소홀히 했다. 장기차입보다 금리가 싸다고 단기차입을 위험한 줄 모르고 자율화하는 큰 실수도 범했다. 금융자율화를 위해 규제를 풀었으면 감독은 더 철저해야 하는데 감독마저 풀어버렸다. IMF는 이것을 두고 규제(regulation)와 감독(supervision)을 혼동하여 모두 다 풀어버렸다고 충고했다.

종합금융회사는 머천트뱅크(merchant bank)라는 이름을 달고 우리나라 모든 금융기관의 대외신뢰도를 바닥으로 추락시키고 은행의 단기차입마저 끊기게 하는 계기를 만들었다. 단자회사에서 무더기로 전환된 24개 종합금융회사는 엄청난 화를 자초한 후 결국은 모두 퇴출되는 운명을 맞았다. 우리는 780억 달러에 달하는 단기차입의 함정에 빠졌고 종합금융회사는 환란의 도화선이 되었다.

일본은 머나먼 이웃이었다
급격한 단기자본유출

1996년까지 저금리를 타고 쓰나미같이 밀려온 단기차입금은 1997년 위기가 닥치자 태풍이 쓸려가듯이 허무하게 날아갔다. 629억 달러의 단기캐리자금 중 375억 달러가 1년 만에 급속히 유출되는 상황은 어떤 수단으로도 감당할 수 없는 태풍이었다. 금융시장이 개방된 후 처음 일어난 일이었기 때문에 과거에 상상하지 못한 사태였다.

1997년 3월부터 우리 금융기관의 해외차입금리는 오르기 시작했고 신규 자금의 차입은 중단되기 시작했고 8월부터는 자금회수가 시작되었다. 1996년 말 국내 13개 은행의 해외차입금 945억 달러 중 단기차입은 629억 달러였는데 1997년에 375억 달러가 회수되었다. 최대 단기차입선이었던 일본의 경우 단기차입 218억 달러의 60%인 130억 달러를 회수하였다. 유럽은 173억 달러 중 45%인 76억 달러, 미국은 56억 달러 중 38%인 21억 달러를 회수하였다. 일본의 자금회수는 너무 컸고 너무 빨라 감당할 수 없었다.

당시 한국의 단기자금 시장금리는 12.63%로 미국의 5.58%와 7%p의 차이가 났고 일본의 0.56%와 12%p의 차이가 났기 때문에 해외단기자금의 차입은 1991년 112억 달러에서 외환위기가 일어나기 전 1996년에 6배에 가까운 702억 달러로 폭증하였다. 일본의 제로금리로 쓰나미같이 밀려온 엔캐리자

국내은행의 외화차입 현황

(억 달러)

	1996 말	1997 말	증감
단기차입	629.7	253.9	-375.8(-59.7)
(일본계)	218.8	88.0	-130.8(-59.8)
(미국계)	56.7	34.9	-21.8(-38.4)
(유럽계)	173.0	96.1	-76.9(-44.5)
(기타)	181.2	34.9	-146.3(-80.7)
중장기차입	315.9	375.3	59.4(18.8)
합계	945.6	629.2	-316.4(33.5)

주: 1) 13개 국내은행 기준, 2) 국내은행 해외점포 역외계정 포함, 3) 기타에 CP 포함, 4) 괄호 안은 증감률(%).

금이 그렇게 빨리 회수되리라고 믿지도 않았다.

우리는 해외단기자금의 급격한 회수를 막기 위해 많은 노력을 했다. 나는 1997년 4월 런던에서 열린 유럽부흥개발은행(EBRD) 총회에서 국제수지 개선과 금융구조조정을 위한 노력을 설명했다. 한국과 거래가 많은 HSBC, 바클레이즈, 스탠다드차타드를 찾아가 한국과의 지속적인 거래를 당부하고 유동성 문제가 있는 은행에 대한 정부의 보증을 약속했다. 한국전쟁 참전용사였던 퍼브스(William Purves) HSBC 회장은 IMF의 긴급유동성조절자금을 받은 적이 있는 영국의 경험을 상기시키면서 단기차입이 중단된 이유는, 첫째 한국의 전투적 노조에 많은 우려를 하고, 둘째 한보철강의 거액 부도사건과 뇌물사건을 보고 한국기업의 투명성에 대한 의구심이 커졌으며, 셋째 예측할 수 없는 북한을 걱정하기 때문이라고 말했다. 런던에서의 하루하루[424]는 길고 우울했다. 암스테르담의 ABN암로은행(ABN Amro Bank)의 칼프(Peter Jan Kalff) 회장을 만나 런던에서 한 말과 꼭 같은 말을 했지만 대답은 우울했다. 7월 제네바에서 열린 유엔 경제사회이사회(UN ECOSOC)[425]에 가는 길에도 한국과의 지속적인 거래를 부탁하기 위해 취리히의 크레디트스위스(Credit Suisse)와 스위스은행(Swiss Bank)을 들렀다.

6월 말 외환보유고가 333억 달러까지 올라가고 동남아의 외환위기와 기아자동차의 부도가 가시화되기 전이라 올라가던 차입금리가 약간 내려가기 시작하여 분위기는 런던에서보다 다소 호전되었다. 시중은행의 단기차입금

의 가산금리(spread)는 3월 말 38bp에서 5월 말 61bp까지 올라갔다가 7월에
는 50bp까지 떨어졌다. 환율이 900원대를 돌파하고 외환보유고를 360억 달
러로 확대한다면 어려움을 극복할 수 있으리라는 자신감이 들었다. 스위스
은행은 당시까지만 해도 한국의 은행에 대해 필요 시 인출할 수 있는 대기성
자금에 대해 적극적인 입장을 갖고 있었다. 기아자동차의 부도가 발표되고
태국에 외환위기가 닥친 7월 말에 가서는 스위스은행도 우려로 돌아섰고
다시 사정이 악화되기 시작했다. 9월 11일 외국은행단 회의에 나가 정부의
금융시장 안정 노력을 설명하고 "1985년 뉴욕의 세계외채회의에서 한국은
외채를 1달러도 떼먹지 않은 세계 유일의 나라로 인정받았다."라는 사실을
지적하며 급격한 자금회수의 자제를 요청했다. "필요할 때 친구가 진정한
친구다. 우리는 오늘을 결코 잊지 않겠다."라는 말도 했다. 일본은행 지점장
들은 9월 말 결산을 앞두고 BIS 기준 자기자본비율 8%를 지키려는 본점의
지시 때문에 자금회수가 불가피하다는 대답이었다. 일본도 1997년 중 은행,
신탁, 증권, 보험회사 등 8개 금융기관이 도산할 만큼 어렵기는 했다.

국내금융시장을 안정시키고 자금유출을 방지하기 위해 3월부터 무려 14
차에 걸쳐 금융시장 안정대책을 추진했지만 1997년 10월 23일 홍콩 증권시
장의 대폭락이 있은 후 홍콩의 금융시장마저 경색되자 단기차입의 길이 사
실상 막혀버렸다. 1997년 회수해간 해외 단기차입 375억 달러 중 일본은
130억 달러를 회수했다. 뉴욕의 블룸버그통신이 11월 5일 한국의 외환보유
고는 150억 달러밖에 안 되고 외채 1,100억 달러 중 연내 만기도래분이 800
억 달러가 된다는 과장된 보도를 내보낸 후 사태는 걷잡을 수 없게 돌아갔
다. 일본은 이 보도가 나간 후 11월 19일까지 2주간에 걸쳐 13억 달러를
회수했고 12월까지 70억 달러를 회수했다.

11월 21일 우리가 IMF 구제금융을 신청하는 날 국제금융국장 시절부터
알고 지내던 사카키바라 일본 대장성 국제금융담당 차관에게 전화를 걸어
IMF 자금을 인출할 때까지 100억 달러 정도의 연결차관(bridge loan)을 요청
했다. 대답은 '적절한 과정(through the due course)'을 통해 'IMF의 틀(in the

framework of IMF)'에 따라 지원할 것이고 미국과의 합의가 중요하다고 했다. IMF 구제금융이 합의되기 전날인 12월 2일 쿠알라룸푸르에서 열린 ASEAN+6 재무장관회의에서도 사카키바라 차관을 만나 급속한 자금회수의 자제를 요청했지만 일본 금융기관의 도산이 줄을 잇고 있어 정부도 어쩔 수 없다는 대답이었다. 12월 3일 583억 달러의 IMF 구제금융이 합의되기 전후 일본은행이 70억 달러를 집중적으로 회수함으로써 모라토리엄의 우려가 제기되고 있던 12월 19일 나는 지푸라기라도 잡는 심정으로 사카키바라 차관에게 다음과 같은 내용을 포함한 편지를 보냈다.

> "I would like to request your kind consideration on recent hesitation by the Japanese banks to roll over short-term debts of Korean financial institutions due this month, which gives us great concern since its size is comparatively larger than borrowings from banks in other regions. The thing that worries us more is the fact that Japanese banks are accelerating the withdrawal of their loans to Korean banks since December 10, 1997, which could jeopardize the stability of the foreign exchange situation of Korea leading to the difficulties in implementing the IMF package as envisaged."

일본에 대한 세 번의 노력은 아무 결과도 없었고 씻을 수 없는 부끄러움만 안겨주었다. '잃어버린 10년'을 맞고 있었던 일본은 1997년 은행, 증권회사와 보험회사 등 8개 금융기관[426]이 도산하고 주가는 21.19% 폭락하는 어려움이 있었지만 아시아 외환위기에 대한 그들의 책임은 크다. 1985년 플라자합의는 일본의 과도한 경상수지 흑자의 누적이 부른 보복이었고 그 결과가 '잃어버린 10년'이었다. 아시아에서 보인 일본의 행태는 그들이 당한 응징을 이웃나라에 수출하는 결과였다. 필요할 때 친구는 없었다(There was no friend in need). 햇빛 쨍쨍할 때 재빨리 우산을 빌려주고 비 올 때 최고 속도로 회수한 바다 건너 일본은 머나먼 이웃이었다.

위기를 앞두고 내분으로

금융개혁의 좌절

김영삼 대통령은 임기를 1년 앞두고 1997년 연두기자회견에서 대통령 직속으로 금융개혁위원회를 기업인, 민간인 등으로 구성하고 금융개혁을 추진하겠다고 발표했다. 임기 말에 발표된 금융개혁은 '금융감독기구의 설치 등에 관한 법률', '한국은행법' 등 20개 금융 관련 모든 법[427]을 개정하는 빅뱅이었다. 레임덕에 걸릴 수밖에 없는 임기 말의 강수였다.

1997년 당시 우리의 금융은 금융감독, 재무구조, 대외경쟁력, 대출관행의 모든 분야에서 낙후된 상태였다. 1) 금융의 자율화, 개방화, 글로벌화 추세에 상응한 규제와 감독체계는 미흡한 상태였고, 2) 기업의 과도한 부채경영으로 인한 부실채권이 누적되어 금융기관의 재무구조는 최악의 상태에 있었고, 3) 악화된 재무구조에 따라 금융기관의 대외신뢰도가 저하되어 대외경쟁력이 크게 취약했고, 4) 물적담보에 의한 대출관행이 고착되어 무모한 기업 확장에 대한 견제역할을 하지 못했다. 위기의 뇌관이 되었던 한보철강의 경우 60개, 기아자동차의 경우 100여 개의 금융기관이 관련되어 있었으나 통합된 정보와 감독이 없었다. 24개 종합금융회사가 무분별하게 해외진출을 확대하여 단기외화차입을 급격히 증가시켰다. 이러한 문제를 해결하기 위해 추진한 20개에 달하는 금융개혁법의 핵심은 '중앙은행에 관한 법률'과 '금융감독기구의 설치 등에 관한 법률' 2개였다. 내가 실무진과 함께 미국의 연방준비제도(Federal Reserve System, FRS)와 통화감독청(Office of the Comptroller of the Currency, OCC)을 모델로 하여 만든 중앙은행과 감독기구의 개편에 관한 주요 내용은 다음과 같다.

한국은행 개편의 주요 내용은 1) 한국은행법을 대체하여 '중앙은행에 관한 법률'[428]을 제정하고, 2) 미국 연방준비제도위원회(Board of Governors of the Federal Reserve System) 같은 정책결정기구로서 금융통화위원회를 만들고 그 아래 집행기구로서 특수법인 한국은행을 두고, 3) 금융통화위원회 의장은 국무회의 심의를 거쳐 대통령이 임명하고 한국은행 총재를 겸임하며, 4) 재정경제원 장관에게 의안제안권, 재의요구권과 차관의 열석발언권을 주고, 5) 외환 업무는 재정경제원 소관으로 하고 중앙은행은 필요할 때 협의하도록 하는 것이었다.

금융감독기구 개편의 주요 내용은, 1) 재정경제원 아래 모든 금융기관의 감독을 담당하는 단일 금융감독청[429]을 신설하고, 2) 금융감독에 대한 법령제정권과 금융기관 인가권은 재정경제원에 두고, 3) 과도기적으로 금융감독위원회를 설치하여 은행·증권·보험감독원을 관할하되, 4) 3년 후 금융감독위원회와 은행·증권·보험감독원을 통합하고, 5) 모든 금융기관의 예금을 보호하는 통합예금보험기구를 설치하는 것이었다.

이런 개편안은 금융개혁위원회와 여당과의 협의과정에서 '중앙은행에 관한 법률'은 '한국중앙은행법'으로 하고, 은행감독권을 한국은행으로부터 분리하되 금융감독청 설치는 추후 추진하고, 과도기적으로 금융감독위원회와 통합금융감독원을 두는 세 가지를 조정하고 국회에 제출하였다.

6월에 확정한 금융개혁법에서 한국은행에 속해 있던 은행감독원을 분리하게 되자 한국은행은 파업불사를 선언하고 은행감독원 분리에 동의해준 총재를 배신자로 낙인찍고 퇴진운동을 벌이는 지경에 이르렀다. 한국은행의 분란은 다가오는 위기를 앞두고 재정경제원과의 협력은커녕 갈등을 크게 일으켰다. 한국은행은 환율도 890원이 마지노선이라고 버텼다. 시중 자금사정이 나빠 국고여유자금 1조 원을 풀었는데 그날 한국은행이 통화안정증권으로 흡수해버린 고의성 짙은 일도 벌어졌다. 한국은행 간부들은 성명을 통해 "금융불안을 극복하기 위해 금융감독기구의 통합을 포함한 금융개혁 관련 법안의 국회통과가 시급하다는 정부의 주장은 사실이 아니다."라고 반박하기도 했다. 협력을 해도 갈 길은 먼데 내분사태로 치달았다. 한국은행의 전직 총재들이 국회 앞에서 반대 데모하는 뉴스가 세계로 타전되었다.

20개의 금융개혁법 중 쟁점이 적었던 부실자산정리기금법 등 7개법은 7월 임시국회에서 통과되었고, 논란이 되었던 한국중앙은행법, 금융감독기구의 설치 등에 관한 법률 등 13개 금융개혁법은 8월 말에 제출되었는데도 9월 말 공청회, 10월 말 재무위원회 상정, 11월에 가서야 법안심사소위원회가 열렸다. 정치권의 관심은 12월의 대통령선거에 집중되어 있었다. 정부가 대외신뢰도 유지를 위해 금융개혁법 처리가 시급하다고 해도 여야당 모두 시기상조라거나 연기를 주장하는 분위기가 많았다. 금융개혁법에 대해 여당인 신한국당도 득표에 도움이 되지 않는다고 해서 관심이 없었고 대통령마저 탈당을 요구한 상태였다.

환란을 앞두고 일어난 한국은행과의 내분사태는 대외신인도 하락에 큰 영향을 미쳤다. 한국은 역시 행동은 없고 말만 무성했고, 리더십 공백의 나라라는 것을 온 세계에 알리는 결과가 되었다.

11월 17일 야당은 재정경제위원회에 불참하고 여당은 금융개혁법의 단독 처리를 주저했다. 11월 18일 정기국회는 끝나고 외환위기는 다가오는데 금융개혁법은 허무하게도 표류하고 말았다. 나는 18일 아침 서울을 출발하여 오후 베이징에서 한·중 경제차관회의[430]에 참석했다가 다음 날 19일 아침 강경식 부총리의 경질 연락을 받은 후 나머지 일정을 취소하고 귀국했다. 강경식 장관이 물러난 이유는 정확히 알려지지 않았지만 몇 가지 정치적 사연[431]이 이유였다고 추정되었다. 위기관리를 하던 한국경제호는 선장이 바뀜으로써 혼란도 가중되었다.

나는 8월 중순부터 매일 환율과 외환보유고를 챙기는 한편 11월 들어 예산과 금융개혁법 통과를 위해 매일 아침부터 자정이 넘도록 국회에서 살았다. 11월 3일 재정경제위원회 소위원회에서 세법과 금융개혁법의 심의가 시작되고, 11월 10일 예결위의 예산안 부별심의가 열렸다. 내가 책임져야 하는 예산결산소위원회, 세법심사소위원회, 금융개혁법심사 소위원회가 동시에 진행되었기 때문에 몸이 3개는 되어야 감당할 수 있었다. 그 많은 수고는 허사였고 경제에도 임기와 레임덕은 있었다. 11월 19일 IMF 구제금융 요청을 발표하기로 했다.

모든 노력은 수포로 돌아가고

1997년 7월에 발생한 태국, 인도네시아의 외환위기는 연쇄적인 환매사태에 의해 10월에는 홍콩과 대만으로 파급된 후 11월에는 한국으로 전파되었다. 한국에도 동남아시아와 같이 단기캐리자금의 급격한 유출입이 있었다. 선진국의 싼 단기자금으로 아시아에 비싸게 장기대출을 하는 캐리트레이드가 도관이었다.

금융기관은 해외의 단기자금으로 위험한 장기대출을 함으로써 유동성의 만기불일치를 불러왔고, 기업은 차입자금으로 과도한 투자와 자본재의 수입에 나서 경상수지 적자는 급격히 쌓여갔고, 해외의 단기캐리 자금은 증권시장에도 불을 붙였다. 어느 날 과도한 차입을 한 기업의 부도사태가 일어나고 금융기관의 부실채권이 누적되자 신뢰도 추락이 일어나고 해외투자자들이 탈출하기 시작했다. 단기캐리자금이 만든 거품과 파열의 순환이 한국에도 일어났다.

1996년 한국의 대외채무는 1,448억 달러, 단기외채는 702억 달러, 경상수지 적자는 238억 달러였다. 제조업의 부채비율은 317%였고 30대 대기업그룹의 부채비율은 382%나 되었다. 1997년 대기업부도가 이어지자 375억 달러의 해외차입금이 썰물같이 빠져나갔다.

1997년 우리의 경제위기는 대기업의 연이은 부도, 제2금융권의 무차별적인 자금회수, 금융기관의 부실채권 급증과 대외신뢰도 급락, 외국 금융기관의 급속한 자금회수로 이어졌다. 유동성위기의 전개과정은 다음과 같다.

첫째, 한보철강, 기아자동차 등 대기업의 연이은 부도가 과도한 차입경영의 한계를 노출하였다. 외형 위주의 차입경영, 과다한 단기차입, 비전문분야에의 진출 등 과도한 차입경영이 실상을 드러내게 되었다.

둘째, 대기업의 부도사태는 무담보대출을 주로 하는 제2금융권의 급속한 자금회수로 자금경색이 가속되었다. 1997년 종합금융회사는 총어음할인액의 25% 정도인 6조 4,000억 원을 회수하였다. 부실기업뿐 아니라 흑자기업의 도산도 많았다.

셋째, 기업부도는 금융기관의 부실채권을 1997년 11월 말 38조 2,000억 원으로 증가시켰고 부실채권의 누적은 대외신뢰도를 추락하게 만들었다. 해외차입금리가 급격히 상승하다가 결국에는 신규차입이 사실상 중단되는 사태로 이어졌다. 1997년 이후 우리나라의 신용등급을 무디스는 6단계(A1→Ba1), S&P는 10단계(AA- → B+)까지 하향조정하는 결과로 이어졌다. 가산금리는 한국산업은행 10년 채권의 경우 1996년 말 60bp에서 1997년 12월에는 10배가 넘는 650bp로 폭등하여 신규차입이 중단되었다.

넷째, 해외차입의 중단에 더하여 외국 금융기관의 급속한 자금회수도 초래되었다. 대기업그룹 기아자동차의 부도사태 이후 국내기업들의 재무제표가 국제기준의 투명성을 결여하고 있다는 사실이 확인되자 1997년 8월 이후 만기상환 연장을 거부하고 10월부터 증권시장에서도 외국인 투자자금을 급격히 회수하기에 이르렀다.

11월 5일 블룸버그통신이 한국의 외환보유고는 150억 달러밖에 안 되고 외채 1,100억 달러 중 연내 만기도래분이 800억 달러가 된다는 과장된 보도를 내보낸 후 사태는 걷잡을 수 없게 돌아갔다. 11월 16일 일요일 저녁 인터컨티넨탈호텔에서 강경식 재정경제원 장관은 극비리에 입국한 캉드쉬 IMF 총재를 만나 긴급유동성조절자금을 요청했다. IMF 총재가 방한했다는 사실 자체가 미칠 파장을 생각하여 김포공항 화물창고를 통하여 극비리에 입국했다. 이때 합의된 금액은 300억 달러였다.

1997년 우리의 모든 노력은 수포로 돌아가고 11월 21일 우리는 IMF 구제금융을 신청했다. 1997년 들어 국내 13개 은행의 해외 단기차입금 629억 달러의 60%인 375억 달러를 회수하는 것을 감당할 수 없었다. 경기침체와 대량해고가 일어나고 은행들이 헐값으로 해외로 팔려가는 혹독한 시련의 시작이었다. 나는 1997년 'IMF사태'에 온몸으로 부딪쳤고, 위기는 나에게 많은 상처와 교훈을 남겼다. 재정경제원 차관으로서 아시아 외환위기와 싸웠던 나는 결코 그날들을 잊을 수 없다.

17

강요당한 변화

::: IMF 구제금융

1997년 미국 컨설팅회사 부즈 앨런 앤드 해밀턴이 "한국은 저임금의 중국과 고기술의 일본의 호두가위에 낀 호두 같은 운명이다. 스스로 변하지 않으면 종국에는 변화를 강요당할 것이다."라고 충고한 대로 우리는 외세에 강요된 변화를 당했다. 《월스트리트저널》이 "한국에 가장 필요한 상품은 달러보다 리더십이다."라고 지적한 대로 리더십은 부족했다.

나는 1997년 IMF의 구제금융을 지원받기 위한 협의를 하게 되었다. 외세에 의해 강요된 변화이지만 호두가위에 낀 호두의 운명에서 벗어나기 위한 행동하는 리더십(leadership with deeds)을 보여주지 않으면 안 되는 역할이었다. 나라의 명운이 걸린 엄중한 일이었고 나중에 역사의 심판대에 서야 할 각오가 필요한 역할이었다.

IMF의 구제금융에 관한 협상의 기본 포지션은 '강요당한 변화'를 '능동적인 변화'로 만드는 것으로 했다. 대외신뢰도 회복과 국제수지 개선을 최우선 목표로 하여 우리의 실책을 전제로 IMF와 미국의 의견을 적극적인 자세로 받아들이기로 했다. 과거 실무자 시절 IMF와 재정금융 정책에 관한 협의를 하고, 미국과 금융개방협상을 하면서 피할 수 없는 시련은 적극적으로 대응하는 길이 최선이라는 것을 알았다. 우리는 '호두가위에 낀 호두'의 운명에서 벗어날 수 있는 '행동하는 리더십'을 보여주고 '숨겨진 축복'을 '드러난 축복'으로 만들어야 된다고 생각했다.

지구촌시대에 폐쇄적인 사고로는 경쟁에서 살아남을 수 없다. 20세기를 앞두고 쇄국의 길을 택한 우리는 국권을 상실하는 아픔을 겪었다. 세계경제의 중심으로 성장하고 있는 동북아에서 일본과 중국의 경제적 호두가위를 극복하지 못하면 깨질 형국이었다. 중국은 시장경제에 편입하여 세계의 공장으로 성장하고 있고 일본은 세계 최고 수준의 제조업을 갖고 있다. 우리는 어디로 가야 하는가의 기로에 서게 되었다.

3일간의 망설임

IMF 자금요청

1997년 7월 28일 태국이 IMF에 구제금융을 신청하였고, 10월 8일 인도네시아가 구제금융을 신청한 데 이어, 11월 21일 한국이 세 번째로 구제금융을 신청하였다. 한국은 당초 11월 19일 강경식 재정경제원 장관이 구제금융 신청을 발표할 계획이었으나 임창열 장관으로 교체되는 과정에서 3일간의 망설임이 있었다.

11월 19일 오후 3시에 취임한 임창열 장관은 6시에 〈금융시장 안정 및 금융산업 구조조정 종합대책〉을 발표했다. 주요 내용은 환율변동폭을 하루 2.25%에서 10%로 확대하고, 부실채권정리기금을 3조 5,000억 원에서 10조 원으로 확대하고, 3년간 한시적으로 예금의 원리금보장을 2,000만 원에서 전액으로 확대하고, 부도상태인 종금사의 외환 업무를 정지시키고, 부실은행·종금·신용금고에 대한 경영개선명령과 인수·합병·폐쇄를 추진하는 것이었다. 물러난 강경식 장관이 19일 오후 5시 발표를 위해 만든 것에서 달라진 것은 환율변동폭을 15%에서 10%로 낮추고, IMF 구제금융을 요청한다는 내용이 빠진 것이었다. 당초와 달리 정부가 국채를 발행하거나 한국은행이 중앙은행 간 협조융자를 추진하겠다는 것이 추가되어 발표되었다. 임창열 장관은 "이번 발표한 안정대책으로 국제금융시장의 신뢰를 회복할 수 있고 이에 따라 국제금융계가 협력하면 IMF 자금지원 없이도 외환위기 해결이 가능하다."라고 말하고 "세계 11대 교역국인 한국이 잘못되면 미국과 일본도 문제에 부딪히게 될 것"이라는 말도 추가했다.

그날 저녁 임창열 장관은 르네상스호텔에서 재정경제원과 한국은행의 실무진과 회의[432]를 열었다. IMF와 IBRD에서 이사로 근무한 적이 있는 임창열 장관은 IMF 구제금융을 지원받게 되면 강력한 구조조정과 긴축이 필요하니 IMF행을 한 번 더 검토해보자고 했다. 당초에 발표하기로 했던 IMF 구제금융 요청이 빠진 대신에 국채 발행과 중앙은행 간 협조융자 노력이 추가된 곡절은 여기에 있었다. 중앙은행 간 협조융자, 국채 발행, 대기성자금 등이 논의되었다. 확실한 결론 없이 자정이 넘어 회의는 끝났다.

다음 날 새로 부임한 김영섭 청와대 경제수석이 김영삼 대통령께서 IMF와 합의한 대로 자금요청을 빨리 발표하라고 한다는 전화를 했다. 임창열 장관은 한 번 더 생각해보자고 했다. 오후에 피셔(Stanley Fisher) IMF 수석부총재와 가이트너 미국 재무부 차관보가 한국을 찾아왔다. 그들은 11월 16일 캉드쉬 총재와의 합의에 따라 한국이 19일 IMF 자금지원 요청을 발표할 것으로 알고 사전준비를 하기 위해 온 것이었다. 미국은 IMF 자금지원과 함께 협조융자도 하기 때문에 IMF 부총재와 미국 재무부 차관보가 함께 오는 것은 당연했고, 긴급한 상황이라 빨리 온 것도 당연한 일이었다. 그런데 한국에 도착해보니 상황이 달라진 것이다.

저녁 롯데호텔 메트로폴리탄클럽에서 임창열 장관, 이경식 한국은행 총재, 피셔 부총재, 가이트너 차관보가 만나 IMF 자금지원 문제에 대해 협의를 하였으나 명백한 결정은 내리지 못했다. 그들이 IMF와 미국 측이 합의한 대로 가자고 하는 것은 당연한 일이었다. 김영섭 수석은 IMF행이 불가피[433] 하다는 입장이었고 나도 그랬다. 피할 수 있다면 피하는 것이 당연하지만 피할 수 없다면 하루 빨리 가는 것이 최선의 길이었다.

다음 날 21일 오전 청와대에서 대통령이 주재하는 경제비상대책회의에서 IMF행의 불가피함이 논의됐다. 임창열 장관은 두 번째로 피셔 부총재를 만난 다음 오후 기자회견에서 "유동성 부족을 해소하기 위해 필요하면 IMF와 협조하고, 일본 등 우방과도 협조하겠다. 아직 구제금융을 요청하지는 않았으며, 요청 여부에 대해 2~3일 내에 최종 결론을 내리겠다."라고 말했다.

이날 오후 나는 사카키바라 일본 대장성 국제금융담당 차관에게 전화를 걸어 IMF의 자금지원이 있을 때까지 일본의 연결차관을 요청했다. 100억 달러 정도를 중앙은행 간 스와프로 IMF 자금이 인출될 때까지 빌려달라고 요청했다. 전날부터 일본은행의 자금회수가 가속되어 처음으로 부도가 날 것 같은 예감이 스쳤다. 대답은 "적절한 과정"을 통해 "IMF의 틀"에 따라 지원한다는 것이었다. 미국과의 합의가 중요하다는 말도 했다.

사카키바라 차관의 말과 피셔 부총재와 가이트너 차관보의 한국 방문으로 IMF, 미국, 일본이 한국 외환위기에 대한 대처방향을 확정하고 있었음을 알 수 있었다. 임창열 장관에게 통화 결과를 보고하고 조속한 IMF 자금지원 이외의 길은 없다고 했다. 임창열 장관은 직접 미쓰츠카 일본 대장성 장관에게 전화를 걸었으나 대답은 마찬가지였다.

1997년 11월 21일 금요일 저녁 10시 15분 임창열 장관은 IMF 유동성조절 자금 요청을 발표했다. 주요 내용은 다음과 같다.

"IMF와 함께 금융의 어려움을 해결하는 것이 필요하다는 여러 우방과 IMF의 권고를 받아들여 IMF 자금지원을 요청하기로 했다. 당장 급한 불을 끄기 위한 자금으로 IMF로부터 200억 달러 지원을 기대하고 있다. IMF에서는 다음 주 초 실무협의단을 파견해 우리 정부와 구체적인 협의를 시작할 것으로 예상되며, 자금이 지원되기까지는 3~4주가 소요될 것으로 전망된다. IMF 자금을 지원받을 경우 대외신인도 제고에 따른 시장불안 심리의 해소로 현재 당면한 유동성 부족상태가 조속한 시일 안에 해결될 것으로 기대한다. 거시경제 및 재정운용상의 제약과 금융산업 구조조정의 가속화 등 경제운용에 상당한 어려움이 예상되므로 국민의 적극적인 협조가 필요하다."

IMF 자금요청 발표 후에도 단기자금의 회수가 계속되었고 3일간의 망설임은 대외신뢰도에 상당한 타격을 주었다. 《아시아월스트리트저널》은 "한국을 구하러 온 IMF협의단에게 저항한 환자"[434]라는 기사에서 한국은 IMF협의단을 미국 재무부의 집사(taskmaster)로 취급하였고, IMF의 노력은 "오만한 기관과의 골치 아픈 충돌(messy clash of proud institution)"에 휩싸였다고 했다. 임창열 장관을 IMF와 맞선 "강한 국수주의자(a strong nationalist)"로 평가했고, '한국 관료들은 한국이 더 잘 안다'는 사고(Korea-knows-better school of thought)"를 갖고 있다고 보도했다. 당시 우리들이 IMF 사람들에게 보여준 이미지는 너무 부정적이었다.

숨겨진 축복을 드러난 축복으로

| 협상 포지션

나는 우리 측 협의단장을 맡아 IMF 구제금융과 이를 위한 경제프로그램을 협상하게 되었다. IMF 아시아국장을 상대로 차관이 협의단장을 맡게 된 것은 그만큼 중대한 사안으로 생각했기 때문이었다. 나는 효율적인 협의를 위해 과장을 반장으로 총괄반, 거시경제반, 재정반, 외환수급반, 통화금리환율반, 금융구조반, 산업정책반 등 7개 반[435]을 편성했다. 7개 반에서 마련한 협상 방안을 중심으로 관계부처 협의를 거쳐 자금요청 규모와 자금지원의 부대조건인 거시경제정책, 재정정책, 금융개혁, 외환정책, 산업정책, 노동정책 등에 대하여 우리의 포지션을 결정했다.

협상의 기본 포지션은 대외신뢰도 회복과 국제수지 개선을 최우선 목표로 하고, 과거 실무자 시절 IMF와 재정금융정책을 협의하고 미국과 금융개방협상을 한 경험을 토대로 하여 국제적인 시각과 적극적인 자세로 협상에 임하기로 했다. 인도네시아, 멕시코, 태국을 참고하여 마련한 〈IMF 자금지원협상 추진 방안〉의 주요 내용은 다음과 같다.

첫째, 협상의 기본목표는 IMF 경제프로그램은 우리가 주도하고 IMF가 협력하는 'Korean Program'이 되도록 하고, 지원자금은 대외신뢰도를 회복하는 데 충분한 규모로 하고, 자금지원의 조건은 우리의 여건과 정책방향의 범위 내에서 설정하고, 국회에 계류 중인 금융개혁법과 11월 19일 발표한 〈금융시장 안정 및 금융산업 구조조정 종합대책〉의 실행계획을 짜는 것으로 했다.

둘째, 협상방식은 자금지원 규모와 이행조건을 일괄로 타결하고, 경제에 충격이 큰 정책은 충격을 완화하기 위해 연차적 실행을 추진하고, 충실한 자료 제공과 신뢰를 바탕으로 추진하고, 민간사업분야는 협상대상으로 하지 않는 것으로 했다.

셋째, 협상내용별 추진전략은 자금소요 규모(financing gap)는 국제금융시장이 안심할 수 있는 수준에서 하되 초기 공급 중심(heavy front- loading)으로 집행되도록 하고, 거시정책 목표는 국제수지 개선을 최우선으로 3년을 기간으로 하고, 재정은 건전하므로 과도한 긴축은 피하도록 하여 교육과 인프라 건설 등은 계획대로 추진하고, 금융구조조정은 기존의 OECD 스케줄을 기본으로 하여 합병과 인수를 중심으로 추진하며, 통화의 긴축과 고금리는 받아들이되 외환시장의 개편은 단계적 접근방식으로 하고, 산업과 노동정책은 IMF 측의 제시에 따라 대처하는 것으로 했다.

넷째, 추진일정은 통상 3~4주가 소요되나 IMF 자금지원 요청 후에도 계속 외환사정이 악화되어가기 때문에 실무협상이 시작되는 11월 24일부터 10일 이내로 최대한 당겨 12월 5일까지 실무협상을 타결[436]하고 12월 8일 월요일 협정의 이사회 통과와 첫 자금인출을 목표로 했다. 이를 위해 11월 30일 쿠알라룸푸르에서 열리는 ASEAN+6 재무장관회의에 임창열 장관이 참석하여 미국과 일본의 협조를 받기 위한 사전접촉을 하기로 했다.

다섯째, 자금요청 규모는 500억 달러 이상으로 결정했다. 11월 26일 외환보유고는 242억 달러였지만 가용보유고는 93억 달러였다. 추가적인 외화자금 수요는 만기도래 단기차입금 100억 달러, 적정 외환보유고 360억 달러, 기타 선물환결제 등에 100억 달러 총 560억 달러 이상으로 추정되었다. 외

IMF 자금요청 규모

(1997년 11월 26일 기준, 억 달러)

	금액	비고
① 외환보유고	242	
선물환 거래	-3	연내 상환소요
해외점포 예치	-80	해외영업자금 지원
해외점포 지원	-66	단기자금 연장 지원
② 가용외환보유고	93	전액 소진 전망
③ 외환보유고 추가소요	467	
금융기관 단기외채 상환	100	만기도래 180억 달러 중 100억 달러 전후 연장 애로
적정 외환보유고 확보	267	3개월 수입금액 360억 – 93억 = 267억 달러
선물환결제, 추가차입 상환	100	선물환 59억 달러
④ 요청 규모(② + ③)	560	대외신인도 회복을 위해 충분한 수준

참고: IMF 자금지원 규모는 멕시코 421억 달러, 태국 172억 달러, 인도네시아 330억 달러.

채는 1,197억 달러[437]였다.

국제금융시장을 설득하라

경제프로그램 협상

정부가 공식적으로 자금지원 요청을 한 지 이틀 후인 1997년 11월 23일 일요일 오후 발리노(Thomas Balino) 국장보를 팀장으로 한 IMF협의단 금융팀[438]이 서울에 오고 26일 협의단장인 나이스(Hurbert Neiss) 아시아태평양국장[439]이 왔다.

IMF협의단은 "IMF 대기성차관을 위한 경제프로그램의 주요 대책(Main Measures of the Economic Program to be Supported by a Stand-by Arrangement with the IMF)"이라는 제목의 초안을 워싱턴에서 준비해왔다. 내용은 다음과 같다.

첫째 프로그램의 목표는 대외신뢰도의 조기회복으로 하고, 둘째 프로그램의 주요 내용은 1) 거시정책의 목표에서 경상수지 적자는 GDP의 0.5%로 축소하고, 인플레이션은 5% 이하로 유지하고, 성장률을 2~3%로 조정하고,

2) 통화정책에 있어서 즉시 긴축과 금리와 환율의 상승을 허용하고, 3) 재정정책에 있어서 GDP의 0.2% 재정흑자를 유지하고 이를 위해 부가가치세와 법인세의 과세범위를 확대하고, 4) 금융개혁법의 추진에 있어서 한국은행법 개정안과 금융감독기구설치법을 1997년 중 국회가 통과시키고, 5) 부실금융기관은 명백한 기준으로 퇴출시키고 부실채권정리를 가속하며, 예금보장은 일정한도로 하고, 은행의 자기자본비율을 BIS 기준(8%)에 맞추도록 하고, 6) 무역자유화에 관하여 수출보조금과 수입다변화정책을 폐지하고, 7) 자본시장 자유화와 관련하여 외국인 주식취득과 외국인직접투자에 대한 제한을 풀고, 8) 기업지배구조 개선에 관하여 투명성을 위해 재무제표는 국제기준에 따라 외부감사를 실시하고, 재벌의 결합재무제표를 작성하며, 기업의 부채비율을 낮추고, 은행대출에 대한 정부 간섭을 폐지하고, 9) 노동시장 개혁에 대하여 고용보험제도의 확대와 함께 노동시장의 유연성을 확대하고, 10) 금융정보 제공에 대하여 외환보유고와 선물환, 부실채권과 자기자본비율, 소유구조와 자회사에 대한 정보를 정기적으로 발표한다는 10개 항목이었다. 통합금융감독기구의 설립, 부실금융기관의 정리, 증권시장의 완전개방, 기업투명성의 제고가 핵심 사항이었다. 일본의 관심 사항인 수입다변화정책의 폐지도 들어 있었다.

셋째, 자금지원 규모는 한국 측 제안에 따라 외환보유고와 만기도래 상황을 실사한 후 충분한 금액으로 하기로 합의했다.

IMF가 만든 경제프로그램은 우리가 이미 발표한 정책을 토대로 작성한 것이어서 원칙적으로 우리의 정책과 같았다. 수입다변화정책도 이미 폐지하기로 결정되어 있었다. 구체적인 상황과 통계의 실사를 거쳐 확정하기로 했다. 실무진을 중심으로 개별 항목에 대한 협의를 진행하고 나는 자금지원 규모와 금융감독기구설치법 등 주요 사항은 IMF 측 협의단장인 나이스 국장과 직접 협의해나갔다.

나이스 국장은 오스트리아 출신으로 조용하고 '나이스'한 사람이었다. 그는 나에게 두 가지 중요한 말을 했다. 현재의 경제위기는 국제금융시장에서 일어난 문제이기 때문에 한국은 IMF를 설득하려 하지 말고 국제금융시장을 설득해야 문제가 해결된다는 것, 한국과 IMF가 합의하더라도 미국과 일본이 동의하지 않으면 자금지원협약은 이사회를 통과하지 못한다는 것이었다. 국제금융시장, 미국, 일본을 모두 만족시키지 않으면 협상은 타결될 수 없는 것이었다. 나는 IMF와 그를 신뢰하기로 했다. 미국과 일본의 자국 은행 채권 보전을 위한 노력도 인정했다. 모든 것은 우리가 정책을 실패한 결과이고 치러야 할 대가라는 전제에서 출발했다.

오늘 중 협상 끝내라

대통령들의 대화

11월 28일 금요일 오후 3시 김영삼 대통령으로부터 전화가 왔다. 임창열 장관은 미쓰즈카 일본 대장성 장관을 만나러 일본에 출장 중이었다. 나의 업무일지에 다음과 같이 대화가 기록되어 있다.

"클린턴 미국 대통령의 전화를 받았는데 우리 사정이 생각보다 심각하다. 우리 정부가 모르고 있다. 오늘 중으로 협상 타결해라. 내주 월요일까지 완료해야 미국 돈이 나갈 수 있다고 했다."

"오늘 중으로 해보겠습니다. 걱정 안 끼쳐드리도록 최선을 다하겠습니다."

김영섭 경제수석은 대통령이 오늘 중으로 끝내라는 전화를 하게 된 것은 그날 오후 클린턴(Bill Clinton) 대통령의 전화[440]를 받고 장관이 없으니까 나에게 했다는 것이었다. 대통령 간의 전화대화록에 나타난 클린턴 대통령의 전화 내용은 구체적이고 단호했다.

"한국의 재무상태가 극도로 심각하며, 빠르면 다음 주말경 부도에 직면할 가능성이 있다고 듣고 있음. 한국이 택할 수 있는 유일하고 현실적인 길은 수일 내에, 늦어도 월요일 이전에, 신뢰를 회복시키는 데 필요한 경제·재정

프로그램을 IMF와 합의하여 발표하는 것이라고 생각함. 미국은 한국이 강력한 경제프로그램을 마련하면 IMF, IBRD, ADB가 주도하고, 미국과 여타국이 협조하여 패키지로 지원할 준비가 되어 있음. 한국의 재무당국은 한국이 IMF와 향후 3주 동안 프로그램을 마련하는 동안, 미국과 일본이 연결차관 형태의 임시 재정지원을 해줄 것을 요청하였다고 들었음. 본인과 본인의 모든 보좌관들은 연결차관은 효력이 없다고 믿고 있음. 단기 연결차관은 며칠 사이에 고갈될 것임. 신뢰회복에 긴요한 결정을 미루는 것일 뿐임. IMF 프로그램과 분리시키는 것은 원치 않음. 만약 분리시킬 경우, 돈은 며칠 내에 바닥이 날 것임. 모두가 돈을 잃을 것이며 귀국에 아무런 도움도 주지 못할 것임. 가능한 한 빨리 해결해야 함. 루빈(Robert Rubin) 재무장관이 이러한 행동계획을 설명하기 위해 이 통화가 끝난 후 귀국의 부총리와 접촉할 것임."

이날 오후 임 장관은 도쿄에서 미쓰츠카 대장성 장관을 만나 연결차관에 대해 협의하고 있었다. 협의 후 일본 대장성 대변인은 다음과 같은 발표를 했다.

"IMF와 한국의 협의가 끝나면 일본도 IMF와 함께 지원 태세를 갖추겠다. IMF를 중심으로 한 국제적인 지원틀 안에서 지원 규모를 관계국과 함께 협의하겠다. 한국이 IMF와 지원틀과 원칙에 조기 합의하길 바란다."

11월 16일 강경식 장관과 캉드쉬 총재의 자금지원에 관한 합의가 있은 후 IMF, 미국, 일본 간에 원칙적인 합의가 있었음을 확인할 수 있었다. IMF로서도 자금지원에 실질적인 결정권을 갖고 있는 미국과 최대 금액의 협조융자를 할 일본의 사전 합의가 필수적이었다. 미국과 일본도 한국에 많은 대출을 하고 있는 자국 은행의 보호를 위해 적극적이지 않을 수 없는 상황이었다. 우리는 IMF, 미국, 일본의 움직임과 반대방향으로 가고 있었고 국제금융시장의 신뢰도 추락을 가속시키고 말았다.

《워싱턴포스트》[441]는 당시 상황에 대해 잘못된 경제정책에 대한 대가로 한국을 부도나게 해야 한다는 논의가 미국 정부 내에서 있었다고 하면서 다음과 같이 보도했다.

"미국 정부와 국제금융계는 한국 정부가 IMF 자금지원 요청 후 금융개혁 등 IMF 요구 사항은 미룬 채 자금지원 일정을 앞당겨줄 것만을 요구하는 데 대해 강한 불만을 갖고 있다. 한국을 돕더라도 확실한 개혁 약속 등 자구 노력이 있어야 한다고 주장하는 루빈 재무장관의 '엄한 애정(tough love)'[442]의 목소리가 훨씬 더 컸다. 부도를 눈앞에 둔 한국의 운명은 한국이 부도날 경우의 혼란과 한반도 위기에 대한 올브라이트(Madeleine Albright) 국무장관과 코언(William Cohen) 국방장관의 강한 우려와 함께 서울의 외국 은행들이 단기부채의 상환유예를 검토함으로써 바뀐 것이다. 루빈 재무장관은 올브라이트 국무장관과 코언 국방장관이 참석한 백악관 회의에서 한국의 개혁 노력과 국제은행들의 동참을 조건으로 한국 지원안에 동의했고, 12월 24일 IMF 지원과 함께 한국에 대한 서방 선진 7개국(G7)의 100억 달러 추가지원이 발표됐다."

힐튼호텔의 밤샘협상

경제프로그램 합의

11월 28일 대통령의 전화를 받은 후 눈을 감고 조용히 기도했다. 나에게 최종 결정권이 주어지지 않은 상태에서 오늘 중으로 협상은 불가능하다. 힐튼호텔에 가서 밤을 새우고 협상하자! 진인사대천명(盡人事待天命) 이외에는 길이 없다. 대통령의 전화를 받은 후 우리는 힐튼호텔로 갔고 이틀 밤을 새우며 협상을 했다.

최중경 금융협력과장을 불러 극비리에 IMF협상단장인 나이스 국장이 묵고 있는 힐튼호텔 19층에 방 2개를 예약하도록 지시했다. 합의에 도달하지 못한 부분이 있는 담당 국장과 과장은 비밀이 새지 않도록 핑계를 대고 따로 따로 내 방에 모이도록 했다. 오후 5시가 되기 전에 조치가 끝났다. 도쿄에

간 임 장관에게 대통령의 지시 사항을 보고했다.

나는 나이스 국장에게 전화를 걸어 오늘밤에 미결 사항을 협의하러 호텔로 가겠다고 했다. 내일 아침에 만나자는 대답이었다. 오후 5시에 사무실을 떠나 무작정 6시경에 호텔에 도착했다. 체크인을 하고 나이스 국장이 머무는 1907호의 반대쪽 끝 1929호실[443]로 갔다. 나이스 국장을 만나 대통령의 전화 내용을 얘기하고 이날 밤 중 미합의 사항에 대한 우리의 입장을 정리하고 다음 날 중 최종협의를 하기로 정했다. 담당 국과장들과 심야 회의를 통해 미합의 사항과 해결 방안을 챙겼다. 미합의 사항은 거시경제지표, 한국은행법 개정, 금융기관 회계감사, 은행 자본소각, 이자제한법 철폐 등 다섯 가지였다.

11월 29일 새벽 4시까지 진행된 실무진과의 회의에서 미합의 사항에 대한 우리의 입장을 정리하였다. 1) 거시경제지표는 신축적 운용을 전제로 3% 성장을 받아들이고, 2) 한국은행법은 그간의 논의와 입법 경과를 설명하여 수정안을 다시 제출하지 않도록 하고, 3) 금융기관의 회계감사법인을 'international firm'으로 한정하는 것은 국가의 체면을 손상하기 때문에 'internationally recognized firm'으로 고치고, 4) IMF가 강하게 주장하는 은행 자본소각과 이자제한법 철폐는 받아들이는 것으로 하였다. 아침 8시 호텔에서 1급 회의를 소집하여 미합의 사항에 대한 조정안을 다시 점검하였다.

그날 오전 10시 나이스 국장을 직접 만나 위 다섯 가지 실무자 간의 미합의 사항에 대해 합의를 마쳤다. 모두 우리의 조정안을 받아들였다. 11시 30분 청와대에서 열리는 대통령 주재 국무위원간담회에 갔다. 대통령께 협상 경과를 설명하고 기본적인 사항은 합의를 했고 실무적인 사항은 그날 중으로 마무리 짓겠다고 보고했다. 오후 일본에서 귀국한 임 장관에게 그동안의 경과와 실무자 간의 합의안을 설명하고 오후 5시에 관계부처 장관협의를 마치고 오후 7시에 대통령에게 합의된 IMF 경제프로그램을 보고했다. 밤 11시에 IMF와의 최종 마무리 협의를 거쳐 다음 날 11월 30일 새벽 1시 30분에 기본적인 정책프로그램에 관한 양해각서가 합의에 이르렀다. IMF가 처음 가져온 정책프로그램의 거시정책 운용과 금융구조 조정에 관한 기본적인 정책에 큰 변화 없이 합의되었고, 자본시장의 개방과 실명제의 유지에 관한 사항이 추가되었다.

IMF와 합의한 경제프로그램 양해각서(Memorandum on Economic Program)[444]는 IMF가 만든 초안과 크게 달라진 것은 없고 일부만 조정되었다. 주요 내용은 1) 성장 3%, 물가 5%, 통화 및 재정긴축정책 등 거시정책 조정, 2) 부실채권정리 및 금융기관에 대한 구조조정, 3) 금융 개혁법안의 1997년 내 입법, 4) BIS 건전성 감독기준의 이행계획 수립, 5) 외국인 주식투자한도 확대(26% → 50% → 55%), 6) 결합재무제표 작성 및 기업공시기준 강화, 7) 고용보험제도 확충과 노동시장 유연성 제고대책 추진 등이었다. 이 각서는 IMF의 자금지원협정(Stand-by Arrangement)을 위한 의향서(Letter of Intent)에 첨부되었다.

실무자들 간에 고금리 문제와 자본금 소각 문제에 대해 이견[445]이 있어 내가 직접 IMF 실무자들과 협의해 타결되었다.

먼저, 금리와 관련하여 IMF는 달러화보다 원화를 보유하는 것이 유리하도록 해야 달러의 퇴장수요(hording demand)를 막을 수 있고 퇴장수요를 막지 못하면 엄청난 외화자금이 소요되기 때문에 외환투기심리가 꺾일 때까지 일시적인 고금리정책이 필요하다는 주장이었다. 예를 들면 환율이 40% 정도 절하되는 경우 원화금리가 40% 이상 되지 않으면 달러보유로 몰린다는 것이었다. 멕시코 외환위기 때 한때 73%까지 금리를 올려 외환투기를 저지했다고 했다. 우리 실무진에서는 최고 40%로 묶인 이자제한법을 근거로 불가하다는 입장이었으나 나는 IMF의 의견을 받아들였다. 그 후 국내에서 고금리에 대한 비판이 있었는데 외환투기가 진정된 후에도 고금리를 유지한 것이 잘못이지 달러투기를 막기 위한 한시적인 고금리 자체가 잘못된 것은 아니다.

다음, 주식소각과 관련하여 IMF는 최저자본금 1,000억 원을 규정한 은행법에 불구하고 자본금을 전액 소각하는 것이 글로벌 스탠더드라고 주장하였으나 우리 실무진은 영업권과 소액주주의 보호를 위해 최저 1,000억 원은 잔존시켜야 한다고 했다. 글로벌 스탠더드에 따른 손실분담원칙(loss sharing standards)[446]은 1) 주식, 후순위채권, 일반채권, 담보채권 순서로 결손금만큼 전액 소각하고, 2) 소각 즉시 국유화하고 새 경영진을 투입하며, 3) 직원도 정리해고를 한다는 것이었다. IMF는 부실금융기관의 정리에 가장 권위가 있는 IMF의 전문위원(panel member)인 하이켄스텐(Lars Heikensten) 스웨덴중앙은행 부총재를 국제전화로 급히 초빙하여 한국의 실무자들을 설득시키기로 했다는 것이었다. 나는 실무진에게 글로벌 스탠더드대로 받아들이라고 지시하고 끝냈다.

IMF 경제프로그램과 관련되는 세부추진계획까지 1997년 크리스마스 전에 모두 끝냈다. 다음 해 1998년 1월 13일 이자제한법을 폐지[447]했고 은행법도 개정했다. IMF의 권고를 놓고 다투는 실무진의 자세가 답답했고 손실분담원칙을 가르치기 위해 멀리에서 날아온 하이켄스텐 부총재에게 식사 한 번 대접 못한 것이 미안했다.

불신의 그림자, 이면각서

추가협상

한국과 미국의 대통령이 채근한 대로 3일 만에 IMF 구제금융에 관한 프로그램에 대한 실무합의를 마치고 11월 30일 새벽 쿠알라룸푸르에서 열리는 ASEAN+6 재무장관회의 출장 준비를 위해 집으로 갔다. 크리스텐슨 주한 미국 대리대사가 집으로 전화를 걸어와 긴급한 일이라며 늦어도 좋으니 통화를 원한다고 했다. 새벽 3시경에 전화를 했더니 아침에 미국에서 립튼(David Lipton) 재무부 차관(Under Secretary)이 서울에 오니 만나자는 것이었다. 나는 오전 10시 50분에 쿠알라룸푸르로 출발한다고 했더니 공항 가는 길에 잠깐이라도 만나자고 해서 인터컨티넨탈호텔 1층 커피숍에서 오전 8시 50분에 만나기로 하고 눈을 붙였다.

공항 가는 길에 8시 50분에 립튼 차관을 만났다. 협상 진행과정과 합의 사항에 대해 설명했다. 그는 특별한 언급이 없었다. 시간이 없어 15분 만에 일어섰다. 그가 나를 만난 목적을 당시에는 확실히 알 수 없었다.

1997년 12월 1일부터 2일까지 ASEAN+6 재무장관회의[448]가 열리는 쿠알 라룸푸르에 도착하여 르네상스호텔에 들었다. 이번 출장의 목적은 한국의 위기극복 노력을 설명하고 IMF, IBRD, 미국, 일본, 중국과의 금융협력 방안을 협의하는 것이었다.

ASEAN+6 재무장관회의에서 캉드쉬 IMF 총재는 한국의 사태는 "급작스럽고 고통스러운(sudden, most acute and painful)" 것이라며 모든 필요한 조치를 취하면 성장이 재개될 것이라고 지적하고 24시간 내에 타결될 것이라고 했다. 한국에 대한 제2선 지원자금(second line of defense)에 미국과 일본 이외에 유럽국가도 참여할 것으로 예상한다고 했다. 나는 한국의 구조조정 노력은 "고통스러우나 전화위복의 계기가 될 수 있을 것(a difficult pill to swallow, but a blessing in disguise)"이라고 설명했는데 가이트너 미국 차관보는 과감하고 신속한 조치가 필요하다고 강조했다. 12월 2일 회의를 마치고 300여 명의 외국기자들이 모인 합동기자회견에서 안와르 말레이시아 장관이 15개항의 합동선언문을 발표하고 질의응답에서 한국의 외환위기에 대해 여러 질문이 있었다. 나는 위기극복을 위한 정책프로그램을 설명했다. 영국 로이터통신과 한국의 위기에 대해 인터뷰도 가졌다.

쿠알라룸푸르에서 회의 중 시간을 쪼개 캉드쉬 IMF 총재, 스티그리츠 IBRD 부총재, 가이트너 미국 재무부 차관보, 사카키바라 일본 대장성 국제 금융담당 차관, 류지빈(劉積斌) 중국 재무차관을 만나는 긴 하루[449]를 보냈다. 여러 나라 대표들과 면담하면서 나라가 힘이 없으면 냉대받는다는 평범한 사실을 쿠알라룸푸르 하늘 아래서 깨달았다. 힘들고 서글펐던 해외출장이었다. IMF 자금지원에 관한 협조와 함께 금융협력을 협의했다. 면담 중 일본과 미국 대표와 다음과 같은 주요한 사항을 논의했다.

12월 1일 사카키바라 차관을 만나 급속한 자금회수의 자제를 요청했지만 일본 금융기관의 도산이 줄을 잇고 있어 정부도 어쩔 수 없다는 대답이었다. 그는 미국, 유럽과 함께 제2선 지원자금 패키지와 IMF이사회에서의 적극지지를 약속했다. 자금 규모는 미정이나 미국보다는 클 것이라고 하고 IMF 200억 달러, IBRD 100억 달러, ADB 40억 달러의 국제금융기구 지원자금과 함께, 양자 간 지원으로 제2선 지원자금 200억 달러 총 500억 달러 이상이 될 것이라고 말하고 오스트레일리아도 참여할 가능성이 있다고 했다. 일본은 이미 IMF와 깊숙이 협의하고 있다는 것을 알 수 있었다.

같은 날 가이트너 미국 재무부 차관보를 만나 내가 출발하기 전 IMF와 양해각서가 잠정적으로 합의되었다고 했더니 새로운 문제가 생겨 추가협상이 진행 중이라고 했다. 미국은 IMF와 협의 중인 내용에 강한 우려(very much concerned)를 표명하고 더 강력한 프로그램을 촉구했다. 11개 부실 종합금융회사의 즉시 폐쇄가 IMF 지원의 전제조건이라고 했다. 자본자유화는 OECD에 약속한 것을 훨씬 넘어 은행에 대한 외국인 인수합병 허용, 외국인에 대한 제한 없는 주식과 채권투자 허용, 외국인직접투자에 대한 제한 철폐가 있어야 한다고 했다. 중앙은행의 유동성 지원에 대한 높은 벌칙금 적용과 고금리의 유지에 대해서도 말했다. 제일은행과 서울은행은 영업정지(close), 구조조정(restructure), 증자(recapitalize)가 필요하다고 했다. 기업에 대한 직접지원(direct loan)도 폐지하고 기업지배구조와 노동시장의 유연성을 위한 장기대책에 관한 약속이 필요하고 IMF 프로그램에 대한 정치적 확약도 필요하다고 했다. 끝으로 미국은 한국의 '분명하고, 확실하고, 우선적인 행동(clear, concrete and upfront action)'을 요청한다고 강조했다. 상황이 완전히 달라졌다.

나는 사카키바라 차관과 가이트너 차관보와의 면담 내용을 즉시 서울에 보고했다. IMF와 잠정합의한 내용과 많이 달랐고 미국의 의견에 따라 새로운 협의가 시작되었다. 서울에서도 립튼 차관이 온 후 이미 이런 추가내용을 협상 중이었다. 회의를 마치고 12월 2일 밤 11시에 캉드쉬 IMF 총재와 함께 쿠알라룸푸르를 출발해 다음 날 12월 3일 아침 7시에 김포에 도착하니 상황은 많이 달라져 있었다. 캉드쉬 총재는 자금지원 협정에 서명하기 위한 것이었다. 립튼 차관은 IMF협의단을 통하여 새로운 요구 사항을 담은 이면각서(Side Letter)와 대통령후보들의 IMF협정 준수각서(Compliance Letter)를 요구하였다.

이면각서에 담을 새로운 요구 사항은 부실한 은행과 종금의 즉각적인 폐쇄, 콜금리의 대폭인상, 자본시장의 완전개방 등이었다. 루빈 미국 재무장관의 한국에 대한 불신 때문에 한국의 정책을 확실하게 못박아두자는 계산 때문이라 생각되었다.

준수각서를 요구한 배경은 김대중 후보가 유세과정에서 "당선 후 IMF와 재협상하겠다."라는 말을 했기 때문이었다. 외국 언론은 김대중 후보의 발언에 대해 '믿을 수 없다(unbelievable)'는 반응을 보였다. 우리 국민들의 'IMF사태'라는 배타적 시각에 대해서도 외국 언론은 IMF는 수백억 달러의 돈을 지원하러 갔는데 경제주권 상실, 경제 신탁통치 등 '감정적(emotional)'이고 '과격한(radical)' 반응을 보이는 것이 이해가 가지 않는다고 보도했다.

최종적으로 합의된 이면각서[450]는 당시 공개되지 않았는데, 자금지원협정이 IMF이사회의 승인을 받기 전 취해야 할 우선조치 사항(Prior Actions)과 대외에 공포하면 불안을 초래할 금융개혁 사항(Banking Reforms) 2개로 구성되었다. 주요 내용은 다음과 같다.

우선조치 사항의 주요 내용은, 1) 12월 5일까지 25%로 콜금리 인상, 2) 한국은행의 국내은행에 대한 외환지원에 LIBOR+400bp 페널티 적용, 3) 외국인 주식소유 총한도 26%에서 1997년 50%, 1998년 55% 확대와 적대적 인수(hostile takeover) 허용, 4) 외국 금융기관의 국내금융기관 합병인수 허용 등이었다. 금융개혁 사항의 주요 내용은, 1) 종합금융회사의 회생계획과 구조조정계획, 2) 제일은행과 서울은행의 BIS 자기자본비율(8%) 확충계획, 3) 다른 상업은행의 부실채권 정리계획과 금융기관 회생계획, 4) 공적자금 지원 은행의 주주와 무보증채권자 손실분담, 5) 금융감독과 규제강화계획 등이었다. 그리고 IMF와 합의한 경제프로그램을 점검(monitor)하기 위해 IMF 주재관을 두도록 한다는 것이었다.

이면각서와 함께 IMF는 경제프로그램의 계속성을 보증하기 위해 모든 대통령후보들이 대통령에 당선되면 IMF와 합의한 경제프로그램을 지지하고 집행한다는 준수각서를 작성하고 공개적인 성명을 발표토록 했다. 11월 30일 나는 김포공항에서 이회창 한나라당 후보의 각서를 받고 이인제 국민신당 후보의 각서도 받았다. 김대중 국민회의 후보는 추가협상 여지를 나타내는 문안을 추가해서 각서를 보냈다.

이면각서는 IMF와 합의한 대로 그 후 집행되었다. 이면각서의 내용들은 강경식 장관이 재직했던 8월 25일부터 3차에 걸쳐 발표한 금융시장 안정 종합대책에 포함되었거나 그때 검토했던 내용들이었다. IMF 실무진은 첫 번째로 제일은행과 서울은행 2개 은행과 파산상태인 12개 종합금융회사의 즉각적인 폐쇄를 요구했고 우리는 금융시장의 충격을 완화하기 위해 가능한 한 인수합병의 절차에 따라 단계적으로 처리한다는 정도의 입장 차이가 있었을 뿐이었다. 제일은행과 종합금융회사에 대해 각 1조 원의 한국은행 특별대출을 실시할 때부터 폐쇄보다 회생비용이 더 크기 때문에 나는 폐쇄도 하나의 대안이 될 수 있다고 생각하고 있었다. 종합금융회사는 외환위기의 도화선이었고 결과적으로 모두 사라졌다.

조치를 취해야 할 날짜와 영업정지할 종합금융회사의 명단까지 못박게 한 배경에는 당시 IMF와 미국의 우리에 대한 불신이 도사리고 있었다. 캉드쉬 총재와의 약속 파기와 IMF 자금을 요청한 후 일본에 연결차관을 요청한 것이 불신의 근원이었다. 연결차관은 절대 안 된다고 클린턴 대통령까지 나선 배경도 같은 것이라 생각된다. "당선 후 IMF와 재협상하겠다."라는 김대중 대통령후보의 발언으로 또 한 번 우여곡절을 겪었다.

강요당한 금융개혁

IMF 경제프로그램에서 가장 중요한 내용은 통합금융감독기구와 새로운 중앙은행의 탄생이었다. 1948년 정부 수립부터 시작된 재무부와 한국은행 간의 반세기에 걸친 갈등이 종지부를 찍게 되었다. 미국 FRB라는 외세에 의해 탄생한 한국은행은 IMF라는 다른 외세에 의해 끝날 것 같지 않던 소모전의 끝을 맺었다.

1950년 건국 후 과도기에 블룸필드(Arthur I. Bloomfield) 뉴욕연방준비은행 국제수지과장이 만든 〈한국의 금융개혁(Banking Reform in South Korea)〉 보고서(보통 〈블룸필드 보고서(Bloomfield Report)〉로 부름)가 갈등의 뿌리였다. 이 보고서는 미국의 주식회사 형태인 연방준비은행(Federal Reserve Bank)을 기본으로 하고 의회 소속 연방관청인 연방준비제도위원회(Board of Governors of the Federal Reserve System)와 재무부 산하 통화감독청(Office of the Comptroller of the Currency)을 통합한 중앙은행 모델을 권고했다. 이를 기초로 창설된 한국은행은 처음부터 법리상 많은 문제를 야기했다. 1948년 정부 수립 후 한국은행의 설립에 대해 채무부와 조선은행의 의견이 달라 이승만 대통령은 미국의 전문가를 초대해 자문을 하도록 지시하여 만들어졌다. 당시 조선총독부 재무국의 간부 대부분은 일본인이었고 일부 조선 사람들은 친일파로 몰릴 것이 두려워 잠적하였지만 조선은행 사람들은 그대로 남아 1950년 한국은행법 제정을 조선은행 사람들이 주도[451]했기 때문에 금융통화위원회, 은행감독원, 업무검사권 등에 많은 왜곡[452]이 발생했다.

IMF는 구제금융 지원 조건으로 한국은행법 개정안과 통합금융감독기구 설치법의 연내 국회통과를 요구하여 11월 24일 여야당은 한국은행법과 금융감독기구 설치에 관한 법률 등 9개 금융개혁법을 12월 18일 대통령선거가 끝난 후 임시국회를 열어 연내에 처리하기로 합의했다. 12월 18일 김대중

국민회의 후보가 대통령에 당선되고 22일에 금융개혁법 처리를 위한 임시국회가 열리고 오후부터 재경위원회 금융개혁법소위원회가 열렸다. 소위원회에서는 재정경제원 장관의 재의요구권을 두는 대신 한국은행에 금융통화위원회를 두고 한국은행 총재가 금융통화위원회 의장을 겸임토록 수정을 하고 1997년 12월 24일 크리스마스이브에 반세기를 다투던 한국은행법을 통과시켰다. '한국중앙은행법'의 명칭도 원래대로 '한국은행법'으로 변경되었다. 12월 29일 모든 금융개혁법이 재경위원회를 통과하고 본회의도 그날 밤 통과했다.

1948년 일본 식민통치를 벗어나고 건국 정부의 재무부는 조선은행 사람들이 차지하여 그들의 뜻대로 1950년 왜곡된 한국은행법이 제정되었다. 이에 따라 재무부가 '한국은행 세종로출장소'로 불리다가 1962년 5·16 군사정부 때 한국은행의 과도한 권한들을 빼앗음에 따라 한국은행이 '재무부 남대문출장소'로 불리는 역전이 있었다. 1988년 민주화라는 대세를 타고 "중앙은행독립"을 내세우며 금융통화위원회 의장과 은행감독권을 모두 차지하려는 한국은행의 시도[453]는 좌절되었고, 1995년 은행감독권을 분리하려던 재정경제원의 반격[454]도 승부 없이 끝났다.

1997년 정부의 한국은행법 개정 추진은 한보철강과 기아자동차의 부도로 감독체계의 개편에 대한 국민의 공감대가 형성된 것을 계기로 수비전략에서 정면공격에 나섰다. 왜곡된 진실을 바로잡기 위해 청와대가 주도했지만 11월 18일 마지막에 가서 대선을 앞둔 정치권의 계산으로 역시 표류하고 말았다. 1997년 몰아친 외환위기는 IMF라는 외세를 불러왔다. IMF라는 외세는 새로운 중앙은행과 통합감독기구를 갖게 했다. 당초 초안되었던 금융감독청을 숙제로 남기고!

1997년 크리스마스이브에 한국은행법과 금융감독기구 설치법을 포함한 13개 금융개혁법이 국회 재경위원회를 통과하고 12월 29일 본회의를 통과했다. 50년 전 왜곡된 중앙은행 제도를 외세로 바로잡은 우리들의 자화상은 슬펐다. 대통령선거를 앞두고 표 계산만 하던 정치권에 대한 연민과 자괴감이 밀려왔다. 10년을 다투던 한국은행법과 함께 금융개혁법이 국회를 통과하던 날 여의도에는 겨울 밤바람이 차가웠다.

최단기간 최대 금액의 구제금융

583억 달러 구제금융

12월 3일 IMF 대기성차관을 위한 경제프로그램 양해각서(Memorandum on Economic Program)가 합의되어 IMF 210억 달러, IBRD 100억 달러, ADB 40억 달러 합계 350억 달러와 함께 미국, 일본 등의 제2선 지원자금 200억 달러를 합쳐 총 583억 달러의 자금지원을 받게 되어 밀려오는 파도 같은 위기감에서 벗어나게 되었다. 당초 우리가 요청한 560억 달러를 넘는 규모였다.

1997년 12월 3일 오후 4시에 IMF와 최종합의에 도달하고 저녁 7시 30분 임창열 재정경제원 장관과 이경식 한국은행 총재는 세종로종합청사에서 210억 달러의 IMF 자금지원을 요청하는 의향서[455]에 캉드쉬 IMF 총재가 지켜보는 가운데 서명을 하고 IMF와 공동성명을 발표했다. 의향서에는 자금지원의 조건인 경제프로그램 양해각서와 대외비의 이면각서가 첨부되었다.

3년간 추진할 정책프로그램을 뒷받침하기 위해 자금지원을 요청하는 형식으로 IMF에 제출한 의향서의 주요 내용은 다섯 가지였다.

1) 금융위기를 극복하여 대외신뢰도를 회복하고 지속적인 경제성장을 위해 앞으로 3년간 추진할 경제프로그램을 지원하기 위한 155억 SDR(210억 달러)의 '3년 대기성차관협정(Three-year Stand-by Arrangement)'을 요청한다. 2) 구체적인 경제프로그램의 수립에 앞서 정책약속을 성실히 이행한다는 것을 보이기 위해 강력한 사전조치를 취하고, 구체적인 경제프로그램은 IMF와 계속 협의를 통해 수립하고 3년간 주기적으로 재협의한다. 3) 부실금융기관의 처

리, 경제의 추가적인 자유화, 기업지배구조의 개선을 위한 포괄적인 정책을 추진한다. 4) 예상한 대로 상황이 안정되면 차관을 중지하고 여건이 허락하는 범위에서 조기상환한다. 5) 한국 정부는 양해각서에 포함된 정책을 성실히 수행할 것을 약속한다.

구체적인 경제프로그램은 IMF와 협의를 통해 수립하여 1998년 1월 IMF의 승인을 받은 다음 3월과 6월에는 실행기준을 마련하도록 했다. 추가하여 1998년에는 분기별(2, 4, 7, 11월)로 재협의하고 1999년과 2000년은 반기별로 재협의하도록 했다. 경제프로그램 양해각서의 주요 내용은 다음과 같다.

IMF 대기성차관을 위한 경제프로그램 양해각서(요약)
Summary of Memorandum on Economic Program to be Supported by a Stand-by Arrangement with the IMF

I. 거시정책

1. 거시경제 목표
   - 경상수지 적자를 1998년, 1999년에 GDP의 1% 이내에서 유지
   - 물가를 5% 이내로 유지
   - 성장률을 1998년에 3% 정도로 하고 1999년에는 잠재성장률 수준으로 회복

2. 통화 및 환율정책
   - 통화정책은 현재의 위기극복에 대한 당국의 결연한 의지를 시장에 나타내면서, 시장의 안정을 도모하고 최근의 원화절하에 따른 물가상승압력을 흡수하기 위하여 즉시 긴축기조로 전환
   - 따라서 최근 대규모로 공급된 유동성은 환수되어야 하며 현재 14~16% 수준인 시장금리는 시장안정을 위하여 상승을 억제
   - 1998년 중 통화증가율은 물가상승률을 5% 이하로 안정시킬 수 있는 수준으로 억제
   - 신축적인 환율정책을 유지하고 시장개입은 급격한 변동을 완화하는 데 국한

3. 재정정책
   - 통화관리의 부담을 덜고 아직 규모를 특정할 수 없는 금융부문의 구조조정 비용을 충당하기 위하여 1998년에도 긴축재정기조는 유지되어야 함

- 1998년 통합재정수지는 경기회복의 지연에 따라 GDP 대비 0.8% 정도 악화될 것으로 전망됨
  - 금융부문 구조조정을 위한 이자비용 추정치는 현재 GDP의 0.8% 수준임
  - 재정수지의 균형 또는 약간의 흑자를 달성하기 위해서는 GDP의 약 1.5%에 해당하는 대응조치가 취해져야 함
  - 이 대응조치는 세입 및 세출 양측 면에서 취해져야 하며 구체적인 방안이 곧 결정되어야 함. 이를 위하여 다음 조치들도 대안으로서 고려될 수 있을 것임

[세입조치 예]
  - 부가가치세의 과세범위 확대 및 면세 축소
  - 비과세·감면 등의 축소에 의한 법인세 과세 기반 확대
  - 각종 소득공제·비과세 등의 축소에 의한 소득세 과세 기반 확대
  - 특별소비세 및 교통세 인상 [세출조치 예]
  - 경상지출의 삭감, 특히 민간기업 부문에 대한 지원의 삭감
  - 우선순위가 낮은 자본지출의 삭감

II. 금융부문 구조조정

1. 국회에 제출되어 있는 다음의 금융개혁법안들은 금년까지 통과되어야 함
   - 중앙은행에 독립성을 부여하고 물가안정을 주요 임무로 하는 한국은행법 개정안
   - 은행·증권·보험·제2금융권을 통합감독하는 금융감독기구의 설치에 관한 법률안
     - 부실금융기관을 효과적으로 처리하는 데 필요한 모든 권한을 가져야 함
   - 기업의 통합재무제표를 작성하고 외부감사에 의해 공인되도록 함

2. 구조조정 및 개혁조치
   - 회생 불가능한 부실금융기관은 문을 닫아야 하며, 회생 가능한 부실금융기관은 구조조정과 자본확충이 필요
     - 신뢰할 수 있고 명확한 퇴출정책은 대내외 투자자들에 의한 인수·합병뿐만 아니라 폐쇄도 포함함
     - 주주와 채권자들 간에 부실채권으로 인한 손실의 배분에 관한 명확한 원칙이 정립되어야 함
   - 부실대출 정리는 가속화되어야 함
   - 현재의 예금전액보장제도는 3년 내에 끝내고 부분보장제도로 대체되어야 함
   - 모든 은행은 BIS 기준을 충족하기 위한 추진일정을 수립하여야 함
   - 건전성 감독기준을 BIS의 감독핵심원칙(core principles)에 맞추어 상향조정함
   - 금융기관에 대한 지원 시 반드시 조건이 부과되어야 함

- 한국은행 유동성 지원을 제외한 금융기관에 대한 모든 지원조치는 미리 정해진 기준에 따라 투명하게 기록되어야 함
- 회계 및 공시에 관련된 규칙은 국제기준에 부합되도록 강화되어야 하며, 대형금융기관은 국제적으로 인정된 회계법인에 의해 감시를 받도록 함
- 종금사에 대한 감독인력은 충분히 보강되어야 함
- 국내금융부문에 대한 외국인투자개방계획이 가속화되어야 함. 특히 1998년 중반까지 외국인의 은행 현지법인과 증권사 설립이 허용되어야 함
- 국내은행 해외지점의 차입 및 대출활동이 건전하게 수행되고 있는지 자세하게 점검되어야 하며, 유지가 어려운 지점들은 폐쇄되어야 함
- 한국은행의 외환보유고 관리방식은 보다 국제적인 관행에 따르는 방향에서 재검토되어야 함. 특히 국내은행 해외점포에 대해 보유고를 예치하는 것은 더 이상 증가시켜서는 안 되며 상황이 허락하는 대로 점차 줄여야 함. 금융기관들의 금융자산 수익률 및 위험도 평가능력을 향상시켜야 함

III. 기타 구조개혁

1. 무역자유화
- WTO 양허계획에 맞추어 다음 사항을 단계적으로 추진할 수 있는 일정을 수립
  • 무역 관련 보조금의 폐지
  • 수입승인제 폐지
  • 수입선다변화제도 폐지
  • 수입증명 절차의 투명성 제고

2. 자본자유화
- 현재의 자본자유화 일정은 다음 사항에 관한 단계적 조치를 통해 앞당겨져야 함
  • 외국인 주식투자 한도는 1997년 말까지 50%, 1998년 말까지는 55%로 확대
  • 외국 은행이 국내은행 주식을 4% 초과하여 매입하고자 할 경우 감독당국의 승인이 필요한 바, 은행부문의 효율성과 건전성 제고에 도움이 된다면 이를 허용
  • 외국인의 국내 단기금융상품 매입을 제한 없이 허용
  • 국내 회사채시장에 대한 외국인투자를 제한 없이 허용
  • 외국인직접투자에 대한 제한은 절차간소화를 통하여 더욱 축소되어야 함
  • 민간기업의 해외차입에 대한 제한 철폐

3. 기업지배구조 및 기업구조
- 독립적인 외부감사, 완전공시 및 기업집단의 결합재무제표의 공표 등을 통해 일반적으로

인정된 국제회계원칙을 적용함으로써 기업의 재무제표에 대한 투명성을 높일 수 있도록 추진일정을 수립
- 은행대출의 상업성이 존중되어야 하며 정부는 은행경영과 대출결정에 개입해서는 안 됨. 농업·중소기업 등에 대한 정책금융은 유지하되, 이에 따른 이자손실은 예산에서 부담해야 함
- 개별기업을 구제하기 위해 정부가 보조금을 지급하거나 세제지원을 해서는 안 됨
- 금융실명제는 일부 보완 방안을 검토할 수는 있으나 기본골격은 계속 유지
- 기업의 높은 부채·자본비율을 축소하기 위한 조치를 시행하고 기업자금조달의 은행차입 비중을 축소하도록 자본시장을 발전시켜야 함
- 상호채무보증은 위험이 큰 만큼 재벌 내 계열사 간 상호채무보증을 변화시킬 수 있는 조치가 시행되어야 함

4. 노동시장 개혁
- 노동시장의 유연성을 제고하는 추가적인 조치와 함께 노동력의 재배치를 촉진하기 위하여 고용보증제도의 기능을 강화해야 함

5. 정보공개
- 외환보유고의 구성 및 선물환 순포지션 등을 포함한 외환보유고 관련 자료는 당해 월말, 분기말로부터 2주 내에 정기적으로 발표하여야 함. 부실여신·자본의 적정성·소유구조 및 결합형태 등을 포함한 금융기관 자료들은 1년에 2번 정기적으로 공개되어야 함. 단기외채 자료는 분기별로 공표함

캉드쉬 총재는 이례적으로 한국의 신뢰도 회복을 위해 즉시 발표한 성명을 통해 IMF가 제공할 3년 대기성차관 210억 달러(155억 SDR)를 주말 이사회에 상정할 것을 약속했다. 동시에 IBRD 100억 달러, ADB 40억 달러 합계 350억 달러의 지원 약속이 있었음을 발표했다. 예상치 못한 사태에 대비하여 미국, 일본, 영국, 독일, 프랑스, 호주, 캐나다 등의 제2선 지원자금 200억 달러도 가능하다고 발표하여 총 550억 달러의 자금지원을 발표했다.

IMF에 자금을 신청한 지 13일 만에 550억 달러가 약속됨으로서 IMF 역사상 최단기간 최대 금액의 지원을 받아낸 웃을 수도 울 수도 없는 역사를 기록했다. 12월 4일 지원협정이 IMF이사회를 통과하고 12월 5일 1차로 55억 7,000만 달러(41억 SDR)가 인출되고 1998년 1월 8일까지 세 차례에 걸쳐

111억 4,000만 달러(82억 SDR)[456]가 인출되었고 이후는 상황에 따라 인출하기로 했다. 12월 5일 IBRD협의단[457]에 이어 ADB협의단[458]이 도착하여 140억 달러의 자금지원협상은 순조롭게 끝났다.

12월 25일 미국이 주도하여 G7 국가의 100억 달러 지원발표가 있어 크리스마스를 기하여 우리는 위기탈출의 확실한 전기를 맞게 되었다. 올브라이트 국무장관과 코언 국방장관이 제기한 한반도의 혼란과 위기에 대한 우려와 서울의 외국 은행들이 단기부채의 상환유예를 검토함에 따라 루빈 재무장관이 한국의 개혁 노력과 국제은행들의 동참을 조건으로 그의 '엄한 애정'을 철회한 결과였다.

우방국의 예비지원 규모는 최종적으로 일본 100억 달러, 미국 50억 달러, 프랑스·독일·영국·이탈리아 4개국 50억 달러, 네덜란드·벨기에·스웨덴·스위스 4개국 12억 5,000만 달러, 캐나다 10억 달러, 오스트레일리아 10억 달러, 뉴질랜드 1억 달러로 예비지원금액은 최종적으로 233억 5,000만 달러가 되어 전체 지원 규모는 583억 5,000만 달러가 되었다.

외국 은행들, 만기연장에 합의하다

외채의 만기연장 합의

1997년 12월 3일 IMF가 주선한 550억 달러 자금지원에 관한 합의가 있은 후에도 환율은 진정되지 않았고 외화의 유출은 계속되었다. 거꾸로 IMF 구제금융이 합의된 이후 외국 은행은 안심하고 대탈주극을 벌였고 우리는 모라토리엄으로 몰리고 있었다.

당시의 환율 동향을 보면 11월 19일 우리가 IMF에 가지 않는다고 발표한 날 환율은 처음 1,000원대(1,012.80원)를 돌파했다. IMF 자금지원 요청을 발표한 11월 21일 환율은 1,100원대(1,139.00원)를 돌파하고 IMF 자금요청 의향서에 서명한 12월 3일 1,200원대(1,240.60원)를 돌파한 후 계속 올라 12월 15일 1,700원대(1,737.60원)를 돌파했다.

외환보유고는 7월 말 336억 달러를 피크로 8월부터 외국 은행의 자금회수가 가속화되자 하향곡선을 걸었고 11월 말에는 244억 달러(가용보유고는 72억 달러)로 격감했다. 12월 5일 IMF 자금 1차분 55억 7,000만 달러가 입금되었지만 외국 은행의 자금회수는 계속되었고 보유고는 계속 줄어들어 이런 추세가 계속된다면 남아 있는 가용보유고 72억 달러 수준도 지키기 힘들어 보였다. IMF 자금요청으로 위기를 탈출할 수 있다고 생각했으나 불안감을 벗어날 수 없었다.

신용등급도 올라가기는커녕 12월 10일 3단계 하락[459]하여 한국채권은 완전히 정크본드로 전락했다.

12월 10일 오후 3시 홍콩에서 스티브 롱(Stephen Long) 씨티은행 아시아태평양담당 대표가 찾아왔다. 1973년 오일쇼크 때처럼 이번에도 "우리는 한국에 대한 약속을 다할 준비가 되어 있다(We are ready to do all commitments to Korea)."[460]는 존 리드(John Reed) 뉴욕 씨티그룹 회장의 메시지를 전달하며 차입금의 만기연장에 적극 나서겠다고 했다. 나는 리드 회장의 적극적인 제안에 감사하고 서울지점의 스와프 한도 확대 등 외국 은행의 활동을 적극 지원하겠다는 뜻을 전해달라고 했다. 리드 회장과는 1985년 뉴욕에서 재무관으로 근무할 때부터 알아왔고 국제금융국장으로 미국과 금융개방협상을 할 때도 여러 번 만난 적이 있었는데 한국 비즈니스에 대한 열정을 갖고 있었다. 고립무원의 상태에서 처음 들은 지원 의사는 큰 용기를 주었다.

12월 13일 산업은행이 뉴욕에서 20억 달러의 양키본드(yankee-bond) 발행에 실패[461]한 것은 큰 충격이었다. 당시 외환보유고를 보충할 수 있는 유일한 길은 산업은행과 수출입은행의 해외채권 발행이었다. 정치권에서 IMF 프로그램의 재협상론이 나오자 미국투자자들이 한국의 구조조정 노력에 대해 냉담한 반응을 보이고 가산금리 500bp를 요구하자 산업은행이 포기한 것이었다. 산업은행의 양키본드 발행 노력에 대해 "미쳤다(madness)"고 말하는 보도가 나왔다. 12월 15일 사실상 한국의 채권 발행이 불가능한 상황에서 100억 달러의 외화표시국채의 연내 발행을 발표했다. 미국의 골드만삭스 (Goldman Sachs)와 살로먼스미스바니(Saloman Smith Barney)가 재빠르게 본드 발행을 맡겠다고 나섰으나 절차를 연내에 끝내기는 불가능한 일이었다. 어디에서부터 무엇이 잘못되었는지 혼란스러웠다.

12월 18일 대통령선거 투표를 마치고 혼자 사무실에 나갔다. 날씨는 흐리고 음산했다. 오늘 당선될 새 대통령에게 보고할 현재의 위기상황과 보유고 대책에 관한 보고서[462]를 만들었다. 상황은 악화되고 정답은 찾을 수가 없었다. 해는 지고 내일에 대한 불안감이 강하게 엄습해왔다. 오후 5시 로버트 윌슨(Robert Wilson) 씨티은행 지점장에게 전화를 하여 일주일 전에 스티븐 롱 씨티은행 아시아 대표가 제안한 만기연장에 관해 얘기를 나누었다. 그다음 브라운(Michael Brown) 시카고은행(The First National Bank of Chicago) 지점장에게 전화를 걸었다. 8월에 홍콩의 장외 선물시장에서 한국의 외환위기를 전망하고 3개월 후 환율이 1,200원으로 상승할 거라는 예측[463]이 지배적이라는 사실을 말한 사람이었다. 한국의 외환위기를 확실하게 예측한 최초의 사람이었다. 당시 환율은 900원선이었다. 나는 그의 말을 흘려들었는데 12월 초 1,200원을 돌파했다. IMF의 자금지원 약속이 발표되었는데도 계속 상황이 악화되고 있는데 무엇이 잘못된 것이냐고 물었다. 그의 대답은 우리가 거꾸로 하고 있다는 것이었다.

"기존 차입금(old money)의 만기연장(roll-over)도 되지 않았는데 장기채권 (bond)으로 100억 달러의 신규자금(new money)을 조성하는 것은 거꾸로 하는 것이다. 기존 차입금의 만기연장대책이 없기 때문에 자금이 계속 빠져나가고 있다. 100억 달러가 빠져나가는데 100억 달러 조달이 무슨 의미가 있는 가? 외국 은행들은 자금은 충분한데 안전한 투자처를 찾지 못하고 있다." 그의 지적에 해결책을 물었다. 그의 대답은 간단명료했다. "먼저 단기차입금에 대한 만기연장을 하고, 다음 클럽딜(club deal, 기존 거래은행만 참가하는 대출)에 의해 협조융자(syndication loan)를 추진하고, 마지막으로 장기채권을 발행하되 첫 단계는 사모(private placement, 한국과 거래가 있는 인수기관 중심으로 모집)에 의해 발행하고 그런 다음 공모(public offering)에 의해야 성공할 수 있다. 공모는 성공해도 금리가 높아진다. 단기차입의 만기연장을 위해서는 정부가 보증하거나 한국은행 차입금으로 전환하는 방법이 있다."

한 시간가량의 긴 통화를 한 다음 우리가 무엇을 잘못하고 있고 어떻게 하면 되는가를 명확히 알 수 있었다. 다음 날 점심 때 명동 은행회관 뱅커스클럽에서 주요 외국 은행들과 만나 문제를 논의하기로 했다. 12월 19일 아침 브라운 지점장은 전날의 대화내용을 적은 팩스를 보내왔다.[464]

신라호텔에서 100억 달러 본드 발행을 위해 골드만삭스와 살로먼스미스바니에서 온 대표와 예비협상을 하고 있던 장관을 찾아가 우리의 대처방법이 잘못됐다는 보고를 했다. 다음 날 주요 외국 은행 지점장을 만나 단기차입금 만기연장을 논의하겠다는 것을 보고했다. 100억 달러 본드 발행은 이미 발표했고 1월 중 발행을 준비하고 있는 단계에 있었다. 나는 진영욱 금융정책과장[465]과 함께 책임지고 단기외채 만기연장협상을 추진하겠다고 약속했다. 자정 무렵 방송에선 김대중 대통령후보의 당선이 확실시된다고 보도됐다.

12월 19일 금요일 12시 30분 나는 명동 은행회관 뱅커스클럽에서 진영욱 과장과 함께 윌슨 지점장과 브라운 지점장을 만나 단기차입금의 만기연장방법에 관해 구체적으로 논의했다. 당시 외국 은행 지점들은 자금여유가 많았지만 안전한 투자처를 찾지 못하고 있는 상황이었기 때문에 거래처를 유지하기를 원한다고 했다. 한국은행 차입으로의 전환은 거래처가 단절되는 문제가 있어 정부보증이 좋다고 했다. 두 사람은 만기연장에 적극 나서겠다고 했다. 은행에 대한 정부보증은 8월 25일 이미 발표한 바 있었다.

너무 시간이 없었다. 오후 3시 외국은행단(Foreign Bankers Group, FBG)의 의장인 윌슨 씨티은행 지점장과 브라운 시카고은행 지점장, 그리고 체이스은행, 아메리카은행, 도쿄은행 등 주요 은행 지점장들과 만났다. 정부보증 또는 한국은행 차입전환에 의한 만기연장에 대해 원칙적인 합의를 했다. 도쿄은행 지점장은 말이 없었다. 그들은 만기연장에 관한 협의는 모라토리엄으로 오해될 우려가 있으니 극비밀리에 진행되어야 한다고 했다. 12월 20일 중 본점에 기본적인 사항에 대해 보고하고, 12월 23일까지는 실무적인 작업을 완료하고, 크리스마스휴가가 시작되기 전 12월 24일까지 본점의 승인을 받지 못하면 다음 해로 넘어가 어렵게 된다고 했다. 한국의 대외부채와 외국은행으로부터의 단기차입금의 만기도래 현황을 정확히 알아야 구체적인 합의가 가능하다고 했다. 단기차입금의 만기연장이 성공하기 위해서는 주요 은행이 모두 참가하여야 하고 특히 일본계 은행의 참가가 중요하다고 했다. 12월 3일 583억 달러의 IMF 구제금융이 합의되기 전후 일본은행이 70억 달러를 집중적으로 회수함으로써 모라토리엄의 우려가 제기되고 있던 12월 19일 나는 지푸라기라도 잡는 심정으로 사카키바라 일본 대장성 국제금융담당 차관에게 일본의 자금회수를 자제시켜달라는 간곡한 편지를 보냈다.

저녁 7시에 한국은행, 산업은행 등 주요 은행의 국제금융담당 임원들과 회의를 했다. 한국은행은 해외차입 업무를 하지 않기 때문에 정부보증 방식이 좋겠다[466]고 하여 정부보증 방식을 채택하기로 했다. 진영욱 과장이 책임지고 외국 은행으로부터의 은행별, 기간별 단기차입금 현황을 한국은행과 함께 만들기로 했다. 당시에는 그런 통계가 없었다. 12월 21일 일요일 밤 11시 신라호텔에서 롱 씨티은행 대표를 임창열 장관, 정덕구 차관보와 함께 만났다. 만기연장에 대해 씨티은행은 적극적인 역할을 할 것을 약속했다.[467] 그날 밤 골드만삭스와 살로먼스미스바니는 주간사로 선정되어 100억 달러 본드 발행의 핵심절차인 채권 발행 취지서(prospectus)를 준비하고 있었다.

12월 22일 월요일 대외부채 상황과 함께 1998년 월별·은행별 단기외화차입금 만기도래 통계를 새로 작성했다. 12월 20일 역외차입금과 해외점포차입금을 합산한 총대외부채 1,530억 달러의 52.4%인 802억 달러가 단기차입금이었고 단기차입금의 24.5%인 374억 달러가 국내금융기관의 단기차입금이었다. 대외부채에 관한 외국의 오해가 있어 IMF와 실무합의에 따라 종래의 IBRD 기준 대외채무(external debt)에 역외차입금과 해외점포차입금을 합산하고 기업현지금융은 제외한 총대외채무(external liabilities)를 다시 산출했다.

한국의 총대외채무

(억 달러)

	1996.말	1997.6말	1997.9말	1997.11말	1997.12.20
장기부채(Ⅰ+Ⅱ+Ⅲ)	607	607	666	647	728
Ⅰ. 금융기관(A+B)	447	434	476	451	442
A. 국내금융기관	415	397	438	413	404
국내본점	277	279	313	312	305
역외금융	85	96	96	96	94
국외점포	53	22	29	5	5
B. 외은지점	32	37	38	38	38
Ⅱ. 국내기업	136	151	169	176	176
Ⅲ. 공공부문	24	22	21	20	110
단기부채(Ⅰ+Ⅱ)	1,,000	1,028	1,040	922	802
Ⅰ. 금융기관(A+B)	780	777	783	664	546
A. 국내금융기관	652	635	620	494	374
국내본점	262	285	236	188	129
역외금융	127	130	131	113	95
국외점포	264	220	253	193	150
B. 외은지점	128	142	163	170	172
Ⅱ. 국내기업	220	251	258	258	256
총대외채무	1,607	1,635	1,706	1,569	1,530

자료: 당시 정비된 자료가 없어 실무진이 직접조사로 작성.

만기연장 대상인 1998년 외국 은행별 단기외화차입금을 집계한 결과 일본계 65억 달러, 미국계 30억 달러, 영국계 13억 달러, 독일계 28억 달러, 프랑스계 16억 달러, 기타 84억 달러로 합계 237억 달러였다. 1997년 12월 18일에서 31일까지 도래분 122억 달러는 기술적으로 정부지급보증이 어려운 것이었다. 이때 작성한 '외국 은행별 단기차입금 만기도래 현황'[468]이 최초로 만든 국가별, 은행별, 월별 단기외채 상황이었다.

12월 22일 나이스 IMF 국장에게 만기연장협상에 관해 설명했더니 절대적으로 필요한 조치라고 지지했다. 저녁 8시 은행회관에서 씨티은행 윌슨 FBG 의장, 브라운 지점장 등 주요 외국 은행 대표들과 만나 1998년 외국 은행별 단기차입금 만기도래 현황을 제시하고 만기연장방법을 사전 조율했다. 1997년 도래분은 자율적으로 처리하고 1998년 도래분을 대상으로 만기

외국은행별 단기차입금 만기도래 현황 (1997년 12월 17일. 1억 달러 이상 기준. 백만 달러)

국적	잔액	1997	1998						
			1월	2월	3월	2분기	3분기	4분기	
미국계	4,068	1,046	1,257	663	194	477	30	400	3,022
일본계	10,432	3,918	3.114	1,272	1,154	722	95	160	6,517
영국계	2,319	985	827	346	83	58	20	–	1,334
독일계	3,273	447	1,210	459	253	504	95	305	2,825
프랑스	3,105	1,502	512	268	223	294	–	307	1,603
캐나다	731	224	208	179	58	63	–	–	506
이탈리아	295	190	74	21	–	10	–	–	105
기타	11,767	3,916	3,603	1,609	1,109	1,171	310	103	7,851
합계	35,989	12,229	10,805	4,817	3,073	3,244	549	1,275	23,763

자료: 당시 자료 미비로 실무진이 직접 조사로 작성(1997년은 12월 18일에서 31일까지의 도래분).

연장을 하기로 했다. 단기차입금 359억 달러 중 최소 3분의 2 이상의 만기연장이 필요하다고 정리했다.

12월 23일 11시 조선호텔에서 열린 FBG회의에 외국 은행들이 참석하여 정부보증에 의한 만기연장에 합의했다. 이 회의에는 대외비밀을 유지하기 위해 나 대신 진영욱 과장이 참석하여 대외부채 규모와 함께 외국 은행으로부터의 단기차입금의 만기도래 현황을 설명했다. 외국 은행별 단기차입금 만기도래 현황은 알려지면 문제가 생길 염려가 있어 대외비로 했다. 크리스마스휴가 전 24일까지 본점의 승인을 받기로 했다. 만기연장에 관한 기본적인 합의가 끝났다. 외국 은행들은 한국에 위기가 다가올 때부터 디폴트를 당하게 하는 것보다 상환유예가 유리하다는 판단을 하고 있었다고 《워싱턴 포스트》는 보도하였다.[469] 가장 적은 단기채권을 갖고 있었던 미국계 은행 지점장들이 앞섰던 반면 최대 채권자인 일본계 은행은 자금회수에 집중하였고 만기연장에 소극적이었다. 일본이 회수해간 130억 달러는 그들이 지원하기로 한 100억 달러를 넘는 규모였다.

12월 24일 루빈 미국 재무장관이 IMF와 G7 국가들은 1월 초까지 100억 달러를 앞당겨 지원하겠다고 발표했다. 12월 29일 서울에서의 만기연장에 관한 기본적인 합의를 토대로 뉴욕에서 피셔 IMF 수석부총재가 미국의 주요

채권은행들과 만기연장을 위한 회의를 열게 되었다. 이로써 만기연장을 위한 마무리 협의는 뉴욕으로 옮겨가게 되었다.

벼랑 끝에서 칼자루는 우리가 잡았다

뉴욕 외채협상

1998년 1월 6일 김대중 정부의 비상경제대책위원회[470]에 외환위기에 관해 보고한 후 나는 1월 21일부터 열리는 뉴욕 외채협상에 출장을 가기로 했다. 출장 준비를 하고 있는데 임창열 장관이 갑자기 정덕구 차관보를 보내겠다고 통보했다. 이때까지 만기조정협상을 담당해온 진영욱 과장도 변양호 과장으로 교체되었다. 1997년 12월 18일 최초로 야당의 김대중 후보가 대통령에 당선되던 날 나의 공직생활을 마감해야 할 때가 왔다고 생각했다. 좌파정부 밑에서 내가 해야 할 일이 없을 것 같았고 세력교체 분위기가 관가에도 강하게 불었다. 크리스마스 이후 나는 장관 대신 회의에 참석하는 것 외에 아무런 역할이 없었다.

뒷산에 올라가, 때가 아니거든 그것을 받아들이는 담대함을 달라고 기도했다. 모든 것을 주님의 뜻으로 받아들였다. 차관의 한계가 있었지만 1997년 3월에 재정경제원 차관으로 온 후 나는 위기돌파를 위해 혼신의 노력을 기울였다. 나의 손으로 단기외채 만기연장협상을 마무리 짓고 싶었다. 그것이 나라에 대한 마지막 봉사라고 생각했기 때문이다.

뉴욕에서 열리는 외채 만기연장협상을 위해 출발하는 정덕구 차관보와 변양호 국제금융과장을 불렀다. 지금까지의 외채협상 경과를 설명하고 다음과 같은 말을 해줬다. "우리가 벼랑 끝에 섰지만 지금 우리는 칼자루를 잡고 외국 은행이 칼끝을 잡은 형국이다. 버티면 이긴다."

이렇게 판단한 이유는, 첫째 한국이 막다른 골목으로 몰렸지만 올브라이

트 국무장관과 코언 국방장관의 아시아전략에 따른 권고에 따라 루빈 재무
장관은 한국을 신속히 부도에서 구해주지 않으면 안 될 상황이라고 판단했
다. 둘째, 윌슨 씨티은행 지점장과 브라운 시카고은행 지점장과 만기연장을
협의할 때 미국은행들은 자금이 남아돌아 안전한 투자처를 찾고 있고 정부
보증이면 최고의 투자처라는 말을 했다. 외국 은행들은 이미 만기연장에 합
의하였다는《워싱턴포스트》의 보도도 있었다. 셋째, 존 리드 씨티은행 회장
이 "한국에 대한 약속(Commitment to Korea)"를 다하겠다고 스티븐 롱 대표를
보내 약속했다.

1998년 1월 21일부터 뉴욕에서 외채협상이 시작되었고 28일에 1998년
만기가 도래하는 240억 달러의 단기외채를 정부의 지급보증으로 최장 3년의
장기채무로 전환하는 합의[47]가 이루어졌다. 금리는 LIBOR(당시 5.66%)에 1년
만기 2.25%, 2년 만기 2.50%, 3년 만기 2.75%를 가산하여 당시 금리로는
8.16% 전후였다. 한국의 외환위기 탈출을 확실히 종결시키는 협상이었다.

만기연장협상을 마치고 돌아온 변양호 과장의 수고를 격려했다. 그는 빌
로즈(William Rhodes) 씨티은행 부회장과 한국 측의 마크 워커(Mark Walker)
변호사가 주도하여 처리했고 대표단은 특별한 역할이 없었다고 말했다. 우
리가 칼자루를 잡고 있는 형국이라 좀 더 잘할 수 있었는데 미안하다고 겸손
해했다. 당시 씨티그룹은 한국 49억 달러, 말레이시아 37억 달러, 태국 31억
달러, 필리핀 26억 달러, 인도네시아 21억 달러 등 위기를 당한 아시아 5개
국에 164억 달러의 자산을 갖고 있었다.

루빈 재무장관이 한국과 국제채권은행단 간 외채협상을 앞두고 "한국 정
부가 추진하는 경제개혁 노력의 효과가 나타나고 있다", "국제채권은행단은
한국 측이 종합적이고 장기적인 외채 만기재조정 협정에 도달하는 데 필요
한 여유를 주어야 한다", "국제채권은행단이 외채상환 만기를 연장하는 자발
적인 계획에 동의하고 한국금융기관이 추가로 자금을 조달할 수 있도록 새
로운 통로를 열어줘야 한다."라고 말하며 국제채권은행들에 대해 부채상환
연장조건을 완화해줄 것을 촉구하고 나섰다는 보도는 칼자루를 잡은 우리의

입장을 더 강화시켜주었다.

당시 자문역으로 동행했던 미국 컨설팅회사 부즈 앨런 앤드 해밀턴의 장종현 한국 대표는 좀 더 유리한 내용으로 할 수 있었는데 한국 대표들이 너무 빨리 승낙한 것이 안타깝다고 말했다. 독일계 은행들이 '백기사'⁴⁷² 역할을 해서 3% 이하의 금리로 타결되었다고 했다. 국제금융 전문가들은 뉴욕협상의 승자는 한국 정부가 아니라 국제채권은행단이라고 분석하고 국제채권은행단이 과거 멕시코나 브라질에게는 대출원금을 10~30%씩 탕감해주고 금리도 낮춰주었던 것에 비하면 한국에겐 정부보증에다가 금리도 높았다고 했다. 금리의 결정도 시장금리를 감안한 톱다운(top down) 방식보다 입찰에 의한 바텀업(bottom-up) 방식이었다면 좀 더 낮아질 수 있었을 것이고, 국가 신용도가 올라가면 금리를 내리는 변동금리방식(credit step-down)을 채택했으면 더 좋았을 것이라는 보도가 그의 말을 뒷받침해준다. 당시 뉴욕에서는 안전하고도 적정금리가 보장되는 미국 재무부 발행 채권 금리가 5% 안팎인데 한국 정부의 보증을 받고도 240억 달러 덩치의 자금을 금리 8%로 운용하는 장사가 어디 있느냐고 야단이었다고 보도되었다. 햇빛 나는 날 우산을 빌려주고 비 오는 날 거두어가는 것이 은행의 생리임에 어쩌랴.

1998년 4월 뉴욕에서 골드만삭스와 살로먼스미스바니가 주간사로 발행한 40억 달러 규모의 10년짜리 외국환평형기금채권의 금리가 TB(미국 재무부 채권 금리, 당시 5.48%)+3.55%(5년은 3.45%)로 결정된 것은 중도상환이 없는 것을 감안하면 너무 높은 금리라는 분석이 있었다. 당초 30억 달러 발행에 100억 달러의 신청이 몰려 40억 달러로 발행규모를 확대한 것을 보면 한국채권의 인기를 알 수 있다. 한국보다 신용도가 낮은 멕시코가 3월 초 발행한 10억 달러 규모의 채권 금리는 2.88%의 가산금리를 물었다고 보도됐다. 발행 다음 날인 9일 외평채가격이 급상승해 금리가 TB+3.30%로 0.25%p나 하락한 것은 발행금리가 너무 높았음을 증명했다.

은행의 협조융자(syndication loan)는 이미 약속한 외평채 발행에 묶여 시도조차 되지 않았다. 외채연장에서 3년짜리 가산금리가 2.75%였다는 점을 생각하면 은행의 협조융자에 의해 더 낮은 금리로 자금조달이 가능했고 특히 신용등급이 올라갈 것을 감안하면 10년 만기 정부채권에 중도상환 조건도 없었다는 것은 너무 불리한 조건이라 생각된다. 이때 본드 발행을 담당했던 미국 증권회사 직원들에게 거액의 보너스가 지급되었다는 보도도 나왔다. 브라운 시카고은행 지점장이 말한 대로 우리는 거꾸로 가서 큰 피해를 입었다고 생각되었다.

가장 적은 단기채권을 갖고 있었던 미국이 앞섰던 반면 최대 채권자인 일본은 나서지 않았고 자금회수에 집중했다. IMF 구제금융을 신청했던 날인 11월 21일 IMF 자금을 인출할 때까지 100억 달러 연결차관 요청도, IMF 구제금융이 합의되기 전날인 12월 2일 급속한 자금회수 자제 요청도, IMF 구제금융이 합의된 후 모라토리엄이 우려되던 12월 19일 지푸라기를 잡는 심정으로 간곡한 편지를 통한 자금회수 자제 간청도 일본은 외면했다. 그들은 태평양 건너 미국보다 더 머나먼 이웃이었다.

씨티은행을 생각했다. 존 리드 회장은 스티븐 롱 대표를 통해 약속한 대로 1973년 오일쇼크 때에 이어 "한국에 대한 약속"을 이행했다. 씨티은행의 로버트 윌슨 서울지점장, 스티븐 롱 아시아태평양 대표, 빌 로즈 부회장, 존 리드 회장으로 연결된 그들의 수고에 감사했다. 2008년 내가 기획재정부 장관일 당시 빌 로즈 부회장과 로버트 루빈 고문의 도움이 없었다면 미국과 통화스와프를 체결하지 못했을 것이고 우리는 큰 고통을 받았을 것이다. 2008년 10월 30일 300억 달러의 한·미 통화스와프가 발표되던 날 서울 신라호텔에서 열린 한·미 재계회의(Korea-US Business Council)의 축사에서 미국 측 회장으로 참석한 빌 로즈 부회장에게 나는 한국 측 참석자들과 함께 감사의 박수를 보냈다.

씨티은행 존 리드 회장, 빌 로즈 부회장과 로버트 루빈 고문에게 진심 어린 큰 감사와 존경을 보낸다. 그래도 필요할 때 친구는 있었다(There was a friend in need, though)! 1997년 차관 때의 아시아 외환위기와 2008년 장관 때의 글로벌 금융위기와 함께 나는 결코 그들을 잊을 수 없다.

모든 것은 IMF의 늪으로

좌파정부의 탄생

12월 23일 237억 달러의 단기외채에 대한 만기연장을 잠정합의하고 12월 29일 금융개혁법을 국회에서 통과시킨 것이 나라에 대한 나의 사실상 마지막 봉사가 되었다. 12월 24일 이후 나의 역할은 새 정부 대통령직인수위원회에의 보고, 환란에 대한 청문회, 감사원의 감사였다. 보고와 청문과 감사를 대비하여 환란전말에 관한 보고서 〈1997 경제위기의 원인·대응·결과〉(부록 참조)를 외화자금과 직원들과 함께 만들었다. 세상은 바뀌고 모든 것은 IMF의 늪으로 사라져버렸다.

'단군 이래의 최대 국란'이라는 말을 앞세운 정치적 공세는 시간이 지날수록 더해갔고 언론의 비난도 더 강해져갔다. 최초로 여야당 간 정권 교체가 이루어지면서 재정경제원에도 세력교체가 시작되었고 분위기도 바뀌었다. 임창열 장관은 외환위기에서 나라를 구한 사람이 되었고 강경식 장관과 함께 외환위기를 관리했던 사람들은 모두 환란을 부른 사람의 대열로 밀렸다. 위기관리에 참여하지 않았던 사람들은 위기를 비난하는 대열에 동참했다. 나는 외환위기를 돌파하기 위해 고생한 부하들과 함께 비난 대상에 서게 되었고 남아 있는 최고위 관료였다. 같이 일을 했는데도 시대가 그렇게 만들었다.

외화자금과 사람들은 1997년 8월부터 당시까지 밤 12시 전에 퇴근한 적이 거의 없었다. 그때까지의 수고는 간 곳 없고 누구의 잘못인지 따지지도 않고 결과에 대한 책임만을 따졌다. 최대 국란, 직무유기, 허위보고 등 비난은 하루도 쉬지 않고 쏟아졌다. 여기저기서 환란을 경고했는데 묵살했다는 자칭 우국지사들도 우후죽순같이 나왔다. 그 많은 노력과 수고는 간 데 없고 소나기 같은 비난과 추궁이 시작되었다. 사람은 재앙을 만나면 푸닥거리를 한다. 직무유기라니. 허위보고라니. 나라 망친 사람들이라니! 과연 누가 불을 냈고, 누가 불길에 기름을 부었고, 누가 불길을 잡았는가? 고독과 분노가 밀려왔다.

1998년 1월 3일 삼청동 대통령직인수위원회에 가서 오후 2시부터 밤 10시까지 장장 여덟 시간 새로 권력을 잡은 사람들에게 〈1997 경제위기의 원인·대응·결과〉를 직접 보고했다. 1998년 1월 18일부터 2월 13일까지 21일간 'IMF 환란 원인 규명과 경제위기 진상조사를 위한 국정조사'라는 긴 이름의 환란청문회가 열렸다. 청문회에서 불렸다. 청문회는 환란의 원인과 대응과정에 대한 진지한 분석보다 남의 허물만 들추는 정치공세가 압도했다. 단군 이래의 최대 국란, 나라 망친 대통령, 나라 망친 한나라당, 외환보유고 허위 보고, 직무유기 등 국민정서를 앞세워 정책을 심판한 환란재판이었다. 질문이 답변을 압도한 질문회가 되어버렸다. IMF청문회(聽聞會)는 들을 청(聽), 들을 문(聞)은 없이 한풀이 한마당으로 끝났다.

1998년 1월 30일부터 2월 28일까지 한 달간 감사원에선 외환 및 금융 관리실태 특별감사라는 마녀사냥이 시작되었다. 정치권의 요구에 의해 희생 양을 찾으려는 정치감사였다. 많은 부하들이 처벌을 받았다. 함께 위기극복을 위해 노력하던 강경식 장관은 직무유기로 기소되었다. 신문에 보도된 나의 취임사와 환율과 보유고에 관한 나의 첫 지시를 받아 적은 외화자금과 직원들의 업무일지 때문에 나는 직무유기라는 책임에서 벗어났다. 다행이라기보다 분한 마음이 앞섰다.

환란에 관한 마지막 보고서 〈1997 경제위기의 원인·대응·결과〉를 함께 작성한 외화자금과 직원들과 1998년 2월 21일 토요일 과천청사 건너 '희락'에서 고별 오찬을 했다. 어떤 모습으로 찾아올지 모르는 미래의 운명을 앞두고 희락이 아니라 비통 속에 별로 말이 없었다.

다음 날 일요일, 사무실에 나가 짐을 정리했다. 수많은 자료들과 소장품들을 보따리에 쌌다. 사무실을 정리하고 뒷산에 올랐다. 과천청사 건너 청계산 위에 겨울 구름이 흘러가고 있었다. 1970년 초겨울 석양이 내리는 신라의 천년 고도 경주에서 시작한 공직 28년이 주마등같이 머리를 스쳤다. 구정물 먹고 마시고 허우적거리며 열정과 고뇌로 지내온 세월이었다. 끝없는 도전과 응전으로 살아온 시간들이었다. 술에 취하여 비틀거리고 돌부리에 부딪혀 넘어지기도 하고 소용돌이에 휘말리며 살아온 날들이었다.

어릴 때 살던 시골동네 서재 뜰에 피던 매화가 생각났다. 엄동설한을 이겨내고 추위가 가시기도 전에 가장 먼저 피는 꽃이다. 조선조에 부자가 함께 9년이나 귀양 갔던 두 할아버지의 고난을 생각했다.

"여보게, 저승 갈 때 뭘 가지고 가지? 솔바람 한 줌 집어 가렴. 농담 말구. 그럼 댓그늘 한 자락 묻혀 가렴. 안 그럼, 풍경 소릴 듣고 가든지……"

IMF는 좌파정부를 탄생시키고 재정경제부에서 예산을 분리시켜 기획예산위원회 및 예산청이 설치되었다. 1998년 3월 9일 나는 28년간의 공직생활을 정리하고 재정경제부를 떠났다. 시가 된 고별사를 남기고!

"경주세무서에서 시작한 공직여정.
28년 동안의 시간들과 일들과 사람들.
부가가치세에서 IMF까지, 금융실명제에서 부동산실명제까지,
금융자율화에서 금융시장 개방까지.
거대한 파도와 싸운 도전과 응전의 세월이었습니다.
부딪히고, 피 흘리고, 돌부리에 채어 넘어지기도 하였습니다.
경주에서 대구로, 서울로 뉴욕으로, 과천으로 흘러다녔습니다.
지난 한 해를 뒤돌아봅니다.
한보에서 기아로, 금융개혁으로, 그리고 IMF까지 왔습니다.
30여 년 숙제였던 중앙은행도 개편됐고, 20개 금융개혁법들도 통과되었습니다.
사상 최대의 적자 230억 달러에서 82억 달러 적자로 개선되었습니다.
그러나 모든 것은 IMF의 늪으로 사라져버렸습니다.
IMF로 가는 길을 피할 수 없었습니다.
불을 낸 사람이 누구인지, 불을 끈 사람은 누구인지,
냉철하게 평가해야 할 것입니다.
IMF가 축복인지 저주인지,
앞으로 어떻게 대응하느냐에 따라 결정될 것입니다.
IMF 정책프로그램은 우리가 추진하려다 못한 것들입니다.

외세에 밀려 추진하게 된 것은 부끄러운 일이지만
외부의 충격은 새로운 발전의 동인이 되기도 합니다.
이제 떠납니다.
여러분들과 함께 일한 것을 큰 영광으로 간직하겠습니다."

18

값비싼 외상소득의 상환

::: 환란의 상처

우리는 1997년 외환위기를 '환란(換亂)' 또는 'IMF'라고 부른다. 'IMF 때' 실업
자가 되었고 사업에 실패했다는 말이 일반화됨으로써 'IMF'는 원망의 대명사
가 되었다. 자본의 생리를 모르고 낮은 금리의 유혹으로 해외에서 차입한
자금이 썰물같이 빠져나갈 때 필요할 때 친구는 없었다는 것을 알았다. 경상
수지 적자가 얼마나 위험하고 외환보유고가 얼마나 중요한가를 체험했다.
강요당한 변화가 휩쓸고 간 폐허는 우리에게 많은 교훈을 남겼다. 위기를
당할 만한 자산도 없던 아시아가 의욕적인 경제개발을 통해 자신감을 얻어
가던 순간에 당한 위기는 과거에 경험하지 못한 것이라 혹독한 대가를 치렀
다. 공짜 점심은 없다는 것을 확실하게 가르쳐주었다.

　IMF 구제금융을 신청하던 날, IMF 구제금융이 합의되기 전날, IMF 구제
금융이 합의된 후 모라토리엄이 우려되던 날, 세 번이나 일본에 지원을 요청
하였지만 외면당한 기억은 큰 상처이고 교훈이었다. 위기를 당한 주변국의
선택은 제한적이다. 필요할 때 친구는 없고 경상수지와 외환보유고가 생존
의 조건이었다. 환율의 적절한 관리는 주권의 행사다.

과욕과 무지가 부른 재앙

1997년 한 해 동안 375억 달러의 해외차입금이 썰물같이 빠져나갔다. 후진국으로 주변국으로 살아오던 우리는 1960년대 의욕적인 경제개발계획을 추진한 결과 빠른 경제성장과 향상된 생활수준을 향유하게 되자 유사 이래 처음 자신감을 얻었고 1990년대 들어 경제성장에 대한 과욕은 대내의 거품과 대외의 불균형을 만들었다. 과도한 거품과 불균형은 지속가능성이 없다.

1997년 아시아 외환위기는 의욕적인 경제성장을 위하여 일본, 미국, 유럽 단기자본의 과도한 유입으로 만들어진 투기의 거품과 기업의 차입경영이 요인이었다. 1997년 한국, 태국, 인도네시아, 말레이시아, 필리핀 5개국에 유입된 해외자본은 2,073억 달러가 넘었다. 국내에서 축적한 자본이 아닌 해외차입자본에 의한 성장의 과실은 언젠가 갚아야 할 외상소득(barrowed income)이고 차입금리를 초과하지 못하는 외상소득은 사실상 결손이다. 외상소득 상환용으로 태국, 인도네시아, 한국에 제공된 IMF와 선진국의 구제금융 1,185억 달러는 큰 시련과 상처를 남겼다.

1997년 환란을 회고하면 과욕이 부른 재앙이라 생각된다. 대외적으로는 강요당한 변화의 혹독함을 남겼고, 대내적으로는 마이너스 경제성장과 많은 실업자를 남겼다. 개인적으로는 노력에 대한 보상은커녕 정치적인 단죄와 함께 공직생활을 마감하는 회한을 남겼다.

대외적으로는 해외자본의 냉혹성과 국제금융질서의 불편한 진실을 남겼다. 1997년 12월 3일 IMF가 주선한 583억 달러의 구제금융이 합의되자 해외자본의 대탈주극이 벌어져 모라토리엄이 우려되는 상황에 몰렸다. 구제금융은 위험에 처한 투기성 자금을 위험이 없는 IMF 자금으로 대체하고 고통은 주변국에 전가되는 모럴해저드를 낳는 결과가 되었다. 재주는 IMF가 넘고 돈은 투기자본이 벌게 되어 누가 누구를 구제하는지 모르게 되었다. 차라리 모라토리엄을 선언한 다음 IMF 자금으로 신규거래에 충당했더라면 해외자본과 고통을 나누는 결과가 되지 않았을까 하는 생각도 들었다.

대내적으로 소규모 개방경제의 균형된 발전은 단기자금의 급격한 유출입이 규제되어야 가능하다고 생각되었다. 위기가 일어나기 전후인 1996년과 1998년의 환율과 경상수지를 비교하면 한국, 태국, 인도네시아 모두 해외단기자금이 빠져나가고 환율이 펀더멘털에 의해 재조정되자 외채를 감당할 수 있는 수준의 경상수지 흑자가 달성될 수 있었다. 중심국과 주변국이 협력하여 단기자금의 급격한 유출입을 방지하는 장치를 마련해야 한다고 생각되었다.

개인적으로 나는 1997년 환란 때 불을 끄려고 간 사람이었는데 불을 끄고 나니 정치적인 단죄가 기다리고 있었다. 불을 일으킨 사람들은 말이 없었고 시차의 착각은 불을 끄려고 노력한 사람들에게 마녀사냥 같은 푸닥거리를 안겼다. 환란을 예고했노라고 주장하는 자칭 현자들이 마녀사냥에 가세했다.

환율을 920원까지 빨리 올리려고 노력했는데도 환율방어를 위해 외환보유고를 낭비했다는 비판을 받았다. 한국은행은 몰라도 재정경제원에서는 환율방어를 위해 보유고를 1달러도 낭비하지 않았다. 1997년 8월 이후 은행의 단기차입금이 회수단계에 들어간 후 정부는 거의 매일 은행의 부도를 막아주고 있었다. 영업 마감시간에 당일 외화가 부족하면 은행은 홍콩시장에 가서 1일자금(over night)을 차입하고, 안 되면 프랑크푸르트로, 다음은 런던으로, 그래도 안 되면 마지막으로 뉴욕시장으로 갔다. 새벽 2시가 되면 그날 세계외환시장에서의 차입 노력은 끝난다. 외화자금과는 은행의 부족외환을 확인하여 한국은행으로 하여금 대출하게 조치하고, 그날의 동향보고를 작성한 후 새벽 5시에 일이 끝났다. 8월 중순 이후 거의 매일 그랬다.

해외에 나가 "한국경제의 펀더멘털은 문제가 없다."라는 말을 했다고 비판받았다. 1996년 고비용·저효율이라는 구조적 취약성과 경상수지 적자는 심각했다. 외국 금융기관들이 급속하게 자금회수를 하고 있는 상황에서 "한국경제의 펀더멘털은 문제가 없다."라는 말을 할 수밖에 없었다. 부도지경에 몰린 기업이 은행을 찾아가 "우리 기업은 가망이 없지만 떼일 셈 치고 돈

좀 빌려달라."라고 말할 수 없는 것과 같은 것이다.

환란을 경고했는데 정부가 묵살했다는 주장도 나왔다. 위기관리를 위해 정부의 연구기관이 공개적으로 환란을 우려하는 발표를 못 하게 한 것이다. 1997년 4월부터 주가나 환율이 출렁거릴 때마다 신문이 연구기관보다 먼저 금융대란을 보도했다. 한국은행 간부도 위기를 경고했다고 나섰는데 내용은 "경상수지 개선과 외환시장 안정에 역점을 두고 거시경제정책의 안정적 운용, 외환보유액의 조기 확충 및 기조적 시장수급 상황에 따른 환율운용을 하는 한편, 임금안정 및 각종 규제의 철폐를 통하여 기업의 경영환경을 개선하고 금융경색 현상의 확산을 방지할 수 있는 대책을 강구하여야 함. 이러한 대책의 효과가 가시화되지 않을 경우 IMF 등 국제기구로부터의 차입 등 비상대책을 강구할 필요성이 있음."이라는 선문답 같은 내용이었다.

건국 후 최초로 정권이 좌파로 교체되어 세상이 뒤바뀌면서 관청에서도 세력교체가 일어났다. 자칭 우국지사들이 나와 인민재판 같은 푸닥거리를 해야 직성이 풀리는 인간의 속성이 서글플 뿐이었다. 불을 끄려고 노력한 강경식 장관은 법정에 서는 고초를 겪었고 많은 실무자들은 징계를 당하였다. 위기를 앞두고 호기를 부리고 방향을 착오한 사람들은 보이지 않았고 말이 없었다. 그들은 환란의 상처 때문에 고통받은 사람들에게 숨어서라도 사죄해야 한다.

대량해고와 대량폐업

환란의 상처

환란은 1950년 한국전쟁 후 가장 혹독한 시련이었다. 대량해고와 대량폐업은 유사 이래 처음 맞는 재앙이었다. 소규모 개방경제가 국제경쟁에서 살아남고 선진국으로 발전하기 위해서는 환란이 남긴 상처를 결코 잊어서

1997년 외환위기 전후 주요 경제지표

	1996	1997	1998	1999	2000
성장률(%)	7.2	5.8	-5.7	10.7	8.8
실업률(%)	2.0	2.6	7.0	6.3	4.4
실업자(천 명)	426	556	1,461	1,353	889
1인당 GDP(달러)	11,422	10,371	6,863	8,706	9,821
경상수지(억 달러)	-238.3	-102.9	400.6	216.1	104.4

자료: 한국은행.

는 안 된다.

1997년 환란에 의해 가장 큰 상처를 입은 것은 금융기관이었다. 제일은행과 한국외환은행은 헐값에 미국의 뉴브리지캐피털(New Bridge Capital)과 론스타(Lone Star)에 팔렸고 서울은행은 하나은행에 합병되어 사라졌다. 동화은행, 대동은행, 동남은행, 경기은행, 충청은행 등 5개 지방은행이 문을 닫았다. 환란의 도화선이 되었던 30개 종합금융회사는 22개가 폐업하고 나머지는 합병되어 모두 사라졌다. 6만 8,000여 개의 기업이 문을 닫았고 서울의 큰 빌딩들도 외국에 팔려나갔다.

1997년 외환위기는 우리에게 혹독한 시련과 함께 큰 상처를 주었다. 주요 경제지표를 보면 1996년 7.2%였던 경제성장률은 환란이 있었던 1997년 5.8%, 1998년 -5.7%로 폭락했고, 같은 기간 실업률은 2.0%, 2.6%, 7.0%로 폭증했다. 실업자도 같은 기간 43만 명에서 56만 명, 146만 명으로 폭발했고 1인당 GDP는 1만 1,422달러에서 1만 371달러, 6,863달러로 폭락하였다. 주가는 1997년에 61% 폭락하였다.

외환위기 전후의 경제지표에서 우리는 두 가지 주요한 교훈을 얻을 수 있다. 하나는 1999년부터 경제성장률이 10% 내외로 회복하였다는 것은 경상수지 이외 경제의 펀더멘털은 튼튼하였다는 것이고, 둘은 원/달러 환율이 1996년 844.2원에서 1997년 1,415.2원으로 정상화되자 다음 해 1998년부터 400억 달러 흑자로 반전된 것이다. 환율이 경상수지에 미치는 효과가 결정적이라는 것과 경상수지가 국가경영의 기본이라는 것을 확실하게 보여준다.

생존의 조건, 환율과 보유고

2차 세계대전 후 빠른 경제성장과 향상된 생활수준에 자신감을 얻은 후 아시아의 개발도상국들은 스스로 축적한 자본이 아니라 해외의 자본으로 더 빠른 성장과 더 나은 생활을 추구하는 과욕을 부렸고 그것은 화근이 되었다. 아시아 외환위기는 중심국과 주변국 모두에게 선택의 위험을 알게 했다. 주변국 경제는 해외자본의 탐욕을 충족시킬 만큼 강하지 못했고, 중심국 경제는 그들의 자본을 흡수할 만큼 탄력적이지 못했다. 과거 중심국에서 창출되던 거품이 자본이동이 자유화된 지구촌시대를 맞아 주변국에도 거품의 에너지가 되었다. 중심국이 투기소득을 추구했다면 주변국은 외상소득을 추구했다는 불편한 진실이 아시아위기에서 드러났다.

아시아 외환위기가 수습되어가던 1998년 4월 18일 《파이낸셜타임스》는 "아시아 경제위기가 거둔 소득 가운데 하나는 아시아에서도 이제 서구식 시장경제체제, 특히 미국식 자본주의가 우월한 모델임을 깨닫기 시작했다는 점이다. 미국식 자본주의가 더 나은 생활과 더 높은 성장을 약속한다는 사실이다. 그래서 이 지역의 많은 지도자들이 자기 나라의 경제를 바로 미국에서 지키고 있는 경제시스템에 맞춰 빠르게 바꿔가고 있는 것이다."라고 보도했다.

반대로 아시아 외환위기가 시작된 1997년 7월 24일 마하티르 말레이시아 총리는 "우리는 개방하라는 말을 들어왔습니다. 무역과 자본거래에서 완전한 개방이 필요하다는 말이었습니다. 누구를 위한 개방입니까?"라고 말했다. 그리고 그는 자본통제를 실시하고 고립의 길을 걸어 위기를 관리했다.

1997년 환란으로 주변국은 서구식 시장경제를 깨닫고 바꾸기 위해서 많은 고통이 필요했다. 그렇다고 고립의 길을 가는 것은 너무 불확실성이 높았다. 해외단기자금의 생리를 몰랐던 무지의 대가를 치르는 것은 불가피했고, IMF를 최종대부자로 믿고 해외차입을 과도하게 한 무모의 대가를 치르는 것도 불가피했다. IMF가 권고한 3개월 경상지급에 상당하는 외환보유고는 상품과 서비스 교역을 기준으로 한 것이지 국제금융자본의 유출입을 기준으로한 것은 아니었다. 시장환율이 경상수지가 아니라 기축통화의 수요공급에의해 결정된다는 간단한 논리도 우리는 무시했다.

기축통화를 발행할 수 없는 주변국의 선택은 국내에서 축적된 자본이나해외직접투자(foreign direct investment)만 남는다. 해외 장기차입도 금리를 상회하는 이익 창출이 불가능하면 지속가능성이 없고 단기차입은 외환보유고의 축적 없이는 위험하다. 외환보유고는 경상수지가 흑자가 되어야 가능하다. 흑자가 불가능하면 단기차입을 하지 않는 것이 좋다. 이것이 IMF 구제금융보다 덜 고통스러운 길이라 생각한다.

단기자금의 과도한 유출입을 규제할 수 있는 국제금융질서의 재편이 없는한 주변국이 선택할 수 있는 길은 경상수지 흑자와 해외직접투자밖에 없다.경상수지 흑자는 적절한 환율 수준의 유지 이외에는 길이 없고 적절한 환율의 유지는 단기자본의 유출입을 방지하는 길밖에 없다. 역내 금융협력체제를 확대하는 길이 대안으로 제시되었으나 이것도 단기적인 장치일 뿐이다.

주변국의 선택은 제한적이다. 환율과 외환보유고는 생존의 조건이다. 적절한 환율의 유지를 위한 시장개입과 경상수지 흑자에 의한 외환보유고의적립은 살아남기 위한 조건이고 주권행사의 기반이다. 마하티르 총리의 주장은 국제금융질서의 문제점을 강조한 것이라 생각한다.

19 필요할 때 친구는 없었다

::: 환란의 교훈

1997년 환란 때 국내금융기관 단기차입금 중 60%에 달하는 375억 달러가 썰물같이 빠져나가자 우리 경제는 허물어질 것 같았다. 많은 노력을 했지만 모두가 허사였고 우리를 도와줄 친구는 없었다. 스스로 힘을 키우는 길 이외에 위기를 피할 길은 없었다. 나는 재정경제원 차관으로서 1997년 외환위기를 맞았고, 경기침체 및 대량해고와 함께 은행과 기업과 빌딩들이 헐값으로 선진국에 팔려나가는 혹독한 시련을 겪었다.

내가 1997년 환란에서 많은 대가를 치르고 배운 뼈아픈 교훈은 다섯 가지다. 첫째, 위기는 다시 온다. 둘째, 대외균형이 우선이다. 셋째, 환율은 주권이다. 넷째, 외환보유고는 많을수록 좋다. 다섯째, 기술이 살 길이다.

최고의 기술이나 자원을 가지고 있고 기축통화를 찍어낼 수 있는 경제학과, 기술도 자원도 부족하고 달러가 모자라면 위기를 당해야 하는 경제학은 같을 수 없다. 중심국은 위기를 만나면 기축통화를 찍어내고 통화스와프도 가능하고 경상수지도 외환보유고도 문제없다.

위기는 다시 온다

소규모 개방경제가 환율과 경상수지관리를 잘못하면 위기는 다시 온다. 외생변수에 의해 위기를 관리할 방법은 없어졌다. 준비하지 않으면 혹독한 시련을 겪는다. 비 올 때 우산을 빌려주는 친구도 없다.

과거 한국은 1962년부터 5차에 걸쳐 추진된 경제개발5개년계획을 추진하는 과정에서 국내의 저축을 초과하는 투자를 위해 외자를 도입하고, 국내에 부족한 자본재를 해외에서 수입하는 과정에서 경상수지 적자에 의해 네 차례 위기를 맞았으나 금융시장이 개방되지 않은 상황에서 대일청구권자금, 월남전 특수와 중동건설 특수라는 외생변수에 의해 극복할 수 있었다. 1990년대 금융시장이 개방된 후 국내로 유입된 단기자금이 급격히 유출되는 과정에서 1997년 외환위기를 맞았고 경기침체, 대량해고와 함께 은행과 기업과 빌딩들이 헐값으로 선진국에 팔려가는 혹독한 시련을 겪었다.

이제 냉전체제도 사라지고 중국이 시장경제에 편입됨으로써 한·미·일 특수관계도 약화되었다. 월남전 특수나 중동건설 특수 같은 것도 기대할 수 없다. 오직 기업의 자본충실, 경상수지의 흑자, 금융의 혁신, 노동시장의 유연화 등 우리 스스로의 꾸준한 노력으로 대외경쟁력을 강화해야 한다는 교훈을 남겼다.

대외균형이 우선이다

기술과 자원이 부족한 소규모 개방경제가 살아남기 위해서는 기술 선진국이나 자원보유국, 그리고 기축통화국보다 더 많은 대비와 수고가 필요하다.

국내의 좁은 시장보다 해외의 넓은 시장에 우리의 미래가 있다. 1997년 금융위기는 일본의 '잃어버린 10년'의 재채기에 아시아가 감기 든 것이다. 태국에서 시작된 감기가 북상하여 한국까지 전염시킨 것이었다. 보유고가 모자라면 위기로 가기 때문에 물가, 실업 등 대내균형보다 수출, 경상수지 등 대외균형을 우선할 수밖에 없는 것이 숙명이다. 1997년 위기의 직접적인 원인은 일본, 미국, 유럽의 싼 단기자금이 아시아의 비싼 장기대출로 연결되는 캐리 트레이드에 있었다. 선진국의 입장에서 싼 이자의 캐리자금으로 높은 수익의 신흥금융시장에 투자하는 것은 땅 짚고 헤엄치기(swimming while touching the ground)였고, 연못에 노는 개구리에게 재미로 돌 던지기(throwing a stone at frogs in pond to enjoy a fun)와 같았다. 중심국은 머니게임(money game)을 즐기는 것이지만 소규모 개방경제는 사느냐 죽느냐의 문제다.

"미국에서 소설 하나 잘 쓰면 평생을 먹고살고, 일본에서는 10년을 먹고살고, 우리는 1년을 먹고산다."라는 말이 있다. 소규모 주변국인 우리는 중심국과 같은 투입을 해도 산출이 적다. 남보다 더 일하고 노력해야 먹고살 수 있는 운명이다. 우리가 선진강국이 되기 위해서는 해외에 길이 있다. 작은 나라 네덜란드가 과거 해양강국을 건설한 것은 해외로 뻗어나갔기 때문이다. 우리가 선진강국이 되는 길은 수출에 있다. FTA로 경제영토를 넓힌 것은 참으로 잘한 선택이다.

원화는 기축통화가 아니고 자유롭게 찍어낼 수 없다. 우리는 위기를 예방하기 위해 환율, 경상수지, 외환보유고에 대한 더 많은 대비가 필요하고 이를 위해 수출을 위한 더 많은 수고가 필요하다. 기축통화를 가진 중심국의 경제학은 1997년 위기에서와 같이 우리에게 거꾸로 말하는 경우도 있다. 외환의 유출을 방지하기 위해 고금리와 통화긴축을 권고했고 우리는 고통 속에 그렇게 했다. 2008년 글로벌 금융위기를 맞아 미국은 3조 달러가 넘는 양적완화(Quantitative Easing, QE)를 통하여 말 그대로 헬리콥터로 돈을 뿌렸고 일본도 무제한 엔화를 공급하였다. 기축통화국의 양적완화 총규모는 정확히 알 수 없으나 2012년까지 미국 3조 6,000억 달러, EU 1조 6,000억 달러,

일본 2조 1,000억 달러 총 7조 4,000억 달러인 것으로 추정되었다.

원화가 준비통화가 아니기 때문에 소규모 개방경제의 한계를 항상 염두에 두어야 한다. 중심국과 금융거래와 무역거래를 할 수밖에 없는 우리는 위기에 대해 더 많이 대비하고 더 많이 수고해야 한다. 특히 자원이 없는 우리는 자원이 많은 주변국과 다르다. 재정금융정책을 다룰 때 결코 잊어서 안 되는 한계다.

환율은 주권이다

환율주권

환율은 주권이고 국제수지관리는 국가경영의 기본이다. 1997년 위기에서 본 바와 같이 환율은 경제의 기초지표보다 자본의 유출입과 상관관계가 더 많았다. 자본의 유출입을 열어두고 환율방어를 해봤자 소용이 없다. 단기자본의 투기를 막지 못하면 위기를 막을 수 없다. 가격경쟁력을 유지할 수 있는 환율의 유지를 위해 외환시장에 대한 적절한 개입은 주권행사이고 투기적 외환거래의 방지를 위한 제도적 장치는 외환당국의 기본임무이다. 환율을 시장에 맡기고 투기를 방치하는 것은 국민에 대한 배임이다.

준비통화를 자유롭게 발행할 수 있는 중심국이 아닌 주변국의 경우 국제수지가 나쁘면 다른 모든 지수가 좋아도 건강한 경제가 아니다. 기업의 부채비율이 400% 정도이고 차입금이자율이 12% 전후이던 1997년에는 금리가 중요변수였지만, 부채비율이 100% 이하이고 차입금이자율이 6% 전후이고 수출의존도가 40%를 넘는 2008년에는 금리가 재래 폭탄이라면 환율은 원자폭탄이라고 할 수 있다. 국제금융시장의 변동에 따라 언제든 외환위기를 맞을 수 있고 외채관리를 잘못하면 국가부도상태로 갈 수 있다.

원화의 달러환율은 1993년 808.1원에서 1995년 774.7원으로 4.3%나 평가절상되었고 그 결과 경상수지는 1993년 20억 달러 흑자에서 1995년 97억 달러 적자를 보이고, 위기 직전인 1996년 적자가 238억 달러로 폭발적으로 증가하였다. 일본과 경쟁품목이 많기 때문에 엔화와의 상대환율 10대1은 대외균형의 한계선이었다. 경상수지 적자의 GDP에 대한 비율은 1996년 4.2%로 위험 수준인 3%를 훨씬 넘어섰다. 그리고 1997년 우리는 외환위기를 맞았고 은행이 헐값으로 팔리고, 기업이 도산하고, 대량으로 정리해고를 하는 혹독한 시련을 겪었다.

대외거래의 가치척도인 환율이 매시간 매일 바뀌는 시장환율체제에서 환율의 적절한 관리는 소규모 개방경제가 살아남기 위한 필수불가결한 방어권이다. 누가 어떤 압력을 넣어도 환율관리는 포기할 수 없는 주권행사다. 1997년 위기에서 배운 가장 중요한 교훈이고 절대 포기해서도 잊어서도 안 되는 주권이다.

외환보유고는 많을수록 좋다

생명선 외환보유고

소규모 개방경제가 스스로 위기를 예방할 수 있는 길은 환율관리와 외채관리를 위한 충분한 외환보유고뿐이다. 외환보유고는 경상수지 흑자로 쌓을 수 있다. 경상수지 흑자의 기반은 장기적으로 기술에 있지만 단기적으로 환율에 있다. 외환보유고로 위기를 막아내지 못하면 IMF의 긴급유동성자금을 받아야 한다. 그래서 1997년 우리는 혹독한 시련을 겪었다. 환란은 글자 그대로 외환이 모자라 일어난 난리였다.

1997년 3월 우리의 외환보유고는 291억 달러였고 해외차입 노력으로 7월 336억 달러까지 갔다. IMF가 권고한 경상지급의 3개월분 360억 달러에 못 미쳤고 단기외채를 감안한 목표보유고 500억 달러에는 훨씬 모자랐다. 당시의 외환보유고로 375억 달러의 자금회수를 감당할 수 없었고 12월 국내은행에 예치한 외화를 제외한 가용보유고는 72억 달러로 격감하였다. 11월 21일 IMF 유동성조절자금을 요청하게 되었고 IMF 210억 달러를 포함한 583억 달러의 외세를 빌려 위기를 넘겼다.

외세를 빌린 위기의 해결은 은행도산, 기업도산, 대량실업의 혹독한 대가를 치렀다. 다시 당해서는 안 될 상황이라는 것을 확실히 배웠다. 외환위기를 막기 위해 IMF의 권고기준 360억 달러로도 부족하다는 결론이었다. 소규모 개방경제인 한국은 달러 없이 살 수 없다는 것을 결코 잊어서는 안 된다. 우리에게 외환보유고는 생명선이다.

소규모 개방경제가 위기를 예방하는 길은 외환보유고밖에 없고 보유고는 많을수록 좋다는 것이 환란의 교훈이다. 높은 외환보유고는 국부 펀드를 조성해 적극적인 해외진출도 가능하게 한다. 우리가 헐값에 판 것을 되살 수도 있고 해외 M&A에도 참여할 수 있다. 싱가포르의 국부 펀드인 테마섹 펀드 (Temasek Fund)를 배울 필요가 있다.

기술이 살길이다

근원경쟁력 R&D

우리의 근원적인 대외경쟁력은 기술이다. 단기적 경쟁력은 환율과 관세율에 의해서 결정되는 가격경쟁력이지만, 중기적 경쟁력은 품질향상이며, 장기적 경쟁력은 기술이다. 시장환율체제에서 대외경쟁력을 유지하는 길은 단기자본의 과도한 유출입을 관리하는 것이고 종국적으로는 기술개발에 의해 경쟁력을 높이는 길이다.

자본유출입의 관리는 자본수출국과 마찰을 유발할 가능성이 있기 때문에 소규모 개방경제를 스스로 지키는 길은 독자적인 기술체계를 확립하는 것이다. 기술개발체계는 R&D에 대한 투자 확대, 개발된 기술의 창업 지원과 경영 지원을 위한 기술금융(techno-banking) 지원, 기술거래 시스템의 확립으로 이루어진다.

기술은 저임금의 중국과 고기술의 일본 사이에서 살아남기 위한 유일한 수단으로, 기술개발투자를 국가의 최우선순위에 두어야 한다.

1997년 위기 이전 5년간 한국의 기술수지는 1993년 9억 달러 적자에서 1995년 18억 달러 적자, 1997년 22억 달러 적자로 적자폭이 늘어났다. 경제가 성장할수록 적자가 늘어나는 것은 독자기술보다 수입기술이 유리했다는 측면도 있지만 기술개발에 소홀했고 우리의 기술경쟁력이 낙후되어 있다는 증거다.

2005년 한국의 R&D 투자는 24조 원으로서 GDP의 2.79%로, 미국 2.51%, 일본 3.31%, 독일 2.49%(2004년 기준)와 유사한 수준이었지만 투자금액은 미국의 13분의 1, 일본의 6분의 1, 독일의 3분의 1에 불과했다. 기술개발은 장기경쟁력인 신기술개발을 위한 연구개발투자뿐만 아니라 중기경쟁력인 품질향상을 위한 현장숙련투자도 함께 이루어져야 한다. 현장기술의 숙련도를 높이기 위해서는 세계 최고의 숙련도를 갖고 있는 독일과 스위스의 조기직업교육과 취업·학업병행 시스템을 배우는 것이 길이다. 연구개발과 현장숙련을 위한 과감한 투자와 함께 기술금융과 기술거래 시스템을 구축하는 것이 국가경쟁력을 키우고 선진국으로 가는 길이다.

환란은 절반의 축복이었다

::: 좌파정부의 유산

나는 1997년 재정경제원 차관으로 우리에게 몰아친 외환위기를 극복하기 위해 온몸으로 부딪치고 나서 10년의 긴 야인생활을 보냈다. 외환위기 이후 IMF 정책프로그램의 집행에는 참여하지 못했기 때문에 결과로 평가하면 1997년 한국의 외환위기는 절반의 축복이라 생각된다.

1997년 아시아 외환위기에서 대조적인 선택을 한 나라는 말레이시아와 한국이었다. 마하티르 말레이시아 총리는 아시아위기의 주범을 선진국의 헤지펀드라고 주장하고 IMF 구제금융을 거부했다. 그는 국제금융시장을 사악한 투기꾼들이 활개 치는 정글이며 소로스를 링깃화를 공격한 장본인으로 비난했고 외환거래는 비정상적이며 중단되어야 한다고 주장했다. 마하티르 총리의 주도 아래 말레이시아는 위기를 자본통제에 의해 극복했다.

한국 정부는 위기를 우리의 잘못으로 받아들이는 바탕에서 IMF 구제금융을 위한 정책프로그램 협상에 임했다. 김대중 후보는 12월 7일 TV토론에서 "당선되면 IMF와 재협상을 벌이겠다."라고 말했으나 12월 12일 캉드쉬 IMF 총재에게 보낸 서한에서 "IMF 프로그램을 전폭적으로 지지한다."라고 입장을 바꾸었다. 대통령선거가 끝나고 김대중 대통령당선인은 1998년 1월 4일 소로스를 초청해 만찬을 베풀고 "외국인투자자들이 한국으로 돌아올 수 있도록 소로스 회장이 적극 도와달라."라고 부탁했다.

정리해고에 대해 12월 24일 "우리는 임금을 동결함으로써 이 경제위기를 극복하려고 하겠지만, 이것이 안 되면 임금을 삭감할 수밖에 없고, 이것도 안 되면 정리해고를 감수할 수밖에 없다."라고 말했고, 12월 26일 노동조합 대표자와 만나 "구조조정 과정에서 직장을 잃는 경우가 있을 수 있을 것이다. 우리는 외국에 물건을 파는 것보다 외국인투자를 유치하는 것이 더 중요한 시대에 살고 있다."라고 말했다. 1998년 1월 18일 한국의 외채협상단이 뉴욕으로 떠나던 날 TV로 생중계된 국민과의 대화에서 "IMF의 구제금융으로 야기된 구조조정의 터널에 이제 막 들어섰습니다. 1998년은 혹독한 시련의 해가 될 것입니다. 실업률이 두 자리 숫자가 될 것입니다. 정리해고는 이미 한국을 떠난 외국인투자자를 다시 유치하는 데 필요합니다. 정리해고는 920억 달러에 이르는 단기외채의 만기연장에도 매우 중요한 영향을 미칠 것입니다. 세계화된 경제에서 외국인투자 없이는 살 수 없습니다. 외국인투자에 대한 시각을 바꾸어야만 합니다. 우리는 외국인투자를 환영해야 합니다."라고 말했다.

김대중 대통령당선인의 정리해고에 대한 입장은 IMF와도 달랐다. 1998년 1월 12일 김대중 정부의 IMF 프로그램 이행에 관한 협의를 위해 세 번째로 한국을 방문한 캉드쉬 IMF 총재는 신라호텔에서 열린 여야 3당 정책위 의장, 국회 재경·노동위원장, 청와대 경제수석, 재정경제원 장·차관과 함께한 만찬 자리에서 "일본은 8년간 구조조정을 하고 있는데 아직도 마무리되지 않았다. 한국도 오래 끌면 다시 위기가 올지 모른다. 그때는 엄청난 어려움이 있을 것이다. 신속 과감한 구조조정이야말로 성공을 보장한다."라며 금융과 기업의 구조조정을 강조했다. 구조조정 과정에서 해고가 많으면 정치적 저항세력이 되어 개혁에 장애가 되고, 놀고 수당을 받는 실업자가 많아지면 사회적 비용이 높아진다고 지적하며 정리해고를 최소화해야 한다고 강조했다. 1월 13일에 캉드쉬 총재는 IMF 경제프로그램에 대한 노조의 이해와 협조를 구하기 위해 한국노총을 방문했고 민주노총은 방문을 반대하여 가지 못했다.

IMF의 의도와는 달리 그 후에 은행 구조조정에서부터 광범위한 대량 해고가 이어지면서 IMF는 실업을 불러온 악마같이 되었는데 정책을 잘못 끌고 간 결과라고 생각된다. 건국 이후 최초로 이루어진 여야당 간의 정권교체로 대규모의 세력교체와 함께 최대 규모의 정리해고가 이루어졌다. 대규모의 정리해고는 IMF라는 단어의 의미를 나쁘게 변질시켰다.

좌파정부 10년의 빛과 그림자

절반의 축복

1997년 외환위기를 어떤 외국 언론은 숨겨진 축복(disguised blessing)이라고 했다. 한국이 스스로 해결하지 못했던 금융구조 개혁, 기업 경영구조 개혁, 노동시장의 유연성 제고, 기술의 혁신 등 고비용·저효율 구조를 해결할 수 있는 기회라는 뜻이었다. 1997년 위기의 원인을 제공한 문제들이 얼마나 해결되었는지 좌파정부 10년의 빛과 그림자를 살펴볼 필요가 있다.

1999년 말 정부는 "IMF위기를 극복했다."라고 단언했다. 유동성위기는 환율의 평가절하와 583억 달러의 IMF 자금으로 해결할 수 있었다. 1997년 환란은 외환부족에 의한 유동성위기라는 측면과 고비용·저효율에 의한 구조적 위기라는 측면을 갖고 있었다. 유동성위기의 요인이었던 환율의 고평가, 경상수지 적자, 외환보유고의 부족 등은 상당한 개선을 보이다가 2005년부터 글로벌 금융위기 직전 마지막 3년간 1997년 외환위기 직전 3년과 같은 추세로 되돌아갔다. 구조적 위기의 요인이었던 과도한 차입경영, 기술의 낙후, 과격한 노조 등은 차입경영을 빼고는 개선이 없었다. 차입경영의 개선도 투자의 부진에 의한 소극적인 결과라는 점에서 성장잠재력의 저하라는 다른 문제를 야기했다. 기술개발투자는 소홀했고 노동시장 유연성은 변화가 없었고 비정규직은 양산되었다.

좌파정부 10년의 유산은 금융산업의 구조조정과 기업의 차입경영 개선이라는 빛과, 저투자의 함정에 빠진 대내균형 실패와 경상수지 적자의 함정에 빠진 대외균형 실패라는 그림자를 그대로 남겼다. 기업부채 비율 축소, 재정 건전성 유지, 외환보유고 확충이 정태적인 측면의 성공이었다면, 저성장, 저투자, 경상수지 적자는 동태적인 측면의 실패였다고 할 수 있다. 환란의 교훈으로 2008년 글로벌 금융위기를 가장 빨리 탈출할 수 있었던 위기대응능력은 덤이었다. 덤까지 합치면 좌파정부 10년의 유산은 '절반의 축복'이었다고 평가하고 싶다.

1만 달러에 맴돈 15년

저투자의 함정

1995년 1만 달러를 넘어섰던 1인당 GDP는 1997년 환란과 2008년 위기로 두 번 출렁거렸다가 2010년에 와서야 15년 만에 안정적으로 2만 달러를 회복하였다. 다른 선진국에서 1만 달러에서 2만 달러로 올라가는 데 평균 9.8년이 걸렸는데 외환위기를 감안해도 너무 오래 걸렸다.

2000년 이후 2007년까지 경제성장률은 연평균 5.2%인데 투자증가율은 4.5%였다. OECD 국가 중 경제성장률보다 투자증가율(고정자본증가율)이 낮은 나라는 드물다. 이것은 우리 경제가 저투자의 함정에 빠져 지속적인 저성장을 기록하고 있음을 보여준다. 이러한 함정은 우리 경제의 지속가능성을 저하시키고 경제는 성장하지만 세계경제에서 우리의 비중은 점차 줄어들게 만든다. 이는 GDP 규모가 세계 10위까지 올라갔다가 13위로 밀려나는 결과를 초래했다.

한국의 경제성장률과 고정자본증가율 (%)

	1980~1989	1990~1999	2000~2007	2008	2009
경제성장률	8.6	6.7	5.2	2.3	0.3
고정자본증가율	9.1	6.7	4.5	-1.9	-1.0

자료: 경제백서(재정경제부, 기획재정부). 비율은 해당 기간 단순평균.

저투자의 요인은 기업의 투자환경이 악화된 결과인데 경쟁국가와 비교해 보면 저환율, 고세율, 과도한 규제, 과격한 노조, 과도한 경제력 집중 억제, 반기업정서 확대, 기술개발의 낙후 등이었다. 이러한 기업투자 환경의 악화는 우리 경제를 저투자의 함정에 빠지게 만들고 저투자와 저성장의 악순환을 초래하게 된 것이다.

경상수지 적자로 다시 추락

경상적자의 함정

1997년 외환위기 전 3년과 2008년 글로벌 금융위기 전 3년의 경상수지를 비교해보면 동일한 추세로 급격하게 악화되고 있음을 알 수 있다. 외환위기 전 경상수지는 1993년 10억 달러 흑자에서 1996년 230억 달러 적자로 악화되었는데 글로벌 금융위기 전에는 2004년 281억 달러 흑자에서 2007년 58억 달러 흑자로 악화되었고 글로벌 금융위기가 발생한 2008년에는 57억 달러 적자가 되었다. 위기 전 이러한 대외균형의 파괴는 위기로 연결될 수 있는 가능성을 나타낸다.

경상수지가 적자를 지속하거나 급격히 악화되면 한국과 같은 소규모 개방경제는 다른 경제지표가 다 좋아도 지속가능한 경제가 아니다. 흑자가 나는 경우에도 저투자형 저환율형 흑자이기 때문에 경제가 지속적으로 위축되어 간다는 증거이다. 경상수지는 우리 경제가 어떤 상태인가를 나타내는 종합 건강지수라고 할 수 있다.

아시아 외환위기와 글로벌 금융위기 전 5년간 경상수지 (억 달러)

	1993/2004	1994/2005	1995/2006	1996/2007	1997/2008
1997위기 전 5년	9.9	-38.7	-85.1	-230.0	-81.7
2008위기 전 5년	281.7	149.8	53.9	58.8	-57.8

자료: 경제백서(1998 재정경제부, 2009 기획재정부). 통계기준 차이로 한국은행 통계와 다름.

2004년부터 경상수지가 급격히 악화된 원인은 원화의 과도한 평가절상에 있다. 원화가 얼마나 과도하게 평가절상되었는가는 같은 기간 일본 엔화와 비교하면 쉽게 알 수 있다. 대외균형의 한계선인 엔화와의 상대환율 10대1이 깨진 2007년, 경상수지는 크게 악화되었다. 2001년부터 2007년까지 일본 엔화는 달러당 131.8엔에서 114.0엔으로 15.6% 절상되는 데 그친 반면 원화는 달러당 1,326원에서 938원으로 41.4%나 엄청나게 절상되었다. 같은 기간 일본의 경상수지는 1,227억 달러나 증가한 데 반해 우리는 22억 달러 감소했고 흑자가 컸던 2004년과 비교하면 223억 달러나 큰 폭으로 감소했다.

소홀했던 R&D 투자

저기술의 함정

1997년 경제위기는 저임금의 중국과 고기술의 일본의 호두가위에 낀 호두로 설명할 수 있다. 한국의 기술 수준을 나타내는 기술수지를 보면 1999년 24억 달러 적자에서 2007년 29억 달러 적자로 적자폭이 확대되었다. 미국과 일본은 같은 기간 각각 265억 달러와 48억 달러 흑자에서 336억 달러와 150억 달러 흑자로 크게 늘어났다. 기술격차가 점점 더 벌어지고 있는 추세다.

한국의 R&D 투자는 2005년까지 OECD 평균을 약간 상회하는 GDP의 3% 미만이었다. 2007년 R&D 투자는 24조 원으로 GDP의 2.79%였다. 미국 2.51%, 일본 3.31%와 유사한 수준이지만 투자금액은 미국의 10.8%, 일본의

기술무역수지 비교 (억 달러)

	1999	2001	2003	2005	2007
한국	-24.9	-20.2	-24.2	-29.0	-29.3
미국	265.6	284.8	329.2	429.8	336.9
일본	48.3	57.5	81.8	120.2	150.5

자료: 통계청.

R&D 투자 비교

	1999	2001	2003	2005	2007
한국	2.19	2.47	2.49	2.79	3.21
미국	2.60	2.64	2.55	2.51	2.63
일본	3.00	3.07	3.14	3.31	3.46
OECD	2.20	2.21	2.19	2.19	2.26

(GDP 대비 %)

자료: 통계청; OECD.

27.8%에 불과했다. 2012년부터 한국의 R&D 투자는 4.36%로 일본을 앞질러 OECD 국가 중 최고 수준으로 올라갔다. 2008년부터 세계 최고 수준의 R&D 지원정책을 추진한 결과다. 기술개발이 한국경제의 활로이고 대외경쟁력 강화의 핵심이다.

미흡했던 노동유연성 제고

과격노조의 함정

1997년 위기에서 외국자금의 인출 원인의 하나였던 과격한 노조는 좌파정부가 들어온 후 개선되지 않았고, 한국의 고비용·저효율 구조의 핵심이었던 노동비용은 생산성에 비해 크게 상승했다. 특히 1998년 정리해고의 요건을 어렵게 만들고 비정규직에 대한 기준을 강화함으로써 노사분규의 비용은 상승하고 비정규직의 비율은 급격히 상승했다.

1998년 2월 김대중 정부는 취임하기 전 노사정타협에 의한 근로기준법 개정으로 정리해고의 요건을 '경영상 긴박한 필요'로 강화함으로써 고용조정을 위한 노사 간의 합의를 어렵게 만들어 사실상 정리해고를 봉쇄하였다. 이것은 종신고용제를 기본으로 하고 있는 일본을 따른 것으로서 노동시장의 유연성은 오히려 후퇴했다. 또한 2년 이하의 근로 계약 대상을 엄격히 제한하고, 2년을 초과하여 근무하면 기간이 없는 정규직으로 간주하는 규정을

1998년 노동법 개정 후 노사분규 추이

	1996	1998	2000	2002	2004
노사분규(건)	85	129	250	322	462
근로손실(일)	893	1,452	1.894	1,568	1,199
비정규직(만 명, %)	–	–	–	384(27.4)	359(37.0)

자료: 통계청.

둠으로써 단기의 비정규직을 양산시켜 노동시장의 탄력성은 더 나빠지고 청소원 등 어려운 사람들은 한 직장에 2년 이상 근무하기가 어렵게 되었다.

1998년 노동관계법 개정 후 노사분규는 외환위기가 일어나기 전인 1996년 85건에서 1998년 129건으로 급증한 후 2004년 462건으로 증가하였다. 근로손실 일수도 1996년 893일에서 1998년 1,452일, 2000년 1,894일로 증가하였다. 비정규직도 1996년에는 통계가 불비하여 정확히 알 수 없지만 적은 숫자였는데 2004년에는 전체 근로자의 37%에 달하는 359만 명으로 늘어났다. 1997년 경제위기 후 노동시장의 유연성은 크게 악화되었다.

부채비율 100% 아래로

강화된 기업 체질

1997년 경제위기 때 한국의 부채비율은 제조업 396.2%로 미국, 일본에 비해 2배 이상 높았고 대만에 비해서는 5배나 높았다. 경상이익으로 차입금이자를 겨우 갚는 상태였다.

IMF는 부채비율을 200% 이하로 내릴 것을 권고하였다. 이러한 권고에 따라 부채비율 축소를 위해 기업은 규모를 축소하고 부동산을 처분하는 뼈를 깎는 노력을 하였다. 혹독한 노력의 결과 제조업 부채비율은 2001년 200% 이하로 내려갔고 2007년 100% 이하로 내려감으로써 우리 기업은 OECD 국가 중 최고의 재무건전성을 갖게 되었다.

부채비율 추이   (%)

	1997	1999	2001	2003	2005	2007
제조업	396.2	214.6	182.2	123.3	100.9	97.8

자료: 한국은행. 참고로 외국의 부채비율은 미국 159.7%, 일본 206.3%, 대만 85.7%(1995년 말 기준).

환란은 기업 체질 측면에서 '숨겨진 축복'이 되었다. 반면에 이러한 부채비율 축소가 주로 자산 매각과 투자 축소에 의해 이루어졌다는 점에서 우리 경제의 잠재성장력을 잠식하는 문제도 동시에 안겨주었다.

21

선거와 공약

⠿ 정권의 창출

1997년 외환위기는 좌파정부를 탄생시켰다. 1998년 재정경제부 차관에서 물러난 후 10년의 긴 야인생활을 한 후 나는 대통령선거에 참여하였다. 그리고 우파는 10년 만에 좌파로부터 정권을 탈환했고 2008년 우파정부는 글로벌 금융위기라는 절체절명의 도전에 부딪혔다.

"지옥으로 가는 길은 선의로 포장되어 있다!" 선거에는 선의로 포장된 선심이 많다. 선거에서는 단순하고 강렬한 이미지를 구축할 수 있는 캐치프레이즈와 비전, 그리고 이를 뒷받침하고 표를 끌어 모을 수 있는 공약이 필요하다. 좋은 정책은 표를 얻지 못하거나 오히려 표를 잃는 경우가 많다. 선거에 2등은 없다. 미국에서도 훌륭한 대통령이 되는 길은 당선되는 날 공약을 다 잊어버리는 것이라고 선거 전문가들은 말한다.

보통·평등·직접·비밀선거의 다수결민주주의(majoritarian democracy)에서는 세금을 적게 내고 책임을 덜 지는 사람이 다수다. 책임과 권한이 분리된 선거구조에서는 옳고 그름이 아니라 좋고 나쁨에 의해, 나라의 장래보다는 나의 이해에 의해 좌우되는 경우가 많다. 효율성과 정당성보다는 대중성과 득표 가능성이 우선이고 이성보다는 감성에 호소하는 선심성 정책들을 만들어 대중에게 마케팅하는 대중영합주의가 선거의 승패를 가른다.

10%-20%-30%-40%의 법칙이 선거전략의 포인트다. 세상은 최상위 10%의 창조적 혁신그룹(innovator)이 끌고 가고 그 아래 20%의 합리적 선도그룹(early adapter)이 밀고 간다. 선도그룹 아래 30%의 인기영합적 대중그룹

(common public)은 다수가 감성적이고 그 아래 기층민그룹(bottom public)은 주로 접촉하는 대중그룹의 영향을 많이 받는다. 30%의 대중그룹은 비전문적이고 감성과 인기에 따라 움직이는 성향이 높고 40%의 기층민그룹에게 가장 큰 영향을 미치기 때문에 보통·평등·직접·비밀선거에서는 이들 70%가 승패를 좌우한다. 혁신그룹과 선도그룹은 오랜 학습에 의한 주관과 전문적인 지식을 갖고 있는 소수그룹으로 선거운동에 큰 영향을 받지 않으며, 또한 일반 대중과 접촉이 적기 때문에 승패를 좌우하지 못한다.

2007년 대통령선거에서 이명박 후보의 선거공약을 만드는 과정에서 좌파정부 10년의 유산을 반면교사로 삼았다. 좌파정부 10년 동안 금융산업 구조조정, 기업의 차입경영 개선, 재정건전성 유지, 외환보유고 확충이라는 측면은 개선되었지만 우리 경제는 저성장, 저투자와 경상적자의 함정이라는 동태적인 측면에서는 함정을 빠져나오지 못했다. 2000년대 들어 2007년까지 경제성장률은 연평균 5.2%를 보였지만 투자증가율은 4.5%를 보였고, 1995년 1만 달러를 넘어섰던 1인당 GDP는 2006년까지 2만 달러를 넘어서지 못했다.

우리는 정권창출을 위해 '일하는 경제대통령'을 캐치프레이즈로 하고 '7대 강국 구상'을 기초로 하는 선거공약을 만들었다. 캠페인을 위해 7대강국 구상은 비행기 보잉747(Boeing747)을 연상시키는 '747' 구호로 만들었는데, 많은 관심과 논란을 불러일으킴으로써 이슈를 선점하는 데 성공했고 사상 최대 500만 표 차이로 정권을 창출할 수 있었다.

좋은 정책은 나쁜 공약

선거의 경제학

'1962년 체제/경제개발5개년계획 체제'가 산업화를 이루었다면 '1987년 체제/대통령직선제 헌법체제'는 민주화를 이루었다. 2007년을 사는 세대의 시대적 소명은 1997년 외환위기 이후 침체된 10년의 경제를 회복하고 선진화를 이루는 것이었다.

2007년 대통령선거에서 이명박 후보의 선거공약은 '일하는 경제대통령'이라는 캐치프레이즈와 '7대강국 구상'을 기초로 하였다. 7대강국 구상은 매년 7% 성장으로 4만 달러의 소득을 달성하고 7대 경제대국으로 가자는 내용이었다.

2007년 대통령선거에서 이명박 후보 선거공약의 기초가 된 '7대강국 구상'은 2002년 월드컵축구에서 우리 대표팀이 이탈리아를 제치고 4강의 신화를 달성한 것을 모티브로 GDP 세계 7위 이탈리아를 제치고 7대강국으로 가자는 것이다. 7대강국 구상은 캠페인을 위해 추상적인 개념에서 최고의 비행기 보잉747을 연상시키는 '747' 구호로 포장[473]하게 되었다. 당시 해외여행이 일반화되어 있어 747은 대부분의 국민에게 낯설지 않은 이름이었다.

선거과정에서 '747'이 많은 관심과 논란을 불러일으킴으로써 핵심공약으로 인식되었고 이슈를 선점함으로써 전략적으로 성공한 캠페인이 되었다. 공약집에는 '7대강국'이라는 말은 있지만 '747'이라는 말은 없고 캠페인에서 '747'을 내세웠다. 2007년 잠재경제성장률이 4%대였기 때문에 3% 정도의 추가성장을 하면 10년 후 2017년에는 1인당 국민소득 4만 달러가 되고 이탈리아를 제치고 7위의 경제대국으로 올라선다는 것이었다. 2005년 기준 IMF가 발표한 주요 국가의 GDP는 미국이 1위, 이탈리아가 7위, 한국은 10위였다.

나는 캐치프레이즈와 함께 '우리가 추구할 국가비전과 국정철학'-'비전달성을 위한 전략'-'전략 추진을 위한 전술'-'전술 실행을 위한 프로젝트' 단계로 400여 명[474]의 학자와 전문가들과 함께 선거공약을 만들었다. 나는 이명박 대통령후보의 선거공약을 만드는 '일류국가 비전위원회'의 부위원장 겸 정책조정실장을 맡아 공약의 상충을 조정하는 조정자(coordinator)와 재정조달계획을 점검하는 문지기(gatekeeper)[475]의 역할을 하며 선거 전문가들이 만든 선거전략[476]과 일체가 되게 노력하였다.

선거에 이기기 위한 경제학에선 나라의 장기적 발전이나 재정적자 문제는 뒤로 밀리고 당장의 득표를 위해 후손들이 낼 세금도 당겨쓰고 빚을 남기는 정책들이 만들어지는 경우가 많다. 내가 만난 IMF의 재정 전문가는 '영국병'은 교수가 일해 술주정뱅이를 먹여살리는 대중영합주의의 산물이라고 했다. 사회보장제도는 굶어 죽는 사람 먹여주고, 돈 없어 죽는 사람 치료해주고, 잠잘 곳 없는 사람 재워주는 최소한에 그쳐야 경제가 살고 재정도 산다고 했다. 요람에서 무덤까지 보장해준 서구의 대중영합주의 사회보장제도는 경제도 재정도 모두 어렵게 만든 후 후퇴하고 있다. OECD 국가들의 국가부채 비율이 대부분 100%를 넘었다. 대중영합주의 사회보장제도의 위험은 한때 미국과 대등했던 선진국에서 개발도상국 수준으로 후퇴한 아르헨티나의 페로니즘(Peronism)이 잘 보여준다.

국가의 장래를 바라보는 이성적이고 효율적인 정책이지만 득표 가능성에 의문이 되는 것들은 다른 이름으로 바꾸거나 집권 후의 과제로 넘겨야 하는 경우가 많았다. 행정복합도시 철회는 과학비즈니스벨트로, 고교평준화 폐지는 고교다양화로 바꾸고 과도한 복지의 철폐는 집권 후로 미루게 된 것이 그 예이다.

선거에 2등은 없다. 1등을 하기 위해 좋은 정책은 나쁜 공약이 되는 경우가 많고, 표를 얻기 위한 대중영합주의는 다수결민주주의에서는 필요악이라는 것을 '선거의 경제학'은 말한다.

일하는 경제대통령

7대강국 구상

7대강국 구상은 7대 경제대국으로 가자는 내용이 기본이었지만 국방, 과학기술, 문화, 스포츠 등 종합국력에서 7위가 되자는 것도 포함되었다. 7대강국으로 가기 위해 매년 7%의 경제성장이 필요하고, 7%의 경제성장을 위해 1) 투자 확대를 위한 기업환경 개선, 2) 지속성장을 위한 기술혁신투자 확대,

3) 내수기반 확대를 위한 사회간접자본 확충, 4) 잠재성장률 확대를 위한 생산가능인구 확대, 5) 투자위험 축소를 위한 한반도평화체제 구축 등 혁신적인 공약을 만들었다.

우리 경제는 김영삼 정부 때 7.1%에서 김대중 정부 때 4.3%, 노무현 정부 때 4.4%의 성장을 하여 좌파정부 10년간 외환위기는 벗어났지만 저성장의 늪을 벗어나지 못하고 있었다. 잠재성장률도 4.5% 전후로 떨어져 있었기 때문에 7%의 경제성장률은 당시 절실하고 필요한 과제였다. 한때 10위권이었던 한국경제는 러시아·인도·브라질에 밀려 세계 13위로 떨어졌다.

선거에서 '747'은 대표공약이자 국가비전이요 목표가 되었다. 7% 성장은 불가능하고 '7대강국'도 허황된 것이라는 비판이 많았다. 당시 잠재경제성장률이 4.5% 전후였는데 감세정책과 환율실세화 등 기업환경 개선으로 잠재성장률을 1%p 올리고, 추가로 규제완화에 의해 1%p, 불법파업 방지로 1%p의 성장이 가능하다고 분석되었다. 이런 전제대로 경제가 성장한다면 10년 후 1인당 국민소득 4만 달러가 달성되고 GDP는 2조 5,280억 달러로 세계 7위 경제대국[477]이 될 수 있다고 전망했다. 달성이 어려워도 비전이라는 것은 능력의 120%를 발휘했을 때 달성 가능한 꿈이고 국민의 에너지를 결집하여 추구해야 할 목표라고 말할 수 있다. 남북한이 통일[478]되어 인구 8,000만의 대국이 된다면 이탈리아, 인도, 러시아를 제치고 7위 이상의 경제대국을 이루는 것은 어려운 과제가 아니다.

7% 성장을 달성하기 위해 기업환경 개선, 기술혁신투자 확대, 사회간접자본 확충, 생산가능인구 확대, 한반도평화체제 구축 등 5개 분야에 대한 전략을 수립했다. 5개 분야에 대한 8대 핵심공약은 탈규제·저세율에 의한 기업환경 개선, GDP의 5% 연구개발투자, 마이스터고 설립과 취업·학업병행체제 구축, 다목적 한반도대운하 건설, 매년 50만 호 주택 건설, 출산에서 취학까지 국가책임보육, 고교다양화300 구상, 비핵·개방·3000 구상 등이었다. 과거 당위론적인 전략 중심의 공약에서 실천 중심의 전술과 프로젝트 중심의 실천계획과 재원계획이 함께하는 구체적인 공약을 만들었다.

첫째, 탈규제·저세율에 의한 기업환경 개선이다. 2000년부터 2007년까지 경제성장률은 연평균 5.2%를 보였지만 투자증가율은 4.5%였고, 경상수지는 1997년 외환위기 후 흑자로 돌아섰지만 2004년부터 매년 크게 악화되어갔다. 이러한 추세는 10년 전 외환위기 때와 거의 같았다. 기업의 투자환경을 개선하기 위해 법인세를 경쟁국 수준인 20% 이하[479]로 낮추고, 규제일몰제와 원칙허용 예외금지 방식으로 규제를 혁신적으로 완화하여 세계 최고의 기업 투자환경을 만드는 것이었다. 당시 OECD는 회원국들이 경쟁적으로 세율을 인하하는 데 대해 재정안정성을 위해 세율 인하 경쟁(tax competition)의 자제를 촉구하기도 했다. 환율 현실화가 가장 중요한 변수였지만 대외 문제를 고려하여 공약에 포함시키지 않았다.

둘째, GDP의 5% 연구개발투자이다. 한국의 R&D 투자는 2005년 GDP의 2.79%였고 미국 2.51%, 일본 3.31%로 투자금액은 미국의 9.3% 일본의 23.8%에 불과했다. 우리가 소규모 경제라는 점을 감안하여 기초과학과 원천 기술개발을 위해 정부부문 0.75%에서 1.5%, 응용 과학기술개발을 위해 민간부문 2.04%에서 3.5%로 경쟁국의 2배가 되는 세계 최고 수준 GDP의 5%[480]로 확대하기로 했다. 민간부문 투자 증가를 위해 세계 최초로 준비-투자-연구 3단계에 대하여 매출액의 5%에 상당하는 연구개발준비금 손금산입, 연구시설 투자액의 10% 세액 공제, 연구비 지출액의 25% 세액 공제를 해주어 법인세의 대부분이 감면될 수 있는 세계 최고의 연구개발지원책이었다.

셋째, 마이스터고 설립과 취업·학업병행제도 구축이다. 장기적인 경쟁력인 기술개발과 함께 중기적 경쟁력인 품질향상을 위해 세계 최고의 숙련도를 갖고 있는 독일과 스위스의 조기직업교육을 모델로 하여 50개의 마이스터고교를 신설하고 취업·학업병행 시스템을 도입하는 것이다. 기업과의 고용계약에 의한 학생 선발, 수업의 50% 현장실습, 수업료 전액면제, 현장실습비 지급에 대한 2,000만 원 한도의 세액 공제 등을 지원하도록 하였다. 마이스터고교는 숙련된 현장기술인력 양성과 서민의 교육비 부담 경감을 위한 수단이 되고 조기취업을 통한 실질적 생산가능인구를 확대하기 위한 수단도 된다. 취업개시 연령은 2006년 기준 한국 25세, 독일 19세, OECD 평균 23세인 반면에 대학진학률은 우리가 최고로 80%를 넘었고 독일은 35% 전후, 일본은 45% 전후, 미국은 55% 전후, OECD 평균은 60% 정도다.

넷째, 다목적 한반도대운하 건설이다. 2007년 대통령선거에서 뜨거운 논쟁이 있었던 공약의 하나가 경부운하, 금강운하, 영산강운하를 건설하고 서로 연결하여 다목적 한반도대운하를 건설하는 것이었다. 통일 후 북한의 예성강, 대동강, 청천강까지 연결하는 것을 염두에 두었기 때문에 한반도대운하로 이름 지어졌다. 한반도대운하는 남한의 경부운하, 금강운하, 영산강운하를 축으로 하여 12개 노선 약 2,100킬로미터와 북한의 예성강운하, 대동강운하, 청천강운하를 축으로 5개 노선 약 1,000킬로미터를 합하여 17개 노선 3,100킬로미터에 이르는 방대한 구상이었다. 경부운하를 건설하는 데 4년의 기간에 15조 원 전후의 공사비가 소요될 것으로 추정하였고 수익형 민간투자사업(build-transfer-operate)으로 재정부담 없이 추진하기로 계획했다. 공사비의 50%는 8조 원 전후의 골재 판매수익으로 충당하기로 하였다.

우리 경제를 저성장의 늪에서 탈출시키기 위해 내수산업의 활성화가 긴요했고 경제적인 차원에서 미국의 뉴딜사업과 같은 새로운 거대 프로젝트가 필요했다. 한반도대운하는 운송수단인 동시에 균형된 국토의 재창조와 함께 주변개발에 의해 서비스산업의 기초 인프라를 구축하는 거대한 다목적 프로젝트였다. 이명박 후보는 1995년 국회의원 시절 처음으로 경부운하를 제안하였다. 한반도대운하 연구를 위해 이명박 후보는 2006년 유럽의 RMD(라인강—마인강—도나우강)운하를 시찰하였고 독일 연방수로국장을 초청해 운하 반대자들과 함께 한반도운하포럼[481]을 열어 토론도 하였다. 독일 연방수로국장은 한국의 운하는 친환경적인 운송수단이 될 것이라 말했고 이에 대해 포럼에 참석한 환경단체 누구도 이의를 제기하거나 반대의견을 표시하지 않았다.

다섯째, 매년 50만 호 주택건설이다. 선거공약 중 많은 노력을 투입한 것이 서민주택 공급에 관한 것이었다. 우리 헌법은 3대 기본민생인 일자리, 주거, 교육 중 교육받을 권리와 근로의 권리를 규정하고 있지만 국민의 삶에서 가장 중요한 주거에 대한 권리는 규정하고 있지 않다. 주거는 교육을 받을 수 있고 일자리에 나갈 수 있는 기초로 어쩌면 근로와 교육보다 더 중요하다 하겠다. 선진국 지방정부의 주요 임무는 대중교통과 서민주택의 공급이다.

우리나라의 주택가격[482]은 집 없는 서민에게 너무 가혹했고 상대적으로 낮지 않은 임금에도 과격한 노동투쟁을 하는 노사갈등의 뿌리에는 높은 사교육비와 집값이 있다고 생각했다. 특히 결혼연령이 늦어지고 출산율이 떨어지는 것을 방지하기 위해서 신혼부부의 보금자리를 마련하는 것은 시급한 과제라 할 수 있다. 주택가격의 안정과 서민주거권 보장을 위해 주택정책의 기본을 수요 억제에서 공급 확대로 바꾸고 1) 매년 50만 호 이상의 주택공급으로 주택가격을 안정시키고, 2) 80제곱미터(25평) 이하 국민주택은 정부가 수요대로 책임공급[483]하고, 3) 신혼부부 보금자리주택[484]을 매년 12만 호 공급하는 공약을 만들었다. 주택건설용지 마련을 위해 용적률 상향조정과 도심재개발을 추진하고 그린벨트와 한계농지를 풀어 서민주택과 임대주택 건설을 추진하는 과감한 정책[485]이었다.

2005년 주택가격이 폭등한 요인은 노무현 정부가 혁신도시, 기업도시, 행정도시의 추진을 위해 지출한 120조 원[486] 전후의 토지보상비였다. 끝없이 올라가는 주택가격을 잡기 위해 매년 부동산대책을 내놓았고 종국에는 보편성, 공평성, 충분성, 세원 보전 등의 조세원칙에 맞지 않는 "조세의 이름을 빌린 정치폭력"[487] 종합부동산세가 등장한 것도 이런 배경이었다. 당선 후 추진과정에서 많은 것이 변질되고 누락된 것이 안타깝게 생각된다. 2008년부터 주택가격이 안정된 것은 이런 공약이 크게 작용한 것이라 생각한다. 주택가격이 급격히 떨어져 새로운 문제가 대두되었지만 소득 대비 주택가격 비율(price to income ratio, PIR)이 선진국 수준으로 떨어지지 않으면 우리 경제가 감내할 수 없고, 근로자, 특히 신혼부부의 어려움은 해결할 수 없다고 생각한다. 주택가격이 서서히 하락하도록 주택에 대한 규제와 중과세는 단계적으로 철폐되어야 했으나 그 노력이 미흡했던 것을 아쉽게 생각한다.

여섯째, 출산에서 취학까지 국가책임보육 정책이다. 우리 경제가 당면한 가장 큰 구조적인 문제는 생산가능인구의 감소이다. 생산가능인구가 감소하면 성장잠재력의 기반이 무너진다. 생산가능인구를 확대하는 길은 출산율 제고, 조기취업, 정년연장, 여성경제활동 확대, 해외 이민 확대 등 다섯 가지 길이 있다. 이것들 중 가장 중요한 것은 출산율 증가이고, 여성 취업이 확대되는 상황에서 출산율을 높이기 위해서는 보육의 애로를 해결해야만 한다. 2005년 세계 최저 1.05까지 떨어졌던 낮은 출산율이 지속된다면 인구의 고령화도 세계에서 가장 빨리 진행될 뿐만 아니라 생산가능인구는 2016년 3,700만 명을 정점으로 감소하기 시작하고 현재 5,000만 명을 넘어선 남한 인구는 2100년에 반으로 줄어들고 2500년이 되면 한민족이 한반도에서 사라질 것이라는 보고도 있다.

한국경제가 저성장의 늪을 벗어나기 위해 가장 중요한 과제는 생산가능인구의 확대다. 1970년대에 산아제한을 한다고 두 자녀에게만 소득세 공제혜택을 주고, 정관절제수술을 하면 예비군훈련을 면제시켜주기도 했다. 둘 낳으면 문화인, 셋 낳으면 야만인, 넷 낳으면 식인종이라는 말까지 생겼는데 지금은 아이를 많이 낳는 것이 최고의 애국이 되는 시대가 되었다. 출산에서 취학까지의 국가책임보육 프로젝트는 안심하고 출산·양육할 수 있도록 임신-출산-보육-취학 4단계별로 나누어 임신과 분만 단계에는 의료비를 지원하고, 0세에서 5세까지 모든 영·유아에 대하여 보육료를 지원하고, 12세까지 모든 필수예방접종을 정부가 부담하는 것이었다. 민간과 공공기관의 보육시설[488]을 확대하고 장기적으로 완전한 국가책임보육제도를 실시하도록 하는 정책이었다.

국가책임보육은 복지 차원을 넘어 우리 경제의 성장잠재력을 확충하고 한반도에서 한민족이 사라지지 않도록 하는 민족적 과제의 출발이었다. 무상급식보다 우선적으로 추진되어야 하고 재정사정이 어렵더라도 최고의 우선순위에 두어야 할 정책이라 생각하였다. 생산가능인구 확대를 위해 도입한 두 가지 공약은 출산율 제고와 여성경제활동 확대를 위한 국가책임보육3

제도의 실시와 취업연령을 앞당기기 위한 마이스터고등학교 설립이었다. 정년연장과 임금피크제 실시와 해외동포의 국내이민 확대를 위한 복수국적제도[489] 채택 등은 집권 후에 추진되었다.

일곱째, 고교다양화300 구상이다. 고교다양화300 구상의 배경에는 1968년 고교평준화를 도입하였다가 2003년부터 폐지한 일본의 실패가 있었다. 일본의 고교평준화는 학력의 하향평준화와 함께 저소득층 자녀가 좋은 대학에 가는 비율이 줄어드는 결과를 초래했고, 특히 일본 경제침체의 중요한 요인이 청년들의 학력저하와 패기의 상실이라는 보고도 있었다. 우리가 모델로 한 일본이 고교평준화를 폐지하였는데 우리도 폐지하여야 한다고 생각했지만 폐지를 반대하는 현실의 벽을 넘기 위해 단계적으로 고등학교 교육을 다양화하여 평준화의 문제점을 해결하는 것이 불가피한 선택이었다. 교육은 선진국같이 학생과 학부모와 선생님의 선택에 맡겨야 한다. 일본에서는 교육을 정상화하기 위해 문부성과 도쿄대학을 없애야 한다는 주장도 있었다. 저소득층의 기회를 감소시키고 세상을 하향평준화하는 고교평준화는 이제 종말을 고해야 한다. 선진국에 유례가 없는 우리의 교육제도는 질투의 경제학이고 공멸의 경제학이라고 말하고 싶다.

손녀를 키우면서 사교육과 선행학습으로 붕괴된 교육현장을 체험한 나는 고교뿐만 아니라 중학교까지 학생 선발과 교육의 자율권이 보장되지 않으면 교육정상화는 불가능하다고 생각한다. 부모는 내 아이가 어느 수준인지 몰라 초등학교부터 고등학교까지 선행학습이라는 반칙을 하지 않을 수 없고 선생은 우수한 학생과 열등한 학생이 함께하는 교실에서 가르칠 방법을 잃어버린 현실을 어떻게 해결할 것인가? 대학시험 한 번으로 일생이 갈리는 불안을 어떻게 해결할 것인가? 다른 나라에 다 있는 사립학교나 입학시험을 고등학교까지 외면한다고 평등과 기회가 보장되는가? 고등학교까지 제비뽑기를 하는데 대학과 취업은 왜 제비뽑기하지 않는가?

여덟째, 비핵·개방·3000 구상[490]이다. 비핵·개방·3000 구상은 북한이 핵을 포기하고 개방에 나선다면 1인당 국민소득이 10년 안에 3,000달러가 되도록 경제, 교육, 재정, 인프라, 복지 5대 분야에서 북한을 지원하겠다는 것이다. 경제 면에서 북한에 5개의 자유무역지대를 설치하고 연 300만 달러 이상 수출 가능한 기업을 100개 육성하고, 교육 면에서 30만 명의 경제·금융·기술 전문인력을 양성하기 위해 북한판 KDI 및 KAIST와 주요 10개 도시에 기술교육센터를 설립하고, 재정 면에서 세계은행(World Bank) 및 ADB 차관, 남북교류협력기금, 해외직접투자 등으로 400억 달러의 경제협력자금을 유치하고, 인프라 면에서 서울–신의주 간 400킬로미터 신경의고속도로 건설, 예성강–대동강–청천강 운하 건설, 통신망·항만정비 등을 지원하며, 복지 면에서 식량 지원, 의료진과 병원설비 지원, 주택과 상하수도 개선, 1억 그루 나무심기를 지원하는 내용이다.

비핵·개방·3000 구상은 7대강국으로 가기 위한 7% 경제성장과 남북통일의 기초를 놓기 위한 공약이다. 1997년 외환위기 때 외국 금융기관들이 자금을 회수한 주요한 이유가 전투적 노조(militant labor union), 낮은 기업의 투명성(transparency of enterprise)과 예측할 수 없는 북한(unpredictable North Korea)이라고 영국의 최대 은행 CEO가 말한 적이 있었다. 7% 성장의 전제가 되는 투자의 활성화를 위해서는 한반도의 안보 리스크를 해소하는 것이 중요하다. 남북 간 평화공존체제의 구축도 8,000만 통일대국으로 가기 위한 필수 과제이다. 비핵·개방·3000 구상은 김대중·노무현 정부 10년간의 햇볕정책이 결과적으로 북한의 핵 개발을 지원하였다는 반성에서 출발하여 남한의 진정성을 보여주기 위해 구체적 프로젝트까지 제안하였지만 천안함 폭침, 연평도 포격 사건으로 시작도 못 해보고 좌초하고 말았다. 첫 단계인 비핵화를 위한 6자 회담도 답보상태에 머물렀다. 안타깝기 그지없다.

위와 같은 공약 중 집권 첫해부터 강력히 추진해야 할 3대 우선과제는 1) 단기적으로 내수경기회복을 위해 한반도대운하를 건설하고, 2) 중기적으로 지속성장을 위해 탈규제·저세율로 세계 최고 기업환경을 조성하며, 3) 장기적으로 신성장동력 창출을 위해 R&D 투자를 획기적으로 확대하는 것이었다.

일류국가 희망공동체 대한민국

17대 대통령선거에 《일류국가 희망공동체 대한민국》이라는 이름의 이명박 후보 선거공약집을 만들었다. 과거 여야당의 선거공약집과 함께 미국과 일본의 선거공약집을 모두 참고하여 내용뿐만 아니라 모양에서도 최고의 공약집을 만들기 위해 노력했다. 과거 우리의 공약집은 짜깁기식으로 나열되어 있고 내용도 일관성이 없었다. 일본은 대통령선거가 없어 내용만 참고했다. 클린턴 미국 대통령의 선거공약집 Putting People First가 가장 잘되어 있었다. 유권자들이 쉽게 접하도록 스토리텔링식으로 정리되어 있고 소요재원도 포함되어 있어 우리는 이를 모델로 했다.

내용에 있어서도 '일하는 경제대통령'과 '7대강국 구상'을 바탕으로 시대의 소명, 국가비전과 국정철학, 이명박경제학의 철학과 원칙, 주요 공약, 실천계획과 재원조달 방안, 5년 후의 모습으로 체계화하였다. 실천계획과 재원조달 방안, 5년 후의 모습은 처음으로 시도한 것이었다. 과거에 없었던 공약 선포식도 거창하게 열었다. 미디어환경이 크게 발전한 최근에는 과거 선거운동원을 중심으로 한 지상전보다 선거공약을 중심으로 한 공중전인 TV 연설과 토론이 승패를 좌우하는 상황이므로 공약이 선거전의 핵심이다. 특히 이명박 후보 선거캠페인은 처음으로 정치자금을 받지 않고 자원봉사와 공중전 형태로 이루어졌기 때문에 공약이 더욱 중요했다.

첫째, 우리의 시대적 소명은 정권교체에 의한 새로운 발전체제의 수립과 세계일류국가의 건설로 하고, 국가비전은 선진 일류국가, 국정철학은 경험적 실용주의(empirical pragmatism)[491]에 의한 따뜻한 시장경제, 민주적 실천주의, 창조적 개방주의로 하였다. 국정운용 원칙은 자율과 경쟁의 원칙, 배려와 관용의 원칙, 법의 지배(rule of law) 원칙으로 하였다.

둘째, 이명박경제학(MBnomics)[492]의 철학은 따뜻하고 개방적인 시장경제

(smart & open market economy)로 하고, 7대 경제원칙은 1) 자율과 경쟁을 최대한 보장, 2) 약자 보호와 탈락자 재기 지원, 3) 정치논리보다 경제논리 우선, 4) 수요 통제보다 공급 확충 우선, 5) 일자리 창출을 통한 분배 개선, 6) 경제 전반에 대한 법의 지배 확립, 7) 개방과 글로벌 스탠더드 추구로 하였다.

셋째, 전체 선거공약은 목표-전략-전술-프로젝트 순서로 3대 비전(목표)·10대 희망(전략)·43대 과제(전술)·92개의 약속(프로젝트)으로 구성하고 실천계획, 재원조달 방안, 5년 후의 모습을 포함한 선거공약집《일류국가 희망공동체 대한민국》을 만들었다.

3대 비전은 '잘사는 국민, 따뜻한 사회, 강한 나라'로 하고, 10대 희망은 1) 살아나는 경제, 2) 중산층이 두터운 나라, 3) 함께 번영하는 경제, 4) 생애희망 디딤돌 복지, 5) 안전한 사회, 6) 그늘과 차별이 없는 사회, 7) 소프트파워가 강한 나라, 8) 아름답고 살고 싶은 국토 재창조, 9) 당당한 외교, 평화로운 한반도, 10) 일 잘하는 실용정부로 했다.

분야별 43대 과제와 92개 약속은 탈규제·저세율에 의한 기업환경 개선, GDP의 5% 연구개발투자, 마이스터고 설립과 취업·학업병행제도 구축, 다목적 한반도대운하 건설, 매년 50만 호 주택건설, 출산에서 취학까지 국가책임보육, 고교다양화300 구상, 비핵·개방·3000 구상 등 8대 프로젝트가 핵심이었고 10대 공약은 다음과 같이 따로 정했다.

10대 공약

- 7% 성장, 300만 개 일자리

  감세, 규제완화, 법질서 확립, 공공개혁으로 세계 최고의 기업환경을 만들고, 과학기술투자를 GDP의 5%로 확대하여 신성장동력을 확보함으로써 7% 성장을 달성하고 300만 개 새 일자리를 창출하겠습니다.

- 공교육 2배, 사교육비 절반

  고교다양화300, 영어공교육 완성, 대학입시 3단계 자율화, 대학관치 완전철폐, 맞춤형 국가장학제도 구축 등을 통해 공교육을 정상화하고 글로벌 경쟁력을 갖춘 인재를 양성하겠습니다.

- 국가책임 영·유아 보·교육 실시
  임신-출산-보육-취학의 4단계에 걸쳐 의료비, 보육비, 교육비를 국가가 책임짐으로써 소
  중한 내 아이를 잘 기를 수 있는 행복한 가정을 반드시 이루어내겠습니다.

- 한반도대운하로 열리는 한 물길 한 마음
  한강, 낙동강, 금강, 영산강을 한 물길로 연결하여 환경 개선, 수자원의 효율적 관리, 재
  해 예방, 물류 혁신, 지역경제 발전 등을 이룩하고, 아름답고 살고 싶은 국토로 재창조하
  겠습니다.

- 비핵·개방·3000을 통한 평화로운 한반도
  국익에 기초한 실용외교를 통해 국제적 위상을 높이고, 북한의 핵 폐기와 개혁·개방을 유도
  하는 전략적 대북정책을 추진함으로써 평화통일의 기반을 완비해나가겠습니다.

- 아자아자! 중소기업, 으샤으샤! 자영업자
  중소기업과 자영업은 우리 경제의 동력이요 일하는 복지의 핵심입니다. 금융·세제 지원,
  제도 간소화 등을 통해 중소기업이 성공의 기회가 되는 사회를 만들겠습니다.

- 과학기술과 문화, 소프트파워가 강한 나라
  IT, BT, NT, CT, 로봇 등 첨단 과학기술을 육성하고, 문화와 예술, 스포츠, 관광을 진흥
  하여 소프트파워가 강한 나라를 만들겠습니다.

- 서민 주요 생활비 30% 절감
  불합리한 유통구조와 가격체계, 지나친 정부개입 등 제도 혁신을 통해 주요 생활비를 30%
  경감하여 국민의 가계부담을 덜어드리고, 중산층이 두터운 나라를 만들겠습니다.

- 연간 50만 호, 신혼부부 보금자리주택 12만 호 공급
  서민 주거권을 국민 기본권 차원으로 보호하겠습니다. 신혼부부 보금자리주택을 연 12만 호
  공급하고 수요자 중심의 계획적인 주택공급을 통해 연간 50만 호의 주택을 공급하겠습니다.

- 일 잘하는 실용정부 구현
  법과 질서를 세우고 국가경영시스템을 시대에 맞게 재설계함으로써 국민을 위해 더 많은 서
  비스를 하는 도우미 정부, 경제를 살리고 세금을 아끼는 유능한 실용정부를 만들겠습니다.

이러한 공약을 위한 주요 정책 실천계획으로 2008년부터 2012년까지 연도

별 추진일정과 예산 반영, 정책 수립과 법령 개정에 관한 구체적인 실천 방안을 두었다. 예산 소요 및 조달 방안은 개별공약에 관한 24조 원의 재원소요금액을 추계하고, 이를 위해 예산 10% 절감과 중장기계획상의 추가세입으로 충당하는 재원조달 방안을 마련했다. 공약이 집행되어 변화될 5년 후 우리의 모습은 3대 비전과 개별적인 프로젝트에 따라 구체적인 숫자로 표시하였다. 야당의 입장으로 정부의 도움을 받지 못하는 상황에서 새로 시도한 이러한 작업은 많은 어려움과 노력[493]이 필요했다.

이명박 후보의 선거공약집《일류국가 희망공동체 대한민국》[494]은 요약본, 본공약집, 권역별 지방공약집 세 가지로 만들었다. 최초로 지방공약집을 만든 이유는 선거를 앞두고 지방의 민원성 프로젝트를 거부할 수도 없고 채택할 수도 없어 전국을 7개 권역으로 나누어 따로 만든 것이다. 지방공약집은 사실상 공약이 아니었지만 득표를 위해 지역선거대책본부의 책임으로 공약형태로 만들었다. 부산 신공항 건설이 대표적인 예인데, 후에 공약으로 인식되어 논란이 되기도 했다. 공약책자는 전국 서점을 통해 처음으로 판매하기도 했다.

대통령직인수위원회의 낭비

그림자내각

2007년 12월 19일 대통령선거에서 이명박 한나라당 후보는 500만 표를 넘는 표차로 압승을 거두었다. 나의 3년에 걸친 정권창출 장정도 끝났다. 나는 대통령직인수위원회[495]에서 인수위원과 경제1분과위원회의 간사로 경제분야 업무의 인수작업을 하게 되었다.

재정경제부, 국세청, 관세청의 실무국장을 중심으로 현안 업무와 선거공약의 실천계획을 보고받았고 과거와 같이 잘잘못을 따지지는 않았다. 이명박 대통령당선인에게 보고한 많은 보고서 중 핵심은 관련 부처에서 파견된 공무원들과 함께 만든 경제공약의 MB노믹스 실천계획[496]이었다. 주요 내용은 1) 기업 관련 규제 개혁, 2) 투자활성화를 위한 감세, 3) 예산지출의 효율성 제고, 4) 금융산업 경쟁력 강화, 5) 서비스산업 경쟁력 강화, 6) 물가 및 경상수지 관리, 7) 과학기술투자 확대, 8) 차세대 성장동력산업 육성이었다. 향후 5년간 경제운용 실천계획에서 2012년 목표연도에 경제성장률 7%, 투자증가율 12.0%, 경상수지 75억 달러, 취업자 증가 58만 명, 소비자물가 3.6% 달성을 목표로 하였다.

2008년 중 6% 성장 달성을 위해 추진해야 할 과제들을 정부출범 직후 3월부터 가동할 수 있도록 기획재정부 및 한국은행과 사전협의하고 법률 개정 사항은 6월 국회에서 처리하고 시행령 이하 규정 개정으로 추진 가능한 사항은 출범 후 1개월 내 추진을 완료하도록 했다. 경상수지 악화와 함께 단기외채(2007년 말, 1,586억 달러)가 급격히 늘어나는 상황에서 국제금융시장의 혼란이 발생할 경우 금융기관의 외화유동성이 위협받을 가능성에 대비하여 필요한 경우 선제적 조치를 시행하도록 하였다.

위와 같은 실천계획을 차질 없이 추진하기 위하여 매월 대통령이 주재하고 민간단체가 참여하는 1) 기획재정부 주관의 경제활성화회의, 2) 지식경제부 주관의 무역투자진흥회의, 3) 교육과학부 주관의 과학기술진흥회의를 개최하여 추진동력을 유지하도록 했다.

아울러 기획재정부 장관은 경제금융점검회의, 경제정책조정회의, 대외경제장관회의를 주재하여 재정금융정책 점검, 부처 간 현안 조정, FTA 지속추진 등의 과제를 실천해가도록 했다. 특히 불안한 국제금융시장에 대비하기 위해 정부출범 초기에는 매주 기획재정부, 금융위원회, 경제수석, 한국은행이 참석하는 비공개 경제금융점검회의를 개최하도록 했다.

선거캠프에서 일을 하지 않았던 사람들은 선거공약과 관계없이 새로운 과제들을 들고 나와 국정과제에 넣지만 이런 과제들은 대부분 새 정부에서는 없었던 것이 된다. 인수위원이 장관으로 새 정부에 들어가지 않으면 2개월여의 인수위원회 활동은 큰 의미가 없는 것이 되어버린다. 많은 예산을 들이고 많은 사람들이 활동하지만 모두 낭비가 되고 만다.

17대 대통령직인수위원회는 2개월에 걸친 작업을 통하여 《성공 그리고 나눔》이라는 이름의 방대한 백서를 발간했다. 인수위원 중 첫 내각에 들어간 사람은 나 혼자였기 때문에 이 보고서가 집권 후 각 부처 업무에 얼마나 영향을 미쳤는지 의문이다. 내각이나 청와대에 들어가지도 않을 사람이 인수위원회에서 활동하는 것은 낭비일 뿐이고 혼란과 일탈이 성과보다 훨씬 많다.

미국의 정권인수위원회를 보면 인수의 핵심은 첫째 대통령당선인이 핵무기 사용을 명령하는 블랙박스를 인수하고, 둘째 각료 임명예정자들이 해당 부처 업무를 보고받고, 셋째 정권인수위원회가 새로운 3,000여 명의 연방직 공무원 임명을 위한 주요 인사 인사기록(Executive Clerk's Bookcase)을 인수받는 것이다. 우리와는 많이 다르다.

대통령직인수위원회는 미국의 정권인수위원회와 영국의 '그림자내각(shadow cabinet)'을 참고하여 새 정부에서 일할 각료들로 구성되는 예비내각 형태로 구성되어야 한다. 첫째 인수위원회는 각료임명 예정자로 구성하고, 둘째 해당 부처의 도움을 받아 대통령선거공약의 실천계획을 세우고, 셋째 대통령비서실과 내각의 인사를 위한 인사자료의 인수와 인사개편안의 작성을 하고, 넷째 취임식 준비와 정부조직 개편에 관한 업무가 중심이 되어야 된다.

나는 이러한 내용을 중심으로 '대통령직 인수에 관한 법률'의 개정을 인수위원회의 회의에서 제안하였다. 현재까지 법률의 개정은 이루어지지 않고 낭비와 혼란이 지속되고 있어 안타깝다. 다음 정부를 위해 떠나는 정부가 미리 처리해야 할 일이라 생각된다. 대통령직인수위원회는 재검토되어야 한다.

제5부

글로벌 금융위기

22

전례 없는 지구촌의 위기

::: 2008 글로벌 금융위기

2008년 9월 15일 리먼브러더스의 파산을 기폭제로 하여 글로벌 불균형과 금융파생상품의 거대한 거품이 파열되면서 전례 없는 지구촌의 경제위기 (Global Economic Crisis)가 발생하였다. 2008년 미국의 서브프라임사태는 18세기 이래 영어권의 위기, 1980년대 남미의 외채위기, 1990년대 동아시아의 외환위기와 같은 국지적 위기와 다르게 지구적으로 전개되었다. 뉴욕의 금융거래는 세계로 연결되어 있어 서브프라임사태는 뉴욕을 진앙으로 하여 세계로 파급된 금융위기로, 세계가 동시에 대불황의 나락으로 떨어졌다. 아시아는 1997년 외환위기의 내성 때문에 덜 고통을 받았지만 선진국은 1929년 대공황의 내성이 너무 오래되어 고통이 더 컸다고 생각된다.

21세기에 들어와서도 사람들은 18세기 때와 같이 금융기관의 신용팽창 (expansion of credit)과 탐욕적 투기(greedy speculation)를 반복했다. 과거의 투기는 섬유, 철도, 광산, 주식, 부동산, 노예 등 실물을 대상으로 하였지만, 21세기 들어 투기는 수학적 복잡성에 기초한 증권화(securitization)를 통해 만들어진 혁신적 파생상품(innovative derivatives)을 매개로 하여 머니게임으로 발전하였다. 금융파생상품 투자는 판돈이 계속 돌지 않으면 지속이 불가능한 카지노였고, 금융파생상품을 만든 금융혁신은 위험을 계속 돌리는 신기루였다. 복잡한 수학적 모델은 시장 참여자 모두를 어리석은 인간으로 만들었다.

그린스펀 미국 연방준비제도위원회 의장은 저금리와 신용팽창으로 카지노의 판돈을 계속 대주었고, 월스트리트의 천재들은 모두가 돈을 딸 수 있다는 현란한 신기루 게임을 만들었다. 그린스펀 의장은 누구도 돈을 잃지 않도록 주가가 하락할 때마다 시장에 개입하여 카지노 판은 갈수록 커졌다. 1980년대 후반부터 시작된 '대안정(Great Moderation)'은 그가 물러난 후 2008년에 터졌다. '대안정'의 배후에는 미국의 재정과 무역의 대쌍둥이적자(Great twin deficit)라는 지속불가능한 불균형이 있었고, 이러한 지속불가능은 1980년대 후반 중국의 시장경제 편입에 의한 값싼 제품의 무한공급으로 가려져 있었다. 그린스펀의 '대안정'은 거품과 불균형의 산파였다. 경제에 공짜 점심은 없다는 것을 다시 한 번 증명했다.

지구촌의 거품 파열에 대해 2005년 6월 30일 영국 《이코노미스트》는 "중국의 싼 노동력의 세계경제 진입은 세계적으로 자본수익을 높였다. 그것은 균형이자율 수준(equilibrium level of real interest rates)의 증가를 의미한다. 그러나 중앙은행들은 실질이자율을 역사상 가장 낮은 수준으로 유지하고 있다. 그 결과는 잘못된 자본배분이고 특히 과도한 주택자금차입과 투자의 모습으로 명백히 나타난다."라고 선진국의 위기도래에 관해 경고했다.[497] 2006년부터 미국의 거품 파열에 대해 루비니(Nuriel Rubini) 뉴욕대 교수는 부동산거품이 꺼지기 시작한 2006년 9월 "아직 구체화되지 않은 주택부문 불황(yet-to-materialized housing bust)은 금융시스템의 구조적 문제(systemic problem for the financial system)로 전개될 수 있다."라고 경고했다.

불균형과 거품의 파열

2008 글로벌 금융위기

세상의 모든 것은 균형점으로 수렴하는 경향이 있다. 물이 차면 넘치고 에너지가 과하면 터진다. 적도상의 열에너지 과잉과 북극권의 열에너지 결핍의 불균형을 해소하기 위해 태풍이 북쪽으로 올라오는 것은 자연의 섭리다. 혹자국의 과잉 에너지와 적자국의 결핍 에너지가 임계점에 달하여 파열하는 것은 균형을 찾아가는 섭리다.

2008년 서브프라임사태에서 비롯된 글로벌 금융위기는 1997년 아시아가 경험한 위기와 근본적으로 다른 점이 많다. 1997년 아시아위기는 유동성의 만기불일치가 문제였다면 2008년 글로벌 금융위기는 가계수지, 재정수지, 국제수지에 관한 경제구조의 근원적 불균형(fundamental imbalance)이 문제였다. 또 아시아 외환위기는 경제성장에 대한 과욕과 미숙에 의한 불안정성의 거품이 터진 것이라면, 글로벌 금융위기는 투기소득에 대한 탐욕과 과신에 의한 불확실성의 거품이 터진 것이다.

글로벌 금융위기의 뿌리는 경상수지의 일방적인 흑자와 적자의 누적이다. 흑자의 누적은 자본수출을 강요하고 적자의 누적은 자본을 수입하거나 기축통화를 찍어내도록 강요한다. 일본은 1992년부터 매년 1,000억 달러가 넘는 경상수지 흑자를 쌓아가기 시작해 2003년에는 GDP의 3%를 넘는 1,362억 달러를 기록했다. 독일은 2004년부터 1,000억 달러가 넘는 경상수지 흑자를 쌓아가기 시작했고 2005년 GDP의 5%를 넘어 2007년 7.5% 2,491억 달러로 정점을 기록했다. 중국은 2005년부터 GDP의 5% 1,000억 달러를 넘어선 다음 2006년 2,000억 달러, 2008년에는 9.1% 4,124억 달러로 정점에 섰다. 이에 반해 미국은 1994년부터 1,000억 달러가 넘는 경상수지 적자를 기록하였고 2000년대 들어 적자규모가 지속가능성의 한계라고 말하는 GDP 3%선을 넘은 후 2004년에는 5%를 넘었고 2006년에는 최고로 5.8%에 달해 8,026억 달러를 넘어섰다. 일본, 독일, 중국, 미국 간에 발생한 거대한 불균형은 거대한 과잉자본을 창출했다.

경상수지의 불균형이 창출한 거대한 과잉자본은 파생상품에 불을 붙였다. 경상수지 흑자국의 과잉자본은 고수익의 파생상품에 투자되었다. 2007년 기준으로 세계 증권잔액이 61조 달러인 데 비해 파생상품은 10배나 되는 596조 달러였고, 외환거래 규모는 세계 수출거래금액이 17조 달러인 데 비해 46배나 되는 803조 달러였다. 2008년 거품의 규모는 금융부문에서 1,000

조 달러가 넘을 것으로 추정된다. 국가채무가 2007년 OECD 평균 73.5%였고 일본이 최고 162.4%였다는 점에서 국가채무의 거품까지 포함하면 더 큰 숫자가 될 것이다. 실물경제에서 투자처를 찾지 못한 과잉자본이 갈 곳은 금융시장뿐이었다.

저금리의 과잉자본은 투기꾼의 탐욕을 부추기고 저금리 주택대출은 불에 휘발유를 부은 격이었다. 2000년대 들어 IT거품 붕괴와 9·11테러, 아프간전쟁과 이라크전쟁으로 미국의 경제성장률이 1% 전후로 악화되자 경기부양을 위해 기준금리를 6.5%에서 계속 인하하여 2003년에는 1%의 초저금리시대를 맞게 되었다. 실물투자의 기회가 적었던 과잉자금은 저신용자에 대한 주택대출로 활로를 찾았고 이를 근거로 한 파생상품, 그리고 파생상품을 근거로 한 또 다른 파생상품에 대한 투기적 거래가 거대한 거품을 만들었다. 2006년까지 10년간 미국의 주택가격은 190% 폭등한 후 2004년 저금리정책을 종료하면서 2006년부터 3년간 주택가격이 34% 폭락함으로써 부동산거품이 터지고 서브프라임사태가 시작되었다. 2008년 9월 15일 미국 5대 투자은행의 하나인 리먼브러더스가 파산하자 3거래일 동안 세계 주가는 6% 폭락하고 LIBOR금리가 4.29%까지 치솟았다. 파생상품에 거액을 투자한 미국의 거대 상업은행 씨티그룹, 거대 투자은행 메릴린치, 거대 보험회사 AIG는 파산상태에 빠지게 되었다. 세계 3위 영국의 HSBC는 거액의 회수불능 자산을 떠안게 되었고, 프랑스의 BNP파리바도 파생상품의 환매를 중단하게 되었다.

2000년에서 2005년까지 2배 전후로 치솟았던 영국, 스페인, 이탈리아, 아일랜드, 헝가리 등 유럽 여러 나라의 주택가격이 폭락함으로써 금융경색은 유럽으로 번졌다. 중심국 여러 나라의 거품과 파열의 순환(bubble and burst cycle)이 지구를 전례 없는 공황상태로 몰고 갔다.

2008년의 거품 파열은 2009년 경제성장률을 세계 전체 -0.6%, OECD 국가 -3.5%, 미국·일본·EU 등 선진국 -3.2%로 추락시켰고, 2010년 남유럽국가인 포르투갈, 이탈리아, 그리스, 스페인의 재정위기로 연결되면서 더 깊은 글로벌 금융위기로 이어졌다. 2008년 4분기부터 2009년 1분기까지 세계경제의 수축 규모는 1929년부터 1931년까지 대공황기의 수축 규모와 비슷하였다. 연율로 보면 미국은 2분기 동안 6%, 일본은 1분기 동안 12.7%나 수축하였다.

일본은 일찍이 1980년대에 주택거품의 파열과 '잃어버린 10년'의 침체를 경험했고 아시아 여러 나라들도 1997년 금융거품의 위기를 경험했다. 한국은 1997년 외환위기의 교훈에 따라 2008년 한 해 동안 환율실세화에 의해 경상수지를 흑자로 전환시키고, GDP의 7.1%에 달하는 72조 8,000억 원(약 580억 달러)의 감세와 재정지출을 확대하는 선제적, 결정적, 충분한 대책을 신속하게 취함으로써 2009년 0.3%의 플러스 경제성장을 이루었다. 외환보유고도 3,000억 달러 이상으로 늘어났다. 1997년 경제위기의 학습효과에 의해 글로벌 금융위기를 견딜 수 있었다.

Too connected to fail

위기의 전개

위기의 조짐이 보이면 자본가들은 예금을 인출하고, 은행은 대출을 줄이고, 금융경색은 기업을 도산시키고, 기업도산은 금융기관의 파산으로 이어져 진짜 위기가 온다. 중심국(center countries)의 위기는 주변국(periphery countries)으로 번져 연쇄적인 금융경색이 일어나고 파산이 줄을 잇게 된다. 파산은 심각한 경기침체와 실업사태를 몰고 온다. 2차 대전이 끝나가던 1944년 브레턴우즈 체제가 성립되고 IMF와 IBRD가 창설된 배경에는 위기에 대한 반성과 국제공조의 필요성이 있었다.

금융시장에서 중심국과 주변국의 관계는 20세기 들어 더 강화되었다. 20세기 후반부터 뉴욕 증권시장을 중심으로 일어난 인수합병으로 씨티그룹, JP모건체이스, 골드만삭스, 리먼브러더스, AIG 같은 거대한 금융괴물

(financial behemoth)이 출현하게 되었다. 이러한 거대한 금융괴물은 신흥국 금융시장의 개방과 세계화의 파도를 만들어 전 세계에 영업망을 넓히고 무분별한 신용팽창과 사나운 투기(reckless expansion of credit and wild speculation)에 의해 거대한 이익을 창출하고 은행가들과 증권거래인들은 엄청난 성과급과 스톡옵션을 받게 되었다. 이들 거대한 금융괴물들은 누구도 손댈 수 없을 만큼 대마불사(大馬不死, too big to fail)의 상황을 만들었고, 세계의 금융시장을 연결한 이들은 대결불사(大結不死, too connected to fail)의 형국을 만들었다.

세계가 긴밀히 연결되어 중심국 혼자 글로벌 금융위기를 관리하고 해결하기는 어려워졌다. 서브프라임사태를 맞아 미국이 구제금융과 경기대책에 GDP의 65%에 달하는 9조 달러 전후를 투입하고 EU, 일본, 중국도 엄청난 규모의 자금을 투입했다. 상상을 초월하는 자금을 투입했는데도 위기가 끝난 것은 아니라는 견해도 있다. 글로벌 금융위기를 극복하기 위한 국제공조가 불가피하게 됨으로써 2차 대전 이후 국제금융질서를 주도하던 브레턴우즈 체제와 함께 G20 체제(Group of 20)가 태동하게 되었다.

할 수 있는 대책은 모두 동원

전례 없는 대책

1999년 출범한 G20 재무장관회의(G20 Finance Ministers Meeting)는 글로벌 금융위기 극복을 위한 국제공조를 위하여 2008년 11월 15일 정상회의로 격상되었다. G20 국가들은 정상회의의 공조 합의에 따라 GDP의 6% 전후에 달하는 엄청난 규모의 전례 없는 재정금융대책(unprecedented fiscal and financial measures)을 추진하게 되었다.

미국과 G20 국가들은 1930년대 대공황 때처럼 구제금융, 금리인하, 양적완화, 감세, 재정 확대 등 모든 수단을 동원했다. 금리는 1% 이하로 내리고,

통화는 필요한 만큼 풀고, 세금은 여력이 되는 만큼 깎고, 지출은 재원을 동원할 수 있는 대로 늘렸다. 당시 발표에 의하면 중심국들 모두 GDP의 6% 전후에 달하는 전례 없는 재정금융대책을 동원하였다.

미국은 감세 3,170억 달러, 지출 확대 7,872억 달러 등 GDP의 5.6%에 달하는 재정대책을 추진했고, GDP 기준으로 일본은 5.7%(25조 엔), 독일은 5.6%, 프랑스는 2.9%, 영국은 1.6%에 달하는 감세와 지출 확대정책을 추진했다. 중국은 3년간 GDP의 22%에 달하는 5조 5,000억 위안의 감세와 사회간접자본(SOC) 건설을 발표했다. 불똥이 날아온 다른 신흥국들도 피해갈 수 없었다. 루비니 뉴욕대 교수는 미국의 경우 구제금융, 지급보증, 경기부양과 기타 위기관리비용을 합치면 9조 달러 정도 되리라 추정했다. 한국은 GDP의 7.1%에 달하는 72조 8,000억 원의 감세와 지출 확대를 추진하여 2009년 OECD 국가들 모두 마이너스 성장을 하는 중에 0.3%의 플러스 성장을 하였다.

미국이 취한 주요 대책들을 보면, 첫째 2008년 10월 3일 미국 부시 행정부는 7,000억 달러의 구제금융(Troubled Asset Relief Program, TARP)을 조성하여 씨티그룹, 뱅크오브아메리카(Bank of America), JP모건체이스, 골드만삭스, 모건스탠리(Morgan Stanley), 아메리칸 인터내셔널 그룹(American International Group), 아메리칸 익스프레스(American Express), 제너럴 모터스(General Motors), 크라이슬러(Chrysler) 등 은행, 증권, 보험, 카드회사, 그리고 자동차회사까지 부실자산을 매입하거나 지급보증을 섰다. 2009년 오바마 행정부는 다시 8,000억 달러의 2차 구제금융을 조성하고 배드뱅크(bad bank)를 통하여 금융기관의 부실자산을 추가로 매입하였다. 둘째, 정부의 주택저당회사인 패니메이(Fannie Mae, Federal National Mortgage Association)와 프레디맥(Freddie Mac, Federal Home Loan Mortgage Corporation)에 대한 5조 달러에 달하는 지급보증을 섰다. 셋째, 버냉키 연방준비제도위원회 의장은 2008년 11월부터 3차에 걸쳐 제로금리와 함께 3조 달러가 넘는 양적완화를 통하여 그의 말대로 헬리콥터로 공중에서 돈을 뿌렸다.

거품을 만든 선진국의 은행가들과 증권거래인들은 거액의 성과급과 스톡

주요국 국제공조 상황

	GDP 대비	재정	금융
한국	7.1%	- 총 72.8조 원(3년) - 감세: 34.9조 원, - 지출 확대: 37.9조 원	- 금리인하: 5.25% → 2.00%(325bp) - 유동성: 원화 20.7조 원, 　외화 550억 달러
미국	5.6%	- 총 1조 1,042억 달러 - 감세: 3,170억 달러, - 지출 확대: 7,872억 달러	- 금리인하: 6.25% → 0.25%(600bp) - 1차 양적완화: 2조 달러 - 2차 양적완화: 0.6조 달러
EU	–	- 감세·지출 확대: 독일 5.6%, - 영국 1.6%, 프랑스 2.9%	- 금리인하: 4.25% → 1.0% ECB - 양적완화: 1.6조 달러
일본	5.7%	- 감세·지출 확대: 25조 엔(3년)	- 양적완화: 35조 엔
중국	22%	- 감세·지출 확대: 5.5조 위안(3년)	- 금리인하: 7.47% → 5.31%

자료; 2009년 초 발표된 대책 종합정리.

옵션을 챙겼지만 누구도 그들에게 엄중한 책임을 묻지 않았다. 거품을 만들도록 규제를 완화한 입법당국과 거품을 방관한 감독당국에 대하여도 준엄한 심판은 없었다. 자금이 필요한 금융기관의 어떤 자산도 연방준비제도위원회는 다 사주었다. 살리려고 해도 살 수 없는 수많은 좀비은행(zombie bank)과 좀비기업(zombie firm)을 만들어낸 비용은 최종적으로 납세자가 떠안았다. 주변국의 납세자도 중심국 거품 파열의 비용을 지불해야 했다.

전례 없는 위기는 전례 없는 대책(unprecedented measures)을 불렀다. 위기극복을 위한 재정정책은 OECD 국가의 국가채무를 100% 가까이 악화시켰고 또 다른 유럽의 재정위기를 불러왔다. 중앙은행의 전통은 허물어지고 지구적 모럴해저드(global moral hazard)를 책임질 사람은 아무도 없었다. 전례없는 위기의 와중에 원유가격이 배럴당 80달러에서 2008년 여름 145달러까지 폭등했다가 2009년 30달러까지 떨어진 것은 위기를 투기의 기회로 활용하는 탐욕과 투기의 전형을 보여주었다.

헬리콥터로 달러를 뿌리다

지구촌의 위기를 극복하기 위해 미국, EU, 일본은 제로금리의 양적완화를 통하여 돈을 뿌렸다. 미국은 2008년 11월부터 3차에 걸쳐 3조 달러가 넘는 달러를 버냉키 연방준비제도위원회 의장의 말대로 헬리콥터로 공중에서 뿌렸다. 일본과 유럽의 중앙은행도 뒤를 따랐다. 일자리와 수출을 지키기 위한 유사 이래 최고의 통화전쟁이었다.

연방준비은행의 재할창구(discount window)를 상업은행 이외에 투자은행, 증권회사 등 프라이머리딜러(primary dealer)에게 1930년대 대공황 이후 처음 개방한 후 페널티금리 없이 2.5%로 누구에게나 무엇이든지(anyone and anything) 대출해주는 전례 없는 대책을 추진하였다. 2008년부터 연방준비은행의 자금 공급 창구를 나열해보면 TAF(Term Auction Facility), PDCF(Primary Dealer Credit Facility), TSLF(Term Securities Lending Facility), CPFF(Commercial Paper Funding Facility), MMIFF(Money Market Investor Funding Facility)에 이어, 너무 길어서 외우기도 힘든 ABCPMMMFLF(Asset-Backed Commercial Paper Money Market Mutual Fund Liquidity Fund)까지 가게 되었다.

일본도 2008년 이후 인플레이션율이 2%에 달할 때까지 무기한 양적완화 정책을 추진하였고, 유럽은 유럽중앙은행(European Central Bank, ECB)을 통하여 스페인, 이탈리아, 그리스 등 금융경색국가의 국채매입을 통하여 자금을 풀었다. 영국도 구제금융을 통하여 은행의 부실자산을 매입하고 유동성을 확대하였다.

양적완화의 총규모는 정확히 알 수 없으나 2013년 말 미국 3조 6,000억 달러, EU 1조 6,000억 달러, 일본 2조 1,000억 달러로 총 7조 4,000억 달러 인데 영국과 나머지 G20 국가들을 합치면 10조 달러에 육박한다는 추정이 나온다. 실로 엄청난 규모다.

미국의 중앙은행 연방준비제도위원회는 2008년 위기를 거치면서 최종대부자(the lender of last resort)에서 누구에게나 필요한 만큼 달러를 뿌린 '최초 최종 유일의 대부자(the lender of first, last and only resort)'로 변모하는 전례 없는 중앙은행 역사를 쓰게 되었다. 일본은행과 유럽중앙은행도 새로운 중앙은행 역사를 쓰는 길을 함께 갔다.

준비통화(reserve currency)를 갖고 있는 중심국들의 양적완화는 그들 입장에서는 경기침체를 극복하고 일자리를 지키기 위한 불가피한 대책이라고 할 수 있지만 주변국 입장에서는 새로운 형태의 고통스러운 통화전쟁이라 할 수 있다. 제로금리에 가까운 미국과 일본의 양적완화는 과도한 캐리자금이 주변국에 유입됨으로써 주변국 통화의 절상을 초래하고 경쟁력 약화를 초래한다. 양적완화는 중심국에는 절상을 막아주는 역할을 하지만 주변국에는 절상과 외화유입이라는 문제를 일으켜 국제금융시장을 혼돈케 하는 양날의 칼이 되는 통화전쟁이었다.

2008년 11월 15일 워싱턴에서 처음 열린 G20 정상회의에서 이명박 대통령은 모든 나라가 1930년대 대공황 때와 같은 관세전쟁과 통화전쟁을 하지 않고, 기축통화국은 통화가치의 유지를 위해 노력하는 현상 유지(Stand-still)를 제안했고 국제공조에 합의했다. WTO 체제에 따라 관세전쟁과 비관세전쟁은 일어나지 않았지만 자국의 이익을 위한 새로운 형태의 통화전쟁은 일어났다. 선진국 단기자금의 투기적 유출입을 억제하기 위해 브라질은 현재 6%의 자본거래세를, 우리는 0.2%의 은행세(외환건전성부담금)를 실시하였다. 중심국은 제로금리의 단기캐리자금을 생산하고 주변국은 억제하는 통화전쟁은 상호 보복적이다. 국제통화질서에서도 WTO와 같이 준비통화를 가진 중심국이 마음대로 할 수 없는 새로운 질서가 필요하다고 생각한다.

지속가능한 회복은 멀다

위기대응의 결과

전례 없는 위기에 대한 전례 없는 대책에도 불구하고 세계경제는 침체를 벗어나지 못했다. 전례 없던 대책들은 사적 부채의 정부 이전(transferring private debts to government)에 그쳤다는 지적도 있고, 지속가능한 회복까지 10년 이상 걸리는 긴 여정(the long road to sustainable recovery, 10years or more)이라는 전망도 나왔다. 루비니 뉴욕대 교수는 글로벌 금융위기의 회복은 U자 모양을 보일 것이라 전망했다. 위기 이전 상태로의 회복은 어렵다는 L자 모양의 비관적인 전망도 있었다. 40여 년간 재정금융정책을 다루고 1997년 아시아 외환위기와 2008년 글로벌 금융위기와 싸운 나의 경험과 직관으로는 비관적인 견해에 공감이 갔다.

글로벌 금융위기가 본격적으로 불어닥친 2009년 OECD 국가들은 -3.5%의 경제성장과 8.2%의 실업률을 보이며 세계교역은 16%나 감소하고 세계경제는 -0.6% 성장이라는 초유의 사태에 빠지게 되었다. 미국은 -2.8%, 일본은 -5.5% 성장을 보였고 유로지역은 10%의 실업률을 보여 가장 심각했다. 위기가 발생한 지 5년째 되는 2012년 OECD 국가들의 성장률은 1.6%에 머무르고 유로지역은 아직도 -0.6%의 마이너스 성장을 보이고 있는 것을 보면 위기 이전 3% 전후의 성장률을 회복하는 것은 난망하다고 생각되었다. 한국은 OECD 국가들이 마이너스 성장에 빠진 2009년 0.3%의 플러스 성장을 하였고 다음 해인 2010년에는 OECD 국가 중 최고인 6.3% 성장을 기록하였다.

글로벌 금융위기가 불어닥친 후 선진국들의 전례 없는 대책에도 불구하고 지속가능한 회복이 어려운 이유는 구조적 불균형(structural imbalance)에 대한 대책이 없었고 재정적자의 한계 때문에 금융적 유동성 공급에 치우쳤기 때문이었다. OECD 국가들의 국가채무는 2011년 102.5%로 위험선을 넘었고, 2013년 미국 104.1%, 유로지역 106.4%, 일본 227.2%를 기록하여 재정여력이

미국과 OECD의 주요 경제지표 비교

(GDP 대비 %)

	2007		2008		2009		2010		2011	
	미국	OECD	미국	OECD	미국	OECD	미국	OECD	미국	OECD
성장률	1.8	2.7	-0.3	0.2	-2.8	-3.5	2.5	3.0	1.8	1.9
실업률	4.6	5.7	5.8	6.0	9.3	8.2	9.6	8.3	8.9	8.0
가계저축	3.0	-	5.0	-	6.1	-	5.6	-	5.7	
경상수지	-4.9	-1.2	-4.6	-1.5	-2.6	-0.4	-3.0	-0.5	-2.9	-0.6
국가채무	63.8	73.5	72.6	80.0	85.8	91.3	94.6	97.8	98.8	102.5

자료: OECD(2013).

소진되었다. 미국 가계저축률은 2007년 3.0%에서 6%로 크게 늘어났다. 실업률도 OECD 국가들과 미국 모두 8%를 넘었다. 미국은 경상수지 적자가 위험선인 GDP의 3%대가 되었다. 경제가 위기 이전으로 회복될 전망은 어두웠다. 이런 상황에서 위기관리를 이끌어 나갈 국제적 리더십은 보이지 않았다.

선진국은 재정의 한계에 도달해 미국은 3조 달러가 넘는 양적완화를 통하여 말 그대로 헬리콥터로 돈을 뿌렸고 일본도 무제한 엔화를 공급했다. 준비통화를 가진 중심국과 주변국이 찍어내고 있는 양적완화의 총규모는 정확히 알 수 없으나 유사 이래 최대 규모의 통화전쟁이라 할 수 있었다. 유동성 문제가 핵심이었던 아시아 외환위기는 달러만 투입하면 해결되었지만, 글로벌 금융위기는 경제의 근원적 불균형이 문제였기 때문에 선진국들이 10조 달러에 육박하는 전대미문의 자금을 투입하고서도 경제는 쉽게 회복되지 않았다. 돈을 쏟아부어 해결될 문제라면 버냉키나 구로다보다 고성능 화폐 인쇄기를 설치하는 것이 더 싸고 효과적이지 않았을까?

글로벌 불균형의 근저에는 가계는 소득보다 많이 쓰고, 기업은 과도하게 빌려서 투자하고, 금융은 투기가 지배하고, 감독당국은 안일에 빠져 있고, 입법당국은 대중영합주의에 빠져 있는 상황이 깔려 있었다. 모든 나라와 경제주체의 근본적인 반성과 개혁이 없으면 L자형 침체를 탈출하기 어려우리라 생각되었다. 돈을 무제한 찍어내는 전례 없는 대책으로 어쩌면 병이 더 깊어졌는지도 모른다.

근본적인 개혁은 세계의 중앙은행인 IMF가 중심이 되어 추진하여야 하지만 IMF 자체가 과거의 중심국이 과점하는 불균형된 기구이기 때문에 기대하기는 어렵다. 말만 많고 행동은 없는(many talks without actions) 상황이 우려되고 그래서 지구 사람들은 더 고통을 받지 않을까 걱정되었다. 준비통화의 자유로운 발행(free printing of reserve currency)이 지속되는 한 거품과 파열의 순환을 근원적으로 끊는 것은 난망한 일이라 생각된다.

23 한국경제와 글로벌 금융위기

⠿ 한국의 글로벌 위기

2007년 12월 19일 대통령선거에서 이명박 한나라당 후보가 압승을 거두게 됨으로써 나의 3년에 걸친 정권창출 장정은 끝나고 10년의 인생유전도 감격으로 마무리되었다. 그리고 2008년 2월 25일 새 정부가 출범하고 2월 29일 금요일 기획재정부 장관이 되어 10년 만에 과천청사에 돌아왔다. 주말에 사무실에 나가 3월 3일 월요일 첫 국무회의에 상정할 유류세 인하와 예비비 지출안건을 챙기고는 10년 전 올랐던 뒷산에 다시 올랐다. 소나무들의 키가 부쩍 커 건너 청계산이 가렸다. 어쩌면 흘러간 10년은 내 인생에서 가장 아름다웠는지도 모른다. 구름에 달 가듯이 살았고 강같이 흐르는 평화가 있었으니까.

2008년은 IMF가 경제전망을 매달 수정할 정도로 세계경제의 불확실성이 컸다. 한국은행은 2008년 4.7%의 경제성장을 전망했으나 결과는 2.3%였다. 2007년 미국에서 발생한 서브프라임사태로 2008년 3월 미국 5대 투자은행 중 베어스턴스(Bear Sterns)가 파산위기로 몰리고 국제금융시장은 경색되어갔다. 2009년에는 세계경제를 마이너스 성장으로 몰아넣는 글로벌 금융위기로 치달았다. 1997년 재정경제원 차관으로서 위기와 온몸으로 부딪쳤는데 다시 장관으로서 위기와 맞서게 되었다. 한 번도 만나기 힘든 위기를 차관으로서, 그리고 장관으로서 두 번 맞게 되었다. 실수를 해서는 안 되는 국가의 명운이 걸린 상황이었다.

한국경제는 2008년 글로벌 금융위기가 오기 전에 이미 저투자, 저환율, 저기술의 3저함정과 저성장의 늪에 빠져 있었다. 대외경쟁력의 핵심인 투자,

환율, 기술의 3저함정은 경상수지도 적자의 늪으로 몰아가고 있었다. 2008년 이전 3년간의 경상수지 악화 추세가 1997년 환란 전 3년간의 추세와 꼭 같다는 것이 환란의 혹독함을 경험한 우리에게 가장 무서운 상황이었다.

위기의 역사는 되풀이되어왔다. 과거 우리는 국제수지 적자 누적에 의해 1965년, 1971년, 1975년, 1982년, 1997년 다섯 번의 외환위기가 있었지만 1997년 외환위기 이전에는 냉전체제의 산물인 한·미·일 특수관계, 월남전 특수, 중동건설 특수라는 외생변수에 의존하여 고통스러운 위기를 당하지 않고 수습할 수 있었다. 1997년 외환위기 때 행운의 외생변수는 없었고 IMF 구제금융이라는 외세에 의해 혹독한 비용을 치르고 넘었다. 2008년은 다시 외세에 의한 혹독한 비용을 치러서도 안 되고 오직 스스로의 힘에 의해 위기를 극복하는 길만 남았다.

어디서 전단을 열고 어떤 수순으로 응전해야 할까? 나는 1997년 환란의 교훈을 생각했다. 미국 컨설팅회사 부즈 앨런 앤드 해밀턴이 경고한 대로 저임금의 중국과 고기술의 일본이라는 호두가위에 낀 호두 같은 한국경제는 행동은 없고 말만 무성했던 리더십의 공백으로 변화를 강요당했다. 우리에게 필요할 때 친구는 없었다. 이번에는 말보다 행동(deeds rather than words)하는 리더십으로 선제적, 결정적, 충분한 변화(preemptive, decisive and sufficient change)를 추진해야 했다. 필요한 친구보다 필요한 대책(measures in need rather than friends in need)을 찾아야 했다.

1997년 환란에서 배운 가장 큰 교훈은 소규모 개방경제가 살아남기 위해서는 국제수지관리가 국가경영의 기본이라는 것이다. 1997년 위기 때와는 반대로 구조적인 문제의 해결보다 대증적인 위기관리부터 먼저 해야 된다. 환율에서 전단을 열고 경상수지관리, 외채관리, 물가관리, 다음 성장관리의 수순으로 응전해야 한다. 서브프라임사태로 경기가 침체되고 국제금융시장이 경색되면 강자가 살아남는 것이 아니라 살아남는 자가 강자는 되는 상황이 온다. 살아남기 위해서 대외균형을 우선하고 대내균형의 파괴에 따른 비용의 감수는 불가피하다.

저투자, 저환율, 저기술의 함정

3저함정의 한국경제

1998년 들어선 좌파정부는 IMF 구제금융으로 유동성위기를 벗어났지만, 2008년 한국경제는 위기와 관계없이 저투자, 저환율, 저기술의 3저함정에 의해 저성장, 경상수지 적자, 성장잠재력 저하의 늪에 빠져들고 있었다. 연평균 경제성장률은 1970년대에 10.1%, 1980년대 8.6%, 1990년대 6.7%, 2000년대에 들어와 2007년까지 5.2%로 둔화되어왔다. 정태적인 측면에서 국가채무와 기업부채비율은 양호한 수준이었고, 외채와 외환보유고는 큰 문제가 없었다.

첫째, 투자증가율은 1998년부터 김대중 정부 5년간 1.3%(설비투자증가율 5.8%), 2003년부터 노무현 정부 5년간 3.2%(설비투자증가율 5.0%), 경제성장은 1998년부터 김대중 정부 5년간 3.7%, 2003년부터 노무현 정부 5년간 4.3%에 머물렀다. 경제성장률을 밑도는 투자증가율에 따라 잠재성장률도 4%대로 하락하여 우리 경제는 점진적으로 위축되고 있는 것이 2008년의 상황이었다.

좌파정부 10년간 한국경제는 연평균 4.0%의 성장률에 2.3%의 투자증가율(고정자본증가율)을 보였다. 장기적으로 성장하는 경제는 투자증가율이 경제성장률을 초과하는 것이 정상이다. 같은 기간 OECD 국가들의 평균 경제성장률은 2.8%였는데 투자증가율은 3.2%였다. 장기적으로 한국경제는 활력을 잃고 서서히 위축되어가고 있는 중대한 국면에 이르렀다.

OECD 국가의 경제성장률과 투자증가율 추이 (%)

		1998~2002	2003~2007	2005	2006	2007	2008
OECD	경제성장률	2.7	2.8	2.7	3.2	2.7	0.2
	투자증가율	2.5	3.8	4.7	4.7	2.8	-2.2
한국	경제성장률	3.7	4.3	4.0	5.2	5.1	2.3
	투자증가율	1.3	3.2	1.9	3.4	4.2	-1.9

자료: OECD. 투자증가율은 총고정자본 투자증가율임.

기술무역수지와 R&D 투자 추이

	1999	2001	2003	2005	2007
기술무역수지(억 달러)	-24.9	-20.2	-24.2	-29.0	-29.3
R&D 투자(GDP 대비 %)	2.19	2.47	2.49	2.79	3.21

자료: 통계청, 잠재성장률은 IMF보고서.

둘째, 환율은 2004년 1,043.8원에서 2007년 938.2원으로 11.3% 절상되었고, 경상수지는 2004년 281억 달러 흑자에서 2007년 58억 달러 흑자로 급격하게 줄어들었다. 2007년 12월부터 8억 달러 적자로 돌아선 후 2008년 들어 1분기에 52억 달러로 적자폭이 늘어났다. 1997년 외환위기 전 3년간 경상수지 적자가 38억 달러에서 230억 달러로 악화되는 추세와 2008년 글로벌 금융위기 전 3년간 경상수지 흑자가 149억 달러에서 58억 달러로 악화되는 추세는 같은 모습이었다. 위기 전 3년간 고평가된 환율은 경상수지를 급격하게 악화시켰지만 물가는 안정시켰다.

셋째, R&D 투자가 낮아 2000년대 들어서도 새로운 기술의 개발이 부진하고 기술무역수지 적자도 증가하고 있었다. 2007년 기술무역수지는 29억 3,000만 달러 적자이고 R&D 투자는 GDP의 3.21%였다.

2014년 IMF보고서는 한국의 잠재성장률이 1997~2001년 4.6%, 2002~2007년 4.0%, 2008~2009년 3.6%, 2010~2012년 3.3%로 하락하고 특별한 개혁이 없으면 2020년에는 2.2%까지 하락할 것으로 추정하였다. 2016년부터 생산가능인구의 감소와 OECD 평균보다 높은 노동보호제도를 전제로 하면 우리나라의 잠재성장률을 증가시킬 수 있는 남는 변수는 기술교육 강화에 의한 인적자본의 개선과 R&D 투자 확대에 의한 물적자본의 증가뿐이다. 일본에

위기 전 5년간 환율과 경상수지 추이

(억 달러, 원/달러)

		1993/2004	1994/2005	1995/2006	1996/2007	1997/2008
1997 위기 전 5년	경상수지	9.9	-38.6	-85.1	-230.0	-81.7
	환율	808.1	788.7	774.7	844.2	1,415.2
2008 위기 전 5년	경상수지	281.7	149.8	53.9	58.8	-57.7
	환율	1,043.8	1,013.0	929.6	938.2	1,257.5

자료: 경제백서(1998 재정경제부, 2008 기획재정부). 통계기준 차이로 한국은행 통계와 다름.

비해 크게 낮은 R&D 투자를 혁신적으로 증가시키지 않으면 저임금의 중국과 고기술의 일본이라는 호두가위에서 벗어나기 어렵다. 일본은 OECD 국가들 중 가장 높은 3%대의 R&D 투자를 유지하고 있고 기술무역수지의 흑자도 매년 증가하고 있다.

대외의존도가 높은 한국경제는 2007년 저투자, 저환율, 저기술에 의해 가격, 품질, 기술의 대외경쟁력은 정체상태였고 대내외균형 모두 위험한 상황으로 가고 있었다. 정태적인 측면을 보면 2007년 국가채무는 GDP의 30.7%, 기업부채비율은 제조업 97.8%로 OECD 국가 중 최우량 수준이었다. 양호한 국가재정과 기업재무구조는 한편으로 부진한 투자와 기술개발에 기인한 것으로 추정되었기 때문에 한국경제의 미래를 어둡게 하는 측면도 있었다. 총외채 3,832억 달러에 단기외채는 1,583억 달러였고 외환보유고는 2,622억 달러로 외채관리에는 문제는 없는 수준이었다.

서브프라임사태의 파도는 밀려오고

글로벌 위기의 도래

2008년 2월 29일 기획재정부 장관으로 갔을 때 서브프라임사태의 파도는 밀려오고 지구촌 경제의 침체와 국제금융시장의 경색이 우려되는 형국이었다. 1997년 외환위기의 상처가 컸던 우리의 공포감은 컸다.

미국은 2000년대 들어 IT거품이 붕괴되고 경제성장률이 1% 전후로 악화되자 기준금리를 6.5%에서 2003년에는 1%까지 내렸다. 저신용자에 대한 저금리의 주택대출 증가로 190%까지 폭등한 미국의 주택가격이 2004년 저금리정책을 종료하면서 34%나 폭락함으로써 서브프라임사태가 시작되었다. 2008년 들어 미국 5대 투자은행 중 베어스턴스, 리먼브러더스, 메릴린치가 파산위기로 몰리면서 서브프라임사태는 국제금융시장에 큰 불확실성으로 등장했다. 이어서 거대 상업은행 씨티그룹, 거대 보험회사 AIG의 파산상태로 이어져갔다.

서브프라임사태의 파도는 바다 건너 유럽과 아시아에서도 주택가격의 폭락과 함께 국제금융시장을 불안의 도가니로 몰고 갔다. 거품과 파열의 순환(bubble and burst cycle)은 지구를 공황상태로 만드는 글로벌 금융위기로 전개되었다. 2009년 경제성장률을 세계 전체 -0.6%, OECD 국가 -3.5%, 미국·일본·EU 등 선진국 -3.2%로 추락시켰고, 2010년 남유럽국가인 포르투갈, 이탈리아, 그리스, 스페인의 재정위기로 연결되었다. 2008년 4분기부터 2009년 1분기까지 세계경제의 수축 규모는 1929년부터 1931년까지 대공황의 수축 규모와 비슷하였다.

서브프라임사태에 의한 국제금융시장의 경색과 함께 한국으로 밀려온 원유가격과 원자재가격의 폭등은 우리에게는 큰 공포였다. 과거 1973년 1차 오일쇼크와 1979년 2차 오일쇼크 때 원유를 전량 수입에 의존하던 우리는 원유가격 폭등에 의해 무역수지가 크게 악화되어 외환수급에 큰 어려움을 당했다. 또한 1986년부터 3년간 저유가, 저금리, 저달러의 3저호황으로 유사 이래 처음 무역수지 흑자를 이루었으나 1989년부터 원자재가격이 폭등함으로써 다시 적자로 돌아간 아픈 경험이 있었기 때문에 원유가격과 원자재가격의 폭등은 우리에게 큰 공포가 아닐 수 없었다.

위기관리부터 먼저 하자

위기관리체제 전환

한국경제는 2008년 서브프라임사태와 함께 원유가격 급등, 원자재가격 급등, 국제금융시장 경색이라는 삼각파도의 소용돌이에 휩싸이게 되었다. 2008년 들어 경상수지 적자가 급격히 악화되어가는 가운데 배럴당 100달러를 넘어선 원유가격은 양날의 칼이 되어 경상수지 악화를 부추기고 물가에 불을 붙였다. 원자재가격도 함께 폭등세를 보여 설상가상의 형국이었다. 더구나 국제금융시장이 경색된 가운데 2008년 이전 3년간의 경상수지 악화 추세가 1997년 환란 전 3년간의 추세와 꼭 같다는 것이 가장 큰 위협이었다. 2,600억 달러의 외환보유고가 있었지만 잘못하면 다시 외환위기를 맞을 수도 있는 상황이었다. 서브프라임사태가 어디까지 어떻게 전개될지 모르는 상황에서 정책의 선택에도 불확실성이 너무 컸다.

위기대응보다 원유가격 상승에 따른 물가대응이 더 급했다. 나는 장관이 되자 3월 3일 첫 국무회의에서 유류세 인하, 할당관세 확대, 임시 투자세액 공제 연장 등 긴급위기감내대책을 시행하였다. 3월 10일 대통령직인수위원회에서 만든 MB노믹스 실천계획을 토대로 작성한 2008년 업무계획 '7% 성장능력을 갖춘 경제'498를 이명박 대통령에게 보고했다. '7% 성장'이 아닌 '7% 성장능력'을 보고한 것이었다. 주요 내용은 1) 경기회복을 위한 내수확충과 서민경제 안정 및 경상수지 안정대책으로 유류세와 할당관세 인하, 세계잉여금 서민지원사업 추진, 50만 호 주택건설, 환율실세화, GDP의 40% 내로 대외채무관리, 2) 지속성장을 위한 세계 최고 기업환경 조성대책으로 규제의 최소화, 세율의 최저화, 아시아 선도은행 육성, 지역별 노사민정협의체 운영, 3) 장기성장을 위한 신성장동력 확충대책으로 GDP의 5% R&D 투자, 규제완화에 의한 서비스산업 발전, FTA 적극 추진, 비핵·개방·3000 구상 실천 등이었다. 2008년 경제는 성장률 6% 내외, 소비자물가 3.3%, 경상수지 -70억 달러 내외로 전망했다. 정책의 추진체계는 대통령 주재 민관합동 경제활성화회의, 무역투자진흥회의, 과학기술진흥회의를 통해 주요 정책을 점검하고, 기획재정부 장관은 경제정책조정회의, 거시정책협의회, 대외경제장관회의를 통해 실천계획을 조정하고 추진하도록 만들었다.

한국은행과 여러 연구소에서 5% 전후의 경제성장을 예측하고 있던 상황에서 선거공약 7% 성장은 난망한 일이었지만 처음부터 그렇게 말할 수가 없었다. 위기의 징후가 짙어지자 '7% 성장능력을 갖춘 경제' 전략과 7대강국

이야기는 접을 수밖에 없었다. 공약을 잊어버리고 현실을 바탕으로 하여 위기대응을 위한 업무체계와 전략을 추진해야 했다.

업무체계는 1997년 환란의 교훈에 따라 위기관리체제로 전환하고 업무우선순위, 조직운영, 추진방식, 시장점검체제를 개편했다.

첫째, 업무 우선순위에서 1997년과 반대로 국제수지관리를 최우선에 두고 이를 위해 환율운용에서 전단을 열기로 했다. 경상수지관리와 외채관리를 최우선으로 하고 다음 물가관리와 성장관리의 수순으로 대외균형을 우선하기로 했다. 위기감내를 위한 단기적이고 대중적인 대책을 우선 추진하고, 다음으로 성장을 위한 장기적이고 구조적인 대책을 추진하기로 했다. 단기외채보다 많은 2,600억 달러의 외환보유고에 의해 최악의 경우에도 1997년과 같은 위기는 당하지 않겠지만 상당한 고통은 있으리라고 판단했다. 살아남기 위해 대중적인 위기감내대책을 시급하게 쓰지 않을 수 없었다. 전단을 잘못 열면 고전을 면할 수 없고 수순이 꼬이면 이길 수 있는 바둑을 놓치게 된다. 위기를 감내하고 살아남으면 우리가 강자가 될 수 있는 상황이었다.

둘째, 조직운영에서 담당 국장과 과장에게 직접 지시하고 보고 받는 시스템으로 전환하고 중간단계인 차관과 차관보는 사후에 보고 받도록 했다. 특히 국제금융은 위기관리의 핵심이었으므로 신제윤 차관보는 통화스와프와 G20 공조 등 대외금융협력을 전담하도록 하고, 환율과 경상수지는 최종구 국제금융국장이 직접 나의 지시를 받고 움직이도록 했다. 위기 때는 보고단계가 많을수록 의사소통에 혼선이 일어나고 신속성이 떨어지기 때문이었다. 주요한 정책은 매주 화요일 청와대 서별관에서 대외비로 열리는 거시정책협의회를 통하여 청와대 경제수석비서관, 금융위원장, 한국은행 총재와 함께 사전 점검과 조율을 거쳐 추진하도록 했다. 2008년 들어 미국 5대 투자은행 중 베어스턴스, 리먼브러더스, 메릴린치가 파산위기로 몰리고, 3월 16일 베어스턴스가 JP모건체이스에 매각되자 국제금융시장의 불확실성은 고조되어갔다. 국내금융시장도 5월부터 9월 대란설이 제기되면서 불확실성이 커져가자 7월 10일부터 내가 의장인 경제부처 장관들의 경제정책조정회의를 '위기관리대책회의'로 개편하였다.

셋째, 업무의 추진방식은 처음부터 끝까지 정책은 나의 책임으로 결정하고 실무진은 집행을 책임지도록 했다. 1997년 위기 때 비판과 책임이 장관에게 집중되었고 나중에 냉혹한 정치적 단죄가 있었기 때문에 장관의 행동하는 리더십(leadership with action)은 불가피했다. 모든 정책은 시장이 깜짝 놀랄 정도의 선제적, 결정적, 충분한 대책을 추진하고 필요한 친구보다 필요한 대책을 찾기로 했다. 1997년 위기에서 누구도 자신 있게 정답을 말할 수 없는 상황이었고 소극적인 대응은 위기만 키웠다. 위기가 상륙하기 전에 선제적으로 대응해야 비용이 적다. 비판이나 여론과 타협하지 않고 정면돌파하고 결과로 평가받기로 결심했다.

넷째, 금융위기를 예방하기 위해 IMF가 도입한 조기경보체제(early warning system)를 우리도 1997년 도입하였지만 외환위기관리에 큰 실효성이 없었기 때문에 금융시장과 외환시장의 개별지수를 마이크로타기팅(micro-targeting)한 일일점검체제를 운용하기로 했다. 일일점검체제는 일, 주, 월, 분기, 연 단위로 환율과 외환사정에 대한 동향을 파악하고 대응하는 시스템으로 만들었다.

24

Get up and go!

::: 위기대응전략

우리는 전쟁의 폐허에서 한 세대 만에 가난과 권위주의를 벗어나 산업화와 민주화의 기적을 이룬 나라였지만 아시아 외환위기에서 큰 좌절과 아픈 상처를 받았다. 잃을 것이 없었던 우리는 패기 하나로 기적을 이루었지만 아시아위기는 패기로 견디기가 힘들었고 많은 것을 잃었다. 다시는 1997년 환란의 전철을 밟지 말아야 한다.

2007년 미국 서브프라임사태는 2008년 3월 미국 5대 투자은행 중 베어스턴스가 파산위기로 몰리면서 글로벌 금융위기로 전개되어갔고 국제금융시장은 경색되어갔다. 한국경제는 위기와 관계없이 이미 저투자, 저환율, 저기술의 3저함정과 저성장의 늪에 빠져 있었고 경상수지도 적자의 늪으로 빠져가고 있었다. 2005년부터 3년간 경상수지 악화 추세는 1994년부터 3년간 추세와 꼭 같은 상황이었고 서브프라임사태와 관계없이도 특별한 대책이 없으면 위기로 갈 수 있는 상황이었다.

외국 언론들이 한국경제를 보는 시각은 몹시 부정적이었다. 한국의 2008년 경제상황에 대해 영국의 《파이낸셜타임스》[499]는 "11년간 잠자고 1997년으로 회귀(asleep for 11 years and 1997 rewind)"(8월 13일), "금융전염의 분명한 문제지역(obvious trouble spot for financial contagion)"(10월 6일), "가라앉는 느낌(Sinking feeling)"(10월 14일)이라고 보도했다. 영국의 《타임스》[500]는 "검은 9월, 모든 것이 날아가는 통화위기(black September, full- blown currency crisis)"(9월 1일)라고 보도했고, 미국의 《월스트리트저널》[501]은 "아시아의 아이슬란드(Asia's

Iceland)"(10월 10일)라고 보도했다. 다음 해 영국의 《이코노미스트》[502]는 "남아프리카와 헝가리 다음으로 위험도가 높은 나라"(2009년 2월 26일)라고 보도했다.

패기로 위기를 넘자

패기경제학

2008년은 지난 환란같이 주저앉지 말고 '일어서 나가자(Get up and go)'는 패기의 경제학이 필요했다. 1997년 아시아위기는 금융시장이 개방된 후 처음 맞은 위기라면, 2008년 글로벌 금융위기는 세계가 지구촌으로 바뀐 후 처음 맞은 위기였다. 환란의 교훈에 따라 대외균형을 우선하고 위기감내대책과 함께 위기를 기회로 삼기 위한 대책을 추진하게 되었다.

2008년 2월 29일 나는 장관으로 취임하면서 패기의 경제학을 위한 메시지를 동료 직원들에게 보냈다.

"긍정적인 사고로 도전하는 사람에 의해 역사는 이루어집니다. 인류는 농업혁명과 산업혁명을 거치며 폭발적인 발전을 해왔습니다. 우리는 산업혁명의 낙오자가 되어 나라 잃는 수난을 겪었습니다. 지금 디지털혁명을 맞아 새로운 폭발적 변화가 일어나고 있습니다. 세계사의 중심에 서느냐, 아니면 변방으로 가느냐는 역사의 기로에 서 있습니다. 지금 세대가 어떻게 하느냐에 따라 미래는 크게 달라질 것입니다.

'7% 성장능력을 갖춘 경제'를 목표로 정했습니다. 속도감 있는 규제완화와 감세에 의해 투자마인드를 살리고, 중소기업, 소상공인, 영세자영업자를 위한 지원조치를 추진하여 경기를 회복시키도록 노력합시다. 규제의 최소화, 세율의 최저화, 금융의 글로벌 스탠더드화, 노사관계의 법치화 등 4대 원칙에 의해 세계 최고의 기업환경을 조성하여 지속성장을 이어갑시다. 과학기술투자를 GDP의 5%로 확대하여 첨단산업을 발굴하고, 관광, 의료 등 서비스산업의 혁신적인 발전으로 지속적인 신성장동력을 개발하여 나갑시다.

지난 10년간 우리 경제는 축소지향의 경제였습니다. 4.9% 성장했지만 투자증가는 2.6%에 그쳤습니다. 280억 달러까지 갔던 경상수지는 매년 반토막 가까이 잘려나가고 외채는 3,800억 달러로 늘었습니다. 청년실업자 80만에 비정규직 800만이라고도 합니다.

세계경제는 10년 호황을 마감하고 침체의 길로 들어섰습니다. 우리는 좋았던 지난 10년을 놓쳤습니다. 지금 대내외여건 모두 10년 이래 최악입니다. 세계경제의 성장이 둔화되고 국제 원자재가격은 폭등하고 있습니다. 원유가는 100달러를 넘어섰고 밀가루가격은 100%나 올랐습니다.

기획재정부가 수석부처로서 솔선수범하여 선진 일류국가 건설과 7% 성장능력을 갖춘 경제를 달성하는 데 향도적인 역할을 합시다. 할 수 있는 일과 할 수 없는 일을 분명히 국민에게 알리고 구체적인 행동계획에 따라 속도감 있게 일합시다.

우리가 어떻게 하느냐에 따라 차세대의 운명이 갈립니다. 세계사의 낙오자가 다시 되어서는 안 됩니다. 제2의 국운융성시대를 열어봅시다. 우리 다시 한 번 해봅시다."

위기가 기회다

경제역량의 확대

21세기 들어 세계경제는 저성장과 양극화의 늪에 빠져들었다. 1930년대 대공황이 브레턴우즈 체제의 성립, 정부역할의 확대, 고성장·저물가의 지속, 복지제도의 확충이라는 '노멀(normal)'의 시대를 열었다면 2008년 전대미문의 글로벌 금융위기는 지금까지와 다른 새로운 경제질서를 열어갈 것이라 생각되었다. 중심 선진국의 저성장과 양극화는 역사적 힘의 이동(historic power shift)을 부르고 G20 체제를 등장시켰다. 저성장과 양극화는 시대적 트렌드가 되어가고 '뉴 노멀(new normal)'로 불리기 시작했다.

한국경제는 좌파정부 10년간 새로운 시대적 트렌드인 저성장과 양극화의 늪을 탈출하기 위한 노력이 부족했다. 노력한다고 저성장과 양극화가 쉽게 해결되는 것은 아니지만 그러한 트렌드를 완화는 할 수 있다. 선진국이 저성장과 양극화에 빠져 있을 때 우리가 노력하면 그 노력은 2배의 효과가 있고 국가의 순위도 바꾸고 일류국가가 될 수 있는 기회가 된다. 투자에 의한 성장이 최고의 복지인 일자리를 만들 수 있다. 성장과 분배는 선택의 문제가 아니라 융합의 문제이다. 성장이 없는 복지가 지속불가능한 것은 복지선진국 영국과 스웨덴이 '일하는 복지(workfare)'로 전환한 것에서 알 수 있다.

저성장과 양극화의 뉴 노멀을 뛰어넘기 위해 패기 있는 성장경제학과 이에 따른 경제역량을 확대하는 전략은 시대의 소명이다. 저성장의 늪을 탈출하기 위해 투자가 필요하고 투자는 기업가정신과 투자역량에 의해 결정된다. 양극화의 늪을 탈출하기 위해서는 일자리가 필요하고 일자리는 교육과 경영환경에 의해 결정된다. 따라서 경제역량의 확대는 기업가정신과 교육, 투자역량의 확대와 경영환경의 개선에 의해 달성된다. '일어서 나가자 경제학(Get up and go economics)'으로 위기를 기회로 만들 수 있다.

기업가정신과 교육은 깊은 성찰과 국민적 합의가 필요한 문제인데, 아직 경제민주화와 하향평준화에 대한 논란만 무성하다. 경제민주화는 한국에서 많은 관심을 불러일으키고 있지만 기업가정신과는 상반되는 개념이다. 지금의 획일적 교육제도는 18세기 산업혁명 이후 대량생산체제에 적합한 정형화된 대량인재양성제도에 뿌리를 두고 있다. 디지털 시대에 필요한 창의적인 교육을 위해 많은 노력이 필요하다. 우리가 모델로 삼은 일본의 고교평준화는 이미 폐지되었다.

글로벌 금융위기를 맞은 세계는 생존게임을 하고 있고 강자가 살아남는 것이 아니라 살아남는 자가 강자가 되는 시대다. 성장과 일자리 창출은 정부가 아니라 기업이 하고, 누가 먼저 기업의 투자역량과 경영환경을 개선하느냐에 따라 국가의 순위와 함께 저성장과 양극화를 누가 먼저 탈출하느냐가 결정될 것이다. 생존게임에서 살아남아 강자가 되고 국가의 순위를 바꾸기 위해서는 속도감 있는 위기감내대책의 시행과 함께 경제역량을 확대하는 패기(Get up and go)의 경제학이 필요하다.

선제적, 결정적, 충분한 대책

<글로벌 경제위기 종합대응전략>

위기에 대응하기 위한 업무체계 개편과 함께 위기감내와 위기를 기회로 만들기 위한 종합전략을 수립했다. 2008년 가장 큰 위협은 서브프라임사태와 함께 밀려온 원유가격의 급등과 경상수지 적자 전환이었다. 성장, 물가, 경상수지 중 어디서부터 전단을 열고 어떤 수순으로 대응해야 할지 누구도 자신 있게 말할 수 없는, 전례 없는 난국이었다.

2008년 글로벌 금융위기에 대한 종합대응전략은 먼저 1997년 환란의 교훈을 토대로 수비, 전환, 공격의 단계로 나누었다. 단계에 따라 대중요법과 구조대책을 추진하고, 단기적인 긴급위기감내대책, 구조적인 경제역량 확대전략을 순차적으로 추진하는 종합적인 위기대응전략을 구상했다.

소규모 개방경제가 살아남기 위해 국제수지관리는 국가경영의 기본이고 국제수지를 결정하는 대외경쟁력은 단기적으로 환율, 중기적으로 품질, 장기적으로 기술에 의해 좌우된다. 환율정책은 살아남기 위한 생존 문제이고 통상적인 재정금융정책은 어떻게 사느냐의 문제이다. 대내균형과 대외균형이 충돌할 때는 대외균형을 우선해야 한다. 정책은 효과의 극대화를 위해 선제적으로, 결정적으로, 충분하게 추진하도록 했다. 1997년과 같이 위기가 상륙하고 난 다음 싸우는 것이 아니라 상륙하기 전에 해상과 공중에서 방어해야 희생이 적다. 수비만 하면 무승부는 될 수 있지만 공격을 해야 기회를 잡고 승리를 할 수 있다. 강자가 살아남는 것이 아니라 살아남는 자가 강자가 된다. 이것이 1997년 환란이 남긴 소중한 교훈이다.

1997년 환란을 교훈으로 삼고 자신감을 바탕으로 살아남기 위한 위기감내대책과 위기를 기회로 만드는 경제역량 확대전략을 포함한 패기의 경제학 <글로벌 경제위기 종합대응전략>을 만들었다(2008년 당시에는 위기의 본질이 경제구조에 있다고 생각해 '글로벌 경제위기'라는 표현이 많이 사용되었다). 전략의 내용은 대응기조, 국가비전, 전략목표, 4대 전략, 20대 핵심과제로 구성하였다. 첫째, 대응기조에서 1) 살아남는 자가 강자다, 2) 달러가 가장 중요하다, 3) 위기 때 순위가 바뀐다는 상황인식을 전제로, 1) 수비, 전환, 공격의 3단계에 따라, 2) 선제적(Preemptive), 결정적(Decisive), 그리고 충분한(Sufficient) 대응책을 강구하는 것을 전략기조로 삼았다.

둘째, 국가비전은 대통령선거 공약대로 '일류국가 건설'로 하였다. 비전이란 우리 능력의 120%를 발휘했을 때 달성 가능한 목표라고 할 수 있다.

셋째, 전략목표는 위기감내와 성장역량 확대로 하고, 1) 경상수지 흑자, 2) 경기침체 예방, 3) 경제역량 확대, 4) 외부역량 확대를 4대 전략으로 하였다.

넷째, 20대 핵심과제는 1) 위기감내대책으로 환율실세화, 금융안정기금 조성, 긴급기업자금 방출, 긴급재정자금 투입, 2) 지속성장대책으로 경쟁국 수준 세율 인하, 확장적 재정정책, 투자 확대를 위한 규제혁신, 4대강사업 추진, 3) 미래성장대책으로 GDP의 5% R&D 투자, 현장기술인력 육성, 신성장동력산업 육성, 경제활동인구 확대, 4) 사회자본대책으로 법치주의 확립, 정직바탕의 제도 확립, 글로벌 스탠더드 확대, 신노사관계의 정립, 5) 해외역량대책으로 G20 체제 확립 노력, FTA 지속 추진, 즉, 참여, Open Korea 지속 추진 등으로 구성했다.

이명박 대통령께 〈글로벌 경제위기 종합대응전략〉에 따라 수시로 대책을 보고하고 모든 문제는 책임지고 추진하겠다고 건의했다. 환율, 감세, 종합부동산세, G20 체제 등 주요한 정책에 관해 청와대 비서진과 다른 의견이 있을 때 책임지고 추진하도록 대통령께 요청했고 대통령께서는 그렇게 해주었다. 특히 환율에 대하여는 지지와 함께 대통령께서 직접 챙기기까지 한 것이 가장 큰 원군이었다. 위기대응전략을 만드는 데 경제정책국 직원들의 수고가 컸다. 특히 임종용 국장과 이찬우 종합정책과장의 노고가 없었더라면 어려웠을 것이라 생각한다.

위기극복을 위한 대책은 2008년 11월 15일 G20 워싱턴정상회의의 국제공조 합의에 따라 2008년부터 2010년까지 3년간 GDP의 7.1%에 상당하는 총

〈글로벌 경제위기 종합대응전략〉

[대응기조]

상황인식: 살아남는 자가 강자다 / 달러가 가장 중요하다 / 위기 때 순위가 바뀐다
전략기조: 수비, 전환, 그리고 공격 / 선제적, 결정적, 충분한(Preemptive, Decisive and Sufficient)

국가비전: 일류국가 건설

전략목표: 위기감내와 성장역량 확대
4대전략: 경상수지 흑자 / 경기침체 예방 / 경제역량 확대 / 외부역량 확대

[20대 핵심과제]

위기감내대책 시행	지속성장대책 추진	미래성장동력 확대	사회자본 확충	해외역량 동원
- 환율의 실세화 - 금융시장안정기금 조성 - 긴급기업자금 방출 - 긴급재정자금 투입	- 경쟁국 수준 세율 인하 - 확장적 재정정책 추진 - 투자 확대를 위한 규제혁신 - 4대강사업 추진	- GDP의 5% R&D 투자 - 현장기술인력 육성 - 신성장동력산업 육성 - 경제활동인구 확대	- 법치주의 확립 - 정직바탕의 제도 확립 - 글로벌 스탠더드 확대 - 신노사관계 정립	- G20 체제 확립 노력 - FTA 지속 추진 - 즉, 참여 - Open Korea 지속 추진

72조 8,000억 원 규모의 전례 없는 재정금융정책으로 구체화되었다. 내용은 감세 34조 9,000억 원, 지출 확대 37조 9,000억 원, 원화유동성 공급 20조 7,000억 원, 외화유동성 공급 550억 달러 등이었고 금리도 5.25%에서 2.00%로 인하했다.

〈글로벌 경제위기 종합대응전략〉은 일부 보완도 있었고 제대로 추진되지 못한 것도 있었지만 2008년 기획재정부 장관 때부터 대통령경제특별보좌관 겸 국가경쟁력강화위원장으로 일할 때까지 일관되게 추진해나갔다. 2009년 OECD 국가가 모두 마이너스 성장을 할 때 한국은 0.3%의 플러스 성장을 기록하고 위기를 가장 빨리 탈출했고, 경상수지는 2008년 말부터 흑자로 돌아섰고 그 후 흑자기조가 정착되었다. 그리고 2010년 우리는 세계 7위의 수출대국으로 우뚝 섰다. 환율과 경상수지관리가 국가경영의 기본이라는 것을 다시 확인하게 되었다.

25

살아남는 자가 강자다

::: 위기감내대책

2008년은 모든 것이 불확실한 상황이었다. IMF가 2008년 경제전망을 거의 매달 수정할 정도로 세계경제의 불확실성은 컸다. 한국은행은 2008년 4.7%의 경제성장을 전망했으나 결과는 2.3%였다. 1997년 환란의 상처를 생생하게 기억하는 나의 불안은 컸다. 모든 역량을 위기예방에 집중하지 않으면 안 되는 상황으로 가고 있었다.

2008년 1월 16일 이명박 대통령당선인과 함께 씨티은행, 도이치은행(Deutsch Bank), 한국자본시장연구원 등의 이코노미스트들을 초청하여 미국 서브프라임사태에 대한 점검회의를 가졌다. 누구도 자신 있게 말은 못 하였지만 세계경제와 국제금융시장에 대한 전망은 불안하고 우울했다. 당시 미국 5대 투자은행 중 베어스턴스부터 파산위기로 몰리고 있던 상황이었다. 결국 3월 16일 베어스턴스가 JP모건체이스에 인수되고, 9월 15일 리먼브러더스가 파산하고, 9월 18일 메릴린치가 뱅크오브아메리카에 인수되었다.

내가 2008년 2월 29일 기획재정부 장관으로 가서 제일 먼저 챙긴 것은 1997년 차관 때와 마찬가지로 환율이었다. 환율은 장관으로 내정된 것이 발표된 2월 18일 달러당 930원대에서 빠르게 오르기 시작했고 3월 4일 외환시장의 개입은 당연한 주권행사라는 견해를 언론에 밝힌 후 매일 10원 전후로 올라 3월 17일에 1,000원대를 돌파하였다. 환율을 빠르게 정상화하는 것이 위기관리의 첫 단추라고 생각했다.

3월 3일 첫 국무회의에서 치솟는 원유가격과 원자재가격에 대응하기 위하여 유류세 인하와 임시 투자세액 공제 연장을 하고 할당관세 인하도 추진했다. 이어서 24만 원의 유가환급금 지급, 긴급금융자금 방출, 한·미 통화스와프, 대외지급보증 등 글로벌 금융위기가 상륙하지 못하도록 하는 동원 가능한 모든 긴급대책을 쉴 새 없이 시행하였다. 말보다 행동을 먼저하고 필요한 친구보다 필요한 대책이 중요한 상황이었다. "일어서 나가자(Get up and go)."

환율정상화에 의해 2008년 10월부터 경상수지는 흑자기조로 전환되었고, 소비자물가는 원유가격이 배럴당 140달러를 넘어섰을 때 5%를 넘어서기도 했지만 연말에 4.1%로 잡을 수 있었고 경제성장률은 2.3%로 지켰다. 2009년은 0.3%의 플러스 경제성장을 기록하였는데 OECD 30개 회원국가의 경제성장률은 평균 -3.5%로 추락하였고 미국 -2.8%, 유로지역 -4.4%, 일본 -5.5%의 마이너스 성장을 기록하였다. 2008년 환율은 양날의 칼이었지만 경상수지를 우선하였고 물가도 동시에 잡게 되었다.

경상수지를 흑자로 반전시키기 위한 노력은 험로였다. 언론과 학자들과 정치인들은 계속하여 고환율 정책과 시장개입을 비난했고 물가상승의 주범을 원유가격이 아니라 환율로 몰아갔다. 미국에서 공부한 경제학자들은 환율은 시장에 맡겨야 한다고 주장했고 정치적 포퓰리즘의 대상인 물가는 나를 옥죄었다. 여당 한나라당마저 유령 같은 시장신뢰를 내세워 퇴진압력을 넣어 더 아픈 상처를 받았다. 시장신뢰는 말이 아니라 행동과 결과로 보여주는 것이다.

새벽 교회에 나가 "주여, 바른 길이 아니면 거두게 하시고 바른 길이라면 돌팔매를 맞아도 앞만 보고 가게 하소서." 기도하고 앞만 보고 걸었고 돌팔매를 맞았다. 나와 함께 고군분투하던 대외균형 우선론자 최중경 차관을 7월 7일 눈물로 보내는 아픔도 겪었다. 미국 FRB는 위기를 맞아 최종대부자(the lender of last resort)에서 최초 유일의 대부자(the lender of first and only resort) 역할까지 하였는데 한국은행은 1997년과 같이 빗나간 얘기와 엇갈리는 행동을 했다. 위기보다 미국 경제학, 그리고 한국은행과 싸우는 것이 더 힘들었다. 경상수지를 흑자기조로 반전시키고 다음 해 2월 10일 마지막으로 국무회의에 참석한 후 1년 만에 과천을 떠났다. 후회는 없었다. 아쉬움은 있었어도!

위기관리의 첫 단추는 환율이다

환율정상화

환율과 외환사정에 대한 일일점검체제를 만들어 매일 매주 매달을 단위로 챙기고 마이크로타기팅에 의해 필요한 조치를 시행했다. 소규모 개방경제가 외환위기를 피할 수 있는 유일한 수단은 경제의 펀더멘털에 상응하는 환율관리라는 것이 1997년 환란의 교훈이다. 과거 재정경제부 장관들이 환율을 시장에 맡긴다고 말한 것은 책임의 포기라고 할 수 있다. IMF와 외국의 절상압력과 보복 조치를 무서워한 것은 주권의 포기이고 굴복이다. 환율관리는 경제적 주권의 행사이고 국제수지관리는 국가경영의 기본이다.

과거 국제금융국장으로 일하면서 IMF와 미국의 절상압력을 받았을 때 "1985년 플라자합의에 의해 엔화가 반토막이 난 것이 시장환율이냐?"라고 그들에게 물었다. "나는 경제의 펀더멘털에 따라 시장에 개입(intervention)을 하지만 조작(manipulation)은 하지 않는다. 환율을 시장에 맡기는 나라가 있으면 말해보라."라고 하자 그들은 대답이 없었다. 시장환율이란 1971년 미국의 금본위제도 포기에 의해 브레턴우즈 체제가 사실상 붕괴된 데 따른 대안이었다. 1마일의 길이가 매일 바뀐다면 누가 어떻게 속도제한을 지킬 수 있겠는가? 가치척도가 매일 바뀐다면 이미 가치척도가 아니다. 소규모 개방경제에 환율주권은 사느냐 죽느냐의 문제다.

경상수지가 악화되는 가운데 환율이 절상되는 것은 심각한 문제로, 외환당국은 이를 시정해야 한다. 1997년 환율의 과도한 절상에 의한 경상수지의 악화로 외환위기를 당했는데 2008년 글로벌 금융위기 전 3년도 1997년 외환위기 때와 같은 추세였다.

환율의 안정은 근원적으로 대외경쟁력 강화에 의한 경상수지 안정, 구조적으로 외환시장의 투기거래 방지, 대증적으로 정부의 적절한 시장개입에 의해 이루어질 수 있다. 2005년부터 경상수지 악화 속에 환율이 절상된 이유는 대내적으로 과도한 외환선물환(foreign exchange forward) 거래, 대외적으로 투기적 단기자금(short term fund) 거래, 역외에서 과도한 차액결제선물환(non-deliverable forward) 거래에 있었다. 투기거래(speculative transaction)에 대한 구조적 제어장치가 없었던 데다가 쏠림현상(tipping effect)에 대한 적절한 시장개입이 없었기 때문에 경상수지 악화 속에 과도한 원화의 절상이 있었다.

대내적으로 보면 실수요거래에 있어서 2005년부터 조선업 호황으로 환헤지(hedge)를 위한 선물환 거래가 늘어나고 이에 따라 은행은 스퀘어 포지션(square position)을 위해 매입한 현물환을 외환시장에 매각함으로써 원화의 절상압력이 커졌다. 은행의 투기적 역외선물환 거래도 외환시장의 쏠림현상을 가속시켰다. 과도한 절상압력이 있는데도 적절한 포지션관리나 시장개입이 이루어지지 못했다. 여기에 더하여 환율이 약정한도를 위로 넘으면 기업이 큰 손해를 보고 은행은 큰 이익을 보는 반면 한도 아래로 떨어지면 약정이 무효가 되어 은행의 손해는 없는 것으로 만드는 파생상품 KIKO(knock-in knock-out) 거래는 은행의 꽃놀이패가 되었고 원화가치의 하방경직성을 유발하였다.

대외적으로 보면 저금리의 달러나 엔화의 캐리자금(carry-money)과 함께, 투기적 헤지펀드가 주식이나 채권을 산 후 선물시장에서 헤지거래를 하고 역외원화선물시장에서 환헤지를 하면 환리스크도 없이 땅 짚고 헤엄치는 장사를 하고 있어 또 하나의 원화 절상압력이 되었다. 투기적인 해외단기자금이 마음대로 드나들며 금리차익이나 투기차익을 누려도 자본소득세도 자본거래세도 없었다. 우리의 주가지수옵션시장과 원화역외시장이 세계 1위까지 올라간 것은 우리 경제의 규모로 보아 상상할 수 없는 일이다. 해외투기꾼들이 현물시장과 선물시장, 그리고 역외시장을 넘나들면서 투기를 하는

한국과 일본의 환율·경상수지 비교

(억 달러)

		2001	2004	2007	2001/2007
환율	원/달러	1,326.1	1,043.8	938.2	+41.4%
	엔/달러	131.8	104.1	114.0	+15.6%
경상수지	한국	80.3	281.7	58.8	−21.5
	일본	877.9	1,720.5	2,104.9	+1,227.0

자료: 경제백서(재정경제부, 기획재정부).

데도 입출금도 자유롭고 세금도 없는 한국은 '아시아의 노다지(Asian bonanza)', '아시아의 자동현금인출기(Asian automated teller machine)'로 불렸고 외국인들이 오히려 걱정을 할 지경이었다. 규제도 세금도 없는 외환시장은 소규모 개방경제에는 치명적인 문제를 유발할 수 있다.

외환시장의 과도한 투기거래를 방치한 결과 원화는 2001년과 2007년 사이 41.4% 절상되었고 같은 기간 일본 엔화는 15.6% 절상되어 25.8%p 과대절상되었다. 경상수지는 같은 기간 우리는 21억 6,000만 달러의 감소를 보인 반면 일본은 1,227억 달러의 증가를 보였다. 우리는 특히 2004년부터 2007년까지 3년간 223억 달러의 경상수지 악화를 초래했다.

일본과 경쟁품목이 많은 우리에게 외환시장의 구조적인 문제보다 더 중요한 변수는 엔화와의 상대환율이다. 원화와 엔화의 달러에 대한 상대환율과 경상수지의 관계는 1997년 외환위기 때도 그랬지만 2000년대에 들어서도 10대1의 법칙을 따라가는 추세를 보여왔다. 1997년 위기도 엔화와의 상대환율이 8대1 아래로 떨어진 것이 가장 큰 요인이었는데, 1996년 달러당 원화가 844.2원이었을 때 엔화는 115.7엔이었다.

원/엔의 상대환율과 경상수지의 관계는 원/엔 환율배수와 경상수지의 추세를 비교해보면 거의 일치한다. 우리 무역거래의 대부분이 달러로 이뤄지고 일본과 경쟁품목이 많기 때문에 일본과의 무역수지에 관계없이 원/엔 환율은 원화와 엔화의 달러에 대한 상대환율에 동조화되어 있고 경상수지의 추세도 일치하는 것이다.

과도한 원화의 절상압력을 구조적으로 해결하기 위해 선물거래에 대한

원/엔 상대환율과 경상수지 추세 비교

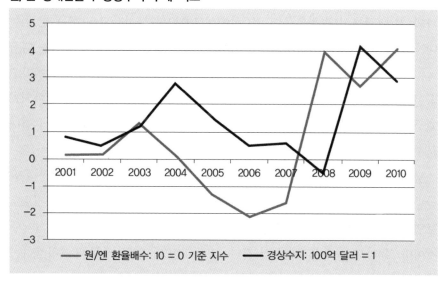

포지션관리, 투기소득에 대한 과세 강화, 자본유출입에 대한 거래세 부과와 함께 원화와 엔화의 달러에 대한 상대환율의 교정이 필수적이었다. 당시 국제금융시장의 불안이 컸고 구조적인 문제를 개편하기에는 위험도 컸기 때문에 우선 외환보유고에 의한 시장개입과 창구지도로 환율을 실세화한 다음 제도적인 대책을 추진하기로 했다.

경상수지를 빠르게 흑자로 반전시키기 위해 110엔 전후인 엔/달러 환율과 10대1의 법칙을 감안하면 원/달러 환율이 1,250원은 넘어야 된다고 판단했다. 우리의 대외균형은 10대1의 법칙을 벗어나면 빠르게 무너졌다.

2008년 2월 18일 장관으로 내정된 것이 발표되자 환율은 달러당 930원대에서 940원대로 올랐고 장관으로 취임한 2월 29일 950원대로 올랐다. 3월 4일 기자오찬모임에서 환율주권론자로서 외환시장의 개입은 당연한 주권행사라는 나의 견해를 밝힌 후 매일 10원 전후로 올라 한 주 만인 3월 10일 960원대로, 두 주 만인 3월 17일에 1,000원대로 정상화되어갔다.

3월 17일에 1,000원대를 돌파했던 환율이 이성태 한국은행 총재의 돌출발언 때문에 970원대로 다시 떨어졌다. 3월 24일 오후 이성태 총재가 대통령과의 첫 대면에서 적정환율이 950원에서 1,000원 사이라고 말했는데, 이는 내가 생각하는 환율 1,250원과는 너무나 거리가 멀었다. 이성태 총재는 다음 날 아침 한국외국어대학 동창포럼에 나가서 적정환율이 970~980원이라고 발언하여 하루에 20.9원을 떨어트려 970원대로 후퇴했다. 1997년 외환위기 때 루디거 돈부시 MIT 교수가 말한 대로 한국은행은 다시 외환시장의 절대 군주 차르(tsar)가 되었다.

당시 한국은행 총재의 발언에 대한 보도 내용은 다음과 같다. "최근 환율 급등은 일시적 현상이며 단기적으로 환율은 천장을 한번 테스트한 것으로 보면 된다. 미국경제가 좋지 않으니까 장기적인 달러 전망은 계속 약세일 것이다. 최악의 상황은 지난 것 같다. 미국 FRB가 모든 조치를 취하겠다는 의지를 보이고 있는 만큼 더한 대형사건이 터지지는 않을 것이라는 것이 일반적인 견해다." 당시 원자재가격의 급격한 상승에 따른 물가상승에 대해서 "원유나 농산물가격이 흔히들 공급 충격이라고 얘기하고, 공급 충격에서 오는 것은 정책적으로 수용해야 한다고 하지만 이는 중국, 인도 등의 수요가 늘어난 요인이 있기 때문에 과거의 공급파동처럼 급격히 가격이 떨어지지는 않을 것이다. 따라서 정책적으로 수용한다고 되는 일이 아니다."라고 밝혔다.

이성태 총재의 발언 내용은 정부의 정책을 정면으로 반박하는 것으로 급히 진화할 필요가 있다고 판단했다. 나는 그날 저녁 매일경제신문 포럼에 나가 환율에 대해 "과거 경상수지는 악화되는데 환율은 절상되면서 우리 경제가 외환위기를 맞았다. 현재도 경상수지는 악화되고 있는 상황인데 환율은 가장 높을 때와 낮을 때를 비교하면 45%가량 절상됐다. 대외균형과 대내균형이 상치할 때 대외균형을 우선해야 하는 걸 몸으로 경험했다. 이는 견해가 아니라 팩트이며 팩트는 두 가지가 있을 수 없다. 경상수지 적자 추이를 감안할 때 환율이 어느 길로 가야 할지는 자명하다. 뭐든지 과유불급(過猶不及)이다. 환율정책 주무부처는 기획재정부다."라고 말했다. 그리고 "어떤 이코노미스트는 소득이 반밖에 안 되는 한국 사람들이 쇼핑하러 도쿄까지 가는 것은 경제학에 길이 남을 얘기라고 했다. 일본 가고시마에서 골프 치는 것이 제주도보다 싸다는 의미가 무엇일까? 지난 2002~2007년 한국 원화는 40% 정도 절상됐는데 일본 엔화는 15% 정도, 중국 위안화는 13% 정도 절상됐다. 경상수지가 계속 악화되고 있는데 이렇게 운용된 것은 잘못이다."라고 말했다. 나의 강한 발언에 의해 환율은 3일 만에 990원대로 회복되었고 한 달이 지난 4월 말에 가서 1,000원선을 회복했다.

금리에 대해서 "한국과 미국의 기준금리차가 2.75%p까지 과도하게 벌어졌다. 기획재정부 장관은 환율뿐만 아니라 통화정책에 대해 금융통화위원회에 거부권을 가지고 있다."라고 말하고 물가에 대해서 "현재의 물가상승은 원가요인이 강하기 때문에 총수요를 관리하는 통화정책으로는 억제하는 데 한계가 있다."라고 반박했다. 성장정책에 대해서 "1995년부터 지난해까지 우리 경제의 평균 성장률이 4.9%인데 고정투자는 2.6%에 그쳤다. 성장률보다 투자율이 낮은 것은 경제가 서서히 쇠퇴해간다는 증거다. 획기적인 감세와 규제완화정책이 없다면 우리 경제는 계속 하향 추세로 갈 것이다. 이명박 대통령이 물가를 성장에 우선하겠다고 말하여 장관을 흔든다는 보도가 있었는데 대통령께서는 흔든 적이 없고 나도 흔들린 적이 없다."라고 말했다.

1997년 외환위기를 앞에 두고 "890원은 마지노선이다. 그 이상은 안 된다."라고 버티던 한국은행이 생각났다. 한국은행은 그때나 지금이나 현실과 맞지 않는 실질실효환율[503]을 가지고 고집하고 금리도 세계가 다 내리는데 우리만 올리고 있었다. 기업의 부채비율이 100% 이하, 금융비용이 1% 전후로 떨어진 상황에서는 실물경제보다 금리가 금융시장에 더 큰 영향을 미치고 해외단기자금 유출입과 환율을 매개변수로 한 효과가 더 중요하다. 위기관리를 위해 한국은행 총재의 교체가 검토되었으나 그렇게 했을 때 또 중앙은행의 독립을 문제 삼을 것이라는 우려가 있어 그럴 수도 없었다. 난감하기 그지없었지만 계속 설득하는 것 외에 달리 방법이 없었다. 한국은행의 예측은 10월 들어 원유가격이 배럴당 100달러 이하로 폭락하고 환율도 12월 1,250원대로 올라 모두 틀렸다.

외환 파생상품 KIKO[504] 거래는 금융감독원으로 하여금 실태조사를 하고 추가적인 거래의 자제를 지시함으로써 사라졌다. 통상적으로 헤지거래를 한 기업은 환율상승에 의한 차익으로 시간이 지나면 손실을 만회할 수 있었지만 과도하게 KIKO 거래를 한 기업들은 큰 손해를 보았다. 손해를 크게 본 기업은 KIKO 거래를 적극적으로 판매한 은행을 상대로 소송을 벌이기도 했다. 정부로서 KIKO 거래를 자제시킨 것은 불가피한 조치였다.

환율과 외환사정은 일일점검체제에 의해 매일 매주 매달을 단위로 은행별로 챙기고 마이크로타기팅에 의해 필요한 조치를 즉시에 시행했다. 매일이 치열한 전투였다. 대기업과 거액실수요자인 정유회사, 가스공사, 금융기관, 공공기관에 대하여는 매일 보고를 하고 직접 관리하도록 했다. 환율은 한국은행과의 우여곡절을 거쳐 4월에 다시 1,000원대를 돌파하였다. 2007년 12월부터 적자를 이어오던 경상수지가 빠르게 개선되어 6월에 18억 2,000만 달러 흑자로 반전되었다.

6월부터 원유가격이 배럴당 120달러를 넘자 환율은 경상수지와 물가에 양날의 칼이 되었다. 여기에 더하여 9월 만기 외국인투자자 소유 국고채권 84억 달러의 상당부분이 인출되면 환율이 폭등하고 채권가격이 폭락할 것이라는 9월 대란설이 발목을 잡았다. 외국 언론도 9월 대란설을 부추겼다. 영국의 《파이낸셜타임스》는 한국이 1997년 위기로 회귀할 것(8월 13일), 《타임스》는 "검은 9월(black September)"을 맞아 모든 것이 날아가는 통화위기를 맞을 것(9월 1일), 미국의 《월스트리트저널》은 "아시아의 아이슬란드"가 될 것(10월 10일)이라고 보도했다.

당시 외환보유고는 2,400억 달러를 넘었고 단기외채는 1,800억 달러(9월 말 총외채 3,650억 달러, 대외채권 3,956억 달러, 순대외채권 306억 달러)였기 때문에 감당할 수 있는 수준이었다. 9월 대란설과 외국 언론의 보도로 금융시장의 불안이 증폭되어 불가피하게 적절한 수준의 시장개입으로 환율을 1,100원 이하로 속도조절을 하지 않을 수 없었고 이에 따라 7월부터 다시 적자가 되어 아쉬움이 컸다. 외국신문의 보도는 정확하지 않았고 9월 대란은 없었다. 1997년 위기 때는 미국 블룸버그통신의 부정확한 보도로 고통을 당했는데 이번에도 그들 중심국 언론은 우리 주변국 '개구리'에게 돌을 던지는 자유를 즐겼다.

원유가격이 7월에 140.7달러(두바이유 기준)로 최고점을 찍은 후 하락하기 시작하여 환율정상화의 여력이 생겼다. 8월까지 1,100원 이하로 속도조절을 했던 환율은 9월에 1,100원대로 진입하고 9월 15일 리먼브러더스사태가 터지자 1,150원대를 깨고 10월에 내가 적절하다고 생각한 1,250원대를 넘었다. 환율이 1,250원대 이상을 유지하고 경상수지도 10월 47억 5,000만 달러 흑자로 다시 반전된 후 4분기에 75억 2,000만 달러의 흑자를 기록하여 연간으로 57억 7,000만 달러 적자로 막았다. 미국과 체결한 300억 달러의 통화스와프 협정이 시장심리를 안정시키는 데 큰 역할을 하였다.

환율은 10월 1,300원대, 11월 1,400원대를 돌파한 후 11월 23일 최고 1,513.0원으로 정점을 찍고 원유가격과 원자재가격의 하락과 함께 12월 30일 1,259.20원으로 마감했다. 외환보유고는 2008년 3분기까지 139억 달러의 경상수지 적자 보전과 거액실수요자인 정유회사, 가스공사, 금융기관, 공공기관에 대한 250억 달러 정도의 직접외환공급을 포함하여 612억 달러를 썼지만 2,012억 2,000만 달러를 유지했다.

나는 과도한 해외단기자금의 유출입에 의한 환율불안을 막기 위해 자본거래세의 도입을 검토하였지만 환율의 급격한 상승에 의한 위기관리의 차질과 물가에 대한 부담 때문에 위기가 끝난 후 추진하자는 실무진의 의견을 받아들여 추후 검토과제로 남겼다. 2009년 환율은 10대1의 법칙에 따라 1,250원대 이상을 유지했고 경상수지는 426억 7,000만 달러 흑자로 반전되었다. 2010년에도 확실하게 흑자기조를 유지하며 글로벌 금융위기를 넘고 2010년 세계 7위 수출대국이 되었다.

환율에 대한 논란은 나의 퇴진압력으로 전개되어 공직생활에서 가장 가슴 아픈 기억으로 남았다. 환율은 외환의 가격이기 때문에 외환의 수급에 의해 환율이 움직이는 것은 간단한 경제수학이다. 환율은 경제지표보다 자본유출입과 상관관계가 많고 외환의 한계물량(marginal quantity)이 등락을 결정한다. 자본유출입을 관리하지 못하면 환율은 관리할 수 없고 외환보유고에 의한 개입은 사후적이고 비용이 크다. 물가관리를 책임지는 중앙은행은 속성상 환율의 절상을 선호하지만 전체 경제를 책임지는 정부는 자본유출입을 중시하고 절하를 선호하는 것이 속성이다. 모든 나라에서 환율은 정부의 권한이다. 매일 치열한 전투를 하던 당시 사용했던 일일점검표[505]를 보면 가슴 뭉클한 고뇌와 감동이 밀려온다. 함께 악전고투한 최종구 국제금융국장과 손병두 외화자금과장의 헌신에 감사를 보낸다.

유류세와 할당관세 인하
긴급물가안정대책

내가 장관으로 갔을 때 당시 원유가는 벌써 배럴당 90달러를 넘었고 국내 휘발유가격은 리터당 1,900원으로 올라 있었다. 소비자물가는 2008년 2월 3.6%(전년 동월 대비)로 상승하였고 주요 152개 품목의 생활물가는 4.6%로 올라 물가에 비상이 걸렸다. 2008년 서브프라임사태의 파도를 타고 원유가격과 원자재가격이 폭등하여 물가부터 비상이 걸렸다. 물가는 서민생활에 가장 많은 영향을 미치기 때문에 언제 어디서나 최고의 포퓰리즘 대상이다. 고평가된 환율의 정상화는 원유가격의 폭등에 따라 양날의 칼이 되어 출발부터 진퇴양난의 궁지로 몰렸다. 1997년 외환위기의 교훈에 따라 물가를 위해 경상수지를 희생시키지 않겠다는 판단을 초지일관하기로 했다.

원유가격은 2007년 들어 서브프라임사태의 영향으로 연초 56.99달러에서 연말 88.49달러로 급등하였다. 2008년 초 90달러대에 들어선 유가는 4월 100달러를 넘어가고 7월 4일 140.7달러(두바이유 기준)까지 폭등하였다. 수입의 18% 전후를 차지하는 원유는 100% 수입에 의존하기 때문에 경상수지의 가장 큰 변수로, 우리에게 원유가격 폭등은 큰 공포였다. 1973년 1차 오일쇼크와 1979년 2차 오일쇼크 때 원유가격 폭등에 의해 무역수지가 크게 악화되어 외환위기로 몰렸고 1986년 유사 이래 처음 이룬 무역수지 흑자도 원자재가격의 폭등으로 다시 적자로 돌아간 아픈 경험이 있었다. 2008년 들어 밀, 옥수수, 콩 등 곡물가격도 50% 전후로 폭등하여 설상가상이었다.

폭등하는 물가를 잡기 위해 3월 3일 첫 국무회의에서 유류세 10% 인하를 위한 개별소비세법시행령 개정안, 3월 25일 세 번째 국무회의에서 52개 품목의 생필품가격 특별관리대책[506]과 82개 품목의 할당관세율을 연말까지 인하하는 관세법시행령 개정안[507] 세 가지 긴급물가안정대책을 통과시켰다. 생필품가격 특별관리대책은 서민생활에 영향이 큰 52개 품목에 대해 매점매석의 단속과 과도한 물가상승에 대한 행정지도를 하는 것이었다. 할당관세 인하는 수산물, 농산물, 농업용 원자재, 비철금속, 석유제품 등 사상 최대인 82개 품목의 할당관세를 대부분 무세로 내려 1조 9,000억 원을 감면함으로써 수입물가는 0.27%p, 소비자물가는 0.1%p를 낮추는 효과가 추정되었다.

유류세를 인하하고 할당관세를 확대하고 유통구조를 개선하고 매점매석을 단속하고 과도한 가격상승에 대해 행정지도를 하는 등 온갖 노력에도 불구하고 물가는 매일 뛰고 연간 5% 이내의 물가관리가 난망해졌다. 소비자물가 상승률은 6월에 5%를 넘어섰고 원유가격이 배럴당 140.7달러(두바이유 기준)로 오른 7월에는 5.9%로 치솟았다. 수입물가관리를 위해 612억 달러의 보유고를 동원해 급격한 환율상승을 억제하는 전략적 타협이 불가피했다. 9월 15일 리먼브러더스사태로 국제 원자재가격이 폭락하기 시작하고 10월 들어 원유가격도 배럴당 100달러 이하로 떨어짐에 따라 연말에 소비자물가

원유가 동향

(달러)

| | 2007 | 2008 | | | | | |
		1분기	4월	5월	6월	7월 1일	7월 4일
두바이유	68.43	91.30	102.54	119.50	129.90	136.56	140.70
WTI유	72.21	97.87	111.69	125.42	133.91	140.99	145.49

자료: 기획재정부.

를 4.1%로 잡았다.

서브프라임사태를 이용한 원자재와 원유에 대한 투기 때문에 우리는 물가냐 경상수지냐 선택의 기로에 섰고 큰 시련을 당했지만 일관된 정책을 유지했다. 그 과정에서 나는 많은 비난을 들었고, 이것은 퇴진압력의 씨앗이 되었다.

근로자에게 24만 원 지급

긴급재정자금 투입

환율정상화, 그리고 물가관리와 함께 경기를 회복시키는 재정정책이 기다리고 있었다. 2007년 당시 세계잉여금으로 초과세입 14조 7,000억 원과 세출 불용액을 합쳐 15조 3,000억 원이 있었다. 여기에 더하여 2008년 5조 2,000억 원의 초과세입이 전망되어 총 20조 5,000억 원의 재정여유가 있었다. 위기를 앞두고 너무 알뜰하게 나라살림을 살았다. 경기침체를 예방하기 위해 임시 투자세액 공제를 연장하고 유가환급금을 지급하고 추가경정예산을 짜고 모든 수단을 동원하여 긴급히 재정자금을 투입했다.

임시 투자세액 공제는 씨티은행, 도이치은행, 한국자본시장연구원 등의 이코노미스트들로부터 서브프라임사태에 대한 우울한 전망을 들은 직후 1월 20일 대통령직인수위원회에서 발표했고 3월 3일 새 정부의 첫 국무회의에서 투자금액의 7% 세액 공제를 위한 조세특례제한법 시행령을 통과시켰다.

15조 3,000억 원의 세계잉여금을 활용하는 데 국가재정법에 두 가지 장애요인이 있었다. 하나는 세계잉여금은 지방교부세와 교육교부금을 정산하고, 잔여금액의 30%는 1997년 외환위기 때 설치된 공적자금에 출연하고, 그 잔여금액의 30%는 국가채무를 상환하도록 한 것이었다. 둘은 추가경정예산의 편성은 전쟁, 자연재해, 경기침체, 대량실업 등에 한정하도록 규정한 것이다. 재정건전성을 위한 것이었지만 탄력성이 없어 위기관리에 부적합하고 행정부의 추가경정예산 편성권을 지나치게 제한하여 헌법에 위반되는 것이라 판단되었다.

2008년 4월 9일 국회의원 총선거에서 압승한 집권 한나라당은 들뜬 분위기였고 위기 발생의 가능성이 제대로 인식되지 않고 있는 상황이었다. 한국은행은 환율정상화에 엇박자로 나가고 국회도 재정투입을 위한 추가경정예산편성을 반대하며 엇박자로 나갔다. 국가재정법을 이유로 들어 추경편성 사유가 안 된다는 것이었다. 한나라당의 이한구 정책위원회 의장을 찾아가 경기침체가 예상되므로 국가재정법을 개정해서라도 추경을 추진하자고 설득하여 잔여 잉여금 범위 내에서 추경을 편성하는 데 합의를 했다. 지방교부세와 교육교부금 정산 5조 4,000억 원과 국가채무 상환 5조 원을 빼고 난 잔여금액은 4조 9,000억 원에 불과했다. 부득이 무리하게 2008년 초과세수입 예상액 5조 2,000억 원을 합쳐 겨우 10조 1,000억 원의 재원으로 반토막 긴급대책을 추진하기로 했다. 어렵게 합의한 재정투입계획에 따라 6월 8일 장관이 된 백일날 경기부양과 서민지원을 위해 10조 원의 '고유가 극복 종합대책'을 발표하고 7월 1일부터 시행하기로 했다. 10조 원은 세법 개정에 의한 5조 2,300억 원의 유가환급금과 추가경정예산에 의한 4조 8,654억 원의 유류사업 보조로 구성되었다.

주요 내용은 1) 연간급여 3,000만 원 이하 근로자와 연간소득 2,000만 원 이하 자영업자에 대해 24만 원(3,600만 원 이하 근로자와 2,400만 원 이하 자영업자는 구간에 따라 18만 원, 12만 원, 6만 원) 총 3조 1,400억 원, 2) 대중교통, 농어민, 소형화물차에 대해 1조 7,600억 원의 유가환급금을 지급하고, 3) 전기가스업자의 원유가격 상승에 따른 적자에 대해 1조 2,550억 원, 4) 에너지절약을 위한 구조조정사업에 6,040억 원, 5) 신재생에너지사업과 해외에너지자원 개발에 1조 4,540억 원의 보조금을 지급하는 것이었다.

유가환급금 지급대상은 근로자 988만 명(전체 근로자 1,263만 명의 78.2%), 자영업자 399만 명(전체 자영업자 458만 명의 87.1%) 총 1,387만 명으로 전체 인구의 28.9%에게 지원되었다. 24만 원을 지원받은 사람은 근로자 904만 명, 자영업자 388만 명 총 1,292만 명으로 수혜자의 93.2%였다.

　세입에서 직접 지급하는 유가환급금은 우리나라에서 처음으로 시도한 제도였고 규모도 컸다. 유가폭등이 진정되자 연말에는 경기도 크게 후퇴하고 전후방 연관효과가 큰 자동차의 매출이 크게 줄어들어 긴급하게 12월 19일부터 6개월간 자동차의 개별소비세를 30% 감면하여 2,500억 원을 지원하기도 했다. 세계가 경기후퇴에 대응하여 모든 수단을 강구하게 되었고 미국도 경기부양을 위해 2008년 1,000억 달러의 세금환급을 하였다.

　고유가 극복 종합대책과 먼저 실시한 유류세 인하, 할당관세 인하를 합쳐 2008년 10조 6,244억 원의 재정투입효과로 0.4%p의 경제성장과, 추가적으로 소득세율 인하, 법인세율 인하 등 세제 개편에 의한 2009년 14조 2,350억 원의 감세효과로 0.6%p의 경제성장효과가 있을 것으로 전망했다. 이는 OECD 국가들이 2008년 0.2%, 2009년 -3.5%의 GDP 성장률을 기록한 데 비해 우리가 같은 기간 2.3%, 0.3%의 성장을 기록하는 데 큰 기여를 하였다. 긴급재정투입과 감세가 없었다면 우리도 마이너스 성장이 불가피했을 것이다.

FRB는 최초 유일 대부자가 되었는데

금리인하와 자금 확대

미국 연방준비제도위원회(Board of Governors of the Federal Reserve System)[508]는 2008년부터 제로금리와 함께 3차에 걸친 양적완화를 통하여 3조 달러가 넘는 자금을 뿌렸다. 상업은행 이외에 투자은행과 증권회사에도 6개의 펀드를 만들어 자금을 공급해주는 전례 없는 대책을 추진하였다. 이름이 너무 길어 외우기도 힘든 'Asset-Backed Commercial Paper Money Market Mutual Fund Liquidity Fund(ABCPMMMFLF)'까지 등장했다. 최종대부자(the lender of last resort)의 역할에서 누구에게나 필요한 만큼 달러를 쏟아 부은 최초와 유일의 대부자(the lender of first and only resort) 역할까지 하며 전례 없는 중앙은행 역사를 쓰게 되었다. 일본은행과 유럽중앙은행도 새로운 중앙은행 역사를 쓰는 길을 함께 갔다.

정부가 경기침체 예방을 위해 10조 원의 재정자금을 투입하면서 한국은행도 금리를 내리기를 권고하던 상황에서 8월 7일 기준금리를 5.00%에서 5.25%로 올렸다. 미국은 서브프라임사태가 닥치자 기준금리를 2007년 5.25%에서 4.25%까지 내렸고 2008년 3월 베어스턴스가 파산 상태로 몰리자 2.25%로 내린 후 9월 리먼브러더스가 파산하자 연말에는 제로금리 수준인 0.25%까지 내리며 무한정 달러를 풀고 있었다. 다른 선진국들도 미국과 함께 금리를 인하하고 통화를 풀며 공조하고 있는데 한국은행은 금리를 내리지 않고 버티고 있다가 미국과의 금리격차가 이미 3.00%나 벌어져 있는데도 원유가격과 환율상승을 이유로 다시 올려 거꾸로 갔다.

10월 들어 원유가격이 배럴당 100달러 아래로 폭락해 금리인하의 여건이 좋았는데도 10월 9일 겨우 0.25%를 내렸다. 10월 26일 대통령 주재로 긴급대책회의가 열려 이성태 한국은행 총재도 참석한 자리에서 금리인하를 논의하고 다음 날 27일 임시 금융통화위원회를 열어 추가적인 인하를 하기로 결정했다. 아무래도 마음이 안 놓여 그날 오후 이성태 총재에게 전화를 해서 다른 나라가 다 내릴 때 올렸고 금리격차도 너무 심하니 1% 내리면 좋겠다고 권고했더니 그는 관례대로 0.25%를 내리겠다고 했다. 지금 상황이 위중하니 1%를 꼭 내렸으면 한다고 말했지만 금리는 금융통화위원회가 결정한다면서 안 된다는 것이었다. 나는 금융통화위원회의 결정에 거부권을 갖고 있다고 말하고 강하게 1%를 요구했더니 0.5%까지는 생각해보겠지만 더 이상은 절대 안 된다는 것이었다. 더 이상 언쟁을 할 수도 없어 "내 판단대로 하는 것이 좋을 거요."라고 말하고는 전화를 끊었다.

다음 날 사상 최대인 0.75%를 인하하여 2006년 수준인 4.25%로 돌아갔고 은행채권을 10조 원 정도 매입해 금융시장의 경색을 덜게 되었다. 신문들은

'한국은행의 과감한 결단'으로 평가하기도 하고, 항상 나오는 그 이야기 '한국은행의 독립성'에 대해 논란을 벌이기도 했다. 10월 30일 미국은 금리를 1.00%로 내리고 일본, 영국, EU, 중국도 이어서 금리를 내렸다. 한국은행은 금리를 연말에 3.00%까지 허겁지겁 내렸으니 중앙은행의 독립보다 고립이었고 9월 15일 터진 리먼브러더스사태의 대응을 위한 선제적, 결정적, 충분한 조치와는 거리가 너무 멀었다.

금리인하와 함께 채권시장의 자금경색을 덜어주기 위해 금융위원회가 10조 원 규모의 채권안정펀드를 제안한 것에도 한국은행은 최종대부자라는 이유로 참여를 반대하고, 은행권의 적극적인 자금지원과 기업구조조정을 위해 20조 원의 은행자본확충펀드를 만드는 데도 같은 이유로 참여를 반대하였다. 청와대 서별관회의에서 토론과 설득을 거쳐 한국은행은 50%의 참여를 결정하고 각각 5조 원과 10조 원을 투입했다. 우리가 서별관회의에서 뜨거운 설전을 한 지 얼마 후 미국 FRB는 제로금리와 함께 최초와 유일의 대부자 역할까지 자임하고 나서 3조 달러 넘게 자금을 뿌렸는데 너무나 다른 중앙은행의 모습이었다. 1997년 외환위기 때도 한국은행은 최종대부자라는 이유로 종합금융회사에 대한 1조 원의 특별대출을 반대하다가 결국은 하게 되었고 얼마 후 위기를 맞았다. 위기관리보다 최종대부자를 앞세우는 문제를 근원적으로 해결하기 위해 2011년 한국은행법에 물가안정에 추가하여 금융안정이 목적조항에 삽입되었다.

환율, 금리, 자금에 대한 한국은행과의 갈등은 나에게 '시장신뢰 상실'이라는 족쇄로 채워졌고 퇴진압박으로 이어졌으니 참으로 안타까웠다. 시장신뢰는 말보다 행동과 결과로써 증명하기로 하고 비판과 맞서며 초지일관한 우둔함은 '강고집'이 되어 많은 상처를 남겼다. 위기는 다가오고 갈등은 쌓여가고 정말로 감당하기 힘들었다.

가장 대표적인 사건이 '미네르바사건'이었다. 인터넷에 떠도는 글을 편집하여 환율과 통화스와프, 리먼브러더스 등 닥치는 대로 인터넷에 올린 글이 상황과 그럴듯하게 맞아떨어지자 경제대통령이라 불리게 되었고 어떤 교수는 국민스승으로 모시자고 하는 데까지 이르렀다. 12월 29일 "정부 긴급업무 명령 1호, 주요 7대 금융기관 및 수출입 관련 주요 기업에게 달러 매수를 금지할 것을 긴급 공문 전송"이라는 허위 글을 올린 것이 발단이 되어 검찰의 수사를 받게 되었다. 미네르바의 실명은 박대성이고 경제학을 전공하지도 않았고 인테리어사업을 하던 사람이었다는 것이 밝혀진 해프닝이었다. 나는 워낙 바쁘게 일하느라 사건이 터지고야 미네르바라는 이름을 알게 되었다. 비판하는 사람들이 만들어낸 시장신뢰 상실이라는 유령이 정치권으로 옮겨 가서 퇴진압력으로 발전했다. 난세에는 혹세무민(惑世誣民)이 세상을 사로잡는다는 이치를 절감했다.

Reverse Spillover를 생각하라

한·미 통화스와프

위기예방을 위해서는 경상수지 흑자와 함께 외환수급 관리를 위한 외환보유고 확충이 핵심이다. 외환보유고 확충은 국내시장에서의 외환매입, 해외시장에서의 외환차입, 그리고 중앙은행 간의 통화스와프 세 가지를 통해 이루어진다.

9월 들어 대란설은 잦아들었지만 외환시장의 스무딩오퍼레이션(smoothing operation)을 위해 당시까지 200억 달러 정도의 보유고를 소진했다. 꼭 필요한 것은 아니었지만 시장심리의 안정과 금융기관의 원활한 해외차입을 위하여 정부가 관리하는 외국환평형기금의 채권 발행이 필요했다. 이런 배경에서 나는 신제윤 차관보에게 10억 달러의 외국환평형기금채권 발행을 추진하도록 했다. 9월 11일 뉴욕에서 10억 달러 외평채를 순조롭게 발행할 수 있을 것으로 생각했으나 리먼브러더스의 주가 폭락과 김정일 중병설에 의해 스프레드가 200bp 이상으로 오르는 돌발사태를 맞았다. 1년 전에만 해도 스프레드는 85bp였는데 200bp는 너무 높았고 외환보유고도 위기를 관리할 수 있는 수준이었기 때문에 신제윤 차관보에게 포기하고 돌아오라고 했다. 다음 주 9월 15일 월요일 리먼브러더스의 파산신청으로 런던 LIBOR금리가 3거래일 만에 4.29%p 급등했고 세계 증시가 3일 동안 주가가 6% 이상 폭락하면서 국제금융시장은 불확실성이 커져갔다.

9월 15일 미국 5대 투자은행인 리먼브러더스의 파산신청은 국제금융시장에 큰 충격이었다. 9월 18일 미국 FRB는 유럽중앙은행, 영란은행, 스위스국립은행, 캐나다은행, 일본은행에 대해 통화스와프 한도를 1,800억 달러 추가하여 2,470억 달러로 늘렸다. 당시 2,400억 달러의 보유고를 갖고 있었고 단기외채는 1,895억 달러(9월 말 대외채무 3,651억 달러, 대외채권 3,956억 달러, 순대외채권 306억 달러)였기 때문에 최악의 경우에도 외채관리는 가능하다고 판단했지만 추가차입이 어려운 상황에서 시장심리의 안정을 위하여 9월 19일 신제윤 차관보에게 남은 최종 수단인 통화스와프를 추진하라고 지시했다. 신제윤 차관보는 이미 국제공조를 위해 미국, 일본, 중국과의 핫라인을 가동하고 있었다.

9월 20일 토요일 이명박 대통령은 리먼브러더스의 파산신청에 따른 금융시장 점검회의를 소집했다. 전광우 금융위원장, 이성태 한국은행 총재, 이윤호 지식경제부 장관, 박병원 경제수석비서관과 함께 리먼브러더스사태의 국제금융시장에 대한 영향과 우리의 대응 방안에 대한 보고와 협의가 있었다. 대통령께 2,400억 달러의 보유고로 단기외채 1,895억 달러는 관리 가능하며 기획재정부, 금융위원회, 한국은행이 합동실무대책반을 구성하여 일일점검을 통해 외채관리를 차질 없이 하겠다고 보고했다. 당시 국내금융기관이 보유하고 있는 대외자산은 615억 달러였고 리먼브러더스에 관련되는 자산은 그 1.2%인 7억 2,000만 달러, 한국투자공사의 메릴린치에 대한 투자금액은 20억 달러에 불과해 전액손실이 나도 감내할 수 있는 수준이었고 국내 주식시장과 자금시장에는 큰 동요가 없다고 보고했다. 문제는 신용경색에 따라 외국계를 제외한 국내금융기관 차입금의 차환율이 20% 이하로 떨어졌고 추가차입이 어려워졌다는 것이었다. 대응 방안으로 보고받은 이명박 대통령께서는 현대건설 때의 경험을 얘기하면서 위기 때는 현금이 가장 중요하고 또한 위기가 기회이고 위기 때 기업의 순위도 바뀐다고 했다. 금리가 높다고 외평채 발행을 포기한 것은 잘못이라고 질책하면서 통화스와프를 적극 추진하라고 지시했다.

미국 FRB는 당시 유럽중앙은행, 영란은행, 스위스국립은행, 캐나다은행, 일본은행과 통화스와프 계약에 따라 달러를 공급하고 있었고 9월 30일에는 스웨덴, 노르웨이, 덴마크, 오스트레일리아 중앙은행과 추가로 통화스와프 계약을 하고 다음 해 4월까지 6,200억 달러의 달러를 공급할 것을 발표했다. 신제윤 차관보가 핫라인을 통해 라우리(Clay Lowery) 미국 재무부 차관보와 협의한 결과 한국의 신용등급이 AAA가 아니어서 다른 신흥국과의 형평상 어렵다는 것이었다. 오스트레일리아도 통화스와프 계약을 맺었는데 IMF에서 지분이 더 많고 경제규모도 더 큰 우리가 못 한다는 것은 납득할 수 없었다.

미국이 7,000억 달러의 부실자산구제금융(Troubled Assets Relief Program)을 발표한 10월 3일 개천절 청와대에서 대통령 주재로 경제와 금융 전반에 걸쳐 두 번째 점검회의를 하게 되었다. 국제금융시장의 경색 정도에 따라 3단계 비상대처계획(contingency plan)[509]을 보고했다. 해외자본 유출이 심각한 최악의 단계에 가면 환전을 통제하고 외환집중제를 실시하는 세이프가드를 발동하는 내용이었다. 미국과의 통화스와프가 실무자 레벨의 정상적인 절차를 거쳐서는 쉽지 않다는 보고와 함께 10월 11일부터 워싱턴에서 열리는 IMF 총회에 가서 직접 노력하기로 보고했다. 대통령께서는 한·중·일 재무장관회의도 열어 아시아 간의 금융협력을 추진하라고 지시했다.

10월 11일 예정에 없던 임시 G20 재무장관회의가 갑자기 IMF빌딩에서 열렸다. 미리 워싱턴에 간 신제윤 차관보는 라우리 미국 재무부 차관보와 통화스와프를 협의했으나 사실상 불가능하다고 보고했다. 라우리 차관보는 나에게 폴슨(Henry Paulson) 장관은 너무 바쁘니 회의장에 올 때 잠깐 만나라고 했다. 회의장에서 폴슨 미국 재무장관과 버냉키 FRB 의장을 만났으나 두 사람 모두 넋이 빠진 상태 같아서 깊이 있게 얘기하지 못했다. 회의에서 "preemptive and decisive"한 7,000억 달러의 TARP로 12월에 위기가 끝날 것이라고 발표한 폴슨 장관에게 1997년 우리의 경험으로 보면 10배가 넘는 'preemptive, decisive and sufficient measure'[510]가 필요할 것이라고 말했다. 부시(George W. Bush) 대통령도 예고 없이 참석했다.

10월 13일 IMF/WB 총회에서 기조연설을 마치고 나는 서울에서부터 준비한 비공식 라인으로 루빈(Robert Rubin) 전 미국 재무장관을 만나 마지막으로 통화스와프를 시도하기 위해 기차로 뉴욕으로 갔다. 한국은행도 미국 FRB와 협의했으나 재무부와 같은 답을 얻었고 이성태 한국은행 총재는 기자들에게 통화스와프는 불가능하다는 말을 남기고 서울로 돌아갔다.

다음 날 14일 10시 내가 묵고 있는 헴슬리호텔(Helmsley Hotel)에서 루빈 전 재무부 장관과 빌 로즈 씨티은행 부회장을 만났다. 당시 루빈은 씨티은행의 고문이었는데 1997년 외환위기 때 차관보였던 가이트너와 함께 몇 번 만난 적이 있었다. 루빈 전 장관에게 "우리는 통화스와프가 없어도 위기관리가 가능하다. 위기관리를 위해 우리가 보유한 미국 재무부증권(Treasury Bond)을 팔면 미국의 통화정책을 저해(undermining)하는 역류효과(reverse spillover)가 있을 것이다. 미국을 위해서도 우리와 통화스와프를 하는 것이 좋을 것이다. 미국이 일으킨 위기 때문에 우리가 고통받는 것은 옳지 않다. 오스트레일리아와는 통화스와프를 하는데 경제규모가 더 크고 IMF 지분도 높은 우리를 제외시키는 것은 이해하기 어렵다."라는 말을 하고 도움을 요청했다. 루빈 전 장관은 전적으로 나의 견해에 동의하고 그날 통화스와프에 대해 실질적인 결정권을 갖고 있는 가이트너 뉴욕연방준비은행 총재와 오찬 약속이 있는 로즈 부회장에게 내가 한 말과 자기도 전적으로 동의한다는 말을 전하도록 했다. 로즈 부회장이 오찬 후 가이트너의 대답을 전화로 알려주기로 하고 만남은 끝났다. 대외관계에 관한 협상을 많이 했던 나의 경험에 의하면 협상에서 도와달라는 말보다 상대방의 필요성과 이익을 납득시키는 것이 성공의 요체이다.

오후 2시 30분 휴대폰으로 로즈 부회장의 전화가 왔다. 가이트너가 나의 견해에 동의했다며 100% 가능하다고 전해왔다. 절차를 거치는 데 14일 정도 필요한데 공식 결정까지 절대 비밀을 지킬 것을 부탁했다.

나는 창밖 센트럴파크를 내려다보며 무거운 짐을 내려놓는 안도를 느끼며 씨티은행과의 오랜 인연과 그들이 말한 "한국에 대한 약속(Commitments to Korea)"을 생각했다. 1973년 오일쇼크 때 2억 달러의 점보 론, 1997년 외환위기 때 외채협상을 주도해준 로즈 부회장과 리드(John Reed) 회장, 그리고 오늘 로즈 부회장과 루빈 고문으로 이어진 35년간의 인연을 하나님께 감사드렸다. 그들은 필요할 때마다 진정한 친구(friend indeed in every needs)가 되어주었다.

다음 날 서울로 와서 10월 17일 대통령께 한·미 통화스와프에 대해 만약의 사태를 생각해 100% 대신 51% 이상의 확실성과 절대비밀을 보고했다. 뉴욕에서 루빈 전 장관을 만나고 10일 후 10월 24일 저녁 베이징 한·중 재무장관회의와 ASEM 정상회의에 참가하고 있을 때 신제윤 차관보로부터 전화로 한·미 통화스와프의 확정을 보고받았다. 리전트호텔(Regent Hotel)로 가서 이명박 대통령께 다음 주 목요일 10월 30일 300억 달러 한·미 통화스와프를 미국이 공식 발표할 것이라는 보고를 했다. 대통령과 박병원 수석비서관, 그리고 나는 브라보를 외치며 한 잔 마셨다.

다음 날 토요일 베이징국제공항에서 한·중 재무장관회의에 동행한 이광주 한국은행 부총재에게 한·미 통화스와프 확정을 알리고 총재에게 보고한 후 미국 가서 FRB와 절차를 추진하라고 일러줬다.

10월 30일 300억 달러 한·미 통화스와프가 한국과 미국에서 동시에 발표되었다. 나를 비판하던 온 세상이 달라졌다. 나는 대중에 대한 배신감을 느꼈다. 위기관리를 위해 통화스와프보다 환율이 훨씬 중요하고 한·미 통화스와프가 없어도 고통스럽지만 위기를 관리할 수 있었던 상황이었다.

한·미 통화스와프가 발표되던 날 저녁 서울 신라호텔에서 열린 한·미 재계회의(Korea-US Business Council)의 축사에서 미국 측 회장으로 참석한 빌 로즈 부회장에게 나는 다음과 같이 감사를 표시[51]했다.

"This morning, Korea and the US announced the set of the currency swap line. Again, Citibank has been a great help through various channels. Chairman Rhodes is the prime example of "A friend in need is a friend indeed." I would like to express my sincere appreciation to Chairman Rhodes for his continuous support and commitment for Korea. Please give a big hand to the Chairman."

나는 여기서 몇 가지 비망록을 남기고 싶다. 먼저 나와 함께 수고한 신제윤 차관보와 윤여권 뉴욕재무관의 노력에 감사를 표한다. 다음 루빈 전 장관과의 만남을 주선한 하영구 한국씨티은행 행장의 수고에도 감사를 표한다. 그리고 뉴욕 현지에서의 노력을 후에 메일로 보내와 알게 된 윤용진 한국은행 뉴욕지점 부지점장에게도 감사를 보낸다. 현지에서의 노력들은 높이 평가받을 만하다고 생각된다.

10월 24일 한·미 통화스와프의 성공을 통보받은 그날에 베이징 댜오위타이(釣魚臺)에서 쉐시런 중국 재정부장과 300억 달러 상당의 한·중 통화스와프에 합의하였고 그 후 이것이 지렛대가 되어 일본과도 300억 달러의 통화스와프를 하게 되었다. 중국과는 흔쾌히 합의하였지만 일본은 이때도 30억 달러, 그리고 50억 달러를 제안하여 도쿄에 간 최종구 국제금융국장에게 그만두고 돌아오라고 했다. 11월 15일 한·중·일 재무장관회의에서 중국 때문에 마지못해 300억 달러를 했으니 언제나 그들은 머나먼 이웃이었다.

1997년 외환위기 때 일본의 행태가 생각났다. 가장 적은 단기채권을 갖고 있었던 미국이 만기연장에 앞섰던 반면 최대 채권자인 일본은 자금회수에 집중했다. IMF 구제금융이 합의된 후 모라토리엄이 우려되던 12월 19일 일본 대장성 차관에게 자금회수의 자제를 요청한 간곡한 편지를 보냈으나 허사였다. 1950년 한국전쟁을 계기로 2차 대전의 폐허에서 재기한 일본을 생각하면 그들이 누구인지 혼동되었다. 일본이 자금줄을 끊으면 삼성전자도

망한다는 극언을 하던 2013년, 나는 기획재정부 후배들에게 일본이 그런 입장이라면 이때 맺은 통화스와프도 그만두는 게 좋겠다고 말했고 실제로 그만두었다. 중국은 아직도 통화스와프를 체결 중이다. 그들은 한국전쟁에서 적국으로 싸웠던 중국보다도, 태평양 건너 미국보다도 더 머나먼 이웃이었다.

시장이 깜짝 놀랄 1,000억 달러로

대외지급보증

2008년 10월 15일 나는 뉴욕에서 한·미 통화스와프 소식을 갖고 돌아오는 비행기 속에서 위기예방을 위한 마지막 남은 장치인 대외지급보증을 구상했다. 1차 방어선으로 2,400억 달러의 외환보유고, 2차 방어선으로 300억 달러의 한·미 통화스와프, 그리고 3차 최종방어선으로 금융기관 단기외채에 대한 지급보증까지 하는 것이 안전한 대응이라 생각했다. 1997년에는 대외지급보증을 해보지도 못하고 위기를 당했다.

10월 16일 해질 녘 인천공항에 도착하자마자 최종구 국장에게 전화를 걸어 과천으로 갈 테니 금융기관 단기채무 현황과 대외지급보증 방안을 검토하여 보고하라고 지시했다. 보고를 받아보니 금융기관의 1년 이내 만기가 도래하는 해외단기차입은 290억 달러 정도였다. 실무진은 넉넉히 잡아 500억 달러 지급보증만 하면 된다고 했다. 나는 시장이 깜짝 놀랄 정도로 500억 달러의 더블 1,000억 달러를 보증하는 선제적, 결정적, 충분한 방안을 준비하도록 했다. 실무진은 국회통과를 걱정했지만 300억 달러를 하면 300억 달러가 다 쓰이고 500억 달러를 하면 조금만 쓰이고 1,000억 달러를 하면 1달러도 쓰이지 않을 수 있으니 가장 비용이 적은 1,000억 달러로 준비하라고 했다.

1,000억 달러 지급보증을 위한 〈국내은행이 비거주자로부터 차입하는 외화표시 채무에 대한 국가보증동의안〉은 국내 18개 은행이 해외로부터 2008년 10월 20일부터 2009년 6월 30일까지 차입하는 외화표시 채무의 원리금 상환에 대해 차입일로부터 3년간 1,000억 달러 한도로 국가가 보증하는 것이었다. 한국산업은행 161억 달러를 최고로 5대 상업은행인 국민은행, 신한은행, 우리은행, 하나은행, 한국외환은행과 국책은행인 중소기업은행과 한국수출입은행에 대해 100억 달러 전후를 한도[512]로 하였다.

　　이렇게 마련된 1,000억 달러 대외채무 지급보증동의안은 대통령 보고를 거쳐 10월 23일 발표하였다. 국제금융시장의 반응은 깜짝 놀랄 정도의 예상하지 못한 규모라는 것이었다. 국회에서 너무 과하다는 얘기가 나왔지만 돈을 아끼기 위해 1,000억 달러 지급보증이 필요하다는 논리로 설득했다. 10월 30일 300억 달러 한·미 통화스와프가 발표되던 날 1,000억 달러 지급보증동의안도 국회를 통과하였다.

　　예상한 대로 충분한 규모인 1,000억 달러의 대외지급보증으로 국내은행의 리스크가 없어지자 외국 은행은 지급보증 없이 국내은행에 대출하게 되어 우리의 외환수급은 원활하게 돌아갔다. 내가 기획재정부를 떠난 후 몇 건의 소액지급보증이 있었다고 했다.

　　OECD 선진국들은 2009년 마이너스 성장을 하였지만 우리는 플러스 성장을 하였고 2010년에는 세계 7위의 수출대국으로 우뚝 섰다. 2011년 글로벌 금융위기의 여파로 남유럽국가인 포르투갈, 이탈리아, 그리스, 스페인이 재정위기를 당해도 우리는 아무 일 없었다. 1997년의 환란은 많은 고통과 상처를 남겼지만 인류사에 전례가 없던 2008년 글로벌 금융위기는 국외에서 방어함으로써 국내에서는 고통을 모르고 넘어갔다.

　　300억 달러 한·미 통화스와프가 발표되고 1,000억 달러 대외채무 지급보증동의안이 통과되던 10월 30일 지난 일들을 되돌아보았다. 환율의 정상화와 경상수지 흑자 전환, 유류세와 할당관세의 인하, 10조 원의 고유가 극복대책, 300억 달러의 한·미 통화스와프, 최종방어선 1,000억 달러의 지급보증까지 위기감내를 위해 동원할 수 있는 수단은 모두 다 했다. 장관이 되던 날부터 이것이 조국을 위한 마지막 봉사라고 생각하고 하루도 쉬지 않고 일했다. 남아 있는 감세법안과 예산안을 처리하고 국회가 끝나면 물러나기로 결심했다. 실무자 시절 국회를 다니면서 내가 장관이 되면 맞은 것은 맞고 틀린 것은 틀렸다고 확실하게 대응해야겠다고 오래 다짐했다. 그리고 그렇게 했다. 정공법은 우리의 정치와 언론이 받아들이기에는 너무 빨랐다.

2008년은 가족에게도 큰 불행의 씨앗이 되었다. 야인시절 어떤 자리에서 후배들은 장관으로 불리는데 나는 평생 차관으로 불리는 것이 가슴 아파 하루라도 장관을 했으면 좋겠다고 말한 적이 있었다. 고물가와 고환율 때문에 나를 욕하는 인터넷 악플과 혼자서 밤을 새우며 싸우던 나의 딸이 이제 아빠 소원을 이루었으니 장관을 그만두라고 말하며 눈물을 흘렸다. 외국 음악동호인들[513]과 자녀를 해외유학을 보낸 강남 아줌마들이 갑자기 음악CD 수입 가격과 해외 송금액이 오르자 나를 욕하게 된 것이 그 악플의 시작이었다고 했다. 그 후 딸은 병이 악화되어 천국으로 떠났으니 애비의 애통은⋯⋯.

아! 어찌 잊으랴 2008년을
그 많은 날들의 도전과 응전을
그 많은 비판과 비난을
올드보이, 킹만수, 강고집, 경제대통령
그대들은 모르리라
그 많은 영혼의 고뇌들을
자식을 먼저 보내야 했던 영혼의 아픈 상처를

26

최고의 투자환경을 만들자

::: 투자역량의 확대

2008년은 위기를 감내하기 위한 1차 방어선 2,400억 달러의 외환보유고, 2차 방어선 900억 달러의 한·미·중·일 통화스와프, 3차 최종방어선 1,000억 달러의 대외지급보증까지 3중의 방어벽을 구축하는 것과 동시에 위기를 기회로 활용하기 위한 전략도 동시에 추진해야 할 때였다. 위기는 국가 순위를 바꿀 수 있는 기회이고 1997년 우리가 당한 많은 상처를 뛰어넘어 일류국가로 도약할 수 있는 공격의 기회였다.

2008년 한국경제는 위기와 관계없이 저성장, 경상수지 적자, 성장잠재력 저하의 늪에 빠져들고 있었다. 경제성장률은 1970년대 10.1%, 1980년대 8.6%, 1990년대 6.7%, 2000년대에 들어와 2007년까지 5.2%로 둔화되어왔다. 1998년부터 좌파정부 10년간 한국경제는 연평균 4.0% 성장률에 2.3%의 투자증가율을 보였고 잠재성장률도 4%대로 하락했다. 같은 기간 OECD 국가들의 평균 경제성장률은 2.8%였는데 투자증가율은 3.2%였다. 2008년 우리 경제의 상황은 점진적으로 위축되고 있는 중대한 국면에 이르렀다. 성장하는 경제는 투자증가율이 경제성장률을 초과하는 것이 정상이다.

저성장과 저투자의 늪을 탈출하기 위해 우리 경제의 역량을 확대하는 전략이 필요하다. 경제역량의 확대는 기업의 투자역량 확대와 경영환경 개선으로 귀착된다. 기업의 신규 투자역량을 결정하는 4대 핵심 변수는 투자재원을 확대하는 감세정책, 신규투자를 유인하는 기술개발, 투자기회를 확대하는 규제완화, 시설가동을 위한 노동공급 확대라 할 수 있다. 기업의 활발한 경영활동을 결정하는 주요 변수는 적극적 재정정책, 사회간접자본(SOC) 확충, 외환시장의 안정, 금융시장 발전이라 할 수 있다. 과거 경제변수의 상관관계를 보면 저세율이 고투자와 고세입을 산출했고 고환율이 고성장과 저실업을 산출했다.

감세가 Best Tool이다

감세정책

기업의 투자역량을 확대하기 위한 첫 번째 전략은 기업의 투자재원 확대를 위한 감세정책이다. 1997년 외환위기에서 차입경영의 위험은 너무 컸다. 내부유보에 의한 견실한 투자가 경제역량을 확대하는 첫걸음이다. 차입자금에 의한 투자의 경우도 내부유보와 혼합되면 위험도가 떨어진다. 내부유보의 확대를 위한 감세정책은 투자역량을 확대하는 첫 걸음이고 투자 확대를 통해 장기적인 증세정책도 된다.

감세 문제는 국가경영과 기업경영의 핵심변수이기 때문에 많은 논란이 있어왔지만 아직도 논란이 계속되고 있다. 인간은 죽음을 피할 수 없듯 세금도 피할 수 없고, 국가의 흥망도 조세행정의 흥망에서 오는 경우가 많기 때문에 논란은 불가피하다. 한 가지 분명한 것은 감세정책이든 증세정책이든 종국적으로는 세금을 많이 받기 위한 전략이라는 점이다.

미국 대통령경제자문위원장을 지낸 로머(Christina D. Romer)는 실증적인 연구[514]를 통하여 1달러의 감세는 3달러의 GDP를 증가시켰다고 했다. 하버드 대 교수 알레시나(Alberto Alesina)와 아르다그나(Silvia Ardagna)가 1970년 이후 21개 OECD 국가의 91개 경기진작책을 비교한 결과[515] 놀랍게도 성공한 정책은 기업과 소득에 관한 감세정책이었으며 정부지출의 증가는 대부분 실패한 것을 발견했다. 하우저(W. Kurt Hauser)는 2차 대전 후 미국의 경우 세율을 아무리 올려도 세입이 GDP의 20%를 넘지 못했고 증세정책은 GDP와 세입을 동시에 감소시켰다는 법칙[516]을 발견했다. 다른 연구에서도 감세가 가장 강력한 정책수단이라는 보고가 많다.

우리나라에서도 세율을 내리는 감세정책이 장기적으로 세입을 올렸다는 것을 통계가 말하고 있다. 나는 1974년부터 재무부에 근무하면서 70%의 소득세율을 40%까지 내렸던 사람으로서 직접 경험한 일이기도 하다. 감세정책의 유효성은 통계적인 방법 이외에 논리적인 추론[517]으로도 이해 가능하다. 세율이 100%일 때와 세율이 0%일 때 세입은 모두 제로가 된다. 납세자가 흔쾌히 받아들이고 열심히 기업활동을 하는 수준에서 최고의 세입이 결정된다.

소득세, 법인세, 상속세는 세율을 내릴수록 경제가 성장하고 소득이 증가함으로써 세입이 늘어났다는 것이 통계로 증명된다. 소득세 최고 세율은 1975년부터 2012년까지 70%에서 35%로 인하되었으나 GDP 대비 세입비중은 오히려 1.9%에서 3.6%로 확대되었고 법인세도 1981년 35%에서 2009년

소득세율·법인세율과 세입비중

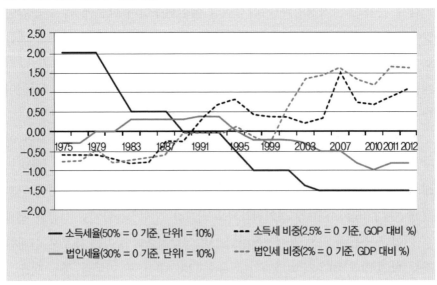

22%로 인하되었으나 세입비중은 1.20%에서 3.32%로 증가했다. 상속세도 비슷한 추세를 보였다.

2008년 글로벌 금융위기를 맞아 이론적 추론이 아닌 경험적 사실에 따라 나는 실무자 시절부터 세 번째 광범위한 감세정책을 쓰게 되었다. 감세정책은 세입의 증대보다 경제성장을 위한 투자활성화와 소비수요 확대에도 최고의 수단이었기 때문이다. 당시 한국의 조세 부담률은 22.7%(2007년)였고 미국은 20.6%(2005년) 일본은 17.3%(2005년)로 상대적으로도 높아 감세의 목표는 조세 부담률 20%였다. 국가채무비율은 GDP의 30% 수준으로 상당히 낮았다.

2008년부터 2012년에 걸쳐 추진된 감세정책은 원유가격 상승에 따른 저소득층의 지원을 위한 긴급대책과 저성장을 극복하기 위한 구조적인 대책으로 나누어 추진했다. 긴급감세대책은 유류세 인하, 할당관세 인하, 임시 투자세액 공제, 유가환급금 지급으로 9조 8,000억 원이었고, 구조적 감세대책은 소득세율 인하, 법인세율 인하, 상속세율 인하, 종합부동산세율 인하 등으로 25조 1,000억 원으로 총규모가 GDP의 3.4% 수준인 34조 9,000억 원의 감세정책을 추진했다. 이것으로 GDP는 0.6%, 소비는 0.5%, 투자는 7%, 고용은 18만 명 증가할 것으로 추정되었다.

2008년 9월 1일 발표한 구조적인 감세정책은 소득세법, 법인세법, 부가가치세법, 관세법 등 주요 세법이 모두 포함된 17개 세법을 개정하는 대규모 개혁이었다. 최대 역점은 투자촉진을 위한 세율의 인하, 성장잠재력 확충을 위한 파격적 R&D 지원, 조세원칙과 상충되는 종합부동산세 폐지에 두었다.

첫째, 세율 인하는 소득세율을 8~35%에서 6~33%로, 법인세율을 25%에서 20%로, 상속세를 10~50%에서 6~33%로 내리도록 했다. 당시 소득세 최고 세율은 OECD 평균 35.5%, 미국 35%, 일본 40%였고, 법인세 최고 세율은 OECD 평균 24.2%, 대만 17.5%, 홍콩 16.5%였고, 상속세 최고 세율은 미국 45%, 일본 50%, 독일 30%였다.

둘째, R&D 투자를 GDP의 5%를 목표로 하여 다른 나라에 없는 3단계의 파격적인 지원제도를 만들었다. 준비단계에서 매출액의 3%를 손금산입 준비금으로 쌓고, 투자단계에서 10%의 세액 공제를 하고, 지출단계에서 지출액의 25%(대기업 6%) 또는 지출증가액의 50%(대기업 40%)를 세액 공제하는 것이었다. 이런 제도를 모두 활용하면 법인세가 대부분 면제되는 수준이 될 수 있도록 구상했다.

셋째, 부동산투기의 억제를 위해 도입한 종합부동산세는 조세원칙과 상충되고 부담이 징벌적인 수준으로 과도하여 세율을 단계적으로 인하한 후 재산세와 통합하여 폐지하기로 하였다. 2008년에는 1단계로 과세 대상을 주택가격 6억 원에서 9억 원으로 인상하고, 세율도 1~3%에서 0.5~1%로 내리고, 60세 이상 고령자에 대해 10~30%의 세액 공제를 하여 부담을 대폭 줄이도록 했다.

나머지 소득공제제도, 양도소득세제, 기업과세제도의 개편과 목적세인 교통세, 교육세, 농어촌특별세의 본세 통합을 위한 개편이 있었고 근로장려금 (earned income tax credit) 지급대상을 연간소득 89만 원에서 120만 원으로 확대하도록 했다.

위와 같은 감세정책은 논란이 많았다. 야당은 부자감세로 정치공세를 폈고 학계에서도 정운찬 전 서울대 총장을 비롯하여 많은 교수들이 반대하고 나섰다. 정운찬 교수는 "감세는 실제적인 경제효과 없이 소수 부자들의 재산을 불려주는 이데올로기에 불과하다."라며 "경제이론으로는 효력을 상실한 레이건 정부 시절의 공급경제학에 기대 감세를 통한 경기부양을 하겠다는 것은 큰 실수"라고 비판했다. 석학이라는 사람의 과격한 비판이었다. 뒤에 이명박 정부의 총리가 된 그는 국회에서 "감세에 대해서는 적극적 찬성 못하지만, 경제상황에 따라서는 쓸 수도 있지 않나 싶다."라고 애매한 태도를 취했다.

부자감세라는 야당 민주당의 정치공세에 대해 감세의 70% 이상이 중저소득층과 중소기업에 귀착되고 감세정책은 장기적으로 증세정책이 된다는 논리로 방어했다. 그리고 "나는 개인적으로 부자감세를 할 이유가 없는 삶을 살아왔다. 어느 나라 정부가 정치적인 큰 부담을 안고 부자감세를 하겠느냐?

감세정책은 장기적인 증세정책이다."라는 논리로 설득했다. 야당과의 타협과
정에서 소득세와 법인세율의 최고 세율 2%는 2010년부터 내리기로 하고 상
속세율 인하는 보류하는 것으로 조정되었다.

많은 논란을 거쳐 일부의 수정과 조정이 있은 후 목적세 폐지법안을 제외
한 25조 1,000억 원의 13개 감세법안이 2008년 12월 5일 기획재정위원회를
통과하고 12월 13일 284조 5,000억 원의 2009년도 예산안과 함께 국회를
통과하였다. 13개 세법을 통과시키는 데 야당의 간사였던 이광재 의원과
김종률 의원이 위기를 앞두고 대승적인 타협[518]을 해준 것을 잊을 수 없다.
두 사람이 없었다면 세법들이 통과되지 못했을 것이고 위기관리에 큰 차질
이 있었을 것이라 생각된다.

감세정책을 어렵게 통과시켰으나, 2010년부터 시행하기로 했던 소득세와
법인세 2% 인하는 폐지되었고 상속세율의 인하와 종합부동산세의 재산세 통
합은 논의도 없었다. 정치권의 대중영합과 정부의 무기력이 낳은 결과였다.

종합부동산세는 정치폭력이다

종합부동산세 폐지

2008년 감세정책을 추진하면서 크게 논란이 된 것은 정책적으로는 소득세와
법인세였지만 정치적으로는 야당 민주당이 도입한 종합부동산세였다.

종합부동산세는 부동산투기 억제를 위하여 2005년 도입되었는데 통상적
재산세에 추가하여 9억 원 초과 주택의 경우 1~3% 과세하고, 6억 원 초과
나대지와 40억 원 초과 건물의 부속토지를 합산하는 경우는 1~4%의 세율로
과세하였다. 부동산투기가 계속되자 2006년 주택기준 금액을 6억 원으로
내리고 개인별 과세에서 세대별 합산과세로 강화하였다. 2007년 서울 강남
지역의 은퇴한 1세대1주택 소유자에게 적게는 몇백만 원 많게는 몇천만 원

이 부과되어 빚을 내어 세금을 내는 경우가 생겨 큰 논란이 일었다. 은퇴한 사람에게는 너무 과중하여 세금을 내기 위해 빚을 내거나 주택을 팔아야 하는 징벌적인 제도였다.

종합부동산세는 어느 나라의 조세 역사에도 없었고 사실상 세금이라는 이름을 빌린 정치폭력이었다. 첫째, 연간 소득 4,000만 원 이하 은퇴자의 부담이 45%를 넘어 20년 과세하면 원본이 없어지게 되어 사실상 몰수에 가까웠다. 둘째, 전체 납세자의 2%에게 과도하게 과세함으로써 보편성의 원칙에 위반되었고 빌딩을 제외함으로써 공평성의 원칙에도 맞지 않았다. 셋째, 중앙정부가 특정지역에 집중적으로 과세하는 것은 지방정부의 서비스에 대한 수익자부담금인 재산세의 본질에 어긋났다. 넷째, 1~4%의 누진세율은 지방정부의 서비스에 대한 재산세의 경우 통상 1% 전후의 단일세율로 과세하는 원칙과 어긋났다. 다섯째, 재산보유에 대한 과세가 GDP의 3.7%로 OECD 평균 2.0%보다 너무 높았고 미국 3.1%보다 높았다. 끝으로 2005년 전후의 부동산투기는 주택공급의 부족과 주택대출의 증가에 의해 일어났기 때문에 투기와 관계없는 1세대1주택을 가진 사람들에게 혹독한 과세로 대응한 것은 정책착오였다.

종합부동산세가 도입된 경위는 2005년 전후에 일어난 부동산투기를 정부가 감당하기 어려워진 것을 기화로 한 좌파정부의 질투와 조세당국자의 착오가 합쳐진 결과라 추정되었다. 첫째, 2005년 종합부동산세를 도입했던 재정경제부 당국자들은 청와대가 주도했다고 해명했는데 당시 종합부동산세 도입을 주도한 청와대 당국자는 재정학을 전공하지 않은 시민운동 경력자라 했다. 노무현 대통령은 종합부동산세의 수입을 지방재정으로 돌리게 하여 종합부동산세를 '헌법보다 개정하기 힘든 대못'으로 만들었다. 둘째, 2005년 재정경제부는 종합부동산세를 도입하면서 "보유세는 높이고 거래세는 낮추어야 한다."라고 발표했는데 큰 착오였다. 보유세는 서비스가격과 같은 것이므로 가능하면 낮게 해야 하고 자장면 값을 부자라고 갑절로 받아선 안 되듯이 단일세율로 해야 한다고 1975년 IMF가 권고한 적이 있다. 오히려 부동산

거래의 배후에 소득이 있기 때문에 거래세는 중과해도 지속가능한 세금이 된다고도 했다. 이런 착오는 어떤 재정학자가 재산세 시가표준액이 너무 낮기 때문에 시가표준액을 올려 재산세를 높여야 한다는 말이 와전된 것으로 확인되었다.

나는 장관으로 간 뒤 몰수 형벌에 가까운 정치폭력 종합부동산세를 내 손으로 없애 조세정의를 바로잡기로 했다. 실무진을 불러 "보유세는 높이고 거래세는 낮추어야 한다."라는 근거를 찾아오라고 지시했다. 근거도 찾을 수 없고 잘못되었다는 보고를 했다. 즉시 종합부동산세 폐지 방안을 만들도록 지시했다. 참으로 어처구니없는 일이었다.

잘못된 정책이 한 번 시행되면 바로잡는 데 20년이 걸린다고 한다. 좌파정부에서 헌법보다 개정하기 힘든 대못을 박아놓은 종합부동산세를 일시에 폐지하는 것은 많은 무리가 있을 것이라 생각해 지방재정 보전 방안 마련과 함께 3단계로 추진하는 방안을 9월 23일 발표했다. 1단계로 2008년에는 과세표준 적용률을 동결하고, 2단계로 2008년 정기 국회에서 세율을 1~3%에서 0.5~1%로 낮추고 60세 이상 고령자는 10~30%의 세액 공제를 하고, 3단계로 종합부동산세를 지방세인 재산세에 통합하여 폐지하는 방안이었다.

종합부동산세 개편 방안을 9월 1일 발표한 종합적인 감세정책과 따로 발표한 배경은 청와대와 한나라당의 반대가 심해 조율이 필요했기 때문이었다. 청와대 대통령실장, 경제수석, 정무수석, 정책기획수석이 참석한 회의에서 이명박 대통령께서 종합부동산세 3단계 폐지 방안을 최종적으로 결정하게 되었다.

종합부동산세 개편안을 발표하자 나에게 부자감세의 정치공세가 집중되었고 나중에는 퇴진압력으로 진행되었으니 노무현 대통령의 '대못'을 빼는 비용은 컸다. 누구를 탓해야 할지 그저 정치는 그런 것이라 생각하기에 종합부동산세를 도입한 야당은 무책임했고, 총선에서 압승한 여당은 비겁했고, 논란을 피하려는 청와대 비서진은 안일했다. 청와대 회의에서 내가 남긴 마지막 말은 "모든 것은 내가 책임지고 하겠다."라는 것이었다. 종합부동산세가 내 퇴진의 가장 큰 원인이었다. 그러나 후회하진 않는다. 나는 장관이 되면서 위기예방을 위한 환율실세화와 경상수지 흑자 전환, 정치폭력 종합부동산세 폐지 이 세 가지는 기필코 하고 떠나겠다는 다짐을 했었다.

국회협의과정에서 최고 세율은 2%로 하고 5년 이상 장기보유에 대해 20%, 10년 이상 장기보유에 대해 40%의 세액 공제를 추가하는 것으로 타협하여 종합부동산세의 경감안은 다른 세법과 함께 12월 13일 국회를 통과했다. 헌법재판소 위헌판결 예상 발언으로 청문회[519]까지 열게 된 해프닝도 있었다. 감세정책을 추진하는 데 수고가 많았던 윤영선 세제실장은 나와 함께 종합부동산세 때문에도 어려움을 많이 당했다. 11월 13일 세대별 합산과세는 위헌판결을 받았고 1주택자에 대하여는 헌법불합치 판정을 받았다. 그리고 내가 떠난 후 종합부동산세의 재산세 통합에 대해 누구도 말을 안 했다.

R&D 투자 GDP의 5%로

기술강국

"한국이 성장을 지속하기 위해서는 새로운 전술이 필요하다. 따라갈 것이 있을 때 다른 사람이 하거나 잘하는 것을 참고할 수 있다. 현대는 믿을 만하고 효율적이고 값싼 자동차로 도요타를 따라잡을 수 있었다. 한국 조선소는 규모의 경제로 모든 경쟁자를 이길 수 있었다. 한국경제는 다른 나라의 성공에 의존하기보다 스스로의 혁신과 실수에 더 의존해야 할 때가 되었다."라고 영국 《이코노미스트》[520]는 말했다.

기업의 투자역량을 확대하기 위한 두 번째 전략은 GDP의 5% R&D 투자를 위하여 구상한 3단계 R&D 지원제도였다. 경제역량을 키울 수 있는 신투자는 신기술개발이 관건으로, 신기술개발을 위한 과격할 정도의 지원책을 통해 기술강국으로 가는 전략이 필요했다. 자원이 빈약하고 준비통화를 가

지지 못한 소규모 개방경제가 지구촌의 경쟁에서 살아남을 수 있는 수단은 기술뿐이라는 것을 나는 1997년 외환위기에서 뼈저리게 느꼈다. 밀려오는 해외자금이 원화를 절상시킬 경우 이를 극복하는 길도 기술이다.

글로벌 금융위기 속에서 생존게임을 하고 있는 기업에 선제적이고 파격적인 기술개발을 지원함으로써 위기 속에 많은 숨은 챔피언(hidden champion)을 육성하여 위기 후 국가의 순위를 바꾸고 일류국가로 가기 위한 강력한 전략이었다. 강자가 살아남는 것이 아니라 살아남는 자가 강자가 된다. 살아남기 위해 위기 속에서 기술개발을 해야 했다. 새로운 기술개발이 창조적 파괴의 원동력이다. WTO 체제에서 허용된 경제정책으로서 정부지원은 R&D 지원이 유일하다.

한국의 기술 수준을 나타내는 기술수지를 보면 2001년 20억 달러 적자에서 2007년 29억 달러 적자로 확대되었다. 미국과 일본은 같은 기간 각각 284억 달러와 57억 달러 흑자에서 336억 달러와 150억 달러 흑자로 크게 늘어났다. 기술격차가 점점 더 벌어지고 있는 추세다. 한국의 R&D 투자는 2007년 GDP의 3.21%였고 미국은 2.51%, 일본은 3.31%였다. 투자금액으로는 미국의 10.8%, 일본의 27.8%에 불과했다.

R&D 투자를 세계 최고 수준인 5%로 확대하기 위해 R&D 투자를 확충하기 위하여 정부부문에서 2005년 GDP의 0.75%인 5조 8,000억 원에서 2012년에는 GDP의 1.5%인 21조 원으로 확대하여 기초과학과 원천기술 부문에

R&D 투자 비중과 기술무역수지 추이 (GDP 대비 %, 백만 달러)

		2001	2003	2005	2006	2007
한국	R&D 투자	2.47	2.49	2.79	3.01	3.21
	기술무역수지	-2,024	-2,421	-2,900	-2,941	-2,925
미국	R&D 투자	2.64	2.55	2.51	2.55	2.63
	기술무역수지	28,479	32,921	42,975	30,223	33,685
일본	R&D 투자	3.07	3.14	3.31	3.41	3.46
	기술무역수지	5,747	8,181	12,018	14,384	15,046
OECD R&D 투자		2.21	2.19	2.19	2.22	2.26

자료: 통계청; OECD.

집중투자하고, 민간부문은 2005년 GDP의 2.04%인 18조 원에서 2012년에는 3.5%인 49조 원으로 확대하여 응용과학과 제조기술 부문에 집중투자하는 것을 목표로 했다.

정부부문의 GDP 1.5% R&D 투자를 위해 R&D 예산 과목을 과거 열한 번째에서 최우선으로 올리고 매년 최소 10% 이상 증액하도록 했다. 과거에는 복지부문이 첫 번째였다.

민간부문의 GDP 3.5% R&D 투자를 위해 세계 최초로 준비-투자-연구 3단계에 대하여 법인세를 감면하도록 했다. 준비단계에서 매출액 3%의 연구개발준비금을 비용으로 산입하고, 투자단계에서 연구시설 투자액의 10%를 세액 공제하고, 지출단계에서 연구비 지출액의 25%(대기업 6%) 또는 4년간 평균연구비지출 초과액의 50%(대기업 40%)를 세액 공제해주는 혁신적인 내용이었다. 조세 이론상 3중지원이라 통상적으로는 하지 않는 정책이었다.

R&D의 범위에 디자인, 광고, 영화, IT 등 소프트웨어와 함께 외부 위탁 R&D도 포함시켰고 세액 공제대상 연구비에 인력개발비도 포함시켰다. 산학협력의 촉진을 위해 대학에 대한 R&D 기부금은 100% 비용 공제를 하고, R&D 시설투자의 경우 내부와 같이 10%의 세액 공제를 하도록 했다. 해외고급인력의 유치를 위해 외국인 R&D 종사자의 소득세율을 15% 단일세율로 과세하도록 했다.

과격할 정도의 R&D 지원제도를 모두 활용하면 법인세가 거의 면제될 수 있는 수준이었다. R&D 지원에 의해 없어지는 법인세는 경제성장과 이익증가에 의해 충분히 보충될 수 있다. 정부가 세금으로 받아 R&D 지원예산으로 쓰는 것보다 기업이 바로 그 재원을 사용함으로써 자금의 효율성 제고와 함께 연구개발과 상품개발의 시차를 단축하는 효과도 얻게 된다. 2008년 감세정책의 핵심인 3단계 R&D 지원은 국회에서도 논란이 없었던 유일한 사항이었다.

R&D에 대한 강력한 조세지원제도를 만든 후 지적재산권 거래제도와 기술금융제도를 도입하여 기술개발을 위한 기초를 완성하였다. 2010년 대통령경

제특별보좌관 겸 국가경쟁력강화위원장으로 가서 신기술개발에 의해 형성된 특허권이나 지적재산권을 관리하고 투자하는 (주)인텔렉추얼디스커버리(Intellectual Discovery)[521]를 정부와 민간이 공동 투자하여 설립했고, 2011년 KDB금융그룹 회장으로 가서는 한국산업은행이 특허나 지적재산권을 대상으로 투자하고 대출하는 기술금융(techno-banking)[522]을 시작하여 활발한 R&D 활동을 위한 환경도 조성했다.

마이스터고 설립과 현장숙련도 향상

품질강국

기술개발 전략의 효율적인 추진을 위해 품질향상 전략은 불가분의 관계에 있다. 개발된 기술의 경쟁력은 품질에 의해 결정되고 품질은 현장인력의 숙련도에 의해 결정된다. 현장인력의 숙련도는 조기취업에 의한 오랜 시간이 필요하다. 현장기술의 숙련도를 높여 품질강국으로 가기 위해 세계 최고의 숙련도를 갖고 있는 독일과 스위스의 조기직업교육과 취업·학업병행 시스템을 배우는 것이 길이다. 독일과 스위스는 고기술이 필요하지 않는 분야에서도 최고의 품질경쟁력을 갖고 있다.

우리나라의 취업개시 연령은 2006년 기준 25세인데 OECD 평균은 23세, 독일은 19세였다. 반면에 대학진학률의 경우 우리나라는 한때 80%를 넘었는데 제조업경쟁력이 가장 강한 독일은 35% 전후, 일본은 45% 전후, 미국은 55% 전후, OECD 평균은 60% 정도다. 80%에 가까운 대학진학률에 비해 취업률은 낮은 수준에 머문다는 점은 교육의 낭비가 심하다는 증거이다.

교육의 낭비를 방지하고 연구개발의 성과를 높이기 위해 현장숙련을 통한 품질강국 전략이 2007년 대통령선거에서 이명박 후보의 핵심공약의 하나였던 마이스터고교의 설립이었다. 마이스터고교 설립은 독일의 직업교육제도를 모델로 한 숙련된 현장기술인력 양성, 서민의 교육비 부담 경감, 경제활동인구 확대를 위한 다목적 정책이었다.

마이스터고교는 2010년 21개교를 시작으로 2014년 42개교가 되었다. 기업과의 고용계약에 의한 학생 선발, 수업의 50% 현장실습, 수업료와 기숙사비 전액면제, 현장실습비 지급에 대한 2,000만 원 한도의 세액 공제 등 대부분 당초 선거공약대로 운영되고 있다. 특히 2011년 1월 19일 국가경쟁력강화위원회가 주관하여 교육과학부, 기획재정부, 국방부 등과 합동으로 마이스터고교 졸업 후 더 공부하고 싶은 사람에게는 사내대학, 동업자대학, 야간대학, 방송대학, 계약대학 등 다양한 경로를 통하여 더 공부할 수 있는 취업·학업병행교육체제도 만들어 마이스터고교 출신 학생이 세계적인 장인(meister)으로 성장할 수 있는 길도 열었다. 취업·학업병행교육체제의 정착을 위하여 2011년 세법을 개정하여 현장실습비는 25%(대기업 6%)의 세액 공제 대상이 되는 인력개발비에 포함시키고, 졸업 후 취업하면 3년간 소득세를 100% 면제하는 파격적인 지원제도를 마련하였다. 현장실습 학생들에 대한 세액 공제와 취업 후 소득세 면제는 가장 생산성이 높은 R&D 투자라 생각한다.

이러한 특전은 인문계를 중심으로 한 특성화고교에 대하여도 적용하여 직업교육의 혁신과 함께 현장숙련도 향상을 위한 조기취업의 길을 열었다. 마이스터고교는 혁신적인 직업교육제도인 동시에 서민에게는 고등학교만 보내면 취업과 장래가 보장되는 최고의 복지제도로 설계되었다. 집행과정에서 약간의 변동이 있었지만 마이스터고교에 인재들이 모이고 90%가 넘게 취업이 된 성공한 정책이 되었다.

나는 마이스터고교의 공약에서 시작하여 정부에서 정책으로 추진한 다음 2011년 3월 KDB금융그룹 회장으로 가서 금융계에서 처음으로 특성화고교 졸업생의 정규직 채용과 함께 첫 금융계 사내대학인 KDB금융대학을 설립하여 총장으로 취임하였다. 마이스터고교, 취업·학업병행체제, 고졸 정규직 채용, 그리고 금융대학이 나의 공직생활에서 가장 아름다운 추억이 되었다. 이러한 일들로 43년에 걸친 공직을 마감하던 2013년에 민간인에게 수여되는 최고 훈장인 국민훈장 무궁화장을 받았다.

규제형평제도의 도입 추진

규제혁신

기업의 투자역량을 개선하기 위한 세 번째 전략은 기업의 투자기회를 확대해주는 규제완화의 추진이다. 투자재원이 있고 신기술이 있어도 신규투자에 대한 규제가 있으면 투자가 불가능하다. 규제완화는 경제역량을 확대하기 위한 핵심전략이지만 2008년 기획재정부는 위기관리에 전념하였고 규제완화에 대한 업무는 국가경쟁력강화위원회에서 주로 다루었다.

국가경쟁력강화위원회는 2008년 이명박 정부의 출범과 함께 대통령자문기구로 출범했다. 위원회는 대통령경제특별보좌관이 겸임하는 위원장과 기획재정부 장관, 청와대 경제수석, 한나라당 정책위원회 의장, 경제5단체 회장 30명으로 구성되었고 매월을 원칙으로 대통령이 직접 참석하는 회의를 통하여 규제완화와 경쟁력에 관한 정책을 대통령에게 자문하는 기구[523]였다.

2009년 2월 10일 기획재정부 장관에서 물러나고 대통령경제특별보좌관 겸 국가경쟁력강화위원장으로 가서 규제완화와 경쟁력에 대한 일을 하게 되었다.

규제개혁분야에서 규제일몰제 강화, 군사시설보호구역 규제완화, 복수국적제도 채택, 성장동력분야에서 엔지니어링산업 발전, DMZ생태평화공원 조성, 지식재산산업 육성, 인적·사회적 자본분야에서 취업·학업병행체제 구축, 교통운영체제 개편, 한글로마자표기법 개선 등 여러 분야의 많은 경쟁력정책[524]을 추진하였으나 규제완화와 관련하여 가장 역점을 두었던 일은 규제형평제도의 도입이었다.

역대 정부가 규제완화를 위해 많은 노력을 기울였음에도 불구하고 규제완화는 항상 부족하고 문제가 되어왔다. 이러한 문제를 해결하기 위해 규제의 본질과 현실을 감안한 근원적 규제구제제도를 구상하였다. 규제에 관한 법률은 본질적으로 규제대상의 평균적 허용범위를 기준으로 금지나 허용을 규정하기 때문에 개별적인 사례에서는 과도할 수도 부족할 수도 있고 규제법률을 만들 당시와 상황이 바뀌거나 예상하지 못한 사례가 나올 수도 있다. 예를 들어 공장 자동화를 위해 공장을 증축하는 경우 종업원 수는 줄어드는데 공장면적이 늘어나 주차장을 계속 증설해야 하는 경우가 있다. 개별사례를 보면 명백히 과잉규제이지만 행정관청의 입장에서 보면 개별적인 구제는 위법이고 규제를 폐지하면 규제가 필요한 경우에도 규제를 못 하게 된다. 위헌판결제도가 있지만 법률로 해결하기 위해서는 많은 절차와 시간이 소요된다.

규제형평제도는 규제가 개별사례에서 형평에 맞지 않거나 피해가 과도한 경우 당초 규제의 입법취지에 따라 개별적인 법규에 불구하고 독립위원회의 평결에 따라 구제조치를 할 수 있는 제도다. 규제형평제도는 다른 법률의 효력을 정지시키는, 법률 위의 법률을 만들 수 있느냐의 근본적인 문제가 있어 한국공법학회에 용역을 주어 연구한 결과 미국의 규제면제제도, 영국의 규제예외제도, 독일의 형평면제제도의 입법사례가 있고 우리 헌법체계에서도 가능하다는 결론을 얻었다.

오랜 기간의 연구와 관계부처와의 협의를 거쳐 완성한 규제형평제도는 독립적인 규제형평위원회가 규제의 일반적인 타당성은 인정되나 개별적으로 '명백하고 중대한 피해'가 있는 경우 입법취지에 맞고, 공익을 해치지 않는 경우 예외 적용을 결정하고, 행정관청은 '정당한 사유'가 없는 경우 그 결정에 다른 처분을 하도록 하는 제도였다. 이 제도는 기업의 투자를 옥죄는 규제를 근본적으로 해결할 수 있는 혁신적인 조치가 될 수 있었다. 법제처와 함께 〈행정규제의 피해구제 및 형평보장을 위한 법률〉을 만들어 2010년 11월 국회에 제출하였다. 규제형평위원회는 따로 신설하지 않고 국민권익위원회가 맡도록 하고 업무량의 추이를 보아 독립하기로 규정하였다.

규제 문제를 근본적으로 해결하기 위해 그렇게 노력하여 만든 〈행정규제의 피해구제 및 형평보장을 위한 법률〉은 다음 해 나도 떠나고 그다음 해 국회의원 임기도 끝나 폐기되고 말았다. 나와 함께 규제형평제도의 검토에 서부터 법제처에 가서 법률안을 만들고 국회에 제출한 정선태 법제처장의 노력은 안타깝게도 수포로 돌아갔다.

앞으로 새 정부가 들어설 때마다 계속 규제완화를 들고 나올 것이고 문제가 생길 때마다 규제는 신설될 것이고 개별적으로 형평에 맞지 않는 규제제도도 함께 늘어날 것이다. 투자를 위해 형평에 맞지 않는 규제를 들고 관청을 찾는 기업은 "들어보니 사정은 딱하지만 현행 규정상 어쩔 수 없다."라는 관리의 판박이 소리를 얼마나 더 들어야 할지!

조기취업과 해외동포에게 길이 있다

노동공급 확대

기업의 투자역량을 확대하기 위한 네 번째 전략은 노동공급의 확대를 추진하는 것이다. 빠른 고령화와 출산율 저하가 우리 경제의 가장 큰 위협요인이되고 있다. 자금과 기술이 있고 투자기회가 있어도 노동공급이 부족하면 투자는 불가능하다. 중소기업의 투자환경에서 가장 큰 애로는 노동공급의 부족이라는 조사 결과가 있다.

우리의 생산가능인구는 2016년 3,700만 명을 정점으로 감소하기 시작하고현재 5,000만을 넘어선 남한인구는 2100년에 반으로 줄어들고 2500년에 가면 한민족이 한반도에서 사라질 것이라는 보고가 있다. 중소기업 경영환경에대한 조사 결과를 보면 최대 애로사항은 사람을 구하기 어렵다는 것이다.

노동공급을 확대하기 위해 출산율 제고와 여성인력 활용을 위해 정부는많은 노력을 하고 있고 정년연장도 시작되었다. 조기취업과 이민 확대에 대하여는 아직 관심이 적다. 노벨상을 받은 베커(Gary Becker) 시카고대 교수는 고령화와 출산율 저하에 대하여 이민을 권고한 적이 있지만 결혼이민 이외에는 별다른 노력이 없다.

나는 조기취업을 위하여 마이스터고를 설립하는 것을 대통령선거 공약으로 만들었고 국가경쟁력강화위원장으로 와서는 조기취업을 더 활성화하기 위해 2011년 교육과학부와 함께 사내대학, 동업자대학, 야간대학, 방송대학, 계약대학 다양한 경로를 통하여 더 공부할 수 있는 취업·학업병행교육체제를 만들고 2011년 마이스터고와 특성화고 학생의 현장실습비는 25%(대기업 6%)의 세액 공제대상이 되는 인력개발비에 포함시키고, 졸업 후 취업하면 3년간 소득세를 100% 면제하는 파격적인 지원제도를 마련하였다.

2011년 3월 KDB금융그룹 회장으로 가서 금융계에서 처음으로 특성화고교 졸업생의 정규직 채용과 함께 첫 금융계 사내대학인 KDB금융대학을 설립하였다. 마이스터고교, 취업·학업병행체제, 고졸 정규직 채용, 사내대학은 기술교육으로서의 전략도 되지만 노동력 확대 전략도 되기 때문에 적극 추진하였다.

우리는 700만 명, 비공식으로는 훨씬 많은 해외동포를 갖고 있다. 해외이민 문제는 다민족국가가 아닌 우리에게 민감한 문제다. 유럽에서도 이교도의 이민이 10%를 넘자 큰 사회 문제로 불거지고 있다. 이런 유럽의 경험을 생각할 때 해외동포들을 이민으로 받아들이거나 자유로운 출입국을 보장하는 것이 노동공급의 좋은 해결책일 수 있다.

국가경쟁력강화위원회에서 인구 확대정책의 하나로 재외동포에 대하여 대한민국 국적을 부여하고, 상대국에서 복수국적이 허용되지 않는 경우 자유입출국을 허용하는 제도를 추진하였다. 법무부와 협의과정에서 병역기피에 악용될 소지가 있다는 이유로 복수국적제도가 우수인재와 특별공로자, 국적 회복을 위해 영주 귀국하는 65세 이상 동포에게만 허용하는 것으로 변경된 국적법 개정안을 국회에 제출하여 2010년 4월에 통과되었다. 재외동포의 자유로운 출입국은 출입국관리법의 탄력적인 비자발급으로 해결하도록 되었다.

재외동포에 대한 복수국적을 완전히 개방하지 못한 것은 큰 아쉬움이 남았으나 단일국적제도에서 우선복수국적제도로 전환한 것에 의미를 두고 재외동포에 대한 복수국적의 완전개방은 다음 기회로 미루게 되었다. 우즈베키스탄이나 카자흐스탄 동포의 경우 독립투사의 후손이거나 나라가 제대로 못해 먹고살려고 떠난 사람들이다. 한국 땅에서 살아온 우리가 그들의 국적회복을 제한하거나 입국을 심사한다는 것은 역사의 정의에 맞지 않다.

나는 KDB금융그룹 회장이 된 뒤 한국산업은행이 진출한 우즈베키스탄의 고려인 대학생들에게 방학을 이용하여 할아버지 나라를 알고 한국에서 일할 계기를 마련해주기 위해 한국어연수코스를 만들어 시행했다. 나는 고려인 대학생들에게 여러분은 대한민국에서 일할 수 있는 역사적인 권리를 갖고 있고 지금 우리는 당신들이 필요하다고 말했다. 연수를 마치고 마지막 날 캠프파이어에 둘러서서 아리랑을 합창할 때 눈물바다가 되었다. 이런 사실이 현지 신문에 크게 보도되고 큰 호응을 얻었다. 그들의 눈물을 외면하는 것은 역사의 망각이고 국가번영의 길을 막는 것이다. 지금 우리에게 절실하게 그들이 필요하다. 그들이 우리를 심사했으면 했지 우리가 그들을 심사하는 것은 역사의 정의가 아니다. 조속히 국적법이 개정되어 그들의 복수국적과 자유입출국이 보장되어야 한다.

27 최고의 경영환경을 만들자

⠿ 경영환경의 개선

경제역량의 확대는 투자역량의 확대와 함께 경영환경 개선에 의해 이루어진다. 투자역량의 확대를 위한 감세정책, 기술개발, 규제완화, 노동공급 확대에 의해 투자가 이루어져도 경영환경을 개선하지 못하면 투자의 효율성이 떨어지고 활발한 경영활동이 어려워진다. 그 반대의 경우도 성립되기 때문에 투자환경과 경영환경은 상호 의존적인 관계라고 할 수 있다.

경영환경을 결정하는 주요 변수는 적극적 재정정책과 SOC 확충에 의한 내수기반의 확충, 외환시장의 안정과 금융시장의 발전에 의한 경영환경의 안정이 핵심적인 변수다. 이와 같은 내부환경의 개선과 함께 사회자본(social capital)의 확충과 해외역량의 확대는 외부환경을 개선할 수 있는 새로운 변수다.

우리의 국가채무는 OECD 국가 중 가장 양호한 수준이기 때문에 글로벌 경제위기를 기회로 삼아 일류국가로 가기 위해서는 공격적인 재정정책과 SOC의 확충에 의해 서비스산업 발전의 인프라와 내수기반을 확충하는 것이 중요하다. 기업경영의 시각에서 볼 때 외환시장의 불안은 대외의존도가 높은 한국경제에 엄청난 부담을 안겨주고 경영 성적이 환율에 의해 좌우되는 경우가 많다. 또한 아랍에미리트와 터키의 원자력발전소 수주 경쟁에서 제기된 대규모 프로젝트금융을 뒷받침할 수 있는 세계적 대형은행의 육성도 핵심과제의 하나다. 노동시장에서 법의 지배 원칙이 발달하지 못한 우리에게 사회자본의 확충은 필수적인 과제이고, 자유무역협정을 통한 경제영토의 확대는 해외역량 확대의 블루오션이다.

공격해야 승리가 있다

기업의 경영환경을 확대하기 위한 첫 번째 전략은 위기를 기회로 전환하고 내수기반을 확충하기 위한 공격적인 확대예산의 편성이다. GDP의 100%가 넘는 국가채무를 지고 있는 선진국이 저성장에 빠져 있을 때 OECD 국가 중 재정상태가 최고로 좋은 우리가 재정을 공격적으로 운용하면 그 노력은 2배의 효과가 있어 국가의 순위도 바꾸고 일류국가가 될 수 있는 기회가 된다. 2008년은 추가경정예산, 일반예산, 수정예산을 편성해 한 해에 세 번 예산을 편성하는 진기록을 세운 해였다. 경기부양과 고유가 극복을 위한 10조 원의 유가환급과 추가경정예산, 내수기반 확충을 위한 274조 원의 2009년 일반예산, 국제공조를 위한 10조 원의 수정예산을 편성하게 되어 예산실 직원들은 3배의 고생을 했고 간부가 졸도[525]하기까지 했다.

2008년 9월 30일 정부는 274조 원의 2009년 예산안을 발표했으나 예산안을 내부적으로 확정한 후 9월 15일 리먼브러더스사태가 터져 글로벌 경제가 전례 없는 위기로 가게 되었다. 우리 경제의 2009년 성장전망도 당초보다 1%p 정도 위축된 4% 전후로 전망되어 경기침체를 최소화하고 글로벌 위기 극복을 위한 국제공조를 위해 국회의 예산심의가 시작되기 전 11월 3일 세출 10조 원을 증액하고 세입 1조 7,000억 원을 감액한 284조 원의 공격적인 수정예산을 편성하여 다시 국회에 제출하였다. 부족한 세입 18조 원은 국채 발행을 함으로써 GDP 기준으로 재정수지는 -2.1%, 국가채무는 34.3%가 되었다.

11월 19일 국회 예산결산위원회의 2009년 예산제안설명에서 전례 없는 위기를 맞아 선제적, 결정적, 충분한 대응을 위해 예산을 편성하였고 중점사업은 성장능력 확충, 일자리 창출, 서민생활 안정을 최우선으로 하였다고 설명했다. 이를 위해 좌파정부에서 복지분야를 최우선에 두고 R&D와 경제분야를 하위에 두었던 예산구조를 R&D 투자, 산업에너지투자, SOC 투자

순서로 경제분야를 우선순위로 올리고 그다음 복지, 교육, 환경 부문으로 조정하였다. 특히 GDP의 5%를 목표로 한 R&D예산은 지출 1번 항목으로 올리고 총지출증가율 8.3%보다 높은 11.4%를 증액시키고 매년 10% 이상 증가시키기로 했다. 산업에너지 10.2%, SOC 20.2%로 증액시키고 복지분야도 평균 이상인 8.5% 증액시켰지만 공무원 보수와 정원은 동결하였다. 국회에서 항목 간 일부 조정이 있은 후 12월 13일 정부예산 217조 5,000억 원과 기금 80조 4,000억 원을 포함한 284조 5,000억 원의 2009년 예산이 여당 단독으로 통과되었다. 전년 대비 10.6%인 27조 3,000억 원이 늘어났고 10조 6,000억 원의 유가환급금과 추경예산을 포함하면 GDP의 3.7%인 37조 9,000억 원의 예산으로 확대되었다. 할당관세 감면 1조 9,000억 원을 포함한 34조 9,000억 원의 감세를 포함하면 GDP의 7.1%인 72조 8,000억 원의 재정 투입을 하게 되어 OECD 국가 중 가장 빨리 최대 비율의 공격적 재정정책을 집행하게 되었다.

정부는 2009년 예산이 통과되자 통상 다음 해 연초에 하던 부처 업무계획을 앞당겨 그해 12월 16일 〈일류국가로 도약하기 위한 2009년 경제운용방향〉[526]을 청와대에서 모든 부처가 참석한 가운데 보고하였다. 경제성장률 전망은 본예산 편성 때 5% 전후에서 수정예산 편성 때 4% 전후로, 12월에는 3% 전후로 내렸고 경상수지는 100억 달러 흑자, 취업자 증가는 10만 명 전후, 소비자물가는 3% 전후로 전망했다. 세계경제 성장은 2.2%, 선진국은 -0.3%로 전망했다. 이러한 경기침체에 선제적으로 대응하기 위해 12월부터 예산사업에 대한 계약을 체결하고 예산의 60%를 상반기에 조기 집행하도록 했다. 자금은 세입과 관계없이 국채 발행으로 조기 배정하고, 긴급입찰제도를 활용해 공사계약기간을 통상 90일에서 45일로 단축하고, 경상비의 조기 지출을 위해 예산사업 발주를 조달청 집중발주에서 부처별 자율발주로 전환하는 특별한 조치를 취했다.

글로벌 금융위기가 소강상태로 접어든 2010년 5월 9일 재정전략회의에서 기획재정부가 공격적 확대재정을 균형재정으로 전환하겠다는 방침을 보고

하였다. 나는 대통령경제특별보좌관으로 이 회의에 참석하여 국가채무가 100% 전후인 선진국이 저성장의 늪에 빠져 있을 때 우리는 수비단계를 넘어 공격을 해야 한다고 주장했다. 2010년 국가채무가 33.4%인 우리가 선진국과 같이 균형재정으로 가자는 것은 전략의 방향착오라고 강력히 제동을 걸었다. 축구에서 계속 수비만 하면 잘해도 무승부일 뿐이고 공격을 해야 승리의 기회가 있다고 지적하며 국가채무가 50%에 달할 때까지 공격적인 확대재정으로 가야 위기가 끝나면 새로운 강자가 될 수 있다고 강조하고, 국가채무는 세기적 생존게임이 끝난 후 증세와 긴축으로 대처하면 된다고 강조했다. 여러 공방이 있은 후 이명박 대통령께서 '확대 균형재정'으로 가자고 결론내렸으나 2011년 예산은 재정수지 1.5% 흑자, 국가채무는 34.0%로 가게되었고 2012년은 4조 6,000억 원의 세계잉여금까지 냈으니 안타까운 방향착오가 되었다.

2009년 세계가 -0.6%, 선진국이 -3.2%의 마이너스 성장을 할 때 우리는 공격적인 재정금융정책으로 0.3%의 플러스 성장을 기록했다. 2010년부터 3년간 경제성장은 세계 5.2% → 3.9% → 3.2%, 선진국 3.0% → 1.7% → 1.5%를 보였는데 우리는 선진국보다는 높았지만 세계 평균에도 못 미치는 6.5% → 3.7% → 2.3%의 실적을 보였다. 선진국이 재정적자에 묶여 고전할 때 소극적인 재정정책으로 일관한 것은 소득세와 법인세를 2% 추가 인하하는 감세정책의 폐기와 함께 방향착오로 생각된다. 나는 이런 상황에 대해, 빚이 많아 부도지경에 이른 경쟁 기업이 은행 빚을 갚는다고 빚도 없이 잘나가는 기업이 대출을 해주겠다는데도 빚을 갚는 격이고, 경쟁자를 제압할 수 있는 기회를 놓치는 것과 같다고 비유하면서 관계자들에게 여러 번 권고했지만 대한민국 경제는 축소지향적으로 흘러갔다.

다목적 한국판 뉴딜사업

기업의 경영환경을 개선하기 위한 두 번째 전략은 '다목적 한반도대수로사업'이었다. 이 대규모 SOC사업은 내륙수운의 개발과 함께 치수사업, 수자원보전, 내륙개발, 경기부양과 서비스산업의 인프라를 확충하는 다목적 사업으로 구상되었다. 대통령선거 과정에서 '한반도대운하사업'으로 발표되어 운하는 일부 구간임에도 불구하고 운하사업으로 인식되어 반대가 많았다. 집행단계에서 '4대강 살리기 사업'으로 이름이 바뀌어 추진되었다.

한강과 낙동강에는 조선시대까지 배가 다녔다. 일제시대부터 신작로라는 도로망이 만들어지고 무분별한 산림벌목에 의해서 토사가 강으로 흘러내려 강바닥에 쌓이게 됨으로써 배가 다닐 수 없게 되었다. 오염물질도 쌓여 물이 썩어가고 여름에 비가 오면 홍수가 나서 재산과 인명피해가 계속되어 운하가 아니라도 치수사업은 불가피한 상황이었다. 1978년 박정희 대통령께서도 한강운하를 검토한 보고서가 있다. 선진국 모두 강을 방치하는 경우가 없고 유럽에서는 수자원관리와 함께 운하로 활용하고 있다. 소득 수준이 높아지면 요트가 일반화되므로 요트산업은 새로운 성장산업이 될 수 있다. 4대강 개발은 운송수단뿐 아니라 수자원관리와 서비스산업의 개발을 위한 한국판 뉴딜정책이었다.

한반도대운하사업에 내가 참여하게 된 것은 2005년 서울시정개발연구원 장으로 경부운하가 포함된 수도권의 물류체계 강화 방안의 연구를 주관하게 되면서부터다. 이 연구를 바탕으로 2007년 대통령선거에서 경부운하를 포함한 한반도대운하사업이 선거공약으로 채택되었다. 경부운하는 이명박 대통령이 1995년 국회의원 시절 처음으로 제안하였다. 경부운하의 경우 90%는 옛날에 배가 다니던 구간이고 소백산맥을 통과하는 10% 미만의 구간만 운하이다. 따라서 한반도대운하계획은 '한반도대수로계획'이 맞고 그래서 선거공약에서도 영문으로는 'Korea Grand Waterway'라고 썼다.

한반도대수로사업은 당초 내륙 물류사업으로 연구되었지만 내수산업의 진작과 함께 물부족 시대를 대비하기 위한 수자원관리를 위해 구상되었다. 남한의 경부수로, 금강수로, 영산강수로를 축으로 하여 12개 노선 약 2,100 킬로미터와 북한의 예성강수로, 대동강수로, 청천강수로를 축으로 5개 노선 약 1,000킬로미터를 합하여 17개 노선 3,100킬로미터에 이르는 방대한 구상[527]이었다. 경부수로를 건설하는 데 4년의 기간에 15조 원 전후의 공사비가 소요될 것으로 추정하였고 수익형 민간투자사업(build-transfer-operate)으로 재정부담 없이 추진하고 공사비의 50%는 8조 원 전후의 골재 판매수익으로 충당하는 것이었다.

경부수로 건설에 의해 3분의 1의 운송비로 경부축 물류 20% 정도를 감당할 수 있다. 2,500톤 선박과 고속도로를 달리는 1톤 트럭 2,500대를 비교하면 적은 비용으로 친환경적인 제2의 경부고속도로를 건설하는 것과 같다. 충주, 여주, 구미, 대구, 광주, 나주, 강경 등 많은 내륙도시가 산업이 번창하는 항구도시로 변하는 국토개조가 이루어지고 수상 레저산업과 강변 레저산업의 발달과 함께 요트산업의 개발로 70여만 개의 일자리 창출도 가능할 것으로 추정되었다. 운송보다 국토의 재창조와 관련 산업의 발전에 더 큰 효과가 있는 프로젝트였다.

한반도대운하 연구를 위해 2006년 당시 이명박 후보는 유럽의 RMD(라인강-마인강-도나우강)운하를 시찰하였고 독일 연방수로국장을 초청해 운하 반대자들과 함께 한반도운하포럼을 열었다. 독일 연방수로 국장은 라인강 운하에 대해 설명하며 한국의 운하는 친환경적인 운송수단이 될 것이라 말했고, 이에 대해 누구도 이의를 제기하거나 반대의견을 표시하지 않았다. 내륙주운이 발달한 유럽은 내륙이 항구로서 역할을 하여 독일과 같이 제조업의 발전기지가 되었는데, 라인강에 연결된 스위스의 바젤은 유럽 최대 항구의 하나라는 사실에서도 이를 알 수 있다. 내륙주운은 연료사용이 적어 가장 친환경적인 교통수단으로 간주되어 EU에서는 운하운송을 권장하고 보조금까지 주고 있다.

선거기간이 되자 후보경선에서 한나라당 후보들도 반대하고 본선에서 야당의 후보도 반대하는 등 한반도대운하사업은 중요한 쟁점 공약이 되었다. 선거가 끝나고도 반대가 많아 4대강 치수사업으로 대체되어 추진되었으나 환경단체와 종교단체의 많은 반대가 이어졌다. 나는 운하 프로젝트를 검토하면서 '운하'라는 용어가 잘못되었다고 생각했다. 경부운하에서 90%는 옛날에 배가 다니던 구간이고 소백산맥을 통과하는 10% 미만의 구간만 운하이다. 따라서 경부운하(Seoul-Pusan Canal)가 아니라 경부수로(Seoul-Pusan Waterway)가 맞지만 운하가 이미 정착된 용어가 되었다.

한반도대수로사업은 오해와 반대가 심해 '4대강 살리기 사업'으로 개편하여 2008년 12월 29일 낙동강지구 사업을 시작으로 2012년 4월 22일까지 22조 3,000억 원의 예산을 투입해 대하천정비사업으로 추진되었다. 사업의 주요 내용은 한강, 낙동강, 금강, 영산강 등 4대강을 준설하고 친환경 보(洑)를 설치해 하천의 저수량을 늘리고 생태계를 복원하고 관광레저산업의 인프라를 건설하는 것이었다. 아직은 자전거길 조성에 그치고 있지만 앞으로 주변에 많은 관광레저산업이 들어서면 내수산업의 진작을 통한 일자리 창출에 많은 기여가 있으리라 전망한다. 4대강사업 후 주변지역은 범람의 공포가 없어졌고 특히 여주는 범람의 위기에서 완전히 벗어났다. 수로가 현실화되었다면 충주, 강경, 나주, 대구는 항구도시가 되어 큰 발전을 이루었으리라 생각한다. 언젠가 누구에 의해서든 수로는 추진될 것이라 믿는다.

'4대강 살리기 사업'의 해당 지역 지방자치단체와 지역주민 대부분은 사업을 환영하는데도 종교단체, 환경단체, 시민단체가 생태계 파괴, 수질 악화, 환경오염을 들어 반대가 심한 속에 마무리되었다. 당초 이 사업의 구상에 참여했던 사람으로서 하고 싶은 이야기는 일자리 창출을 위한 서비스산업의 기초 인프라 건설을 위해 다른 대안이 별로 없었다는 점과 생태계 파괴, 수질 악화, 환경오염은 당초 검토 때 전문가들은 문제가 없다는 견해였기 때문에 천성산 도룡뇽 사건과 같이 시간이 지나면 진실이 가려질 것이라는 것이다. 시간이 모든 문제의 정답을 내놓으리라 생각한다. 처음부터 경부운하가 아니라 경부수로라 썼더라면 하는 아쉬움이 많다. 당초 작명이 문제가 있어 논란이 더 커진 게 아닌가 하는 생각도 든다.

급격한 자본유출입을 막아라

자본거래 규제

기업의 경영환경을 개선하기 위한 세 번째 전략은 환율과 외환시장을 안정시키기 위해 해외단기자금의 과도한 유출입을 방지하는 장치의 마련이다.

소규모 개방경제에서 환율과 성장의 상관관계는 크다. 환율은 해외단기자금에 의해 영향을 크게 받기 때문에 한국경제가 해외단기자금에 의해 좌우되는 결과가 된다. 해외단기자금은 평시에는 환율을 절상시키는 근원이 되고 위기 때에는 급격한 유출로 외환수급관리를 어렵게 만드는 양날의 무서운 칼이었다는 것이 1997년 위기의 교훈이다.

2001년부터 10년간 환율과 경상수지와 경제성장률은 같은 추세를 보인 반면 금융계정의 해외자금 유출입과는 반대로 움직였다. 이것은 금융계정을 통한 해외자금의 유입이 경제성장과 역의 상관관계에 있다는 것을 보여준다. 경제정책의 핵심은 환율에 있고 해외단기자금의 관리에 있다. 2004년 343억 달러의 해외자본 초과유입은 14.7%의 원화절상을 통해 경제성장의 정체를 불러왔고, 2009년부터 3년간 763억 달러의 해외자본 초과유입은 9.0%의 원화절상을 초래하여 2011년부터 저성장을 불러온 것으로 추정된다.

특히 2009년부터 경상수지가 흑자기조이고 순채권국인 우리에게 해외단기자금은 부정적인 영향이 크기 때문에 외환관리전략의 핵심을 자본수입보다 자본수출로 전환해야 할 때가 되었다. 제조업의 부채비율이 외환위기 때 400% 정도에서 100% 정도로 떨어졌고 금리가 1.5%의 금융비용에 영향을

환율·경상수지·경제성장·자본유출입 관계

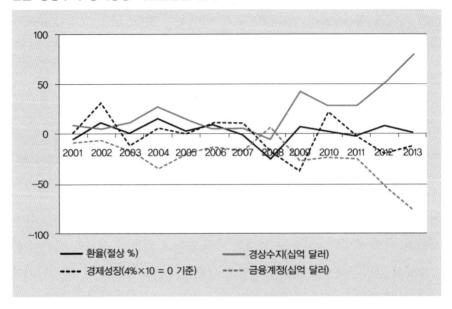

미치지만 환율은 100%의 매출액에 영향을 미치는 것을 생각하면 금리는 경영에 주요한 변수가 아니다.

2008년 글로벌 금융위기 이후 IMF나 OECD 같은 권위 있는 국제기구와 선진국 중앙은행들의 경제예측이 맞지 않는 것은 금융기관의 투기적 자금거래가 위기의 뿌리임에도 불구하고 거시경제학의 기본모델인 동태·확률적 일반균형모델(dynamic stochastic general equilibrium model)의 경제주체에 가계, 기업, 정부만 포함하고 금융기관은 실물의 베일로 생각해 뺐기 때문이라는 것을 통계로도 알 수 있다. 금융자본의 유출입을 가장 중요한 경기예고 지표로 활용하는 기법도 개발되어야 한다. 해외자본은 실물경제를 적극적으로 교란했다. 투기적 금융거래는 우리에게 1997년 외환위기를 몰고 온 뿌리였고 2008년 글로벌 금융위기에서 우리에게 큰 부담을 주었다.

나는 2008년 기획재정부 장관 때 해외단기자금의 급격한 유출입에 의한 환율불안을 방지하기 위한 자본거래세 도입을 구상하였지만 환율의 급격한 상승에 의한 위기관리의 차질과 물가에 대한 부담 때문에 추후 검토과제로 남겼다.

과도한 단기자금의 유출입을 방지하기 위한 구조적인 장치는 선물거래에 대한 포지션관리, 투자소득에 대한 과세 강화, 자본유출입에 대한 거래세부과, 역외원화시장에 대한 규제 등이다. 저금리의 캐리자금과 투기적 헤지펀드가 주식이나 채권을 산 후 선물시장에서 헤지거래를 하고 역외원화선물시장에서 환헤지를 하면 땅 짚고 헤엄치는 장사를 할 수 있다. 해외단기자금이 마음대로 드나들며 금리차익이나 투기차익을 누려도 소득세도 자본거래세도 없다. 우리의 주가지수옵션시장과 원화역외시장이 세계 1위까지 올라간 것은 우리 경제의 규모로 보아 상상할 수 없는 일이다. 해외투기꾼들은 현물시장과 선물시장, 그리고 역외시장을 넘나들면서 투기소득을 즐기는데도 입출금도 자유롭고 세금도 없는 한국은 '아시아의 노다지', '아시아의 자동현금인출기'로 불리는 지경까지 갔다. 규제도 세금도 없는 외환시장은 소규모 개방경제에는 치명적인 문제를 유발할 수 있다.

2009년에는 경상수지가 흑자로 전환된 데다가 900억 달러의 미·중·일 통화스와프와 1,000억 달러의 대외지급보증으로 3중의 외환위기 방어선이 있었고 4월 9일 30억 달러 외국환평형기금채권을 발행할 수 있는 상황이었다. 투기적인 외화유입을 억제해야 하는 상황에서 기획재정부는 외화유동성 공급을 확대한다며 5월 21일부터 외국인의 국채와 통화안정채권의 이자소득에 대해 면세조치를 하였다. 소득세 14%, 법인세 20% 면제에다가 4% 내외의 금리차익, 외환차익까지 합치면 최대 30% 정도의 수익이 예상되었다. 자본거래세를 도입해야 하는 상황에서 자본소득세를 면제했으니 큰 방향착오였다. 더구나 해외단기자본을 밀어내야 하는 상황에서 기획재정부 고위당국자가 자본유치를 한다고 해외에 나가 투자설명회까지 한 것은 과거 환란의 상처를 벗어나지 못한 방향착오였다.

나는 대통령경제특별보좌관으로 일할 때 재정금융정책 전반에 대해 대통령께 보고를 했는데 자본거래 규제에 대해 여러 번 보고했다. 기획재정부는 환율정책과 자금유출입 규제에 대하여 견해가 달랐고 2010년 G20 서울정상회의를 앞두고 의장국으로서의 입장 때문에 논란을 기피하는 상황이었다. 그러나 2010년 2월 19일 IMF는 〈자본유입과 규제의 역할(Capital Inflows: The Role of Controls)〉[528]이라는 보고서에서 공식적인 입장은 아니지만 지금까지 지켜오던 시장환율과 자본자유화의 입장을 바꾸어 자본유입에 대한 규제와 단기부채의 유입에 대한 과세의 필요성을 제기했다. 이것은 국제금융질서의 큰 변화를 예고하는 것이었고 선제적인 대응이 가능한 상황이었다.

2010년 3월 23일 나는 〈경제상황 재점검과 선제적 대응〉에 관한 전략을 대통령께 보고했다.[529] 내용은 다음과 같다. "경제상황에 대한 낙관적인 분위기가 조성되고 있었으나 2010년 들어 성장률, 수출, 실업률 등에 좋지 않은 증상들이 나타나고 있어 경제상황에 대한 재점검과 선제적 대응에 의하여 어렵게 잡은 승기를 승세로 굳히는 전략이 필요하다. 선제적 대응 없이는 지난 2년의 노력이 수포로 돌아갈 가능성이 있기 때문에 신중한 출구전략과 함께 환율, 감세, 재정에 대한 재점검이 필요하다. 특히 자본거래 규제 등 환율에 대한 선제적 대응으로 신흥국 경제(emerging economy)에 대한 투기적 투자의 피난처가 되고 있는 상황을 극복하지 못하면 모든 노력이 무력화될 수 있다. 역외차액결제선물환(NDF)시장 규제, 포지션 관리, 은행차입금과 자본거래 과세 등 다양한 방법이 필요한데 자본거래 과세에 대하여는 IMF뿐만 아니라 미국, 영국, 독일, 중국도 필요성을 제기하고 있다. 2009년에 브라질은 환율안정을 위해 외국인투자에 2% 외환거래세를 도입했고 미국도 은행의 차입금에 대해 0.15%의 은행세(bank levy)를 부과하기로 발표한 상황이다."

비슷한 시기에 대통령국제경제보좌관으로 일하고 있던 신현송 프린스턴대 교수도 해외차입금에 대한 과세를 대통령께 보고했다. 신현송 보좌관은 단기자금의 급격한 유출입은 은행을 통해 주로 이루어지기 때문에 자본거래세보다 은행의 외화차입금에 과세하는 은행세를 도입하는 것이 실효성이 있다는 견해였는데 이 점에서 나와 차이가 있었다. 일단 은행세부터 도입하고 상황을 보아가면서 자본거래세로 확대하기로 했다.

2010년 6월 13일 기획재정부는 외환 통화스와프, 역외차액결제선물환 등 통화와 관련한 모든 파생상품을 포함한 선물환에 대한 종합포지션을 은행 자기자본의 50%(외국 은행 250%) 이내로 제한하는 것을 발표하고 10월부터 시행하게 되었다. 그 후 추가적으로 10%(외국 은행 50%)씩 30%(외국 은행 150%) 까지 한도를 내렸다. 외국인채권은 2011년 1월부터 이자소득 14%와 양도소 득 20% 원천징수제도를 의원입법으로 부활했다. 그해 8월부터 비예금 외화 부채에 대해 최고 0.2%(만기 3년 초과 0.05%, 1~3년 0.1%, 1년 이내 0.2%)의 외환건 전성부담금이 도입되었고 수입은 외국환평형기금으로 사용하도록 했다. 2011년에 '거시건전성 3종 세트'라고 불리는 선물환포지션(forward exchange position) 관리, 외국인 채권투자 과세, 외환건전성부담금이 모두 시행되게 되었다.

아직도 외환시장에 투기적인 거래가 많고 단기해외자금의 유출입이 과도 한 상황을 보면 처음부터 자본거래세를 도입하는 것이 좋았을 것이라는 생 각이 든다. 내국인의 역외원화선물시장 참여를 금지하여 역외원화시장을 위 축시키고, 국내 선물시장에 대한 규제를 강화하는 조치가 추가되어야 한다. 외환건전성부담금 부과요율을 올려 외국환평형기금을 확대하여 위기에 대 비해야 한다. 2010년 G20 서울정상회의에서 합의한, 경제지표를 반영하는 '신중하게 설계된 거시건전성 규제의 도입(carefully designed macro-prudential measures)'은 해외자본 유출입을 규제할 수 있는 확실한 근거가 되었다.

G20 서울정상회의의 환율원칙

환율주권 확립

환율은 소규모 개방경제인 우리의 기업활동에 가장 중요한 변수이다. 해외 자금의 급격한 유출입을 방지하는 제도적 장치의 작동을 위하여 환율운용에 대한 국제적인 합의가 필요하다. 우리는 IMF와 미국으로부터 정부의 환율개입에 대한 끊임없는 압력을 받아왔고 이는 내가 국제금융에 관한 일을 할 때 가장 어려웠던 일이었다. 2010년 11월 11일 G20 서울정상회의에서 환율에 대한 정부개입에 합의한 것은 우리에게 환율에 대한 코페르니쿠스적 전환을 이룬 계기가 되었다.

G20 서울정상회의는 많은 의미가 있다. 국내적으로는 유사 이래 처음 우리가 국제질서를 정하는 국제회의의 의장이 됨으로써 규칙준수자(rule taker)에서 규칙제정자(rule maker)가 되어 대한민국의 국격이 높아졌다는 것이고, 국제적으로는 주변국을 대표하여 주변국의 가장 큰 애로였던 환율에 관한 새로운 원칙을 정하는 대리인의 역할을 충실히 했다는 것이다.

G20 서울정상회의에서 합의한 환율원칙[530]은 1) G20 회원국에 대해, 환율에 경제 펀더멘털이 반영될 수 있도록 보다 시장결정적인 환율제도로 이행하고 환율유연성을 제고하며 경쟁적인 평가절하를 자제할 것이다(We will move toward more market-determined exchange rate systems and enhance exchange rate flexibility to reflect underlying economic fundamentals and refrain from competitive devaluation of currency), 2) 선진국에 대해, 준비통화를 사용하는 국가들을 포함하여 선진국들은 환율의 과도한 변동성과 무질서한 움직임을 경계할 것이다(Advanced economies, including those with reserve currencies, will be vigilant against excess volatility and disorderly movement in exchange rate), 3) 신흥국에 대해, 과도한 자본유출입의 변동성 위험에 적응하는 데 과도한 부담이 있는 신흥국이 적절한 보유고를 갖고 있는데도 환율의 고평가가 지속될 경우의 정책대응에 신중하게 설계된 거시건전성 규제를 포함한다(Nonetheless, in circumstances where countries are facing undue burden of adjustment, policy responses in emerging market economies with adequate reserves and increasingly overvalued flexible exchange rates may also include carefully designed macro-prudential measures)는 것이었다.

2010년 10월 23일 G20 경주재무장관회의(공식명칭은 'G20 Finance Ministers and Central Bank Governors Meeting in Gyeongju')에서 환율에 관한 합의가 이루어져

나와 함께 환율주권과 대외균형 우선론을 주장했던 최중경 대통령경제수석
비서관이 드디어 우리의 환율주권론이 합의되었다고 전화를 했을 때 나는
감격했다. 1985년 뉴욕에서 주미대사관 재무관으로 근무할 때 일본을 '잃어
버린 10년'으로 몰고 간 계기가 되었던 플라자합의를 직접 경험하고 1991년
부터 재무부 국제금융국장으로 미국과의 환율분쟁에 참여했을 때부터 나는
환율주권론을 주장했고, 1997년에 외환위기를 맞아 환율주권이 국가경영의
기본이라는 것을 뼈저리게 느꼈다. 2010년 환율에 관한 새로운 합의는 나에
게 장장 25년에 걸친 최대의 숙제가 해결된 것이었다. 경주에 직접 가서
환율주권을 위해 노력한 최중경 경제수석과 2008년 11월 15일 워싱턴 G20
정상회의 때부터 2년간 환율주권을 관철하기 위해 엄청난 노력을 한 신제윤
차관보는 국제금융사에 큰 업적을 이루었다. G20 재무장관회의의 의장으로
서 새로운 환율원칙의 합의를 이끌어낸 윤증현 기획재정부 장관의 리더십에
존경을 보낸다.

　환율에 관한 경주의 합의가 있기까지는 긴 여정이 있었다. 2008년 5월
3일 마드리드에서 한·중·일 재무장관회의가 열렸을 때 신제윤 차관보의 사
전 실무협의[531]에 따라 아시아 차례가 돌아온 G20 재무장관회의 의장을 내가
맡기로 합의하였다. 쉐시런 중국 재정부장은 부임한 지 얼마 되지 않았고
일본은 아시아태평양경제협력체(Asia-Pacific Economic Cooperation) 의장국을
맡기로 한 상태인 데다가 G20 재무장관회의가 정상회의로 격상될 줄 아무도
몰랐기 때문에 쉽게 찾아온 행운이었다. 그 후 10월 11일 워싱턴에서 열린
긴급 G20 재무장관회의에서 차기 의장국이 되도록 미국과 사전협의를 하고,
11월 7일 상파울루 정례 G20 재무장관회의에서 영국 다음의 차기 의장국으
로 선출되었다. 이어 열린 11월 15일 미국이 주도하여 워싱턴에서 처음 열린
G20 정상회의에서 신제윤 차관보는 라우리(Clay Lowery) 미국 재무부 차관보
로부터 전기 의장, 현재 의장, 차기 의장으로 구성되는 G20 재무장관회의의
트로이카 포맷을 정상회의에서도 그대로 적용하기로 한 미국의 의향을 들었다.
　G20 체제(Group of 20)가 성립되는 과정에서 사르코지 프랑스 대통령은

G14 체제(Group of 14)를 주장했고 중국을 의식한 일본도 G20 체제를 반대하는 입장을 취하기도 했다. G14 체제는 G7 국가와 BRICs(브라질, 러시아, 인도, 중국)의 참여는 확실하지만 나머지 3개국은 불확실한 상태였고 한국의 참여는 어려운 상황이었다. G20이나 G14냐의 불안정한 상황에서 2008년 10월 3일 청와대에서 이명박 대통령 주재로 박병원 경제수석과 사공일 경제특보가 참석한 전략회의가 열렸다. 나는 국제역학관계에서 볼 때 미국의 주도권이 흔들릴 수 있는 G14는 실현이 어렵고 G20이 우리에게 유일한 대안이라고 주장했다. G14 주장도 강력하여 대통령께서는 기획재정부는 G20 체제로 노력하고 사공일 특보는 G14 체제를 위한 노력을 하기로 결론 내리고 사공일 특보는 프랑스와 영국에 출장 가서 별도로 노력하기로 했다.

10월 11일 워싱턴에서 IMF 연차총회 기간에 갑자기 열린 G20 재무장관회의에 부시 미국 대통령이 예정에 없이 참가했다. 미국은 부시 대통령이 그해 말 퇴임하기 전에 글로벌 금융위기를 극복하기 위한 국제공조체제로서 G20 체제를 굳힌 단계였다는 것을 그때 알게 되었다. G20 재무장관회의가 G20 정상회의 체제로 전환된다 하더라도 재무장관회의 의장국인 우리가 정상회의 의장국이 되는 데는 일본의 반대가 문제였다. 우리에게는 G20 체제와 의장국이 중요하기 때문에 일본이 계속 반대할 경우 2010년 아시아 차례의 G20 정상회의가 의장국에서 열리는 것이 관례였지만 정상회의 개최장소를 도쿄에 양보하는 방안도 대통령께 보고했다. 12월 13일 일본 후쿠오카에서 한·중·일 금융정상회의가 열렸던 당시 G20 정상회의 체제가 미국에 의해 사실상 굳어진 상태였기 때문에 이 문제는 제기하지 않고 넘어갔다. 당시 나는 G20 정상회의 체제가 우리에게 최선의 방안이었기 때문에 서울정상회의를 양보해서라도 G20 정상회의 체제와 의장국의 지위를 지키는 것이 중요하다고 판단했다. 이런 상황에서 이명박 대통령의 외교적 노력과 함께 부시 미국 대통령과 오바마 대통령과의 친분이 더하여 2010년 G20 서울정상회의를 성공적으로 개최하게 되었다.

G20 정상회의 체제는 2008년 글로벌 금융위기에 대한 국제공조를 협의하

기 위해 그해 말 퇴임을 앞둔 부시 미국 대통령의 주도로 11월 15일 워싱턴에서 처음 G20 국가들이 참석한 정상회의[532] 'Summits on Financial Market and World Economy'로 막을 열었고, 2009년 런던에서, 2010년 서울에서 정상회의가 열린 후 매년 정례적인 회의가 됨으로써 국제질서를 협의하는 가장 중요한 새로운 협의체제가 되었다.

2010년 10월 13일 G20 경주재무장관회의와 G20 서울정상회의를 앞두고 나는 〈G20 환율의제와 미국·중국·일본 관계 전략〉이라는 보고서를 통하여 환율의제에 대하여 1) G20은 환율이 경제지표(economic fundamentals)에 의해 움직일 수 있는 국제적 공조장치 마련, 2) 미국은 달러화 가치 유지 약속(pledge not to debase dollar)과 0% 금리의 1조 달러 추가적 통화완화(quantitative easing) 자제, 3) 중국은 위안화를 경제지표에 따라 탄력운용, 4) 일본과 브라질 등 신흥국은 이런 노력에 국제적 공조(international corporation by other countries) 촉구 등 네 가지 전략을 대통령께 보고했다. 이러한 내용이 G20 합의서에 반영되도록 청와대와 기획재정부에 보고서를 보냈다. 2010년 11월 11일 대한민국이 의장국이 되어 G20 서울정상회의가 열리게 되었고 미국과 IMF의 협력으로 환율에 관한 합의가 이루어지게 되었다.

G20 체제는 국제정치적으로 많은 의미를 갖고 있다. 1945년 브레턴우즈 체제가 탄생할 때 세계는 사실상 미국 중심의 일극체제였다. 1974년 오일쇼크 대책을 협의하기 위해 미국, 영국, 프랑스, 독일, 일본의 G5 체제가 성립되었고 이탈리아와 캐나다가 합류하여 G7 체제가 성립되었다. 1990년대 들어 거대한 영토와 인구와 자원을 가진 BRICs의 등장으로 G7 체제의 대표성이 흔들리게 되었고, 아시아 외환위기와 같은 위기의 재발을 방지하기 위한 새로운 협의체가 필요하게 되었다. 이런 배경에서 1999년 G20 재무장관회의 체제가 출범하였고 G20 국가는 세계인구의 60%, GDP의 85%, 교역량의 80%를 차지하였다. 회원국은 아시아 5개국(한국, 중국, 일본, 인도, 인도네시아), 유럽 5개국(영국, 프랑스, 독일, 이탈리아, EU 의장국), 아메리카 5개국(미국, 캐나다, 멕시코, 브라질, 아르헨티나), 기타 지역 5개국(러시아, 터키, 사우디아라비아, 남아프리

카공화국, 오스트레일리아)으로 구성되었다. G7 체제와 함께 G20 체제도 미국에 우호적인 나라가 압도적 다수라는 것은 국제역학관계에서 중요한 의미가 있다. G14 체제는 미국이 주도권을 장악하기 힘든 체제다. 이것이 내가 처음부터 G14 체제에 회의적이었던 배경이다.

우리가 유사 이래 처음으로 규칙준수자에서 규칙제정자가 된 것을 나는 역사의 축복으로 생각한다. 아시아 최초로, 신흥국 최초로, 중국과 일본을 제치고 국제질서를 결정하는 G20 정상회의를 의장국으로서 개최한 것은 국제역학관계에서 볼 때 역사적인 중대 변화라 생각한다. G20 체제가 성립되고 우리가 의장국이 되는 데 있어서 신제윤 차관보의 실무적인 노력과 라우리 미국 재무부 차관보의 협력이 중요한 역할을 했다고 생각된다. 라우리 차관보가 부시 행정부와 함께 물러나고 나서 감사의 뜻으로 그를 서울에 초청하여 만찬을 베풀었다. 또 하나 남기고 싶은 비망록은 내가 장관으로 내정되고 업무를 인계받는 과정에서 들은 전임 권오규 부총리의 권고로, G20 재무장관회의가 앞으로 중요한 회의로 발전될 가능성이 있으니 적극 참여하라는 권고였다. 권오규 부총리의 권고가 없었더라면 무관심하게 넘어갔을 가능성도 있었다.

50대 은행을 만들자

챔피언은행

기업의 경영환경을 개선하기 위한 네 번째 전략은 기업활동을 원활하게 지원할 수 있는 국제적인 대형은행의 육성이다. 국제적인 대형은행의 육성은 기업투자활동을 지원하고 금융산업 자체의 발전에도 선도적인 역할을 할 수 있다.

대형은행의 육성은 2008년 대통령직인수위원회 때 컨설팅회사 한국맥킨지(McKinsey Korea)가 한국의 선진국 진입을 위해서는 해외 대규모 프로젝트 금융(project finance)을 뒷받침할 수 있는 아시아 10위권 이내의 챔피언은행(Asia champion bank)이 필요하다는 권고를 하면서부터 시작된 문제였다. 한국맥킨지가 보고한 내용은 정부은행인 산업은행, 중소기업은행, 그리고 예금보험공사가 대주주로 있는 우리은행을 합치면 자산규모 500조 원의 은행이 되어 한국의 챔피언은행, 아시아 10위권 이내, 세계 50위권 이내의 키플레이어은행(key-player bank)이 될 수 있고 산업은행의 프로젝트금융, 우리은행의 기업금융과 소매금융, 기업은행의 중소기업금융을 합치면 시너지효과도 클 것이라는 것이었다. 당시 한국 최대 금융그룹은 우리금융그룹이었는데 아시아 13위, 세계 71위에 불과했다. 한국맥킨지의 챔피언은행 구상은 당시 이명박 대통령당선인에게 보고되었는데 중소기업은행은 정치적으로 논란이 될 가능성이 많아 빼고 산업은행과 우리은행을 합병하는 방안이었다. 이러한 구상은 후에 금융위원회에 보내졌고 '메가뱅크(mega bank)'라는 이름으로 논의가 계속되었다.

챔피언은행 구상은 아랍에미리트와 터키의 원자력발전소 수출 시 계약단계에서 거액의 이행보증서(performance bond)와 공사단계에서 대규모 프로젝트금융이 필요함에 따라 세계 50대 메가뱅크 문제가 본격적으로 논의되면서 촉발되었다. 2009년 400억 달러의 아랍에미리트 원자력발전소 수출을 계약할 때 신용등급 AA인 세계 50대 은행의 이행보증을 요구했다. 한국 측으로서는 한국전력이 정부 소유였기 때문에 정부보증을 할 수 있었지만 세계 50대 은행이 없었기 때문에 발주자 측의 요구를 충족시키기 위해 거액의 보증료를 주고 영국 스탠다드차타드의 이행보증서를 받아야 했다. 아랍에미리트 원자력발전소 수주를 계기로 정부는 2012년까지 원전 10기, 2030년까지 80기를 수출, 세계 신규 원전건설 시장의 20% 점유를 통해 3대 원전 수출강국으로 성장한다는 원자력발전 수출산업화 전략을 발표했다. 2011년 2월 8일 청와대에서 새로 임명된 최중경 지식경제부 장관이 원자력발전 수출전략을 대통령께 보고하고 원자력발전 같은 대규모 프로젝트를 지원할 수 있도록 산업은행을 우리은행과 합병하여 대형은행으로 육성하는 방침도 정해졌다.

나는 산업은행을 우리은행과 합병하여 대형은행으로 육성하는 일을 맡기로 결정되어 2011년 3월 11일 KDB금융그룹 회장 겸 한국산업은행장으로 가게 되었다. 나는 개인적인 사정으로 다시 공직을 맡을 수 없는 상황이었고 2007년 산업은행의 민영화를 선거공약으로 채택했을 때부터 민영화를 반대했기 때문에 두 번 고사하였으나 청와대의 권유에 의해 가지 않을 수 없게 되었다.

나는 KDB금융그룹 회장으로 가기 전 산업은행의 민영화를 원점에서 재검토하고 대규모 프로젝트 수출을 위해 대형은행을 설립하는 방안을 대통령께 보고하고 승인을 받았다. 이러한 계획에 당시 청와대 백용호 정책실장과 김석동 금융위원장도 같은 생각이었다.

KDB금융그룹 회장으로 가서 대형은행을 만들기 위한 'Pioneer Bank of Asia 구상'을 만들었다. 주요 내용은 한국이 선진 일류국가로 도약하기 위해서는 국내외 금융시장에서 선도적 역할을 할 수 있는 국내 1위, 아시아 10위, 세계 50위권의 대형 종합금융그룹(corporate and investment bank)이 필요하고, 산업은행이 우리은행과 합병하면 소매금융, 기업금융과 투자금융이 균형 잡힌 한국의 대형 챔피언은행이 되어 원전, 고속철도 등 해외 대규모 프로젝트를 지원하고 해외시장에 국내기업과 동반하여 진출하는 파이어니어은행(pioneer bank) 역할을 수행하는 것이었다. 미국 JP모건과 싱가포르의 DBS와 같이 M&A를 통하여 단기간에 균형 있는 포트폴리오를 가진 글로벌 종합금융그룹으로 발전하는 전략이 정부의 의사결정만으로 가능했다. 이번 기회를 놓치면 다시 기회가 오기 어려웠다. 민간 금융그룹끼리 결합할 경우 인력과 점포의 과도한 중복으로 대규모 구조조정을 필요로 하고 시너지효과도 크지 않으며 외국인 지분율이 높아 현실적으로 실행 불가능했다.

이런 구상에 따라 5월 17일 우리금융그룹 매각 방안이 발표되었으나 KDB금융그룹의 인수에 대해 금융권과 함께 노동조합과 정치권의 반대가 많았다. 메가뱅크가 효율성이 떨어진다고 학계에서도 반대하는 의견이 나왔다. 정부는 야당의 반대로 상황이 어렵게 꼬였다. 나는 김석동 금융위원장에게 KDB금융그룹이 기업공개를 통하여 자본을 대형화하고 국내 소매금융 개척과 해외 인수합병을 통해서 시간이 걸리지만 독자적인 대형은행을 만드는 새로운 전략을 건의하였다. 6월 14일 금융위원장은 국회에서 KDB금융그룹이 우리금융그룹 입찰에 참여하지 않기로 보고하고 막을 내렸다. 얼마 후 터키의 원자력발전소도 프로젝트금융 때문에 일본에 넘어갔다.

글로벌 금융위기 이후 많은 은행이 파산함으로써 정부가 대주주로 있으면서 기업을 공개하여 정부신용을 업고 자본시장을 통해 자본을 대형화하는 새로운 모델이 많이 등장하고 있었다. 나는 미국 투자은행 골드만삭스의 자문에 따라 정부지분을 50%+1주 이상으로 하고 KDB금융그룹의 기업공개를 추진하였지만 이것도 야당과 노조의 반대에 부딪혀 시간을 끌게 되었다. 골드만삭스는 기업공개를 하면 해외투자수요가 많기 때문에 주가를 주가순자산비율(price book-value ratio) 1.5배까지 받을 수 있다고 보고했다. 당시 은행의 주가는 최고가 0.8배 수준이었는데 대성공할 것이라고 자신했다. 기업공개도 결정권은 정부에 있었다.

내가 할 수 있는 일은 국내 소매금융 개척과 해외 인수합병만 남게 되었다. 국제금융시장에서 정상적인 신용등급을 받기 위해서는 2015년까지 유동성커버리지비율(liquidity coverage ratio)[533]을 30%에서 100% 이상으로 올려야 했기 때문에 소매금융은 선택이 아니라 필수였다. 자금 조달 구성도 산업금융채권과 해외차입에 편중되어 있어 예수금 비중을 10%에서 30% 정도로 증가시켜 산업금융채권과 해외차입을 30%씩 안정적으로 재구성할 필요도 있었다. 산업은행은 점포가 당시 48개였기 때문에 다른 은행의 1,000개 전후인 점포에 비하면 통상적인 방법의 소매금융은 불가능한 상태였다.

영국계 HSBC은행 서울지점이 하고 있는 무점포 다이렉트뱅킹(direct banking)으로 가기로 했다. 미국에서 대성공한 ING다이렉트의 권고에 따라 "Simple한 상품, Independent한 운영, Unique한 채용"을 전략으로 조건 없이 4.5%의 금리를 주는 온라인 예금 'KDB다이렉트'를 1년 내 1,000억 원을 목표로 10명의 고졸행원과 함께 2011년 9월 29일 시작했다. 적은 인원으로 출발한 것은 HSBC은행의 4.5% 다이렉트상품이 성공하지 못했기 때문이었다. 다이렉트 행원은 특성화고를 대상으로 성적에 관계없이 끼가 많은 사람을 채용하고 "너희들은 창업자요, 선구자요, 동업자다."라고 격려하며 교육을 시켰다. 조직을 독립적으로 만들고 근무규칙과 급여에 대해서도 자율성을 주었다. 결과는 대박이었다. 1개월 만인 그해 11월 2일 1,000억 원을 돌파하여 행원을 30명 추가로 뽑았고 7개월 만인 2012년 5월 3일 1조 원을 돌파하여 행원을 100명으로 늘렸다. 9월 21일 5조 원, 연말 7조 5,000억 원에 달하고, 2013년 4월 4일 내가 떠날 때는 10조 원에 육박했다.

당시의 예금상품 15개를 최고 3.5%의 금리를 주는 예금 'KDB드림'으로 단순화하고 점포운영 비용도 12억 원 정도를 목표로 자회사인 대우증권 점포를 활용하거나 임대료가 낮은 1층이 아닌 곳에 점포를 설치하고 인원도 5명 전후로 소형화하였다. 시중은행의 점포당 예수금은 1,500억 원 수준에 직원은 12명, 경비는 연간 60억 원 정도였다. 절감된 비용을 이자로 돌려주는 정직한 상품과 입소문(mouth evangelist) 전략으로 나갔다. 이것도 대박이 터졌다.

점포수도 미국과 일본을 기준으로 분석한 결과 175개 정도가 적절한 수준으로 나왔지만 다이렉트뱅킹임을 감안하여 100개만 하기로 했다. 내가 부임한 후 2년간 82개 점포로 늘렸고 개인예수금도 2010년 2조 1,000억 원에서 2012년 7조 5,000억 원으로 크게 증가했다. KDB다이렉트와 KDB드림의 성공으로 원화예수금은 2010년 16조 7,000억 원에서 2012년 35조 1,000억 원으로 110.2%(시중은행 평균 10.3%) 증가하여 점포당 예수금은 4,268억 원으로 시중은행 1,520억 원의 3배 수준이었다. 원화예수금과 산업금융채권의 구성도 2013년 1분기에 40조 4,000억 원 대 46조 3,000억 원으로 균형을 이루었고 원화예수금의 유동성커버리지비율은 120%로 목표를 초과했다. 소매금융의 호조와 적극적인 대출 활동으로 산업은행의 총자산은 2010년 113

조 2,000억 원에서 2012년 143조 원으로 26.3%(시중은행 평균 7.2%) 늘었다. 이러한 노력은 기업공개를 할 때 주가를 제대로 받기 위해 중요한 것이었다.

산업은행에만 있는 이공계 인력의 강점을 활용하기 위해 기술금융부를 신설해 처음으로 지적재산권을 대상으로 기술금융(techno-banking)을 시작했다. 우리는 순채권국이기 때문에 국제영업에서 전체 조달자금의 30% 정도만 해외차입으로 하고 자본수출도 시작했다. 해외차입은 은행으로서는 이익이 남는 좋은 비즈니스이지만 원화의 절상압력을 불러와 국민경제에 부담이 되기 때문이었다.

해외 인수합병의 경우, 영국 RBS우즈베키스탄을 인수하였고 인도네시아 은행의 인수를 추진하였지만 결말을 짓지 못했다. 영업망을 유럽 전역으로 확대하기 위해 헝가리 부다페스트에 소재한 'KDB Bank Hungary'를 'KDB Bank Europe'로 개편하여 지점망을 확대해나가기로 했다.

2012년부터 금융계 처음으로 특성화고 출신을 정규직으로 뽑고 이들을 위해 정규대학으로 사내대학인 KDB금융대학교를 설립하여 총장을 겸임하였다.

2013년 새 정부가 들어서면서 모든 사정이 바뀌었다. KDB금융그룹을 해체하고 순수정책금융기관으로 분리된 한국정책금융공사와 다시 통합해 정책금융기관으로 되돌아간다는 것이었다. 1995년 WTO 체제가 출범하면서 R&D, 지역개발, 환경개선을 제외하고 이미 금지된 정책금융[534]을 어떻게 부활시키겠다는 것인지, 정부가 증자할 여력이 없어 기업공개를 통하여 자력으로 자본을 확대하겠다는데 왜 못 하게 하는지, 소매금융은 시장마찰을 일으킨다며 중지해야 한다는데 산업은행이 국제금융시장에서 정상적인 활동을 위해 유동성비율을 어떻게 맞추어야 하는지에 대하여 대통령직인수위원회 때부터 문제점을 제기하였지만 새 정부의 방침을 바꿀 수는 없었다.

KDB금융그룹은 KDB산업은행, KDB대우증권, KDB생명, KDB캐피탈, KDB자산운용, KDB인프라자산운용 등 6개의 자회사에 7,200명의 직원을 거느리고 자산규모가 184조 원에 달해 아시아 최고의 금융그룹으로 발전할 수 있을 것으로 외국의 많은 컨설팅회사가 평가하고 있었다. 모든 것이 물거품이 되면 한국의 금융발전을 크게 후퇴시키고 다시는 그런 기회를 잡을 수 없게 될 것이다. 정책금융에 대한 착오와 소매금융에 대한 오해에서 비롯되었다는 생각에 안타까웠다.

한국 금융산업의 위기를 예언하는 전문가들이 많다. 2010년 일본 3대 은행의 평균 점포수 557개와 미국 3대 은행의 평균 점포수 5,919개를 기준으로 보면, 우리나라에 적절한 점포수는 금융자산 기준 175개, GDP 기준 250개이다. 어떤 은행 간부가 70% 이상의 점포가 적자라고 했다. HSBC은행을 시작으로 스탠다드차타드은행과 한국씨티은행이 소매점포를 폐지하기 시작했다. 일본과 미국도 중소금융, 증권보험, 상업은행 순으로 위기가 왔고 우리에게도 이런 구조조정 과정이 올 것으로 예언하는 사람도 있었다.

KDB금융그룹을 세계적인 금융그룹으로 만들기 위한 노력은 수포로 돌아갔지만 공직에서 물러나면 경영인이 되고 싶었던 나의 소망을 실험해본 아름다운 추억이었다. 나와 함께 다이렉트뱅킹을 구상하고 노력했던 임경택 부행장과 100여 명의 다이렉트 행원들과의 추억은 오래 남을 것이다. KDB금융그룹의 발전전략과 기업공개를 위한 윤만호 KDB금융지주 사장의 수고도 오래 남을 기억이다. 새 정부가 들어서기 전에 여러 차례 새 정부 출범과 함께 물러나려는 뜻을 청와대에 전달했으나 말 못 할 사정으로 한 달 정도 더 있다가 2013년 4월 4일 43년의 공직생활을 접고 '바람'과 함께 사라졌다.

신뢰자본이 성장의 20% 좌우한다

사회자본 확충

기업의 경영환경에서 사회의 이익을 조정하고 협동하는 규범, 신뢰, 연대로 정의되는 사회자본(social capital)은 중요한 변수다. 우리의 경제역량을 확대하기 위해서는 법치와 신뢰를 바탕으로 한 사회자본의 확충이 필요하다. 이

것이 기업 경영환경에 미치는 영향은 과격한 노사관계에서 잘 나타난다. 한국은 산업사회가 되었지만 아직 법의 지배(rule of law)보다 전통적인 온정주의(paternalism)가 바탕에 있다. 정치, 경제, 사회 전반에 '떼법'과 '정서법'이 실정법 위에 있다. 정부예산이 법정기일 내에 처리되지 않는 것이 우리나라 법치주의 현실을 잘 보여준다.

후쿠야마(Francis Fukuyama)는 그의 저서 《트러스트(Trust)》에서 경제학은 경제의 80%를 좌우하고 나머지 20%는 신뢰가 좌우한다고 했다. 강한 공동체 연대를 가진 사회는 고신뢰사회이며 공동체연대가 무너진 사회는 저신뢰사회인데, 일본과 독일은 고신뢰사회로, 한국과 중국은 저신뢰사회로 규정하고 있다. 우리에게는 눈에 보이지 않는 20%의 사회자본이 확실히 부족하다.

법의 지배와 사회연대로 형성되는 사회자본의 축적은 정직을 바탕으로 규정된 법규와 글로벌 스탠더드에 따른 제도의 확립에 의해 이루어질 수 있다. 평균적인 사람이 지키지 못하는 법규는 입법자가 범죄자라는 법철학도 있다. 누구나 지킬 수 있고 지키는 사람에게 이익이 돌아가는 법규와 함께 글로벌 스탠더드에 의한 제도의 확립은 경제적 국경이 사라지고 있는 지금, 최고의 기업 경영환경이라 생각한다.

정직을 바탕으로 규정된 법규에 의한 법의 지배만 확립되어도 과격한 노사분규와 정치권의 파행은 사라질 것이고 한국경제의 생산성은 크게 향상될 것이다. 우리가 불법파업을 없앨 수만 있다면 1% 정도의 추가성장을 할 수 있다는 보고도 있다. 노사분규에 의한 근로손실일수는 2000년대 들어서도 연간 1,000일이 넘다가 2008년 이후 1,000일 이하로 감소했지만 노사가 함께 법을 지키면 더 감소시킬 수 있다. 과격한 노사분규는 12% 정도 노조원의 이익을 대변하여 사회를 양극화하고 30%가 넘는 비정규직을 양산하고 있다. 이러한 문제를 해소하기 위해 노사관계 법규를 국제노동기구(ILO)의 조약에 따라 개편하자는 노력도 결실을 보지 못하고 노동현장의 법치주의는 실종되어 기업 경영환경의 최대 애로의 하나가 되었다.

글로벌 스탠더드에 따른 제도의 확립은 경제적 국경이 낮아지고 지구촌이 하나의 사회로 통합되어가는 과정에서 불가피한 과제이고 기업의 경영환경에 중요한 변수가 된다. 특히 관광산업에서는 도로, 간판, 교통에 관한 법규와 제도의 글로벌 스탠더드 채택이 아주 중요하다. 글로벌 스탠더드에 의한 제도의 정비가 사회자본 형성의 첫걸음이고 대외경쟁력을 높이는 길이라 생각한다.

나는 전체 부처의 업무에 걸쳐 국가경쟁력 어젠다를 다루는 국가경쟁력강화위원장으로 일하면서 정직을 바탕으로 한 법규의 글로벌 스탠더드에 따른 제도 마련에 많은 노력을 했다. 규제를 완화하는 기준도 정직과 글로벌 스탠더드에 따랐다. 법규가 평균적으로는 맞지만 개별사례에서 형평에 맞지 않는 경우 독립위원회의 평결에 따라 구제조치를 할 수 있는 규제형평제도도 이런 관점에서 추진했다.

우리는 '법의 지배'에 대해 관심이 너무 적은 것 같다. 우리는 식민지통치와 권위주의 지배를 거치면서 법은 강자가 만드는 것이고 강자가 만든 법에 저항하는 것이 정의라는 가치전도에서 벗어나지 못하고 있는 것 같다. 불합리한 법규를 고치는 노력보다 지키지 않는 쪽으로 가는 경우가 많다. 불합리한 법규를 고치려는 대표적인 사례로 1921년 조선총독부에서 만든 좌측통행과 좌회전 우선의 교통법규를 2009년 국가경쟁력강화위원회에서 88년 만에 폐지하기로 결정[535]했다. 세계가 우측통행을 하는데 우리만 좌측통행을 하여 국내외에서 부딪치고, 세계가 직진 차량을 우선하는데 우리만 좌회전을 우선해 정체를 유발하고 있었다. 직진 우선으로 교통법규를 개편한 후 정체가 10% 개선되고 교차로 사망사고가 30% 감소되었다고 경찰청이 보고했다. 교통법규는 출근에서 퇴근까지 모든 국민이 마주치는 생활의 기본법규이기 때문에 법의 권위를 확립하는 차원에서도 중요하다.

외국인에게 불편한 로마자표기법을 외국에서 주로 쓰는 맥쿤-라이샤워(McCune-Reischauer) 방식으로 개편하는 노력도 했다. 국립국어원은 우리 방식을 고집하고 문화부는 무심하고 청와대는 리더십을 보이지 않고 문제는 굳어져갔다. 2002년 월드컵 축구대회를 앞두고 김포는 'Kimpo'에서 'Gimpo'

로 바꾸면서 성명 김씨는 'Kim'으로 쓰고 있고 경기도는 'Kyonggido'에서 'Gyeonggido'로 바꾸었다. 뒤죽박죽에 외국인은 읽기도 힘들다. 로마자표기법은 외국인을 위한 것이지 우리를 위한 것이 아니다. 어떤 영문학자는 박경리 선생의 소설 《토지》를 오락가락하는 로마자표기법 때문에 번역을 못 해 노벨상을 못 받게 되었다는 얘기도 했다.

도로명주소도 문제가 많다. 선진국과는 너무 다르고 불편하다. 워싱턴이나 뉴욕같이 과학적이고 수학적으로 수정하자고 제안했으나 행정안전부는 무심하고 작업이 너무 많이 진행되어 수정이 불가능했다. 우리 위원회에서 제안한 내용은 서울의 광화문 네거리를 중심으로 동서는 '로' 남북은 '가', 그리고 광화문 기점 동남쪽 기간도로는 1, 3, 5의 홀수로, 서북쪽 기간도로는 2, 4, 6의 짝수로 하고 작은 도로는 지역 특성에 따라 두 자 내지 석 자로 간편하게 이름을 짓고 '길', '골' 등 거리이름을 다양하게 쓰자는 것이었다.

도로명을 현행 표기법에 따라 영어로 표기하면 너무 길어 외국인은 발음하기 힘들고 내국인은 외국에 나가 입국신고서에 쓸 수도 없는 경우도 있다. 지구촌시대를 맞아 로마자표기법과 도로명주소도 글로벌 스탠더드를 참고해서 전문가가 참여하여 개선해야 한다.

정직을 바탕으로 한 법규와 글로벌 스탠더드에 의한 제도의 정비가 사회자본 확충의 첫걸음이다. 나는 법을 공부하고 만들었던 사람으로서 '떼법'과 '정서법'이 실정법 위에 있는 한 일류국가가 될 수 없고 글로벌 스탠더드와 다른 제도를 갖고 있는 한 경쟁력이 떨어질 수밖에 없다고 생각한다. 사회자본의 확충이야말로 지금 한국이 일류국가로 가기 위한 중요한 전제조건이다.

소규모 개방경제는 해외에 길이 있다

소규모 개방경제인 한국에게 해외동포와 해외시장은 기업의 경영여건을 확대할 수 있는 새로운 활로다. 불행했던 역사의 결과인 700만 명의 재외동포는 우리에게 소중한 자산이고 해외시장은 우리의 새로운 경제영토다.

우리는 비공식적으로 세계에서 가장 많은 나라 160여 개국에 700만 명이 넘는 해외동포사회를 갖고 있다. 인구 증가가 둔화되고 노동력 부족 문제가 심각해질 미래를 생각하면 700만 해외동포는 우리의 큰 자산이다. 2010년 국가경쟁력강화위원회에서 인구 확대정책의 하나로 재외동포에 대하여 대한민국 국적의 부여와 자유입출국을 허용하는 제도를 만들었다. 작은 시작이지만 KDB금융그룹 회장으로 가서 우즈베키스탄의 고려인 대학생들을 대상으로 한국어연수코스를 만들었다. 연수를 마치는 날 캠프파이어에 둘러서서 아리랑을 합창할 때 눈물바다가 되었다. 우리는 그들을 필요로 하고 그들은 조국에 오고 싶어 한다. 해외교민의 역량을 활용하기 위한 글로벌한민족네트워크(Global Korean Network)와 과학기술역량을 최대한으로 결집하기 위한 세계한인과학자네트워크(Global Korean Scientist Network)는 논의만 되다가 실천이 없었다. 언젠가는 적극 추진해야 할 일이라 생각한다.

우리는 자유무역협정(Free Trade Agreement, FTA)을 통해 경제영토를 얼마든지 확장할 수 있다. 우리는 2004년 칠레를 시작으로 ASEAN, 인도, EU, 미국, 터키, 호주, 캐나다 등과 FTA를 체결하였고 이웃나라 중국, 일본과는 협상 중이다. FTA를 체결한 나라를 기준으로 한 한국의 경제영토는 세계에서 최대로 크다. 앞으로도 경제영토를 넓히는 일에 적극 참여하여 기업의 활동무대를 넓혀야 한다.

기획재정부 장관은 대외경제장관회의 의장으로 FTA의 체결에 대한 부처 간의 이견 조정을 맡고 있다. 한국과 EU의 FTA도 부처 간의 이견이 많았다.

나는 통상교섭본부의 요청에 따라 2008년 10월 청와대 서별관에서 비공개 대외경제장관회의를 열어 최종적으로 부처 간의 이견을 조정했다. 우리가 민감했던 자동차 문제는 미국의 선례가 있어 쉽게 조정되었지만 프랑스가 민감한 화장품은 마지막까지 가서 겨우 조정되었다. 우리는 일본보다 뒤에 시작했지만 다음 해 2009년 한·EU FTA를 타결했다. 2009년 11월 19일 오바마 대통령과의 정상회담에서 한·미FTA의 처리가 합의되었고 다음 해부터 긴 협상과정을 거쳐 자동차에 관한 추가합의가 이루어진 후 2011년 말에 양국 국회의 비준이 되었다.

우리는 인류사 최초로 수원국에서 원조국으로 발전하여 2009년 11월 25일 OECD 개발원조위원회(Development Assistance Committee)에 가입하게 되었다. 우리는 다른 선진국과 달리 원조자금과 함께 인류사에 기적을 이룬 경제개발의 노하우와 새마을운동을 전파하고 있다. 2008년 10월 서울에서 아프리카 21개국 22명의 장관급 인사가 참석한 한·아프리카 장관급 경제협력회의(Korea-Africa Economic Cooperation Conference)[536]에서 개발경험과 자본을 합친 한국형 해외개발원조(ODA)를 제안했을 때 그들은 열렬히 환영했다. 선진국의 비만과 개발도상국의 영양결핍이라는 모순을 해결하는 데 민간단체, 특히 종교단체와 함께 노력하면 더 효과가 클 것이다. 청년들의 활동무대를 세계로 확대하기 위해 ODA와 함께 해외청년봉사단 활동을 확대하면 청년의 패기교육과 함께 새로운 성장역량으로서 역할을 하게 될 것이다.

28

7위 수출대국에 서다

⠿ 위기대응의 성과

20세기가 동틀 무렵 고래 싸움에 등이 터진 새우 신세였던 우리는 21세기 글로벌 금융위기를 겪으면서 작지만 영리한 돌고래가 되었다. 전례 없었던 생존게임에서 살아남아 강자가 되었고, 위기를 기회로 만들어 국가 순위를 바꾸었다. 속전속결로 추진한 위기감내대책에 의해 OECD 국가가 마이너스 성장을 할 때 우리는 플러스 성장을 하여 가장 빨리 경제를 회복시켰다. 선제적, 결정적, 충분한 전략으로 수출, R&D, 신용등급에서 국가 순위를 크게 올렸고, 자본수출, 국제질서 정립, 해외원조에서 국가의 위상을 바꾸었다. 역사적 힘의 이동이 현실화되고 있다.

나는 기획재정부 장관으로 두 번째 위기를 맞아 10년 전 차관 때 겪었던 환란의 교훈에 따라 대외균형을 우선으로 하고, 수비-전환-공격 단계로 수립한 50개가 넘는 전략으로 맞섰다. 수많은 비판과 퇴진압력 속에 결과로 말하겠다는 각오로 외로운 투쟁을 했다. 전쟁의 폐허에서 다시 일어서고 권위주의를 극복한 패기는 우리가 가진 유일하고 강력한 자산이다. 위기를 견디어 내고 위기를 기회로 만드는 'Get up and go'의 경제학이었다.

1997년 환란 때 은행이 헐값에 해외에 팔리고 5개 지방은행과 30개 종합금융회사가 사라졌다. 6만 8,000여 개의 기업이 문을 닫고 큰 빌딩들도 외국에 팔려나갔다. 경제성장률은 -5.7%까지 곤두박질쳤고 실업자는 146만 명으로 폭발했고 1만 달러를 넘었던 국민소득은 6,863달러까지 뒷걸음을 쳤다. 참담한 기록을 남긴 그때 나는 재정경제원 차관이었다.

2008년에 외국 언론들은 우리가 다시 위기를 맞을 것이라고 보도하며 비아 냥거리기도 했다. "1997년으로 회귀", "검은 9월, 모든 것이 날아가는 통화위기", "아시아의 아이슬란드", "남아프리카와 헝가리 다음으로 위험도가 높은 나라"라고 보도하던 외국 언론들은 2009년 들어 OECD 국가 중 가장 빠른 경기회복세를 보이자 태도를 바꾸어 찬사를 보내기 시작했다.

미국 언론은 "한국은 370억 달러의 경기부양책에 의하여 침체를 피하고 시장을 놀라게 했다"(2009년 4월 24일, CNN), "서울의 관료들에게 경의를 표한다(Hats off to officials in Seoul)."(2009년 7월 27일 블룸버그통신)[537]라는 찬사를 보냈다. 영국 언론은 "한국은 더 이상 패자가 아니고, 경제는 인구가 20배가 넘는 인도만큼 크고, 수출은 영국을 추월했다."(2010년 2월 24일, 《파이낸셜타임스》), "한국의 발전모델은 개발도상국들의 본보기가 됐다. 이제 한국은 새로운 길이 필요하다."(2011년 11월 12일, 《이코노미스트》)라고 평가를 바꾸었다. OECD는 우리의 환율과 감세 등 재정금융정책이 예상보다 빨리 한국경제를 회복시켰다고 평가했고(2010년 1월 18일), 1997년 우리를 가르쳤던 IMF는 한국의 빠르고 단호한 재정금융정책 대응은 교과서적인 사례(textbook example)라고 평가했다(2011년 8월 5일). 그렇게도 격렬하게 비판하던 한국의 학자들은 말이 없었고, 시장신뢰를 잃었다고 퇴진압력을 넣었던 언론과 정치권은 침묵했다.

우리는 2008년 글로벌 금융위기를 패기로 감내하고 기회로 만드는 전략을 추진하여 일곱 가지 큰 성과를 거두었다. 가장 빠른 성장회복, 7위 수출대국, 1위 R&D 투자국, 자본수출국 전환, 아시아 최고 신용등급, 룰 메이커 국가, 원조국 전환 등이 7대 성과다. 수출 7위 대국에 오르고, 신용등급에서 일본을 제치고, 인류사에서 처음으로 수원국에서 원조국으로 탈바꿈한 것은 위기 전에는 상상하지 못한 새로운 역사였다. 이러한 성과를 이루는 데 이명박 대통령의 탁월한 리더십이 중심이 되었고, 하루도 쉬지 않고 일을 한 예산실과 세제실, 경제정책국과 국제금융국 직원들의 특별한 헌신이 있었다.

큰 성과에도 아쉬웠던 점은 대외균형을 우선하는 과정에서 내수기반 확충에 소홀했다는 것이다. 환율정책이 수출과 대기업을 위한 정책이라는 비난이 있었으나 위기관리를 위해 불가피한 선택이었고 수출마저 어려웠다면 더 큰 고통을 당했을 것이라고 생각한다. 경제정책에서 선택은 불가피하다. 위기 때는 더욱 그렇다.

우리는 플러스 성장을 했다

가장 빠른 성장회복

글로벌 금융위기를 맞은 다음 해인 2009년 OECD 국가들은 평균 -3.5%의 마이너스 성장을 할 때 우리는 0.3%의 플러스 성장을 했다. 2010년 OECD 국가들이 3.0% 성장할 때 우리는 6.3% 성장을 했고, 경제규모는 인구가 20배나 되는 인도와 비슷하게 되었다.

가장 빠른 경제회복은 환율정상화 및 금리인하와 함께, 10조 6,000억 원의 유가보조금을 포함한 37조 9,000억 원의 재정투입, 34조 9,000억 원의 대규모 감세정책, 22조 3,000억 원의 4대강사업 등 공격적 재정금융정책이 주요 요인으로 작용했다. 2008년 확정된 감세와 세출증가를 합친 총재정투입규모는 GDP의 7.1%인 72조 8,000억 원으로 OECD 국가 중 가장 빨리 최대 금액의 재정정책을 집행하였다.

존스(Randall S. Jones) OECD 한국·일본과장은 〈한국은 어떻게 예상보다 잘했는가: OECD 국가의 비교〉라는 보고서[538](2010년 1월 18일)에서 한국의 환율정책, 금리정책, 감세정책 등 적극적 재정금융정책을 높이 평가했다. 주요 내용은, 1) 30%가 넘는 원화절하에 의해 수출경쟁력을 높여 수출을 증가시켰고, 2) 수출의 증가는 위기 이전 수준을 능가하는 경제회복에 기여했고, 3) OECD 국가 중 최대 규모인 GDP의 6%에 상당하는 감세와 지출증가로 구성된 재정정책이 국내수요를 회복시켰고, 4) 재정정책은 2009년 고용을 20만 명 늘려 실업증가를 억제하고 민간소비를 유지하게 하였고,

5) 확장통화정책은 실질금리를 마이너스로 만들어 투자를 확대하고 부채부담을 경감시켰다는 것이었다.

1997년 우리를 가르쳤던 IMF의 랄(Subir Lall) 한국과장은 한국의 빠른 경제회복에 대한 인터뷰(2011년 8월 5일)[539]에서 "정부는 위기에 대해 아주 빠르고 단호한 재정금융정책으로 대응했다. 그것은 경제가 침체될 때 어떻게 부양정책을 써야 하는가에 대한 교과서적인 사례다. 한국은 수출 주도의 개방경제이기 때문에 수출이 회복된 것이 긍정적인 영향을 미쳤다. 대기업의 재무건전성이 뛰어나기 때문에 글로벌 금융위기를 맞아 오히려 생산을 확대함으로써 시장점유율을 확대했고, 환율흐름도 이들의 시장경쟁력에 도움이 됐다."라고 평가했다.

빠르고 단호한 재정금융정책에도 불구하고 국가부채비율과 기업부채비율은 세계 최우량 수준이다. 국가부채비율은 2012년 OECD 기준 우리는 GDP의 35.5%인 데 비해 일본은 218.8%, 미국은 102.1%, OECD 전체 평균은 107.4%이다. OECD 국가들의 부채가 위기극복 과정에서 평균 20.7%나 늘어났지만 우리는 5.1%만 늘어나 나라살림을 너무 알뜰히 살지 않았나 생각한다. 상장기업의 부채비율 역시 90% 이하로 세계 최우량 수준이다.

세계 7대 수출대국으로 섰다

7위 수출대국

한국은 2010년 세계 7위의 수출대국으로 세계경제의 새로운 강자가 되었다. OECD 국가의 평균 수출이 2009년 10.9% 감소할 때 우리는 7.8% 감소했고, 2010년 12.4% 증가할 때 우리는 15.5% 증가한 결과다. 무역수지는 역사상 처음으로 일본을 추월했고 경제규모는 인구가 20배나 되는 인도와 어깨를 겨루게 되었다. 위기 때 국가의 순위를 바꾼 것이다.

세계 7위의 수출대국이 될 수 있었던 배경에는 환율실세화에 의한 가격경쟁력의 상승과 R&D 투자 확대에 의한 기술경쟁력의 제고가 있었음을 통계가 말해준다. OECD와 IMF도 환율이 핵심변수였다고 말했다. 2010년 11월 30일 무역의 날, 수출 3,600억 달러로 세계 7위 수출대국에 오르고 사상 최대 400억 달러 무역흑자를 경축하는 기념식에 대통령경제특별보좌관으로 참석하여 가슴 뭉클한 감동을 느꼈다. 2008년 환율정상화 정책을 추진할 때 격렬한 비판과 퇴진압력을 받았던 기억이 머리를 채웠다. 특히 한국은행과 미국 경제학이 크게 떠올랐다.

우리 수출 순위는 2008년 12위에서 2009년 9위, 2010년 3,635억 달러로 7위에 올라서고 세계 시장점유율을 3%로 만들었다. 2008년과 2009년 환율절하효과[540]는 수출액의 15%, 환차익은 770개 상장회사 105조 원, 5대 그룹 73조 원 정도로 추정되었다. 2010년 삼성전자의 매출이 세계 최대 전자회사 HP를 추월하고, 일본 상위 15개 전자회사의 매출 합계를 상회했다. 현대자동차는 동업자 중 최고의 영업이익을 내면서 미국 시장점유율을 3.7%(2008년)에서 4.6%로 올렸다. OECD 통계 기준으로 2011년 상품무역수지는 301억 달러의 흑자를 달성해 역사상 처음 202억 달러 적자의 일본을 추월했고, 경상수지도 2013년에 705억 달러로 사상 최초로 339억 달러의 일본을 추월했다.

세계 1위 R&D 투자국이 되었다

1위 R&D 투자국

우리는 2012년 GDP에 대비하여 R&D에 최고로 투자하는 세계 1위 R&D 투자국이 되었다. 대외경쟁력의 핵심변수는 단기적으로 가격경쟁력이고 장기적으로 기술경쟁력이다. 7위의 수출대국으로 올라선 후 환율이 절상되어도 2014년까지 수출이 호조를 이룬 배경에는 활발한 기술개발이 있다.

OECD 통계에 따르면 한국의 GDP 대비 R&D 투자비중은 2008년 3.21%로 세계 5위에서 2010년 3위로 오른 후 2012년에 4.36%를 기록하여 1위가 되었다. 2위는 4.20%의 이스라엘이고, 일본은 3.34%로 5위, 미국은 2.79%로 11위, 중국은 1.98%로 19위였고, OECD 평균은 2.40%였다.

자원이 빈약한 소규모 개방경제가 지구촌의 경쟁에서 살아남을 수 있는 수단은 기술뿐이다. 과도하게 유입된 해외자금이 원화를 절상시킬 경우 이를 극복하는 길도 기술이다. R&D 투자를 세계 최고 수준인 5%로 확대하는 전략에 따라 정부부문의 R&D 투자를 GDP의 1.5%까지 올리기 위해 R&D 예산 과목을 1번으로 올려 매년 최소 10% 이상 증액하도록 하고, 민간부문의 R&D 투자를 GDP의 3.5%까지 올리기 위해 세계 최초로 준비-투자-연구 3단계에 대하여 법인세를 감면하도록 한 결과 4년 만에 1위가 되었다. 한국의 기술무역수지는 2008년 31억 달러 적자에서 2012년 57억 달러 적자로 확대되어 아직 적자가 계속되고 있다. 기술개발투자의 효과가 완전하게 나타나지 못하고 있는 것이다. R&D 투자에 대한 지원과 함께 지적재산권의 거래와 금융에 대한 기술발전 인프라의 지속적인 발전이 필요하다.

2012년 기준 공공부문은 1.09%, 민간부문은 3.27%로 당초 구상대로 가고 있다. 금액으로 보면 2012년 기준 미국의 R&D 투자액은 4,152억 달러로 압도적인 1위이고, 2위는 일본 1,998억 달러, 3위는 1,344억 달러의 중국이고 우리는 492억 달러로 6위 수준이다. 금액으로 보면 지속적인 노력이 필요한 부분이다.

민간부문에 대한 과감한 지원에 따라 EU가 발표한 민간부문 R&D는 2012년 기준 삼성전자가 83억 유로를 투자하여 95억 유로를 투자한 폴크스바겐에 이어 2위를 차지하였고, 3위는 마이크로소프트였고 도요타는 5위를 했다. 다른 회사들도 법인세 감면제도를 활용하여 기술개발투자를 획기적으로 확대하는 것이 유사 이래 처음 달성한 수출 7위 대국을 지키는 길이다.

최대 순대외채권을 기록하였다

우리는 2008년 경상수지 적자와 순채무국에서 2013년까지 5년 연속 경상수지 흑자기조를 이어갔고, 사상 최대의 순대외채권을 보유한 자본수출국으로 정착되어가고 있다. 2008년 경상수지 58억 달러 적자와 순대외채무 301억 달러에서 출발하여 2012년 사상 최대로 480억 달러의 경상수지 흑자를 냈고, 2013년 사상 최대로 1,856억 달러의 순대외채권 증가를 이룬 역사적 기록[541]을 세웠다. 외환보유고도 2008년 2,012억 달러에서 2014년 들어 3,600억 달러를 넘었다.

우리의 경상수지 역사는 1962년 경제개발이 시작된 후 만성적인 적자를 보여왔는데, 1986년부터 4년간 저달러·저유가·저금리의 3저호황에 따라 사상 처음 흑자를 달성하였고, 외환위기 후 1998년부터 10년간 고환율에 의해 흑자를 유지하여왔지만, 2006년부터 1,000원 이하의 저환율에 의해 2008년 적자가 되었다. 대외채권채무도 2000년부터 사상 처음 순채권국이 되었지만 2008년 순채무국으로 떨어졌다가 다시 2009년부터 순채권국이 된 후 5년 동안 순채권국의 지위를 유지하고 있다.

원화환율이 해외자본 유출입에 의해 경제 펀더멘털과 반대로 움직일 때, 특히 달러에 대한 엔화와의 상대환율이 10대1의 범위를 벗어났을 때 경상수지는 악화되고 순채무국으로 전락하는 것을 과거의 통계가 말해준다. 준비통화국이 제로금리로 통화를 찍어낼 때 우리가 살아남기 위해서는 원화가치의 상승을 막아야 하고 외환보유고를 최대로 쌓아갈 수밖에 없다. 이것이 준비통화를 갖지 못한 소규모 개방경제가 선택할 수 있는 유일한 길이다.

과거 외환위기의 상처가 너무 컸기 때문에 아직도 우리는 자본수입국의 사고에서 벗어나지 못하고 있다는 사실은 2009년 외국인의 채권이자에 대한 면세조치와 해외자본 유치를 위한 투자설명회의 방향착오가 잘 보여준다.

이제 우리는 자본수출을 위해 노력해야 하고 해외단기자본의 유입에 대한 관리를 더 강화해야 한다. 해외단기자본의 급격한 유출입이 우리 경제에 큰 부담이 되며 외환위기의 뿌리가 된다는 것을 잊어서는 안 된다. 자본수입국의 사고에서 벗어나지 못하고 환율 모멘텀을 지키지 못하면 자본수출국의 지위가 언제 흔들릴지 모른다. 우리는 1997년 외환위기 때의 교훈을 잊어서는 안 된다. 앞으로는 환율 모멘텀 유지와 함께 공격적으로 해외에 자본을 수출해야 할 때다.

신용등급에서 일본을 앞섰다

아시아 최고 신용등급

2012년 9월 영국 신용평가사 피치(Fitch)는 한국의 국가신용등급을 일본과 중국보다 한 단계 높은 AA-로 평가했다. 일본은 2009년보다 2단계 내려간 상태에서 또 내려 A+이고 중국은 A+ 그대로인데 우리는 2단계가 올랐다. 그 배후에는 우리 경제의 건전성이 있는데, OECD 국가의 평균 국가부채비율이 100%를 넘는 데 비해 우리는 세계 최우량인 30%대에 있었고, 주요 선진국의 기업부채비율이 200% 전후인 데 비해 우리 기업은 세계 최우량인 100% 이하였다. 그리고 1,800억 달러가 넘는 순대외채권과 3,600억 달러가 넘는 외환보유고가 있었다.

2012년 8월 무디스는 한국산업은행의 신용등급을 Aa3로 평가하여 영국의 HSBC와 일본의 도쿄미쓰비시그룹(Tokyo-Mitsubishi Group)과 같은 금융기관 최고의 등급을 주었다. 과거 세계 최고였던 도이치은행(A2)을 2단계 아래, 골드만삭스(A3)를 3단계 아래, 씨티그룹(Bbb2)을 5단계 아래 두게 되었다. 자기자본비율에서 한국산업은행은 15.80%로 HSBC와 도쿄미쓰비시그룹보다 높았기 때문에 한국산업은행이 사실상 세계 최고 신용등급을 가진 은행이 되었다. 과거에 상상도 못 하던 일이었다.

나는 KDB금융그룹 회장으로 있으면서 이 발표를 보고는 감동하지 않을 수 없었다. 1986년 내가 뉴욕에서 재무관으로 근무할 때 범접하기가 어려웠던 은행들이 우리보다 아래로 가고, 위기 때마다 우리를 도와준 씨티그룹이 5단계나 아래에 있다는 것에 놀라지 않을 수 없었다. 강자가 살아남는 것이 아니라 살아남으면 강자가 되는 일이 현실화되었다.

삼성전자, 현대자동차, 포스코는 세계 최고의 재무구조를 갖고 있어 민간 기업의 신용등급도 크게 올랐다. 한국 제조업의 부채비율은 외환위기를 맞은 1997년 396.2%에서 2012년 100% 정도로 떨어졌고 700여 개 상장기업의 부채비율은 90% 아래로 떨어졌다. 제조업의 이자보상비율은 1997년 129.1%에서 500% 전후로 상승했다. 통계를 보면 환율효과가 주요한 변수인 것을 알 수 있었다.

일본을 앞지른 신용등급은 과거 외환위기를 생각하면 상상할 수 없이 크게 올랐다. 국제금융시장에선 글자 그대로 상전벽해의 변화가 일어났다. 국가의 신용등급은 일본을 추월하고, 한국산업은행의 신용등급은 세계 최고가 되고, 우리 제조업의 재무구조도 세계 최고가 되었다. 박세리, 김연아, 박태환만 세계 챔피언이 된 것이 아니라 경제에서도 많은 금메달을 땄고 숨은 챔피언이 즐비하게 되었다. 우리는 우리를 잘 모르고 있다.

최초의 비서구 G20 의장국이 되었다

Rule maker 국가

우리는 서구 국가 이외에 최초로 국제질서를 정하는 새로운 G20 체제의 의장국이 되었다. 나는 2008년 5월 G20 재무장관회의 의장국이 되기로 했을 때 이것이 정상회의로 발전할 줄 몰랐다. 아마 정상회의로 전환될 것을 알았다면 우리에게 행운이 오지 않았을 수도 있다. 100여 년 전 20세기가 시작될 때 고래 싸움에 등이 터진 새우 신세였던 우리가 작지만 영리한 돌고래가 된 것이었다.

2010년 G7도, 서구도 아닌 우리나라가 국제질서를 만드는 G20 정상회의의 의장으로서 규칙제정자(rule maker)의 대열에 섰다. G20 서울정상회의에서 환율에 관한 새로운 원칙이 합의된 것은 국제금융사에 길이 남을 업적이다. 대한민국의 국격을 높였고, 국제적으로는 주변국의 가장 큰 애로였던 환율에 관한 새로운 원칙을 정하는 대리인의 역할을 충실히 했다. 환율에 관한 새로운 룰을 만드는 주역을 한 이명박 대통령의 탁월한 리더십은 역사에 길이 남을 것이다.

최초로 수원국에서 원조국이 되었다

원조국 전환

우리는 2009년 11월 25일 인류사 최초로 수원국(recipient country)에서 원조국(donor country)으로 발전하여 OECD 개발원조위원회에 가입하게 되었다. 2008년 8월 OECD 개발원조위원회에 가입의향을 전달한 후 2009년 1월에 공식 가입신청서를 냈다. 개발원조위원회의 실사를 거쳐 11월에 24번째 회원국으로 일본에 이어 아시아에서 두 번째로 가입하게 되었다.

우리나라의 해외원조는 1987년 대외경제협력기금(EDCF) 설립으로 양허성 차관을 제공하며 본격적으로 시작되었고, 1991년 한국국제협력단(KOICA) 설립으로 무상원조를 시작했다. 우리는 1978년 양허성 차관을 제공하는 세계은행의 자매기관인 국제개발협회(IDA)에 기금 출연국이 되었고 나는 1992년 재무부 국제금융국장으로서 기금 출연을 위해 IDA회의에 참석한 적이 있었다. 실질적으로 최초의 국제원조기구 가입은 무상원조자금을 제공하는 OECD

개발원조위원회의 가입이라 할 수 있다.

한국은 건국 후 해외로부터 126억 달러의 원조를 받았는데, 이중 대부분을 미국이 지원했다. 우리가 경제개발5개년계획을 추진할 때 세계은행의 양허성 차관이 큰 재원이 되었다. 해외원조가 없었다면 오늘의 우리가 될 수 없었다고 생각한다. 이제 우리는 원조를 받던 수원국에서 명실 공히 개발도상국에 유무상자금을 제공하는 원조국이 되었다. 앞으로 선진국 수준인 GDP의 0.3%까지 연차적으로 확대해나갈 것이다. 우리는 다른 선진국과 달리 개발경험과 자본을 합친 한국형 해외개발원조(ODA)를 제공하고 있고 아프리카의 빈곤 개발도상국에는 새마을운동을 함께 전파하여 큰 호응을 얻고 있다. 우리는 인류사에 또 하나의 기적을 기록하였다.

강자가 살아남는 것이 아니라 살아남으면 강자가 되는 위기였다!
일본은 햇빛 쨍쨍할 때 우산을 빌려주고 비 올 때 우산을 뺏어갔다.
미국은 필요할 때 친구가 되어준 진정한 친구였다.
우리는 살아남아 세계 7위 수출대국이 되었다!

제6부

위기의 반성

29

위기는 항상 있었다

::: 위기의 반복

나는 돈과 함께 공직생활을 했다. 차관으로 아시아 외환위기를 맞았고 장관으로 글로벌 금융위기를 맞았다. 수많은 부실기업과 부실금융기관을 정리하면서 돈이 무엇인가 생각했다. 물과 불은 인류발전의 원동력이지만 관리하지 못하면 둑이 터지고 화재가 나는 것처럼 돈도 관리하지 못하면 탈이 났다. 물이 낮은 데로 흐르듯이 돈도 위험이 낮은 데로 흘러가는데 사람의 탐욕은 위험을 감수하고 물을 거꾸로 흐르도록 만들고 결국에는 둑이 터지게 만들었다. 순리를 따르는 이기심은 인류발전의 원동력이 되었지만 탐욕은 물불을 가리지 않고 투기에 뛰어들게 해 재앙을 일으켰다.

위기는 항상 있어왔다. 자본주의 역사는 이기심의 한계를 뛰어넘는 탐욕의 거품을 만들고 파열하는 순환을 반복해왔다. 과거에 사람들은 재앙을 만나면 마녀사냥을 하면서 분풀이를 하였다. 사람의 지식이 발전한 18세기 이후에는 재앙을 만나면 새로운 형태의 마녀사냥인 근린궁핍화정책(beggar my neighbor policy)이 전개되었다. 더욱 나쁜 것은 보복적인 근린궁핍화정책의 악순환이 전쟁의 원인을 제공하기도 한다는 것이다. 2차 세계대전의 배경에는 미국의 대공황(Great Depression)과 이에 따른 독일의 경기침체가 있었다는 분석도 있다.

과거 경제위기는 영어권을 중심으로, 자본주의가 발전한 유럽과 미국을 중심으로 일어났다. 자본주의가 발전하기 전 아시아에는 위기가 일어날 만한 시장도 없었다. 자급자족 수준의 아시아경제는 물 흐르듯이 생존을 위한 이기심에 따라 흘렀고 투기를 할 자본도 대상도 드물었다. 세계가 지구촌으로 연결된 후 아시아에서 먼저 위기가 일어났다. 이어서 중심국에서도 위기가 일어났다. 1997년 주변국에 최초로 일어난 아시아 외환위기는 무엇을 의미하는가? 2008년 중심국에 일어난 글로벌 금융위기는 무엇을 의미하는가? 미국이 뿌린 달러와 일본이 찍어내는 엔화는 무슨 의미가 있는 것일까? 위기는 끝난 것인가?

거품과 파열의 순환

위기의 역사

오랜 옛날에도 어떤 형태로든 거품은 있었지만 자본주의가 발달하기 시작한 18세기 이후 거품과 파열의 순환(bubble and burst cycle)은 커다란 파도를 일으키며 반복되었다. 18세기 이후 위기의 역사를 보면 주로 금융이 발달한 영어권을 중심으로 일어나 금융을 매개로 여러 나라로 번져나갔다.

1720년 남미 무역의 신기루에 투자했다가 주가가 폭락한 사우스시 위기(South Sea Crisis), 남미 광산에 투자했다가 은행들이 파산한 1825년 공황, 단기 자금시장의 부도에 의한 1837년 공황이 영국을 중심으로 반복되었다. 19세기 후반부터 위기의 중심은 대서양을 건너 미국으로 넘어갔다. 노예에 투자하다가 터진 1857년 공황, 철도에 투자하다가 터진 1873년 공황, 신탁회사들이 주식에 투자하다가 터진 1907년 공황, 루머에 의한 주가 폭락으로 터진 1929년 대공황이 미국을 중심으로 반복되었다.

전형적인 공황의 시작으로 불리는 영국의 1825년 공황은 존재하지도 않는 포야이스(Poyais) 왕국에 많은 사람이 투자하여 발생한 것으로 탐욕과 사기가 합쳐진 믿을 수 없는 신기루 같은 이야기였다. 18세기 이후 반복된 위기의 요인은 금융기관의 과도한 신용팽창과 사람들의 탐욕적 투기라고 분석하고 있다. 인간의 탐욕에 의한 투기는 섬유, 철도, 광산, 주식, 부동산, 노예를 가리지 않고 이루어졌고, 그리고 허황한 결과로 끝나는 소설 같은 이야기였다.

2차 세계대전 이후 세계경제는 브레턴우즈 체제 아래서 1997년 아시아 외환위기가 발생할 때까지 50여 년간 인류사에서 가장 빠른 발전을 구가하였다. 1980년대 남미의 국가부도와 1990년대 일본의 '잃어버린 10년'이 있었지만 1980년대 중국의 시장경제 편입은 이를 보상하고 세계경제는 비약적인 발전을 이어갔다. 1990년대 들어 세계무역기구(WTO)의 출범과 인터넷의 발전에 의한 디지털혁명으로 세계가 하나의 지구촌으로 네트워킹되어 상품과 서비스의 교역량이 확대되고 자본의 이동도 자유로워졌다.

지구촌이 하나로 네트워킹되고 자본이동의 자유화가 이루어진 다음 최초로 1997년 아시아 외환위기가 발생했다. 아시아 외환위기는 비영어권인 주변국에서 일어났다는 점에서 과거에 경험하지 못한 위기였다. 2008년 발생한 글로벌 금융위기는 중심국과 주변국이 모두 위기에 휩싸이게 된 최대 규모의 위기였고 전례 없는 위기(unprecedented crisis)였다. 과거 영어권을 중심으로 금융위기가 주로 발생한 이유는 국제교역에서 영어가 중심언어가 되고 런던과 뉴욕이 금융의 중심지가 되면서 투기소득의 기회가 많은 런던과 뉴욕에 투기자본이 집결된 결과라 생각된다. 1997년 아시아 외환위기는 금융시장이 개방됨에 따라 아시아가 런던과 뉴욕의 금융권에 포함된 후 일어났고, 2008년 글로벌 금융위기는 중심국의 금융거래가 세계로 연결되어 세계로 쉽게 번져나갔다.

성장의 유혹과 유동성의 미스매치

1997 아시아 외환위기

1997년 7월 1일 150여 년 만에 홍콩이 중국에 반환된 다음 날인 7월 2일, 지구촌이 세계화된 후 처음 발생한 아시아 외환위기는 태국의 밧화 폭락으로 막을 올렸다. 1944년 7월 1일 브레턴우즈 체제가 성립된 후 50여 년간 공황 없이 눈부신 발전을 이룩한 세계경제의 새로운 시련이 시작된 날이기도 했다.

조그만 어촌에서 아시아금융센터로 발전한 홍콩의 반환은 식민지와 동인도회사의 두 얼굴, 즉 개척과 착취를 보여준 사례였고, 해외자본으로 빠르게 성장하던 태국의 위기는 개방과 세계화의 두 얼굴, 즉 발전과 좌절을 보여준 사례였다는 점에서 인류사에 의미 있는 전환점이 되었다. 7월 28일 태국이 IMF에 구제금융을 요청하였고, 10월 8일 인도네시아가 구제금융을 요청한 데 이어, 11월 21일 한국이 구제금융을 요청하였다. 말레이시아는 해외자본에 대한 봉쇄정책으로 위기에 정면 대처를 하였고, 필리핀은 1998년에 가서 구제금융을 신청하였다. 홍콩과 싱가포르는 아시아금융센터라는 강점으로 위기의 파도를 함께 타고 넘었고, 대만은 높은 외환보유고가 있었고, 중국은 덜 개방된 상태라 상처는 입었어도 위기를 피해갈 수 있었다.

IMF가 아시아 외환위기의 극복을 위해 국제부흥개발은행(International Bank for Reconstruction and Development, IBRD), 아시아개발은행(Asian Development Bank, ADB), 미국과 일본 등 주요 선진국과 함께 투입한 자금은 태국 172억 달러, 인도네시아 430억 달러, 한국 583억 달러 등 1,185억 달러였다. IMF 구제금융과 함께 추진된 경제프로그램은 개방의 가속화와 시장경제의 발전을 목표로 하여 금융구조조정, 재정금융 긴축, 물가안정과 경제안정을 주요 내용으로 하였다. 구제금융의 전제인 경제프로그램에 의해 금융기관의 폐쇄, 기업부도와 정리해고, 경제성장의 둔화라는 상처를 입었다. 이러한 상처와 함께 2008년 글로벌 금융위기의 내성도 길러주었다.

1997년 아시아의 위기는 의욕적인 경제성장을 위하여 일본, 미국, 유럽 단기자본의 과도한 유입, 단기자금의 장기대출에 의한 만기불일치, 자본재 수입에 의한 경상수지 적자가 직접적인 원인이었기 때문에 금융위기로 부르는 것이 맞는다고 생각한다. 나라마다 다르지만 구조적으로는 중국이 1980년대에 시장경제에 편입됨으로써 일어난 가격경쟁력의 상실과 노동과 자본 투입에 의한 경제성장의 낮은 생산성이 공통적인 요인이라 할 수 있었다.

OECD의 추정에 따르면 위기를 맞은 한국, 태국, 인도네시아, 말레이시아, 필리핀 5개국에 대한 1997년 은행대출은 일본 867억 달러, EU 986억 달러, 미국 220억 달러로 전체 2,073억 달러였다. 특히 전체의 42%에 달하는 최대 채권국이었던 일본의 엔캐리자금의 급격한 유출과 이에 따른 통화가치의 폭락이 직접적인 요인이었다. 경제의 펀더멘털보다 투기성 자본의 과도한 유출입이 더 큰 문제였다. 위기를 당한 아시아 5개국에 870억 달러가량의 엔캐리자금은 위기의 가장 큰 에너지가 되었다.

펀더멘털의 불균형과 거품의 파열

2008 글로벌 금융위기

2008년 9월 15일 리먼브러더스의 파산을 기폭제로 하여 금융파생상품 (financial derivatives)의 거대한 거품이 파열되면서 지구촌은 글로벌 금융위기로 전진했다. 그린스펀(Alan Greenspan) 미국 연방준비제도위원회 의장의 저금리와 신용팽창으로 만들어진 1980년대 '대안정'은 그가 물러난 후 2008년에 터졌다. '대안정'의 배후에는 미국의 재정과 무역의 대쌍둥이적자라는 불균형이 있었고, 이러한 불균형은 1980년대 후반 중국의 시장경제 편입에 의한 값싼 제품의 무한공급으로 가려져 있었다. 그린스펀의 '대안정'은 거품과 불균형의 산파였다. 경제에 공짜 점심은 없다는 것을 다시 한 번 증명했다.

2차 대전이 끝나가던 1944년 브레턴우즈 체제가 성립되면서 미국의 달러화가 가장 강력한 기축통화가 되었고, 1900년대 후반부터 금융시장이 개방됨에 따라 세계의 자본이 뉴욕으로 집결되었다. 뉴욕의 금융거래는 세계로 연결되었고 뉴욕의 위기도 세계로 쉽게 번지게 되었다.

뉴욕의 상업은행과 투자은행들은 20세기 후반에 눈부신 성장을 했다. 뉴욕의 증권시장을 중심으로 일어난 인수합병으로 씨티그룹, JP모건체이스, 골드만삭스, 리먼브러더스, AIG와 같은 거대한 금융괴물(financial behemoth)이 출현하게 되었다. 거대한 금융괴물은 신흥국 금융시장의 개방과 세계화의 파도를 만들어 전 세계에 영업망을 넓히고 '무분별한 신용팽창과 사나운 투기(reckless expansion of credit and wild speculation)'에 의해 거대한 이익을 창출하였고 은행가들과 증권거래인들은 엄청난 성과급과 스톡옵션을 받게 되었다. 거대한 금융괴물들은 누구도 손댈 수 없을 만한 대마불사(too big to fail)의 상황을 만들었고, 세계의 금융시장에 뻗어나간 그들은 너무 엉켜 못 죽이는 (too interconnected to fail) 형국을 만들었다.

2008년 글로벌 금융위기의 근본 원인은 경제적 불균형과 국제금융질서의 한계, 두 가지였기 때문에 시작은 금융위기였지만 경제위기로 보는 것이 맞는다고 생각한다. 2009년 지구촌 경제는 마이너스 성장을 하게 되었고 선진국은 더 심했다. 글로벌 금융위기는 세계가 너무 엉켜 중심국 혼자 쉽게 관리하고 해결하기가 어려웠다. 서브프라임사태를 맞아 미국이 구제금융과 경기대책에 GDP의 90%에 달하는 9조 달러 전후를 투입하고, EU, 일본, 중국도 엄청난 규모의 자금을 투입하게 되었다. 글로벌 금융위기를 극복하기 위한 국제공조가 불가피하게 됨으로써 2차 대전 이후 국제금융질서를 주도하던 브레턴우즈 체제와 함께 G20 체제가 태동하게 되었다.

위기의 시작이었던 서브프라임사태의 뿌리는 금융파생상품의 거대한 거품이었고 그 에너지는 동아시아를 탈출한 투기자본이 뉴욕에 집결된 결과로 추정된다. 동아시아에 이어 지구촌을 위기로 몰고 간 투기자본의 뿌리는 낮은 금리와 과잉통화에 있다는 것을 2005년 오스트리아학파는 지적했다. 지구촌의 과도한 소비국과 과도한 저축국의 불균형이 해소되지 않으면 2008년 글로벌 금융위기가 투기꾼의 마지막 잔치가 되지 않을 수도 있다고 생각한다. 돈을 풀어서 해결될 위기라면 벤 버냉키(Ben Bernanke)나 구로다 하루히코(黑田東彦)보다 고성능 화폐인쇄기(high-performance currency printer)가 더 효율적이지 않을까?

패기가 위기도 불렀다

한국의 위기역사

한국은 1950년 한국전쟁의 폐허 위에서 가진 것도 잃을 것도 없이 잘살아보자는 패기 하나로 한 세대 만에 선진국의 문턱에 왔다. 1960년부터 2008년까지 1인당 국민소득이 80달러에서 2만 달러로 늘어났고, 경제규모는 세계경제가 6배 정도 성장하는 동안 우리는 30배 성장하여 2010년에는 세계 7위 수출대국으로 발전했다.

한국은 1962년부터 5차에 걸쳐 추진된 경제개발5개년계획 과정에서 국내의 저축을 초과하는 투자를 위해 외자를 도입하고, 국내에 부족한 자본재를 해외에서 수입하는 과정에서 경상수지 적자에 의해 몇 차례 위기를 맞았다. 1990년대 금융시장이 개방된 후 국내로 과도하게 유입된 단기자금이 급격히 유출되는 과정에서 1997년 외환위기를 맞았고 583억 달러의 IMF 구제금융을 받아 많은 상처를 남기고 위기를 극복했다. 2008년 미국의 서브프라임사태가 발생했을 때는 아시아 외환위기의 학습효과에 따라 큰 시련 없이 견디어낼 수 있었다.

첫 번째 위기는 1962년부터 시작된 제1차 경제개발5개년계획을 위한 원자재 수입으로 무역수지 적자가 11억 2,000만 달러로 누적되어 발생했고,

1965년 한·일 국교 정상화에 따른 대일청구권자금 8억 달러로 극복했다. 두 번째 위기는 제2차 경제개발5개년계획(1967~1971년) 기간 중 5년간 62억 6,000만 달러의 무역수지 적자를 기록하여 일어났고, 1966년 월남파병에 따라 미국이 아시아에서 조달하는 물자와 용역을 한국이 공급함으로써 외환수급의 어려움을 넘겼다. 세 번째로는 1973년 1차 오일쇼크에 의해 무역수지 적자가 1974년부터 45억 8,000만 달러로 급증하고 외환보유고가 1975년에 10억 달러 이하로 감소하여 외환수급에 위기가 왔고, 미국 씨티은행과 체이스맨해튼은행을 중심으로 한 2억 달러의 점보 론(Jumbo loan)으로 위기를 넘겼다. 네 번째로는 제4차 경제개발5개년계획(1977~1981년) 기간 중 중화학공업투자에 대한 과잉투자에 의해 무역수지가 적자인 상태에서 2차 오일쇼크가 일어남으로써 1979년부터 149억 5,000만 달러의 엄청난 적자가 쌓여 외환위기가 왔으나 1982년 일본과 체결된 한·일경제협력자금 40억 달러에 의하여 외환수급을 해결하였다. 다섯 번째로 1994년부터 3년 동안 380억 달러 경상수지 적자가 늘어나는데도 원화를 절상하는 방향착오를 하여 IMF가 주선한 583억 달러의 구제금융으로 위기를 넘기게 되었다.

다섯 번의 위기가 있었지만 대일청구권자금, 월남전 특수, 중동건설 특수라는 외생변수에 의존하여 위기를 수습할 수 있었다. 1997년 외환위기 때는 행운의 외생변수가 없었고 IMF 구제금융이라는 외세에 의해 혹독한 비용을 치르고 넘었다.

30

거품은 터진다

⠿ 위기의 본질

사람은 에덴동산에서 쫓겨날 때 수고하고 땀 흘려야 먹고살 수 있도록 운명이 지어졌다. 영국 《파이낸셜타임스(*Financial Times*)》의 마틴 울프(Martin Wolf)는 글로벌 금융위기의 본질에 대해 이솝우화를 들어 개미같이 일하는 독일, 중국, 일본 사람들과 베짱이같이 노는 미국, 영국, 스페인 사람들에 비유했다.[542] 개미 나라는 더 써야 하고 베짱이 나라는 덜 써야 문제가 해결된다며 베짱이에게 돈을 빌려주지 말라고 했다.

풍요와 평화가 지속되면 사람은 나태와 타락으로 가고, 나태와 타락 다음에는 투기와 탐욕이 오고, 투기와 탐욕이 과도하면 탈이 나는 것이 세상의 이치라는 것을 역사는 말해준다. 이런 역사를 알면서도 사람은 탈이 날 때까지 가고 탈이 나야 회개한다.

2차 대전 후 생활은 풍요해졌고 국지적인 전쟁은 있었지만 반세기 이상 평화가 유지되었다. 1960년대 이후 30여 년간 이어진 일본의 '대성장(Great Growth)'과 1980년대 후반부터 20여 년간 이어진 미국의 '대안정'의 결과에 대해 모두가 낙관적이었다. 일본은 'Japan as Number One'이라고 칭송받았고 'No라고 말할 수 있는 일본'이라고 자신했다. 그린스펀 미국 연방준비제도위원회 의장은 '경제대통령'으로 칭송받기도 했다. 그러나 오스트리아학파는 중국의 시장경제 편입으로 높아진 실질균형금리에도 불구하고 낮은 금리를 유지하여 과잉주택투자를 불 지른 그린스펀의 통화정책에 우려를 표하며 주택거품의 문제를 예고했다.[543] 일본의 '대성장'은 왜 지속되지 못했을까? 그린스편이 과연 경제대통령일까? '대성장'과 '대안정'이 진정한 것이었다면 1990년대 '잃어버린 10년'과 2008년의 글로벌 금융위기의 에너지는 어디서 왔을까?

내가 하면 투자, 네가 하면 투기

투자와 투기

내가 하면 투자, 네가 하면 투기? 투자와 투기의 구분은 사실상 어렵다. 공직생활에서 돈과 함께 살면서 항상 만난 질문은 투자와 투기의 구분이었다. 부동산과 증권이 달아오르면 투기를 억제하는 대책을 찾았고 식으면 투자를 부추기는 대책을 찾았다. 투자와 투기의 구분은 모호했지만 한 가지 확실한 기준은 과유불급, 즉 과함은 모자람만 못하다는 것이었다. 인간의 탐욕은 불과 같이 발전의 원동력이지만 과도하면 재앙의 뿌리가 된다.

드러커(Peter Drucker)는 경영학 저서에서 경영의 최고 목표는 이윤창출이 아니라 혁신에 의한 고객창조이고 이윤은 혁신의 전제조건이라고 말했다. 싸게 사서 비싸게 파는 것은 장사라고 했다. 여기에서 투자와 투기의 정의를 얻을 수 있을 것 같다.

투자(investment)는 기업가정신(entrepreneurship)에 의한 가치창조(value-creating)를 말하고, 투기(speculation)는 탐욕(greed)에 의한 이윤추구(profit-seeking)를 말한다고 정리해보자. 투자와 투기 모두 위험인수(risk-taking)와 부의 창출(wealth-creating)이라는 점에서 같지만 가치에는 사회적 공헌이 따른다는 점에서 이윤과는 다르다고 생각해보자. 남이 창출한 이윤까지 빼앗아가는 사람을 모리배(rent-seeker)라고 정의해보자.

아시아 외환위기와 글로벌 금융위기의 뿌리는 탐욕적 투기라고 말하는 사람이 많다. 저금리의 캐리자금(carry money)이 주변국 기업의 투자에 활용되고 그 이윤을 나누는 것은 누구에게도 피해를 주지 않고 발전의 원동력이 된다. 보이지 않는 손(invisible hand)도 관리되지 아니하면 본능적인 탐욕으로 갈 수 있다. 관리되지 아니한 금융자본주의(financial capitalism)가 1930년대 대공황의 뿌리였다면, 관리되지 아니한 카지노자본주의(casino capitalism)가 2008년 글로벌 금융위기의 뿌리라고 말해지고 있다. 카지노에는 판돈이 필요하다. 판돈은 어떻게 만들어졌을까?

1997년 아시아 외환위기의 근저에는 일본, 미국, 유로지역의 저금리 자본의 급격한 유입과 유출이 있었다. 자본수출국과 자본수입국 모두 저금리의 단기캐리자금에 대한 관리는 없었다. 거꾸로 중심국의 압력으로 개방된 아시아의 금융시장에 투기성 자금은 탐욕을 타고 마음대로 드나들었다. 한국의 경우 이들 자금의 유출입 자유와 함께 투기소득에 대한 과세도 없었다.

위기의 에너지, 탐욕과 투기

투기의 거품

공황의 에너지가 되는 거품은 사람의 탐욕과 통화의 과잉공급에 의해 이루어진다. 통화의 과잉공급은 전통적으로 정부의 재량에 의해 이루어졌지만 1929년 대공황 이후에는 과도한 재정수지, 경상수지와 자본수지의 불균형에 의해 이루어졌다. 미국은 재정과 경상수지의 과도한 쌍둥이적자가 문제였다면 일본은 과도한 경상수지의 흑자와 재정수지의 적자가 문제였다.

1997년 아시아 외환위기는 해외차입자금의 과도한 유입에 의한 통화절상과 경상수지 적자를 뿌리로 하여 과잉공급된 통화가 만든 부동산과 증권의 거품, 그리고 기업의 차입경영이 요인이었다. 1997년 한국, 태국, 인도네시아, 말레이시아, 필리핀 5개국에 유입된 2,073억 달러의 해외자본은 거품의 에너지가 되었다. 일본의 경상수지 흑자와 재정수지 적자가 만든 과도한 통화공급은 거대한 자산과 부동산거품을 만들었고 이것이 1990년대에 터지면서 국내에서 넘치는 867억 달러의 자본이 아시아 주변국으로 흘러간 것이다.

2008년 글로벌 금융위기는 아시아 외환위기를 탈출한 투기성 자본과 과도한 파생상품이 만들어낸 유사 이래 최대의 거품이 터진 것이다. 2007년 기준으로 세계 증권잔액이 61조 달러인 데 비해 파생상품은 10배에 가까운 596조 달러였고, 외환거래를 보면 세계 수출거래가 17조 달러인 데 비해 세계 외환거래 규모는 46배나 되는 803조 달러였다는 점에서 2008년 거품의 규모는 1,000조 달러를 넘을 것으로 추정된다.

실로 엄청난 규모의 과잉통화가 창출한 거품은 실물과 따로 돌았고 실물경제를 교란했다. 1997년 아시아 외환위기는 일본의 엔캐리자금에 큰 뿌리를 두고 있다면, 2008년 글로벌 금융위기는 그린스펀의 '대안정'에 큰 뿌리를 두고 있었다. 실물이 뒷받침하기에는 거품의 규모가 너무 컸다. 거품의 규모에 비해 아시아의 경제는 취약했고 지구촌의 경제는 불안정했다. 카지노의 판돈이 고갈되면 게임은 끝날 수밖에 없다.

거품은 언젠가 터진다

거품의 파열

2008년 글로벌 금융위기는 그린스펀의 '대안정'이 만들어낸 저금리 자본이 '거창한 거품의 잔치(grand binge of bubbles)'를 벌인 것이다. 아시아위기로부터 탈출한 자금이 뉴욕으로 집결하여 잔치를 더 성대하게 만들었다. 투기성 자본의 자유이동이 중심국에 부메랑이 된 결과다.

1960년대 이후 30여 년간 엄청난 규모의 무역수지 흑자를 쌓아간 일본의 '대성장'이 1990년대 '잃어버린 10년'의 뿌리가 되고, 1980년대 후반부터 20여 년간 인플레이션 없는 저금리를 이어간 미국의 '대안정'이 서브프라임사태의 뿌리가 될 줄은 몰랐던 것 같다. 일본의 '대성장'과 미국의 '대안정'의 결과는 제로금리와 거대한 거품 시대의 도래였다.

일본에서는 '대성장' 기간 동안 1985년 플라자합의 이후 경기침체를 극복하기 위해 금리를 최저 2.5%로 내렸고 주가가 50배로, 도쿄 부동산이 200배로 상승한 후, 1990년 금리를 8%대로 올리자 거품이 터지고 '잃어버린 10년'이 왔다. 일본은 '잃어버린 10년'의 경기침체를 극복하기 위해 1995년 제로금리시대를 열었다. 미국에서는 IT거품의 붕괴를 극복하기 위해 2001년 금리를 1.0%까지 내리고 저신용자에 대한 저금리의 주택대출을 확대함으로써 이를 근거로 한 파생상품, 그리고 파생상품을 근거로 한 또 다른 파생상품에 대한 투기적 거래가 거대한 거품을 만들었다가, 금리가 2006년 5.25%로 올라가자 주택거품이 파열하면서 서브프라임사태가 왔다. 서브프라임사태가 몰고 온 경기침체를 극복하기 위해 일본에 이어 미국도 2008년 제로금리시대를 열었다. 2008년 9월 15일 미국 5대 투자은행의 하나인 리먼브러더스의 파산이 거대한 거품 파열의 서막이 되었고 거품과 파열의 순환(bubble and burst cycle)은 지구촌을 함께 공황상태로 몰고 갔다.

2008년 거품의 파열사태는 2005년 오스트리아학파가 지적한 대로였다. 뉴욕의 금융시장은 중국의 시장경제 편입 후 실질균형이자율이 상승했음에도 불구하고 저금리를 유지함으로써 고금리 시절 설계된 상품을 판매한 보험회사는 파산상태를 면할 수 없게 되었고 종국에는 다른 나라 부도를 보험물건으로 한 신용부도스와프(credit default swap)라는 황당한 파생상품까지 탄생하게 되었다. 그리스는 저금리의 유혹으로 국채 발행을 통한 거품 창출에 협력한 결과 거품 파열과 함께 경제도 파열했다.

일본과 미국은 시차를 두고 같은 모양의 거품 파열의 순환을 만들었다. 제로금리가 실물경제와 연결되지 않으면 또 다른 거품의 에너지가 된다. 미국은 양적완화를 통하여 3조 달러가 넘는 달러를 투입하고 일본도 무제한 돈을 풀었다. 거품의 에너지를 관리할 수 있는 장치는 아무것도 없다. 언제까지 얼마나 거품의 에너지가 창출될 것인지 아무도 모른다. 언젠가 거품이 터지면 중심국과 주변국 모두 더 많은 고통을 받아야 할 것이다.

31

위기는 태풍처럼 밀려온다

::: 위기의 전개

한여름 적도지방의 뜨거운 열기가 만드는 저기압의 소용돌이는 강력한 비바람을 동반한 태풍이 되어 수확을 앞둔 초가을의 동북아시아를 강타한다. 카리브해에서는 허리케인, 인도양에서는 사이클론으로 불리는 태풍은 알고 있더라도 피할 수 없다. 위기는 태풍처럼 밀려오고 많은 상처를 남긴다.

자본주의 역사에서 탐욕의 뜨거운 에너지가 만든 거품의 소용돌이는 금융시장을 공황으로 만들고 경제를 강타한다. 탐욕의 에너지는 태풍과 같이 되풀이하여 재앙을 일으키지만 태풍 전야에는 언제나 따사로운 햇빛과 평화가 내리고, 태풍이 지나가면 폐허에서 사람들은 마녀사냥의 푸닥거리를 하고 시간이 지나면 잊어버린다. 태풍은 예비하고 잘 관리하면 재앙을 줄일 수 있듯이 사람의 탐욕도 잘 관리하면 재앙을 줄일 수 있다.

자본주의 공황의 전형이라 불리는 1825년 영국의 공황은 영란은행의 자본공급을 매개로 하여 남미 신생공화국 페루의 광산 개발에 관한 주식투자와 중미의 가상 왕국 포야이스의 채권투자가 어우러진 거품의 파열로 일어났다. 이 공황은 유럽 대륙으로 건너가 파리, 라이프치히, 빈의 금융시장을 흔들고 경제에 큰 타격을 남겼다. 1929년 대공황은 루머에 의한 뉴욕의 주가 폭락이 금융시장 경색을 몰고 오고 공업생산을 마비시킴으로써 1,500만 명의 실업자를 만들어낸 후 독일, 영국, 프랑스에도 전염되어 큰 타격을 입혔고 1939년 2차 세계대전의 발발로 막을 내렸다.

공황의 발생 전야에는 은행, 투자자, 기업 모두 호경기를 누리다가 어느 날 임계점을 넘어 거품이 파열하면 생존게임(survival game)이 벌어진다. 생존게임은 관세전쟁(customs war)과 통화전쟁(currency war)을 유발하고 고통을 주변국으로 떠넘기는 근린궁핍화정책이 등장한다. 2차 세계대전으로 몰고 간 근린궁핍화정책에 대한 반성은 인류사 최초의 세계적 공조체제인 관세 및 무역에 관한 일반협정(General Agreement on Tariffs and Trade, GATT) 국제통화기금(IMF)을 탄생하게 만들었다.

위기의 전개과정은 태풍 전야의 고요, 태풍의 소용돌이, 폐허 속의 생존게임, 반성과 망각으로 이어졌다. IMF 체제는 1971년 미국이 금태환을 중지함으로써 기능이 크게 저하되었고 이런 상황에서 투기자본은 1997년 아시아 외환위기를 일으키고 다음에는 2008년 뉴욕에 집결하여 또 하나의 잔치판을 벌이게 되었다. GATT 체제가 우루과이라운드(Uruguay Round)를 통해 1995년 WTO 체제로 진화하면서 관세전쟁은 사라졌다.

당국자들의 빗나간 소리들

위기 앞의 행태

태풍이 오기 전 바다는 고요하고 태양은 따사롭다. 어부들은 고기잡이 나가고 태풍은 예고 없이 불어오고, 배는 침몰하고 어부는 구사일생으로 탈출한다. 일기예보가 없었던 시대의 이야기다. 1997년 아시아 외환위기 때 우리가 그랬고, 그때 우리를 가르치던 선진국들이 2008년 위기를 맞았을 때의 행태도 다를 것이 없었다. 1995년 IMF는 위기를 대비해 조기경보체제(early warning system)를 도입하였지만 1997년 한국이 외환위기를 맞기 직전 10월 15일 IMF 연차협의단은 "성장, 물가, 경상수지 등 한국의 기초경제여건은 건실하며 한국경제는 위기가 아니다."라고 발표했다.

1997년 아시아 외환위기와 2008년 글로벌 금융위기의 양상과 본질은 다르지만 위기를 앞에 둔 정부당국자들의 행태는 비슷했다. 또한 위기를 예고하는 지표들이 나타나고 경고하는 목소리도 있었지만 알지 못하고 듣지 못하는 당국자의 인식도 비슷했다. 그중의 백미는 아시아 외환위기에서 "세 마리 토끼를 잡을 수 있다."라는 호언과, 글로벌 금융위기에서 "서브프라임 문제의 경제 일반과 금융시장에 대한 충격은 억제할 수 있을 것 같다."라는 장담이었다. 아시아 외환위기와 글로벌 금융위기가 오기 전 한국과 미국 당국자들의 말들은 다음과 같이 너무 닮았다.

1997년 아시아 외환위기 전 한국 당국자의 말들
- "성장률 7~7.5%, 물가 4.5% 이내, 경상수지 적자 50억~60억 달러 등 거시경제의 세 마리 토끼를 모두 잡을 수 있다." (1996. 3. 29. 정부)
- "올해의 3대 거시경제 목표 중 성장률과 물가는 이룰 수 있을 것으로 보이고 국제수지는 어려우나 환율정책 같은 단기적, 대증적 대책은 바람직하지 않다." (1996. 5. 23. 정부)
- "청와대 수석비서관회의에서 최근 경제상황에 관한 우려의 목소리들이 제기되지만 현 경제상황에 대해 위기는 아니다라는 입장이다." (1996. 6. 29. 청와대)
- "재정경제원 부총리는 불가능해 보였던 물가 억제 목표 4.5% 이내를 달성해준 것이 고마워 물가정책국 망년회에 참석하여 직원들과 소주도 꽤 마시고 노래까지 불렀다." (1996. 12. 30. 신문 보도)
- "새해 첫날에 눈보라가 몰아친 뒤 햇빛이 비친 것처럼 우리 경제도 새해에는 어렵게 출발하지만, 하반기 들어 활력을 되찾을 것이다." (1997. 1. 4. 정부)
- "원화가치의 가파른 하락으로 인해 외환시장이 출렁거리고 있지만 현재의 환율 수준이 우리 경제의 현재 상황을 제대로 반영하고 있다." (1997. 1. 16. 한국은행)

2008년 글로벌 금융위기 전 미국 당국자의 말들
- "아시아 경제위기가 미국에 미치는 영향은 GDP 성장률을 0.3~0.4% 위축시키는 데 그칠 것이며, 미국경제는 이 충격을 충분히 흡수할 수 있을 것이다." (1998. 1. 21. IMF 총재 미셸 캉드쉬)
- "서브프라임 문제의 경제 일반과 금융시장에 대한 충격은 억제할 수 있을 것 같다." (2007. 5. Fed 의장 벤 버냉키)
- "나는 금융시장이 최근의 혼란(서브프라임사태)에 의해 별로 영향을 받지 않고 경제 일반의 여건에 의해 영향을 받을 것으로 본다." (2008. 5. 미국 재무장관 헨리 폴슨)

한국은 세 마리 토끼를 잡을 수 있다고 최고 정부당국자가 호언한 다음 해 외환위기에 휩쓸렸다. 미국은 증권전문가 러스킨이 리먼브러더스는 걱정 없다고 한 다음 날인 2008년 9월 15일 파산신청을 하면서 뇌관이 터졌다. 희극 같은 비극이다.

언제나 현자의 목소리는 있다. 사람들이 듣지 못할 뿐이다. 한국의 외환위기에 대해 1997년 1월 3일 루디거 돈부시 MIT 교수는 "불안할 정도로 큰 경상수지 적자폭을 줄이기 위해 즉각적인 원화의 절하가 필요하다. 한국은 행은 절상을 위해 개방경제체제에서는 있을 수 없는 외환시장의 차르 같은 역할을 해왔다."라고 경고했다. 그해 10월 미국 컨설팅회사 부즈 앨런 앤드 해밀턴은 "한국은 저임금의 중국과 고기술의 일본의 호두가위에 낀 호두 같은 운명이다. 스스로 변하지 않으면 종국에는 변화를 강요당할 것이다."라고 경고했다.

글로벌 금융위기에 대해 2005년 6월 30일 영국 《이코노미스트》는 "중국의 싼 노동력의 세계경제 진입은 세계적으로 자본수익을 높였다. 그것은 균형 이자율 수준의 증가를 의미한다. 그러나 중앙은행들은 실질이자율을 역사상 가장 낮은 수준으로 유지하고 있다. 그 결과는 잘못된 자본배분이고 특히 과도한 주택자금차입과 투자의 모습으로 명백히 나타난다."라고 선진국의 위기도래에 관해 경고했다. 2006년부터 미국의 부동산거품이 꺼지기 시작할 때 루비니 뉴욕대 교수는 2006년 9월 "아직 구체화되지는 않은 주택부문 불황은 금융시스템의 구조적 문제로 전개될 수 있다."라고 경고했다.

위와 같은 경고가 나오게 된 배경에는 그린스펀 미국 연방준비제도위원회 의장이 저금리와 주택대출 확대를 통하여 위기의 씨를 계속 뿌려왔던 것이 있다. 1998년 9월 4일 아시아 외환위기의 파장이 동구권, 중남미를 거쳐 미국에 밀려가고 있을 때 그린스펀은 "전 세계적인 경제위축 현상에 전혀 영향을 받지 않은 채 미국만이 번영의 오아시스(an oasis of prosperity)로 남아 있을 수는 없습니다."라고 말하고는 9월 29일 연방 기금 금리를 0.25%p 인하했다. 10월 7일에는 "제 생각에는 미국경제가 1999년에 상당히 위축될 것이라는 전망은 틀림없습니다. 우리는 지금 위축되고 있는 수요를 어느 수준까지 끌어올려야 하는 분명한 압력에 직면해 있습니다. 통화정책 당국자에게는 지금이 매우 긴장된(especially alert) 순간입니다."라고 말했지만 2001년부터 1%대의 금리를 이어간 것을 보면 저금리가 실물투자가 아니라 거품 창출의 에너지가 될 줄 몰랐던 것 같다.

1980년대 후반부터 그린스펀이 만든 '대안정'은 모두를 행복하게 만들었다. 월스트리트의 천재들은 금융혁신(financial innovation)에 의해 위험을 계속 돌리는 파생상품을 만들고 거액의 연봉을 받았다. 감독당국은 모두가 행복한데 문제를 일으킬 이유가 없었고 입법당국은 남은 규제가 거추장스러웠다. 모두가 행복했던 '대안정'은 그린스펀이 물러난 후 2008년 거품으로 터졌다. 현자의 목소리를 당국자들은 왜 들을 수 없었을까?

태풍 전야의 불안한 고요

위기의 전조

태풍이 오기 전 수확을 앞둔 동북아시아의 하늘은 푸르고 태양은 따사롭고 바람은 고요하다. 적도상의 열에너지 과잉과 북극권의 열에너지 결핍의 불균형을 해소하기 위해 태풍이 북쪽으로 올라오는 것은 자연의 섭리다. 흑자국의 과잉 에너지와 적자국의 결핍 에너지가 임계점에 달하여 파열하는 것은 균형을 찾아가는 섭리다.

1960년 이후 30여 년간 거액의 경상수지 흑자를 내며 일본은 '대성장'을 이어갔다. 1980년대 후반부터 20여 년간 인플레이션 없이 미국은 '대안정'을 이어갔다. 그것은 태풍 전야의 불안한 고요였다.

1997년 아시아 외환위기의 전조는 일본의 '대성장'으로 축적된 867억 달러의 과잉자본이 한국, 태국, 인도네시아, 말레이시아, 필리핀에 흘러 들어가자 금융시장은 들떴고 기업은 확장의 길을 걸었고 경상수지는 적자가 누적되어 거대한 거품으로 나타난다. 위기를 당한 아시아 5개국은 정도의 차이는 있었지만 해외자본의 초과유입, 환율의 고평가, 경상수지의 적자, 높은 기업부채비율, 높은 대외채무는 같은 양상이었다.

2008년 글로벌 금융위기의 전조는 미국의 '대안정'으로 축적된 금융시장의 과도한 팽창이었다. 일본, 독일, 중국의 경상수지 흑자의 누적과 미국의 경상수지와 재정의 적자 누적으로 일어난 신용팽창이 '대안정'의 에너지였다. 흑자 누적은 자본수출을 강요하고, 적자 누적은 자본수입을 강요했다. 경상수지 흑자 규모를 보면 일본은 2003년 GDP의 3%를 넘어 1,362억 달러를 기록했고, 독일은 2005년 GDP의 5%를 넘어 2007년 7.5% 2,491억 달러로 정점을 기록했다. 중국은 2008년 9.1% 4,124억 달러로 정점에 섰다. 이에 반해 미국은 2000년대 들어 경상수지 적자가 GDP의 3%선을 넘은 후 2006년에는 최고로 5.8% 8,026억 달러를 넘어섰다. GDP의 3%를 넘는 경상수지 적자는 지속 가능성에 문제가 나타난다.

과잉자본의 누적은 저금리시대를 열게 하였다. 일본의 쌓이는 과잉자본은 1995년부터 제로금리시대를 열었고, 미국은 2001년부터 1%대 금리시대를 연 후 글로벌 금융위기가 일어난 2008년부터 제로금리시대를 열었다. 2009년부터는 영국과 독일도 동참하여 인류사 최초로 중심국의 제로금리시대를 열게 되었다.

지구촌이 개방된 후 최초의 위기였던 1997년 아시아 외환위기는 도쿄를 진앙으로 하여 아시아 5개국을 뒤흔든 국지적 지진이었고, 2008년 글로벌 금융위기는 뉴욕을 진앙으로 한 지구촌의 지진이었다. 아시아를 탈출하여 뉴욕에 집결한 2,000억 달러가 넘는 거대한 자본이 1%대 저금리를 뛰어넘는 방법은 거품의 창출뿐이었다. 자본이 실물로 연결되지 못하면 거품을 창출할 수밖에 없고 이것이 위기의 에너지다. 일본의 '대성장'과 미국의 '대안정'은 중국의 시장경제 편입을 배경으로 저금리시대를 열었고, 많은 나라의 중앙은행들도 거품 창출에 공조하는 결과를 만들었다. 경제에 공짜는 없다. 공짜의 누적은 과도한 소비와 투기에 의한 거품으로 나타난다. 위기의 전조는 있지만 현실에서 위기의 대비는 쉽지 않다. 물가안정과 경기부양을 중심으로 한 정치적 대중영합주의는 위기를 조장하는 면도 있다.

위기는 근린궁핍화를 부른다

관세전쟁과 통화전쟁

사람은 재앙을 당하면 살아남기 위한 생존게임을 벌인다. 18세기 이후 경제위기는 큰 재앙을 일으켰지만 사람들은 위기의 근본적인 해결보다 불황을 이웃나라에 수출하는 방법으로 위기를 탈출하려고 노력했다.

위기의 에너지가 절정에 달하면 거품이 터지는 호황·불황(boom and bust)의 순환은 항상 되풀이되었다. 과도한 신용팽창(reckless expansion of credit)은 사나운 투기(wild speculation)를 낳고, 사나운 투기는 거품의 창출과 파열(bubble and burst)을 낳고, 거품 파열은 예금인출사태(bank run)를 낳고, 예금인출사태는 신용경색(credit crunch)을 낳고, 신용경색은 부도와 파산(default and bankruptcy)을 낳고, 종국에 가서 부도와 파산은 경기침체(economic recession)를 낳았다. 경기침체는 통화팽창(monetary expansion)을 불러오고 통화팽창은 평가절하(depreciation)를 불러왔다. 평가절하는 통화전쟁을 불러오고, 통화전쟁은 관세전쟁을 동반했다. 통화전쟁과 관세전쟁은 주변국에 큰 고통을 주는 근린궁핍화정책이다. 근린궁핍화정책은 중심국과 주변국 모두에게 더 심각한 경기침체와 대량실업을 유발하고 전쟁의 원인을 제공하기도

한다.

가장 과격했던 관세전쟁은 대공황을 맞은 미국이 자국산업을 보호하고 실업을 억제하기 위해 1930년 관세역사상 최고치인 60% 가까이 관세율을 올린 스무트-홀리 관세법(Smoot-Hawley Tariff Act)이다. 미국의 관세율 인상에 맞서 영국, 프랑스, 독일 등 유럽 국가들도 관세율을 높였다. 스무트-홀리 관세법이 유발한 관세전쟁은 미국의 교역량을 60% 넘게 감소시켰고 국제교역량도 60% 정도 감소시키는 결과를 초래했다. 국제교역량 감소에 의해 일어난 독일의 경기침체는 히틀러(Adolf Hitler)의 나치정권을 탄생시켰고 1939년 2차 대전으로 이어졌다. '666의 저주'가 일어났다고나 할까?

가장 과격했던 통화전쟁은 1985년 플라자합의에 의해 엔화의 달러 환율이 250엔에서 120엔대로 절상된 것이 아닌가 한다. 일본의 과도한 경상수지 흑자의 누적이 1985년 플라자합의와 1990년대 '잃어버린 10년'을 불렀다. 미국은 1973년과 1979년 오일쇼크에 의해 원유가격이 폭등하여 인플레이션이 10%를 넘자 최고 18%에 달하는 고금리정책을 썼고, 그 결과 제조업은 침체되고 실업률이 10%를 넘게 되었다. 이를 극복하기 위해 1985년 플라자합의에 의해 엔화의 달러 환율을 절상시키자 일본은 저금리로 대응했으나 이것은 주식과 부동산가격의 폭등을 불렀고, 이 거품이 터지면서 '잃어버린 10년'을 맞게 되었다. 일본은 1997년 은행, 증권회사와 보험회사 등 8개 금융기관이 도산하고 주가는 1997년 중 21.19% 폭락했다. 경상수지는 1996년부터 2년간 1,000억 달러대 아래로 떨어졌고, 경제성장은 처음으로 1998년부터 2년간 마이너스 성장을 기록하였다. 플라자합의는 일본의 과도한 경상수지 흑자 누적이 부른 응징이었다.

2008년 서브프라임사태를 극복하기 위해 버냉키 미국 연방준비제도위원회 의장이 추진한 3조 달러가 넘는 양적완화정책과 일본 아베 정부의 무제한 통화공급은 아마 최고의 통화전쟁으로 기록될 것으로 생각된다. IMF는 이러한 통화전쟁에 중립적이다. G20 체제가 출범하고, 신금본위제도(new gold standard)가 제기되는 배경은 여기에 있다. WTO 체제에 의해 각국이 자의적으로 관세와 비관세장벽을 쌓을 수 없게 되어 글로벌 금융위기에서 관세전쟁은 없었다.

공멸의 길을 피하자

IMF와 GATT의 탄생

위기를 극복하기 위한 생존게임에서 나타난 근린궁핍화정책은 대공황 때 등장한 스무트-홀리 관세법에서 본 바와 같이 공멸로 가는 길이었다. 공멸로 가는 근린궁핍화정책을 뛰어넘기 위해 1945년 IMF와 1948년 GATT가 탄생하였다.

나는 공직생활을 하면서 한국의 재정금융의 발전을 위해 IMF의 협력을 많이 받았고, GATT 체제의 발전을 위한 우루과이라운드에 참여하였다. 1997년에는 IMF 구제금융을 받기 위해 현장에서 뛰었다. IMF와 GATT에 참여하면서 중심국들이 주도하는 체제에서 중심국들의 적극적인 리더십과 타협이 없으면 IMF와 GATT의 기능이 무력화될 것이라고 느꼈다. 주변국들은 현재의 국제질서를 주어진 여건으로 받아들이며 적극적인 협력을 위해 노력했다.

1995년 설립된 WTO는 상품교역이 중심이었던 GATT 체제를 넘어 서비스무역과 지적재산권을 포함하고, 비관세장벽의 철폐와 무역분쟁 조정권을 부여받아 모든 국제교역에 대한 강력한 국제기구로 발전하였다. WTO의 출범 과정에서 중심국이 주도했지만 주변국도 활발히 참여하여 의견이 반영되었다. 특정 국가의 거부권도 없고 기구의 구성도 미국과 유럽이 중심이 되었지만 주변국의 참여도 보장되었다.

실물부문의 국제협력체제가 WTO 체제로 발전하는 동안 금융부문의 국제협력체제는 큰 개혁 없이 IMF 체제에 머물러 있다. 국제통화 협력, 국제무역

증대, 가맹국의 고용과 소득의 증대 등 당초 기능에서 큰 변화가 없었고 1971년 미국이 금태환의 중지를 선언함으로써 금본위제도(gold standard)가 붕괴되어 브레턴우즈 체제는 크게 상처를 입었다. 아직도 미국은 거부권을 갖고 있고 미국, 유럽, 일본의 G7을 중심으로 운용되고 있다.

1997년 아시아 외환위기에서 IMF는 위기해결에 주도적 역할을 했지만 아시아 국가들은 IMF의 구제금융에 대하여 채권국의 이익을 과도하게 대변했다는 논란이 있었다. 2008년 글로벌 금융위기에서 IMF는 강력한 역할을 하지 못했고 신흥국 경제의 성장에 따라 IMF를 주도하던 G7의 대표성에 한계가 왔다. 이러한 배경에서 등장한 G20 체제는 2010년 G20 서울정상회의에서 정부의 외환시장 개입에 관한 원칙과 신흥국과 과소대표국의 쿼터 조정, 유럽 이사의 축소와 신흥국의 확대 등 기구 개혁에 관한 합의는 있었지만 국제통화본위제도와 기축통화국의 역할을 포함한 국제통화질서와 경제의 글로벌 불균형에 관한 근본적인 논의는 없었다.

앞으로 국제통화본위제도와 기축통화국의 역할에 대한 개혁이 없으면 투기자본에 의한 국제금융질서의 교란과 글로벌 불균형에 관한 근본적인 해결책은 마련하기 어려울 것이다. IMF의 역할과 BIS의 역할의 통합된 발전도 필요하다. 미국과 일본의 양적완화에 의해 공급된 자본이 또 한 번 거대한 거품의 에너지가 되지 않을까 우려된다.

32 비만경제와 불편한 진실

::: 경제위기의 반성

나는 아시아 외환위기와 글로벌 금융위기를 체험하면서 위기의 본질은 과식에 의한 비만(obesity by overeating)이라는 생각을 하게 되었다. 풍요가 가져온 과식은 관습이 되었고 비만은 문화로 자리 잡아가고 있다는 생각도 든다. 비만은 고혈압과 당뇨병을 불러오고 방치하면 죽음에 이르는 무서운 병이다. 다이어트와 운동이 필요한 것을 알지만 실천은 쉽지 않다. 내가 어릴 때는 먹을 것이 부족해 다이어트라는 말을 몰랐고 논밭에서 땀 흘리며 일하다 보니 운동을 하기는커녕 휴식이 필요했다. 글로벌 금융위기의 중심에 있는 선진국은 비만이 문제이고 주변에 있는 개발도상국은 허약이 문제다. 비만경제(obesity economy)에서 다이어트경제(diet economy)로 갈 수는 없을까?

준비통화를 발행할 수 있는 중심국은 애덤 스미스의 보이지 않는 손에 의한 자유주의와 투기행위에 대해 관대할 수 있지만 주변국의 입장에서 투기적 자본유출입과 금융시장에 대한 개입은 불가피한 선택이다. 서브프라임 사태에서 보는 바와 같이 파생상품이 금융혁신으로 여겨지고 조지 소로스나 워런 버핏이 투자의 귀재로 존경받지만 위기를 당해본 아시아 주변국은 이들을 금융의 카지노와 투기의 귀재로 받아들인다. 나는 소로스나 버핏보다 생산과 고용에 많은 기여를 한 헨리 포드나 빌 게이츠를 더 존경한다.

과소비와 과투자의 비만경제

케인스 이후 경제학에서는 소비가 미덕으로 등장했다. 어릴 적 학교에서 절약과 저축이 미덕이라고 배웠는데 뭔가 혼란스러웠지만 40여 년을 소비가 미덕이라는 전제를 받아들이고 경제정책을 운용해왔다. 장난감을 사달라고 졸라대는 손녀에게 낭비는 나쁜 거야라고 했더니 경제를 살리기 위해 많이 사야 한다고 했다. 요즘 학교에서는 소비를 미덕이라고 가르치나?

위기가 일어난 2008년 미국의 GDP는 14조 7,203억 달러, 순가처분소득은 12조 2,926억 달러, 최종소비지출은 12조 3,741억 달러, 순저축은 -815억 달러, 총고정자본형성은 3조 594억 달러, 순차입은 7,721억 달러였다. 미국은 소비가 가처분소득을 초과했고 해외로부터 거액의 차입도 있었다. 독일을 제외한 유로지역과 일본도 정도의 차이는 있으나 비슷한 형태를 보였고 소비와 투자가 소득과 저축에 비해 과도한 수준이었다.

80% 전후의 소비와 5% 전후의 저축, 20% 전후의 투자가 있는 경제가 얼마나 지속가능성이 있을까? 과도한 소비와 투자가 독일과 중국의 과도한 저축으로 지탱되고 있음을 보여주는 선진국 경제는 비만경제라고 할 수 있다. 비만경제가 발생하게 된 배경에는 소비와 투자의 글로벌 불균형, 실물과

2008년 주요 선진국 소비저축투자율

(GDP 대비 %)

	최종소비지출률	순저축률	총고정자본형성률	순대출/차입률
프랑스	80.1	6.6	21.9	-1.8
독일	74.4	10.5	19.2	6.0
이탈리아	79.2	2.6	21.6	-2.8
일본	76.8	4.1	22.9	3.1
영국	85.0	5.8	17.0	-0.7
미국	84.0	-0.5	20.7	-5.2
EU(27개국)	78.0	7.1	21.7	-0.5

자료: OECD StatExtracts.

분리되어 따로 도는 금융(free-wheeling finance), 상환이 불가능할 정도의 과도한 부채(over-leveraged debt) 세 가지가 있다. 일본의 주택거품과 '잃어버린 10년', 그리고 미국과 유럽의 주택거품과 글로벌 금융위기는 비만경제의 한 단면이다.

첫째, 소비와 투자의 글로벌 불균형에 대해 2010년 영국《파이낸셜타임스》 주필 마틴 울프는 이솝우화 <베짱이와 개미>에 비유하여 개미같이 일하는 독일, 일본, 중국과 베짱이같이 노는 미국, 영국, 남유럽으로 묘사했다.[544] 이러한 불균형은 금융시장과 자본거래의 거품을 키우는 근본적인 배경이라고 했다. 베짱이는 언제까지 놀기만 하고 개미는 언제까지 일만 할 수 있을까?

둘째, 실물과 분리되어 따로 도는 금융은 거대한 규모의 파생상품과 외환 거래를 낳았고 금융기관이 아니면서 금융기관같이 거래하는 그림자금융 (shadow finance)이 번성하게 만들었고, 거대한 거품을 만들었다. 2007년 세계의 증권 잔액은 61조 달러였는데 파생상품은 10배나 되는 596조 달러였다. 같은 해 세계의 상품과 서비스의 수출입규모는 34조 달러 정도였는데 외환거래는 23배가 넘는 803조 달러였다. 탐욕과 투기가 그림자금융을 주도하고 사기수법 폰지게임(Ponzi game)이 생존 가능하게 만들었다. 월스트리트의 CEO들은 행원 연봉의 250배나 되는 거액의 연봉을 받고 24만 달러짜리 바캉스를 즐겼다는 보도가 나왔다. 실로 카지노자본주의이다. 실물경제와 분리된 금융산업, 발행시장과 따로 가는 유통시장이 지속가능할까?

셋째, 따로 도는 금융은 외상소득(borrowed income)으로 상품과 주택을 구입하게 만들었고, 외상구매를 근거로 한 파생상품은 엄청난 불로소득 (unearned income)을 만들고, 여기에 대중영합주의 지출을 위한 정부의 외상 재정(borrowed finance)이 끼어들어 상환이 불가능할 정도의 과도한 부채를 낳았다. 과도한 부채는 저금리를 불가피하게 만들고 저금리는 제로금리를 만들고 제로금리는 부채를 겁내지 않게 만든다. OECD 국가들의 국가채무는 100%를 넘었고 일본은 200%를 넘었다. 외상소득, 불로소득, 외상재정은 언제까지 지속가능할까?

가계, 금융기관, 정부가 합작한 거품경제(bubble economy)는 자본주의(capitalism)를 부채주의(debtism)로 만들었다. 1980년대 세계경제는 '항상 증가하는 인구(ever-growing population)'를 전제로 그들의 생산에 기대어 부채의 누적구조가 가능했다. 세계의 노동인구는 1990년대 중국, 인도, 소련이 시장경제로 편입하면서 14억 6,000만 명에서 29억 3,000만 명으로 대중가(great doubling)를 이룬 후 2000년대 들어 '항상 감소하는 노동인구(ever-shrinking workforce)'의 상황으로 바뀌었다. 21세기 들어 생산이 뒷받침되지 않는 투기시장의 부채주의가 만든 거품이 파열될 수밖에 없는 상황이 되어버린 것이다. 그들의 골프게임에 판돈(skins)을 끊임없이 대던 신흥국과 개발도상국 사람들이 하나둘 사라지면서 게임이 끝난 것이다. 과도한 비만은 고혈압과 당뇨를 유발하여 건강을 악화시키고 결국 병원에 가서 치료를 받지 않을 수 없는 것과 같다.

글로벌 금융위기를 선진국의 입장에서 보면 과도한 단기차입자금(over-leveraging from short-term fund)의 투기적 파생상품 투자(speculative-investing on derivatives)로 일어난 호황·불황의 순환(boom and bust cycle)이라고 할 수 있다. 신흥국의 입장에서 보면 과도한 차입캐리자금(over-borrowing from carry-fund)의 무분별한 신흥시장 투자(reckless-investing on emerging markets)로 일어난 유입·유출의 순환(dash-in and rush-out cycle)이라고 할 수 있다. 신흥국의 입장에서는 경제성장에 대한 과욕과 미숙이 만든 불안정성이 요인이라면, 선진국의 입장에서는 투기소득에 대한 탐욕과 과신이 만든 불확실성이 요인이라고 할 수 있다. 선진국의 입장에서는 창조적 금융혁신(creative financial innovation)에 의해 만들어진 과도한 파생상품 투자(over-investment on derivatives)가 문제였다면, 신흥국의 입장에서는 불가피한 금융도관(inevitable financial conduit)을 통한 과도한 전염효과 노출(over-exposure on contagion effect)이 문제였다.

소득을 넘는 과잉소비와 저축을 넘는 과잉투자로 만들어진 비만경제가 위기의 본질이다. 비만경제는 소득과 소비, 저축과 투자, 재정수입과 지출, 수출과 수입에 대한 글로벌 불균형에 뿌리가 있다. 미국, 영국, 남유럽 등 적자국의 경상계정은 독일, 일본, 중국 등 흑자국의 자본계정으로 보전되었다. 글로벌 금융위기의 본질은 경상계정과 자본계정의 불균형(imbalance of current and capital account)에 있다. 우리에게는 '방임된 탐욕의 경제학(economics of let-alone greed)'이 아니라 '관리된 절제의 경제학(economics of managed restraint)'이 필요하다.

수고하고 땀 흘리는 다이어트경제

위기의 반성

거품은 언젠가 터진다는 것이 역사의 교훈이다. 거품이 만들어지고 터지는 머니게임에는 판돈이 필요하다. 18세기 이후 식민지시대에는 식민지에서 벌어들이는 판돈으로 가능했고, 2차 대전 이후 식민지들이 독립한 후에는 금융시장의 개방과 세계화에 의해 신흥국과 개발도상국에서 벌어들이는 판돈으로 가능했다. 정책당국은 규제를 완화하고, 감독당국은 투기를 방관하고, 중앙은행은 판돈을 키웠다.

위기가 일어나기 전 2005년 6월 영국 《이코노미스트》는 판돈을 키우는 중앙은행들의 행태에 대해 다음과 같이 경고했다.[545]

"중국의 값싼 상품은 중앙은행이 금리를 크게 올리지 않고도 인플레이션 목표를 달성할 수 있게 했다. 이것은 흥청망청 차입을 불러왔다. 이렇게 유발된 초과유동성은 전통적인 인플레이션으로 연결되지 않고 주택 같은 자산가격으로 튀었다. 중앙은행들이 인플레이션 퇴치의 공을 내세우려 하지만 최근에는 중국이 큰 기여를 했다. 예를 들면 미국에서 구두와 의류의 평균가격은 지난 10년간 10%, 실질가격으로는 35% 하락했다. 오늘날 우리는 다시 19세기의 좋은 디플레이션(good deflation)을 맞고 있는 데 반해 중앙은행은 아직 그들의 인플레이션 타깃을 유지하기 위해 낮은 금리를 유지하고 있다."

나는 두 차례의 위기와 맞서 싸운 사람으로서 많은 전문가들의 조언과 충고를 들었다. 한마디로 인간은 수고하고 땀 흘려야 먹고살 수 있다는 단순한 진리였다. 하나님은 선악과를 따 먹은 아담을 에덴동산에서 추방할 때 우리에게 수고하고 땀 흘려야 먹고살 수 있는 숙명을 내렸다. 기본으로 돌아가서(back to the basics), 더 일하고, 더 저축하고, 더 투자하는(work hard, save more, invest more) 것이 근본적인 해결책이다. 돈을 뿌린다고 경제가 살아난다면 좋은 인쇄기만 있으면 되니 무슨 걱정이 있으랴?

은행은 예금을 받아 대출하고, 투자은행은 위험을 인수한 대가를 받고, 증권시장은 발행시장이 중심이 되고, 감독당국은 탐욕적 투기를 관리하면 위기를 예방할 수 있을 것이다. 위기를 맞으면 야단법석이다가 위기가 끝나면 잊어버리는 반복을 끊어야 한다. 1987년 미국 블랙 먼데이에 대한 대통령 태스크포스의 '브래디 보고서(Brady Report)'에서 밝힌 다섯 가지 건의 중 첫째가 "하나의 관청이 적지만 치명적인 규제 이슈를 조정해야 한다."라는 것이었는데, 미국은 이를 잊은 것 같다. 우리는 1997년 많은 진통을 치르고 하나의 감독당국(one regulatory agency)으로 통합했다. 중심국은 통 큰 사고와 과감한 개혁(big-thinking and radical-reform)을 주도하고, 주변국은 충실히 협력해야 문제가 해결될 수 있다. 누가 어떻게 할 수 있으랴?

거품과 불균형의 근저에는 준비통화의 자유발행(free printing of reserve currency)이라는 불편한 진실이 있다. 이것은 중심국에도 주변국에도 모두 독이 된다. 1997년 외환위기를 당한 아시아 신흥국의 입장에서는 미국, 유럽, 일본의 싼 단기자금으로 아시아에 비싼 장기대출을 하는 캐리트레이드가 위기의 핵심이었다. 외환시장의 환차익을 노린 선진국 금융기관의 재정거래(arbitrage trade)와 신흥국에 진출한 선진국 은행의 스와프 자금이 신흥국 금융위기를 더욱 악화시켰다는 것이 1997년 아시아 외환위기의 경험이다. 선진국 금융기관의 입장에서는 싼 이자의 캐리자금으로 높은 수익의 신흥금융시장에 투자하는 것이 땅 짚고 헤엄치기이지만 우리들에게는 위험한 일이다. 그들 개구쟁이는 재미로 연못의 개구리에게 돌을 던지지만(A punk kid throws a stone at frogs in pond and enjoys a fun), 우리들 돌을 맞은 개구리는 죽는다(The frogs to be stoned come to death). 선진국의 은행가들과 증권거래인들은 머니게임을 즐기는 것이지만, 선진국의 단기자금을 쓸 수밖에 없는 신흥국의 경제는 사느냐 죽느냐의 문제다.

나는 1980년대 외국 은행의 끊임없는 스와프 자금 확대 압력과 1990년대 과도한 금융시장 개방과 세계화 압력을 받으면서 땅 짚고 헤엄치는 그들이 던지는 돌에 맞아 고통 받는 개구리 신세를 면치 못했다. 투기적이고 무분별한 단기자금에 대한 자본거래세가 주변국 입장에서는 필요하다고 생각한다. 글로벌 금융위기의 근본적인 해결을 위해서는 선진국, 신흥국 모두에게 피해를 주는 투기적인 단기자금의 급격한 유출입이 규제되어야 한다.

불균형, 불안정과 과점주의 국제금융질서

불편한 진실

글로벌 금융위기의 근본적인 문제는 선진국의 과도한 소비와 신흥국의 과도한 저축에 따른 글로벌 불균형에 있고 이를 해결하기 위한 구조적 대책(structural measure)은 적자 선진국은 생산성 향상을 위해 더 일하고 더 저축하고 더 투자해야(work hard, save more, invest more) 하고 흑자 신흥국은 지출확대(more spending)를 하는 것이다.

루비니 뉴욕대 교수는 글로벌 금융위기의 근본적인 해결을 위해 "큰 그림의 모색과 과격한 개혁(some big-picture thinking and some radical reform)"이 있어야 한다고 말한다. 평화와 풍요가 계속되면 사람들은 나태해지고 타락하여 결국에는 위기를 맞는다. 투기와 거품으로 이루어진 비만경제를 절제와 수고로 만들어진 다이어트경제로 전환하는 것은 매우 어려운 일이지만 우리 모두가 깊이 생각해봐야 할 때가 되었다고 생각한다. 비만은 치명적인 고혈압과 당뇨병을 일으킨다. 거품과 위기의 근저에는 비만이 있고 지금 치료하지 않으면 죽음으로 갈 수도 있다.

40여 년간 재정금융정책을 다루고 1997년 아시아 외환위기와 2008년 글로벌 금융위기와 싸운 나의 경험으로 생각하면 중심국의 통 큰 사고와 과감한 개혁은 쉽지 않고 위기의 근본적인 원인인 글로벌 불안정(global uncertainty)과 글로벌 불균형(global imbalance)으로부터의 탈출도 쉽지 않으리라 생각한다. 나의 비관적인 견해의 근거는 경제 내적으로 경상계정의 적자(deficits of current accounts)와 금융계정의 투기(speculation of financial accounts), 자산계정의 변동성(volatility of asset accounts)과 자본계정의 경직성(rigidity of capital accounts), 경제 외적으로 감독당국의 행정적 관료주의(administrative bureaucratism of regulator)와 입법당국의 정치적 대중영합주의(political populism of legislator), 그리고 국제금융체제의 과점주의(oligopolism of international financial system) 일곱 가지로 정리할 수 있다.

첫째, 가계활동, 기업경영, 금융시장, 재정활동, 대외무역에 관한 경상계정의 적자 문제다. 과다한 소비, 투자, 투기, 지출, 수입은 가계, 기업, 금융기관, 정부의 절제와 생산성 향상에 관련된 어려운 문제다. 다이어트가 쉽지 않은 것과 같다.

둘째, 실물경제와 독립적으로 움직이며 실물경제를 끊임없이 교란하는 금융계정의 투기 문제다. 궁극적으로 금융산업은 실물경제와 분리되어서는 독자적인 생존이 가능하지 않다고 생각한다. 돈에 대한 인간의 탐욕이 금융시장의 근저에 깔려 있기 때문에 더 어려운 과제다.

셋째, 변덕스러운 환율에 의한 자산계정의 변동성이다. 시장환율은 아시아 외환위기와 글로벌 금융위기에서 경상수지보다 자본유출입에 더 상관관계가 큰 변수가 되었고 그래서 더 변덕스러웠다. 1985년 플라자합의에 의한 엔화의 절상에 따라 일본의 대외 달러자산은 반토막이 났다. 일본은 마른 수건을 짜며 경쟁력 회복을 위해 노력하였지만 '잃어버린 10년'으로 갔다. 2차 대전 후 금본위제도와 고정환율체제를 전제로 성립된 브레턴우즈 체제는 1971년 이미 무너졌다. 환율과 경제지표와 자본유출입의 상관관계에 대한 재검토와 이에 따른 국제금융질서의 재검토가 필요하다. 거래의 기준이 매시간 매일 바뀌는데 어떻게 합리적인 상거래가 이루어질 수 있는가?

넷째, 독일, 일본, 중국 등 과다 저축국과 미국, 영국, 남유럽 등 과다 투자국 간 자본계정의 경직성 문제다. 자본계정의 경직성은 국제통화질서의 불안정성과도 관계가 깊고, 사회안전망과 생활습관에도 관련된 문제로서 쉽게 변화되지 않고 변화가 일어나도 장기간을 필요로 한다. 체력단련이 하루이틀의 운동으로 해결될 수 없는 것과 같다.

다섯째, 감독당국의 행정적 관료주의 문제다. 관료체제는 위기에 대해 안일하고 방관적이다. 관료주의는 인류 역사와 함께해온 난제 중의 하나다. 끝없이 변화와 개혁을 추진하고 있지만 언제나 미완의 과제로 남아 있다.

여섯째, 입법당국의 정치적 대중영합주의 문제다. 보통·평등선거와 다수결의 원칙에 입각한 민주주의체제에서 대중영합주의는 필요악이다. 선거자금과 표에 연결된 정치제도에서는 이성과 합리보다 감성과 인기가 앞서는 인기영합주의적 입법을 막기 어렵다. 미국 서브프라임사태의 근저에는 상업은행, 투자은행, 보험회사의 합병을 가능하게 한 1999년 금융서비스현대화법(Financial Services Modernization Act)과 파생상품의 규제를 완화한 2000년 상품선물현대화법(Commodity Futures Modernization Act)이 있고, 이 두 법은 금융권의 강력한 로비에 의해 만들어졌다. 그러면 다수결민주주의의의 대안은 있는가?

끝으로, 미국과 유럽 중심으로 주요한 결정이 이루어지는 불안정한 국제금융체제의 과점주의 문제다. 고정환율제와 금본위체제를 근간으로 했던 브레턴우즈 체제는 1971년 미국의 금태환 중지선언에 의해 깨졌다. 현재 준비통화인 달러화, 엔화와 유로화를 마음대로 찍어낼 수 있는 국제금융질서의 유일한 세이프가드는 준비통화국의 자비와 절제(mercy and restraint)뿐이다.

달러가 기축통화인 국제금융질서에서는 달러 자체가 사실상 무한수요를 갖고 있는 상품이기 때문에 달러인쇄기(dollar-printing machine)가 고장 나지 않는 한 미국은 기술적으로 대외부채로부터 자유롭고 환율도 보유고도 걱정할 것이 없다. 미국의 입장에서 미국경제가 흔들릴 때 달러화 가치가 절상되는 역설은 이해하지만 그 원인은 불안정한 국제금융질서에 있고 이러한 질서는 미국의 리더십에 의해서만 해결될 수 있다. 주변국이 위기를 피할 수 있는 길은 지속적인 경상수지 흑자와 높은 외환보유고 이외에는 없다. 주변국이 외환시장에 개입하는 것은 생존을 위한 주권행사이고 위기를 피할 수 있는 유일한 수단이다.

실물경제의 글로벌 불균형과 금융경제의 글로벌 불안정은 지속가능성에 문제가 많다. 실물경제의 불균형은 많은 노력과 긴 시간이 필요하다. 금본위제도가 무너진 국제금융질서는 가치척도가 무너진 시장질서다. 쌀장수의 됫박이 매일 바뀌면 시장의 신뢰가 무너지고, 마일의 길이가 매일 바뀌면 법규의 권위가 무너진다. 교역의 불균형은 지속가능성에 한계가 있고, 시장환율의 불안정은 이론적으로 성립할 수 없다. 국제금융질서의 불편한 진실(inconvenient truth)은 큰 그림의 모색과 과격한 개혁을 필요로 한다.

중심국의 리더십과 주변국의 협력

G20 체제의 태동

2008년 글로벌 금융위기로 G7 체제와 함께 G20 체제가 등장했다. 신흥국 중국, 인도, 브라질, 러시아, 이른바 BRICs의 경제력이 커짐에 따라 G7의 비중이 세계 GDP의 50% 아래로 내려갔고 이에 따라 대표성과 위기대처능력의 한계를 인식하기 시작했다. 이런 배경에서 1999년 출범한 G20 재무장관회의가 글로벌 금융위기 극복을 위한 국제공조를 위하여 2008년 11월 15일 정상회의로 격상되었다. 정상회의가 개최되는 날 아침 《워싱턴포스트》는 1면에 G20 정상회의에 대해 "역사적 힘의 이동(Historic Power Shift)"이라는 제목의 기사를 실었다. G20 그룹은 세계 인구의 3분의 2에 달하고 세계 GDP의 85%에 해당하며 세계 교역량의 80%를 차지하는 등 역사적 힘의 이동이 확실하게 나타나고 있었다.

2010년 11월 11일 한국은 의장국으로서 G20 서울정상회의를 개최하고 환율에 관한 새로운 원칙의 합의를 이뤄내는 데 주도적 역할을 했다. 2010년 G20 서울정상회의에서 합의된 환율에 관한 원칙은 국제금융질서의 대전환을 이루는 커다란 변혁이다. 환율에 관해 합의된 내용을 보면 첫째로 원칙은 '경제지표를 반영하는 탄력적 환율(exchange rate flexibility to reflect underlying economic fundamentals)'로 하고, 둘째로 준비통화를 발행하는 선진국은 '환율의 과도한 변동성과 무질서한 움직임을 경계(vigilant against excess volatility and disorderly movements in exchange rate)'하고, 셋째로 신흥국의 보유고와 환율에 관한 정책대응에 '신중하게 설계된 거시건전성 규제의 도입(include carefully designed macro-prudential measures)'을 포함한다는 것이다.

외환시장 개입을 부정해왔던 IMF와 미국이 환율에 대한 새로운 합의를 도출해준 데 대해 경의를 표한다. 준비통화국이 돈을 찍어낼 때 주변국이 선택할 수 있는 유일한 대안은 환율주권(sovereignty on exchange rate)으로, 우리는 이의 관철을 위해 끊임없이 노력했다. 환율에 관한 새로운 합의는 국제금융 역사에 길이 남을 코페르니쿠스적인 전환이라 생각한다. 우리가 과거 국제질서의 규칙준수자에서 규칙제정자로 기여할 수 있게 된 것은 또 하나의 기적이라 할 수 있다.

글로벌 불균형과 불안정을 해소하고 과점주의적 국제금융체제를 개편하기 위해서는 중심국의 리더십과 주변국의 협력이 절실하다. 이것이 1997년 아시아 외환위기, 2008년 글로벌 금융위기, G20 재무장관회의와 정상회의를 직접 경험한 나의 솔직한 생각이다.

방임된 탐욕에서 관리된 절제로

⠿ 절제의 경제학

우리에게 역사는 현명한 판단을 주고, 수학은 지혜로운 해법을 준다고 한다. 호황과 불황을 되풀이해온 경제위기의 역사는 위기를 감지할 수 있는 현명한 판단력을 제공한다. 경제학자들이 만들어놓은 수리경제학의 모델은 이미 지혜로운 해법을 제공하고 있다. 지구촌이 다시 위기를 맞지 않기 위해 글로벌 금융위기에 대한 반성을 토대로 하여 교역의 불균형, 환율의 불안정과 국제금융질서의 과점주의에 대한 재검토가 필요하다. 글로벌 금융위기에서 나타난 문제를 해결하기 위해 많은 경제학자들이 다양한 해법을 제시하고 있다.

다양한 해법에 따른 전례 없는 대책에도 불구하고 세계경제는 침체를 벗어나지 못하고 있다. 지속가능한 회복까지 10년 이상 걸리는 긴 여정이 될 것이라는 전망도 있었다. 글로벌 금융위기의 뿌리에는 경상계정과 자본계정의 불균형과 금융의 불안정이 있었다. 지금 우리에게는 '방임된 탐욕의 경제학'이 아니라 '관리된 절제의 경제학'이 필요하다. 경제학에서도 새로운 상황에는 새로운 창이 필요하고 새로운 창은 새로운 방패를 필요로 한다.

탐욕과 투기의 금융은 땀 흘리고 수고하는 사람의 노력을 무력하게 만들었다. 금융이 실물을 좌우하는 주요한 변수라는 것이 아시아 외환위기와 글로벌 금융위기에서 드러났듯이 금융 변수가 빠진 경제학은 무력했다. 금융자본의 급격한 유출입과 투기가 두 위기의 뿌리였다. 영국 《이코노미스트》는 은행과 전통적인 경제학의 문제를 다음과 같이 보도한 바 있다.

"금융위기는 중앙은행들과 다른 정책결정자들이 사용하는 표준 거시정책

모델, 즉 동태·확률적 일반균형모델(dynamic stochastic general equilibrium model, DSGE)[546]은 금융시스템을 정확히 설명하지도 못하고 실물세계에 나타나는 호황과 불황을 말해주지도 않는다는 것을 보여주었다. 많은 학자들이 이런 실패를 고치기 위해 노력하고 있다. 첫 번째 일은 은행을 모델에 넣는 것이다. 오늘의 주류 거시모델은 소수의 주체, 즉 은행을 제외하고 가계, 비금융기업과 정부를 포함한다. 거시경제학자들은 은행이 이익추구를 위해 대출을 하고 경제에 영향을 주는 기업이라기보다 예금자와 차입자 사이의 단순한 베일(veil)이라고 생각했기 때문에 생략했다."

불균형의 해소와 국제금융질서의 개편

위기의 교훈

2008년 글로벌 금융위기는 우리에게 지구촌의 불편한 진실과 함께 많은 교훈을 남겼다. 글로벌 불균형과 불안정은 국제금융질서의 과점주의에 뿌리를 두고 부문별로 경상계정, 금융계정, 자산계정, 자본계정, 국제금융질서에서 문제를 키워왔다. 이러한 문제에 대해 글로벌 금융위기는 다음과 같은 교훈을 남겼다. 문제는 상황판단과 실천가능성에 있다.

첫째, 경상계정의 적자를 해결하기 위한 과제는 가계의 절약과 저축, 기업의 내부유보 확대와 효율적 투자, 재정의 양입제출 준수, 적정환율의 유지 등이다. 구체적인 전술은 나라마다 상황에 따라 다를 수 있다. 소비 위축에 따른 경기침체는 다음 단계에서 투자의 결실로 소득이 증가할 때까지 기다리면 되지만 단기성과에 민감한 노동자, 기업인이 기다리지 못하고 정치인들이 유권자의 불만에 굴복하는 것이 문제다. 다이어트가 어려운 것과 같다.

둘째, 금융계정의 탐욕은 잘 짜인 규제와 감독으로 관리가 가능하다. 그러나 탐욕은 인간의 본능이고 계량이 불가능하며 금융인들의 끊임없는 로비를 막기가 어렵다. 감독과 규제를 허물거나 무력화하는 혁신상품(innovative commodities)이나 규제선택(regulatory arbitrage)도 문제다.

셋째, 자산계정의 변동성은 환율에 관한 정부의 합리적 개입에 의해 완화할 수 있다. 외환시장 개입에 관해서는 2010년 G20 서울정상회의에서 원칙을 합의했지만 아직 구체적인 행동지침이 만들어지지 않았다. 과거 인류사에 시장환율(market exchange rate)이라는 것은 없었다. 매시 매일 킬로미터의 기준이 달라지면 제한속도를 지킬 수 없다. IMF와 선진국은 외환보유고 이외에 아무 수단도 없는 주변국에 시장개입을 금지하라는 압력을 오랫동안 행사해왔다. 주변국에게는 사느냐 죽느냐 선택의 문제다.

넷째, 자본계정의 경직성은 과다 저축국의 소비 확대와 과다 소비국의 저축 확대에 의해 해결될 수 있다. 자본계정의 경직성은 국제통화질서의 불안정, 사회안전망의 불비, 생활습관과 관련이 있는 사항이라 쉽게 바꾸기 어렵다. 일본이 1960년대부터 쌓이는 흑자를 상품 수입(commodity import)에 쓰지 않고 달러 수출(dollar export)에 매진한 것이 자충수가 되어 1985년 플라자합의로 달러자산이 반토막이 났고 1990년대의 '잃어버린 10년'을 맞았다.

다섯째, 관료주의와 대중영합주의에 대하여는 누구나 알고 있지만 대안을 찾기 어려운 문제다. 보통·평등·직접·비밀선거의 다수결민주주의는 세금을 적게 내고 책임을 덜 지는 사람이 다수다. 책임과 권한이 분리된 선거구조에서는 옳고 그름이 아니라 좋고 나쁨에 의해, 나라의 장래보다는 나의 이해에 따라 투표 결과가 좌우되는 경우가 많다. 다수결민주주의는 현실적으로 대중영합주의를 피할 수 없고 관료주의는 다수결민주주의의 종속변수다. 다수결민주주의의 대안으로 전문가민주주의(techno-democracy)가 제기되고 있다. 관료주의와 대중영합주의의 극복은 끊임없이 노력해야 할 숙제다.

끝으로, 국제금융체제의 과점주의는 중심국이 말하지 않을 뿐이지 스스로 알고 있으리라 생각한다. 글로벌 불균형을 해소하고 투기적 거품 창출을 예방하기 위한 기초는 국제금융체제의 개편이다. 자유로운 준비통화 발행이 허용되는 한 불균형과 불안정으로 발생하는 거품과 파열은 막기 어렵다. 그들은 환율과 대외부채에서 기술적으로 자유롭지만 주변국에게는 환율과 외환보유고 이외에 부도를 막을 수단이 없다. 돌을 던지는 개구쟁이와 그 돌에 맞는 개구리의 차이다.

　1944년 브레턴우즈 체제가 성립될 때 케인스는 30개의 상품을 포함한 바스켓을 기준으로 한 뱅커(bankor)를 글로벌 슈퍼 커런시(global super currency)로 하자고 제안한 적이 있다. 1984년 미테랑 프랑스 대통령이 새로운 국제통화체제를 제창했고 2008년 브라운 영국 총리도 1944년의 브레턴우즈 체제의 전면 개혁을 주창했다. 금, 은, 철, 석유, 곡물 등 세계에 골고루 있는 상품을 바스켓에 넣는 신금본위제도(new gold standard)의 논의가 필요한 시점이 되었다.

　지구촌이 다시 위기를 당하지 않기 위해 글로벌 불균형과 불안정을 해소하기 위한 국제금융질서의 개편은 불가피하다. 브레턴우즈 체제를 유지하기에는 상황이 너무 바뀌었다. 시장환율제도는 불안정하고 악용하면 불균형이 더 커진다. 과점주의적 국제금융체제는 대표성에 문제가 크다. 지금의 국제금융질서 아래에서 중심국은 '준비통화 찍기', 그리고 주변국은 '준비통화 쌓기'에 매달릴 수밖에 없다. 탐욕과 투기자본이 정보기술과 결합한 괴물은 관리가 어렵다. 중심국의 통 큰 생각과 과격한 개혁이 필요하다. IMF는 G20 체제와 협력하여 새로운 국제금융체제 창설의 주역이 되기를 바란다.

케인스·프리드먼·하이에크·슘페터

경제학의 모순

창과 방패, 즉 모순(矛盾)은 인간에게 영원히 풀 수 없는 숙제를 남긴다. 어떤 방패도 뚫을 수 있는 창과 어떤 창도 막을 수 있는 방패를 만들기 위해 노력하는 것은 다시 굴러떨어질 것을 알면서도 산 위로 바위를 밀어 올려야 하는 시시포스의 형벌과 같다. 두 번 경험한 위기에 대응하기 위한 경제학에서 나는 창과 방패의 모순을 해결할 수 없었다.

자본주의는 15세기 중상주의 시대의 상업자본주의(commercial capitalism)에서 출발하여 18세기 산업혁명을 거치면서 산업자본주의(industrial capitalism)로 발달했고 20세기에 들어와 금융시장을 중심으로 금융자본주의(financial capitalism), 증권자본주의(security capitalism)로 발달하여왔다. 21세기는 디지털기술로 네트워킹된 지구촌(digitally networked global village)이 되었고, 지구촌을 하나의 시장으로 하는 디지털자본주의(digital capitalism), 글로벌자본주의(global capitalism) 시대라고 한다.

경제학은 시대상황에 따라 그 시대의 문제해결을 위해 존재하는 것이기 때문에 시대상황이 바뀌면 한계를 가질 수밖에 없다. 자본주의의 영웅산업인 철강산업은 1980년대 미국에서 사라졌고 휴대폰은 한국의 삼성전자가 세계 선두주자다. 21세기 들어 선진국은 상품의 생산과 공급에 한계가 있기 때문에 공급이 탄력적이었던 시대의 경제학도 한계를 가질 수밖에 없다. 공급이 탄력적이지 못하면 경기부양책은 거품으로 연결되기 쉽다. 40여 년 재정금융에 관한 정책을 다루면서 가장 많이 만난 경제학은 케인스(John Maynard Keynes)와 프리드먼(Milton Friedman), 그리고 하이에크(Friedrich von Hayek)와 슘페터(Joseph Schumpeter)였다. 케인스의 유효수요이론(effective demand theory)과 프리드먼의 통화론(monetarism)은 공급과 부채의 제약, 하이에크의 법치적 자유시장경제(free market economy by rule-of-law)와 슘페터의 창조적 파괴(creative destruction)는 정서와 정치의 제약이라는 현실에 부딪히게 했다.

먼저, 케인스의 유효수요이론은 제조업의 경쟁력을 상실한 경우 공급의 한계를 극복할 수 없고, 정부지출이 과도한 경우 국가채무의 한계라는 장애가 있다. 맨큐(Gregory Mankiw) 하버드대 교수는 감세가 침체와 싸우는 최선의 재정정책(the best fiscal tool to combat recession)이라고 주장한다. 이와 같은 주장은 미국 대통령경제자문위원장을 지낸 로머(Christina D. Romer) 박사가 2차 대전 후의 재정정책을 분석한 결과 1달러의 감세가 3달러의 GDP를 증가시켰다는 실증적 연구를 근거로 하고 있다. 하버드대의 알레시나(Alberto Alesina) 교수와 아르다그나(Silvia Ardagna) 교수도 1970년 이후 21개 OECD 국가들의 91개에 걸친 경기부양책을 연구한 결과 법인세와 소득세의 감세가 성공적이었고 지출 확대는 실패였다는 것을 밝혀냈다. 따라서 국가채무가 과도한 경우 재정의 건전성은 경기회복에 못지않게 중요한 과제이기 때문에 같은 금액의 경기부양정책이라면 감세정책이 효율적이라 할 수 있다.

한국은 1980년대 이후 꾸준히 감세정책을 써왔고 세율 인하에 의해 결과적으로 세입이 증대하였다. 2008년 위기 때도 세율을 인하하였지만 다른 선진국에 비해 빠르게 경기가 회복되어 2009년 이후 법인세와 함께 전체 세입이 늘어났다. 다른 나라에 비해 낮은 10%의 부가가치세율로 내국세입의 30% 전후를 거두고 있다. 생산능력에 탄력성이 있다면 기업의 생산부문에 대한 직접지원이 유효성이 큰 것은 당연하다. 케인스가 유효수요이론을 주장했을 때 미국이나 영국에서는 생산능력이 충분했기 때문에 수요만 있으면 공급에는 문제가 없었다.

다음, 프리드먼의 통화론은 생산능력이 탄력적일 때 유효성이 높고 준비통화를 가진 나라에서는 가능하다. 그렇지 않을 때 대외지급이 불가능한 통화의 팽창은 거품만을 만들게 된다. 위기를 맞은 주변국이 신용팽창을 하게 되면 자국화폐의 절하를 초래하여 급격한 외화의 유출과 퇴장의 위험이 일어난다. 준비통화국의 급격한 통화팽창은 통화전쟁을 유발하여 주변국에 피해를 주게 된다. 투기의 수익률이 금리를 상회할 때 통화의 팽창은 투자로 연결되기보다 투기로 연결된다.

1997년 외환위기 당시 IMF는 한국에 통화긴축과 금리인상을 권고했고 우리는 권고대로 했다. 2008년 글로벌 금융위기 때 미국과 일본 등 많은 중심국은 양적완화와 금리를 인하했지만 IMF는 말이 없었다. 준비통화 여부에 따라 달라지는 통화경제학은 혼란스럽다. 2008년 한국은 단기외채를 감당할 수 있는 외환보유고를 갖고 있었기 때문에 금리를 내리고 신용을 확대할 수 있었다. 소규모 개방경제인 한국은 경기상황보다 외환사정이 통화정책에 더 큰 영향을 미쳤고 위기를 예방하기 위해 대내균형보다 대외균형을 우선할 수밖에 없었다. 소규모 주변국은 대외균형이 우선되지만 대규모 중심국은 대내균형이 우선되는데, 이것은 힘의 차이이지 경제이론의 차이는 아니다.

통화론자들의 주장에 따라 미국이 3차에 걸쳐 제로금리에 3조 달러를 넘게 뿌린 양적완화의 최종 귀착이 궁금하다. 미국의 경기가 침체되면 달러화 가치가 떨어져야 하는데 시장의 불확실성이 높아짐에 따라 달러화를 선호하고 주변국의 퇴장수요(hording demand)가 증가함으로써 달러화 가치가 올라가는 역설을 생각하면 미국의 입장에서 정당성이 있다고 하겠다. 2008년의 서브프라임사태가 생산의 한계를 그대로 두고 저금리의 신용팽창이 원인이었다는 점에서 경제학의 원칙에 따라 생각하면 양적완화는 병을 더 깊게 하지 않을까 걱정된다. 서브프라임사태는 파생상품의 수익률이 금리를 상회하여 발생한 거대한 거품이 파열된 것이다.

한편, 하이에크의 법치적 자유시장경제는 가장 이성적이고 냉철한 논리를 바탕으로 한 경제학이라 생각한다. 법치주의가 실종된 한국이 추구하고 싶은 경제학이라고 생각하지만, 현실적으로 다수결민주주의 아래에서 실업, 경기침체, 그리고 높은 복지수요를 감당하기 어려운 경제학이다. 사람의 정서는 옳고 그름이 아니고 좋고 싫음에 의해 결정되고 정서가 다수의 대중을 지배한다. 상가에 가서 울어준다고 죽은 사람이 살아나지 않지만 우는 척이라도 해야 하는 사람의 정서를 누가 어찌하랴. 현실은 슬프고, 삶은 어렵고, 대중은 참을성이 없는데, 이상은 너무 멀리 있다.

한국에서 1997년 위기를 당한 후 등장한 좌파정부 10년은 법치주의의 후퇴, 과도한 복지, 반기업정서를 불러왔고 2008년 우파정부의 개혁은 정치적 대중영합주의에 의해 지지부진할 수밖에 없었다.

끝으로, 슘페터의 혁신에 의한 창조적 파괴는 경제위기를 근본적으로 치료할 수 있는 이론이라 생각한다. 기술의 발전뿐만 아니라 새로운 시장개척, 새로운 상품개발, 상품 공급방식의 변경도 슘페터는 혁신이라 했다. 창조적 파괴는 현실적으로 정치적 압력과 정리해고에 대한 저항 때문에 채택에 용기가 필요한 정책이라 생각된다. 보통·평등선거의 다수결민주주의에서는 유권자의 저항을 이기기 어렵다. 2008년 서브프라임사태를 맞은 미국은 창조적 파괴 대신에 대마불사로 위기에 대처했다. 1997년 위기를 맞은 한국은 정치적 이유로 혁신에 의한 창조적 파괴를 제대로 하지 못했다. 정치권과 노동조합은 노동시장의 경직성을 더욱 강화해왔다. 생산성 향상을 위한 설비투자나 정리해고는 노동조합과 합의가 있어야 하는 노사협약이 많다. 한국에서는 가장 어려운 과제다. 케인스, 프리드먼, 하이에크, 슘페터의 경제학은 경제정책에 많은 기여를 했다. 정책을 집행하는 현장에서 그들의 경제학을 이해하고 정책으로 구체화할 때 경제의 상황과 나라의 여건을 반영해야 하는 당국자의 입장은 어렵다. 케인스와 프리드먼은 소비와 유동성을 중심으로 경기부양에 초점을 둔 현실적이고 대중적인 따뜻한 가슴(warm heart)의 경제학이고, 하이에크와 슘페터는 투자와 생산성을 중심으로 구조조정에 초점을 둔 이상적이고 구조적인 차가운 머리(cold head)의 경제학이라 생각된다. 현실과 이상은 서로 멀고 가슴과 머리는 서로 상충된다. 정책 현장에서는 공급과 부채의 한계가 있고, 정서와 정치의 한계를 넘기가 어렵다. 현실의 정책은 이것도 저것도 합친 혼합의 길을 가는 경우가 많고 상황에 따른 서로 상반된 선택과 조합(choice and mix)이 불가피한 작업이었다.

상황에 따른 선택과 정책의 조합

한국의 경험

2009년 OECD 국가들이 평균 -3.5%의 마이너스 성장을 할 때 우리는 0.3%의 플러스 성장을 하고 2010년부터 가장 빠른 속도로 경제를 회복시켰다. OECD 국가가 평균 수출이 2009년 10.9% 감소할 때 우리는 7.8% 감소했고, 2010년 12.4% 증가할 때 우리는 15.5% 증가하여 세계 12위에서 7위 수출국이 되었다. R&D에 대한 투자에 집중하여 2012년 GDP 대비 투자비중이

4.36%를 기록하여 2008년 세계 5위에서 1위가 되었다.

가장 빠른 경제회복은 환율정상화 및 금리인하와 함께 37조 9,000억 원 (302억 달러)의 재정투입, 34조 9,000억 원(278억 달러)의 대규모 감세정책, 22조 3,000억 원(177억 달러)의 4대강 프로젝트 등 공격적 재정금융정책이 주요한 요인으로 작용했다. 2008년 확정된 감세와 세출증가를 합친 총재정투입 규모는 GDP의 7.1%인 72조 8,000억 원(579억 달러)으로 OECD 국가 중 가장 빨리 최대 금액의 재정정책을 집행했다.

존스(Randall S. Jones) OECD 한국·일본과장은 2008년 한국의 재정금융정책에 대해, 원화절하에 의해 수출을 증가시킴으로써 경제회복에 기여했고, OECD 국가 중 최대 규모인 감세와 지출증가로 국내수요를 회복시켰고, 확장통화정책은 실질금리를 마이너스로 만들어 투자를 확대시켰다고 평가했다. 랄(Subir Lall) IMF 한국과장은 한국의 재정금융정책에 대해 경제가 침체될 때 부양정책을 어떻게 써야 하는가에 대한 교과서적인 사례라며, 글로벌 금융위기를 맞아 오히려 생산을 확대함으로써 시장점유율을 확대했고, 환율 흐름도 시장경쟁력에 도움이 됐다고 평가했다.

빠르고 단호한 재정금융정책에도 불구하고 국가부채비율은 2012년 OECD 통계로 우리는 GDP의 35.5%인 데 비해 일본은 218.8%, 미국은 102.1%, OECD 전체 평균은 107.4%이다. 확장적 재정금융정책의 배경에는 세계 최우량 수준인 90% 이하의 상장기업 부채비율도 있었다. 2008년 글로벌 금융위기에서 우리는 특정 경제이론보다 1997년 위기에서 배운 교훈에 따라 감세와 지출 확대, 금리인하와 통화량 확대, 선별적 파괴와 구조혁신 등 재정금융의 모든 분야에 대해 한국의 상황에 따라 가능한 선택과 정책의 조합을 추구했다. 그리고 선제적이고, 결정적이며, 충분한 정책을 위기 첫해 총에 추진했다. 소규모 개방경제는 어떤 경우에도 살아남기 위해 수많은 비판 속에 대외균형을 우선하지 않을 수 없었다. 나에게는 공급의 탄력성과 자유 달러 발행이 전제가 되었던 미국 경제학과의 전쟁이 위기와의 전쟁보다 힘들었다.

땀과 수고의 관리된 절제

관리된 절제의 경제학

저축이 미덕인가, 소비가 미덕인가? 투자와 투기는 어떻게 다른가? 집값이 올라가는 것이 좋은가, 내려가는 것이 좋은가? 제조업이 없는 서비스업이 지속가능한가? 금융업이 독자적인 산업으로 존속할 수 있는가? 발행시장과 따로 노는 유통시장은 무슨 의미가 있는가? 자유와 규제의 한계는 어디인가? 노동과 소득에 대한 경제학은 많은데 탐욕과 부에 대한 경제학은 왜 별로 없는가? 소로스와 버핏이 과연 존경받아야 하는가? 그리고 가장 중요한 것, 쌀장수의 뒷박은 아침저녁 같은데 최대의 가치척도인 환율은 시도 때도 없이 바뀌어도 되는가? 매일 킬로미터의 길이가 달라진다면 어떻게 속도제한을 지킬 수 있는가? 내가 40여 년간 재정금융정책을 수행하면서 끊임없이 만났던 의문들이다.

이런 의문에 봉착하면 '세계인구 10명 가설'과 'each other's hamburger' 이야기를 생각하곤 했다. 세계인구가 10명이고 이들이 농업에 종사한다고 가정할 경우 1명이 농업기술을 연구할 때, 또 1명이 비료를 생산할 때, 또 1명이 관리를 담당할 때를 계속 생각해보자. 적절한 수준에서는 생산성이 높아져 모두의 후생이 올라가지만 종국적으로 10명 모두 직접 생산에서 떠나면 생산물은 제로가 된다. 이것이 서비스업의 한계이자 거품생성의 한계라는 생각에 미치게 된다. 햄버거 장수 두 사람이 1달러짜리 햄버거를 서로 사고팔았을 때 마지막에는? 내가 미국에서 공부할 때 월스트리트에서 일어나는 머니게임의 한계를 햄버거 장수에 비유한 교수의 이야기다. 두 가지 가설은 경제정책을 선택하는 현장인에게 사물을 단순화해서 문제를 푸는 수학적 지혜를 제공한다. 금융과 실물, 서비스와 제조업, 거품과 실물을 가리고 경제의 지속가능성을 판단하는 데 유용한 도구가 된다. 경제학은 현장의 나에게 명쾌한 결론을 내려주지 못했다. 내가 하면 투자, 남이 하면 투기가 결론일까?

두 번의 위기에서 생산 증가와 연결되지 않은 소비 증가와 가격상승은 거품경제학(bubble economics)이고, 생산의 탄력성이 없는데 소비와 투자를 확대하는 경제학은 비만경제학(obesity economics)이라는 생각이 들었다. 투기와 거품이 없고 절제와 수고에 의한 다이어트경제학(diet economics)을 생각해보았다. 케인스의 따뜻한 가슴(warm heart)과 하이에크의 차가운 머리(cold head)는 함께 갈 수 없는가도 생각해보았다. 탐욕적인 보이지 않는 손(greedy invisible hand)이 아닌, 합리적인 보이지 않는 손(rational invisible hand)을 어떻게 하면 이룰 수 있을까도 생각해보았다. 거품은 노동과 소득의 흐름(flow)이 아니라 탐욕과 부의 축적(stock)이 만든다고 생각도 해보았다. 그들은 부가 쌓여 있으니까 확률의 법칙에 따라 몇 번 잃어도 딸 수 있고 부를 팔아도 되니까 무모할 수 있지만 노동과 소득만 가진 사람은 한 번 잃으면 거덜난다. 탐욕의 온상인 유통시장과 파생상품에 대한 과격한 규제가 필요하다고 생각된다.

하나님은 우리가 수고하고 땀 흘려야 먹을 수 있도록 만들었다. 절약과 저축이 미덕인 경제학, 제조업과 서비스업이 같이 가는 경제학, 실물경제와 화폐경제가 같이 가는 경제학, 발행이 중심이 되는 증권시장의 경제학, 탐욕과 투기가 아닌 절제와 투자의 경제학, 따뜻한 가슴과 차가운 머리가 조화된 경제학, 그래서 지방을 빼고 근육으로 채워진 당당한 몸매의 경제학을 생각해본다. 경제학자들의 통 큰 이론(big theory by economists), 정부의 통 큰 개혁(big reform by government), 가진 자들의 통 큰 자비(big mercy by the haves), 그리고 월스트리트와 롬바드스트리트의 통 큰 사고(big thinking by Wall Street & Lombard Street), 이런 것들이 가능한 일일까? 현실은 우울하다.

탐욕과 투기를 억제하고, 절제와 투자를 촉진하는, 따뜻한 가슴과 차가운 머리가 조화되는, 그리고 금융을 포함하는 다이어트경제학이 필요하다. 하이에크의 법치적 자유시장경제와 슘페터의 혁신에 의한 창조적 파괴, 그리고 금융을 포함하는 관리된 절제(managed-restraint)의 경제학이 40여 년 재정금융정책의 현장에서 은퇴하는 사람의 꿈이다. 그래도 희망은 있다.

제7부

일류국가의 정치경제학

34

한국이 최고 부국 된다?

::: 갈등의 경제학

2009년 9월 도쿄에서 만난 후쿠가와 유키코(深川由起子) 와세다대학 교수는 2015년 전후가 되면 한국경제는 피크를 만날지도 모른다고 전망했다. 2012년 3월 영국 《이코노미스트》는 "메가체인지 2050년"에서 한국은 2050년 미국, 일본, 독일 등 모든 선진국을 제치고 최고로 부유한 나라가 될 것이라고 예측했다. 하나는 한국경제를 오래 연구한 사람의 직관에 근거하였고, 다른 하나는 통계에 의한 추정을 근거로 하였다. 너무 다른 상반된 전망이다.

상반된 두 전망을 두고 많은 생각을 해보았다. 우리를 어둡게 본 이유는 2015년경에 생산가능인구가 정점에 달하고, 노령화 속도는 세계에서 가장 빠르고, 청년들은 패기를 잃고 있다는 것이고, 이런 현상들을 일본의 1990년대에 대입해보면 2015년 전후에 피크가 올 수 있다는 것이다. 우리를 밝게 본 이유는 자유주의가 크게 전진도 후퇴도 않는 '관리된 세계화(controlled globalization)'를 전제로 하고, 노동력(labor-force), 자본재고(investment-stock), 총요소생산성(total factor productivity)의 성장이 2009년까지의 통계적 추세와 같다는 가정을 기초로 추정한 결과이다. 2050년 1인당 실질GDP는 미국을 100으로 보았을 때, 한국은 105.0(1위), 독일이 87.7(3위), 러시아가 71.9(5위), 일본이 58.3(8위), 중국이 52.3(9위)이라는 것이다.

저성장, 양극화, AI 혁명과 미중 갈등

21세기에 들어 지구촌은 전례 없는 위기를 넘기고 새로운 거대한 흐름, 즉 메가트렌드(megatrends)에 직면하고 있다. 중국과 인도의 부상에 따른 역사적 힘의 이동(historic power shift)이 일어나고, 글로벌 금융위기의 후유증으로 나타난 경제의 저성장과 양극화(low growth and polarization)가 진행되고 있는 중에, AI 혁명과 미·중 갈등이 만들어내는 파도는 지구촌에 새로운 메가트렌드를 만들고 있다. 2022년 발발한 러시아-우크라이나 전쟁은 지구촌 안보 구조의 불확실성을 더 크게 하고 있다.

영국 《이코노미스트》는 "메가체인지 2050년"에서 2050년이 아시아의 세기가 될 것이라고 전망했다. 세계 GDP에서 아시아가 차지하는 비중은 2010년 27.9%에서 2050년 거의 2배가 되는 48.1%에 이르고, 북미는 21.5%에서 12.3%, 서구는 18.7%에서 8.9%로 떨어질 것이라 추계했다. 1인당 GDP는 아시아 4.7%, 사하라 이남 아프리카 4.4%, 중동과 북부아프리카 3.9%, 라틴 아메리카 3.3%, 동유럽 3.2% 증가할 것이고, 중국은 인도와 함께 과거 2,000년간 누렸던 우월한 지위를 다시 찾을 거라고 전망했다.

2008년 글로벌 금융위기는 강자가 살아남는 것이 아니라 살아남는 자가 강자가 되는 결과를 낳았다. 오히려 강자들이 스스로의 체중을 감당하지 못하고 먼저 흔들렸다. 정부의 구제금융으로 살아남은 강자들은 제로금리의 양적완화라는 전례 없는 통화전쟁을 거쳐 강자의 위치를 아직은 유지하고 있지만 미래는 불확실하다. 뉴욕대 루비니 교수는 2008년 글로벌 금융위기는 저성장, 긴축피로감, 과도소유권이 경제활동을 방해함으로써 뉴 애브노멀(new abnormal)의 경제질서를 불러올 것이라고 한다. 뉴 애브노멀은 불확실성을 크게 하여 경제에 대한 예측을 어렵게 할 것이라고 했다. 관리 가능한 국제금융질서는 1971년 무너졌고 지금은 돌아올 수 없는 다리를 건넜다.

지금 지구촌은 역사적 힘의 이동과 함께 글로벌 금융위기가 불러온 저성장과 양극화의 뉴 애브노멀의 불확실성 속에 AI 혁명이 일어나고 미·중 갈등으로 공급질서의 재편이 일어나고 있다. 이렇게 새롭게 전개되는 지구촌의 메가트렌드 속에서 우리는 OECD 국가 중 최저인 1% 아래의 출산율이라는 큰 장애를 맞고 있다. 새로운 메가트렌드에 도전해야 하는 우리에게 세계 최저 출산율은 미래를 더 어둡게 하고 있다.

전쟁의 폐허에서 한 세대 만에 산업화와 민주화를 이루고, 2008년 수출 12위에서 2년 만에 7위로, 기술개발투자 5위에서 4년 만에 1위로 뛰어오른 패기와 역량으로 우리는 선진국이 되었다. 그러나 지구촌의 새로운 메가트렌드는 우리에게 새로운 도전을 요구하고 있다. 우리 앞에는 2008년에 넘었던 위기보다 더 큰 위기가 기다릴 수도 있다.

Much food, many problems!

갈등과 정의의 경제학

지금 우리는 우리를 너무 모르고 있고, 정치·경제·사회의 갈등은 증폭되고 있다. 우리는 글로벌 금융위기를 거치면서 수출 7위 대국, R&D 1위 투자국, G20 의장국, 그리고 삼성전자, 현대자동차 등 새로운 강자로 살아남았다. 그러나 갈등은 더 커지고 있다.

"메가체인지 2050년"은 21세기 중심 어젠다로 두 가지의 빈부격차(disparity between rich and poor), 즉 국가 간의 평준화(leveling)와 국민 간의 양극화(polarization)를 제시했다. 2050년 국가 간의 소득불평등은 크게 평준화될 것이고 반면에 국민 간의 소득불평등은 더 크게 벌어질 것이라고 전망했다. 아시아의 1인당 소득은 현재 미국의 12%에서 40%가 될 것이고, 사하라 이남 아프리카는 5%에서 14%로 평준화될 것이라고 전망했다. 반면에 미국에서 1%의 부자가 차지하는 국민소득은 1970년대 8%에서 2007년 24%로 증가하여 국민 간의 양극화는 심화될 것으로 전망했다. 이러한 현상은 교육과 노동의 숙련도의 차이와 함께 금융산업의 과도한 성장에 의해 나타난다. 금융산업과의 불균형은 조금씩 해소되겠지만 앞으로 기술의 발전에 따라 격차는 심해질 것이라고 전망했다.

양극화는 우리를 우울한 갈등으로 몰아넣는다. 2011년 9월 17일 일어난 "월스트리트를 점령하라(Occupy Wall Street)"는 시위, "1%의, 1%에 의한, 1%를 위한 미국(United States of the 1%, by the 1%, for the 1%)"이라는 구호는 21세기의 갈등을 잘 나타내는 사건이다. 글로벌 금융위기의 발상지였던 월스트리트의 금융자본에 대한 분노의 표시다. 배후에는 양극화가 있다.

세계적 환경운동에 도전한 덴마크의 롬보르(Bjorn Lomborg) 박사는 그의 저서 《회의적 환경주의자(The Skeptical Environmentalist)》에서 "상황은 개선되고 있다. 굶주리는 사람의 수도 점점 줄어들고 있다. 1900년에 인류의 평균수명은 30세였지만 오늘날에는 67세다. 언론인의 교과서라고 할 수 있는 한 책에는 '좋은 기사는 대개 나쁜 소식이다'라고 씌어 있다. 우리는 대체로 나쁜 소식에 호기심을 느끼며 열광하는 것 같다. 환경단체들이 세심하게 준비한 다양한 선전 자료와 언제나 문제점만을 주목하는 학자들의 연구 결과가 사람들의 이러한 시각과 합쳐지면 세계상황을 부정적으로 보는 심각한 편견이 생겨날 수 있다. 객관적인 자료들이 정반대의 상황을 보여주고 있는데도 어떻게 상황이 점점 더 나빠지고 있다고 믿을 수 있을까? 이 분명한 모순은 아마도 경제적 번영의 결과인 것 같다. '먹을 것이 없으면 문제는 하나, 먹을 것이 많으면 만사가 문제(No food, one problem. Much food, many problems)'"라고 썼다.

사람은 배고픈 것보다 배 아픈 것을 더 참기 어려워 한다는 말이 있다. 배가 고플 때는 문제가 하나지만 배가 부르면 문제가 많아진다. 양극화의 심화는 경제성장을 저해하고 갈등을 해소하기 위한 엄청난 재정부담을 유발한다. 이런 압박을 해소하기 위해 세금을 올리고 지출을 줄여야 하지만 정치의 대중영합주의로 인해 세입은 늘리지 못하고 지출은 늘리는 파탄의 길로 가고 있다. OECD 국가의 국가채무비율이 글로벌 금융위기가 일어나기 전 75%에서 지금 100%를 넘었는데 양극화의 심화는 큰 재정 압박으로 작용할 것이다.

천성산 도롱뇽은 더 많아졌다
갈등의 진화

저성장과 양극화는 21세기 들어 인류가 당면한 시대의 트렌드이기 때문에 쉽게 해결될 수 없다. 양극화가 갈등으로 진화할 때 갈등은 투쟁으로 진화하고, 투쟁은 정의로 포장된 질투의 경제학으로 진화한다. 질투의 경제학이 대중영합주의와 만나면 여론을 끌고 가고 우리를 공멸로 몰고 간다. 양극화의 상위에 있거나 하위에 있거나 양극화는 우리 모두를 우울하게 한다.

일본 경제학자 다케우치 야스오(竹内靖雄, Takeuchi Yaso)는 《정의와 질투의 경제학》에서 "질투는 때때로 정의라는 가면을 쓰고 나타난다. 10억 엔을 번 부자에게 9억 엔의 세금을 받는 것은 당연하다는 왜곡된 정의는 질투의 산물이고, 질투의 산물은 능력 있는 사람과 경제활력의 해외 유출을 초래하고 결국 남아 있는 가난한 사람이 더 많은 세금을 부담하는 어리석은 결과를 가져온다."라고 했다.

우리의 갈등은 빠르게 진화하고 있다. 갈등을 넘어 증오로, 증오를 넘어 공멸로 가고 있는 게 아닌가 걱정된다. '천성산 도롱뇽'과 '4대강사업 반대'가 보여준 환경운동은 파괴적이었다. 자기들이 결정한 군사항구 건설을 자기들이 반대하는 '강정마을'은 대의정치를 무너뜨리고, '전교조의 조퇴투쟁'은 스승의 길을 넘었다. 법치와 과정이 핵심가치인 민주주의는 도전에 직면했다. 민주라는 이름으로 포장된 '불법'은 법을 초월한 '소도'가 되고 있다. 정치,

경제, 사회, 언론 모두 너무 멀리 나가고 있다. 여기에 끼리끼리 모여 하고 싶은 말만 하고 듣고 싶은 말만 듣는 사회연대서비스(social networking service)는 욕설과 무법이 범벅된 비정의 정글을 만들고 있다. 지금 천성산 습지에는 도롱뇽이 더 많아졌다는데 엄청난 국고 낭비를 초래한 도롱뇽 스님 어디 가셨나?

2008년 위기를 극복하기 위한 감세정책은 '부자감세'로, 고평가된 환율의 정상화는 '시장신뢰 상실'로 둔갑시켰고, 마구잡이로 허위의 사실을 유포한 인터넷 논객 미네르바는 '국민스승'으로 포장되었다. 정의로 포장된 질투는 위기관리를 위한 정책을 비판하는 도구가 되었다. 아무리 설명해도 듣고 싶은 말만 듣고 하고 싶은 말만 했다. 갈등을 조정하는 현자는 나타나지 않았다.

지금도 정의로 포장된 경제민주화는 기업을 해외로 내몰아 일자리를 옥죄는 결과로 가고 있다. 갈등이 정의를 부르는 것이 아니라 정의가 갈등을 부르는 판국이다. 대중영합주의가 다수결민주주의를 파괴하고 경제민주화가 경제활성화를 짓누르고 있다. 정의와 시민으로 포장된 논리에 그들만의 정의와 시민만 있었음을 2008년 광우병시위에서 보았다. 아직도 그들은 미국산 소고기를 먹지 않는지 모르겠다.

원래 민주주의(democracy)는 '민중(demo)'과 '지배(cracy)'의 합성어이지 '주의(ism)'는 없다. 민주주의는 목적도 철학도 주의도 아니고 '민주정체'로 번역하는 것이 맞다고 한다. 인권과 법치가 없는 북한이 "조선민주주의인민공화국"이 아닌가. 최근 발표된 어떤 민주주의 지표에서 한국은 아시아 1위, 세계 20위인데 미국은 21위였다. 우리 민주주의 현주소가 대단하다.

아직도 살아 있는 조선총독

날이 갈수록 증폭되는 갈등과 증오를 보면서 우리는 왜 이럴까 생각한다. 혹시 우리에게 이런 DNA가 있는 게 아닌가 하는 공포도 느낀다.

데모를 막던 경찰이 하이힐에 맞아 피를 흘리는 문명국이 어디에 있을까? 데모대의 죽창에 군인들이 도망가는 현장에 나타난 어떤 총리가 쌍방이 조금씩 물러나라고 한 것은 국가와 법의 권위를 무너뜨리는 중대한 사건이다. 국회 본회의장에서 최루탄을 던지고 도끼로 문을 부수는 국회의원에 대해 자율적인 처리를 못 하는 국회가 어떻게 법을 만들 수 있을까? 미국에서 경찰의 정지명령을 따르지 않아 사살된 교포 택시운전사 사건과, 국회의사당 앞에서 불법데모라고 경찰에 체포되는 미국 의원들을 보면서 그들은 무슨 생각을 할까? 그래서 우리가 미국보다 더 민주적인가?

나는 이런 사건들을 우리의 슬픈 역사와 슬픈 유산에 대입해본다. 부패왕조, 식민통치, 권위주의통치를 거치면서 살인과 방화와 탈세가 애국이었던 적이 있었다. 가치가 전도된 슬픈 역사에서 법의 지배가 무시되는 슬픈 유산을 물려받았다는 생각이 든다. 부패관료가 괴롭혀도 당할 수밖에 없고, 지배계층이 앞장서 나라를 팔아먹고, 대통령이 헌법을 유린한 과거는 지나간 과거이고 역사일 뿐 지금의 현실이 아니다. 윤석열 대통령은 우리가 다수결로 뽑은 대통령이다. 지지하지 않는 사람은 다음 선거를 기다려야 한다. 이것이 다수결에 의한 대의민주주의의 요체다. 윤석열 대통령은 부패왕조의 군주도, 일본제국의 조선총독도 아니고, 힘과 권위로 올라선 대통령도 아니다.

지금 관리는 자유민주주의 대한민국의 관리이지 부패왕조의 관리도, 조선총독부의 관리도, 권위주의정부의 관리도 아니다. 나는 80여 년 만에 좌측통행과 좌회전 우선 교통규칙을 바꾸면서 아직도 우리 속에 살아 있는 조선총독을 보았다. 슬픈 역사의 유산은 아직도 우리를 짓누르고 있다. 자기학대와 자기비하가 아니면 지금의 갈등과 증오를 설명하기 어렵다. 법에 따라 행위자를 처벌하면 되는 세월호사건은 아무 관계도 없는 '관피아'에 '천민관료'까지 나갔다.

잘못이 있으면 잘못한 사람을 잘못대로 처벌하면 되지 왜 성실히 일하는 대다수 관료들의 사기를 죽이는지 알 수 없다. 속담에 머슴 잘 부리려면 밥부터 많이 주라는 말이 있다. 한 세대 만에 산업화와 민주화를 이룬 기적의 배후에 엘리트 관료제도가 있다는 평가가 많다. 관리를 때려잡는다고 세월호 같은 사건의 재발을 막을 수 있을까? 합리적인 시장가격구조의 작동에 대하여는 왜 아무도 말하지 못하고 있을까? 우리끼리 갈등과 증오를 확대재생산하는 이 슬픈 유산에서 언제 해방될 수 있을까? 생각할수록 더 우울해진다.

35 갈등을 넘어 일류국가로

⠿ 일류국가의 정치경제학

아시아의 세기를 맞아 우리가 일류국가로 도약할 수 있는 길은 무엇일까? 일류국가로 갈 수 있는 일류국가의 경제학은 무엇일까? 갈등과 증오를 확대재생산하는 정치와 사회를 그대로 두고 일류국가가 될 수 있을까?

풍요와 평화가 지속되면 인간은 나태하고 타락하는 것이 속성이다. 나태와 타락은 정의와 선의로 포장된 대중영합주의를 부른다. 글로벌 금융위기도 나태와 타락에 뿌리를 둔 대중영합주의가 부른 시련이었다. 풍요가 넘쳤던 로마제국과 평등이 넘쳤던 소련은 스스로 무너졌다

지구촌은 역사적 힘의 이동과 함께 저성장과 양극화의 늪에 빠져 있다. 저성장과 양극화의 벽을 넘지 못하면 우리는 일류국가가 될 수 없다. 갈등과 증오의 슬픈 유산을 극복하지 못하면 우리는 전진할 수 없다. 지금 이 나라는 우리의 대한민국이다. 우리가 우리를 모르고 알아주지 않는데 누가 우리를 알아주고 존중해줄 것인가? 새로운 불확실성을 극복하고 일류국가를 만들기 위해 정치, 경제, 사회 전반에 걸친 패기의 정치경제학(Get up and go political economics)이 필요한 시대가 되었다.

양극화와 갈등을 넘어

위협요인과 기회요인

정치가 바로 서지 않으면 경제는 무력하다는 것을 역사는 말한다. 나는 경제가 정치 앞에 무력하고 사회 앞에 길을 잃는 경험을 많이 했다. 21세기의 메가트렌드를 타고 일류국가로 도약하기 위해 정치, 경제, 사회 문제를 포괄하는 새로운 전략이 필요하다.

삼대 만석 없고 삼대 진사 없다는 속담이 있다. 백년 왕조도 드물다. 21세기 역사적 힘의 이동과 함께 저성장과 갈등의 불확실성이 커지고 있다. 생존 게임에서 살아남아 강자가 되기 위해 위협요인을 극복하고 기회요인을 살려야 한다.

위협요인은 경제적 양극화와 정치적 갈등이다. 경제적 양극화는 저투자, 과도한 가계부채, 전투적 노조를 불러와 '저성장경제'를 낳고, 정치적 갈등은 타협 없는 대립, 다수결의 파괴를 불러와 '불임정치'를 낳고 있다. 갈등의 확대재생산은 법치의 붕괴로 '무법사회'를 만들고, 듣고 싶은 말만 듣고 하고 싶은 말만 하는 인터넷 정글은 '천민문화'를 만들고 있다.

기회요인은 아시아 세기의 도래, 지정학적 유리, 패기 있는 기업가, 세계 최고의 교육 수준이라고 할 수 있다. 8,000만의 통일 대한민국은 준비를 하면 엄청난 기회요인이 될 수 있다. 전쟁의 폐허에서 산업화와 민주화를 이룬 패기를 살리면 우리는 새로운 역사를 만들 수 있다.

지금 우리 앞에는 기회요인보다 위협요인이 많고 크다. 우리가 추구해야 할 것은 양극화를 완화하고 갈등비용을 최소화할 수 있는 정치경제학으로서 새로운 비전과 전략 전술이 필요하다.

성장과 균형과 개방

21세기를 맞은 우리의 시대적 소명은 선진 일류국가의 건설이다. 일류국가는 고난과 치욕의 역사를 갖고 있는 우리의 진정한 소망이고 비전이다. 우리가 2015년 이후 내리막길을 걷느냐 아니면 2050년 세계 최고의 부국이 되느냐는 앞으로 10년간 어떤 전략으로 가느냐에 달려 있다. 우리가 일류국가로 갈 수 있는 길은 더 일하고 더 저축하고 더 투자하는 것이다. 더 일하고 더 저축하고 더 투자하는 근면은 모든 전략의 전제이기도 하다. 어떤 경우에도 저축과 투자가 미덕이고 차입과 소비가 미덕이 될 수 없다는 것이 글로벌 금융위기에서 증명되었다. 이것이 내가 정부에서 일을 할 때 겪은 실패와 성공의 교훈이다.

근면을 바탕으로 한 일류국가 건설의 3대 전략은, 1) 더 지속가능한 성장 경제(More Sustainable & Growing Economy), 2) 더 패기 있고 균형된 사회(More Vitalized & Balanced Society), 3) 더 세계로 개방된 국가(More Global & Open State)라고 생각한다.

정치에 현자들의 리더십이 필요하고, 경제에 역량 있는 기업가의 개척정신이 필요하고, 사회에 정직과 신뢰를 바탕으로 한 연대가 필요하고, 문화에 타락을 벗어나는 새로운 향도적 선비정신이 필요하고, 관료에게는 깨어서 헌신하는 책임정신이 필요하다. 대내적으로 역량과 도덕과 패기, 대외적으로 도전과 개척과 모험이 있어야 갈등의 정치, 저성장의 경제, 투쟁적 사회, 퇴폐적 문화, 무사안일의 관료의 굴레에서 벗어날 수 있다.

자원과 기술이 부족한 소규모 개방경제에서는 대외균형을 우선해야 하고 근면과 저축과 투자가 기본이다. 케인스와 프리드먼의 수요와 소비와 유동성보다 하이에크와 슘페터의 공급과 투자와 생산성이 우리가 지속가능한 성장과 사회를 이루고 일류국가를 만드는 데 도움이 될 것이다.

Never up, never in!

패기의 정치경제학

우리가 내리막길을 걷지 않고, 2050년 세계 최고의 부국이 되기 위한 성장경제, 균형사회, 개방국가의 3대 전략의 성패는 공격을 해야 승리가 있다는 패기가 있고 갈등을 해소할 수 있는 정치경제학에 달려 있다. 공격이 없으면 비길 수는 있어도 이길 수는 없다. Never up, never in!

일류국가 비전을 달성하기 위해 최우선적으로 실천해야 전술적 과제 열 가지를 생각해본다. 으뜸 과제는 법의 지배이고, 경제과제는 환율주권, R&D 투자, 기업환경이고, 사회과제는 사회자본, 보금자리주택, 필요적 사회보장이고, 대외과제는 재외동포, 해외진출, 통일준비로 뽑을 수 있다. 이러한 10대 과제는 내가 공직생활을 하는 동안 성공과 실패의 교훈에 따라 선택한 것이다. 다른 과제도 많지만 선택과 집중에 의한 공격이 최대의 효과를 발휘할 수 있다.

첫째, 법의 지배를 확립하자! 법치적 시장경제를 확립하자! 일류국가를 위한 정치경제학의 으뜸법칙은 법의 지배(rule of law)이다. 법의 지배는 정치, 경제, 사회, 문화 모든 것의 바탕이 되어야 한다. 법의 지배가 확립되지 않으면 아무것도 할 수 없다. 확대재생산되고 있는 갈등을 해소할 수 있는 수단은 법의 지배밖에 없다. '정서법'과 '떼법', '무법'과 '불법'이 난무하는 '정글의 지배(rule of jungle)'는 위력과 비용이 너무 크다.

법의 지배를 위한 기초는 정직과 글로벌 스탠더드를 바탕으로 한 법규와 제도의 정비에서 출발해야 한다. 법을 지켜야 편하고 유리하도록 만들어야 법의 지배가 가능하고 이러한 법을 기초로 정부는 무관용의 원칙에 따라 확실하게 집행해야 한다.

불법파업에 의한 경제손실은 GDP의 1% 정도라는 연구가 있다. 노사관계도 국제노동기구만큼의 노동기준으로 만들고 이렇게 만든 노동법규에 따라 노사 함께 법을 지키자. 12% 정도의 노동자들로 구성된 노동조합이 법치주의를 지키면 조합원뿐만 아니라 88% 노동자의 이익도 보호될 수 있다.

둘째, 환율주권을 지키자! 환율주권이 무너지면 모든 정책은 실효성이 없다. 소규모 개방경제가 살아남기 위해 대외균형을 우선해야 하고 적정한 환율 수준의 유지는 대외경쟁력 유지의 첫걸음이고 적절한 환율에 의한 경상수지의 흑자가 국가경영의 기본이라는 것이 두 차례 경제위기의 교훈이다. 생산성 향상을 넘는 과도한 임금인상에 대한 유일한 안정장치가 환율이라는 사실을 잊어서는 안 된다.

2011년 G20 서울정상회의에서 적절한 환율의 유지에 관한 합의가 있었다는 것은 국제금융사의 큰 전환이다. 지금 우리는 자본수출국이고 과도한 해외자본의 유출입은 우리 경제를 교란하는 가장 큰 요인이다. 준비통화국은 제로금리로 돈을 찍어내는 전례 없는 통화전쟁을 벌였다. 통화전쟁에서 살아남을 수 있는 방법은 단기적으로 환율이고 장기적으로 기술이다.

셋째, R&D 투자를 지속적으로 확대하자! 근원적인 대외경쟁력은 기술에 있다. R&D 투자는 저성장을 탈출하고 지속적인 신성장동력을 발굴하기 위한 기초가 된다. 환율주권과 기술개발이 우리가 살아남을 수 있는 두 축이다. 기술무역수지가 흑자가 될 때까지 적어도 GDP의 5% 이상의 투자를 이어가야 한다. 기초과학과 기술은 정부가 맡고 실용기술은 기업이 맡는 두 가지 전략이 필요하다.

R&D 투자의 비율은 2012년에 세계 최고 4.36%로 높아졌지만 기술무역수지는 50억 달러가 넘는 적자를 나타내고 한 번도 흑자가 된 적이 없다. R&D 투자 금액으로는 일본의 45%, 미국의 15% 수준으로 낮다. 2008년 위기 때 도입한 R&D 투자의 확대를 위한 조세지원제도와 지출 확대정책은 계속 유지되고 강화되어야 한다.

넷째, 최고의 기업환경을 만들자! 저성장의 늪을 탈출할 수 있는 길은 기업가정신이 발휘될 수 있는 기업환경을 만드는 것이다. 기업의 투자환경과 경영환경을 경쟁국보다 나쁘지 않게 하는 것이 경제역량의 지속적 확대를 위한 최소한의 조건이다. 최고의 기업환경은 투자를 유인하고, 투자는 성장을 유인하고, 성장은 일자리를 만든다.

기업환경의 개선을 위해 공격적 재정금융정책, 규제의 완화, 시장경쟁의 창달, 사회간접자본투자의 확대가 핵심적인 실천과제다. 대기업과 중소기업의 동반성장전략으로 끊임없이 숨은 챔피언(hidden champion)을 육성해야 경제의 역동성이 살아난다. 기업의 지속성을 위협하는 상속세는 여러 나라에서 폐지하고 있다는 것을 생각해야 한다. 성장이 없으면 미래가 없고 복지도 없다. 성장을 위한 기업의 투자환경과 경영환경의 혁신은 복지의 밑거름이고 저성장과 양극화에서 탈출할 수 있는 길이다.

다섯째, 사회자본을 확대하자! 사회자본은 사회구성원의 갈등을 조정하고 협력을 촉진하는 규범, 신뢰, 연대, 패기 등을 말한다. 사회자본은 물적 자본 및 인적 자본과 함께 생산활동을 증가시키는 역할을 한다고 말한다. 갈등을 확대재생산하는 정치와 사회의 구도에서 벗어나지 못하면 일류국가로 갈 수 없다. 규범은 평균인의 정직을 바탕으로 할 때 준수 가능성이 높아지고, 신뢰는 높은 준수 가능성을 가진 규범 아래서 형성되고, 연대는 구성원의 신뢰가 높을 때 강화된다. 여기에 패기가 더해지면 역동성이 강한 사회자본이 형성될 수 있다.

강한 사회자본의 형성을 위해 나는 세 가지를 제안한다. 하나는 건강한 좌우파의 형성, 둘은 건전한 인터넷의 연대, 셋은 패기의 청소년 육성이다.

사회적 갈등은 건강한 좌우파가 있어야 해결할 수 있다. 다수결민주주의의 약점인 대중영합주의를 극복하기 위해 건강한 좌우파의 타협이 필요하다. 수구적인 우파가 아니고 투쟁적인 좌파가 아닌 현명한 좌우파가 나서야 한다. 좌우파의 현자들이 나서지 않으면 파괴와 투쟁이 선이었던 슬픈 역사의 유산에서 벗어날 수 없다. 기득권에 안주하는 안일과 정의로 포장된 투쟁은 공멸의 길이다. 세금, 연금, 의료보험 같은 주요한 과제는 선출되지 않은 현명한 전문가들이 결정하는 전문가민주주의가 하나의 대안이다.

욕설과 음란과 가짜가 활개 치는 인터넷문화는 사회 전체를 타락하게 만든다. 끼리끼리 듣고 싶은 것만 듣고, 하고 싶은 말만 하는 인터넷은 갈등을 증폭시키고 증오로 몰고 간다. 인터넷 실명제는 악순환의 고리를 끊는 하나의 대안이다.

경쟁을 모르는 청소년들은 패기가 없어진다. 일본의 잃어버린 10년의 가장 큰 원인은 청년들의 패기 상실이고 패기 상실은 고교평준화에 의한 여유 교육이라고 한다. 일본은 40여 년 평준화를 폐기했고 세계 어디에도 우리 같은 평준화는 없다. 대학입시에서 한 번으로 승패를 결정하는 것은 너무 가혹하고 평준화는 저소득계층에 불리한 제도다. 고교평준화는 과도한 사교육의 뿌리이고 저소득층에 불리할 뿐만 아니라 저출산과 임금 압박의 큰 원인이다. 중등교육은 지방자치단체와 학부모에게 맡기는 것이 하나의 대안이다. 대학도 제비뽑기하고, 직장도 제비뽑기하기 전에는 확실한 평등은 불가능하다. 중학교 입시를 실시하는 나라도 많다.

여섯째, 보금자리주택을 지어주자! 신혼부부의 보금자리주택은 교육을 받을 권리와 근로의 권리와 함께 3대 기본권으로 보장되어야 한다. 집이 없는데 어떻게 교육을 받고 근로를 할 수 있는가? 보금자리주택은 저출산, 복지, 노사관계, 내수경기의 부양을 위해서도 필요한 다목적 뉴딜정책이고 양극화의 완화를 위한 첫걸음이다.

주거권은 헌법으로 보장되어야 한다. 그린벨트를 풀어 보금자리주택을 짓고 결혼하면 능력에 따라 영구임대주택이나 국민주택규모의 보금자리주택을 주어야 한다. 고임금 속에 격렬한 투쟁적 노사관계의 배후에는 주택이 있다. 주택구입비를 공제한 임금은 다른 선진국에 비해 결코 고임금이 아니다. 집을 사는 데 이렇게 어려운 나라는 세계에 없고 이렇게 무능한 정부도 없다. 선진국 지방자치단체의 최대 임무는 대중교통과 서민주택이다.

일곱째, 필요한 사람에게 필요한 만큼 돕자! 먹을 것이 없는 사람에게 먹을 것을 주고, 잘 곳이 없는 사람에게 잠자리를 주고, 돈이 없어 병원 못 가는 사람에게 병원에 가게 하면 된다. 그리고 경쟁에서 탈락한 사람에 대한 패자부활전을 위한 배려를 제도적으로 마련하자. 과도한 복지는 근로의욕과 경제의 역동성을 잠식하고 종국적으로 복지의 후퇴를 부른다. 성장 없는 복지는 지속불가능하다. 기업이 국제적인 생존게임에서 지면 성장도 분배도 없다.

복지의 선진국, 스웨덴은 1990년대 경제위기를 맞아 복지제도를 축소하고 다시 자유주의적인 정책으로 회귀했다. 영국도 1976년 국가부도위기를 IMF 구제금융으로 해결한 보수당은 일할 뜻이 있는 사람에게 실업수당을 주는 '일하는 복지(welfare)'로 개편했고, 1997년 집권한 노동당은 일할 뜻이 있는 사람에게 직업교육을 통해 일할 기회를 주는 제도로 확대했다.

여덟째, 재외동포를 조국으로 부르자! 불행했던 역사의 결과로 160여 개국에 뻗어 있는 700만의 재외동포는 우리의 소중한 자산이다. 재외동포에게 자유입출국을 보장하고 대한민국 국적을 주어 경제활동인구를 확대하는 것이 노동력 부족을 보충할 수 있는 길이다. 해외동포를 네트워킹하여 글로벌 한민족공동체를 구축하는 것이 우리의 새로운 활로가 된다. 해외동포의 두뇌를 연결하면 더 큰 미래를 열 수 있다.

아홉째, 해외로 나가자! 자유무역을 통한 경제영토의 확장은 소규모 개방경제의 활로다. 자본수출국이 된 우리는 해외 M&A시장에도 적극 참여하여야 한다. 국부펀드도 확대하고 해외시장에 공격적으로 진출해야 한다. 우리의 개발경험과 자본을 결합한 한국형 ODA에 청년들을 동참시켜 그들의 안목을 넓히고 패기를 살리자.

열째, 통일을 준비하자! 통일은 준비해야 축복이 된다. 정치적인 통일 이전에 교류의 확대를 통한 동질성의 회복과 북한의 생활과 경제의 수준을 향상시키는 것이 통일을 촉진하고 비용을 절약하는 길이다.

한반도는 세계 4대 강국 미국, 중국, 러시아, 일본이 육지로 바다로 연결되어 있는 유일한 국가이고 분단된 유일한 국가다. 미국이 한반도에서 두 번 떠났을 때 우리는 식민지와 전쟁의 상처를 받았다는 것을 잊지 말아야 한다. 중국의 어떤 정치학자가 한국이 미국과 동맹관계에 있기 때문에 외교적인 의미가 있다고 했다. 우리가 쇄국정책으로 고립되었을 때 일본의 식민지가 되었고 미국이 한반도를 떠났을 때 한반도는 초토화되었다. 한반도의 통일이 우리의 주도적인 노력으로 되었을 때와 그렇지 못한 경우의 결과를 1945년 분단에서 알 수 있다. 미국 트럼프 대통령에게 "한국은 중국의 속국이었다."라고 주장한 시진핑을 잊어서는 안 된다. "우리가 속국이었다면 한족은 장구한 세월 북방 유목민의 식민지였다." 권리와 자유는 주어지는 것이 아니라 쟁취되는 것이고 역사를 잊어버리는 민족은 사라진다.

36 깨어서 일하고 결과로 말하라

::: 관료의 길

네 길을 여호와께 맡기라
그를 의지하면 그가 이루시고
네 의를 빛같이 나타내시며 네 공의를 정오의 빛과 같이 하시리라

일류국가 건설의 중추적인 역할은 관료에게 있다. 관료가 깨어 있어야 다수 결민주주의의 대중영합주의를 극복할 수 있고 패기의 정치경제학을 구현할 수 있다. 비판을 무릅쓰고 내일을 위하여 관료들이 일할 때 밝은 내일이 있고 일류국가를 구현할 수 있다.

나의 40여 년 공직생활은 논란 많은 정책의 소용돌이 속에서 비판과 비난의 범벅이었다. 세 번 업무에 대한 책임을 지고 사표를 써야 하는 상황을 맞았고 한 번 좌천을 당했다. 첫 번째는 1977년 부가가치세 도입에 대한 책임으로 담당과장이었던 나는 사표를 써야 했고, 두 번째는 1997년 외환위기 대응에 대한 책임으로 차관이었던 나는 사표를 써야 했고, 세 번째는 2008년 글로벌 금융위기에 대응한 환율정책과 감세정책의 책임으로 장관이었던 나는 사표를 써야 했다. 그리고 1992년에는 미국과의 금융개방협상의 소용돌이 속에서 좌천을 당했다.

모두 다 결과는 다르게 평가되었지만 당시로서는 책임을 피할 수 없었던 것이 현실이었다. 비판과 함께 퇴진압력을 받았던 세 번째 사표는 "서울 관료에게 경의를", "교과서적 사례"라는 평가로 결론지어졌다. 결과적으로

공의가 밝혀졌지만 나에게 많은 상처를 남겼다. 그것이 관료의 숙명이라고 여긴다.

경주세무서에서 꿈과 포부로 시작한 공직생활은 고뇌와 고난의 연속이었다. 아직도 보관하고 있는 1970년 11월 누런 월급봉투의 2만 3,544원(당시 환율로 74.74달러)이 고뇌의 단초가 되었다. 하숙비 정도의 월급을 받으며 자식 노릇도 할 수 없는 공직을 접을까도 생각했다. 대구로 서울로 뉴욕으로 흘러 흘러 43년을 버티었다. 2007년에는 정권을 창출하는 데 동참하고 주도적으로 정책을 추진하기도 하였다.

실무자 때는 나라의 새로운 재정금융제도를 도입하고 부실기업을 처리하기 위해 분주했다. 차관 때는 아시아 외환위기와 싸웠고, 장관 때는 글로벌 금융위기와 두 번째 싸웠다. 한 번도 만나기 힘든 일을 두 번이나 만났으니 운명적인 길이었다.

우리는 글로벌 금융위기를 기회로 삼아 세계 7위 수출대국으로 우뚝 서고 G20 의장국으로 룰 메이커의 대열에 섰다. 100여 년 전 고래 싸움에 등이 터졌던 우리는 작지만 영리한 돌고래가 되었다.

43년의 공직생활을 마감하고 후배 공직자들의 참고를 위해 내가 걸었던 길을 글로 남긴다.

도전이 역사를 만든다! 관료들이여 깨어서 일하고 결과로 말하라!

일하면 비판받는다

공직자의 숙명

일하면 비판을 받는다. 일을 해서 비판받는 것은 일하는 관료의 숙명이다. 관료는 대중의 비판과 비난에 굴하지 않고 나라의 미래를 위해 싸우는 것이 바른 길이라고 생각한다. 몸에 좋은 약은 입에 쓰다. 그래도 진정한 관료는 맡은 일을 치밀하게 검토를 하고, 패기를 갖고 실패를 두려워 말고 일을 해야 한다. 일하면 비판받고 멀리를 보고 일하면 더 큰 비판을 받는 것은 어쩔 수 없다.

나는 발이 넓고 원만하고 타협을 잘하는 관료를 싫어했다. 무사한 관료는 한 것도 없고 그래서 욕 들을 일도 없다. 무능한 관료는 때로 실수를 하지만 가르치면 잘할 수 있다. 일을 피하는 원만한 관료가 무능한 관료보다 더 문제다. 실무진들이 보고하는 것을 처리하며 실무자에게 끌려 다니는 장관은 그가 장관이 아니라 실무자가 장관이다. 최고 관료인 장관은 단호하게 일하고 결과로 말해야 한다. 이것이 나의 공직 경험에서 나온 공직자의 도리다.

1997년 위기 때도 그랬지만 2008년 위기 때도 국내 언론들이 위기설을 퍼뜨리고 비판하는 데 앞장서고 외국 언론이 뒤따라가는 모양이었다. 2008년에 외국 언론들은 우리가 다시 위기를 맞을 것으로 단정하고 우리의 정책을 비아냥거리기도 했다. 국내외 언론들 모두 위기를 증폭시켰다.

내가 장관에서 물러난 어느 날 옛날 재무부 실무자 시절 자주 드나들던 피맛골 막걸리집 '열차집'에 갔다. 벽에 붙어 있는 낙서장에 "만수 수구 또라이 기득권 부자 그만 챙겨라"라는 글이 있고 이에 대해 그 옆에 "수구 좌파 또라이야"라는 반박 글도 있었다. 인터넷에서 떠오른 글들을 짜깁기하여 중구난방으로 나를 물고 늘어졌던 미네르바라는 논객에 대해 어떤 교수는 '국민스승'으로 칭송했다. 언론은 올드보이, 킹만수, 강고집, 경제대통령으로 수없이 비아냥거리기도 했다. 어떤 신문은 한 달 동안 집요하게 비판하고 물러나야 한다는 기사를 올리기도 했다.

역사는 용기를 갖고 행동하는 사람에 의해 쓰여진다. 아무것도 하지 않는, 패기 없는 관료는 비판받을 일도 없지만 평가받을 일도 없다. 그저 무사안일하다. 국민은 소신을 갖고 일하고 결과로 말하는 관료를 원한다. 대중은 비판받을 때는 비판에 동참하지만 결과에도 동참한다. 비판을 받고 물러난 관료는 나중에 평가를 남긴다. 일하면 비판받는다. 그것이 공직자의 숙명이다.

대중에 영합하면 미래가 없다

2,000년 전 플루타크(Plutarch)가 민중에 맞서면 정권을 어렵게 만들고, 민중을 따라가면 나라를 흔들리게 한다던 말은 지금도 맞는 말이다.

　관료는 국가의 최후 보루다. 관료가 대중에 영합하면 미래가 없다. 대중영합주의 정치는 다수결민주주의의 불가피한 비용이고 이런 비용을 최소화할 수 있는 장치는 관료들의 사명감과 패기뿐이다. 두 번의 위기에서 정치인들도 사명감으로 설득하면 협력하였고 그들도 내심으로는 그런 관료들을 원했다. 겉으로는 표를 의식하여 어쩔 수 없지만 정치인들도 궁극적으로 나라를 위하는 마음은 마찬가지다.

　2009년 들어 한국이 가장 빨리 경기를 회복하고 경상수지가 흑자로 반전하자 우리를 비아냥거리던 외국 언론들은 태도를 바꾸어 찬사를 보내기 시작했다. 대통령경제특별보좌관 겸 국가경쟁력위원회 위원장으로 일하고 있던 2009년 7월 22일 미국 블룸버그통신이 처음으로 "서울 관료에게 경의를" 보낸다고도 했다. OECD는 한국의 재정금융정책을 OECD 국가 중 최고로 평가했고, 1997년 우리를 가르쳤던 IMF는 우리의 재정금융정책을 "교과서적 사례"라고 평가했다. 내가 물러나고 한국경제가 세계에서 가장 빨리 회복하고 세계 7위 수출대국이 되자 《매일경제신문》은 "소신, 1년이 다른 장관 10년에 필적", 《연합뉴스》는 "한국의 경제위기 극복 세계가 인정"이라고 보도했다. 2008년 위기 당시 기획재정부 기자단은 송년회에서 "18년 기자생활을 했는데 지난 1년간 쓴 기사가 과거 17년간 쓴 기사보다 많았다."라고 말했는데, 3년 후 "한국경제가 위기를 딛고 일어나도록 이끈 정책과 헌신은 오래도록 기억될 것"이라고 적은 감사패[547]를 받은 것은 큰 위로였다.

　많은 비판과 반대 속에 정책을 추진하는 과정에서 이명박 대통령의 강력한 지지와 지원이 없었더라면 아무것도 할 수 없었을 것이다. 50여 개 정책을 추진할 때 청와대와 여당의 반대도 있었지만 대통령께서는 항상 나의 편이었다.

기획재정부 직원들은 2008년 한 해를 밤낮도 주말도 없이 위기와 싸웠다. 대중에 영합하지 않고 위기와 싸운 차관에서부터 실무자까지 그들은 국가의 보루였다.

어찌 잊으랴, 2008년을!

'강고집'의 변명

나는 글로벌 금융위기를 맞아 조국에 대한 마지막 봉사라고 생각하며 일하고 장관에서 물러났다. 물러난 게 아니라 쫓겨났다. 엄청난 비판과 비난을 넘어 수많은 욕설도 들었다. 내가 구상한 정책을 남김없이 추진하여 큰 후회는 없었다.

위기와 싸우는 것보다 정치권과 언론의 비판에 맞서는 데 많은 시간을 빼앗겼고 한국은행과 미국 경제학과 싸우는 것이 더 힘들었다. 한국은행은 금리, 환율, 물가 모두 다 반대로 나갔다. '118명의 경제학자들'은 나를 경제위기의 주범으로 지목하고 조속한 경질을 공개 촉구하고 야당은 국회 앞마당에서 나의 퇴진 데모까지 했다.

2008년 위기와 맞서면서 바쁜 중에도 매일 새벽기도에 나가 "주여, 바른 길이 아니면 거두게 하시고 바른 길이라면 돌팔매를 맞아도 앞만 보고 가게 하소서."라고 기도했다. 그리고 주님과 함께 앞만 보고 갔다. 청와대와 한나라당도 반대할 때는 이명박 대통령이 유일한 후원자였다. 민중은 위기극복의 씨를 뿌린 사람에게는 정치적 단죄를 내렸고 그 정책의 열매를 따는 사람들에게는 찬사를 보냈다. 그해 11월 24일 나의 수첩에는 "새벽기도, 의지할 곳 없어서, 하염없는 눈물, 예수 이름으로 승리, 위기를 기회로, 걸림돌을 디딤돌로"라고 적혀 있는 것이 그때의 고뇌를 보여준다. 나의 길을 주님께 맡기고 언젠가 나의 공의를 정오의 빛과 같이 하시리라 믿고 악전고투의 길을 걸었다.

나는 공직생활에서 옳은 것은 언제 어디서나 옳고, 해야 할 일은 아무리 어렵고 누가 뭐래도 했다. 하는 일에 대해 가부를 분명히 하고 부하에게는 확실하게 지시를 하고 해야 할 일은 선제적이고 단호하게 집행했다. 그래서 고집이 세고 독선적이라는 말을 들었고 많은 비판을 받았다. '강고집'이라는 별명은 싫어했으나 따라다녔다. 이것이 '강고집'의 변명이다.

2008년 기획재정부 장관이 되는 날 장관직을 오래 못할 각오를 하고 정면 돌파하기로 했다. 적어도 환율실세화와 경상수지 흑자 그리고 '정치폭력' 종합부동산세의 폐지 이 세 가지만은 꼭 하고 떠나겠다는 다짐을 했고 종합부동산세 말고는 그렇게 했다. 내 인생에서 가장 치열했고 강렬했던 순간들이었고 긴 시간들이었다.

어찌 잊으랴, 2008년의 그 많은 일들과 비판들과 상처들을! 2009년 2월 10일 50여 개 정책을 남김없이 후회 없이 추진하고 함께 일한 동료들에게 마지막 메시지를 남기고 과천을 떠났다.

*

이제 떠납니다.
설렘으로 와서 불같은 마음으로 일했습니다.
세기적인 힘의 이동이 태동하는 전대미문의 위기였습니다.
살아남으면 강자가 되는 게임이었습니다.
선제적이고 결정적이며 충분한 응전에 노력했습니다.
정책은 창조적 파괴입니다. 일을 하면 말이 있습니다.
기득권을 잃는 사람의 목소리는 크고
이득을 얻는 사람의 목소리는 작습니다.

후배들이여!
역사는 긍정적인 사고로 행동하는 사람에 의해 이루어집니다.
우리는 100년 전 고래 싸움에 등이 터진 새우였으나
이제 작지만 영리한 돌고래가 되고 있습니다.
위기를 기회로 만들면 내일의 대한민국은 달라질 것입니다.
일자리를 지키고 나누며 버티어내야 합니다.
경상수지관리는 국가경영의 기본임을 잊지 말기를 당부합니다.
내일을 위한 준비도 소홀히 할 수 없습니다.
용기를 갖고 행동하십시오!
그리고 역사를 이루십시오!

그 많은 일들과 비판들과 상처들!
지나간 것은 그리움으로 남습니다.
새로운 설렘으로 내일을 갑니다.

에필로그

역사는 긍정적인 사고로 행동하는 사람에 의해 이루어진다.
20세기가 동틀 때 고래 싸움에 등 터진 새우였던 우리는
21세기 들어 위기를 기회로 삼아 작지만 영리한 돌고래가 되었다.
역사를 잊은 민족에게 미래는 없다.

나를 그리움에 머물도록 하는 것들! 한적한 산골에서 태어나 봄날 안산에 올라가 진달래를 따 먹었던 일이 아른거리는 내 기억의 처음이다. 냇가에 나가 소를 먹이고 물장구치며 멱을 감았다. 어릴 때부터 밭을 매고 산에서 나무하며 농사일을 했다. 눈이 오면 사랑채 앞 감나무에 눈꽃이 하얗게 피었다. 들녘 끝 늦에 청둥오리가 날아오고 겨울 하늘을 줄지어 날아갔다. 저들은 어디서 와서 어디로 가는 것일까?

시골 국민학교에 들어갔을 때 교실은 전쟁으로 폭격을 맞아 없어졌다. 수양버들 밑에서 시멘트 블록을 책걸상 삼아 공부했다. 남정강 가의 함벽루에 앉아 뽀얀 먼지를 일으키며 도시로 가는 버스를 바라보며 도시는 어떻게 생겼을까 동경의 나래를 펴며 시골 중학교를 다녔다. 그리던 부산에 가서 공부하던 고등학교 시절, 가정교사를 한다고 잠이 모자라 수업시간에 졸다가 선생님에게 맞아 코피를 쏟았다. 다음 날 나는 학교를 그만두고 고향으로 돌아와 소설가의 꿈을 꾸었다. 서울로 대학을 와서도 가정교사를 했다. 4년을 1학기 시험을 1학기에 쳐보지 못하고 최루탄 가스 속에 돌을 던지며 데모를 했다. 막걸리 마시고 젓가락 두드리며 〈하숙생〉을 부르던 것이 낭만이었고, 밤 열차에서 만난 사람과 해운대 동백섬을 걸었던 것이 로맨스의 고작이었다. 나에게 현실은 너무 가혹했다. 조국을 떠나기로 작정하고 당시 불어

닥친 남미 이민 열풍을 따라 상파울루지점을 낸 한국외환은행에 입행원서를 냈다. 그래도 미련이 남아 입행시험 날 아침에 발길을 돌려 고시공부를 다시 시작하고 공직자의 길을 걸었다.

경주세무서에서 처음 받은 누런 월급봉투의 2만 3,544원은 후진국 대한민국의 고뇌였다. 벚꽃 만발한 따뜻한 봄날에 할머니 아버지 어머니 모시고 와서 불국사를 구경시켜드린 것이 태어나 처음 한 자식 노릇이었다. 서울로 와 재무부에서 밤낮도 없이 주말도 없이 일했다. 자식 노릇도 애비 노릇도 하기 힘들었다. 뉴욕 근무 시절, 뉴욕대에서 기말시험을 마치고 폭설이 내린 조지워싱턴 다리를 힘겹게 건너 새벽에 집에 도착했던 추억은 공직생활의 한 조각 아름다운 삽화였다.

1997년 외환위기를 온몸으로 부딪쳤지만 좌파정부가 들어서고 나는 공직을 떠났다. 아침에 일어나 무엇을 해야 할지 태어나서 처음으로 걱정했다. 하얀 눈으로 덮인 새벽길을 걸어 교회로 갔다. 하루가 이렇게 긴 줄을 처음 알았다. 미련이 남아 스치는 바람결에도 마음은 흔들리고 술 한 잔에도 취하여 비틀거렸다. 차관 취임을 축하한다고 선배가 보낸 액자에 쓰인 "聽雪看書"대로 눈 소리를 들으며 책을 보며 세월을 살았다. 10년을 구름에 달 가듯이 살았다.

2007년 정권창출에 참여하고 2008년 장관이 되어 두 번째 경제위기와 싸웠다. 많은 비판과 상처를 받았다. 새벽기도에 나가 간절히 기도하며 하염없는 눈물도 흘렸다. 세계 12위에서 7위 수출대국으로 우뚝 선 대한민국을 보고 40여 년의 공직생활을 마감했다. 외국 언론은 서울 관료들에게 경의를 표했고, IMF는 한국의 대응을 교과서적 사례라고 평가했다. 나의 경질을 요구했던 '118명의 경제학자들'과 국회 앞마당에서 나의 퇴진을 데모했던 야당은 아무 말이 없었다. 이렇게 많은 비판과 비난과 퇴진압력을 받아본 사람은 없었던 것 같았다.

40여 년 온몸으로 도전하고 응전했던 나의 공직에 대해 조국은 두 개의 최고 훈장 청조근정훈장과 국민훈장 무궁화장을 주었고 나는 공직을 떠났다.

정권이 바뀌고 어느 날 나는 정권창출에 관련된 싸움에 연루되어 받아들일 수 없는 아픔을 당했다. 잘못이라고 생각되지 않았고, 돈 한 푼 챙긴 것도 없고, 문명국에는 없는 죄로 묶인 몸이 되어 긴 복도를 걷던 그날, 높게 달린 창 너머 구름 한 조각이, 내가 일하다 지칠 때 오르던 관악산을 넘어가고 있었다. 그리고 금단의 벽이 둘러쳐지고 하늘도 땅도 보이지 않는 차가운 방에 팽개쳐졌다. 나의 조국은 나의 모두를 허물어버렸다.

온밤을 통곡하며 한평생을 슬퍼했다. 생계를 꾸리기 힘들었던 월급 속에서도 조국의 경제발전을 신앙으로 일했던 세월이 서글펐다. 아파트 한 채에 눌러앉아 땅 한 평 없이 주식 한 장 없이 살아온 평생이 어리석었다는 생각이 들었다. 내가 무슨 잘못을 했단 말인가? 나는 반대하면서도 선진국 어디도 없는 금융실명법을 만든 것이 마음에 걸렸다. 그것이 법의 취지를 넘어 범죄의 증거가 아니라 수사의 단서를 제공하는 장치가 되어 정치보복의 수단으로 이용되는 것을 볼 때는 마음이 아팠다. 동서고금 인류사에 없었던 정치폭력인 종합부동산세를 폐지하겠다고 다짐하고는 주위의 반대로 부담만 낮추고 그만둔 일도 후회스러웠다. 여당 대표와 야당이 합세하여 추진한 행정부의 세종시 이전을 국민투표에 의해 중단시켜야 한다는 주장을 관철하지 못한 것이 가장 큰 후회가 되었다. 세종시 이전은 국가에 큰 재앙이고 후배들에 대한 큰 죄라고 생각되었다.

자포자기한 속에서 불면증에 걸려 영혼은 방황하였고 육신은 허물어졌다. 밀려오는 시간을 주체할 수 없어, 구정물 먹고 토하며 허우적거리던 옛일을 그리는 것이 하루를 견디는 중요한 일과였다. 내가 재무부에 들어갔을 때 경제정책에서 꿈의 목표는 경상수지 흑자 그리고 한 자릿수 금리와 물가였다. 환율실세화로 세계 12위에서 7위 수출대국으로 등극하여 경상수지 흑자국이 된 것 그리고 월스트리트에서 한 자릿수 금리의 10년 만기 양키본드를 역사상 처음 발행하여 삼성전자가 반도체 투자를 함으로써 한 자릿수 금리와 물가의 교두보를 마련한 것이 기억에 크게 남았다. 거래 자료의 전산처리를 바탕으로 한 부가가치세 도입으로 만성적인 재정적자에서 해방되고 내국세의 98.5% 전후를 자진 납부하는 'the best tax system of the world'가 되었고 세계 최초로 인건비까지 세액 공제를 함으로써 세계 1위 R&D대국도 되었다. 꿈은 기적같이 이루어졌고 그리고 나는 이곳에 왔다. 이 생각 저 생각에 밤을 뒤척이다가 청계산에서 뻐꾸기 울고 아침 해가 뜨던 날이 얼마였던가? 그 수없는 날들의 금지된 방에는 오직 주님뿐이었다.

모든 것을 '시대의 아픔'으로 묻었다. 세상은 나 없이도 쉼 없이 돌아갔다. 기도와 찬송과 성경으로 마음의 평화를 찾으며 살았다. 추사께서 돌아가기 3일 전에 썼다는, 야인 시절 자주 찾아갔던 봉은사에 있는 현판 '板殿'을 생각하며 옷깃을 여미었다. 조선조 때 정쟁에 연루되어 귀양 갔던 할아버지를 생각했다. 세월은 강물처럼 유유히 흘렀다.

*

'긴 세월'을 그러다가, '긴 복도'를 걸어, '금단의 벽'을 나왔다. 어느 비 오는 날, '시대의 아픔'이 아려와 '조국'이 나에게 준 두 '훈장'을 버리러 한강에 갔었다. 40여 년 나의 '헌신'은, 강물에 '작은 동그라미' 하나 남기는 '슬픈 전설'이 되었다.

빗방울 하나가 강물에 떨어진다
동그라미 하나 만들고 강물로 사라진다
삶이란 작은 동그라미 강물에 그리는 것

그리고 그 작은 동그라미 《현장에서 본 한국경제 도전실록》이 우리의 21세기를 이끌어갈 후배들에게 작은 지혜가 되었으면 하고 기도하였다.

1997 경제위기의 원인·대응·결과

1998.1.30.

재정경제원

※ 이 보고서는 당시 통계를 기준으로 대통령직인수위원회(1998.1.3.), 비상경제대책위원회(1998.1.6.), 감사원 감사(1998.2.)에 보고한 자료임

목차

[요약] 위기의 전말

I. 아시아지역 경제위기의 본질

• 그동안 동남아시아 경제권에서는 경제부진과 국제수지 적자가 지속되어오다가
자국화폐의 고평가 및 급속한 경쟁력 상실에 의한 문제점이 일시에 노출됨에
따라 금융·외환위기가 초래
  → 유사한 경제구조를 갖고 있는 이웃나라에 연쇄적으로 파급
• 아시아 경제위기의 원인
  - 과다 단기차입에 의한 팽창경영 등 민간기업부문의 구조적 취약성
  - 기업 및 금융기관의 자금조달·운용구조의 불일치(maturity mismatch)
  - 인위적 고평가에 의한 국제수지 적자의 지속적인 확대
  - 아시아경제에 대한 신인도의 급속한 하락

II. 우리 경제위기의 원인

• 구조적 원인
  - 고비용·저효율 구조의 심화와 이로 인한 국제수지 적자의 누적 확대
  - 과다한 차입에 의존한 외형성장 위주의 기업경영
  - 기업의 사업성, 수익전망, 현금흐름과 신용상태보다는 기업의 규모와 명성,
물적 담보의 유무, 외부의 개입 등에 따라 자금지원 여부를 결정하는 금융기
관의 불합리한 대출관행
  - 금융의 자율화·개방화에 상응하는 적절한 정보통합체계와 효율적이고 강력한
금융감독체계의 미비
• 직접적 원인
  - 매출액 대비 과다한 차입, 총차입금 대비 과다한 단기차입, 비전문분야에의 무분
별한 진출 등에 따른 연이은 대기업의 부도
  - 이에 따른 채권금융기관들의 부실채권 급증
  - 무담보대출을 주로 하는 제2금융권의 무차별적인 자금회수
  - 대외신인도 하락에 따른 외국 금융기관의 급속한 자금회수
  - 노동법 개정파동, 한보철강 부도사태 이후 기업경영의 투명성 결여, 금융개혁

추진의 지연, 기아사태의 장기화 등 일련의 정책 추진과정에서 나타난 총체적 리더십 결여와 대외신인도 상실

III. 위기에 대한 대응

- 한국의 대외신인도가 급격히 하락하고 외국에서 자금공여를 기피한 주요 원인을 요약하면
  - 한국기업의 부실구조에 대한 대책 미흡, 부실금융산업에 대한 구조조정대책 미흡, 대규모의 부실채권에 대한 정리계획 지연, 강력하고 효율적인 금융감독체계 미비, 한국기업과 금융기관에 대한 투명성 및 공시성(transparency and disclosure) 미흡 및 경제위기를 해결할 한국의 총체적 리더십 부재 등이었음
- 정부는 이에 대응하여 금융시장 안정과 대외신인도 제고를 위한 정책을 지속적으로 추진
  - 대기업의 연이은 부도사태를 막기 위해 채권·채무 당사자 간에 협상기회를 주는 부도유예협약제도를 도입
  - 한보사태 이후 금융시장의 안정을 위하여 금융시장 안정 종합대책 등 12차에 걸친 대책 추진
  - 부실채권정리기금을 통한 누적되는 금융기관의 부실채권 정리 추진
  - 금융감독의 효율성 제고를 위하여 통합금융감독기관을 설립하고 통화관리의 중립성과 효율성 제고를 위하여 중앙은행제도를 개편하는 등 강력한 금융개혁을 위해 20개 금융 관련 법률 개정 추진
  - 기업집단의 실질적인 재무구조와 경영행태를 파악할 수 있는 결합재무제표 작성 의무화
  - 해외차입 확대를 위해 장·단기 자본도입 자유화, 증권시장 개방, 우량 공기업의 해외차입 대폭 확대
  - 해외차입을 위하여 미국, 일본의 주요 인사 및 금융기관장들과의 접촉 등 다각적인 노력
- 한편, 국제수지 개선을 위한 거시정책적 노력도 병행 추진
  - 국제수지상황 등 시장실세를 반영할 수 있는 환율운용 노력
  - 경쟁력 취약산업의 관세율을 인상하는 등 단일관세율제도를 복수관세율제도로

개편하여 국내외상품의 공정한 경쟁여건 조성
- 1998년 예산을 한 자릿수 재정규모 증가율로 편성
- 중소기업 창업활성화와 구조조정 촉진을 위한 벤처기업활성화 대책 마련
- 중장기적인 경제체질 강화를 위한 21세기 국가과제 추진
• 그러나 기아사태의 처리가 지연되고 13개 금융개혁법률들이 적기에 국회에서
처리되지 않았으며, 거시경제정책은 효과 발생에 상당한 시간이 소요되어 위기
관리에 차질 발생

IV. 결과 – IMF 자금지원 요청

• 정부의 다각적인 대책 이후에도 대외신인도가 계속 하락함에 따라 외국 금융기관
의 자금회수가 가속화되고 가용 외환보유고 수준이 격감
- 정부는 한국은행의 외환보유고에 의한 대외지급이 지속될 수 없다고 판단하여
1997년 11월 21일 IMF에 유동성조절자금 지원 요청
• IMF 자금지원 결정 이후에도 예상과는 달리 외환수급사정은 개선되지 않고 오
히려 악화되었음
- 대통령당선자의 IMF 프로그램의 조기이행 약속 등의 대외신인도 제고를 위한
노력으로 IMF 및 G7 국가 등의 자금 조기지원 합의가 이루어지고 외환사정
이 다소 개선
- 1998년 1월 외국 은행 채권단과의 단기외채 만기연장협상이 타결됨에 따라
외환위기는 탈출
• 시급한 외환위기는 일단 벗어났다고 판단되지만 이러한 경제위기를 근본적으로
벗어나기 위해서는 보다 적극적인 정책대응이 필요
- 당면한 금융·외환시장의 안정과 대외신뢰 회복에 최대한 노력함과 동시에
- IMF 프로그램을 포함한 경제구조 개선작업을 일관성 있고 집중적으로 추진하
여 우리 경제의 체질과 행태가 근본적으로 개편되어야 할 것임

Ⅰ. 아시아지역 경제위기의 본질

- 그동안 동남아시아 경제권에서는 경제부진과 국제수지 적자가 지속되는 가운데 자국화폐의 고평가 및 급속한 경쟁력 상실에 의한 문제점이 일시에 노출
- 이에 따라 금융·외환위기가 초래되었으며, 유사한 경제구조를 갖고 있는 이웃 나라에 연쇄적으로 파급

1. 민간기업부문의 문제에서 출발

- 최근 아시아경제의 위기는 근본적으로 과다 단기차입에 의한 팽창경영 등 민간기업부문 (private sector)의 구조적인 취약성에 의하여 발생
  - 과다한 차입, 특히 단기차입에 의존하여 투자를 확대함으로써 경기하강기에 도산위험에 급격히 노출되는 결과 초래
  - 노동집약적 생산방식을 통한 가격경쟁력 유지에 중점을 두어옴에 따라
  - 고급화·다양화라는 세계시장의 수요 변화와 거대한 중국경제의 출현에 대응하여 기술 및 자본집약적 생산방식으로 전환하는 데 실패
    * 1970년대 남미의 외채위기는 공공부문의 외채누증, 1994년의 멕시코 외환위기는 자국화폐의 고평가 유지를 위한 고금리 달러표시 국채의 발행 등 공공부문(public sector)에서 문제가 발생

2. 자금조달·운용구조의 불일치

- 기업은 물론 금융기관에서도 단기성으로 조달한 자금을 장기성 자금으로 운용하는 경영행태를 보임으로써 자산·부채구조의 만기불일치(maturity mismatch)에 따른 자금조달의 불안정성을 야기
  * 과거 남미의 외채위기는 외자에 의한 공공사업투자 등 외자의 비효율적 사용(misuse of financial resource)으로부터 문제 발생
- 국제금융시장에서의 위험관리경험이 적은 아시아의 금융기관들은 저금리의 단기자금을 과다 차입한 반면, 서구의 금융기관들은 아시아시장으로부터 조달한 장기자금을 단기자금으로 상당부분 운용

3. 인위적 고평가에서 발생한 금융문제가 실물부문으로 확대

- 아시아지역의 경우 그동안 경제성장률, 저축률, 실업률, 국제수지, 물가 등에 있어서 상대적으로 견실한 경제여건(economic fundamentals)을 유지해오고 있었음
- 그러나 중국의 세계시장 진출 등에 따라 경쟁력이 약화되어 국제수지 적자가 누적되고
  - 지속적인 경상수지 적자를 보전하기 위해 외자를 유입하고자 자국화폐의 인위적인 고평가를 무리하게 유지해오다 이를 포기하면서 발생한 금융위기가 실물부문을 포함한 경제 전체로 확대

4. 아시아경제에 대한 신뢰도의 급속한 하락

- 아시아 주식시장의 폭락과 환율의 폭등에 의한 대외신인도 추락(confidence collapse)으로 해외투자가들의 자금회수가 급속히 진행되어 외환위기를 더욱 심화
- 한국, 홍콩을 포함한 아시아 개도국을 대상으로 한 '이머징마켓펀드(Emerging market fund)'의 환매사태는 연쇄적인 전이효과(contagion effect)를 유발
  - 1997년 7월에 발생한 태국, 인도네시아의 외환위기가 10월에 홍콩, 대만으로 파급된 후 11월에 한국으로 전파
  - 특히, 1997년 10월 23일 홍콩 증시의 폭락(전일 대비 -10.41%)은 한국 증시 및 외환시장의 불안에 결정적 영향
  - 일본도 1997년 하반기에는 국제금융시장에서 10대 도시은행 중 상위 4대 은행만 정상 외화조달이 가능하게 되어 차입금리(Japan premium)가 상승. 이후 은행(4개)·증권(3개) 및 보험회사(1개) 등 8개 금융기관의 연쇄적인 도산과 주가 폭락(1997년 중 -21.19%)으로 이어졌음
    * 1997년 중 교토교에이은행, 호카이도다쿠쇼쿠은행, 야스다신탁은행, 흥업은행, 오가와증권, 산요증권, 야마이치증권, 닛산생명보험 등 도산

도쿄미쓰비시은행 차입가산금리(Spread, bp) 추이

1997. 1월 말	11월 말	12.1.	12.3.	12.31.	1998.1.5.	1.20.
12.5	66.1	78.2	100.0	69.1	71.9	37.5

주: 도쿄미쓰비시은행은 자산규모 세계 1위. LIBOR 가산금리 100bp는 개도국 은행금리 수준임

- 그리고 WTO 체제하에서 동서양경제가 통합하는 과정, 즉 정경유착 등 아시아의 정실자본주의(crony capitalism)와 폐쇄사회(secrecy society)가 서구의 시장자본주의

(market capitalism)와 투명사회(transparency society)에 통합되어가는 과정에서 일어난 충격도 주요한 요인의 하나임

II. 우리 경제위기의 원인

- 최근 우리 경제위기는 경제체질의 약화로 요약될 수 있는 구조적 문제에서 출발하여
- 대기업 연쇄부도, 금융기관의 부실채권 급증, 대외신인도 하락 등 직접적 요인으로 인하여 급속히 악화

A. 구조적 원인

1. 고비용·저효율 구조의 심화

- 임금, 금리, 지가, 물류비용 등 요소비용의 지속적 상승에 의해 고비용·저효율 구조의 누적적 악화
  - 경쟁국보다 높은 임금상승으로 생산비용 증가

임금상승률 비교

	한국	미국	일본	대만	싱가포르
실질임금상승률[1](연평균, %)	9.1	-1.0	1.4	6.6	6.9
단위노동비용증가율[2](연평균, %)	6.0	-0.3	-0.5	3.5	3.5

주: 1) 1987~1995년 제조업 평균(한국은 1987~1996년), 자국통화 기준.
　　2) 명목임금상승률-노동생산성 증가율, 1987~1995년 제조업 평균

  - 높은 금리수준과 과다한 차입의존으로 금융비용 부담이 가중

금리 및 금융비용 비교

	한국	일본	대만
시장금리(1996 평균, %)	11.9	3.0	7.1
금융비용/매출액(1995, 한국: 1996, %)	5.8	1.3	2.2

- 공장용지 부족과 높은 용지가격으로 기업의 입지난 가중
  * 주요 산업단지 분양가격: 한국 100 기준, 미국 25.3, 일본 24.9, 태국 43.9
- 물류비는 사회간접자본시설의 부족으로 선진국에 비해 현저히 높은 수준
  * 매출액 대비 물류비(1994년 기준, %): 한국 16.7(1995년), 미국 7.7 , 일본 8.8
• 한편, 고가사치품 수입과 해외여행 급증 등 과도한 소비지출도 경상수지 적자 확대요인
  으로 작용

상품수입
(백만 달러, 괄호 안은 증감률)

	1993	1994	1995	1996	1997
상품수입(억 달러)	800.3(2.4)	980.9(22.5)	1293.9(31.0)	1451.2(12.1)	1420.8(-2.0)
모피의류	9.7(124.3)	25.9(167.0)	59.4(129.3)	121.7(104.0)	37.6(-69.1)
향수	3.4(22.1)	7.1(108.8)	12.4(74.6)	25.3(104.0)	30.8(21.7)
위스키	45.1(7.3)	76.0(68.5)	121.7(60.1)	187.0(53.6)	177.0(-5.3)
포도주	5.9(2.4)	8.1(37.2)	13.7(69.1)	16.5(20.4)	22.1(33.9)
골프용품	21.3(-17.5)	23.0(7.9)	62.5(171.7)	110.3(76.4)	104.7(-5.0)
승용차	45.1(-18.0)	117.9(161.4)	258.3(119.0)	429.6(66.3)	269.3(-37.3)
컬러TV	8.7(17.6)	10.9(25.2)	21.5(97.2)	35.5(65.1)	38.3(7.8)
바닷가재	1.3(8.4)	3.4(161.5)	6.2(82.3)	12.7(104.8)	12.8(0.7)
여행수지(억 달러)	-5.7(60.5)	-11.7(105.2)	-11.9(1.7)	-26.0(118.4)	-22.6(-13.0)
여행자수(천 명)	2,420(18.5)	3,154(30.3)	3,819(21.0)	4,650(21.7)	4,327(-6.9)

자료: 통계청, 개별품목 1997년은 1~11월 실적

• 이에 따라 경제수지가 누적적으로 악화

경상수지 및 대미환율 추이
(억 달러, 원/달러, %)

	1990	1991	1992	1993	1994	1995	1996	1997*
경상수지 (반도체 제외)	-21.8 -26.3	-87.3 -97.0	-45.3 -59.0	3.9 -16.0	-45.3 -110.4	-89.5 -219.8	-237.2 -310.2	-88.5 -133.9
무역수지	-20.0	-69.8	-21.5	-18.6	-31.5	-47.5	-153.1	-28.9
무역외수지	-1.8	-17.5	-23.8	-14.7	-13.8	-42.0	-84.1	-60.4
달러환율	716.40 (-5.14)	760.84 (-5.84)	788.40 (-3.50)	808.10 (-2.44)	788.70 (2.46)	774.70 (1.81)	844.20 (-8.23)	1,415.20 (40.35)

주: 당시 통계기준(1997년 경상수지는 잠정치), 괄호 안은 절상절하 비율

- 그럼에도 불구하고 국내에서는 우리 경제의 견실성에 대하여 과신하였고, 1990년대 초 반도체산업의 호황, 즉 '반도체의 허상'으로 국제수지 적자 누증의 심각성이 거론되지 못한 채 "경기의 양극화"에 희석화되어 환율 평가절하, 관세율 조정 등의 대응책이 적절하게 마련되지 못하였음

   * 1997년 10월 IMF Consultation에서도 우리 경제의 기본여건(economic fundamentals)은 견실하다고 평가

- 원화의 고평가, 낮은 수준의 단일관세율, 기술개발의 미흡 및 노동시장의 비탄력성은 고비용·저효율 구조를 더욱 심화시킴

   - 1994년과 1995년의 경우 경상수지가 적자임에도 불구하고 미국달러에 대한 원화가 평가절상(1994년 2.46%, 1995년 1.81%)

   - 1995년 4월 19일 엔화 최저시점부터 1996년 최고시점까지 엔화는 30.9% 평가절하(80.35 → 116.20)된 데 비해 동 기간 중 원화는 9.1% 평가절하(767.70 → 844.20)되어 상대적으로 원화의 21.8% 고평가 초래

   - 1993년 이후 세계에서 유일하게 저율의 단일관세율(8%)을 유지함으로써 섬유·신발 등 일부 산업의 경우 사양화가 가속화

   - 특히, 8%의 보호 수준은 선진국 수준 기준과 개편 당시의 내외가격차를 기준으로 산출된 것으로서 현재는 그 타당성이 결여

주요 품목 평균관세율 비교 (%)

	한국	일본	미국	EU	대만	중국
섬유의류	7.8	8.7	12.5	9.4	10.3	33.6
신발	7.3	21.3	9.3	8.7	6.2	14.5
철강비철금속	7.0	0	4.1	2.7	5.5	22.7

   - 결과적으로 수출과 투자는 위축되고 수입과 소비는 급격히 증가함

수출입·투자·소비증가율 (%)

	1994	1995	1996
수출증가율	16.8	30.3	3.7
수입증가율	22.1	32.0	11.3
설비투자증가율	23.9	18.1	9.1
민간소비증가율	8.2	9.6	7.1

- 국제수지가 어려운 상황에서 해외차입과 외자유입을 촉진하기 위하여 외국 금융기관의 협력이 중요하나 지속되는 노사분규와 규제에 의하여 1993년부터 12개의 외국 은행 지점이 폐쇄되고 외국자본의 이탈현상이 가속화됨

[우리나라에서 철수한 외국 은행 지점 추이]

93년 : 씨티 이태원(1개)
94년 : 웨스트팩 서울, 체이스맨해튼 부산(2개)
95년 : 도이체 부산(1개)
96년 : 바클레이즈 서울, 체이스맨해튼 서울, 도쿄미쓰비시 서울중앙, 몬트리얼 서울(4개)
97년 : BOA 부산, 크레디리요네 부산, 퍼스트내셔널보스톤 부산, AMEX 부산(4개)

2. 과다한 차입에 의존한 기업경영

- 기업들의 경우 차입을 통한 외형주의의 무모한 확장경영 지속으로 재무구조 악화
  - "대기업은 망하지 않는다(too big to fail)"는 확대지향적 경영전략

기업의 총부채비율 (%)

	한국	미국	일본	대만
총부채비율(%)	333.8	159.7	206.3	85.7

주: 1) 부채비율(1996년): 제조업 317.1%, 30대 그룹 382.0%
  2) 기준연도: 한국 1997년, 외국 1995년

- 특히, 과다한 단기차입금으로 회임기간이 긴 장기사업을 추진하는 등 현금흐름을 무시한 무모한 재무행태를 지속
  * 장단기차입금 중 단기차입은 51.8%(1997년 6월)
- 한편, 외자에 의존한 투자형태로 외채, 특히 단기외채가 누적되어 위기에 취약하게 된 결과 초래

외채 추이 (억 달러)

	1993	1994	1995	1996	1997
총외채	439	568	784	1,047	1,161
장기	247	264	331	437	545
단기	192 (43.7)	304 (53.5)	453 (57.8)	610 (58.2)	`616 (53.1)

자료: 세계은행 기준. 괄호 안은 총외채 대비 단기외채 비중(%)

3. 불합리한 대출관행

- 우리 금융기관들은 기업의 사업성, 수익전망, 현금흐름과 신용상태 등에 대한 면밀한 분석보다는 기업의 규모와 명성, 물적담보의 유무, 외부의 개입 등에 따라 여신을 하는 관행을 지속
- 이와 같은 여신심사능력이 취약한 금융기관들을 통해서는 단기차입에 의존하는 기업의 재무행태와 경기흐름을 무시한 무모한 투자사업에 대한 견제역할을 하지 못함
  - 오히려, 경기확장기에 과다한 여신을 공급하다가 경기하강기에 기업 자금사정이 어려울 때 여신을 감축하여 "기업부실 → 여신감축 → 기업도산 → 은행부실"의 악순환 자초
- 또한 건실한 기업이 일시적으로 자금난에 봉착한 경우에도 경쟁적으로 자금회수에 나서기 때문에 흑자도산을 초래하고 부실채권을 양산
- 단기로 조달한 자금을 장기자금으로 대출(maturity mismatch)하여 유동성관리의 불안정성을 심화

국내 종금사의 외화자금 장단기구조(1997년 10월 말 기준) (억 달러)

	조달	운용
단기(1년 미만)	129(64.4%)	32(16.3%)
장기(1년 이상)	71(35.6%)	168(83.7%)
계	200(100.0%)	200(100.0%)

4. 감독체계의 미비

- 금융의 자율화·개방화에 상응하는 적절한 정보통합체계와 금융감독체계가 갖추어지지 못함
  - 규제(regulation)와 감독(supervision)을 구분하여 규제완화에 상응하는 적절하고 강력한 감독체계 정립 미비
  - 금융감독기관이 부문별로 다기화되어 있어 다수 금융기관이 관련된 대형 금융사고의 사전예방과 금융위기관리에는 취약
  (예) 한보철강의 경우 60개, 기아의 경우 143개 금융기관이 연관
- 최근의 급속한 금융시장 개방과 자율화에 상응하는 준비태세와 대응전략이 제대로 수립되지 못한 채 무분별한 영업 확대 및 해외진출 확대

국내은행 및 종금사의 해외점포망

	1994	1995	1996	1997
지점	72	83	91	103
현지법인	49(4)	58(7)	67(13)	81(18)
사무소	86(1)	216(8)	245(14)	285(19)
계	202(5)	216(8)	245(14)	285(19)

주: 괄호 안은 종금사의 해외점포망 수

- 특히, 1994년 9개사, 1996년 15개사 등 24개 종금사가 대량 허가되었으나 해외영업에 대한 관리체계는 미흡
- 이와 같은 금융기관의 행태들은 종국적으로 부실채권을 양산함으로써 금융기관의 부실화 및 대외신인도 저하 초래
  * 부실채권규모(1997년 11월 말 현재): 38.2조 원(은행 33.1조 원, 종금 5.1조 원)
- 금융감독의 기능 강화를 위한 금융감독체계 개편을 추진하였으나(1995년, 1997년) 관련 단체와 정치권의 이해상충으로 실패

B. 직접적 원인

1. 연이은 대기업부도

- 국경 없는 무한경쟁체제인 WTO 시스템의 출범에도 불구하고 외형성장 위주의 차입경영 지속
  - 매출액 대비 과다한 차입(한보철강, 삼미 등), 총차입금 대비 과다한 단기차입(해태, 한라중공업 등)으로 부실자초
  - 비전문분야에의 과도한 진출로 중복·과잉투자 유발

주요 부도발생 사례(1997년 10월 현재)   (억 원, %)

	차입금(A)	제2금융권(B)	점유비(B/A)	매출액(C)	점유비(A/C)	부도발생일	현재상황
한보철강	50,970	13,744	27.0	4,580	1,112.9	97.1.23	법정관리
삼미	17,390	7,943	45.7	14,923	116.5	97.3.19	법정관리
진로	25,257	11,564	48.5	14,910	169.5	97.4.21	화의신청
기아	97,398	45,931	47.2	121,440	80.2	97.7.15	법정관리
해태	29,329	15,997	54.5	27,157	108.0	97.11.1	법정관리
뉴코아	12,843	3,288	25.6	18,276	70.3	97.11.4	화의신청
한라	54,528	32,578	59.7	52,973	102.9	97.12.5	법정관리

주: 1) 차입금(순여신)은 1997년 8월 말 기준(한보철강 1997년 9월 말, 삼미 1996년 말)이며, 전국은행연합회 기업신용정보자료에 근거하여 작성
   2) 기타는 1996년 말 기준
   3) 진로, 기아의 경우 부도유예협약 적용일

2. 제2금융권의 무차별적인 자금회수

- 대기업의 연이은 부도사태에 따른 위기감에서 무담보대출을 주로 하는 종금사 등 제2금융권의 급속한 자금회수사태 발생

종금사 어음할인실적 (억 원)

1996(잔액)	1997(증감)	1/4	2/4	3/4	4/4	(1997. 12중)
251,214	- 64,339	91,826	- 4,720	- 6,783	- 157,214	- 134,629

3. 부실채권의 급증 및 대외신인도 급락

- 대기업들의 연이은 부도에 따른 채권금융기관들의 부실채권 급증으로 금융기관의 신인도 추락
  - 부실채권규모(1997년 11월 말 현재): 38.2조 원(은행 33.1조 원, 종금 5.1조 원)

연도별 부실채권규모 추이 (조 원, %)

	1993	1994	1995	1996	1997. 11말
총부실채권	13.8	14.2	16.0	16.2	38.2
은행	13.3	13.5	15.0	14.9	33.1
종금	0.5	0.7	1.0	1.3	5.1

주: 부실채권 = 고정 + 회수의문 + 추정손실

- 금융기관의 대외신인도 급락으로 차입금리가 급격히 상승하고 신규차입이 사실상 중단
  * 무디스사는 1997년 이후 우리나라의 신용등급을 장기 6단계(A1 → Ba1), 단기 2단계(P2 → Not Prime) 하향조정
  * S&P는 1997년 이후 장기 10단계(AA- → B+), 단기 4단계(A1+ → A3) 하향조정

한국물 스프레드 추이 (유통금리, TB+bp 기준)

	1996말	1997. 3말	6말	9말	12말
산은 10년	60	78	86	123	650
산은 5년	48	66	68	102	720
수은 10년	55	79	89	125	600

주: 발행금리는 동 기간 중 최저 LIBOR+15bp

4. 외국 금융기관의 급속한 자금회수

• 한보부터 기아에 이르기까지 대기업의 연이은 부도사태에 따른 대외신인도의 급속한
  하락으로 해외에서의 장단기자금 차입 애로 발생
  - 특히, 단기자금의 만기상환연장(roll-over)이 10월 말 홍콩 증시 폭락사태가 가세되
    면서 단절
  - 1997년 한 해 동안 외국 금융기관은 단기대출금 중 약 376억 달러를 회수

외화부채 잔액 및 상환 현황 (억 달러)

	1996말	1997말	증감
1. 단기부채	629.7	253.9	-375.8
가. 기간물	555.6	247.4	-308.2
일본계	218.8	88.0	-130.8
미국계	56.7	34.9	-21.8
유럽계	173.0	96.1	-76.9
기타	107.1	28.4	-78.7
나. CP	74.1	6.5	-67.6
2. 중장기	315.9	375.3	59.4
합계	945.6	629.2	-316.4

주: 13개 은행, 해외점포 및 역외계정 포함

• 특히, 국내기업들의 재무제표가 국제적인 기준의 투명성과 공시성(transparency and
  disclosure)을 결여하고 있어 기업의 실상을 제대로 반영하지 않고 있다는 사실이 확인
  되자
  - 대출을 기피하거나 만기상환연장을 거부하고
  - 증권시장에서도 외국인투자자금을 급격히 회수

외국인주식투자자금 유출입 월별 추이 (억 달러)

	1997.1	2	3	4	5	6	7	8	9	10	11p	12p
유입	11.8	7.8	7.2	6.4	20.3	16.8	11.8	8.0	7.7	7.6	10.5	10.5
유출	6.2	7.9	10.1	7.5	7.5	8.5	9.6	8.4	11.5	15.4	18.1	7.1
순계	5.6	-0.1	-2.9	-1.1	12.7	8.3	2.3	-0.4	-3.8	-7.8	-7.5	3.4

- 1997년 10월 23일 홍콩 증시의 대폭락(전일 대비 -10.41%)과 일본의 은행·신탁·증권·보험회사 등 8개 금융기관의 대량도산에 따라 한국의 주력 단기차입시장이었던 홍콩과 도쿄 금융시장이 경색되어 단기차입이 사실상 중단
  - 일본은 1997년 중 단기대출금 220억 달러 중 130억 달러 회수. 특히, 11월 1~19일 13억 달러 등 11~12월 중 70억 달러를 회수

한국 금융기관의 단기차입금 감소 현황   (억 달러)

	1997.11.1.~11.19.	1997. 11중	1997. 11~12중
기간물	-40.7	-79.0	-207.4
(일본계)	(-12.7)	(-17.2)	(-69.4)
CP		-14.5	-33.5
계		-93.5	-240.9

주: 13개 은행, 해외점포 및 역외계정 포함

5. 총체적 리더십 결여

- 노동법 개정파동, 한보철강 부도사태 이후 기업경영의 투명성 결여, 금융개혁 추진의 지연, 기아사태의 장기화 등 일련의 정책추진과정에서 보여준 총체적인 리더십 결여와 대외신뢰도 상실
  * 한국에 대한 외국의 평가: "행동은 없고 논의만 무성(many words, without deeds)"(부즈 앨런 앤드 해밀턴 보고서), "행동 없는 논의의 나라(talking without action)"(외국 언론)

III. 위기에 대한 대응

- 한국의 대외신인도가 급격히 하락하고 외국에서 자금공여를 기피한 주요 원인을 요약하면
  - 한국기업의 부실구조에 대한 대책 미흡
  - 부실금융산업에 대한 구조조정대책 미흡
  - 대규모의 부실채권에 대한 정리계획 지연
  - 강력하고 효율적인 금융감독체계 미비
  - 한국기업과 금융기관에 대한 투명성·공시성(transparency and disclosure) 미흡

- 경제위기를 해결할 한국의 총체적 리더십의 부재 등이었음
- 정부는 대응책으로서 작년 초부터 금융개혁위원회를 중심으로
  - 금융감독기구의 설치에 관한 법률, 한국은행법 등 20개 금융개혁법안 마련 등 금융개혁 작업을 추진하는 한편,
  - 국내금융시장과 국제수지 개선을 위한 환율, 관세율정책 등 14차에 걸쳐 7개 금융구조조정대책, 13개 금융시장 안정대책, 15개 외환시장 안정대책 등 총 39개의 대책을 추진하였음

1997년 위기대응대책

구분	대책내용
금융구조조정정책 (7개)	부실채권정리기금 설치[1조 원(7월 1일)→3.5조 원(8월 25일)→10조 원(11월 19일)], 상호지급보증한도 축소(4월 1일), 금융감독기관통합 개편(8월 23일), 중앙은행 개편 등 20개 금융개혁법 추진(8월 23일), 결합재무제표제도 도입(8월 23일), 종금사구조조정(인수합병폐지 등, 11월 19일), 금융기관담보부동산매각면세 등(8월 25일)
금융시장안정대책 (13개)	한보철강재산보전처분(1월 24일), 중소기업 긴급자금 지원(5.5조 원, 2월 11일), 부도유예협약(4월 21일), 콜중개한도 폐지 등(4월 30일, 8월 25일), 기아그룹 부도유예(7월 15일), 중소기업보증한도 확대(7월 15일), 한은 특별대출(은행·종금 2조 원, 8월 25일), 제일은행 정부출자(8,000억 원, 8월 25일), 근로자주식저축한도 확대(10월 13일), 주식액면분할 허용 등(10월 19일), 배당소득 분리과세 등(10월 19일), 연기금 주식투자 한도 확대(10월 29일), 예금전액보장 및 기금 확대(8.3조 원, 11월 29일)
외환시장안정대책 (15개)	환율실세화(3월 15일), 해외차입한도 확대(3월 15일, 3월 31일), 연지급수입기간 자유화(3월 31일), 외국인 주식투자 한도 확대[10%(2월 25일) → 20%(3월 31일) → 23%(5월 21일) → 26%(8월 25일)], 채권투자개방 확대(3월 31일, 11월 19일), 외화증권발행 자유화(4월 30일), 금융기관 대외채무지급 정부보증(8월 25일), 수출선수금 한도 폐지(8월 25일), 외국인 주식양도차익 비과세(10월 25일), 국공채시장 개방(10월 29일), 상업차관 자유화(10월 29일), 연지급수입 자유화(10월 29일), 환율변동폭 확대(10%, 11월 19일), 종금사 외환업무 중지(11월 19일), 외국 은행 스와프 확대(20억 달러, 11월 29일)
기타 대책 (4개)	중소기업 구조조정과 창업 활성화 대책(3월 31일), 중장기경제체질 강화 대책(9월 1일), 긴축예산 집행 및 편성(10월 1일), 복수관세율 개편(12월 13일)

- 그러나 20개 개혁법안 중 7개만 통과되고 나머지 13개 법안은 정기국회에서도 통과되지 않았고, 거시정책들의 효과는 시간이 필요하므로 우리의 위기관리에 차질 발생

※ 20개 금융개혁법률안 추진상황

• IMF 자금신청 전 1997년 7월 3일 국회통과 법률(총 7개)

  - 금융기관 부실자산 등의 효율적 처리 및 성업공사의 설립에 관한 법률

  - 여신전문금융업법, 보험업법

  - 신용정보의 이용 및 보호에 관한 법률

  - 중소기업은행법, 한국산업은행법, 한국주택은행법

• IMF 자금신청 후 1997년 12월 29일 국회통과 법률(총 13개)

  - 금융감독기구의 설치 등에 관한 법률, 한국은행법

  - 은행법, 신탁업법, 증권거래법, 예금자보호법, 상호신용금고법

  - 주식회사의 외부감사에 관한 법률, 종합금융회사에 관한 법률

  - 선물거래법, 금융산업의 구조개선에 관한 법률

  - 금융감독기구의 설치 등에 관한 법률제정 등에 따른 공인회계사법 등의 정비에 관한 법률

A. 금융·외환시장 안정 및 대외신인도 제고대책

• 지난 한 해 동안 정부로서는 금융·외환시장 안정과 대외신인도 제고를 위한 정책을 계속적으로 추진하였음

• 특히, 대기업의 연쇄부도에 따른 은행·종금사 부실화는 주식시장으로 파급되어 외국인 주식투자자금 이탈로 연결되고 또한 이것이 외환사정 악화의 원인이 되므로

  - 외환시장 및 주식시장을 포함한 국내금융시장 안정대책도 병행하여 추진

• 그러나 아시아 금융위기의 전이효과(contagion effect)가 매우 컸고 이에 따라 대책의 실효성과 적시성에도 차질이 있었음

1. 부도유예협약제도의 도입

• 대기업의 연이은 부도사태를 막기 위해 채권·채무 당사자 간의 협상기회를 주기 위하여 부도유예협약제도를 도입(1997.4.21.)

- 한 장의 어음부도로 모든 거래를 정지시키는 불완전한 어음제도에 대한 과도기적 대
   책으로 도입
- 그러나 기아사태에 이르러 기업 측이 시간을 벌기 위하여 동 제도를 악용하게 됨에 따라
   실효성이 저하

2. 금융·외환시장 안정대책 추진

- 한보사태 이후 금융·외환시장의 안정을 위하여 12차에 걸친 대책을 추진하였으나 악화
   되어가는 국내외 금융시장의 안정을 막는 데에는 역부족이었음
- 한보부도 관련 대책(1997.1.24., 2.11.)
  - 한보철강에 대하여 재산보전처분(1.31.), 경영지원 등 경영정상화 기반을 마련하고
     정상가동을 위한 부족자금을 지원
    * 그러나 외국투자자가 한국기업의 실상을 알게 되어 대외신인도 하락의 결정적인 계기가 되었음
  - 한보부도사태와 관련하여 다음과 같은 대책을 추진
    * 한보부도로 인하여 자금애로가 예상되는 납품 및 하도급 중소기업의 경영안정을 위하여 5.5조 원의
       긴급운영자금 지원
    * 납품 및 하도급 중소기업의 기대출금에 대하여 원금내입 없이 상환기간 연장 또는 대환지원 유도
    * 한은 저리자금 및 국고여유자금 운용 시 중소기업 대출실적이 많은 은행을 우대하여 금융기관의
       중소기업대출을 적극 유도
- 은행 및 기업의 해외차입 확대조치(1997.3.14.)
  - 국내은행의 중장기 차입에 대한 연간 한도제를 폐지
  - 기업의 해외 주식 연계증권 발행한도를 폐지
- 외환시장 안정과 대외신인도 제고대책(1997.3.31.)
  - 자본시장 개방 확대
    * 외국인 주식투자 한도 확대 조기시행 및 추가확대 검토
    * 중소기업 무보증 장기채와 대기업 무보증 전환사채에 대한 외국인투자를 조기 허용
  - 금융기관과 기업의 해외자금 도입 확대
    * 제조업을 영위하는 외국인투자기업에 대해 운전자금용 외화차입 허용
    * 중소기업에 대한 연지급 수입기간의 자유화 조기 추진
    * 국제금융리스규모를 확대하고 조기 도입 유도
  - 시장원리에 기초한 일관성 있는 경제운용과 대외개방의 차질 없는 이행
- 금융시장 안정대책(1997.4.30.)

- 한보사태의 후유증을 치유하기 위하여 다음과 같은 대책 추진
  * 1997년 5월부터 시행예정이던 콜중개한도제도를 폐지
  * 은행, 증권회사 등에 허용되고 있는 RP매매업을 전 금융기관으로 확대
  * 타 금융기관이 발행한 어음 매입을 허용
  * 은행의 통화채 편입의무화율 폐지

[외환시장 대책]
- 외화증권발행 자유화 등 기업의 외화자금조달 확대

• 기아사태 대책(1997.7.19., 7.29., 8.12., 9.3.)
- 기아그룹 부도유예협약 적용(1997.7.15.) 이후 시장기능에 따라 당사자 간 협의를 통한 해결방안을 모색하기 위하여 다각적인 노력을 추진
  * 그러나 당사자 간 협의가 조속히 이루어지지 못함에 따라 한보사태에 이어 다시 대외신인도를 크게 저하시키는 결과를 초래
- 정부는 금융시장 안정 및 대외신인도 제고를 위하여 기아문제 해결을 더 이상 미룰 수 없다는 인식하에
  * 산업은행이 주도하여 기아문제를 해결하도록 처리방안 마련(10.22.)
- 한편, 기아그룹 관련 하청 중소업체의 부도 방지를 위하여 신용보증기관의 상업어음 할인 특례보증지원을 추가확대(7.21.부터)
  * 지원금액 증액: 5,000억 원, 업체당 1억 원
  * 지원기간 연장: 1997.8.14. → 1997년 말

• 주식시장 대책(1997.3.31., 10.13., 10.19.)
- 투자자심리 회복과 증시 안정을 위한 다각적인 대책을 시행
  * 주식 액면분할제도와 중간배당제도 신규 도입(1998.1.1.부터)
- 근로자주식저축 가입금액 확대(1,000만 원 → 2,000만 원) 및 가입기간 연장(1997년 말 → 1998년 말)(1998.1.1.부터)
  * 3년 이상 장기보유자의 배당소득 저율분리과세(현행 15% 원천징수 후 종합과세 → 10% 분리과세)(1998.1.1.부터)
  * 투신사 벤처펀드에 대한 자금출처조사 면제 등 세제지원 확대(1998.1.1.부터)

[외환시장 대책]
- 외국인 주식투자 한도 확대(20% → 23%)(5.21.)
- 일본·독일 등의 투자자에게도 주식양도차익을 비과세(10.25.)

• 금융시장 안정 종합대책

[제1차 대책(1997.8.25.)]
- 제일은행과 종합금융회사에 대하여 한은 특별대출을 1조 원씩 실시(대출금리: 8.0%, 대출기간: 1년)
- 제일은행에 정부보유주식 현물출자(8,000억 원) 추진
- 종금사를 한국은행 RP거래 대상에 포함
- 성업공사의 부실채권정리기금의 규모 확충(3.5조 원)
- 금융기관 부채상환을 위한 기업부동산 매각 시 특별부가세 면제

[외환시장 대책]
- 금융기관의 대외채무상환에 대해 필요하면 정부가 지급보증하겠다는 확고한 의지 표명
- 산업은행, 수출입은행 등 국책은행은 제한 없이 차입 확대 허용
- 수출선수금 영수한도 폐지 등 무역거래 관련 자본자유화폭 확대
- 외국인 주식투자 한도 확대(23% → 26%)
- 산업은행 등이 종금사 등의 차입에 대해 필요 시 지급보증 제공

[제2차 대책(1997.10.29.)]
- 연기금 투자 확대 유도 등 주식시장 안정을 위한 수요기반 확충
- 금융기관 부실채권내역 공개 등 금융제도 안정성 제고기반 강화

[외환시장 대책]
- 국공채시장 개방
- 중소기업의 연지급 수입기간 자유화
- 시설재 도입용 상업차관 자유화 및 현금차관 허용

[제3차 대책(1997.11.19.)]
- 부실채권의 조속정리를 위해 부실채권정리기금 규모 증액(3.5조 원 → 10조 원)
- 부도상태 종금사의 외환업무 정지 또는 외화자산·부채의 일괄이전
- 부실 은행·종금·금고의 실사 후 3등급으로 구분하여 중위 등급에 대해 경영개선명령, 하위등급에 대해 인수·합병·폐쇄 추진
- 3년간 예금보장 한도를 2,000만 원에서 전액으로 확대. 이를 위해 예금보험기금에 정부주식 7조 5,000억 원 무상 출연하여 8조 3,700억 원으로 증액

[외환시장 대책]

- 환율의 실세반영을 위해 일중 환율변동폭을 ±2.25% → ±10%로 확대

- 외화조달 확대를 위해 채권시장 개방폭 확대 및 조기 시행

  * 대기업의 5년 이상 무보증 장기회사채, 3년 이상 보증 및 무보증 중장기회사채, 전환사채(CB) 즉시 개방

- 외화유입 확대를 위해 외국 은행의 SWAP 한도를 10억 달러에서 20억 달러로 확대

3. 부실채권정리기금 설치

• 〈금융기관 부실자산 등의 효율적 처리 및 성업공사의 설립에 관한 법률〉을 제정(1997년 7월 임시국회)하여 누적되는 금융기관의 부실채권정리를 추진하였으나 시기가 늦었음

  - 성업공사 내 부실채권정리기금(20조 원)을 설치하여 은행 및 종금사의 부실 여신 정리를 지원하고 금융기관의 구조조정을 촉진

부실채권정리기금

(억 달러)

	총부실채권	매각대상채권	매입채권	매입대금
은행	33.1	25.2	8.3	5.4
종금	5.1	5.1	2.7	1.7
계	38.2	30.3	11.0	7.1

주: 총부실채권 및 매각대상채권의 경우 1997년 11월 말, 매입채권액 및 매입대금의 경우 1997년 12월 말

4. 금융감독체계 개편

• 감독기능의 효율성 제고를 위하여 부문별로 분산되어 있는 금융감독기관을 통합 운영하도록 함

  - 은행·증권·보험 및 신용관리기금을 통합하는 통합감독기구설치를 위한 법률을 제정하였으나 시기가 늦었음(1997.8.23. 국회 제출, 1997.12.31. 공포)

5. 대외신인도 제고와 계열기업 구조조정을 위한 조치

• 기업집단의 실질적인 재무구조와 경영행태를 파악할 수 있도록 결합재무제표 작성을 의무화하고 외부감사인을 지정할 수 있는 기업의 범위를 확대하여 내부감사의 투명성과 공시성 제고

- 〈주식회사의 외부감사에 관한 법률〉개정(1997.8.23. 국회 제출, 1997.12.29. 통과).
  그러나 결합재무제표는 준비기간 때문에 2000년 사업연도부터 시행
- 계열사 간 상호지급보증 한도를 200%에서 100%로 축소(1997.4. 공정거래법 개정)
- 기업의 과다 차입을 축소하여 재무구조를 개선하기 위하여 세법 등 관련 규정을 개정
  (1997.9.)
  - 부채상환을 위한 부동산 매각 시 특별부가세 한시적 면제 등

6. 해외차입을 위한 노력

- 정부는 가능한 한 IMF에 자금을 신청하지 않고 문제를 해결하고자 미국, 일본의 주요
  인사 및 금융기관장들과의 다각적인 접촉을 통하여 차입금의 만기연장 및 신규차입
  등 계속적인 거래를 위한 노력
  - 미국과 유럽 금융시장에서 개별 금융기관과의 차입거래를 계속 유지하고자 1997년 4월
    부터 경제특사와 고위간부를 파견하여 원활한 해외차입 노력을 계속하고, 특히 IMF
    총회 시에는 한국경제 설명을 통하여 외국 금융기관과의 협력 강화 노력
- 1997년 10월에는 포철, 한전 등 공기업의 해외차입을 확대하고 대규모 중앙은행 간 차입
  (SWAP) 및 상업은행 대기성차관(Back-up facility) 등을 위한 노력을 경주
- 신규차입과 만기연장이 불가능해지자 1997년 11월 16일 IMF 캉드쉬 총재와 서울에서
  회동하여 IMF 자금지원 요청
  - 1997년 11월 21일 공시적으로 IMF 자금지원 요청

B. 국제수지 개선을 위한 거시정책적 노력

- 정부는 구조적인 국제수지를 개선하기 위해 다음과 같은 중장기 거시경제정책을
  추진하였으나, 단기간에 효력이 나타날 수 없었음

1. 환율의 실세반영을 위한 노력

- 1997년부터는 인위적인 환율안정 노력을 하지 않고 국제수지상황 등 시장실세를 반영
  할 수 있도록 운용

• 외환시장의 시장기능을 추가적으로 제고하기 위하여 1997년 11월 20일 일일 환율변동폭을 2.25%에서 10%로 확대조정한 후, 1997년 12월 16일 일일 환율변동폭 제한을 철폐

환율 및 외환보유고 변동 추이(연간)

	1993	1994	1995	1996	1997
₩/$환율(원)	808.10	788.70	774.70	844.20	1,415.20
(전년 말비, %)	(-2.4)	(2.5)	(1.8)	(-8.2)	(-40.3)
외환보유고(억 달러)	202.6	256.7	327.1	332.4	204.1

환율 및 외환보유고 변동 추이(월별)

	1996		1997	
	₩/$환율(원, %)	보유고(억 달러)	₩/$환율(원, %)	보유고(억 달러)
1월	784.30(-1.2)	332.6	861.30(-2.0)	309.7
2월	780.70(-0.8)	351.2	863.90(-2.3)	297.6
3월	782.70(-1.0)	334.5	897.10(-5.9)	291.5
4월	778.70(-0.5)	359.3	892.10(-5.4)	298.3
5월	787.90(-1.7)	362.4	891.80(-5.3)	319.0
6월	810.60(-4.4)	365.6	888.10(-4.9)	333.2
7월	813.30(-4.7)	350.6	892.00(-5.4)	336.7
8월	819.40(-5.5)	335.6	902.00(-6.4)	311.4
9월	821.20(-5.7)	328.4	914.80(-7.7)	304.3
10월	831.30(-6.8)	322.3	965.10(-12.5)	305.1
11월	828.70(-6.5)	323.2	1,163,80(-27.5)	244.0
12월	844.20(-8.2)	332.4	1,415,20(-40.3)	204.1

주: 골호 안은 전년 말비 변동률

2. 단일관세율을 복수관세율로 개편

• 1997년 기본관세율을 개정(1997.12.13. 관세법 개정)하여 8% 단일세율로 묶여 있던 인조섬유, 신발 등 경쟁력 위기산업의 관세율을 인상하여 공정한 경쟁여건 조성
• 특히, 집중적으로 경쟁력을 상실해온 중소기업의 경쟁력 강화에 주력
  - 총 2,871개 세목 중 8%가 대부분이었던 257개 품목의 세율 조정
    * 기초원자재·중간재 인하(152품목):
      천연고무·양모·원면 등 48개 비경쟁 기초원자재 2% → 1%,
      원피·팜유 등 18개 수입의존도가 높은 기초원자재 3% → 2%,
      수입의존도 높은 국산불가능 86개 중간재·부품 중 메타놀 등 8% 품목 → 5%,

항공기엔진 등 5% 품목 → 3%

* 구조조정 중인 가격경쟁력 취약품목 인상(69품목):
  면직물, 합성직물 등 65개 의류 8% → 10-13-16%,
  가죽신발 등 4개 신발류 8% → 13%
* 3년 이상 탄력관세 품목 및 역관세 품목 기본관세율 전환(36품목)
* 첨단산업용품에 대한 관세감면율을 10%에서 30%로 인상

3. 한 자릿수 긴축예산 편성

• 1997년 일반행정경비를 대상으로 1.9조 원을 절감하고 추가로 1조 원 집행유보
• 1998년 예산은 13년 만에 한 자릿수(4%) 재정규모 증가율로 편성

4. 중소기업 창업활성화와 구조조정 촉진

• 벤처기업이 활성화될 수 있는 여건을 조성하기 위하여 자금출처 조사면제, 벤처기업 출자자금에 대한 소득공제(20%) 등의 세제상 우대조치를 시행하는 〈벤처기업 활성화 대책〉 발표(1997.3.31.)

5. 기업퇴출제도 개선 추진

• 합병차익에 대한 법인세를 합병 시점에서 과세하지 않고 자산매각 또는 감가상각 시점에서 과세(1998.1.1. 시행)

6. 중장기적인 경제체질 강화를 위한 21세기 국가과제 추진

• 열린 시장경제로 가기 위한 21개 당면과제를 선정(1997.9.)
 - 수요자 중심으로 달라지는 공공부문(6개 과제)
 - 투명하고 공정한 경쟁의 촉진(3개 과제)
 - 유연한 경제·사회구조로의 전환(6개 과제)
 - 인프라의 정비와 효율 향상(4개 과제)
 - 미래지향의 기초, 정보화와 기술혁신(2개 과제)

Ⅳ. 결과 - IMF 자금지원 요청

- 위에서 언급한 여러 가지 대책에도 불구하고 아시아 금융위기의 전이효과가 워낙 컸고, 대책의 실효성과 적시성에도 차질이 있어 국내의 금융시장을 안정시키고, 대외신인도를 회복하기에는 역부족이었음
  - 한보사태를 시발로 기아의 부도에까지 이르면서 민간금융기관의 중장기차입은 사실상 중단
  - 10월 이후의 대규모 스와프자금, 백업자금 등 신규차입 노력은 실효를 거두지 못하였고 11월에 접어들어 단기자금도 무차별 회수되어 보유고에 의한 금융기관 결제자금의 부족분 지원이 불가피하여 가용 외환보유고 수준이 격감
  - 자국통화가 국제결제통화가 아닐 경우 대외부도(Default)를 막기 위해서는 금융기관의 부족외환을 보유고에서 지원하는 것이 불가피
- 한편, 한국 상황에 대한 블룸버그통신 등 외국 언론기관의 부정확한 보도 및 S&P 등 신용평가기관들의 국가신용등급 하향조정 작업이 진행되면서 외국투자가들의 중장기 및 단기에 걸친 전반적인 자금회수가 가속화
  - 1997년 11월 5일 블룸버그통신: 외환보유고 최저 150억 달러, 외채 1,100억 달러 중 800억 달러가 연내 만기도래
  - 1997년 11월 19일 루빈 미 재무장관: 한국의 금융체계 강화를 위한 강제적이고 효과적인 조치 촉구
- 정부는 한국은행의 외환보유고에 의한 대외지급이 더 이상 지속될 수 없다고 판단되어 1997년 11월 21일 IMF에 유동성조절자금을 지원 요청

[IMF 경제프로그램 주요 내용]
- 성장 3%, 물가 5%, 통화 및 재정긴축정책 등 거시정책 조정
- 부실채권정리 및 금융기관에 대한 구조조정
- 금융개혁법안의 1997년 내 입법
- BIS 건전성감독기준의 이행계획 수립
- 외국인 주식투자 한도 확대(26% → 50% → 55%) 등 자본시장 개방
- 결합재무제표 작성 및 기업공시 기준 강화 등
- 고용보험제도 확충과 함께 노동시장 유연성 제고대책의 조속 추진 등

- IMF 자금지원 결정 이후에도 예상과는 달리 외환수급사정은 개선되지 않고 오히려 악화
  - 대선 결과와 IMF 프로그램 이행에 대한 불확실성 등
- 대통령당선자의 IMF 프로그램의 조기이행 약속 등의 노력으로 인하여 IMF 자금과 함께 G7 국가들의 자금지원이 재개
  - 만기연장이 상당 수준으로 회복되고 신규차입도 일부 추진
  - 회전비율이 1997년 12월 초 10% 수준에서 12월 평균 40%로 회복
  - 1998년 1월 들어 외국 금융기관들의 만기연장에 합의한 후 만기연장이 70% 이상으로 회복
- 따라서 시급한 외환위기는 일단 벗어났다고 판단

> - 그러나 이러한 경제위기를 근본적으로 벗어나기 위해서는
>   - 당면한 금융·외환시장의 안정과 대외신뢰 회복에 최대한 노력하는 동시에
>   - IMF 프로그램을 포함한 경제구조 개선작업을 일관성 있게 집중적으로 추진하여 우리 경제의 체질과 행태를 근본적으로 개편하여야 함

[참고 1]

주요 경제지표

	1993	1994	1995	1996	1997	1/4	2/4	3/4	4/4
1. 거시지표									
GDP 성장률(%)	5.8	8.6	8.9	7.1	–	5.5	6.4	6.3	–
소비자물가(%)	5.8	5.6	4.7	4.9	6.6	1.7	2.4	3.8	6.6
실업률(%)	2.8	2.4	2.0	2.0	2.6	3.1	2.5	2.2	2.6
경상수지(억 달러)	3.9	−45.3	−89.5	−237.2	−88.5	−74.1	−28.1	21.1	34.8
2. 금융시장									
금리(3년 회사채, %)	12.22	14.22	11.93	12.60	28.98	12.50	11.75	12.60	28.98
주가지수	866	1027	883	651	376	677	745	647	376
외국인투자(억 원)	43294	9304	13613	31615	5609	1143	15891	−1453	−9967
원/달러환율(원) (증감, %)	808.1 (−2.4)	788.7 (2.5)	774.7 (1.8)	844.2 (−8.2)	1415.2 (−40.2)	897.10 (−5.9)	888.10 (−4.9)	914.80 (−7.7)	1415.2 (−40.3)
3. 외환									
외환보유고(억 달러)	203	257	327	332	204	292	333	304	204
총외채(억 달러)	439	568	784	1047	1161	1103	1168	1197	1161
단기외채(억 달러) (비중, %)	192 (47.3)	304 (53.5)	453 (57.8)	610 (58.2)	616 (53.1)	642 (58.2)	678 (58.0)	656 (54.8)	616 (53.1)
순외채(억 달러)	79	103	170	347	555	448	452	516	555
4. 대외거래									
수출(통관, 억 달러) (증감률, %)	822.4 (7.3)	960.1 (16.8)	1250.6 (30.3)	1297.2 (3.7)	1366.3 (5.3)	297.3 (−5.6)	355.4 (7.1)	343.3 (16.1)	370.3 (4.4)
수입(통관, 억 달러) (증감률, %)	838.0 (2.5)	1023.5 (22.1)	1351.2 (32.0)	1503.5 (11.3)	1446.4 (−3.8)	370.6 (3.9)	373.6 (0.8)	357.0 (−3.8)	345.2 (−14.8)
무역수지 (통관, 억 달러)	−15.6	−63.4	−100.6	−206.2	−80.1	−73.3	−18.2	−13.7	25.1
(대일)	−84.5	−118.7	−155.7	−156.8	−123.9	−33.5	−37.4	−30.5	−22.5
(대미)	4.1	−10.3	−62.9	−116.4	−85.7	−30.8	−27.7	−17.2	−10.2

주: 1) 외채는 IBRD 기준, 2) 1997년은 11월 말 기준, 3) 1997년 4/4분기는 10~11월까지임

IMF 협상일지

- 11월 16일: 미셀 캉드쉬 IMF 총재 극비 방한, 강경식 당시 부총리 면담
- 11월 20일: 스탠리 피셔 IMF 부총재, 티모시 가이트너 미국 재무차관보 방한, 임창열 부총리 면담
- 11월 21일: 정부, IMF에 긴급자금 지원 정식 요청
- 11월 23일: 재정경제원, IMF 협의단 편성. IMF 실무협의단 토머스 밸리노 통화 환율팀장 등 1진 도착
- 11월 24일: IMF 실사·협상 착수
- 11월 25일: IMF 협의단 국내금융기관 부실상태 집중 조사
- 11월 26일: 휴버트 나이스 IMF 실무협의단장(아태국장) 등 실무협의단 도착
- 11월 27일: 임 부총리와 나이스 단장 최대한 조속한 협상 마무리와 자금지원에 합의
- 11월 28일: 임 부총리 방일, 미쓰츠카 히로시 대장상 면담. 미 클린턴 대통령, IMF 긴급자금과 관련해 김 대통령에게 전화 통화
- 11월 29일: 정부·협의단 심야 협상
- 11월 30일: 실무협상 1차 잠정 타결
- 12월 1일: 미국 측의 의견으로 재협상 착수
- 12월 2일: 임 부총리·캉드쉬 총재 전화통화 합의 계속 난항. 금융시장 개방, 부실 금융기관 정리 등 놓고 또다시 심야 재협상
- 12월 3일: 캉드쉬 총재 방한. 김 대통령·캉드쉬 회동. 3당 대선후보 합의문 서명. 임 부총리·캉드쉬 IMF 프로그램에 합의 발표

- 위기를 넘어 일류국가로 -
2008 글로벌 경제위기 대응전략과 앞으로의 길

2011.1.11.

※ 서울 G20 정상회의 결과보고대회에서 대통령경제특별보좌관으로 대통령께 보고한 내용을 중심으로 하여 기획
재정부 장관으로 2008년 업무계획 〈7% 성장능력을 갖춘 경제〉와 청와대·국회에 보고한 내용을 종합정리한
것임. 통계는 보고 당시를 원칙으로 하고 2012년까지 통계로 보완하였음

목차

Ⅰ. 글로벌 경제위기의 도래

[위기의 도래: 글로벌 경제위기(Global Economic Crisis)]

• 서브프라임사태(Subprime Mortgage Crisis)

- 2006년까지 10년간 190% 주택가격 폭등

- 2006년 6월부터 2년 10개월간 주택가격 34% 폭락

- 2007년 4월 2일: New Century Financial(미국 2위 모기지회사)이 파산 신청

- 2008년 3월 16일: Bear Sterns 파산 상태로 JPMorgan Chase 인수

- 2008년 9월 15일: Lehman Brothers(IB) 파산 신청

- 2008년 10월 3일: 미국 7,000억 달러 TARP

• 대침체(Great Recession)

- 주가 폭락(세계 6%) 금리 폭등(LIBOR 4.29%): 2008년 9월 15일부터 3거래일

- 세계 마이너스성장(2009년): 세계 -0.6%, OECD -2.5%, 선진국(미, 일, EU) -3.2%

- 금리인하: FED 기준금리 0.25%

- 양적완화(QE): 3조 달러 공급

- PIGS 재정위기

• 역사적 힘의 이동(Historic Power Shift)

- G20 정상체제 출범

- 생존게임(Survival Game): 통화전쟁

[위기의 본질: 비만경제(Obesity Economy)]

• 실물경제의 글로벌 불균형(Global imbalance): Obesity Economy

- 저축과 소비의 불균형 - unsustainable

  * 개미(독일, 일본, 중국) vs. 베짱이(미국, 영국, 남유럽)

- 경상수지 불균형

  * 금융거품, 자본거래 불균형, Euro화 등장

• 헛바퀴 금융(Free-wheeling finance): Casino Capitalism

- 모기지론의 통제 없는 파생상품(unregulated derivatives): bubble burst

  * 세계 증권잔액(60.8조 달러) vs. 파생상품(596조 달러) → 9.8배(2007년 WFE)

- 과도한 투기적 외환거래(Over FX trade)
  * 세계수출거래(17.4조 달러) vs. 세계외환거래(803조 달러) → 46배(2007년 IMF, BIS)
- CEO governance → Greed, Fraud, Ponzi game, Parasite
  * M&A → too-big-to-fail, stock option, 250배 연봉, 24만 달러 바캉스
• 과도한 부채(Over-leveraged debt): Debtism
  - saving/capital → leverage/asset → borrowed income/unearned income
  * 미국금융부채(GDP, Fed): 18%(1981년) → 105%(2008년), 가계부채: 62%(1997년) → 95%(2008년)
  - borrowed finance
  * 국가채무: 일본 192%(2008년), OECD 80%(2008년), 그리스 113%(2008년)
• 인구구조 변화: 증가하는 인구(ever-growing population) → 감소하는 노동인구 (ever-shrinking workforce)

[위기의 전개: 역사적 힘의 이동(Historic power shift)]

• 역사적 힘의 이동(Historic power shift)
  - 2차 대전 이후 최초 선진국의 총체적 위기
  - 미국 중심 uni-polar → G7 체제 → BRICs와 G20 등장
  * Bretton Woods 체제 위협: 1971년 금태환 중지 → 1985년 플라자합의 → 2008년 서브프라임사태
• 생존게임(survival game)
  - 강자가 살아남는 것이 아니라 살아남는 자가 강자인 시대
  * GM(2009.6.1. 파산보호), 씨티그룹(2008.11.24. 구제금융), AIG(2008.9.16. 구제금융)
  - 살아남기 위한 현금 확보와 보유고 확대 경쟁
  * 외환보유액(달러, 2010년 말): 중국(2조 8,661억), 일본(1조 615억), 대만(3,820억), 한국(2,915억)
• 통화전쟁(currency war)
  - 내수부진을 수출촉진으로 보완하기 위해 환율절하
  * "미 공정무역을 위한 통화개혁법"(하원 통과, 2010.9.24.)을 통한 위안화 절상압력
  * 1930년대 미국의 Smoot-Hawley Act 사례
  - 2010 G20 서울정상회의에서 "fundamental 결정 환율체제"로 "정전" 합의
  - 양적완화(QE): FED, ECB, BOJ 2009년 후 5조 달러 전후 방출

[세계금융권의 지각변동]

- 세계 10대 은행 순위변동(1999~2009년)
  - 10대 은행: 1999년 미국 6, 영국 2, 일본 1 → 2009년 중국 4, 미국 3, 영국 1, 일본 1(FT)

순위	1999	2009
1	Citigroup (미국)	Industrial & Commercial Bank of China (중국)
2	Bank of America (미국)	China Construction Bank (중국)
3	HSBC (영국)	Bank of China (중국)
4	Lloyds (영국)	HSBC (영국)
5	Fannie Mae (미국)	J.P. Morgan Chase (미국)
6	Bank One (미국)	Mitsubishi UFJ Financial (일본)
7	Wells Fargo (미국)	Banco Santander (스페인)
8	UBS (스위스)	Goldman Sachs (미국)
9	Bank of Tokyo-Mitsubishi (일본)	Wells Fargo (미국)
10	Chase Manhattan (미국)	Bank of Communications (중국)

II. 각국의 대응과 환율전쟁

[각국의 위기대응]

- 전례 없는 대책(unprecedented measures)
  - G20 워싱턴 정상회의(2008.11.15.) 국제공조 합의

	GDP 대비	재정	금융
한국	7.1%	- 총 72.8조 원(3년: 2008~2010년) - 감세 34.9조 원 - 지출 확대 37.9조 원	- 금리인하 5.25% → 2.00%(325bp) - 원화유동성 20.7조 원 공급 - 외화유동성 550억 달러 공급
미국	5.6%	- 감세 3,170억 달러 - 지출 확대 7,872억 달러	- 금리인하 6.25% → 0.25%(600bp) - 양적완화(QE) 3.2조 달러
EU	–	- 감세·지출 확대(GDP %): 독일 5.6, 영국 1.6, 프랑스 2.9	- 금리인하 4.25% → 1.0%
일본	5.7%	- 감세·지출 확대 25조 엔(3년) - 고용보험료 인하 - 생활지원금 지급	- 양적완화 35조 엔
중국	22%	- 감세·지출 확대 5.5조 위안(3년) - 인프라 건설 중심	- 금리인하 7.47% → 5.31%

[위기대응결과 - Long Road]

• 10 years or More

- "Simply transferring private debts to government"
- "The long road to sustainable recovery, 10 years or more"(Rogoff 하버드대 교수)

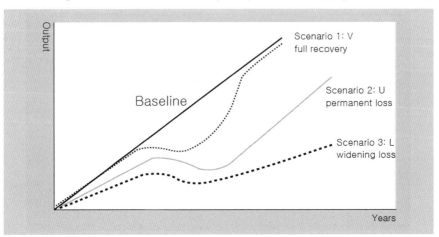

[경기회복 시나리오]

• 위기대응책의 한계

- 소비투자 지연: 버블 붕괴 → 자산 감소 → 저축 증가 → Reserve for better day
  * 미국 개인저축률(%): 3.0(2007년) → 5.0(2008년) → 6.1(2009년) → 5.6(2010년) → 5.7(2011년)

- 노동시장 충격(the 3rd wave shock): 10% 전후 실업률
  * 미국 실업률(%): 4.6(2007년) → 5.8(2008년) → 9.3(2009년) → 9.6(2010년) → 8.9(2011년)

- 재정여력 소멸: 재정적자 지속, 과도한 국가채무, G7 재정여력 감소
  * OECD 재정적자(%): 73.5(2007년) → 80.0(2008년) → 91.3(2009년) → 97.8(2010년) → 102.5(2011년)

- 글로벌 불균형(Global imbalance) 지속
  * 중국 경상수지(GDP %): +10.1(2007년) → +9.3(2008년) → +4.9(2009년) → +4.0(2010년) → +1.9(2011년)
  * 미국 경상수지(GDP %): -4.0(2007년) → -4.6(2008년) → -2.6(2009년) → -3.0(2010년) → -2.9(2011년)

- 리더십의 한계: G Zero시대, 재정과 통화가 분리된 유로화, 정치적 결단 부족

[환율전쟁과 G20 정상회의]

• 환율전쟁의 전개: 경쟁적 환율절하

 - 미국: 양적완화와 위안화 절상압력(공정무역을 위한 통화개혁법 하원 통과, 2010.9.24.)

 - 일본: 6년 만의 시장개입(230억 달러, 2010.9.15.) 개시

 - 유로: 약세를 위한 재정긴축, "재정과 통화가 분리된 유로화의 한계"

 - 중국: 위안화 0.2% 절하(2010.7~10월 중에는 2.2% 절상)

 - 브라질: 자본도입세 인상(2% → 4% → 6%)

• 경주·서울 G20 회의 성과: 과도한 자본유출입 규제 합의

 - 경제지표를 반영한 환율: "reflect underlying economic fundamentals"

 - 과도한 환율변동성 경계: "vigilant against excess volatility in exchange rate"

 - 거시건전성정책 포함: "including carefully designed macro-prudential measures"

• 향후 G20 논의 동향(프랑스 정상회의)

 - 무역불균형 해소를 위한 지표(경상수지 적자 등) 채택, 물가변동성 완화, 국제통화시스템 개혁 추진

 - IMF 이사회 구조 등 G20 대표성 강화를 위한 체제변화(캉드쉬/쾰러/볼커) 논의 추진

※ 글로벌 위기에 대한 반성

[글로벌 위기에 대한 인식]

• 근본적인 문제: Global imbalance

 - 선진국의 과도한 소비와 신흥국의 과도한 저축("grasshopper and ant"): Obesity

 - 경쟁적 환율절하는 근린궁핍화정책("beggar-my-neighbor")

 * 1930년대 Smoot-Hawley 관세법 통과 → 전 세계 보복관세전쟁 → 대공황 악화

• 구조적 대책: Structural reform

 ☆ **Work hard, save more, invest more!**

 - 적자 선진국의 생산성 향상(higher productivity of rich countries)

 - 흑자 신흥국 지출 확대(more spending of emerging countries)

• 단기적 대응: Stand still

 - 과도한 자본유출입 규제 합의: 경제 펀더멘털이 반영되는 환율결정체제

 - 기축통화 달러화 유로화 엔화의 가치 유지, New gold standard 논의 제기

[글로벌 위기에 대한 반성]

• 금융시장에 대한 반성

- Free-Wheeling Finance * Too big to fail - CEO governance * M&A를 통한 주주권 약화 * CEO 연봉 근로자의 250배

- Volker Rule & Obama Tax * IB분리, 차입금 과세, 자본거래 규제 - Owner governance * 스톡옵션 규제 * 과도한 성과급 규제

• 경제질서에 대한 반성

- 규제 없는 자유시장경제 * "Washington Consensus" - 서구 중심의 세계경제 질서 * G7 중심 경제구조

- 규제 있는 시장경제 * "Beijing Consensus" - G20을 통한 공조구조 * BRICs 등장

• 자본주의 대한 반성

- 소비와 차입이 미덕 = Fat * "Ant & Grasshopper" - Casino Capitalism * Ponzi game, Greed, Fraud

- 저축과 투자가 미덕 = Slim * work hard, save more, invest more - 실물중심 자본주의 * "Back to the basic"

• 경제정책에 대한 반성

- 수요중심의 경기순환
 * Debt/Consumption/수요 증가
    → 통화 증발/지출 확대/증세/ Keynes
 - 탐욕과 투기의 경제
 * 풍요/안일 → 나태/거품
    → 삼대 만석/백년 왕조?

- 공급중심의 경제성장
 * Saving/Investment/생산성 증가
    → Innovation/R&D/감세/ Schumpeter
 - 절세와 근면의 경제
 * 재앙 발생/거품 붕괴
    → 수고하고 땀 흘려야/같이 가야 멀리

Ⅲ. 우리의 위기대응전략

[좌파정부 10년 유산]

• 대내·대외 균형 실패

- 대내: OECD 국가 중 유일한 저투자국가

  * 경제성장률(%): 8.6(1980~1989년) → 6.7(1990~1999년) → 5.2(2000~2007년) → 2.3(2008년)
    → 0.3(2009년)

  * 투자증가율(총고정자본형성 증가율, %): 9.1(1980~1989년) → 6.7(1990~1999년) → 4.5(2000~
    2007년) → -1.9(2008년) → -1.0(2009년)

- 대외: 위기 전 3년 경상수지 급격한 악화

  * 1997 위기 전 3년(억 달러): -38(1994년) → -85(1995년) → -230(1996년) → -82(1997년) → 403(1998년)

  * 2008 위기 전 3년(억 달러): 281(2004년) → 149(2005년) → 53(2006년) → 58(2007년) → -57(2008년)

• 환율운용의 실패

  - 과도한 원화절상: 2001~2007년 41.4% 절상(일본보다 24.7%p 과대절상)

  - 급격한 경상수지 악화 후 적자: 2001~2007년 22억 달러 악화(일본 1,237억 달러 개선)

한국·일본의 환율·경상수지 (억 달러)

	2001	2004	2007	2001~2007
원/달러(원)	1,326	1,044	938	+41.4%
엔/달러(엔)	131.8	104.1	114.0	+15.6
한국 경상수지	80	281	58	-22
일본 경상수지	877	1,720	2,104	+1,227

자료: 경제백서(재정경제부, 기획재정부)

[글로벌 경제위기 종합대응전략]

[대응기조]
◇ 상황인식: 살아남는 자가 강자다 / 달러가 가장 중요하다 / 위기 때 순위가 바뀐다 ◇ 전략기조: 수비, 전환, 그리고 공격 / Preemptive, Decisive and Sufficient
◇ 국가비전: 일류국가 건설
◇ 전략목표: 위기감내와 성장역량 확대 ◇ 4대전략: 경상수지 흑자 / 경기침체 예방 / 경제역량 확대 / 외부역량 확대

[20대 핵심과제]

위기감내 대책 시행	지속성장 대책 추진	미래성장 동력 확대	사회자본 확충	해외역량 동원
- 환율실세화 통화스와프 - 금융시장안정 기금 조성 - 긴급기업자금 방출 - 긴급재정자금 투입	- 경쟁국 수준 세율 인하 - 확장적 재정정책 추진 - 투자 확대를 위한 규제혁신 - 4대강사업 추진	- R&D 투자 GDP의 5% 확대 - 현장기술인력 육성 - 신성장동력 산업 육성 - 경제활동인구 확대	- 법치주의 확립 - 정직바탕의 제도 확립 - 글로벌 스탠더드 확대 - 신노사관계 정립	- G20 체제 확립 노력 - FTA 지속 추진 - 즉, 참여 - Open Korea 지속 추진

[긴급위기감내대책]

☆ 전략목표: GDP의 6.5% 긴급위기감내대책 시행

• 외환시장 안정

 - 과대 절상된 환율실세화: 2007~2008년 -25.3% 절하, 2007~2009년 -15.1% 절하

 - 경상수지 흑자 조기전환: 2008년 -57억 달러 적자, 2009년 426억 달러 흑자 전환

2008~2009년 분기별 경상수지 추이   (원, 억 달러)

	1/4	2/4	3/4	4/4	2008	1/4	2/4	3/4	4/4	2009
환율	991.7	1043.4	1187.7	1257.5	1257.5	1377.1	1284.7	1188.7	1167.6	1167.6
수지	-48.6	-4.1	-83.3	78.3	-57.7	86.1	130.8	103.9	105.5	426.6

자료: 경제백서(재정부)

한국·일본의 환율과 경상수지   (억 달러, %)

	2001	2004	2007	2008	2009	2010	'01~'07	'07~'08	'01~'08
원/달러	1,326	1,044	938	1,256	1,168	1,139	+41.4	-25.3	+5.6
엔/달러	131.8	104.1	114.0	90.2	92.5	81.5	+15.6	+24.8	+45.7
한국수지	80	281	58	-57	327	293	-223	-115	-137
일본수지	877	1,720	2,104	1,571	1,418	1,948	+1,227	+539	+698

자료: 경제백서(재정부), 한국 경상수지 증감은 2004년 기준

 - 외화유동성 공급

 * 국내은행 외화 공급: 550억 달러, 국내은행 대외채무보증: 1,000억 달러

 - 외환보유액 확대

 * 외환보유(억 달러): 1,991(2004년) → 2,390(2006년) → 2,012(2008년) → 2,700(2009년) → 2,916(2010년)

 * 미·중·일 통화스와프: 900억 달러 체결

 - 과도한 자본유출입 방지

 * 외화건전성부담금(Bank Levy) 도입

• 금융시장안정기금 조성

 - 금리인하: 5.25% → 2.00%(325bp 인하)

 - 10조 원 채권시장안정펀드 및 20조 원 은행자본확충펀드 조성

- 긴급기업자금 방출
  - 시중유동성: 원화 20.7조 원 공급
- 긴급재정자금 투입
  - 근로자 유가환급금·보조금: 10조 원(유가환급금 1인당 최고 24만 원, 총 5.2조 원) 지급
  - 2008~2009년 추경 및 2009년 수정예산 등 37.9조 원

[지속성장대책 추진]

- 경쟁국 수준의 세율 인하
  - 법인세, 소득세 등 33조 원 감세(할당관세 포함 34.9조 원)
  - 법인세(2억 원 이상): 25%(2008년) → 20%(2012년)
  - 소득세(최고세율): 35%(2008년) → 33%(2012년)
  - 종합부동산세 단계적 폐지: 1단계 경감, 2단계 재산세 통합
    * 1970년 이후 OECD 회원국의 91개 경기부양책 분석결과 감세가 best tool
    * 1달러 감세로 평균 3달러 GDP 증가, 1달러 지출은 1.57달러 증가(Mankiw 교수)
    * 1920년대 이후 세율과 관계없이 미국의 세수는 GDP의 18~19% 수준(Hauser's Law)
- 확장적 재정정책 추진
  - 내수기반 확대를 위한 재정적자를 감수하는 예산 편성: 37.9조 원 예산 증액
    * 감세 34.9조 원 포함 72.8조 원 투입(GDP 7.1%)
    * OECD 국가 중 가장 양호한 GDP 30%대의 국가채무
- 기업규제 혁신
  - 원칙허용 규제혁신, 규제일몰제도와 개별구제제도 도입
  - 기업용지 공급 확대를 위한 국토이용제도 개편
- 4대강사업 추진
  - 관광, 레저 등 서비스산업 인프라를 위한 22.3조 원 다목적 사업

[미래성장동력 확대]

- 세계 최고 GDP의 5% R&D 투자
  - 민간: 세계 최고 GDP의 5% / 세계 최초 3단계 조세지원: (준비단계) 매출액 3% 준비금 손금산입, (투자단계) 시설투자액 10% 세액 공제, (연구단계) 연구 비지출액 6% 세액 공제
  - 정부: GDP의 1.5%까지 예산 증액

- R&D 인프라: 창의자본회사(Innovation Capital) 지식재산관리회사(Patent Troll) 설립, 지식재산금융(Techno Banking) 도입, 지식재산기본법 제정(2009.7.29. '지식재산강국실현전략' 국가경쟁력강화위원회 보고)
• 현장기술인력 양성: 품질향상
- 마이스터고, 특성화고 육성
• 신성장동력산업 육성
- 반도체, 조선, 자동차를 이을 새로운 성장동력 창출
- 농업 등 전통산업의 첨단 고부가가치화
• 경제활동인구 확대
- 출산율 제고, 조기취업, 정년연장, 여성취업 확대, 해외이민 확대

[사회자본 확충]
• 사회 전반 법치주의 확립
- 법의 지배, 다수결 원칙 확립, 노사관계 개선
• 정직바탕의 제도 확립
- 사회적 신뢰(Social Trust) 구축을 위한 사회제도 및 행정절차 개편
• 글로벌 스탠더드 확대
- 교통운영체제, 한글표기법의 국제적 보편성 제고
• 신노사관계의 정립
- 공정한 노사대타협 추진

[해외역량 동원]
• G20 정상체제 확립 노력
- 서울 G20 정상회의 추진
• FTA 지속 추진
- 한·EU, 한·중, 한·일 FTA 조기추진
• 즉, 참여
• Open Korea 추진
- Global Korean Network 구축
- 재외동포 복수국적 허용

Ⅳ. 위기대응 성과

☆ 세계 7위 수출대국 도약

- 살아남은 자가 강자다
- 7대 위기대응 성과
  - 가장 빠른 성장회복
  - 세계 7위 수출대국 도약
  - 세계 1위 R&D 투자국 도약
  - 자본수출국 정착
  - 아시아 최고 신용등급
  - Rule maker 국가 전환
  - 원조국 전환

  ※ Text Book Example
  - "Hats off to officials in Seoul"(2009.7.27. Bloomberg, William Pesek)
  - "Textbook example of fiscal & financial policy"(2011.8.5. IMF, Subir Lall)
  - "Korea is no longer underdog"(2010.2.24. *Financial Times*)

[가장 빠른 성장회복]

- OECD 국가 중 플러스 성장: 2009년 0.3%
  - 2008년 성장률 추이(전기비): -0.1(3Q) → -4.5(4Q) → 0.2(2009년 1Q) → 2.4(2Q) → 0.2(2009년)
  - 2009년 OECD 국가 중 한국, 호주, 폴란드 외 모두 마이너스 성장
- 2010년 OECD 평균 3.0% 성장에 한국 6.3% 성장

[7위 수출대국]

- 12위에서 7위 수출대국 도약
  - 수출(억 달러, 세계 순위): 4,346(2008년 12위) → 3,581(2009년 9위) → 4,614 (2010년 7위)
  - 무역수지 흑자 일본 추월: 2010년 410억 달러(일본 199억 달러)
- 경상수지 흑자기조 정착
  - 2008년 경상수지 추이(억 달러, 분기별): -48(1Q) → -4(2Q) → -83(3Q) → 78(4Q)

- 경상수지(억 달러): -58(2008년) → 427(2009년) → 288(2010년) → 187(2011년) → 508(2012년)
- 경상수지 일본 추월: 2013년 705억 달러(일본 341억 달러)

[세계 1위 R&D 투자국 도약]

• 세계 1위 R&D 투자 한국
- GDP 대비 R&D(OECD 기준): 2.98%(2007년, 7위) → 3.21%(2008년, 5위) → 3.74%(2010년, 3위) → 4.36%: 공공 1.09% 민간 3.27%(2012년, 1위)
  * 2012년 주요국의 R&D: 일본 3.34%(5위), 미국 2.79%(11위), 이스라엘 4.20%(2위)
- 삼성전자 세계 2위 R&D 83억 유로 투자(EC R&D Scoreboard, 2012년 기준)
  * Volkswagen 95억 유로(1위), Microsoft 79억 유로(3위), Toyota 71억 유로(5위)

• 특허출원
- GDP 대비 특허출원: 1위 한국, 2위 일본, 3위 중국(2012특허백서)
  * 한국 국제특허출원(건수): 4위(9,669건), 1위 미국(4만 5,029건), 2위 일본(3만 8,874건), 3위 독일(1만 7,568건), 4위 중국(1만 2,296건)

[자본수출국 정책]

- 외환보유고(억 달러): 2,012(2008년) → 2,699(2009년) → 2,915(2010년) → 3,064(2011년) → 3,269(2012년)
- 대외순채권(억 달러): -301(2008년) → 152(2009년) → 946(2010년) → 986(2011년) → 1,296(2012년)

[아시아 최고 신용등급 부상]

• 한국 신용등급 일본과 중국 추월(Fitch, 2012년 9월)
- 한국 AA-, 일본 A+(2단계 하락), 중국 A+
• 한국산업은행 최고등급 부상(Moody's, 2012년 8월)
- KDB: Aa3, Goldman Sachs: A3(3단계 아래), Citi: Bbb2(5단계 아래), Tokyo-Mitsubishi: Aa3

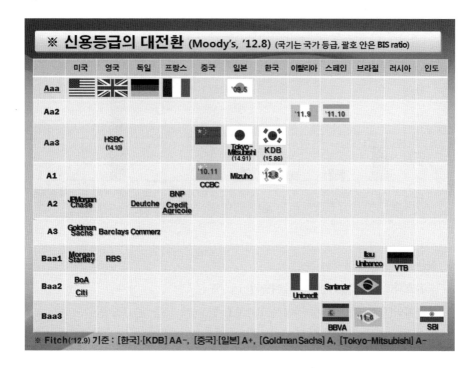

※ **신용등급의 대전환** (Moody's, '12.8) (국기는 국가 등급, 괄호 안은 BIS ratio)

※ Fitch('12.9) 기준 : [한국]·[KDB] AA-, [중국]·[일본] A+, [Goldman Sachs] A, [Tokyo-Mitsubishi] A-

- 최고 재정건전성 유지
  - 재정적자(GDP 대비 %, 2009년): 한국(-2.8%) vs. 선진 G20 평균(-7.8%)
  - 국가채무 변화: 한국 30.7%(2007년) → 33.8%(+3.1%p)(2009년), OECD 평균
    73.5%(2007년) → 91.3%(+16.9%p)(2009년)

2010년 재정건전성 비교   (GDP 대비 %, IMF 전망)

	한국	미국	일본	영국	프랑스	독일
재정수지	-1.7	-11.1	-9.3	-10.1	-7.3	-4.1
국가채무	33.4	95.2	216.0	78.4	82.4	82.4

- 최고의 기업재무건전성
  - 세계 최우량 수준의 부채비율(제조업 부채비율 축소, %): 396(1997년) → 97.8(2007년)
    → 102(2010년)
  - 탁월한 이자보상비율(제조업, %): 264(2002년) → 435(2007년) → 545(2010년)

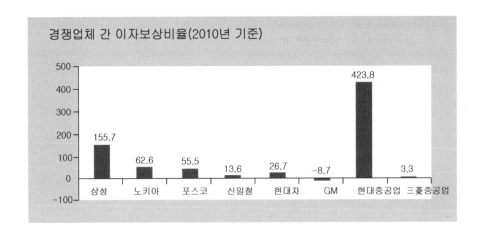

경쟁업체 간 이자보상비율(2010년 기준)

※ 환율효과
- 환율효과(2008~2009년): 수출매출의 15.7%
- 순환차익(2008~2009년): 상장사 105.9조 원, 5대 그룹 73.0조 원

환율효과 (조 원)

	상장사			5대 그룹		
	2008	2009	계	2008	2009	계
수출액	324.2	337.2	661.4	226.9	242.7	469.6
순환차익	37.7	68.2	105.9	26.0	47.0	73.0
환율효과(%)	11.6	20.2	16.0	11.4	20.0	15.5
차감이익	−19.3	−39.1	−58.4	−13.3	−28.5	−41.8

주: 1) 상장사: 2008년 765개, 2009년 770개
　　2) 5대 그룹: 삼성·현대자동차·LG·SK·POSCO
　　3) 기준환율(원/달러): 929(2007년), 1102(2008년), 1275(2009년)
　　4) 환율변동률(2007년 대비): 18.7%(2008년), 37.4%(2009년)
　　5) 순환차익은 수입환차손공제
　　6) 환율효과 = 순환차익/수출액

- 시장점유율 확대
  - 2009년: 반도체(47.9%), LCD(49.7%), 선박(39.7%) 세계 1위, 자동차 5위(약 500만 대)

[Rule Maker 국가 전환]

- 2010 G20 경주재무장관회의, 서울정상회의 의장국: Rule Taker에서 Rule Maker로
  * 한중일 재무장관회의(2008.5.3. 마드리드): G20 재무장관회의 의장국 합의
  * G20 재무장관회의(2008.11.7. 상파울루): 의장국 선출

* G20 Summit(2008.11.15. 워싱턴): 서울정상회의 및 의장국 합의
* 2010 G20 서울정상회의 개최

• 환율개입에 관한 원칙 합의(2010 G20 경주재무장관회의)
  * 원칙: 경제지표 반영 환율: "reflecting underlying economic fundamentals"
  * 선진국: 환율변동성 경계: "vigilant against excess volatility in exchange rate"
  * 신흥국: 거시건전성정책 포함: "including carefully designed macro-prudential measures"

  - IMF quota 개혁: 6% 지분 신흥경제 이전 합의
  - G20 서울 컨센서스: 환율개입 원칙 합의, 국제금융기구 개혁, 글로벌금융안전망 구축, 개발협력액션플랜 합의, 무역자유화 원칙 합의

[수원국에서 원조국 전환]

• 세계 최초 수원국에서 원조국으로 성장
  - 2009년 DAC(OECD Development Assistance Committee) 가입

V. 앞으로의 전략

위협요인

[성장잠재력 둔화]

• 잠재성장률 지속 하락
  - 잠재성장률: 7% 전후(1990년대) → 4.5% 전후(2000~2005년) → 3.5% 전후(2006~2010년)
• 가계부채 지속 증가
  - 가계부채(조 원): 723(2008년) → 843(2010년) → 961(2012년)
  - 가계부채 GDP 비중(2011년, %): 89.2(한국), 89.9(미국), 82.1(일본)

[내수산업 부진]

• 대외의존도 심화
  - 수출입/GDP 비중(%): 55(2002년) → 69(2007년) → 92(2008년) → 87(2010년) → 95(2012년)

- 일자리 창출 부진
  - 제조업취업자 증감(천 명): -52(2008년) → -126(2009년) → 191(2010년) → 14(2012년)

[생산가능인구 감소]

- 세계 최저 출산율
  - 합계출산율(2010년, 명): 한국 1.15, 세계 평균 2.56
- 생산가능인구 감소
  - 생산가능인구: 정점 3,612만 명(2017년) 후 감소 전망

[환율변동성 심화]

- 원화 강세 지속
  - 원/달러: 1,257(2008년) → 1,071(2012년) / 엔/달러: 90.2(2008년) → 85.8(2012년)
- 과도한 자본유출입
  - "아시아의 Bonanza, ATM": 501억 달러 유출(2008년), 500억 달러 유입(2009년)
  - 한국의 옵션시장 세계 60%, NDF 시장(1일 50억 달러 전후) 세계 1위
- 비실수요외환거래 과다
  - 수출액(3,638억 달러) vs. 외환거래(40,138억 달러)(2009년 추정)

전략기조

☆ **수비, 전환에서 공격으로**

[대응기조]

- 공격적 전략 전환: "Never up, never in!"
  - '수비', '전환'에서 '공격'으로 제2의 국운융성 전기 마련
- Rule Maker 역할 확대
  - G20 서울 컨센서스 활용

[기본전략]

- 비전: 글로벌 일류국가
- 추진전략

- 더 지속가능한 성장경제(More Sustainable & Growing Economy)
- 더 패기 있고 균형된 사회(More Vitalized & Balanced Society)
- 더 세계로 개방된 나라(More Global & Open State)

추진과제

A. 더 지속가능한 성장경제(More Sustainable & Growing Economy)

[최고 기업환경 조성]

• 환율안정과 과도한 자본유출입 규제
 - "mitigate the excessive volatility in capital flows"을 위한 적절한 시장개입
 - 과도한 자본유출입 방지를 위한 외화건전성부담금(Bank Levy) 확대
• 감세기조 유지와 재정균형 동시 유지
 - 전략적 감세와 균형재정정책 추진
  * 미국의 실패: 1934년 10.8%, 1936년 13% 성장 → 재정통화정책 긴축기조 변경(1936~1937년 지 준율 2배 인상 및 재정지출 축소, 세율인상) → 1938년 -3.4% 침체, 민주당 선거참패(하원 70석, 상원 7석 상실) → 제2차 세계대전 발발 때까지 불황 지속
  * 일본의 실패: 1990년대 버블 붕괴 → 금리인하·경기부양 → 1990년대 중반 경기회복 조짐(1996년 2.7%) → 1997년, 하시모토 정권 증세(소비세 인상 등) → 1998년 -2.0% 침체, 불황 장기화 ("잃어버린 10년")
• 기업활동에 대한 규제혁신
 - 기업활동 경쟁 원칙 확대
 - 국토이용규제 개편

[지속적 신성장동력 발굴]

• 최고 R&D 투자 지속
 - GDP 5% R&D 투자 조기달성
 - 품질향상을 위한 현장기술인력의 지속 양성
• 내수산업 획기적 발전
 - 전통산업, 문화산업, 한류산업 발전
• 서비스산업 규제혁신
 - 서비스산업 진입규제 완화

[경제활동인구 확대]

• 출산율 제고대책 추진
  - 합계출산율 2.0 대책 추진
• 재외동포 중심 이민 확대
  - 재외동포 복수국적 자유허용
  - Cyber Korean Empire 건설
  - 갈등유발 가능 이민 억제
• 조기취업 확대, 여성인력 확대, 정년연장
  - 고졸 취업 확대와 특성화고 활성화
  - 시간근로제 확대, 임금피크제에 의한 정년 단계적 폐지

B. 더 패기 있고 균형된 사회(More Vitalized Balanced Society)

[패기 있는 청년 육성]

• 고교평준화 폐지
• 취업학업병행 확대
• 의무적 병역 또는 사회봉사

[사회자본 확충]

• 정직과 글로벌 스탠더드 바탕 제도 정비
• 사회 전반 법의 지배 확립
• 약자와 경쟁탈락자 지원 확대

[균형된 복지와 노사]

• 최소생활보장과 일하는 복지
• 공정한 노사대타협 구현
• 불법파업 무관용 원칙 적용

[대기업·중소기업 동반발전]

• 대중소기업 간 Network Productivity 향상
• 글로벌 시장 Hidden Champion 강소기업 육성

C. 더 세계로 개방된 나라(More Global & Open State)

[해외 M&A 참여]

• 해외 M&A를 통한 외국 우수기업 인수

• 국부펀드 확충과 KIC 기능 확대

[FTA 지속 추진]

• 동북아FTA 추진

• 환태평양TPP 동참

[한국형 ODA 추진]

• 한국형 Fund+Knowledge ODA 추진

• 청년봉사단 World Friends Korea 확대

맺음말

☆ **한국은 "no longer underdog"(2010.2.24. FT)**

 - 100년 전 한국은 "고래 싸움의 새우", 지금은 "작지만 영리한 돌고래!"

 - "인류사 양대 기적, 한 세대에 선진국이 된 한국, 2,000년 만에 재건국한 이스라엘"

• 가장 빠른 성장 회복

 - 서울 관료에게 경의를("Hats off to officials in Seoul": 2009.7.27. Bloomberg, William Pesek)

 - 한국 재정금융정책은 교과서적 사례("Textbook example of fiscal & financial policy": 2011.8.5. IMF, Subir Lall)

• 세계 7위 수출대국

 - 수출 순위: 12위(2008년) → 9위(2009년) → 7위(2010년), 시장점유율 3%

 - 세계 2위 R&D 대국: 7위(2007년) → 4위(2009년) → 2위(2012년), 특허출원 4위

 - 2009년 무역수지 흑자 사상 처음 일본 추월(韓 410억 달러 〉日 199억 달러)

 - 경제규모는 인구 20배의 인도와 비슷, 수출은 영국 추월(2010.2.24. FT)

* 현대자동차: 세계 최고 영업이익, 미국 시장점유율 3.7%(2008년) → 4.4%(2009년) → 4.6%(2010년)
* 삼성: HP 추월 세계 최대 전자회사, 일본 상위 15개 전자회사 매출 상회(2009년)

• 세계질서의 Rule Maker
  - G20 정상회의 의장국
  - 비서구 최초, 비G7 최초로 G20 정상회의 개최
  - 수원국에서 원조국이 된 최초의 국가
• "글로벌 일류국가" 건설
  - Historic Power Shift: BRICKs(BRICs+Korea)
  * 삼대 만석 없고, 삼대 진사 없다. 백년 왕조도 드물다.
  - 새로운 세계질서로 재편되는 불확실성의 시대
  * 성장이 없는 안정은 없다. 포퓰리즘은 망하는 길이다.

강자가 살아남는 것이 아니라 살아남는 자가 강자가 되는 시대다!
A friend in need is a friend indeed!
역사는 긍정적인
사고로 행동하는 사람에 의해 이루어진다!

1   당시 IMF 주재관 Gus Hook의 자문을 받아 1년에 걸쳐 만들었다. 처음 쓴 책이었는데 개정 내용을 보완하여 내려오고 있다.

2   당시 부가가치세로 대체되는 영업세를 직접세로 분류하여 직접세과에서 담당하고 있었기 때문에 나는 직접세과 영업세담당 사무관으로 가서 태스크포스의 주무를 맡게 되었다. 태스크포 스는 최진배 세제국장이 주관하고 강동구 직접세과장, 류시권 간접세과장, 조중형 국제조세과장, 최병윤 간접세과 소비세담당 사무관과 나로 구성되었다. 최병윤 사무관은 특별소비세를 담당했으 므로 부가가치세는 담당 사무관 하나에 과장이 3명이었다. 3명의 의견에 따라 일해야 하는 묘한 분위기였다. 처음 재무부에 가서 조중형 과장 밑에서 일을 했는데 공사에서 많은 것을 배웠다.

3   1975년 4월 15일 김용환 재무부 장관에게 '부가가치세 요강'을 대형 브리핑차트로 만들어 막대기를 짚어가며 보고했다. 이날 둘째아들이 태어났기 때문에 날짜를 기억한다. 차관보, 국장, 과장과 함께 브리핑차트에 따라 장관에게 부가가치세의 세입, 투자, 수출, 물가에 대한 영향 등에 대해 보고했다. 장관의 질문에 대해서 부가가치세에 관한 자료를 번역했던 내가 대답을 많이 했다. 이때부터 부가가치세에 대한 장관 보고에 모두 참석하게 되었다. 다음 해 사무관 5년 만에 과장으로 승진하여 부가가치세 담당과장이 되는 계기가 되었다.

4   부가가치세는 제2분과위원회에서 맡아 26차의 회의를 거친 후 시안을 전체회의에 넘겼고 전체회의는 11차의 회의 끝에 1976년 7월 2일 '세제개혁에 관한 심의보고서'에 담아 재무부에 제출했다. 심의과정에서 대부분의 위원이 부가가치세가 생소하여 이해시키는 데 많은 노력이 필요했고 일부 위원의 이견을 설득하는 데 많은 애를 먹었다.
[위원명단] 권택상(한국경제개발협회 회장), 김명윤(경제과학심의회의 상임위원), 김성두(조선일 보 논설위원), 김완순(고려대학교 교수), 김정태(한국일보 논설위원), 김종인(서강대학교 교수), 김진현(동아일보 논설위원), 박종기(한국개발연구원 재정정책실장), 유붕노(연세대학교 교수), 안종직(한국감정원장), 이규행(경향신문 논설위원), 이만기(금융연수원 부원장), 이정열(은행감 독원 부원장), 이준범(고려대학교 교수), 이태로(서울대학교 교수), 장위상(신용보증기금 전무), 전정구(변호사), 제일용(공화당 전문위원), 조지현(유신정우회 전문위원), 황일청(한양대학교 교 수) [제2분과위 위원장: 김명윤. 위원: 신태환, 김완순, 김종인, 박종기, 장위상, 제일용, 조지현.

5   처음부터 신중론을 펴 사실상 반대해왔던 국세청의 반대의견이 수그러들지 않아 김용환 장관 은 국세청과 관세청의 청장과 차장을 직접 불러 부가가치세가 무엇인가에서부터 흑판에 써가면서 설명했다. 제대로 모르고 반대하지 말라는 경고성 지시도 곁들였다.

6   과장이 된 후 사무관 때부터 함께 일하던 임종우 주사, 이성식 주사와 이정숙 직원은 그대로 있고 국세청에서 이재길 사무관이 와서 모두 5명이 부가가치세 업무를 담당했다. 당시 태스크포스

멤버였던 류시권 간접세과장은 국고과장으로 옮겨갔고 강동구 직접세과장은 사건으로 갑자기 그만두게 되어 자연스럽게 태스크포스는 해체되었다. 적은 인원에 업무량은 과중하여 밤낮과 휴일이 없었고 하루가 어떻게 가는 줄도 몰랐다. 밤 10시 전에 일이 끝나는 날이면 청진동의 빈대떡집에 가서 소주를 마셨다. 세계 어느 나라에 5명이 부가가치세 도입 업무를 담당한 경우가 있었을까.

7 권태상 위원이 제기했다. 북한 관계 문헌을 찾아본 결과 정확히 거래세라는 이름은 아니었지만 서울 점령 당시 거래부담금이라는 세금을 부과한 적이 있고 통칭 거래세라고 부르기도 했다는 것이 확인되었다. 국민의 반대가 많은 데다 이름마저 비슷하면 빨갱이 세금으로 욕할 우려가 있다는 지적 때문에 다시 부가가치세로 되돌리게 되었다.

8 오래전부터 제조업과 도매업의 경우 소득세 또는 법인세 1%와 영업세 해당 세율 상당액을 원천징수하던 거래원천징수제도는 형식상 세액 공제방법에 의한 부가가치세와 같은 것이었다. 소득세는 소득계급에 따라 세율이 다르고 조문이 203조에 이르도록 복잡하고 어려운데도 말이 없었는데, 사고팔 때 10%를 떼어 차액을 내고 조문도 36개에 불과한데 어렵다고 했다. 부가가치세는 거시경제이론을 바탕으로 하고 있어 도입작업을 하는 당국자나 연구하는 학자들에게 어려웠을 뿐이다.

9 미국이나 영국에서 영수증 발행이 관행화되어 있는 것은 소비자가 반품하거나 교환할 때 영수증이 꼭 필요한 경우가 많고 소득세의 경비인정을 받기 위한 경우가 많기 때문이다. 금전등록기가 많이 보급된 것은 덧셈과 곱셈은 잘하지만 뺄셈과 나눗셈에 서툴고 암산을 잘 못하는 서양 종업원들이 신속히 계산하고 주인이 판매금액을 쉽게 감시하기 위한 것이지 부가가치세 때문이 아니었다. 우리나라는 뺄셈과 나눗셈, 그리고 암산이 강하고 당시는 주인이 직접 경영하는 소매상이나 음식점이 대부분이었고 소비자는 영수증을 받아 쓸 데가 없었다. 내가 부가가치세를 맡았을 때 부가가치세 도입을 준비한다고 영업세법을 개정하여 이미 모든 사업자에게 영수증 발급을 강제하는 제도가 실시되고 있었다.

10 크로스체크는 국세청 컴퓨터 담당자들의 구상이었다. 처리비용이 크로스체크에 의한 추가세입보다 많을 뿐 아니라 납세자의 납세비용도 엄청나다는 이유로 IMF도 영국과 같이 물건과 '세액송장'이 동시에 움직이도록 하고 고속도로에서 불시에 '랜덤 체크'하거나 탈세 혐의가 있는 사업자를 골라 '샘플 체크'하는 방법을 권장했다. 국세청은 IMF의 권고에도 불구하고 거대한 용량의 컴퓨터를 발주하고 수백 명이나 되는 '키펀처'를 고용하여 양평동의 전산센터는 세계 최대의 '기장회사'가 되었다.

11 종래의 영업세는 표면상 제조업 1%, 도매업 1.5%, 소매업 2.0%, 음식숙박서비스업 3.5% 등이었으나 거래단계마다 중복하여 과세하기 때문에 가격 속에 누적되어온 영업세를 합치면 소비자단계에서는 5% 이상이었고 부가가치세와 대체되는 8개 간접세를 모두 합치면 10% 이상이 되었다. 따라서 소매단계의 부가가치세의 부담률이 10%가 되기 위해서는 재화의 경우 3%, 용역의 경우 5%가 되어야 한다는 실무적인 의견은 받아들여지지 않았다.

12 1995년에 과세특례제도를 바로잡으려고 시도했으나 1996년 총선을 앞둔 정치논리 때문에

일시에 개선하는 것은 어려웠다. 매출액 3,600만 원 이하에 대한 과세특례는 두되 매출액 3,600만 원~1억 5,000만 원 이하에 대하여는 부가가치율에 따라 2~5%의 세율로 과세하는, 도입 당시 실무자들이 주장한 '간이과세제도'를 도입하고, 과세특례는 단계적으로 면세(소액부징수)로 떨어버리는 고육지계를 쓰게 되었다. 내가 공직을 떠난 후 2000년 7월 1일부터 계획대로 '특례과세'는 없어지고 정상적인 과세특례제도인 '간이과세제도'가 시행되었다.

13 테이트의 두 저서, *Value Added Tax*(London: McGraw-Hill, 1972)와 *Value Added Tax*(Washington DC: International Monetary Fund, 1988) 참조.

14 제1차 세계대전의 전비조달을 위해 1916년에 독일이 도입한 매상고세(turnover tax, Umsatzsteuer)는 광범위한 과세대상의 모든 거래단계에 거래금액 전체를 누적적으로 과세함으로써 세수확보는 용이했지만 중복과세에 의한 조세의 누적효과(cascade effect)에 의하여 기업의 수직적 통합을 촉진하고 인플레이션 시기에는 물가상승도 촉진하는 문제가 있었다. 누적효과를 제거하고 조세의 중립성을 확립하기 위하여 다단계 과세이지만 단계별 부가가치만을 과세함으로써 결과적으로 최종적인 소비지출 단계에만 과세하자고 1919년 독일의 지멘스가 제안했지만 채택되지 못했다.

15 1917년에 제1차 세계대전의 전비 조달을 위해 프랑스에서 모든 소비지출에 과세한 일반소비세가 이론적인 부가가치세의 효시가. 그 후 1920년 매상고세, 1936년 생산세(production tax) 등 여러 형태의 다단계 매상고세 형태로 개편되어오다가 오늘과 같은 부가가치세를 실시하게 된 것이다.

16 1964년 EC가 소비세는 소비지에서 과세하는 행선지 원칙에 따라 수출에 대한 간접세를 완전히 환급하여 회원국 간 조세의 중립성이 유지될 수 있도록 프랑스의 부가가치세를 보완하여 EC의 통일 매출세로 하기로 지침을 정하고, 1967년 EC 집행위원회는 '매출세제에 관한 통일지침; 공통 부가가치세(The Directive on the harmonization of Member States concerning turnover taxes; Common system of value added tax)'를 채택했다.

17 재무부 최진배 세제국장, 조중형 국제조세과장, 곽병기 관세제도과장, 국세청 강동구 외국인세과장, 청와대 김재익 비서관, 서강대학교 김종인 교수로 시찰단이 구성되었다. 시찰 후 김재익 비서관은 빨리 준비하면 다음 해인 1975년부터 실시할 수 있다고 주장하면서 부가가치세의 정의, 과세대상, 과세방법, 납부방법 등 9개 조문으로 구성된 부가가치세 법안을 직접 초안하여 재무부에 보내왔다. 이 초안은 법안으로 보기에는 너무 간단했고 아이디어를 정리한 수준이었다.

18 과세대상 기준으로는 최종 소비지출을 과세대상으로 하는 소비형(consumption type), 임금·지대·이자·이윤 등 요소소득을 과세대상으로 하는 소득형(income type), 부가가치생산액을 과세대상으로 하는 생산형(production type) 등 세 가지 부가가치세로 분류되었다. 과세방법에 따라 거래단계별로 산출세액에서 투입세액을 공제하여 납부세액(tax payable)을 계산하는 세액 공제법(tax subtractive method), 거래단계별 산출에서 투입을 공제한 부가가치에 세율을 곱해 납부세액을 계산하는 거래액 공제법(turnover subtractive method), 임금·지대·이자·이윤 등 생산요소소득을 가산한 금액에 세율을 곱해 납부세액을 계산하는 소득가산법(income additive method) 등 세 가지로 분류되었다.

19 부가가치세법령 초안은 1973년 EC 집행위원회의 '제6차 매출세제에 관한 통일지침; 공통 부가가치세(The sixth Council Directive on the harmonization of Member States concerning turnover taxes; Common system of value added tax)'와 1973년 영국법을 기본으로 하고 1967년 독일법, 1968년 프랑스법과 1971년 아일랜드법을 참고로 했다. 1975년 7월에 2차로 영국에 다녀 온 최진배 국장과 조중형 과장이 영국의 법안, 실시계획과 교육홍보에 관한 많은 자료를 가져왔다. 다음의 자료는 법령작성의 근거가 된 '부가가치세 요강'의 첫 페이지인데 청사진을 뜨기 위해 '풀스캡'지라 부르던 얇은 종이에 볼펜으로 눌러 썼다. 열 번 이상을 썼던 것으로 기억된다. 당시에 는 보고서들을 손으로 쓴 다음 청사진을 떴다. 청사진기를 가열시키는 데 시간이 걸려 자료가 늦다고 호통도 많았다.

20 다음은 1977년 1월 1일 시행을 목표로 만든 도입 일정표다.

21 1차 보고서의 내용은 세율은 납세의 편의상 단일세율로 하고 영업세만 대체할 경우 5%로 가능하지만 특별소비세를 상당한 범위로 과세하는 경우 10%의 단일세율을 권고했다. 면세범위에 대하여 금융서비스, 의료서비스, 교육, 서적, 신문, 미가공식료품, 연탄 등에 대하여는 면세하는 것이 타당하고, 광업, 신규주택, 시설대여업, 방송광고 등에 대하여는 과세해야 할 것으로 권고했다. 관세와 주세는 존치하고 부가가치세의 역진성을 완화하기 위하여 자동차, TV, 냉장고 등 내구성소비재는 특별소비세를 부과할 것을 권고했다. 법인세의 통합은 15% 정도의 높은 부가가치 세를 감수할 수 있을 경우에만 고려할 수 있고 현재의 여건으로는 법인세를 존치하도록 권고했다. 끝으로 부가가치세 시행시점의 재고품에 포함된 구간접세에 대하여 그 계산이 사실상 불가능하고 자본재의 경우 일시에 공제해주면 세입차질이 우려될 뿐만 아니라 재고품 신고 등 행정절차도 복잡하여 일률적으로 재고품 매입액의 10%를 공제할 것을 권고했다. 모든 거래 자료를 전산처리 하는 국세청의 계획은 비용에 비하여 효과는 미미할 것이라는 이유로 재검토를 요청했다. 물가에 대하여 이론적으로 구간접세를 대체하는 방법의 부가가치세를 도입하면 품목 간의 상대가격은 변화되지만 최종 소비자 단계의 물가수준은 동일하다고 분석했다. 상대가격이 변할 때 가격의 하방경직성으로 물가가 편승인상될 우려는 있다고 했다.

22 테이트의 *Value Added Tax*는 당시 유일하고 최고 권위를 가진 저서였다. 부가가치세의 유형과 과세표준인 부가가치의 계산에 대해 상세하게 설명하고 있다. 우리의 모델을 IMF confidential library에 보관하고 다른 나라 자문에 썼다.

23 사치품과 내구소비재에 대한 특별소비세와 주세를 두고 연간 외형 1,000만 원 이하의 개인사 업자를 면세한다는 것을 전제로 한국은행의 GNP 통계와 기업경영분석, 국세청의 과세통계, 관세 청의 수출입통계를 기준으로 계산했다. 3개년 평균으로 GNP 통계에 의한 지출 기준은 12.23%, 과세 통계에 의한 분배 기준과 생산 기준은 17.05%와 16.10%가 나와 적정세율은 15% 전후로 추정되었다. 방법과 통계에 따라 상당한 오차가 있었는데 GNP 통계와 과세 통계의 상호 연관 분석에 의한 가정설정에 따라 복잡한 계산과정을 거쳤기 때문에 정확성을 자신할 수 없었다.

24 1974년 기준으로 주세 403억 원, 휘발유세 543억 원과 원자재 이외의 사치품과 내구소비재에 대한 특별소비세 517억을 둔다고 전제하고, 영업세도 1975년부터 인상된 세율에 따라 세수를 환산하여 대체간접세를 3,854억 원에서 2,167억 원으로 조정하면 지출 기준 9.20%, 분배 기준 11.15%, 생산 기준 10.55%가 나왔다. 이 추계를 근거로 테이트 박사의 1차 보고서 "A Report on the Possible Korean Value Added Tax"에서 10%의 부가가치세와 사치품과 내구소비재에 대한 특별소비세의 도입을 권고하게 되었다.

25 2차 추계에서는 1차 추계의 미비점을 많이 보완했다. 1차와 달라진 중요한 전제는 영업세, 물품세 등 대체세입은 1975년 인상된 개정세율로 모두 환산하고, 당시까지 확정된 영세율과 면세 대상을 모두 반영하고, 주세, 휘발유세는 존치하고 생산재 이외에 물품세, 직물류세 등이 과세되던 고가의 사치품과 내구소비재 등에 대해 특별소비세를 과세하며, 연간 외형 1,200만 원 이하는 면세 대신 2%의 과세특례를 적용하는 것이었다.

26 1976년 6월에는 한국은행과 한국개발연구원(Korea Development Institute, KDI)의 자문을

받았다. 1차 추계는 임종우 주사, 2차 추계는 이성식 주사와 함께 했다. 각각 3개월 정도의 작업을 했는데 임종우 주사와 이성식 주사는 탁월한 분석능력을 가진 사람들이었다.

27 투입산출분석방법을 원용하는 데는 많은 가정과 추정이 필요했고 서로 맞물려 있는 경우가 많았다. 투입비용에 대하여 관련 품목이나 업종의 조사가 끝나야 추정이 되는데 그것은 또 다른 품목이나 업종에 대한 조사의 선행이 필요하여 큐빅의 숫자를 맞추는 게임과 같은 것이었다. 1차 조사한 851개 품목을 근거로 조사 불가능한 투입에 대한 간접세를 추계하고 상호 교차하여 반영하는 방법을 사용하여 간접세 부담률을 계산했다.

28 예를 들면 간접세 부담률 조사표와 같이 휘발유의 경우 산출에 대한 세금은 1.5%의 영업세와 300%의 석유류세를 계산하고, 투입에 대하여 수입원유의 경우 대체 간접세가 없고 전기료의 경우는 한국전력에 대한 영업세와 유류에 대한 석유류세, 그리고 각종 비용에 대하여 추정된 간접세를 계산하고 접대비의 경우는 음식점의 영업세와 유흥음식세, 그리고 음식점의 투입비용에 대한 추정간접세를 반영하는 방법이었다.

29 간접세 부담률 조사에 의해 만든 구간접세 공제율표는 관세법의 품목분류를 따랐다. 우리나라와 같이 상세한 분류에 따라 구간접세를 환급한 나라는 없었다.

구간접세 공제율표

품목 분류				구간접세 공제율(%)			비고
대분류	중분류	소분류	물품세율 등 구분	제조	도매	소매	
1. 농수산식품	1. 농산식품			–	1.4	1.8	쌀, 보리쌀, 밀, 조, 옥수수, …
	2. 수산식품			–	2.3	2.6	조기, 갈치, 고등어, …
2. 가공식품	1. 식료품	1. 유제품		2.3	3.2	4.3	우유, 분유, 아이스크림, …
		2. 분류		1.7	3.1	3.8	소맥분, 옥수수가루, 식빵, …
		3. 과자류		3.0	4.5	5.5	카스테라, 비스킷, 초콜릿, …
		4. 당류	물품세10%물품 설탕 기타	1.9 16.0 1.9	11.8 9.5 3.2	13.0 10.8 4.4	설탕, 사카린, 엿, 포도당 등
		5. 조미료	물품세10%물품 기타	3.4 3.0	14.8 3.1	15.1 4.5	천일염, 간장, 인공조미료, …
	2. 음료품	1. 청량음료		4.1	3.9	5.0	사이다, 콜라, 주스 등
		2. 주류		3.5	4.0	5.1	소주, 맥주, 탁주, 청주, …
		3. 다류	커피 기타	2.7 2.7	9.9 3.2	10.8 4.4	커피 인삼차, 보리차 등
(3 ~ 15 생략)							
16. 수입품				0.6	2.0	3.1	수입재화는 소재에 관계 …
17. 건축물				3.8	5.8	–	건축물, 구축물 등
18. 의제매입				9.1	–	–	의제매입세액대상은 소재에 …

30 1976년 4월부터 크리스마스까지 8개월을 일요일은커녕 추석도 쉬지 못하고 일했다. 어느 일요일 오전에 잠깐 시간이 나서 애들을 데리고 장난감을 사러 아파트 상가에 들렀을 때 큰애가 가게 사람들에게 "우리 아빠야" 하고 자랑하는 것을 보고 가족들에게 정말로 미안한 생각이 들었다. 이렇게 일하던 어느 날 청와대에 보고할 자료를 만들기 위해 밤샘을 하고 직원들과 청진동에

가서 해장국을 먹고 7시경에 돌아왔는데 국장이 먼저 와 기다리고 있다가 어디를 다녀왔느냐고 호통을 쳤다. 하도 야속하여 이 일이 있은 후 한 주일 동안 국장실에 가지 않았다.

31 신민당은 소득세의 대폭적인 경감안과 함께 시행일을 1978년 1월 1일로 하는 부가가치세 법안을 제출했다. 뒤에 국무총리를 지낸 진의종 의원의 끈질긴 반대가 가장 힘들었다.

32 재무위원회 세법심사소위원회에서도 여야는 의견 일치를 못 보고 탄력세율을 3%로 내리고, 개인에 대한 세금계산서 미교부·미제출가산세를 2%에서 1%로 내리도록 한 공화당의 수정안이 재석 22명 중 찬성 15명, 반대 6명으로 재무위원회를 통과했다. 법사위원회의 자구수정을 거쳐 11월 29일 본회의에서 찬반토론 뒤 재석 176명에 찬성 128명, 반대 47명으로 부가가치세법이 가결되었다.

33 과세특례제도에 관한 것을 빼면 실질적으로 24개 조문으로 구성된 세계에서 가장 간단한 부가가치세였다. EC의 부가가치세 지침은 35개조, 아일랜드법은 44개조, 영국법은 55개조로 구성되어 있었으나 절차적인 규정을 빼고 실질적인 규정은 우리와 비슷하다.

34 직원들이 돌아가며 교정을 본 후 시제품을 만들고 장관 보고를 거쳐 대통령에게도 보고하여 잘 만들었다는 칭찬을 들었다. 인쇄에 들어갔는데 웬일인가. 제목의 '부가가치세'에서 '치'가 빠지고 '부가가세'로 되는 큰 낭패가 일어났다. 일부는 인쇄가 끝나 트럭에 싣고 있는 상황이었다. 총무로 영락교회 근처의 인쇄소를 찾아가 이미 인쇄된 것에 대해 돈을 주기로 하고 수정작업을 시켰다. 바로 고쳐진 팸플릿을 밤에 장관실에 가서 바꾸었으나 청와대로 간 것은 바꿀 수 없었다. 마지막 순간에 바로 고쳐 낭패를 면했으니 퇴근길 청진동에 가 빈대떡에 소주 한 잔 안 할 수 있었겠는가.

35 부칙 1조에서 "이 법은 1977년 7월 1일부터 시행한다. 다만 경제여건의 추이에 비추어 필요하다고 인정되는 때에는 대통령이 정하는 바에 의하여 그 시행을 연기할 수 있다."라고 규정하고 있었다.

36 〈고바우영감〉(동아), 〈왈순아지매〉(중앙), 〈야로씨〉(조선) 등이었다.

37 세수추계 과정에서 구간접세 공제에서 다음 연도로 이월되는 약 214억 원을 1977년도 세입으로 계상한 착오가 발견되었으나 중요한 것은 아니었다. 국세청 김용진 부가가치세1과장이 구간접세 환급을 일부 조정하여 무사히 넘어갔다. 김용진 과장과는 수시로 만나 실무협의를 했고 적극적으로 집행준비를 하여 부가가치세의 성공적인 시행에 절대적인 역할을 했다. 그 후 김용진 과장은 재무부 간접세과장으로 일하며 부가가치세 정착과 폐지론 대응에 지대한 역할을 했고 세제실장을 거쳐 국무총리 행정조정실장과 과학기술처 장관을 지냈다. 김용진 과장이 없었으면 당시 성공적인 집행이 없었을 것이고 오늘의 부가가치세도 없었을 것이라고 생각한다. 1977년 정기국회에서 신고납

부일을 20일에서 25일로 조정하는 등 일부 제도를 보완하기 위해 B4 용지에 필경사가 손으로 쓴 병풍식 보고서를 만들어 박정희 대통령의 재가를 받았는데 사전에 김정렴 비서실장, 최규하 국무총리, 남덕우 부총리 겸 경제기획원 장관, 김용환 재무부 장관에게 보고하고 사인을 받았다.

38 당시 로마제국의 세정문란을 제기한 사람은 공화당 김종필 당의장이었고 부가가치세 폐지론과 책임자 문책론은 임영득 의원이 제기했다. 정책위의장은 박준규 의원이었다.

39 당시 국가보위비상대책위원회 상임위원회 위원장은 전두환 장군이었고 그 밑에 분과위원회를 두고 있었다. 경제분과위원장에는 김재익 경제기획국장이 나가 있었고 재무분과위원회에는 서강대학교의 김종인 교수도 있었다. 부가가치세 도입에 앞장섰던 김재익 국장과 김종인 교수도 폐지 결정에 속수무책이었던 것 같다.

40 당시 배당세액 공제는 비공개법인의 경우 최고 배당금액 × 법인세율(40%) × 50% = 20%이고, 공개법인의 경우 최고 [배당금액 × 법인세율(30%) × 50%] + [배당금액 × 15%] = 30%였다.

41 당시 소득 수준으로는 월 근로소득 50만 원 이상이 거의 없어 간이세액표에 나오는 보험료 공제 후 최고 소득한도가 49만 8,000원이었다. 이 경우 배우자와 3자녀를 둔 경우 근로소득세는 5만 8,590원이었다.

42 공개법인의 경우 연 1,200만 원의 배당소득을 포함하여 종합소득세 산출세액이 3,510만 원일 경우 배당세액 공제가 3,600만 원으로 납부세액은 -90만 원으로 면세되고, 연 3,000만 원의 배당을 받는 경우 종합소득세 산출세액은 1,281만 원으로 배당세액 공제가 900만 원이 되어 납부세액은 381만 원 12.7% 부담한다.

43 1972년 8월 3일 발표한 '경제의 안정과 성장을 위한 긴급조치'는 '8·3사채동결조치', '8·3긴급조치'로 불렸다. 주요 내용은 기업의 재무구조 개선을 위해 사채시장에서 조달된 차입금은 3년 거치 5년 상환에 매달 1.35% 이자 지불로 계약조건을 변경시키고, 이자가 높은 은행의 장기대부금은 3년 거치 5년 상환으로 연리 8%의 장기대부로 대체하고, 증자하는 경우 증자금액이 차지하는 비율에 따라 법인세와 배당소득세를 감면해주는 것이었다. 당시 부채의존도가 80%에 달했던 대기업들에게 금융상 큰 특혜가 되었을 뿐 아니라 증자소득공제제도에 의하여 비공개법인을 포함하여 모든 기업이 법인세와 배당소득세를 감면받는 엄청난 특혜가 주어졌다.

44 법인 간 수입배당세액 공제의 공식은 법인세 산출세액 × 배당소득 / 과세표준 = 공제금액이었다.

45 당시 공개법인의 최고세율이 30%였기 때문에 법인세의 50%인 15%와 추가로 배당금액의 15%를 합쳐 배당금액의 30%를 세액 공제 받았으니 내지도 않은 법인세 100%를 되돌려받아 이중의 특혜를 받는 결과가 되었다.

46 8·3긴급조치 당시 북대구세무서에 근무했고 다음 해 서대구세무서 법인세과장으로 가서 법인세를 조사하는 중 이런 사례가 있었다. 오래된 일이라 금액은 정확하지 않다.

47 Y그룹, J그룹, D그룹 등 대부분이 부도가 나 사라졌다. 기차재벌의 선구자였던 대우그룹도 오래 버티었지만 결국 사라지고 말았다.

48 자연인 이외의 권리주체는 인정하지 않고 법인은 법에 의해 권리주체인 사람으로 의제되었다는 설이다. 이 설에 의하면 법인세를 주주소득세의 사전 납부로 보고 배당하는 경우 세액 공제를 허용해야 한다고 주장한다. 그러나 법인의제설에 입각하고 있는 미국에서도 우리와 같은 배당세액 공제제도는 없었다.

49 유럽은 배당세액 공제의 예가 있었으나 내지도 않은 법인세를 공제해주는 경우는 없었다. 미국과 대만은 아예 공제제도가 없었고, 일본은 배당액의 5%를 허용하고 있었다.

50 정덕구 사무관은 임동빈 주사와 함께 소득별 세 부담과 배당세액 공제의 분석을 완벽하게 해냈다. 이 두 사람이 없었다면 배당세액 공제의 폐지 추진은 어려웠을 것이다. 8·8부동산종합대책과 다음 해 소득세율 개편을 위해 많은 노력을 했다. 정덕구 사무관은 그 후 승승장구하여 산업자원부 장관을 지냈고, 탁월한 능력을 가졌던 임동빈 씨는 안타깝게 교통사고로 타계했다.

51 정주영 전국경제인연합회장과 김봉재 중소기업중앙회장이 앞장을 섰다. 그들은 국회 재무위원회를 방문하여 배당세액 공제 폐지 철회를 요청했다. 정주영 회장은 선거를 앞둔 때늦은 로비에 대해 김임식 위원장에게 "미련해서 신문을 보고 알았습니다. 우리야 세법을 잘 아나요. 내라는 대로 내고 일만 합니다."라고 말하기도 했다.

52 재벌의 실효세 부담률과 증자소득공제를 통한 기업인수 행태를 당시 재무부에 출입하던 《동아일보》 이현락 기자에게 흘려 보도되도록 했다. 당시의 재벌 형태를 '문어발 재벌'이라고 보도했는데 그 후 '문어발 재벌'이라는 말은 많은 업종의 계열기업을 거느린 재벌의 대명사가 되었다.

53 미국은 1890년에 거래를 제한하는 공동행위와 독점행위를 금지하는 셔먼법(Sherman Act)을 제정하고, 1914년에 가격차별, 배타적 거래, 합병 등의 경쟁제한적 행위를 금지하는 클레이턴법(Clayton Act) 및 불공정한 경쟁방법, 불공정한 행위를 금지하는 연방거래위원회법(Federal Trade Commission Act) 등을 제정했다. 1933년에 상업은행을 투자은행 업무로부터 완전 분리하는 글래스스티걸법(Glass-Steagall Act)이 제정되었다.

54 양도소득의 본질이 가격상승 소득인데 물가상승을 공제한다는 것은 과세하지 않는다는 것과 같은 논리였다. 물가상승률 공제 자체가 착오된 정책이었다.

55 당시 토지금고는 토지개발금융을 주 업무로 하는 재무부 산하 금융기관이었는데 재무부의 결정으로 토지개발공사로 개편하여 건설부의 산하기관으로 이관했다.

56 재무부 안을 토대로 경제기획원(EPB)에서 관계부처와 협의를 한 다음 남덕우 부총리가 발표했다.

57 내무부의 강력한 반대로 공인중개사제도로 변질되었다. 미국과 독일에서는 변호사의 중개를 원칙으로 하고 있었고 변호사가 없는 시골 지역에는 지방관청의 공무원이 중개해야 부동산 거래의 효력이 인정되었다.

58 내무부가 강력히 반대한 이유는 동사무소 직원이 거래 당사자와 거래가격을 확인할 수 없다는 것이었다. 나는 동사무소 직원이 확인할 필요 없이 신청하는 대로 발급만 해주면 된다고

설득했으나 실패했다. 당시 인감증명의 유효기간이 3개월이라 등기이전 없이 수차례 전매가 되어 투기의 가장 큰 요인이었는데도 반대하는 사람들의 의도를 알 수 없었다. 결국 '부동산 거래용'이라는 표시와 기간을 1개월로 단축하는 것으로 끝이 났다.

59 부처 간 협의에서 주무부처나 주관부처보다 관련 부처가 반대하면 정책이 무산되는 근본 이유는 국무회의의 만장일치제에서 비롯된다고 항상 생각했다. 세법과 같이 국회제출 시한이 있는데도 한 부처만 반대해도 국무회의에서 보류되곤 했다. 특히 '원만한' 총리가 주재할 때는 더 그렇다. 옳고 그른 것보다 합의가 우선한다. 한두 주를 가진 '소액주주'가 경영을 책임지는 '대주주'를 이기는 판이었다. 장관이 싸워서 이기거나 총리가 제대로 파악하여 결정해야 하는데도 '귀찮아'하는 경우가 많아 실무자는 '고집' 부리는 '군소주주'들에게 밀리게 마련이었다.

60 소득세법 시행규칙 87조를 법 근거 없이 만들어 "비거주자의 근로소득은 국세청장이 정하는 바에 따라 비거주자가 납부"토록 규정을 정했다. 다음 해 소득세법 142조를 개정하여 비거주자에 대해 근로소득을 지급하는 경우도 원천징수 대상에 포함시켰다.

61 당시 소득세법 제107조 3항과 제131조 1항에 양도소득세 수시부과 세액도 공제되도록 추가했다. 확정신고 납부를 하지 않으면 제131조 2항의 규정에 의하여 한 번만 세금을 납부해도 되었다.

62 당초 공식은 [사업연도소득 - 배당 등] = 유보소득, [유보소득 - 법인세·이익준비금 등 - (유보소득 - 법인세·이익준비금 등) × 50%] = 지상배당이었는데, 이것을 1976년 개정 소득세법 제26조 2항과 시행규칙 제19조에서 [사업연도소득 - 배당 등 - 법인세·이익준비금 등] = 유보소득, [유보소득 - {사업연도소득 - 법인세·이익준비금 등 - (사업연도소득 - 법인세·이익준비금 등) × 60%}] = 지상배당으로 고쳤다. 개정된 두 공식을 단순화해보면 [(사업연도소득 - 법인세·이익준비금 등) × 60% - 배당 등] = 지상배당이 된다. 이것은 배당의 크기에 따라 지상배당 과세가 달라지는데 배당을 하지 않는 경우에는 10%p 내린 것이 아니라 올라가고, 배당 가능 소득의 20% 이상을 배당해야 지상배당이 줄어들게 된다. '적정유보'라는 개념에 지나치게 집착하다가 빚어진 결과였다. [(사업연도소득 - 법인세·이익준비금 등) × 40% - 배당 등] = 지상배당이라는 간단한 공식으로 했더라면 50%에서 60%로 올라가는 문제가 일어나지 않았을 것이다.

63 조세연구원은 1991년 한국조세연구원법 제정으로 정부연구기관으로 설립되었다. 1989년 경제기획원 조순 장관은 경제기획원 산하에 이미 있는 한국개발연구원(KDI) 외에 대외경제정책연구원과 국민경제제도연구원을 동시에 세웠다. 상공부는 산업연구원, 건설부는 건설연구원 등 모든 부처가 연구원을 두고 있었지만 재무부는 KDI의 도움을 받으며 따로 연구원을 두고 있지 않았다. 1990년 이재국장으로 있을 때 재정금융연구원을 설립하기로 하고 EPB 예산실과 협의를 했지만 '재정'은 EPB도 담당하여 이름에 쓸 수 없다고 반대하고 예산배정도 반대해 무산되었다. 하는 수 없이 전국은행연합회 산하의 금융연구소를 확대 개편해 은행들이 출연하는 민간연구기관인 한국금융연구원(Korea Institute of Finance, KIF)을 설립했다. 그 후 1991년 말 당시 김용진 세제실장의 노력으로 조세연구원이 설립되었는데 이때도 '재정금융연구원'을 시도했으나 재무부가 담당하는 '조세'만을 이름에 넣도록 하라는 EPB의 주장 때문에 '조세연구원(Korea Tax Institute,

KTI)'이 되었다.

64 대외경쟁력 강화를 위한 저세율과 조세제도의 글로벌 스탠더드를 위한 기본 구상을 담은 것으로 1997년 4월 7일 장관에게 보고하고 4월 13일 대통령에게 보고됐다.

65 1994년 7월 11일부터 12일까지 이용섭 조세정책과장과 둘이 IMF의 Fiscal Affairs Department 회의실에서 협의를 했다. Director Vito Tanzi는 소득세와 법인세 분야에, Deputy Director Alan A. Tait는 부가가치세와 상속세 분야에 권위를 갖고 있는 인물이다. 두 사람 다 1970년대 후반과 1980년대 초에 한국 조세제도의 발전에 큰 기여를 했고 Tait 부국장은 우리나라 부가가치세 도입에 결정적인 기여를 했다. 첫날 오전에 Tait 부국장, Casanegra(economist)와 부가가치세 협의, 오후에 Howel h. Zee(Deputy Chief, Tax Policy Div., Fiscal Affairs Dept.), Koenraad Van Der Heeden(economist)과 법인세와 감가상각제도를 협의했다. 둘째 날 오전 Tait 부국장과 Zee 부과장과 금융소득 종합과세 협의, 오후에 Parthasarathi Shome(Chief, Tax Policy Div.), Janet G. Stotsky(Economist), John King(Consultant)과 소득세율을 협의했다.

66 우리와 협의를 한 IMF 스태프들의 paper와 recommendation들은 *Tax Policy Handbook* (Edited by Parthasarathi Shome, Chief, Tax Policy Div. Fiscal Affairs Dept. IMF, 1995)에 수록되어 있다. IMF 스태프들의 paper와 recommendation을 참고하여 '0% 법인세, 12.5% VAT, 25% 소득세'라는 비전을 만들었다.

67 법인세의 폐지를 중심으로 '조세경쟁'에 들어간 배경은 세 가지다. 첫째, 전략적인 측면에서 세출을 통한 정부의 지원이 엄격하게 금지된 WTO 체제 아래에서 세입을 줄임으로써 기업의 기술개발과 신규투자를 원천적으로 지원하자는 것이다. 둘째, 이론적인 측면에서 법인세는 '경제적 이중과세'이고 또한 실증적으로 법인세도 소비자에게 전가된다는 것이다. 셋째, 법인세는 너무 어렵고 복잡하여 납세와 징세비용이 너무 크다는 것이다. 법인세의 폐지로 기술개발과 투자가 활성화되면 장기적으로 세입이 늘어나고 일부 소득세 또는 소비세에 전가시키더라도 저소득층에 불리한 것은 아니라는 것이다.

68 모든 소득계층의 부담을 경감시키겠다는 전제로 세율을 4단계로 단순화하는 것은 공제액과 소득구분의 조정에 의한 많은 시행착오가 필요하다. 어떤 경우도 증가가 없다고 만들었는데 부양 가족이 적은 독신자 일부의 소득세가 올라가는 경우가 생겨 문제가 되기도 했다.

69 1993년 기준 다이아몬드는 수량 77개, 납세인원 37명, 특별소비세액 2,600만 원이었다. 업계에서는 연간 30만 개 3,500억 원의 시장규모라고 추정했다. 보석의 세율은 일본 3%, 대만 5%, 미국 16%, 프랑스 25% 등이었다. 최고인 프랑스에 맞추었다.

70 1994년 법인세법 개정의 핵심은 감가상각제도의 개편이었다. 김영용 법인세과장의 노력으로 감가상각분류표의 개편작업이 이루어졌다. 건물·차량 등의 경우 구조에 따라 274분류 3~60년으로 구분된 것을 차량 등은 4년, 목조건물 등은 20년, 철근건물 등은 40년의 3분류로 정비했다. 기계장치의 경우 업종별로 371분류 2~20년으로 구분된 것을 4-6-8-10-16년 5분류로 정비했다. 내용연수는 상하 25%는 자의적으로, 추가 25%는 지방국세청장의 승인을 얻어 조정하도록 하여

상하 50%까지 자율화했다. 10년 내용연수의 경우 기업의 사정에 따라 5~15년 사이에서 결정할 수 있다. 우마, 과수, 영화필름 등 존재이유를 알 수 없는 것은 폐지해버렸다. 무형고정자산의 경우는 주요도를 생각해서 18분류 5~50년에서 5-10-20-50년 4분류로 정비하였다.

71 시계·보석 등은 50만 원, 가구는 200만 원을 초과하면 전액 과세하던 것을 각각 100만 원, 300만 원의 초과금액만 과세하는 '초과금액 과세제도'를 도입했다. 국산개발을 위한 산업정책적인 의미도 컸다. 농가부업 소득세 면세 기준은 소 30마리, 돼지 200마리, 닭 1만 마리 등으로 규정하고 한 마리가 많으면 모두 다 과세했다. 소가 30마리이면 세금이 없는데 31마리면 한 마리 때문에 전체에 대해 세금을 내야 했다.

72 국회에서 지방 탁주업자들의 로비로 서울, 부산 등 6대 도시만 제한을 풀었다. 일찍 자유경쟁을 시켰더라면 탁주산업이 훨씬 발전했으리라 믿었다. 집에서 소주로 딸기주나 포도주를 담는 것도 밀주단속에 걸리도록 되어 있었다. 시골에서는 농주를 단속하던 세무서 사람들에 대한 원망이 컸다. 경주세무서에 있을 때 농번기나 혼사가 많은 겨울에는 밀주단속을 못 나가게 한 적도 있었다.

73 서울의 경우 강남과 강북에 세무조사국을 2개만 두고 나머지는 납세안내를 위주로 하는 소규모의 세무서를 두는 방안을 제시했다. 소득세, 법인세, 부가가치세 등의 신고는 전국 어디에서나 국세청컴퓨터센터에서 하는 방안도 연구해볼 것을 권고했다.

74 1978년 IMF Institute에서 연수를 받을 때 있었던 일이다. 눈이 오는 어느 날 당시 IMF 재정국 Tait의 집에 초대를 받았는데, 그때 그런 이야기를 들었다. 인도의 네루가 케임브리지 대학교로 유학가게 된 것은 그의 저항 때문이라고 했다. 데모가 옥스퍼드나 케임브리지에 유학가는 빠른 방법이었다는 얘기도 했다. 새벽 2시가 넘게 스카치위스키를 마시며 담소하다가 눈길인데도 워싱턴의 숙소였던 콩코디아아파트까지 태워주었다. 그는 영국 스코틀랜드 출신이고 부인은 영국 귀족 출신이었는데 한국의 조세제도 개혁에 관해 여러 번 자문을 받는 과정에서 친하게 되었다.

75 1980년 보험2과장으로 있을 때 미국 보험회사 AHA(American Home Assurance)가 한국에 최초로 '301조'를 걸고 보험시장 개방을 요구했는데 미국대사관 1등서기관이던 John Hoog와 이 문제를 협상하며 친하게 되었다. 그는 미국의 청원과 공무원의 시스템을 얘기해줬다. 대외관계에 대한 시민의 청원은 통상대표부(United State Trade Representative, USTR)를 구속하도록 되어 있다는 것이다. 미국의 외교관이나 통상대표는 논리에 닿지 않는 주장이라도 법이 정한 절차를 거치면 청원에서 요구한 대로 대외교섭에 나가야 한다는 것이다.

76 미국 공무원이나 IMF 사람들을 대접할 때 항상 한국식 음식점이나 술집에 가서 한국식으로 대접했다. 그들은 구내의 Dining room에서 대접하는 것이 고작이었다. 그들에게는 우리와 같은 예산도 없고 우리 식의 접대문화도 없다. 일본은 외국문화를 받아들일 때 그들의 전통을 버리지 않고 일본식으로 변용시킨다. 일식집에 가서 등의자에 앉아 식탁 밑 파인 곳에 발을 넣을 때마다 일본인들의 지혜를 느낀다.

77 경제기획원의 이근경 국장이 비밀리에 상당히 많은 준비를 하고 있었다.

78   태스크포스는 내가 팀장이 되고 법무부 이성규 검사, 법원 이동명 판사, 법제처 조정찬 법제관, 서울대학교 법대 양창수 교수, 재정경제원의 이근경 국장, 김진표 국장으로 구성하고 실무책임은 최경수 재산세과장이 맡았다. 대학 때 배운 민법 지식을 활용하여 핵심조문은 직접 초안했다. 몇 차례의 회의를 거쳐 1월 24일 마무리 지었다.

79   '부동산 실권리자명의 등기에 관한 법률'은 내용상 법무부 소관이었지만 당시 안우만 법무부 장관은 소관에 관계없이 재정경제원이 주관하여 처리하도록 협조했다. 재정경제원과 공동기자회견으로 부동산실명제를 발표도 했다. 방침발표, 입법예고, 국회제안 모두 법무부와 공동으로 했고 국회에서는 법제사법위원회가 주관하여 처리되었다. 법무부 실무자들은 불만이 많았다. 같은 실명제라고 재정경제원에서 주관한 '해프닝'을 너그러이 받아준 법무부 사람들에게 미안한 점이 많았다.

80   당시 한택수 관세국장과 박용만 산업관세과장이 분석 끝에 8% 단일관세율의 문제를 제기했다. 8%를 결정할 당시 한국산업은행이 조사한 내외 가격차의 단순평균이 8%였다는 것이다. 가중평균이 12% 정도였기 때문에 단일관세율의 경우도 12%가 돼야 한다는 것이다.

81   '관세율 개정안'은 이수웅 통관국장, 박진헌 과장이 맡아 관세·통계통합품목분류표(HSK)의 1만 859품목 중 1,832품목을 검토했다. 주요 내용은 다음과 같다.

인상품목
- 중소기업 보호 품목(460개): 의류 8→16%, 직물 8→13%, 자전거 8→13%, 운동화 8→13% 등
- 수입급증 소비재 품목(157개): 휴대폰 8→13%, 화장품 8→10%, 모피의류 8→16%, 가죽의류 8→16% 등
- 기초농산물보다 저세율인 가공식품(88개): 감자전분(WTO 양허세율 495.8%) 조제품 8→30%, 고춧가루(WTO 양허세율 294%) 조제품 8→55% 등
- 농어민 보호 품목(20개): 감귤류 30→50%, 건직물류 8→13%, 찐쌀 8→25%, 골뱅이 20→50% 등

인하품목
- 국내공급부족 원자재(588개): 염료 8→6%, 의약품원료 8→6%, 합성섬유 8→4%, 합금철 8→6% 등
- 무세화 대상 비경쟁 기초원자재(24개): 원면 2%→무세, 펄프 2%→무세, 광물 1-3%→무세, 선철 2%→무세 등
- 산업기계설비(25개): 반도체기계 8→5%, 방적기계 8→2%, 반도체 제조용 사진판 8%→무세 등
- 무세화에 의한 밀수방지 품목(24개): 금괴 3%→무세, CPU 8%→무세 등
- 양식어민 보호 품목(9개): 미역, 김, 파래의 종묘 50%→무세 등
- 기본세율전환 할당관세 품목(48개): 천연고무 2%→무세, 철광석 1%→무세, 알루미늄판 8→6%, 재생섬유 8→2% 등

개정불요 품목
- 국내생산산업체 보호 품목(160개): 합판(8%), 철도기관차용 펌프(5%), 염색가공기(8%), 반도체부분품(8%) 등

- 수입비중이 높아 세수비중이 큰 품목(116개): 강 반제품(5-8%, 1995년 수입 999백만 달러), 각종 평판
  압연제품(8%, 1995년 수입 2,018백만 달러) 등
- 대기업 독과점 품목(32개): 냉장고(8%), 세탁기(8%), 에어컨(8%) 등

82 관세환급의 문제점을 보고한 사람은 이수웅 통관국장이었다. 관세환급특례법의 개정은 재정경제원 세제실 박용만 산업관세과장의 적극 협력으로 이루어졌다.

83 WCO 보고서는 1996년 3월 15일에 작성된 것을 WCO에 파견 나가 있던 우주하 서기관이 보고했다. 1996년의 관세행정 개편은 이 보고서를 기초로 이루어졌다.

84 미국 관세청은 관세징수 이외에 무역정책 집행, 부정불공정 무역 정보 관리, 해외무역 정보 관리 등 세 가지 주요 기능을 수행하며 산업지원정책이 별도로 없는 상황에서 사실상 주요한 산업정책을 수행하는 대통령의 '강력한 주먹(strong arm)' 역할을 수행한다. 무역 관련 400여 개의 법률을 집행하고, 무역에 관한 종합정보를 통해 '301조' 또는 덤핑제재 개입 등 무역정책의 수립과 조정에 중추적인 역할을 하고 있다. 1994년 10월 1일 '전략무역국(Office of Strategic Trade)'과 뉴욕(유럽·아프리카·중동), 마이애미(카리브해·남미), 시카고(캐나다), 댈러스(멕시코·중미), 로스앤젤레스(환태평양) 등 5개 지역에 대륙별로 관할하는 '전략무역센터'를 설치하여 부정불공정 무역에 대한 정보의 분석과 단속 전략을 수립하고 강력한 집행에 나서고 있었다.

85 1996년 7월에 뉴질랜드 관세청을 방문했을 때 Graeme Ludlow 청장(Comptroller)은 관세행정의 중점을 그렇게 바꾸었다고 설명했다. 웰링턴에 갔을 때 원주민 Maori족이 혀를 내밀며 소리치는 Welcome Ceremony "Kia Ora"로 환영을 받았는데 이것은 보통 국가원수가 올 때 하는 환영행사라고 했다. 최고 온천 휴양지 Rotorua에서의 Maori 연인들의 민속춤에 은은하고 슬픈 애수를 느꼈다.

86 우리나라의 물류비는 GDP 대비 1994년 15.7%, 수출액 대비 1995년 16.5%로 매년 상승했고 미국은 1993년 10.5%로 매년 하락했다.

87 '국가경쟁력 강화를 위한 WTO 체제하의 관세행정 개편 방안'을 들고 재정경제원을 거쳐 서울지검 형사부와 강력부, 대검찰청 형사부, 법무부 검찰국의 실무자들, 김기수 검찰총장, 안우만 법무부 장관, 이수성 국무총리, 청와대 구본영 경제수석, 배제욱 민정비서관과 박태종 법률비서관, 문종수 민정수석, 김광일 비서실장 등 4개월간 무려 24군데에 보고하고 5월 1일 대통령 재가를 받아 8월 10일부터 시행에 들어갔다. 관세청 창설 이래 처음이었던 대통령 재가문서였다. 이수웅 국장과 박진헌 과장이 맡았다.

88 재정경제원 세제실장으로 있던 1996년 정기국회에서 관세법을 개정했다. 개정된 주요 내용은 전수행정에서 표본행정으로 전환하고, 통관 소요시간을 평균 15일에서 2~3일로 단축시킨다는 것이다. 정리하면 다음과 같다. 1) 수출에 대해 수출면허, 보세운송 면허, 현물검사의 폐지, 수출용 원자재의 관세환급을 일정 기간 정산제로 하는 등 수출에 대한 규제는 폐지한다. 2) 수입에 대해 수입면허와 보세장치 의무를 폐지한다. 신고 즉시 반출을 허용하고 위법개연성이 있는 경우만

선별검사하고, 관세의 선납부에서 신고수리 후 15일 이내 사후납부로 바꾼다. 3) 공정경쟁, 국민건강 보호, 환경보호, 사회안전을 위해 선별적으로 통관관리를 강화한다.

89 시장 위주 단속의 주요 내용은 다음과 같다. 1) 위법개연성의 정보가 있는 경우 통관한 후 사업장과 유통단계에까지 추적 조사한다. 2) 위법적발 시 법정 최고형으로 처벌하고, 위반 사업자와 동종 물품에 대해 통관조사를 강화한다. 3) 밀수 단속을 실효성이 작은 국경선 단속에서 유통시장의 감시강화에 의한 밀수품시장 파괴로 전환하기 위해 농산물의 집하창고와 유통시장을 실지조사하고, 부두초소 고정감시에서 기동암행 감시체제로 전환하고, 기업형 밀수자금의 원천봉쇄를 위해 자금을 추적 조사한다.

90 부정불공정 무역 감시 업무 확대의 주요 내용은 다음과 같다. 1) 미국세관과 같이 위법에 대한 보세구역 재반입 명령(recall), 선별 정밀검사, 폭리물품 가격조사, 공정시장가격(fair market price) 과세 등에 의해 원산지 표시, 허위상표 부착, 수입가격 조작, 수입가격 폭리 등에 대한 조사를 강화한다. 2) 화장품, 건강식품, 다이어트식품 등의 품질·효능·성분에 대한 표시의 적정성을 검사한다. 3) 첨단기술 유출방지, 음란문서 수입방지, 위조화폐 반입방지, 외화 밀반출입과 국제 자금세탁 방지, 마약과 총기의 밀반입 방지, 공해유발물질 반입방지 등에 주력한다.

91 1970년과 1995년을 대비하면 입국자는 33만 2,000명에서 675만 7,000명으로 20배가 증가되었고, 출국자도 35만 1,000명에서 679만 4,000명으로 19배가 증가되었다. 뉴질랜드와 인도네시아 출장에서 돌아올 때 여행자 휴대품 신고서를 실제로 작성해보니 비행기를 세우고 가방을 풀어보기 전에는 정확한 품목분류를 할 수 없었고, 원화로의 환산이 사실상 불가능했다. 고위층들은 관세보다 납부에 걸리는 시간과 체면 때문에 신고를 기피하는 경우가 많았다. 휴대품 통관제도의 개편은 불가피했다.

92 자신신고 유도를 위한 주요 내용은 다음과 같다. 1) 여행자 휴대품 신고서를 휴대품 유형별로 구분, 원화 대신 달러 또는 현지화 신고허용, 기념품 등 10달러 미만 휴대품의 통합기재 등으로 누구나 쉽고 정확하게 작성할 수 있도록 개선한다. 2) 신고서 작성에 대한 구체적인 예시를 설명한 안내문을 넣도록 한다. 3) 자진신고의 경우 원칙적으로 검사를 생략하고 백색 통관 데스크로 신속 통관토록 한다. 4) 공직자, 기업임원, 카드 소지자 등 신분이 확실한 경우 통관 후 사후납부를 허용하는 것 등이었다. 감시와 정재열 서기관이 여러 차례의 수정을 거치는 고생 끝에 신고서와 안내서를 완성하여 1996년 9월부터 시행했다. 청장 이름이 든 시계로 즉석 표창을 했다.

93 행정처벌 위주로 전환한 주요 내용은 다음과 같다. 1) 통고처분의 기준을 관세포탈죄의 경우 포탈세액 200만 원 미만에서 500만 원, 무신고 수출입죄의 경우 물품원가 300만 원 미만에서 1,000만 원, 부정 수출입죄의 경우 물품원가 500만 원 미만에서 1,000만 원으로 상향조정한다. 2) 포탈세액이 500만 원 이상이거나 물품가액이 1,000만 원 이상의 경우도 범칙 행위가 경미하거나 상습범과 누범이 아닌 경우 또는 기타 형사고발이 적당치 않다고 세관장이 인정하는 경우 검사와 협의하여 통고처분을 하도록 한다. 3) 상습 밀수, 기업형 밀수, 마약총기류 밀수에 대해서는 더욱 엄격히 형사고발하는 등 선진국처럼 밀수범(무신고의 경우), 부정 수출입범(부정신고의 경우), 질서범(단순법규 위반)으로 구분하여 수입자유화와 여행자유화에 맞게 조정한다.

94 이사화물 통관 비리에 대한 보도가 끊이지 않아 양재동 이사화물 장치장을 직접 방문하여 상황을 조사했다. 구체적인 기준도 없이 '성실'은 검사 생략, '담당주무의 지정'은 발췌 검사, '불성실' 등은 전량검사로 구분하여 재량권이 너무 큰 것이 문제였다. '이사화물 수입통관 사무처리에 관한 고시'를 구체적이고 투명하게 개편했다. 1) 동반가족이 있는 경우 1,000킬로그램(2인 초과시 1인당 200킬로그램) 초과 시 전량검사, 700킬로그램 이하 시 원칙적으로 검사를 면제한다. 2) 검사대상으로 선정된 경우 사유와 검사방법을 사전에 설명한다. 3) 포장의 개장 등 신품과 중고의 구분 기준을 구체적으로 명시한다. 4) 자동차의 경우 수입신고 후 6개월 이상 수입자가 사용하는 경우 이사화물로 인정, 과세가격의 체감가치율 명시 등 과세 기준을 명시한다. 5) 이사화물 속에 상용품을 은닉하는 경우 화주 외에 운송업체 명의의 화물에 대한 전량조사를 한다는 사실을 주재공관과 상사협의회에 통보하는 등 구체적이고 예시적으로 개정한다.

95 WCO 보고서와 같이 선진국에서 WTO 체제 이후 일반적인 정부기능은 축소하지만 부정불공정 무역 방지, 마약총기류 밀수방지, 환경유해물품 반입방지 등 최일선 종합행정기관으로서의 세관 기능은 확대하는 추세에 맞추어 조직개편이 이루어졌다. 본청 조직개편의 주요 내용은 다음과 같다. 1) 기존의 통관국(통관관리국을 개칭), 감시국(지도국을 개칭)은 그대로 둔다. 2) 밀수를 담당하던 심리기획관을 사후조사 기능을 수행하는 조사국으로 확대 개편한다. 3) 부정불공정 무역을 단속하는 협력국을 둔다. 4) 정보를 통합 관리하는 정보국(총무처와 협의과정에서 정보관리관으로 됨)을 두도록 한다. 일선세관 조직개편의 주요 내용은 다음과 같다. 1) 수출과는 폐지하고 수입과와 합쳐 통관과로 개편하여 사후조사 기능을 강화한다. 2) 본부세관별로 대기업종합조사반, 고가품 조사반, 공업제품 조사반, 귀금속 조사반, 전자제품 조사반, 농림축수산물 조사반, 총기마약 SOFA 조사반, 부정무역(원산지 위반, 지적재산권 위반 등) 조사반 등 8개 분야별 조사반을 두도록 한다. 3) 관세행정 정보의 통합관리를 위해 정보과를 신설한다. 이러한 조직개편은 총무처와의 어려운 협의로 당초 7월 1일부터 시행하려고 했으나 7월 10일로 늦어졌다. 미국의 경우 정해진 예산과 인력범위 내에서는 청장이 재량으로 조직을 운영하는데 조직 명칭까지 시비하는 총무처가 이해되지 않았다.

96 옛날에는 보세운송의 경로를 세관이 지정하기도 했다고 한다. 무슨 국도를 타고 경부고속도로를 거쳐 하는 식으로!

97 천안에서 불법 수입사건이 발생해 모든 관련기관의 공무원이 검찰에 구속되었는데 세관만 신고제 때문에 무사했다. 과거의 면허제였다면 구속사태가 발생했을 것이다. 이 사건은 세관 직원들이 신고제를 이해하는 데 기여했다.

98 마약과 총기를 제외하고는 관세청에서 단속할 생각을 안 했다. '법에 명백히 금지'하지 않으면 행정법의 일반원칙인 '행정관청 간의 협조의무'를 근거해서 단속하겠다고 5월 1일 '국가경쟁력 강화를 위한 WTO 체제하의 관세행정 개편 방안' 보고에서 대통령의 재가를 받았다. '무주물 선점'이었다.

99 대통령 재가를 받은 후 시행에 들어가려는 참에 친구인 서울지검 특수부장으로부터 '관세청 좀 손봐야 되겠다는 말이 나온다'는 전화를 받았다. 서울지검에 달려가 밀수를 제대로 잡기 위한

조치라는 것을 설명하고 앞으로 마약이나 총기 밀수 등 주요한 사항은 사전에 검찰과 협의하고 발표도 검찰이 주관하도록 약속하고 겨우 설득했다. 통고처분 개편에 대해 형사부장이 문제를 제기했는데 지난번 '부동산실명제'를 재정경제원이 주관할 때 법무부에서 일을 하며 그때의 앙금이 남은 것이 아닌가 생각되었다.

100 당시 통고처분 제도를 강력히 밀고 나가라고 격려를 해준 김기수 총장과 안우만 장관의 리더십에 감사를 표한다.

101 초대 이택규 청장과 2대 최대현 청장은 검사출신이었다.

102 미국과 일본의 관세포탈죄는 최고 5년 이하의 징역인데 우리는 10년 이하이고 특가법에서 5년 이상으로 정함으로써 엄청나게 무거웠다. 내국세의 최고 형량은 5년 이하다. 벌금과 추징금은 최고 포탈세액의 10배로 같았다.

103 자리를 옮기면 먼저 관련 법규부터 정비했다. 영어판의 법을 읽으면 소관 업무를 파악함과 동시에 전문용어를 배울 수 있어 대외회의나 협상에서 의사소통이 원활히 되는 이점이 있다. 1980년 보험2과장으로 간 지 얼마 안 되어 미국 USTR과 협상을 하고 우리가 합의문을 작성하게 된 것은 이 때문이었다. 1991년 한·미 금융협상도 은행법과 외국환관리법 영문판을 완벽히 공부한 것이 큰 도움이 되었다. 1975년 1년이란 각고의 노력 끝에 만든 *Korean Taxation*은 경제용어를 확실히 공부하게 되는 계기였다. 세법에는 모든 경제용어가 집합되어 있다.

104 법규의 정비 다음 항상 통계를 읽고 체제도 정비했다. 통계에서 모든 문제를 알 수 있고 해법도 있는 경우가 많았다. 내가 간 곳의 통계는 모두 고쳤다. 조세 통계, 보험 통계, 단기금융 통계, 통화 통계, 국제수지 통계 등 모두 고쳤다. 대외회의를 갈 때 항상 통계를 들고 다녔다. 업무의 시작은 언제나 법규와 통계의 정비와 개선이었다.

105 당시 안광구 통상산업부 차관이 수출입만은 '일보'를 유지해달라고 부탁해 그것만 살려두었다. 다음 해 통상산업부 차관으로서 안광구 장관과 함께 일하게 되었는데 만약 '일보'를 거절했더라면 어떻게 되었을까 생각하기도 했다. 짧은 시간이었지만 안광구 장관과는 호흡을 잘 맞춰 일했다.

106 총무처가 경찰청 정보국과 혼동된다는 엉뚱한 이유를 대면서 끝까지 반대하여 '정보관리관'으로 바뀌었다. 총무처의 존재이유에 대해 깊은 회의에 빠졌다. 증원요구도 하지 않고 정해진 인력으로 잘하려고 하는데 왜 반대하는지.

107 삼성, 현대, 대우, LG, 쌍용, 선경, 효성 등 7대 종합상사의 1996년 1~8월의 총수출은 400억 달러(전체의 47.2%), 총수입은 221억 달러(전체의 22.5%)로서 수출대비 수입의 비중은 55.2%였다. 삼성은 수출 96억에 수입 45억(52.0%), 현대는 수출 92억에 수입 45억(48.9%), 대우는 수출 95억에 수입 35억(41.1%), LG는 수출 54억에 수입 48억(88.8%), 쌍용은 수출 31억에 수입 25억(80.6%), 선경은 수출 21억에 수입 10억(47.6%), 효성은 수출 19억에 수입 4억(21.0%) 달러였다. 7대 종합상사의 수출대비 수입비중 55.2%로서 1994년 36.6%, 1995년 43.1%에서 매년 10%p 늘어나고 있었다.

108 30대 그룹의 1996년 1~8월의 총수출은 414억 달러(전체의 48.8%), 총수입은 437억 달러(전체의 44.5%)로서 수입의 비중이 높아 23억 달러가 적자였다. 수출상품은 83.1%가 중화학제품이었고, 수입상품은 원자재가 55.7%, 소비재는 3.9%였고, 기술사용료 지급은 19억 달러(1995년)였다.

109 현대그룹, 삼성그룹, LG그룹에서 28위 극동그룹, 29위 뉴코아그룹, 30위 벽산그룹까지 상세한 수출입 실적과 기술사용료 지급 실적을 분석했다. 기술사용료 지급 실적을 분석한 것은 기술수입 상황과 외국브랜드 파워에 의한 국내 중소기업의 파괴상황을 분석하기 위함이었다.

110 1996년 1~6월 중 통관 기준 무역수지 적자는 LG 14억(원유수입 13억), 선경 26억(원유 18억), 쌍용 10억(원유 15억), 한진 6억, 한화 10억(원유 7억), 롯데 1억 달러였고 흑자는 현대 21억, 삼성 41억, 대우 29억, 기아 4억 달러였다.

111 그룹별 특이한 소비재 수입품목을 보면 현대는 볼링용구·가구·나이프 등, 삼성은 골프용품·넥타이·지갑·칫솔·벨트 등, LG는 향수·양탄자·넥타이·벨트 등, 대우는 화강암 등, 선경은 의류 등, 쌍용은 대리석 등, 한진은 전자오븐 등, 기아는 타일 등, 한화는 과자류·과일주스 등, 롯데는 목욕통·수세식 변기·가구·지갑 등이었다.

112 BMW는 코오롱, VOLVO는 한진, FIAT는 한보, PEUGEOT는 동부, CHRYSLER는 한일 그룹이 수입했다. 납품하는 거래처에 매입을 강요하는 경우도 있었다고 했다. 재벌의 윤리 수준을 잘 말해주는 것이었다.

113 프랑스는 일본 전자제품의 통관지를 알프스산 지역의 세관으로 지정한 적이 있었다. 로테르담 항구에서 이웃인 파리에 보낼 제품을 라인강을 타고 알프스를 넘어 통관하느라 많은 시간과 운송비가 들었다. 일본 전자제품 통관전문가가 그곳에 있고 업무의 분산을 위한 조치라는 억지명분을 달았다. 일본이 GATT에 제소하고 문제가 해결될 때까지 수입업자는 견딜 수 없었다. 1996년 '대우'가 프랑스 최대전자회사의 하나인 톰슨멀티미디어사(TMM)를 인수하기로 계약했으나 프랑스정부가 개입하여 파기시켰을 때 우리도 프랑스와 똑같은 방법으로 프랑스산 포도주와 화장품의 품질검사 요원을 동해세관에 배치하고 동해항을 통관지로 지정하는 것을 검토했다.

114 '국제수지 개선과 국내산업 보호를 위한 관세행정대책' 역시 이수웅 통관국장, 박진헌 통관과장이 맡았고 이강연 심리기획관이 자문했다. 서울·부산·인천 세관장에게 직접 확인도 하고 의견도 들었다. 재벌들의 수입행태에 대통령도 놀라움을 금치 못했다.

115 주요 내용은 1) 무역수지 적자를 주도하는 대기업의 수입은 통관단계에서 원산지, 품질표시, 공해유발 등 모든 국내법 관련 법규에 의한 심사를 강화하고, 2) 통관 이후 유통단계에도 적법성을 추적하여 리콜, 고발 등을 하도록 했다.

116 주요 내용은 다음과 같다. 1) 고가 소비재와 국산품과 경쟁관계에 있는 소비재의 저가신고 여부와 성능을 검사한다. 2) 의약품, 화장품, 건강식품, 다이어트식품에 대한 품질과 효능표시의 적정성을 검사한다. 3) 전기제품, 유아제품 등에 대한 안전검사를 실시한다. 4) 도박성 오락기구에 대한 사전 관계기관의 의견을 청취한다 등이었다.

117 주요 내용은 다음과 같다. 1) 미국, EU에 대해서는 원산지 검사, 성능 검사, 통관지 지정 등 해당국과 동일한 세관 검사를 한다. 2) 중국, 동남아에 대해서는 저가 소비재와 농산물의 원산지, 국내상표 도용, 저가신고 등에 대해 철저히 검사한다 등이었다.

118 1996년 10월 1일부터 면세점에서 내국인이 고가품을 구입하는 경우 여권에 그 사실을 기재한 스탬프를 찍게 하여 귀국 시 휴대품검사를 실시하도록 했다. 스탬프는 일종의 '낙인'으로서 반발을 각오한 것이었는데 결과적으로 면세점의 불법이용은 급격히 줄어들었다. 면세점은 상대국으로 수출된다는 점에서 면세하는 것이기 때문에 국내에 반입하기 위한 매입은 금지돼야 한다. 외국에는 국내면세점이 없다. 홍콩은 술과 담배 이외에 소비세가 없어 시내의 면세점은 엄밀한 의미에서 면세점이 아니다.

119 1996년 7월 23일 청와대 본관 대통령집무실에서 보고했다. 사례를 들어 미국의 관세청장은 대통령의 '주먹' 역할을 한다고 보고하고 앞으로 우리도 관세청장을 '주먹'으로 활용해달라고 했다. 이례적으로 한 시간의 독대 보고를 받은 후 "앞으로 미국에 대해 당당하게 해야지.", "소신대로 보고한 대로 잘해라.", "문제가 있으면 직접 보고 해라.", "재벌들 문제도 당당히 해라."라는 지시를 했다. 두 번째로 기분 좋게 서명을 했다.

120 분야별로 종합조사반(7개), 고가품 조사반(1개), 공업제품 조사반(2개), 귀금속제품 조사반(3개), 전자제품 조사반(1개), 농림축수산물 조사반(2개), 총기마약 SOFA 조사반(2개), 부정무역 조사반(2개) 등 총 333명으로 구성했다. 대기업 조사를 위한 7개 종합조사반에는 최고의 엘리트 사무관을 배치했다. 충분한 조사활동비를 지급하고 종합조사반장에게 100만 원의 판공비도 지급했다.

121 분야별로 중점 조사내용, 조사요령, 관련 법규, 처벌 규정 등을 세밀하게 만들어 조사반원이 쉽게 조사 업무를 수행할 수 있도록 만든 큰 분량의 매뉴얼이었다. 조사반을 총괄하던 홍순걸 조사1과장이 만들었다.

122 1974년 고재일 국세청장은 최고의 엘리트로 46개 연합조사반을 설치하고 연간 외형 10억 원 이상 법인의 조사를 전담시켜 큰 성과를 거두었다. 고재일 청장은 내가 만난 가장 청렴하고 탁월한 행정가였다. 전국 일선 세무서의 과장과 계장에 이르기까지 모두 만나 그들을 직접 평가하고 부하의 건의는 작은 일이라도 소홀히 하지 않았다. 내가 서대구세무서 법인세과장으로 근무할 때 우리 과를 순시하다가 각종 보고서 양식을 보관하는 서식함을 보고는 아주 좋은 것이라며 전국 세무서에 제작하도록 지시를 했다. 당시 문란했던 인사에 대해 자격과 교육성적에 따라 제도화된 인사지침을 만들어 공정한 적재적소 인사를 실현했다. 내가 전국 일선세관을 두루 다니며 애로를 듣고 교육과 인사를 연계한 인사 기준을 만들어 실시한 것도 그를 본받은 것이었다. 그는 일선을 순시할 때 식당도 지정하고 자기가 마실 위스키도 가지고 다니며 일선에 폐를 끼치지 않았다.

123 검찰, 국가안전기획부, 청와대에 조사대상과 조사내용을 사전에 보고했다. 4대 일간지 경제부장에게 대외비 조건으로 조사배경을 사전에 설명하고 협조를 요청했다.

124 조사의 공정성과 엄격함을 보이기 위해 첫 번째로 삼성과 현대를 동시에 착수했다. 삼성의

C모, 현대의 K모에게 조사배경을 사전에 설명했다. 1996년 10월 23일부터 2주간 조사한 결과 삼성은 2억 8,000만 원의 관세추징, 수입추천 위반 2건 고발, 수입품 관세 사전납부 및 전량 조사처분이 내려졌고, 현대는 1억 2,600만 원 관세추징, 수입품 관세 사전납부 및 전량 조사처분이 내려졌다. 시범케이스였다. 내가 떠난 후, LG 등으로 이어졌다.

125 1996년 11월 18일부터 12월 10일까지 연 91개 조사반 431명을 투입했다. 밀수시장이 완전히 폐업할 때까지 조사를 진행하여 99건 5억 2,800만 원 상당의 전자제품을 압수했다. 필라 코리아의 의류제품에 대해 최초로 리콜(보세구역 회수)조치를 했다.

126 이강연 국장의 교섭으로 미국 관세청으로부터 마약견 21마리를 원가에 도입해 김포 13마리, 부산·인천·김해·제주 세관에 2마리씩 배치했다.

127 국가안전기획부로부터 지원받은 총기마약 수사자금을 기초로 '구룡산 자금'이라는 공작자금을 만들었다. 총기마약상으로 위장거래를 하기 위한 자금이었다. 이 자금으로 마약조직과 접선하여 거액의 마약밀매를 약속하고 약속된 장소인 양재시민공원에 나갔는데 체포하기 직전 도주한 사건도 있었다. 첫해는 3,000만 원으로 출발했으나 1997년에는 정식예산으로 8억 원을 조성했다.

128 중국으로부터 뱀을 밀수하다 거제세관 감시선의 추적을 받자 뱀이 든 상자를 바다에 버리고 도망갔는데 일본 해변에 뱀 상자가 떠돌아다닌다는 정보를 시모노세키세관에서 제공해주었다. 이 정보로 중국 뱀 밀수에 대한 조사가 전개되었다.

129 MR 방식은 서울에서 태어나 연희전문학교의 최현배 선생 밑에서 한글을 공부한 맥퀸 (George McCune)과 도쿄에서 태어나 하버드대학교에서 동아시아의 역사와 언어를 공부하고 유명한 《동양문화사》를 지은 라이샤워(Edwin O. Reischauer, 일본대사도 역임)가 1937년에 서울에서 공동으로 연구하고 고안한 표기방식으로, 많은 나라들이 널리 사용하고 있다. 1948년에 처음 정부에서 채택한 후 다시 바뀌었다가 1988년 서울올림픽 때 MR 방식으로 갔다가, 2002년 월드컵 때 다시 독자방식으로 돌아가 Kimpo가 Gimpo로 되었다. 세계는 모두 MR 방식인데 우리가 독자방식을 채택한 것은 '신판 척화비'가 아닌가 생각된다.

130 1996년 9월 15일부터 18일까지 세관협력 협정체결을 위해 이스라엘 예루살렘을 방문했다. Arie Ziep 관세청장과 합의를 한 다음 한국과 처음 체결한 조약이라고 David Levy 외무장관과 외무장관실에서 서명식을 하고 함께 기자회견을 하였다. 이스라엘 관세청이 마련한 리무진으로 예루살렘, 사해, 갈릴리, 하이파를 관광했다. 예루살렘은 세제실장으로 있을 때 조세조약협상과 미주개발은행(Inter-America Development Bank, IDB) 연차총회 참석을 위해 1995년 4월에도 방문했다. 기독교인으로서 성지순례를 두 번 하는 행운을 가졌다. 지난번 예루살렘 가는 길 취리히 호반의 조그맣고 아담한 Emirtage Hotel에서 머문 하루는 은은하게 기억에 남는다. 새벽 호반의 조깅, 잔잔한 파란 물결, 나무부두에 매인 요트들, 호수 건너 파랗거나 붉은 그림 같은 저택들, 멀리 눈이 덮인 알프스산! 내가 본 가장 아름다운 영원히 잊을 수 없는 그림이었다. 호반에서 조약돌을 주웠다.

131 파란 '코너지'는 오래전 재무부에서 출발하여 청와대로 번지더니 전 부처로 번졌다. 코너지를

만든다고 파란 책자의 표지는 언제나 칼질을 당했다. 한 술 더 떠 코너지에 글자까지 새기는 것도 볼 수 있었다. 코너지가 있는 문서는 보기는 좋지만 페이지를 넘기는 것도 불편하고 철하면 그쪽이 부풀어 올라 불편하기 짝이 없었다. 세계 어디를 가도 문서에 코너지를 붙이는 경우를 보지 못했다.

132 방패 모양 로고의 둘레에 영문과 함께 한글의 우수성으로 꼽히는 '풀어 쓴 조형미'를 살려 '관세청' 글자를 'ㄱㅗㄴ ㄴ세ㅊㅓㅇ'으로 풀어 썼다. 새로 제정된 로고, 흉장, 계급장 사진이다. 사무관 이상은 방패 안에 무궁화를 두고, 주사 이하는 사각형 안에 작은 무궁화로 했다.

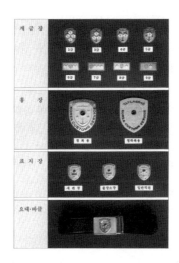

133 송재환 병무청장과 협의하여 1997년부터 관세청이 요구하는 대로 배치하기로 합의했다.

134 당시 직원들이 선호하는 업무에 따라 감시 업무[여구(旅具) 업무 포함], 수입 업무(무환수입 업무 포함), 조사 업무(심리 업무 포함) 세 가지로 나누었다. 세 업무에 대한 교육과정을 만들고 감시 업무에는 영어회화, 수입 업무에는 무역실무, 조사 업무에는 회계학이라는 '난코스'를 만들어 교육을 마치면 해당 업무에 투입하도록 했다. 80점 이상으로 수료를 하면 희망보직에 3개월 내 발령했는데 이때 퇴출 기준은 해당 과정 무교육자, 무교육자가 복수이면 전입 순, 전입이 같으면 상위계급자로 정했다. 세관장이 밀수마약 관련 업무 등 필수요원이라 판단하여 청장의 승인을 받는 경우는 예외로 했는데 이것은 일부 직원이 검찰과 유착하여 인사이동을 시키려고 하면 검사가 필요한 사람이라고 하여 세관장의 인사권을 무력화시키는 것을 방지하기 위한 목적이 있었다. 1차로 51명이 교육을 받아 14명이 탈락하고 나머지는 7월 1일자로 희망보직에 발령했다. 몇 년 후 청장의 재량을 너무 제한한다고 폐지했다니 안타깝기 그지없다.

135 1996년 3월 29일 인천세관에 순시를 가니 농림부의 요청으로 올망졸망한 보따리를 뜯고 열고 흔들며 엄격한 조사를 하고 있었고 보따리장수는 장사진을 치고 있었다. 고객을 괴롭히고 나라의 이미지만 나쁘게 만드는 것이라 판단했다. 인천세관장에게 운송사와 협의하여 농산품별로

투명한 면세봉투를 만들어 신속 통관하도록 지시했다.

136 평생 공직생활을 하고 퇴임한 친구의 부친은 내 고시합격을 축하하며 부하들에게 소리치며 꾸중하지 않는 것 한 가지만 지키면 성공한 관리가 될 것이라며 꼭 지킬 것을 당부했다. 부하는 꾸중을 안 해도 잘못하면 절절 기는데 꾸중하면 반발하고 돌아서 욕하고, 꾸중하지 않으면 더 미안해 열심히 하고 나가서 자기의 팬이 된다는 것이었다.

137 성윤갑 기획예산과장은 나와 지방순시를 함께 다녔다. 내가 관세청을 떠날 것을 예측했는지 중요한 일을 끝낸 10월 말에 청사 앞 좌회전신호, 관세청소식지 발간 등 작은 일도 다 기록한 '청장 부임 후 주요 업무 추진실적'(1995년 12월 26일부터 1996년 10월 8일)을 만들어 보고했다.

138 특히 김경우 차장, 이수웅 통관국장, 이강연 조사국장, 서명수 총무과장, 박진헌 통관과장, 홍순걸 조사과장의 수고가 컸고 잊을 수 없다.

139 1993년 4월 재무부의 이재국, 증권국, 보험국을 재무정책국, 금융국, 증권보험국으로 개편했다. 반세기 동안 재무부의 간판이었던 이재국은 1949년 초대 김유택 국장을 시작으로 33대 김영섭 국장으로 막을 내렸다. 나는 31대였다. 역대로 10명의 장관을 배출했다. 미국이 외무부를 국무부(State Dept.)로, 재무부를 국고부(Treasury Dept.)로 건국 때의 이름을 지키는 것과 비교하면 우리는 전통을 너무 잘 죽이는 것 같다.

140 재무부 경제협력국과 합쳤다. 경제기획국은 정책조정국과 합쳐 경제정책국이 되었다.

141 재무부 개편 몇 년 후 당시 청와대 비서실장이었던 P씨는 경제기획원의 예산실만 떼어 재무부에 넘기고 폐지하라는 것이 대통령의 지시였는데 변질되었다고 말했다고 한다.

142 문제점을 정리한 문서를 들고 당시의 박희태 법사위원장을 찾아가 잘못된 것을 납득시켰다. 야당의 반대로 급하게 처리되는 바람에 법사위원회의 자구조정 기회가 없었다.

143 사공일 전 재무부 장관은 몇 번 그런 얘기를 했다. 국제금융국은 주로 해외에서 활동하기 때문에 국제감각이 없는 사람은 국제금융국이 무얼 하는지 몰라 그런 것 같다고 했다. 군대가 평시는 중요한 줄 모르다가 전시가 되어야 중요성을 아는 것과 같다고 했다. 환란을 당하고 나서 국제금융국도 부활되었다.

144 새 정부의 조직개편을 맡았던 C씨는 내게 금융정책국과 국제금융국을 경제정책국의 금융정책과와 국제금융과로 개편하는 방안을 물어왔다. 자기가 근무했던 물가담당 국민생활국은 중요하기 때문에 그대로 둔다는 것이었다. 어이가 없었다. 다시 전화로 물어왔을 때 "나는 의견 없이 나가는 사람이니 책임지고 하시오."라고 말했다. 다른 선진국 어디에 국민생활국이 있는지 묻고 싶다.

145 미국 관리예산국(Office of Management and Budget, OMB)은 행정부의 예산을 종합하여 의회예산국(Congressional Budget Office, CBO)에 제출하는 중개 기능을 한다는 점에서 예산편성권을 갖고 있는 우리의 기획예산처와 다르다.

146 김정국 예산실장과 남궁훈 세제실장이 5조 원에 가까운 차이를 두고 줄다리기를 했다. 세제실

장을 맡아보았던 나는 예산실의 손을 들어주고 세제실을 설득했다. 대외적으로 예산실은 강하지만 대내적으로 세제실에게는 강할 수 없었다. 어디나 돈을 버는 사람이 강할 수밖에.

147 검찰의 수사 결과 이철희·장영자 부부가 1981년 2월부터 1982년 4월까지 14개월 사이에 공영토건·태양금속·일신제강·라이프주택·삼익주택·해태제과로부터 1,801억 원의 어음을 사기로 취득하여 사채시장에서 할인한 자금으로 사채놀이를 한 사건이다. 어음거래의 누적규모는 7,111억 원이나 되고 이것을 사채시장에서 할인하여 5,671억 원의 현금을 조달했으니 당시 4조 원 정도의 통화규모와 비교하면 엄청난 사건이었다.

148 1982년 초 재무부 출신 정인용 차관은 외환은행장으로, 이수휴 이재국장은 전매청으로 나가고, 경제기획원에서 강경식 차관보가 재무부 차관, 이형구 경제기획국장이 재무부 이재국장으로 오게 되었다. 1982년 5월 장영자사건이 터지자 취임한 지 6개월도 안 된 나웅배 재무부 장관이 물러나고 강경식 차관이 재무부 장관으로, 경제기획원 출신 김홍기 전매청장이 재무부 차관으로, 이형구 이재국장은 승진하여 재정차관보로 옮기고, 이재국장에 경제기획원 출신인 강현욱 사우디아라비아 경제협력관을 파격적으로 발령했다. 이규성 재정 차관보는 전매청장으로 나갔다.

149 은행 예금금리를 12.6%에서 8.0%로, 대출금리를 14.0%에서 10.3%로 대폭적으로 인하하고 제일은행과 서울신탁은행은 1982년에, 조흥은행은 1983년에 민영화하는 등 중요한 조치가 있었다. 단자회사 금리는 수신(발행어음) 13.0%에서 8.0%로, 여신(어음할인) 16.5%에서 12.0%로 내렸다. 법인세율도 33~38%에서 20%로 내리고 컬러TV 특별소비세를 40%에서 28%로 인하하고, 기계부품 생산 우량 중소기업을 1,000개 이상 선정하여 시설자금을 중점 지원하는 방안도 포함되었다. 금리 4%p 인하라든가 법인세율 18%p 인하는 당시 재무부 사람들로서는 상상도 못할 놀라운 조치였다. 플라자호텔에서 경제기획원 실무자들과 작업한 것으로 알려졌다.

150 당시 이재3과는 제2금융권과 사채시장을 담당했는데 단자회사(20개), 종합금융회사(6개), 리스회사(3개), 상호신용금고(191개), 신용협동조합(1,466개), 새마을금고(1만 6,694개), 농수협 상호금융(1,564개) 등 총 1만 9,944개의 중소금융기관이 관할 아래 있었다. 1만 9,944개의 중소금융기관에 대한 독립된 감독기구 하나 없이 상호신용금고와 신용협동조합이 수시로 부도가 나 바람 잘 날이 없었다. 당시 세종로에 있던 재무부에는 금고로부터 돈을 떼인 예금자들이 수시로 쳐들어와 소란을 피우기도 했다. 이재3과도 수시로 사고가 나고 직원들도 다치는 경우가 많아 대부분 기피하는 과였다. 1982년 2월, 내가 이재국 이재3과장으로 갈 때도 문제가 생겨 보험2과장으로 있다가 갑자기 가게 되었다.

151 '지하경제의 현재화 방안'은 45페이지나 되는 많은 분량으로 지하경제 생성의 배경과 제기된 문제, 장기적인 정책 방향, 당면 개선대책 등 세 가지로 구성했다. 주요 내용은 실명유도를 위해 실명과 비실명에 따른 3단계 차등과세, 금융소득 과세강화에 따라 소득세 최고세율을 방위세 포함 50%로 인하, 사채 이자소득에 대한 금융계좌 조사 허용, 사채시장 규제를 위해 유사금융단속법 제정, 제2금융권 활성화에 의한 사금융의 흡수 기능 제고를 위해 단자회사·상호신용금고 신규설립과 업무확대, 제2금융권 예금자 보호를 위해 예금보장기금 설치, 종합감독 기능을 가진 국가감독기구 설립 등이었다. 이러한 정책의 원활한 수행을 위해 물가등락에 따른 금리실세화, 책임경영체제

확립을 위해 은행민영화, 정책금융의 축소와 부실기업의 정리, 기업체질 강화를 위해 법인세율 인하도 포함했다. 광화문 네거리 근처 서린호텔에서 밤새워 보고서를 만들었다. 우리 과에서 김석원 사무관, 세제국에서 서경석 소득세제과장과 임동빈 주사, 국제금융국 이종남 사무관이 함께 갔다. 차관의 지시대로 금융실명제의 전면 실시를 전제로 검토하다가 자정 무렵 가서 현실적으로 추진이 불가능하다고 판단해 '북북서로 방향을 돌려라'였다. 보고서는 임동빈 씨가 썼다.

152 political cost라는 영어표현은 대통령의 정치자금 이야기를 글로 적는 것이 적절치 않아서였다. 김재익 경제수석은 금융실명제는 1%도 안 되는 소수의 문제이니 밀고 나가야 된다고 했다. 나는 political cost를 감안하면 그 1%가 뜻으로 보면 100%일 수 있다고 했다.

153 당시 일본에서 논의되던 Green card 제도는 정부가 발행한 Green card를 제시하여 은행에 예금한 경우 분리과세를 해준다는 내용이었다. 이 제도가 시행되면 검은 정치자금이 구별되는 것을 우려한 집권 자민당이 반대하고 있었다.

154 1982년 5월 20일 장영자사건에 대한 종합수사 결과가 발표되고 21일에는 민정당의 실세인 권정달 사무총장과 법무부 장관 등 11부 장관을 경질하는 대대적인 당정개편이 있었다. 사건의 1차 수습이 완료되자 6월 24일에는 추가문책으로 유창순 총리가 김상협 총리로 교체되고 강경식 장관이 취임했다. 대검 총장으로서 장영자사건 수사를 마감하고 취임한 정치근 법무부 장관이 한 달 만에 배명인 장관으로 교체되었다. 장영자사건이 얼마나 민감하고 충격이 컸는가를 보여준다.

155 '금융실명제 태스크포스'는 반대 입장이 강했던 안공혁 증권보험국장을 반장으로 증권보험국 권용진 증권1과장, 김규현 보험2과 사무관, 서경석 소득세제과장, 그리고 우리 과에서 나와 진동수 사무관으로 구성되었다.

156 법률을 초안하고 있던 어느 일요일 구룡산에 올라 몇 시간 동안 법안을 구상했다. 핵심 조항은 목적, 정의, 실명거래, 비밀보장, 벌칙, 다른 법률과의 관계, 시행령 등 7개조로 충분하다고 판단하고 조문을 머릿속에 정리했다. 다음 날 진동수 사무관, 김규현 사무관과 함께 어제의 구상을 적었다. 구상한 조문을 다 쓰는 데 15분 정도 걸렸다. 약간의 자구수정과 보완을 거쳐 8월 30일 본칙 14개조 부칙 3개조 총 17개조의 재무부 안으로 확정했다. 그동안 태스크포스는 '금융거래의 실명화에 관한 특별조치법'이라는 이름으로 8차에 걸친 초안을 만들고 수정하는 과정을 거쳤다.

157 10월 30일 이종찬 민주정의당 원내총무는 최명헌 의원과 박종관 의원에게 재무위원회에서 금융실명제 반대발언을 하도록 자기가 시켰다고 기자들에게 밝혔다. 6·28조치와 7·3조치 모두 발표 이틀 전에 통고받았다며 성급한 입안을 항의했으나 정부 측이 충분히 여론을 수렴하겠다고 해서 보완조치 쪽으로 방향을 틀었다고 했다. 8·17 보완조치 후에도 주가가 속락하고 아파트가격이 올라 정권적 차원의 문제라 생각해서 비공식적인 당정협의를 통해 무리한 강행을 말렸다고 했다.

158 1995년 내가 재정경제원 세제실장으로 있을 때 선진국의 자금세탁방지 협의체인 FATF(Financial Action Task Force on Money Laundering)의 권고안에 따라 본칙 10개조 부칙 3개조 총 13개조의 '자금세탁방지에 관한 법률안'을 초안한 적이 있었다. 그 후 '특정 금융거래정보의 보고 및 이용 등에 관한 법률'과 '범죄수익 은닉의 규제 및 처벌 등에 관한 법률' 2개가 2001년에 제정되었다. 국민의

입장에서는 하나로 충분한데 관련 기관이 2개이기 때문에 2개의 법으로 되었을까?

159 당시 이수휴 이재국장이 이례적으로 전매청으로 나가게 된 이유가 청와대의 단기금융회사 인가 지시를 무시했기 때문이라는 설이 파다했다. 오늘의 신한은행의 모태가 되었던 제일투자금 융주식회사는 박정희 대통령이 재일교포들에게 베푼 큰 특혜였다. 이것을 기초로 신한은행, 신한 생명, 신한증권으로 발전하여 조흥은행까지 인수하는 신한금융그룹으로 성장했다.

160 10월 11일 중단을 발표하기 직전 태평양투자금융이 내인가 신청을 해 이미 내인가한 삼삼, 동아, 신한, 한미, 삼희, 금성, 국일, 한일과 합쳐 9개사가 인가되었다. 그 후 부산, 대구 등 지방에 3개사가 추가로 인가되어 모두 12개가 인가되었다. 서울의 기존 단자사는 한국, 서울, 한양, 대한, 동양, 중앙, 제일 등 7개였고 지방에 13개사가 있었다. 김석원 사무관에 이어 박종원 사무관이 이해승, 김상대 주사와 함께 인가 업무를 말썽 없이 잘 처리했다.

161 금고 이전, 지점 설치, 감사 자격 등 모든 인가와 승인 사항에 대해 기준을 만들고 이 기준에 따라 처리하고 재무부에 사후보고를 하면 법에 의해 인가나 승인을 받은 것으로 간주하는 즉 '인가 간주' '승인 간주' 규정을 만들고 이러한 내용의 '상호신용금고 업무 취급규정'을 만들었다. 이 규정을 만든 후 금고 관련 민원인들이 재무부에 오는 일이 거의 없었다. 보험2과에서 매년 보험회사의 결산을 재무부가 승인하고 책임준비금을 쌓게 하던 것을 '손해보험회사 회계처리규칙' 을 만들고 이에 따라 결산을 하고 보고하면 승인을 받은 것으로 간주하도록 고친 것을 참고한 것이었다. 말썽 많은 금고 업무를 유재한 사무관은 조무웅 주사와 함께 무리 없이 처리했다. 최초의 예금보험 제도였던 신용관리기금법 제정도 유재한 사무관이 맡았다.

162 당시 신용협동조합은 1,466개였다. 정해진 기준 없이 해마다 신용협동조합중앙회의 지도와 심사를 거쳐 재무부가 인가했다. 신협 인가를 위해 절에 가서 100일 기도를 하는 사람이 있다는 말도 있었다. 가장 말썽이 되던 지역 신협의 '공동유대'를 도시와 지방의 특성에 따라 기준을 만들고 또 다른 말썽의 근원인 중앙회의 사전 지도 기간을 없애는 대신 회계책임자의 자격을 부기2급 이상으로 정했다. 이런 기준을 '신용협동조합 업무 운영지침'으로 만들어 1982년 9월 14일에 발표하고, 그해 12월 9일 136개, 다음 해 1월 17일과 2월 9일에 202개 총 338개의 신협을 인가했다. 당시까지 지도를 받고 있거나 설립 중이던 신협들을 모두 인가했다. 진동수 사무관과 손수길 주사가 신협 업무를 맡았다.

163 '단기금융업법'에 의해 설립된 '단기금융회사'가 '투자금융회사'로 불리게 된 유래는 이 법의 제안 설명에서 알 수 있다. "사채를 양성화하고 장기적으로 기업의 투자를 지원하기 위한 장기금융 기관 즉 투자금융회사로 육성하기 위하여 이 법을 제정한다."라고 언급되어 있다. 현실은 '단자'인 데 꿈은 '장자'였다. 국제금융국장 시절 1991년 10월 방콕 IMF 총회에서 외환은행 조성진 이사로부 터 단자회사는 태국 모델이라는 것을 들었다. 그는 1972년 재무부에 파견 나와 단기금융업법의 제정에 참여했는데 방콕에 출장 가서 태국 단자회사들을 둘러보고 도입할 것을 건의했다고 했다. 당시 방콕에는 수많은 단자회사가 성업 중이었고 태국 재무부 간부들은 대부분 단자회사를 갖고 오후면 퇴근하여 자기 장사를 하더라는 얘기도 했다.

164 국민투자기금은 보험회사를 중심으로 자금을 강제적으로 납입 받아 중화학공업에 투자하던

자금이었는데 당시 남아 있던 대표적인 정책금융이었다.

165 정부투자기관인 한국산업은행 등 국책은행의 업무계획, 일정액 이상의 고액대출, 조직변경에 대해 경제기획원의 승인을 받도록 하는 것이었다. 경영평가를 통해 상여금까지 정하던 경제기획원이 대출심사까지 하겠다고 나섰다. 전 부처가 강력히 반발하자 경제기획원은 사외이사로 참여하는 방안으로 바꾸고 소관부처도 억지로 끌고 들어갔다. 이사회에서 정관의 변경으로 은행경영을 간섭하려고 들어 이를 저지하는데 K국장과 많이도 싸웠다. 당시 국책은행의 경우 연간 업무계획 이외에는 자율화되어 있었는데 재무부는 국책은행법에 의한 감독과 함께 경제기획원을 위하여 억지로 사외이사로도 참여하는 어이없는 일을 했다.

166 두 자회사를 설립하게 된 배경은 민간에서 시작하지 않았던 신용평가와 벤처캐피털을 선도하고, 한국산업은행의 여유인력을 소화하기 위한 방안이었다. 내가 이재1과장으로 간 직후 한국산업은행에 대한 감사원 감사 결과 한국산업은행 인력의 약 30% 정도가 불필요한 인력이니 감축하라는 통보가 있었다. 그 바람에 한국산업은행은 야단이 났다. 궁리 끝에 사람을 잘라버리는 것보다 민간이 진출하지 못하고 있는 새로운 금융업을 하는 자회사를 만들어 소화하고 3년간 신입행원을 뽑지 않는 방법을 택하기로 했다.

167 명성그룹의 김철호 회장의 부탁을 받은 상업은행 혜화동지점 김동겸 대리가 수기통장 발행방법으로 사채업자로부터 1,000여억 원의 자금을 조성하여 김철호에게 넘겨 사채놀이를 하다가 터진 사건이었다. 당시 사채자금은 사실상 제도금융 안에서 예금 형태만 바꾸며 기생했고 사채거래는 은행을 안전장치로 이용하여 은행에 예금하고 지점을 시켜 사채수요자에게 대출하도록 하고 이자 차액을 채무자로부터 직접 챙기는 형태가 많았다. 명성그룹과 대통령의 장인 이규동 대한노인회 회장과의 관계 때문에 더 시끄러웠다. 지점의 대리가 거액의 자금을 손으로 쓴 통장으로 관리한 것을 아무도 몰랐다는 것이 큰 논란거리였다.

168 조흥은행 중앙지점 직원이 영동개발과 신한주철의 1,670억 원에 달하는 어음을 불법보증해준 사건이었다. 지점장 직인을 훔쳐 보증을 하거나 아예 훔친 직인을 회사 직원에게 맡겨 마음대로 찍게도 한 어처구니없는 사건이었다.

169 대구의 신흥재벌 광명그룹이 무리한 확장을 지속하다가 567억 원의 부채를 견디지 못해 부도를 냈다. 광명그룹은 광명투자금융과 광명상호신용금고 신규인가를 받기도 했다.

170 항만청장의 보고를 받은 강경식 청와대 비서실장의 지시였다. 1983년 10월 9일 버마 양곤의 아웅산묘소 폭탄테러 사건 후 강경식 장관은 비서실장으로 가고 김만제 장관이 부임했다. 10월 19일자 업무일지에 '해운지원 방안 마련지시'라고 기록되어 있고 11월 30일 오후 5시 새로 부임한 사공일 경제수석에게 이형구 차관보와 함께 해운산업 합리화계획을 보고한 것으로 기록되어 있다. 이두호 사무관이 이 일을 맡아 산업은행, 해운항만청 사람들과 함께 많은 수고를 했다.

171 현대조선 창업 시 그리스 해운회사로부터 발주 받은 3척을 인수해가지 않은 이유는 계약된 시한에 선박건조를 못 할 것이라는 전제에서 지체배상을 목적으로 수주했다는 설이 있었다. H해운 C사장은 우리 집에 찾아와 싱가포르항에 잡혀 있는 배를 찾기 위한 대출을 해주지 않으면

자살하겠다고 울며 호소했다. 오랜 시간이 흐른 후 C사장을 기차에서 보았다. H해운은 사라졌으니 그는 말로만 자살한 오나시스를 꿈꾸던 '선박투기꾼'이었던가?

172 1990년 4월 20일 《조선일보》는 30대 재벌이 전년의 불황 속에 3조 8,000억 원대의 '부동산 사재기'를 했고 현대·삼성 등 5대 재벌이 63%에 달하는 부동산을 보유하고 있다는 특종 보도를 했다. 1989년 말 30대 재벌의 토지보유는 1억 2,320만 평(13조 1,000억 원)으로 전년 1억 2,080만 평(10조 1,000억 원)에 비해 240만 평 늘어나 1988년에 늘어난 740만 평에 비해 많은 것이 아니었다.

173 이근영 세제국장과 협의했으나 합의되지 않았다. 당초 규정의 목적이 다른데 여신관리규정이 법인세법을 따라 간 것이 잘못이었다. 독자적인 기준을 만들고 난 후 법인세법 시행 규칙도 수정되었다.

174 5·8부동산대책의 문제점을 청와대에 보고한 후 재벌을 비호한다는 오해를 받았고 나에 대한 인사조치 얘기가 있었다.

175 미국에서는 부동산담보의 관리비용도 많아 은행이 부동산 담보대출을 꺼리고 우량기업은 신용평가로 대출이 이루어진다. 이재1과장으로 일하던 1983년 신용대출의 전제가 되는 신용평가 전문기관인 한국기업평가주식회사를 한국산업은행의 자회사로 설립했다.

176 윤진식 금융정책과장과 김석동 여신관리담당 사무관이 밤낮도 주말도 없이 노력하여 만들었다. 거의 매일 자정을 넘기며 일한다고 불평이 장관에게 올라가기도 했다. 윤진식 과장은 후에 산업자원부 장관을 지냈고 김석동 사무관은 후에 금융위원장을 지냈다.

177 어떤 행장은 부동산담보를 못 잡게 하면 행장의 인사에 영향을 미치는 외부 실세의 대출압력을 막아낼 방도가 없어 은행장을 못 해 먹는다고 하소연했다. 부동산담보는 은행 사람들의 사후 면책의 근거도 되었고 대출압력 거절용도 되었다.

178 자금의 수요공급이 원활한 미국에서도 신용이 낮은 기업에 대해 형식은 우대금리를 적용하고 실세금리를 맞추기 위해 낮은 금리로 예치하는 양건예금(compensating balance)이 있다. 대출금리는 연 12% 내외인데 비해 정기예금은 10%에 지나지 않아 기업은 꺾기에 의해 2%의 금융비용을 추가 부담한다. 한국은행은 1990년 1월 말 기업들이 가입한 예적금 7조 4,000억 원 중 최소한 4조 5,000억 원 이상을 꺾기로 추정하고 통화수치를 맞추기 위해 2월 중 1조 5,000억 원의 예대상계를 추진했다. 숫자놀음 통화관리였다.

179 재무부는 1989년 11월 14일 금리인하와 함께 단자회사의 꺾기를 축소하도록 지시했다. 단자회사들은 기업의 매출어음 및 발행어음 잔액이 1989년 10월 말 15조 3,704억 원에서 1990년 2월 말 9조 4,379억 원으로 5조 9,325억 원의 꺾기를 축소시켰다.

180 8월 21일 전경련은 6·28 제2금융권 금리인하 조치 이후 제2금융권에서 1조 200억 원의 자금부족이 발생해 단자회사에서 운전자금을 조달해오던 기업들의 자금경색이 심화됐다고 지적하고 제2금융권의 자금부족분만큼 총통화증가율을 22%까지 높여야 한다고 주장했다.

181 대기업을 중심으로 시작된 '3불구'의 자금경색을 해결하기 위해 자동차회사의 과당경쟁 방지

와 자금사정 완화를 위해 할부기간이 36개월을 초과하는 매출에 대한 은행대출을 규제했다.

182 은행지급어음, 즉 은행도(渡) 어음은 은행이 정한 용지에 은행에서 자금의 한도 내에서 지급을 약속한 어음을 말한다. 어음은 개성상인들로부터 유래된 고유의 지급제도이지만 이행의 강제가 당사자 간의 민사소송으로 해결된다는 점에서 수표와 근본적으로 달랐다.

183 하나의 어음이나 수표가 부도가 나면 모든 은행과의 거래가 일시에 끊기는 제도는 일제시대부터 내려온 오랜 관행이었다.

184 적정통화량의 비율인 마셜 k(Marshallian k, 화폐소득에 대해 보유하려는 화폐량의 비율)에 대해 재무부는 한국은행, 민간경제연구원, 경제학 교수들과 함께 많은 논쟁을 했다. 부족한 통화량은 만성적인 자금 초과수요와 이에 따른 고금리와 인플레의 원인이라는 재무부의 견해에 반해 한국은행은 통화량을 늘리면 총수요의 증가와 과잉유동성에 의한 인플레가 우려된다는 통화론자의 입장이었다. 민간경제연구원은 재무부의 입장을 지지했고, 교수들은 한국은행의 입장을 지지했다.

185 GDP 기준 M2의 비율은 1989년 말 잔액 기준 39.6%, 평잔액 기준 34.2%였다. 당시 통계 기준 GNP로는 40%를 상회했던 것으로 기억된다.

186 미국과 일본의 M2 기준은 당시에도 우리와 일치하지는 않았다. 우리 기준으로 환산한 M2와 당시 사용하던 GNP를 기준으로 하면 미국 80%, 일본 120% 전후였던 것으로 기억된다. 환산하지 않은 M2의 GDP 비율은 1988년 미국 66.4%, 일본 107.3%, 1989년 미국 65.4%, 일본 117.0%였다.

187 미국은 연간 인플레, 실업률, 성장률 목표의 달성을 위해 M1, M2, M3 등에 대해 분기별로 탄력적인 목표(target cone)를 정하고 Federal Fund Market을 중심으로 한 간접적인 방법으로 관리했다. target cone은 6~9%와 같이 큰 range를 두고 관리했다.

188 내가 이재3과장으로 단자회사를 맡고 있을 때 당시 한국은행의 H자금부장이 단자회사의 어음할인 규제를 K부총리에게 건의하여 소동이 있었다. 단자회사의 어음할인 금리가 높고 수신이 늘어나 시중은행의 자금사정이 악화되고 통화관리가 어렵다는 것이 논리였다. 단자회사의 수신이 늘어나도 은행의 자금량에는 변화가 없고 예금의 지역별 변동과 자금예치 기간의 단기화가 일어날 뿐이었다. 다만 은행의 장단기 수신구조가 바뀌어 자금관리가 어려워지지만 은행의 자금이 단기화되는 만큼 자금코스트가 줄어들어 자금관리만 잘하면 수익성이 높아진다.

189 한국은행은 1989년 M2b지표를 만들어 제2금융권 자금의 관리를 주장했다. M2b는 CD, CMA, BMF 등 제2금융권의 단기성 금융자산을 포함시킨 유동성지표다. 제2금융권의 단기성 금융자산은 은행에 예치된 상태에서 수표로 거래되기 때문에 제2금융권의 단기성 금융 자산의 증감은 은행의 포트폴리오 구성에 변화가 일어날 뿐이고 동일자금을 이중계산하는 모순이 있었다. 통화창조(money creation) 즉 당좌계정(checking account)이 없는 기관의 자금을 관리하는 것은 '없는 통화'를 관리하겠다는 것이다. 미국에서 '1980년 은행법(the Banking Act of 1980)'에 따라 상호저축은행(mutual savings bank)이 지급준비금을 쌓고 당좌계정(checking account)이 허용됨에 따라 FRB가 정하는 당좌계정과 기업정기예금(business time deposit)이 통화관리 대상이 된 것이다.

190 2001년 말 잔액 기준이고, 평잔액으로는 72.1%이다. GDP(과거는 GNP를 주로 썼다) 대비 M2(말 잔액 기준)의 비율은 내가 이재국장이던 1990년 38.4%에서 1993년 40.4%로 확대되었고 외환위기가 발생한 1997년 44.9%로 40%대를 유지하다가 1998년 58.1%, 1999년 68.2%, 2000년 79.1%, 2001년 84.7%로 확대되었다.

191 제2금융권의 유사상품에 대한 동일금리체계 적용을 위해 1년 미만 CP, RP는 1년 정기예금금리+2.5%, 6개월 미만 상업어음과 기업어음은 해당 정기예금금리+2%, 3개월 미만은 해당 종합예금금리+2%로 하고, 1년 미만 실적배당 상품은 해당 정기예금금리+2.5%, 3개월 미만 실적배당 상품은 해당 종합예금금리+2.5%로 하도록 하는 것이었다.

192 법은 1991년 2월 7일 국회를 통과했다. 후에 '금융산업의 구조개선에 관한 법률'로 변경되었다. 이종구 사무관이 입법에 많은 수고를 했다. 그는 공직을 떠나 국회의원이 되었다.

193 지방기업에 원스톱(one-stop) 방식의 종합금융서비스를 제공한다는 명분으로 자기자본이 400억 이상이고 최근 3년간 조세포탈이나 영업정지의 처벌을 받지 않은 것을 조건으로 했다.

194 부산·영남·광주·동해·전북·경남·대전·경수·반도 등 지방의 9개 투자금융회사였다.

195 대한·동양·중앙·제일·신한·삼삼·동아·삼희 등 서울 8개, 대구·인천·항도·경일·충북·울산·신세계 등 지방 7개 총 15개 투자금융회사였다. 건전성 요건을 충족하지 못한 청솔종금(충북투금에서 전환)과 울산종금은 종전의 단기금융 업무만 하도록 하고 나머지 28개 종합금융회사는 외환 업무를 허용했다.

196 김영빈 차관보와 함께 발령받던 그날 P장관에게 인사를 갔다. 잘하라는 당부와 함께 자기가 이재국장으로 보냈다는 것을 암시했다. 당시는 'P증후군'이라는 말이 나올 정도로 북방외교, 대북 접촉, 요직인사 어디나 P장관의 이름이 거론되었다.

197 보통 거래의 자금관리가 필요한 경우 청와대와 장관의 지침이 있었다. 한보사건의 경우 부도를 막아야 하는지 아닌지 아무도 지침을 내려주지 않았다. 조흥은행 이종연 전무와 함께 실무적인 판단에 따라 자금관리를 했다. 노태우 대통령의 측근인 장병조 비서관이 구속된 상태에서 청와대가 어디까지 관련된 사건인지도 몰라 지뢰탐지기 없이 지뢰밭을 통과하는 것과 같았다. 이 사건 처리 후 이종연 전무는 행장이 되었다. 새로 온 김종창 금융정책과장이 매일 고생했다.

198 뉴욕에 있는 중학교 때 친구인 L사장과 1991년 2월 18일 고교 선배인 YS를 만난 일이 있었다. 뉴욕에 근무할 때 알게 된 교포기업인 몇 명도 함께 있었다. L사장은 YS가 어려울 때 미국에서 그를 도운 기업인이다. L사장이 국제전화로 약속에 관해 전화했는데 감청당한다는 것이 감지되었다.

199 국제금융국장으로 옮긴 지 몇 달 후 국가안전기획부 지인의 동료 K씨를 만났다. 그가 나에 대한 감청 사실을 얘기해주었다. YS를 만난 후 상부의 지시에 따라 나의 비리를 조사했지만 특별한 것이 없다는 보고를 한 사실도 얘기했다. YS와 실세 P장관의 권력투쟁이 심각했던 때라 이재국장으로 둘 수는 없는 상황이었다고 했다.

200 이재국 직원들은 거의 매일 자정을 넘겼고 주말도 없었다. 밤낮 없는 노력에 지친 윤진식

금융정책과장은 사무실에서 쓰러지기도 했다. 여신관리를 담당하던 김석동 사무관, 통화관리를 담당하던 최중경 사무관과 주우식 사무관의 노력과 수고도 엄청났다. 1997년 외환위기 때 재정경제원 차관으로서 환율과 외환보유고를 담당하던 김석동 외화자금과장, IMF와 특별지원자금을 협상했던 최중경 금융협력과장, IMF 근무 경력을 활용하여 IMF 협상단과의 비공식 창구역할을 한 주우식 경제정책국 조사홍보과장과 함께 일했다. 급박하게 돌아가던 환율·외환보유고 관리와 IMF 프로그램 협상에 큰 역할을 했다. 그들의 헌신을 잊을 수 없다.

201 Ritter의 저서 *Principles of Money, Banking, and Financial Markets*가 주교재였고 보조교재로 *The Federal Reserve System, Purpose & Function*(FRB, 7th edition, Washington, D.C. 1984)을 썼다. 두 권의 책은 1988년 한국은행 독립투쟁의 물길을 재무부 편으로 바꾸는 역할을 했다. 당시까지 재무부는 중앙은행제도에 관한 대부분의 정보를 한국은행에 의존했다. 재무부에서 많은 사람들이 유학을 다녀왔지만 중앙은행제도를 공부한 사람도 없었고 자료를 가져온 것도 없었다. 전쟁을 하면서 적국에서 구입한 무기로 싸운 격이었다.

202 The Board of Governors of the Federal Reserve System(FRB)은 7명의 위원(governor)으로 구성된 의회(Congress) 소속의 위원회제 연방관청(a federal government agency)이다. 연방준비제도(the Federal Reserve System)는 중앙정부관청(a central, governmental agency)인 위원회(the Board of Governors, Washington, D.C.)와 보스턴, 뉴욕에서 샌프란시스코까지 지역별로 12개의 주식회사인 연방준비은행(twelve regional Federal Reserve Banks)으로 구성되어 있다. 7명의 위원은 대통령이 임명하고 임기는 14년이다. 그중에서 임기 4년의 의장(the Chairman of the Board of Governors)도 대통령이 임명한다(*The Federal Reserve System, Purpose & Function-1994*, p. 3, 4).

203 the Board of Governors를 직역하면 '총재회'는 될 수 있어도 '이사회'는 될 수 없다. 일본이 '이사회'로 쓰고 있는데 일본은 우리의 이사에 해당하는 말로 '취체역'을 쓴다.

204 연방준비은행이사회는 9인의 이사(director)로 구성되고 이사들이 FRB의 승인을 얻어 차례로 행장(president)을 지명한다. 회원인 상업은행은 은행을 대표하는 3인 이사(Class A directors)와 공익을 대표하는 3인 이사(Class B directors)를 선임하고, FRB는 공익을 대표하는 3인 이사(Class C directors)를 지명한다. 의장(chairman)은 FRB가 Class C directors 중에서 선임한다.

205 Federal Reserve Bank는 12개 federal reserve district별로 member commercial bank들이 자기자본의 3%를 출자한 주식회사이고 FRB의 operating arm이다. 업무는 공적이고 소유는 민간(combine both public and private)이며 배당은 6%로 규정되어 있고 연방준비은행이사회 이사 선임투표권이 있다(*Principles of Money, Banking, and Financial Markets*, p. 192, 193).

206 1993년 기준 1만 1,212개의 commercial banks 중 3,360개는 national banks이고, 7,852개 state banks 중 978개는 FRB member banks이고 나머지 6,874개는 FRB non-member banks이다(*The Federal Reserve System, Purpose & Function*, p. 14).

207 Banking Act of 1980(Depository Institutions Deregulation and Monetary Control Act of 1980)가 제정되어 savings and loan association과 savings bank가 당좌예금(checking account)을 개설하고 재할인도 하게 되었다. 당좌예금에 대해 지급준비 의무를 지게 되고 FRB의 통화관리를 받게 되었다(*Principles of Money, Banking, and Financial Markets*, p. 114, 207).

208 재무부에 연방정부 허가를 받은 전국 규모의 대형 national bank(전체 은행 자산의 3분의 2)를 감독하는 통화감독청(Office of the Comptroller of the Currency, OCC)과 savings and loan association과 savings bank를 감독하는 저축은행감독청(Office of the Thrift Supervision, OTS)이 있다. 재무부와 별도로 credit union에 대한 독립된 전국신용협동조합감독청(National Credit Union Administration, NCUA)이 있다.

209 연방준비위원회(FRB)는 bank holding company, 연방준비제도 멤버인 state bank, Edge Act and agreement corporation, 외국 은행 representative office에 대해 단독 감독권이 있고, cooperative bank, savings bank, 외국 은행 branch and agency에 대해 FDIC(savings bank는 OTS, 연방허가 외국 은행 branch and agency는 OCC와 세 기관 공동)와 공동으로 감독권을 갖고 있다. 미국의 금융감독체계는 아주 복잡하지만 기본적으로 행정관청이 감독하고 있다. FDIC의 state bank에 대한 감독권도 주정부의 Banking Department와 공동으로 감독한다는 점에서 예외는 아니다(*The Federal Reserve System, Purpose & Function*, p. 73).

210 감독이 다양화되어 있어 이를 조정하기 위해 1978년 OCC, OTS, FDIC, FRB, NCUA의 대표로 구성되는 '연방금융기관검사위원회(The Federal Financial Institutions Examination Council, FFIEC)를 설립하여 감독 업무를 협력하고 있다. OCC와 State Banking Dept는 법규 준수, FRB는 통화관리, FDIC는 경영건전성에 집중하여 가능한 한 중복을 피하는 것이 관행이다. 뉴욕에 진출하고 있던 한국계 은행들은 FDIC의 검사가 가장 어려웠다고 했다.

211 달러화폐의 전면을 보면 오른편에 U.S. Treasury의 로고가 있고 그 아래 재무장관의 서명이 있고 왼편에는 처음 공급된 Federal Reserve Bank의 이름과 고유기호(letter and number)가 있다. 12개 Federal Reserve Bank는 Boston의 A(1)에서 출발하여 서쪽으로 San Francisco의 L(12)까지 고유기호가 있다. Federal Reserve Bank of New York에서 발행된 경우 은행 이름 속에 고유문자 'B'가 들어가고 네 귀에 고유숫자 '2'가 들어간다. 지금은 은행 이름 대신에 U.S. Federal Reserve System의 로고가 있고 옆에 고유기호(New York의 경우 B2)만 들어가는 것으로 바뀌었다.

212 우리 헌법은 입법권(헌법 40조)은 국회에, 행정권(헌법 66조)은 행정부에, 사법권(헌법 101조)은 법원에 두고, 정부조직법에서 재정경제부(정부조직법 27조)에 화폐·금융에 관한 권한을 주고 있다. 특수법인인 한국은행은 행정부의 관할에 속한다.

213 집행은 뉴욕연방준비은행에 위임되어 있다.

214 FRB 의장은 G7 재무장관·중앙은행총재회의, 국제결제은행(Bank for International Settlements, BIS) 등 국제회의에는 미국 중앙은행 대표로 참석한다.

215 1987년 7월 28일 한국은행 부산지점 행원 36명이 "한국은행이 중앙은행으로서 본래의 기능을

다할 수 있도록 헌법상에 독립성과 중립성이 반드시 보장돼야 한다."는 성명을 발표한 후 본점을 포함해 7개 지점이 동조 성명을 발표하고, 8월 5일 본점 과장들이 '한국은행의 중립성 및 자율성 보장의 필요성'이라는 자료를 언론사, 정당, 학계에 배포했다. 8월 12일 박성상 총재는 국회 재무위원회에서 "현행제도로는 정치권력이 중앙은행의 발권력을 남용하더라도 이를 막을 방법이 없다. 중앙은행이 정치적 목적에 잘못 이용되지 않도록 중립성을 보장해야 한다."라고 말해 정치쟁점화되었다. 다음 날 재무위원회에서 사공일 재무부 장관은 "경제정책 결정의 최종 책임은 정부에 있고 통화신용정책도 정부의 일반 경제정책 테두리 안에서 운용돼야 한다. 중앙은행의 독립이 행정부로부터 독립된 제4부로 확대해석되어서는 안 된다. 중앙은행을 헌법기관화할 경우 정부의 일반 경제정책과 상충될 가능성이 높다. 중앙은행의 독립성과 금융자율화를 위해 필요하다면 헌법 개정이 아니라 법령의 개정으로 충분하다."라고 상반된 주장을 했다.

216 재무부는 1988년 5월 20일 금융발전심의회에 올린 '금융산업 개편 방안'에서 "금융감독체계를 효율적으로 개편할 필요가 있다."라고 발표해 은행감독원의 분리와 증권·보험을 포함한 통합감독기구의 설립을 암시했다. 5월 24일 한국은행 평직원협의회는 은행감독원의 분리는 "은행감독 행정을 통한 지시금융, 관치인사의 연장수단"이며 "감독권 없는 통화신용정책 수립은 반쪽에 불과"하다는 성명을 발표했다. 6월 9일 한국은행 각 부를 대표하는 과장 12명은 "경제민주화 시대를 맞아 중앙은행의 독립성 회복 과제가 결실을 맺으려고 하는 시점에서 재무부가 또다시 은행감독원을 분리시키고자 하는 의도를 보이는 것은 시대적 요구에 역행하는 것이다. 관치금융은 정부가 은행감독원을 통해 은행경영에 사사건건 간섭한 결과며 그런 폐단을 막고자 하는 마당에 은행감독원을 정부가 관장하겠다는 발상은 도저히 이해가 안 간다."라고 비판했다.

217 야권 3당의 정책전문위원들이 한국은행 의견을 반영하여 합의한 주요 내용은 금융통화위원회 의장을 재무부 장관 대신 한국은행 총재가 맡고, 금융통화위원회 업무에 통화신용정책 이외에 외환신용정책을 추가하고, 한국은행 총재의 임명제청권을 재무부 장관에서 국무총리로 격상시키는 것이었다. 1988년 7월 7일 재정금융심의관실 권태신 과장, 김석동 사무관과 한국은행 문제에 대해 이신범 통일민주당 정책연구실장을 만나 설명했다. 통일민주당은 "정권교체를 위해서 국가안전기획부의 정보력과 한국은행의 발권력을 중립화시키는 것이 필요하다."라는 정치적인 입장에서 한국은행 문제를 다루고 있다고 했다. 1987년 8월 12일 박성상 총재의 발권력 남용을 우려하는 발언과 상통하는 것이었다. 발권력이 정치적으로 남용되었다는 것은 믿을 수 없는 얘기였다.

218 해외출장 중인 전철환 위원을 제외한 임명직 금융통화위원회 위원 김병주·김익현·박재윤·부광식·이석주·정춘택 6인 명의로 8월 8일 재무부 장관에게 제출했다. 주요 내용은 통화신용정책(외환정책 포함)과 금융행정(금융감독 포함)의 최종책임은 재무부 장관에게 부여돼야 한다는 전제에서, 재무부 장관은 거시경제정책과 관련되는 기본적인 통화신용정책과 금융행정에 한정하여 참여하고, 세부적이고 구체적인 정책의 수립은 금융통화위원회가 맡고, 금융통화위원회 의장은 금융통화위원회 위원의 호선으로 선출하고, 금융통화위원회 의장은 한국은행 총재를 겸임하고, 예산·조직·인사 등 내부 경영사항은 금융통화위원회 의결로 결정한다는 내용이었다. 대체로 재무부의 기본 입장과 유사했다. 8월 9일 한국은행 행원협의회는 "새로운 민주금융의 창조를 위한 도도한 역사의 대열에 동참하기는커녕 부당하게 점유한 기득권을 계속 유지하기 위해 강변과 왜곡된 궤변들을 늘어놓고 있는 현실에 끓어오르는 분노를 누를 수 없다.", "중앙은행 독립에

역행하는 금융통화위원회 위원들은 각성하라."라는 성명을 발표했다. 8월 10일 부서장 일동은 "은행감독 업무와 통화신용 업무는 불가분의 상호 보완관계에 있기 때문에 은행감독원이 분리되는 경우 사실상 2개의 중앙은행이 존재하는 결과가 되어 중앙은행의 독립성 보장이 무산"된다는 성명을 발표했다. 8월 11일 노조는 "구시대적 권력 추종에 연연하는 추악한 가치관과 납득하기 어려운 몰상식한 작태를 자행"한 "관제 금융통화위원회 위원은 즉각 사퇴하라."라는 성명을 발표했다. 9월 1일 한국은행 동우회는 "한국은행의 영역 확장이나 기득권 확보라는 소승적 견지가 아니라 오랜 경험과 나름대로의 금융상식에 비추어 은행감독 업무도 한국은행에 귀속"되어야 한다는 성명을 발표했다.

219 최소한의 연결장치는 재무부 장관의 금융통화위원회 의장 겸임, 재의요구권, 시행연기 요구권 등이다. 당시 금융통화위원회 의장 겸임과 재의요구권을 동시에 갖는 것은 과도한 면이 있었다.

220 윤증현 금융정책과장을 팀장으로 하여, 신호주 산업금융과장, 한택수 은행과장, 이정재 외환정책과장, 정건용 증권발행과장, 윤진식 보험정책과장 6명으로 구성되었다. 나중에는 이재국의 업무량이 과중하여 재정금융심의관실 권태신 과장과 김석동 사무관이 주로 맡았다.

221 이형구 차관 주재로 이수휴 차관보, 백원구 이재국장, 다른 국장들, 윤증현 금융정책과장 등이 참여하여 한국은행법 개정대책을 수시로 협의하고 학계·언론계·국회에 대한 로비대책도 협의했다. 8월부터 본격적으로 활동했다. 나는 이 대책회의를 통해 중앙은행에 대한 정책과 전략을 제시했다.

222 당시까지 한국은행이 작성한 자료에는 다음과 같은 내용이 들어 있었다. 1) 5·16 이후 한국은행법 개정으로 금융통화위원회 의장이 재무부 장관으로 변경되었다. 2) 금융통화위원회는 특수법인인 한국은행의 내부기관이고 행정위원회의 성격을 보유한 광의의 행정기관이다. 3) 행정권이 정부에 속한다는 것은 행정 기능이 대통령-국무총리-행정 각부의 계층구조로 수행된다는 것은 아니다. 4) 재의요구권, 업무검사권, 인사 예산에 대한 관여는 부당하다. 5) 외환 업무도 금융통화위원회로 이관해야 한다. 6) 외국에서도 중앙은행이 감독 기능을 담당하거나 강화하는 것이 일반적 추세이다. 7) 금융정책과 금융감독은 상호 불가분의 유기적 보완관계에 있기 때문에 분리하는 것은 불가능하다. 8) 미국의 FRB는 국법 은행을 감독한다는 등이었다. 많은 부분에 오류와 왜곡이 있었다. 특히 1)항(1988년 6월 한국은행 자료 〈우리나라 중앙은행제도의 개편 필요성〉 p. 5)은 1950년 제정법 9조에 명백히 나와 있음에도 왜 이런 오류가 나왔는지 알 수 없다. 1988년 5월 31일 《동아일보》 사설에도 이런 오류가 나왔다. 4)항 업무검사권도 당초부터 있었는데 입법과정에서 표현이 달라져 혼선을 일으켰다.

223 첫 회의에 갔을 때 여소야대의 상황에서 한국은행의 공세를 막아내는 전략이 주류였다. 한국은행과 타협하기 위해서 인사, 예산 등 기관운영의 자율성을 보장하는 방안이 나왔다. 민주헌법 아래 자기가 찍은 돈으로 자기가 예산을 승인하는 것은 맞지 않다. 대통령도 대법원장도 예산의 자율성이 없는데 한국은행 총재에게 예산의 자율성을 주자는 것이었다. 어쩌면 법리상은 정책의 자율성은 줄 수 있어도 예산의 자율성은 불가능한 사항이라 생각되었다.

224 서울대학교 법대 김도창 교수의 행정관청이론과 뉴욕대학교(NYU) Lawrence S. Ritter 교수

의 중앙은행이론을 중심으로 중앙은행 문제에 대한 새로운 접근법을 만들었다. 나는 김도창 교수로부터 행정법을 배웠다. 행정관청이론과 영조물법인이론에 따라 한국은행과 금융통화위원회의 관계, 금융통화위원회의 성격을 분명히 정리했다. 뉴욕연방준비은행 조사부장과 연방준비위원회 자문역으로 일했던 Ritter 교수로부터 배운 central banking 이론은 회계계정을 중심으로 알기 쉽고 실제적으로 설명했다. 대책회의에서 나는 행정관청이론과 함께 달러화폐는 미국 재무부가 발행하며 오른편에 U.S. Treasury의 문장이 있고 그 아래 발행 당시 재무장관의 서명이 있고 왼편에는 처음 공급된 Federal Reserve Bank의 이름과 고유기호(letter and number)가 있다는 얘기로부터 시작하여 미국 FRB에 대한 오해를 설명했다.

225 *The Federal Reserve System, Purpose & Function*, p. 1, 2, 3, 4 참조.

226 연방관청인 중앙은행위원회(Central Bank Council)와 특수법인인 독일연방은행(Deutsche Bundesbank)을 합쳐 central bank라고 한다.

227 Bank of England 자체로 central bank다.

228 금융통화위원회를 한국은행 내부기구로 해석하는 경우 여러 모순이 생긴다. Bloomfield 권고안과 달리 구 한국은행법 제7조에 "한국은행에 금융통화위원회를 둔다."가 추가됨으로써 생긴 모순임이 Bloomfield Report를 찾은 후에 발견되었다.

229 《법률용어사전》(현암사, 1995) p. 291, 295 참조.

230 헌법 제82조에 대통령의 국법상 행위는 문서로 하고 국무총리와 관계 국무위원이 부서하도록 하고, 제94조에서 행정 각부의 장은 국무위원 중에서 임명하도록 하고 있다.

231 1950년 제정 당시 자본금은 15억 원이었고 전액 정부가 출자했다.

232 행정관청의 위임 없이 이루어진 민간인의 규제는 없다. 위임된 경우 지휘권과 최종적인 책임은 행정관청에 있다. 민간인의 처벌을 금지하는 '공적응보'의 원칙을 확립하는 데 인류는 많은 피를 흘렸다.

233 미국의 경우 헌법상 통화가치의 안정은 의회의 권한이고 이 권한을 합의제 행정관청인 연방준비위원회에 업무를 위임한 형태이다. 독일은 독특한데 연방최고기관의 지위를 갖고 있는 중앙은행위원회(Central Bank Council)에 통화신용정책에 관한 권한을 부여하고 재무부에는 출석발언권, 의안제안권, 2주간의 의결연기요구권을 주고 있다. 연방국가가 아닌 일본과 영국은 재무부의 직접 책임 아래 있고, 프랑스는 재무장관이 의장인 국가신용위원회(Conseil Nationale de Credit)가 맡고 있다.

234 G5 국가 중 미국만 예외적으로 주법은행(state bank)은 연방준비제도 멤버인 경우 FRB가, 연방준비제도 멤버가 아닌 경우 연방예금보험공사(FDIC)가 감독한다(*The Federal Reserve System, Purpose & Function*, p. 5). 영국은 정부 권한의 법률상 위임 형태로 영란은행이 은행감독권을 행사하다가 1998년부터 Financial Services Authority(FSA)로 넘어갔다. 일본은행이 재할인계약에 따라 행하는 고사(考査)는 감독권과 다르다.

235 미국은 연방준비위원회, 독일은 중앙은행위원회, 일본은 재무성, 프랑스는 재무장관이 임명한 감리관(금융국장이 겸임)을 통하여 중앙은행의 예산, 인사 등을 감시하거나 감독한다. 영국은 영란은행 이사회가 예산, 인사 등에 대해 결정한다.

236 환율 문제는 G5, G7, G10 재무장관회의에서 협의한다. 1985년 엔화와 마르크화의 약세를 유도하는 플라자합의(Plaza Accord)는 G5 재무장관회의에서 결정되었다. IMF/IBRD 총회에 중앙은행 총재는 교체수석대표(Alternate Governor)로 참석한다. 미국 FRB 의장도 마찬가지다.

237 미국의 경우 12개 Federal Reserve Bank 중 Federal Reserve Bank of New York이 외환관리 업무를 위임받아 집행한다.

238 재무부는 40페이지가 넘는 〈중앙은행 문제에 대한 이해와 시각〉(1988년 8월)이라는 자료를, 한국은행은 〈우리나라 중앙은행제도의 개편 필요성〉, 〈중앙은행이 은행감독 기능을 보유해야 하는 이유〉, 〈은행감독 기능과 중앙은행과의 관계〉(1988년 6월) 등 세 가지 자료를 만들었다.

239 1988년 7월 합의에서 국무총리의 제청으로 대통령이 임명한 한국은행 총재가 금융통화위원회 의장을 맡도록 한 것을 11월 5일 금융통화위원회 위원 호선으로 의장을 선출하고 의장이 한국은행 총재를 맡도록 하는 야권 3당 정책위 의장 합의안이 발표되었다. 금융통화위원회 의장이 한국은행 총재를 맡느냐와 한국은행 총재가 금융통화위원회 의장을 맡느냐는 큰 차이가 있었다. 금융통화위원회 의장이 한국은행 총재가 되는 경우 한국은행은 집행기구가 되어 현재보다 지위가 격하되는 것으로 생각했다. 이 합의안은 재무부 의견과 8월의 6인 금융통화위원회 위원의 '한국은행법 개정에 대한 의견서'와 같았다. 이 합의에 재무장관을 지낸 공화당 김용환 정책위 의장의 역할이 컸다. 평화민주당과 통일민주당은 처음부터 정권교체를 위해 한국은행을 독립시켜야 한다는 정치적 입장에서 출발한 것이므로 독립만 되면 되는 것이었고 한국은행의 위상에는 큰 관심이 없었다. 한국은행은 믿었던 야당에 배신감을 느끼고 전 직원 비상총회를 열고 야권 3당 안 철회를 요구하게 되었다.

240 1988년 11월 10일 금융통화위원회 의장과 한국은행 총재를 분리하는 재무부 안에서 금융통화위원회 의장이 한국은행 총재를 맡도록 수정하고 나머지는 대부분 재무부 안대로 하는 안이었다.

241 1988년 11월 14일 김건 한국은행 총재는 기자회견에서 정부 여당 안은 물론 야권 3당 안도 반대하고 한국은행 총재가 금융통화위원회 의장을 겸임하고 은행감독원은 절대 분리할 수 없다고 선언했다.

242 1988년 11월 15일 한국은행은 한국은행 독립을 위한 100만 인 서명운동에 들어갔다. 앞서 11월 11일 한국은행 노조는 '국민 여러분에게 드리는 글'을 발표했고, 평직원협의회는 '국민 위한 한국은행 독립'이라는 만화성명을 발표하고 민주정의당 당사에서 농성을 했다. 한국은행은 서울역 앞 등 길거리 서명에까지 나서 다음 해 1989년 1월 100만 인을 돌파하고 여·야당에 서명지 사본을 제출했다.

243 11월 16일 전국금융노련은 "정부와 여·야당은 중앙은행의 진정한 독립을 보장하라."라는 성명을 발표했다. 11월 17일 전국사무금융노련은 "여야는 한국은행 독립성 보장의 국민에 대한

약속을 즉각 이행하라."라는 성명을 발표했다. 12월 2일 한국노동조합총연맹은 "정부와 여·야당은 중앙은행의 독립성과 자율성을 확고히 보장하라."라는 성명을 발표했다. 12월 6일 한국은행, 증권감독원, 보험공사 노조는 "한국은행, 증권감독원, 보험공사 노동조합협의회 발족에 즈음하여"라는 성명을 연이어 발표했다.

244 한국은행의 강력한 반발에 한국은행 총재가 금융통화위원회 의장을 맡고 은행감독원을 그대로 두는 개정안을 평화민주당은 11월 30일 임춘원 의원 외 70인, 통일민주당은 12월 7일 김봉조 의원 외 59인이 독자적으로 제출했다.

245 1988년 9월 2일 《동아일보》 경제시론, 9월 14일 《중앙경제신문》 독자투고광장 참조. 김병국 교수는 한국은행에서 일한 적이 있고, 서울대학교 정치학과를 수료하고 University of Wisconsin에서 한국인 최초로 중앙은행제도를 공부하여 경제학 박사학위를 취득했고 서강대학교 경상대학장을 역임했다. *Central Banking Experiment in a Developing Economy, The Case Study of Korea*라는 저서가 있다. 이것을 요약한 《정부와 중앙은행: 한국사례》(1991, 사회비평신서 18, 한국사회의 제문제 Ⅱ)를 내게 주었다. 김병국 교수는 《동아일보》 기고 후 한국은행에 근무하는 10명의 제자들로부터 항의서한을 받기도 했다고 한다.

246 1988년 8월 17일 《중앙경제신문》 중경시론 참조. 김병주 교수는 금융통화위원회 위원으로서 8월 8일 '6인 금융통화위원회 위원의 한국은행법 개정에 대한 의견서'를 제출하는 데 주도적 역할을 했다.

247 1988년 8월 29일 《매일경제신문》 시평 참조.

248 1988년 10월 27일 《서울경제신문》 특별기고 참조. 서울대학교의 석학인 조순 교수의 한 페이지 전면의 기고는 파장이 컸다. "중앙은행의 독립성은 나라의 실정에 따라 다르다."라는 가설은 한국은행이 G5 모델을 모두 반대하고 "한국의 현실에 맞는 한국적인 중앙은행의 독립"을 주장하는 근거로 활용되었다. 나라마다 현실적인 제도는 다르겠지만 원칙까지 다를 수 있을까? 국가도 유기체인데 대통령인 머리가 재무부 장관이라는 손을 빌리지 않고 무엇을 할 수 있다는 말인지? 그 후 부총리로 취임했을 때 한국은행 독립 문제에 대한 신문기고의 소신에 변함이 없느냐는 기자 질문에 "제자들이 가져온 글을 읽어보고 보냈다."라는 모호한 답변을 했다고 전언되었다.

249 1988년 5월 31일 《동아일보》 사설은 은행감독원 분리를 찬성, 6월 11일 《조선일보》 사설은 분리를 반대하는 입장에 섰다. 경제신문의 경우 5월 27일 《한국경제신문》 사설은 분리 반대, 8월 10일 《중앙경제신문》 사설은 타협과 중지를 주장했다. 기사에서는 사실관계를 중심으로 양비론, 양시론, 타협론 등으로 보도했다. 재무부 출입기자는 재무부에 가깝게, 한국은행 출입기자는 한국은행에 가깝게 뉘앙스를 풍겼다.

250 Bloomfield Report를 받은 11월 29일에 박동희 선배를 만난 것으로 업무일지에 기록되어 있다. 국내외에서 귀중한 자료를 동시에 찾게 되었다. 박동희 선배는 1954년 재무부 이재국 사무관으로 공직생활을 시작하여 관세국장, 관세청 차장, 한국은행 감사, 주택은행장, 중소기업은행장을 지낸 후 만날 당시는 대신개발금융 대표이사였다. 다음 해 4월 Bloomfield Report와 함께

'제정 당시의 한국은행법 및 관계법령'이라고 제목을 단 사진본 카피를 만들었다. 속표지 뒷면에 "본 자료는 1956~1958년 중 활동하였던 금융제도조사위원회의 재무부 파견 사무관이었던 박동희 씨가 소장 중인 자료를 정책참고용으로 복사한 것입니다. 1989년 4월."이라는 감사의 글을 넣었다.

251 법 제정을 맡은 사람은 당시 장기영 조사부장이었다고 한다. 국회의 반대가 많아 통과 전날 당시 고가였던 마카오 양복지를 국회의원들에게 돌려 전격 통과되었고 이것이 말썽이 되기도 했다는 얘기도 선배들로부터 들었다고 한다.

252 평소 알고 지내던 C씨는 한국은행 조사부에 근무할 때 Bloomfield Report가 중요문서를 보관하는 금고에 있는 것 같아 보고 싶었지만 볼 수가 없었다고 했다. 미국에 유학 가서 그가 다니던 대학도서관에서 찾아 읽었다고 했다. 보고서의 내용과 당시까지의 한국은행의 주장에 차이가 있었다고 했다. 그는 자신이 이런 말을 했다는 것을 한국은행 사람들에게 밝히지 말아달라고 당부했다.

253 Bloomfield Report는 1949년 7월 7일 김도연 재무부 장관이 미국 연방준비위원회 의장에게 자문 요청을 함에 따라 뉴욕연방준비은행 국제수지과장 Arthur I. Bloomfield와 감사과장 대리 John P. Jensen을 1949년 9월에서 1950년 3월(Jensen은 6주 후)까지 서울에 파견하여 중앙은행과 금융기관의 개편을 위해 만든 보고서였다. 1950년 2월과 3월 두 차례 중앙은행법과 은행법 초안을 포함한 권고안을 재무부 장관에게 제출했다. 권고안에서 약간 수정된 한국은행법과 은행법이 1950년 4월 21일 국회를 통과하고 전쟁 발발 2주 전 6월 12일 한국은행이 개설되었다. 최종보고서는 6·25전쟁 발발 후 1951년 3월에 제출되었다.

254 Bloomfield Report는 재무부 장관의 요청에 의해 만들어졌지만 서문에 보면 권고안 작성에 도움을 많이 준 사람은 김도연 재무부 장관 외에는 최순주 총재, 구용서 부총재, 장기영 조사부장, 신병현 등 조선은행 사람과 Allen Loren 등 미국경제협력처(ECA) 사람들만 나와 있다. 김도연 장관 이외에 재무부의 역할이 거의 없었음을 알 수 있었다. 박동희 선배가 구전한 대로 장기영 조사부장이 한국은행법 제정에 큰 역할을 했음을 알 수 있다. 블룸필드 보고서를 본 재무부 사람은 찾을 수 없었다.

255 A라는 사람의 기능(업무)은 법이나 계약에 의해 B라는 사람에게 위임(delegation)될 수 있지만 A의 머리나 팔다리 등의 기관은 다른 사람 B의 몸속에 설치(establishment)될 수 없는 것과 같은 법리다. 특수법인 한국은행은 국가의 위임(법률에 의한 위임의 경우도 국가법인의 기관, 즉 팔다리인 재무부 장관을 통해)에 의해 법률상의 행위를 할 수 있지만 한국은행에 국가법인의 팔다리인 어떠한 기관(금융통화위원회가 행정관청이라면)도 설치할 수 없다. 국가법인의 머리 기관인 대통령은 재무부 장관이라는 팔다리 기관을 통해 행동하도록 우리 헌법은 규정하고 있다. 일본과 영국의 중앙은행은 법리상 권한, 즉 기능의 위임(delegation) 형태를 취하고 있다.

256 Bloomfield Report 부록의 한국은행법 권고안 7조는 아래와 같이 '금융통화위원회를 한국은행에 둔다.'가 없다. 박동희 씨가 보관하고 있던 제정 한국은행법 영문판도 권고안과 같이 7조에 '금융통화위원회를 한국은행에 둔다.'가 없었다.

Art. 7 The Bank shall function under the general direction of a Monetary Board, which shall within the framework of this Act formulate monetary, credit, and exchange policies and shall be responsible for the general direction and supervision of the operations, management and administration of the Bank, and for the exercise of other functions and powers explicitly granted it. In the independent exercise of its duties the

Art. 28 The Bank shall have a Supervision and Examination Department which, subject to instructions of the Monetary Board, shall be responsible for the supervision and periodic examination of all banking institutions within the purview of this Act. The chief of the department shall be known as the Superintendent of Banks. He shall be appointed and discharged by the President of the Republic of Korea on recommendations of the Monetary Board and shall have the status and rank of a public official.

박동희씨가 보관하고 있던 제정 한국은행법 7조, 28조 33조는 사진과 같다.

257 Bloomfield Report의 해설(p. 45, 둘째 절)에 다음과 같이 쓰여 있다. "It will be noted that four of the seven members on the Board are direct Government appointees. We accept the principle that the Government is entitled to have the majority vote power."

258 권고안 17조 각주(footnote)에 다음과 같이 쓰여 있다. "Our original draft had specified that meetings of the Board should be held at least twice a month. This provision was omitted in the final Act." 이와 같이 당초 권고안과 국회통과 제정법이 달라진 경우 일일이 각주를 달았다.

259 권고안 28조 중간에 있는 "The chief of the department shall be known as the Superintendent of Banks."가 제정법에서는 누락되었다. the Superintendent of Banks는 제정법

에서 '은행감독부장'으로 되어 있다. 'shall be known'을 '은행감독관'으로 부르라는 강제규정이다. 28조 중간에 the Superintendent of Banks가 나온다. 1962년 한국은행법 개정에서 '은행감독원장'으로 바뀌었지만 미국 법리상 Superintendent는 공직을 뜻하는 말이다.

260 권고안 한국은행법 33조에는 다음과 같이 쓰여 있었다. "The Bank shall, at least once each year, be examined by the National Board of Audit to verify the Bank's accounts and holdings. It shall also be examined at least once each year by the Ministry of Finance in order to assure the observance of laws relating to the Bank." 그런데 제정법에서 "한국은행은 매년 1회 이상 한국은행에 관한 법률의 준수를 정부에 증명하며 경리와 소유물에 관하여 심계원의 감사를 받는다."로 변질되었다. 다음의 권고안 33조에 재무부의 '한국은행 업무검사'가 한국은행의 '정부증명'으로 변질되어 무슨 뜻인지 모르게 애매한 능동태로 바뀌면서 주어와 목적어가 바뀌었다. 한국은행이 주장(1988년 6월 한국은행이 만든 자료 〈우리나라 중앙은행제도의 개편 필요성〉 참조)하듯이 5·16군사정부가 1962년 한국은행법 개정에서 재무부의 업무검사권을 신설한 것이 아니라 모호하게 변질된 제정법 33조를 명확히 한 것이라 할 수 있다.

Art. 17 The meetings of the Monetary Board may be called by the Minister of Finance, by the Governor, by each of their alternates, or by any other member with the approval of a majority of the Board.* The Board shall meet validly with the attendance of at least six titular members or alternates and its resolutions shall be adopted by a simple majority of those present except when the provisions of this Act require a special majority. In case of a tie, the

* [Our original draft had specified that meetings of the Board should be held at least twice a month. This provision was omitted in the final Act.]

Art. 33 The Bank shall, at least once each year, be examined by the National Board of Audit to verify the Bank's accounts and holdings. It shall also be examined at least once each year by the Ministry of Finance in order to assure the observance of laws relating to the Bank.*

261 미국 FRB는 의회 소속이기 때문에 제도적으로 행정부에 속한 재무부의 감사를 받을 수 없다. 같은 의회 소속인 심계원(General Accounting Office, GAO)의 회계감사를 받는다.

262 미국 헌법(U.S. Constitution) 제1조 8항에 의회에 조세부과, 예산편성, 통상교섭, 통화관리, 우체국 설립, 선전포고, 육해군 양성유지 등 대부분의 행정권을 부여하고, 부여된 행정권의 집행을 위한 법률제정권도 주고 있다. 이런 헌법에 따라 FRB가 설립되었지만 우리와 거꾸로 연방준비법(The Federal Reserve Act) 제10조 6항에서 법률에 의해 부여된 재무부의 권한은 이양시키지 않았다. 재무부 통화감독청(OCC)의 국법은행 감독권과 화폐주조권 등이 존속되고 있다. Bloomfield의 조국 미국과 달리 통화정책뿐 아니라 금융감독 업무와 함께, G5 모든 나라가 재무부에서 맡고 있는 외환 업무를 한국은행에 부여한 '돌출'은 그의 판단인지 아니면 '효율적인 로비' 덕분인지 알 수가 없다.

263 1962년 11월 17일 법무부가 한국은행법 제109조에 의해 한국은행에 이양된 사항은 정부조직법 제18조의 재무부 장관의 권한에서 삭제된다고 해석한 것은 미국 헌법과 우리 헌법의 행정권에 대한 규정을 정확히 모르고 내린 것이 아닌가 생각된다.

264 Bloomfield는 최종보고서 서문에서 다음과 같이 적었다. "The texts of the banking acts as amended and enacted by the Korean National Assembly are reproduced in the Appendix, along with footnotes indicating the major differences between the final acts and the original drafts which we had submitted." 그는 문제의 7조와 28조는 권고안대로 통과된 것으로 알고 있었다. 누가 그랬을까?

265 보험정책과 신윤수 사무관이 고려대학교 도서관에서 찾았다. 찾은 신문도 너무 낡아 확대경으로 판독한 후 다시 작성했다. 당시는 인터넷이 없던 시절이라 신문을 한 장 한 장 넘기며 찾는다고 고생이 많았다. 1950년 4월 21일《동아일보》사설의 주요 내용은 이러하다. 첫째, "한국은행에 금융통화위원회를 둔다고 하였으니 금융통화위원회가 서상(敍上)한 정책(통화신용외환에 관한 정책을 말함)을 수립하고 수행한다는 것은 한국은행이 서상한 정책을 수립하고 수행한다는 것과 같은 의미다." 둘째, "헌법 제68조 '국무원은 …… 중요정책을 의결한다' 및 정부조직법 제18조 '재무부 장관은 정부의 회계출납과 국채, 조세, 화폐, 금융, 전매에 관한 사무를 장리한다'와 저촉되는 점이다. …… 동법 제108조(111조의 오류 같음)에는 '본법에 저촉되는 모든 법률과 법률의 조항은 폐지한다'고 박아놓았으니 설령 동법이 공포된다고 치더라도 상위법인 헌법(제68조)과 정부조직법(제18조)은 절대로 폐지될 수 없다." 셋째, "한국은행이 금위(금융통화위원회를 말함)란 애매한 듯하면서도 애매하지 않은 조직을 통해서 통화금융에 관한 절대권한을 장악함으로 인하여 …… '경제정부화'하는 이상 정부로부터 초연 운운은 도대체 말이 안 된다." 넷째, 좀 더 긴 시일을 두고 검토를 행한 다음에 통과시키지 않으면 안 될 것인데 브렛튼·우드협정에 급속 가입하기 위함이란 이유 아닌 이유에 의하여 무검토 통과시킨 것은 실로 유감이다." 다섯째, "이처럼 중요한 입법을 불과 수 분 동안 일사천리로 통과시킨 것은 국민의 비판을 불면할 것이다. 또한 국회의원 제위의 여상(如上)한 약점을 기회로 하여 무수정 통과를 재촉한 장본인들도 국민의 원심을 살 것이다."

266 1989년 들어 재무부는 순차적으로 사공일 장관-이형구 차관-이수휴 차관보-백원구 이재국장-윤증현 금융정책과장 라인에서 이규성 장관-이동호 차관-이수휴 차관보-김영빈 이재국장-윤진식 금융정책과장으로 바뀌었다. 유재한 사무관과 김석동 사무관이 이어가며 실무를 맡았다. 한국은행 라인은 김건 총재-김명호 부총재-허한도/이우영 이사-최연종 조사부장-박재환 과장에서 변화가 없었다.

267 재무부·한국은행·한국개발연구원(KDI) 실무자들로 구성된 합동조사단이 G5를 다녀왔다. 일본·미국반은 재무부에서 권태신 저축심의담당관을 팀장으로, 유럽반은 윤진식 금융정책과장을 팀장으로 4월 9일부터 4월 23일까지 2주간 일본, 미국, 프랑스, 서독, 영국 5개국의 중앙은행제도와 은행감독제도를 시찰했다. 질문의 유형도 사전에 동일하게 만들고 방문기관도 세 기관 협의하여 정해 공정성을 기했다.

268 보고서의 주요 내용은 다음과 같다. 첫째, 미국의 경우는 본문의 FRB에 관한 설명과 같다. 둘째, 일본의 경우 통화금융정책의 최종책임과 기본정책의 수립은 대장성(大藏省, 지금은 재무성)에 있고, 대장대신은 일본은행에 대한 업무상 명령권과 지시권, 예산의 승인권에 의해 업무를 감독하고, 일본은행의 최고 의사결정기구인 정책위원회에 대장성 대표가 참석하고, 은행감독권은 대장성에 귀속되어 있다. 일본은행은 거래은행과의 계약에 의해 자산운용실태에 대한 고사(考査)를 하도록 하고 있다. 셋째, 프랑스의 경우 통화금융정책의 최종책임과 기본정책의 수립은 정부, 즉 재무부에 있다. 프랑스은행은 재무장관이 의장인 국가신용위원회(Conseil Nationale de Credit)의 자문을 받아 업무를 수행하고, 프랑스은행 이사회(Conseil General de la Banque de France)는 내부경영에 대한 의사결정기구이고, 이사회에 참석하는 재무부 감리관(Censeur, 은행국장 겸임)의 이의제기권에 의해 예산 등 모든 업무를 조정하고, 은행감독권은 재무부 장관이 의장인 은행규제위원회(Comite de la Reglemenration Bancaire)를 중심으로 3개의 특별행정위원회에서 수행하고 있다. 넷째, 영국의 경우 통화금융정책의 최종책임과 기본정책의 수립은 정부 즉 재무부에 있고 통화량과 금리는 재무부가 결정하고 영란은행이 집행한다. 내부경영은 영란은행이사회의 권한이나 정부는 100% 주주로서 영향력을 행사하고, 은행감독은 정부 권한의 법률상 위임 형태로 영란은행이 은행감독권을 행사하다가 1998년부터 Financial Services Authority(FSA)로 넘어갔다. 다섯째, 서독의 경우 헌법기관인 독일연방은행(Deutsche Bundesbank)은 중앙은행위원회(Zentralbankrat; the Central Bank Council), 이사회(Direktorium; the Directorate), 주중앙은행집행위원회(Vorstande; the Executive Boards of the Land Central Banks)로 구성하고(연방은행법 6조), 중앙은행위원회는 최고연방기관(oberste Bundesbehorden; supreme federal authorities)의 지위를 부여한다(동법 29조). 통화신용정책의 결정은 연방은행 총재가 의장인 중앙은행위원회가 결정하고 재무부는 출석 발언권, 의안제안권, 2주간의 의결연기요구권을 두고 있다. 은행감독은 재무부 산하의 연방은행감독청이 수행한다. G5 모두 외환정책은 재무부가 담당한다.

269 정부 측 재정경제원 라인은 홍재형 장관-이석채 차관-김영섭 금융정책실장-윤증현 총괄심의관이었고 청와대 한이헌 경제수석이었다. 한국은행은 김명호 총재-류시열 부총재 라인이었다.

270 1997년 1월 22일 이석채 경제수석의 주도로 위원회가 만들어졌다. 1995년 한국은행법 개정이 수포로 돌아간 것에 대한 아쉬움이 많이 작용한 것 같았다. 위원은 기업인 13명(박성용·손병두·박상희·김재룡·이상운·백영배·이웅열·손상모·윤화진·김경오·정강환·계명재·정수진), 금융인 9명(이동호·윤정용·이강환·윤병철·이상철·박도근·조왕하·김건세·남대우), 학계 및 전문가 9인(김병주·차동세·박영철·윤계섭·정구현·최명주·김기환·김일섭·이헌재)이었다. 이석채 수석은 한보철강 사건이 일어난 후 3월 개각 때 물러났다.

271 한국은행법 개정을 책임지고 있던 윤증현 금융정책실장은 1988년 이재국 금융정책과장으로, 1995년 금융정책실 총괄심의관으로, 1997년 금융정책실장으로 세 번째 이 일을 맞게 되어 중앙은행과 금융감독체계에 대해 도가 통할 지경이었다. 윤증현 실장은 서울대학교 총학생회장을 지낸 대학동기인데 리더십과 추진력이 뛰어난 관료였다. 그 밑에 김규복 금융정책과장과 김광수 서기관, 윤종원 서기관, 은성수 서기관, 전병조 사무관 등 쟁쟁한 실무진이 뒷받침을 하고 있었다. 윤증현 실장은 그 후 아시아개발은행(Asian Development Bank, ADB) 이사를 역임하고 2004년 금융감독위원장 겸 금융감독원장이 되었다. 그의 손으로 만든 금융감독위원회와 금융감독원을

통합하는 일을 또 맡게 되었으니 결자해지의 운명이라고나 할까.

272 1997년 1월 23일 5조 원의 부도가 발생한 한보철강에는 60개, 7월 15일 10조 원 부도가 발생한 기아자동차에는 143개의 금융기관이 관련되어 있었으나 통합정보 하나 없었다. 외환위기의 직접 도화선이 되었던 종합금융회사들의 단기 해외차입에 대한 감독도 전혀 없었고 심지어 통계도 없었다.

273 1997년 6월 3일 금융개혁위원회 권고안을 박성용 회장이 보고했다. 강경식 장관, 이경식 총재, 김인호 수석이 함께했다.

274 1997년 6월 5일 청와대 서별관에서 합의한 4자 회동 결과에 대해 장관이 구술해주었다. 업무일지의 내용은 다음과 같다. 한국은행과 관련하여 금융통화위원회는 한국은행 상위기구로 하고, 금융통화위원회 의장이 한국은행 총재를 맡고, 총재는 물가안정목표에 대한 계약을 하고 불이행의 경우 책임지게 하며, 금융통화위원회 의장과 위원은 공무원으로 하고, 한국은행에 대해 정책자금을 제외한 선별지원금융에 대한 감독권, 자료요구권, 금융감독위원회에 대한 검사 요청권과 동행출장 검사권을 부여하고, 의장 제청과 정관 승인권은 총리(김 수석 의견) 또는 재정경제원(강 장관 의견) 중 추후 검토하고, 예산승인은 재정경제원에서 하고, 재정경제원과 정기적 협의 제도를 만들고, 재의요구권은 두되 의안제안권과 차관 열석발언권은 삭제하고, 외환 업무는 한국은행으로 넘기는 것 등이다. 금융감독과 관련하여 금융감독위원회에 사무국을 두고 산하에 금융감독원을 두며, 원장은 차관급으로 하고 재정경제원 차관과 한국은행 부총재는 금융감독위원회 위원이 되며, 통합금융감독원과 함께 은행·증권·보험감독원은 1999년 말까지 현재대로 유지하고 2000년부터 완전 재편하며, 통합보험기구는 재정경제원 아래 두고 자료요청권을 부여하며, 법령 제정권은 재정경제원에 두고, 금융기관 설립의 내인가는 금융감독원이, 본인가는 재정경제원이 하고, 재정경제원의 대내금융국과 대외금융국 중 1국은 금융감독원으로 가고, 한국은행에 감독부 1개만 잔류한다고 적혀 있는데 모호한 것도 있다.

275 장관은 실무진의 도움 없이 4자 회동에서 중요한 결정을 내린 후 법안을 마련하도록 지시했다. 이런 과정에서 어느 날 점심시간에 금융정책실 서기관과 사무관들이 모여 차관의 역할에 대한 성토가 있었고 은성수 서기관, 전병조 사무관이 대표로 내 방을 찾아와 적극 나서줄 것을 촉구하는 일도 있었다. 장관은 처음 한국은행 사람들에 대해 상당히 신뢰했던 것 같은 감이 들었다. 통화관리에 대하여 전적으로 한국은행에 맡기고 재정경제원은 관여하지 말라고 지시를 하기도 했는데 시중 자금사정이 나빠 국고 여유자금 1조를 풀었는데 그날로 한국은행이 통화안정 증권으로 흡수해버린 고의성 짙은 일이 벌어진 다음 생각이 바뀐 듯했다.

276 미국 Federal Reserve Act에 의해 연방관청인 Board of Governors와 특별주식회사인 Federal Reserve Bank가 설립된 것을 모델로, 중앙은행은 금융통화위원회와 한국은행으로 구성하여 중앙은행의 독립이 한국은행의 독립과 다르다는 점을 강조하기 위해서 '중앙은행에 관한 법률'로 했다. 뒤에 편의를 위해 '중앙은행법'으로 수정했다.

277 4자 회동에서 외환 업무를 한국은행에 이관하기로 합의했으나 다른 나라에 예가 없고 G10 환율회의에 모두 재무장관이 참석한다는 논리로 합의를 바꾸게 했다.

중앙은행제도

- 금융통화위원회를 정책결정기구로, 특수법인인 한국은행을 그 집행기구로 함.
- 금융통화위원회 및 한국은행의 설치근거로 현행 한국은행법을 대체하여 '중앙은행법' 제정. 금융통화위원회 의장과 상근위원은 공무원으로 함.
- 중앙은행의 통화신용정책은 시장 참여자로서 수행함을 원칙으로 하고, 정부의 환율, 외화 여수신, 외환 포지션 정책에 대한 협의 기능을 수행.
- 중앙은행이 수행하는 정책금융 중 정부의 재정 기능에 속하는 것(농수축협 금융지원 등)은 재정으로 이관하고 나머지는 축소 정비.
- 금융통화위원회 의장은 정부와 협의, 매년 물가안정목표(inflation target)를 주 내용으로 하는 정책목표를 정하고 이를 발표하며 이에 대하여 책임을 짐. 특별한 이유 없이 이 목표를 지키지 못할 경우 임기전이라도 해임사유가 됨.
- 중앙은행은 통화신용정책 수행을 위한 자료제출 요구권, 필요한 경우 감독기구에 대해 특정분야 검사 및 그 결과 송부 요청권, 공동검사와 이에 따른 시정조치 요구권을 가짐.
- 한국은행 부총재는 총재가 임명하는 순수한 집행기구로 함.
- 한국은행 정관의 제·개정은 금융통화위원회가 승인.
- 금융통화위원회는 연 1회 이상 국회에 보고.
- 금융통화위원회 의장은 국무회의의 심의를 거쳐 대통령이 임명.
- 금융통화위원회 의장의 임기는 5년, 위원의 임기는 3년(연임 가능).
- 금융통화위원회 위원은 금융통화위원회 의장, 재정경제원 차관, 금융감독위원회 위원장, 국회(공익 대표), 대한상공회의소(경제계 대표), 은행연합회(금융계 대표) 추천 각 1인을 대통령이 임명.
- 한국은행의 감사는 재정경제원 장관이 추천, 대통령이 임명.

금융감독기구

- 은행·증권·보험 감독을 통합하는 금융감독위원회와 금융감독원을 구성하고, 금융감독위원회는 총리 산하 정부기구로, 금융감독원은 특수법인으로 함.
- 2000년 1월 1일을 기준으로 금융감독원도 정부기구화한다는 전제하에 정부기구화 및 직원의 공무원화를 단계적으로 추진.
- 금융감독기구는 감독 관련 규정 제·개정, 금융기관 경영 관련 인허가, 금융기관의 검사와 제재, 증권선물시장 감시 기능을 보유하며, 관련 법령 제·개정 및 설립인가권은 재정경제원이 가짐.
- 금융감독위원회 위원장이 통합 금융감독원장을 겸임.
- 금융감독위원회 위원장의 임기는 5년, 상근위원의 임기는 3년(연임 가능).
- 금융감독위원회는 위원장, 재정경제원 차관, 한국은행 부총재, 통합예금보험 기관장(이상 당연직), 재정경제원 장관이 추천하는 회계전문가 1인, 법무부 장관이 추천하는 법률전문가 1인, 대한상공회의소가 추천하는 경제계 대표 1인 등 7인으로 구성하며 대통령이 임명.

재정경제원

- 재정경제원은 거시경제정책 운용차원의 금융정책, 금융 관련법의 제·개정, 금융기관 설립 인허가, 외환환율정책, 국제금융 기능을 수행.
- 통합예금보험 기구는 재정경제원 산하에 설치.

NOTES

3개 관련 기관의 연계성

- 금융통화위원회 의장은 필요 시 국무회의에 출석 발언할 수 있고, 정부는 금융통화위원회 의장의 국무회의 출석을 요구할 수 있음.
- 금융통화위원회에 재정경제원 차관이 열석 발언할 수 있음.
- 재정경제원 장관에게 금융통화위원회에 대한 의안 제안 및 재의요구권 부여.
- 재정경제원 차관 및 한국은행 부총재의 금융감독위원회 위원 참여.
- 재정경제원 장관-금융통화위원회 의장-금융감독위원회 위원장의 월 1회 이상 정례협의를 명문화.
- 금융감독위원회가 통화신용정책과 직접 관련되는 조치를 할 경우 금융통화위원회가 재의요구 가능.
- 통합예금보험기구가 금융기관에 대한 검사 등이 필요할 경우 감독기구에 요청할 수 있고 필요 시 공동검사 요청도 가능.
- 재정경제원, 금융통화위원회, 금융감독위원회는 필요한 자료 등을 상호 요청할 수 있고 특별한 경우가 아닌 한 이에 응할 의무가 있음.

조직구성

- 금융통화위원회의 기능을 뒷받침하도록 기존 한국은행 관련 기구를 개편해 사무국 설치.
- 한국은행에 1개부 수준의 지도검사기구 설치.
- 재정경제원 금융정책실을 2개의 금융국(국내 국제 담당)으로 개편.
- 금융감독위원회에 사무국 설치.
- 논의되지 않은 사항은 원칙적으로 금융개혁위원회 안에 따름.

279 당시 한국은행법 개정의 업무라인은 최연종 부총재, 이상헌 조사부장이었다.

280 중앙은행과 관련된 수정안은 다음과 같다. 첫째, 명칭은 '한국중앙은행'에서 한국은행으로 그대로 둔다. 둘째, 5년 단임의 금융통화위원회 의장(한국은행 총재 겸임)의 임기를 4년 중임 가능으로 바꾼다. 셋째, "한국은행 총재에게 물가관리의 책임을 묻는다."를 "물가안정에 최선의 노력을 다한다."로 완화한다. 넷째, "금융통화위원회 결정에 대해 재정경제원 장관이 이의가 있을 경우 재의에 부칠 수 있다."를 "정부 경제정책과 상충될 때만 재의를 요구할 수 있다."로 바꾸도록 한다. 금융감독과 관련된 수정안은 다음과 같다. 첫째, 금융감독위원회는 총리실 산하에서 재정경제원 산하로 변경한다. 둘째, 2000년부터 금융감독원 직원을 공무원화한다는 조항을 삭제한다. 셋째, 금융감독위원회 위원장은 재정경제원 장관의 제청 대신 국무회의 의결을 거쳐 대통령이 임명토록 한다. 넷째, 통합감독기구는 새 정부가 출범한 1998년 4월 이후로 한다.

281 장관은 김인호 경제수석을 통해 요청을 했지만 거절당했다는 것이었다. 김대중 새정치국민회의 총재와 김종필 자민련 총재에게 협조를 요청하는 전화라도 한 번 하도록 하면 어떻겠느냐고 했더니 그것도 거절했다고 했다.

282 정기국회 마지막 날인 11월 18일 여야가 합의한 예금자보호법, 증권거래법, 보험업법, 신용관리기금법 등 4개 법률 개정안은 재경위원회에서 통과되고 한국은행법을 포함한 9개 법 개정안은 보류되었다.

283 IMF 실무진이 처음 제시한 'Korea-Summary of the Economic Program'의 Financial Sector

Restructuring 부분 첫 문장이 "The following financial sector reform bills will be revised and submitted to the National Assembly for passage before the end of the year."라고 표현되어 있어 한국은행법을 다시 수정하여 제출해야 하는 것이 아니냐는 한국은행 측의 주장이 나왔다. 나는 나이스 국장을 만나 그간의 한국은행법 경과를 설명하고 "The following financial sector reform bills submitted to the National Assembly will be passed before the end of the year."로 고쳐 수정법안을 다시 제출하지 않도록 했다.

284 11월 24일 김수한 국회의장 주선으로 이해구 한나라당, 김원길 새정치국민회의, 이태섭 자민련 정책위 의장과 이상득 국회 재경위원장, 임창열 경제부총리는 5자 회담을 열어 "대선이 끝난 후 임시국회를 열어 연내 금융개혁법안을 처리한다."라는 원칙에 합의했다.

285 이행각서에 대하여 한나라당 이회창 후보는 서명, 국민신당 이인제 후보는 날인을 했고, 김대중 후보는 서명이 국제 관례에 어긋난다는 명분으로 김영삼 대통령에 대한 공한을 보냈다. 각서를 받기 위해 나누어 갔는데 나는 12월 3일 오후 김포공항으로 달려가 이회창 후보의 각서를 받아왔다.

286 1997년 12월 3일 IMF Michel Camdessus 총재가 보는 앞에서 임창열 장관과 이경식 총재가 서명한 Letter of Intent에는 자금지원 조건인 'Korea-Summary of the Economic Program'과 자금지원 안이 IMF 이사회에 통과되기 전 즉시 조치해야 할 콜금리 인상, 9개 종합금융회사 폐쇄, 제일은행과 서울은행의 자기자본비율 이행대책 등 대외비 사항이 담긴 Side Letter가 첨부되었다.

287 차수명 의원이 소위원장을 맡았다. 새정치국민회의 정세균 의원과 김민석 의원은 금융감독 세 기관의 노조 주장에 따라 금융감독위원회 사무국 폐지를 주장하다가, 5인 이내로 갔다가, 10인 이내로 법에 못을 박자는 제안까지 했다. 차수명 소위원장이 사무국 직원을 최소화한다는 정신에서 10인 이내를 촉구하는 의견을 재무위 속기록에 남기는 것으로 결론지었다. 금융정책실 실무자들은 10명에 동의해준 데 의아해했다. "얼마 안 가 100명을 넘길 것이다. 지금은 사무국이라는 불씨를 켜두는 것이 중요하다. 너희들이 빠른 시일 내에 금융감독청으로 개편하면 된다."라고 말했다. 실제로 100명을 넘었다.

288 뉴욕으로 갈 때 재무부는 세종로에 있었는데 1988년 4월 18일 월요일 출근할 때 과천으로 옮겨가 있었다.

289 안국화재(지금 삼성화재)의 손경식 사장의 역할이 컸다. 미리 만나 대국적인 관점에서 업계 설득에 나서줄 것을 간곡히 부탁했고 반대자들은 손경식 사장의 설득을 받아들였다. 김종성 손해보험 과장과 정채웅 사무관이 큰 수고를 했다.

290 최초 가입 25%, 2차년 15%, 3차년 10%를 기본보험료에 할증했다.

291 남자의 경우 20세 이하 100%, 25세 이하 50%, 30세 이하 15%, 40세 이하 5% 할증하고, 여자의 경우 20세 이하 50%, 25세 이하 10% 할증하며, 30세 이하 5%, 31세 이상 10% 할인하여 실적손해율이 낮은 여자를 우대했다.

292 1차년부터 4차년까지는 10%씩, 5차년은 45%, 6차년에 50%가 되도록 했다.

293 인적사고의 경우 사망과 중상 4점, 경상은 정도에 따라 3점·2점·1점, 자손사고 1점, 물적사고의 경우 50만 원 초과 1점, 50만 원 이하 0.5점이었다. 1점당 기본보험료의 10%를 할증한다.

294 엉뚱한 소리를 한 연구원은 징계하도록 하고 원장이 공식사과 기자회견을 할 때까지 국고국에서 예산지급을 중지시키는 해프닝이 있었다.

295 '상대방이 위반한다'는 전제로 한 안전운전 요령을 말한다. 내가 뉴욕에서 운전하며 배운 방어운전(defensive driving) 요령이 많은 참고가 되었다.

296 교통법규에는 전조등을 끄라는 규정이 없는데 운전면허증을 교부할 때 그런 교육을 하고 있었다. 수신호로 교통정리를 하는 경찰의 눈을 부시게 하지 않기 위해 그랬다는 설, 자동충전이 되지 않던 시절 배터리를 아끼려고 그랬다는 설 등이 있었으나 정확한 것은 누구도 몰랐다. 근거도 없고 이유도 모르는 관행 때문에 죽어간 사람들만 억울할 뿐이었다.

297 미국에서는 뉴욕 맨해튼의 고층건물과 아파트들을 보험회사가 많이 보유하고 있고, 신도시가 보험회사의 투자로 이루어지고 있다. 일본생명은 1966년 가와니시(川西) 시에 인구 3만 명의 신도시를 건설했고 제일생명은 후지사와(藤澤) 시에 인구 5만의 신도시를 건설했고 하치오지(八王子) 시와 센다이(仙台) 시에 뉴타운을 건설하고 있었다. 이를 참고하여 보험정책과 조연구 사무관이 세밀한 투자 방안을 만들었다.

298 책임준비금은 해약환급금 방식(수입보험료에 사업비 등을 공제한 해약환급금 상당액을 적립하는 방법)과 순보험료 방식(수입보험료에서 보험기간에 따라 계산한 평균사업비를 공제한 금액을 적립하는 방식으로 초기에 많이 적립된다)에 따라 적립했다. 실제 적립한 금액과 순보험료 방식의 비율인 K율에 따라 K율이 100% 이하인 경우 주주 20%, 사내유보 40%, K율이 50% 미만인 경우 주주 10%, 사내유보 50%로 하고 당기순이익의 주주배당도 K율에 따라 30%, 20%, 10%로 차등하도록 했다. 김창록 생명보험과장이 수고하여 이 방안을 만들었다.

299 예를 들어 100억 원의 가치가 있는 주식을 100주로 나눈다고 주주에 대한 특혜가 있는 것이 아니고 거래상의 편익이 있을 뿐이다. 처분하여 특혜를 본다는 논리에 따라 99주를 처분하면 회사의 경영권이 없어진다. 100억 원짜리 주식을 1억에 팔라는 논리는 사유재산을 몰수하자는 논리와 같다.

300 AIG(American International Group)는 계열사 AHA(American Home Assurance), ALICO(American Life Insurance Co.)와 공동으로 1985년 7월 15일 GSP Subcommittee에 제소했고 9월 7일 Reagan 대통령이 USTR에 '301조' 조사를 지시하고 10월 23일 USTR은 의견서를 제출했다. 모기업 AIU(American International Underwriter)는 1919년 상하이에서 설립된 미국 보험회사로 1950년 주한미군과 함께 대리점 형태로 한국에 진출한 후 1977년에는 손해보험 자회사 AHA가 진출했고 1987년에 생명보험 자회사 ALICO가 진출했다.

301 USTR은 미국의 대외통상 협상을 담당하는 대통령 직속 기구이고 특히 통상법 제301조에

의한 무역보복 조치를 담당하는 기관이다.

302 AIU 계열인 ALICO는 1986년 5월 18일 허가를 받았다. 현재 AIG생명으로 상호가 변경되었다.

303 LINA는 1986년 4월 22일 설립허가를 받았다.

304 동부그룹은 Aetna, 코오롱그룹은 Metropolitan을 업고 6개 생명보험회사로 제한된 보험시장 참여를 시도했다. 어떠한 경우에도 동부그룹과 코오롱그룹은 참여시켜야 한다는 미국 측의 주장에 밀려 16~30대 그룹은 참여시키되 회사의 지배권은 행사하지 못하도록 50% 미만만 참여하도록 허용되었다. 동부그룹은 당초 의도대로 동부Aetna의 외국지분을 인수하여 동부생명이 되었고, 코오롱그룹은 경영이 여의치 않아 지분을 Metropolitan에 넘겼다. 자기의 이익을 위해 외세를 업고 조국을 공격하는 행태는 역사의 곳곳에 묻혀 있다.

305 합작사와 같이 15대 재벌은 출자를 금지하고, 16~30대 재벌은 50% 미만 출자를 허용하고, 자본금은 1,000억 원 이상으로 하고, 30억 원의 보험보증기금을 출연하는 기준이었다.

306 1989년 8월 8일 Honolulu, Waikiki Beach에 있는 Royal Hawaii Hotel에서 열린 American Bar Association Annual Meeting에서 'American Access to Korean Market'이라는 제목의 speech를 했다. 한국 생명보험시장은 'Risk-avoiding and savings market'이라 말하고 이러한 특성을 모르고 진출하면 심각한 실수가 될 수 있다고 했다. Daniel Inoue 연방상원의원이 keynote speech를 했다. 여기에서 나를 초청한 대회 조직책임자 William Silverman은 저녁 초대에서 한국 정부의 'market watering'은 예상 못한 일이라는 말을 했다. 그 후 미국 회사의 진출은 없었고 1991년 AFLAC는 철수했다.

307 7월에 신청한 17개사를 심사하여 1989년 4월 15일에 한국·신한·동일·대신·한덕·태평양 6개 생명보험회사를 내인가했다. 심사는 자본능력·경영능력·전업 여부 등을 평점화해서 상위 6개사를 결정했다. 동일은 상호를 국민생명으로 변경했다. 윤진식 보험정책과장이 맡아 말썽 없이 잘 처리했다.

308 1988년 5월 16일 부산·대구·광주·대전생명이 자본금 60억 원(대전생명은 100억 원)으로 인가되었다. 1990년에 가서 중부·충북·전북·경남생명이 추가로 인가되었다.

309 1989년 2월 13일 동부Aetna, 코오롱Met, 고려CM, 동양Benefit, 삼신Allstate생명을 자본금 60억 원(동부Aetna 100억 원)으로 내인가하고 1990년에 영풍ManuLife생명을 인가했다. 내국사와의 혼동을 방지하기 위해 내인가 시 합작선의 이름을 상호에 넣도록 했다. 모든 재무제표는 한국 기준에 맞도록 수정하여 제출하도록 했다.

310 ALICO와 LINA에 이어 미국의 Prudential(자본금 100억 원)과 AFLAC(American Family Life Assurance Co. of Columbus, 1991년 철수), Netherlands Life의 미국 자회사 Georgia가 인가되었다.

311 특정 보험 업무와 감독 업무를 함께하는 한국보험공사를 감독전업기관으로 개편했다. 한국은 행 노조도 가세한 보험공사 노조의 '보험감독원 독립' 투쟁에 애를 먹었다.

312 1989년 11월 27일 기존의 손해보험요율산정회를 보험개발원으로 확대 개편하여 자동차 보험의 사고기록 관리와 생명보험의 경험생명표도 작성하게 했다.

313 손해보험회사들의 보증보험 다원화 요구에 따라 모든 손해보험회사들이 출자한 한국보증보험이 1989년 11월 15일 설립되었다. 1998년 11월 25일 대한보증보험에 합병되어 서울보증보험이 되었다.

314 Maurice R. Greenberg는 1967년부터 AIG의 회장 겸 CEO를 맡고 있다. 6·25 참전으로 동성무공훈장을 수여받은 적도 있다.

315 1971년 크리스마스 때 많은 사람이 희생된 대연각호텔 화재사건을 계기로 서울, 부산 등 7대 도시의 4층 이상 건물과 극장 등 특정 건물을 강제로 가입시키는 '화재로 인한 재해보상과 보험가입에 관한 법률'이 1973년 제정되었다. 화재보험 풀은 모집의 과당경쟁을 피하기 위하여 만들어진 화재보험 공동인수제이다. 강제보험의 성격상 외국회사에 배분하는 것은 적당치 않는 점도 있었다.

316 청원서에 Greenberg 회장은 1977년 4월 8일에 당시 증권보험국장과 합의하고 다음 날 회의록에 서명해줄 것을 요청했는데 기준 절차에 의하지 않았다는 이유로 서명을 거절하고 원본을 재무부가 보관하고 사본도 주지 않았다고 적고 있었다. 내가 갔을 때 회의록은 없었고 합의를 해준 사람은 아무도 없었다. 추론해본 결과 AIG의 끈질긴 요구에 '고려해보겠다'는 뜻으로 'consider'라는 말을 한 것이 아닌가 생각되었다.

317 John Hoog 1등서기관과는 이 문제를 협상하며 친해졌다. 그 후 그는 미국은 시민의 청원(petition)에 대해 대통령을 포함한 모든 공무원(civil servant)은 원칙적으로 판단(judge)할 권한이 없고, 청원의 내용대로 충실히 집행(serve)하는 것이 미국의 시스템이라는 말을 해줬다. 1995년 미국과 담배협상을 성공적으로 할 수 있었던 데는 그의 조언이 많은 도움이 되었다. 1988년 서울올림픽이 끝난 직후 미국 항공모함 Midway가 부산에 왔을 때 국회의장, 신문사 사장 등 VIP들과 함께 나를 '미국의 국익에 가장 중요한 사람의 하나'라며 함상 퍼레이드와 오찬에 초대하기도 했다.

318 은행 담보물건의 화재보험을 공동 인수하는 제도이다. AHA는 은행과의 거래에 성공하지 못해 불만이 해소된 것이 아니었다.

319 나는 항상 문제를 일으키는 AHA가 차후에 문제제기할 소지를 줄이기 위해 회의 결과에 대해 합의문을 우리 측이 작성할 것을 제의했다. 밤 새워 합의문을 만들어 다음 날 양측 대표인 이규성 차관보와 Lundy 대표가 서명했다. 미국 측 lawyer까지 다 읽어보고 서명한 것을 AHA가 화재보험 풀 참여 등을 문제 삼자 미국 측은 재협의하자는 것이었다. 당시 정인용 차관에게 찾아온 Levine 참사관은 내가 문서를 작성하며 미국을 'trick off' 했다고 야단이었지만 내가 들어주지 않자 글라이스틴 대사가 이승윤 장관을 방문하기도 했다. 끝까지 버티어 당초 합의대로 종결되었다.

320 McGuire 참사관은 AIG Greenberg 회장이 백악관의 Reagan 대통령을 업고 대사에게 진상을 조사하라고 지시를 내렸다고 했다. 걸핏하면 백악관을 업고 나오는 Greenberg는 자기들도 어려운

사람이라고 했다.

321 정밀신원조사에서 문제가 된 것은 인천 처가의 장인이 6·25때 행방불명된 것이었다. 사공일 수석이 모든 책임을 진다는 신원보증서를 쓰고 근무하게 되었다. 수석비서관회의에서 다시 K 총무수석이 재경비서관 같은 중요한 자리에 과장을 승진시켜 데려오는 것은 곤란하다고 반대하고 나서 문제가 꼬이게 되었다. 다시 고참 국장을 데려오기로 하여 이미 국회 재무위원회 전문위원으로 발령이 난 강현욱 이재국장을 재경비서관으로 다시 발령 내렸다.

322 10진 분류법에 따라 사무실 문서부터 정리했다. 재무관실이 생긴 이래 만든 모든 문서들이 질서 없이 쌓여 있었다. 근무 관련 규정, 예산집행 관계, 보고서 관계, 장·차관 영접 관계 등으로 분류하여 파일을 만들었다. 보고서는 종류별로 묶어 정리했다. 10년 전의 음식점 영수증도 그대로 있었다. 10여 일 만에 정리를 끝내고 나니 몸살이 났다.

323 내가 떠나온 후 문제가 생겨 재무관은 뉴욕총영사 소속으로 바뀌고 신분도 외교관인 재무관 (Financial Attache)에서 준외교관인 영사(Consul)로 바뀌었다. 외교관은 완전한 치외법권을 누리지만 영사는 공무집행에 한해서만 치외법권이 있다. 재무관인 경우 집에도 치외법권이 있었고 음주운전의 경우도 체포할 수 없으나 영사는 그렇지 않다. 신분이 달라 대외활동에서도 차이가 있다. 미국에서는 외교관과 영사는 교류가 안 되는 구분된 직위다.

324 공항 도착에서 공항 출발까지 모든 활동과 세세한 일정을 기록한 파일로 남겨 후임자가 참고하게 했다. 그런 기록이 제대로 남아 있지 않아 큰 힘이 들었다. Tipping 등 세세한 부분까지 준비했다.

325 뉴욕 재무관이었던 나는 1987년 6월 24일부터 26일까지 미주개발은행(IDB) 주최로 뉴욕 플라자호텔에서 열린 세계외채회의에 참가했다.

326 경상수지 흑자가 1986년 46억 달러, 1987년 98억 달러, 1988년 141억 달러, 1989년 50억 달러로 4년간 336억 달러가 누적되었다.

327 PEFCO(Private Export Finance Co.)는 미국수출입은행(US Exim Bank)과 협조하여 자투리 금액을 융자해주는 민간회사이다. 1987년 6월 1일 뉴욕의 PEFCO 본사를 찾아가 협상한 후 이사회에 상정했으나 조기상환을 받는 경우 당시는 미국의 금리가 떨어져 같은 조건으로 대출할 수 없었다. 이사인 Citibank와 Nat West Bank의 담당자들을 만나 교섭했으나 실패했다. 문제가 된 차관은 한전(KEPCO)이 차주였다.

328 1993년 이재1과장 때 IBRD 금융구조 조정차관(Financial Sector Loan)을 맡았다. 강경식 장관은 재무부 사람들이 국제적인 시각을 가질 수 있도록 차관자금의 일부로 유학을 보내도록 교섭하라는 것이었다. 과거 차관자금을 관장하던 경제기획원 간부들은 대부분 미국에 유학을 다녀왔는데 재무부는 그렇지 못했다. IBRD 대표들은 금융구조 조정차관으로 유학을 보낸 예가 없어 불가능하다는 것이었다. IBRD의 두 젊은 직원 프랑스인 Soulard와 카메룬인 De Joisa를 영동의 살롱에 데려가 즐거운 술 파티를 열었다. 다음 날 금융산업은 '인지(人紙, man and paper) 산업'이기 때문에 교육프로젝트는 당연히 포함되어야 한다는 억지를 펴 본부와 협의해보겠다는

반승낙을 받았다. 5월 워싱턴에 협상하러 가서 Soulard의 집에 초대받았을 때 유학 프로젝트를 포함시키지 않으면 서울에서의 행적을 부인에게 폭로하겠다고 협박(?)까지 동원하며 성사시켰다. 이 자금으로 그해 하반기부터 1년에 5명 전후의 사무관을 유학 보내게 되었고 10여 년이 지나서는 대부분의 간부들이 유학 경력을 갖게 되었다. 유학 다녀온 재무부 사람들은 강경식 장관에게 크게 감사해야 한다.

329 내가 공부하는 사실을 아는 사람은 김만제 장관과 사공일 경제수석뿐이었다. NYU 교수를 역임했던 사공일 경제수석이 NYU에서 경제학을 공부하도록 권했다. 두 분께 감사한다.

330 NYU는 건국 초기 미국의 인재를 양성하기 위해 미국판 London School로 창립되어 대학원은 Full Time보다 Part Time을 우대하는 학교다. 캠퍼스는 주간은 학부가, 야간은 대학원이 썼다. Columbia University는 주간에 강의가 있어 갈 수 없었다.

331 TOEFL과 GRE 시험을 보았다. 부가가치세 도입을 위해 함께 일한 IMF의 테이트 재정국 부국장이 써준 추천서의 도움으로 NYU에 들어가게 되었다. 추천서에는 "Mr. Kang is the architect of the best tax system in the world."라는 과분한 칭찬을 적어놓았다.

332 경제학과장이었던 Jonas Prager 교수의 지도로 논문 "Yankee Bonds as a New Financing Source for Korea"를 썼다. 논문의 결론은 다음과 같다.
"In conclusion, Korea needs new money containing lower-rate but longer-maturity not only for further industrialization but also improving its competitiveness in domestic and overseas markets. While entry by Korea into the Yankee bond is not guaranteed, prospects are encouraging. Korea's domestic political situation is becoming more democratic, the 24th Olympiad will be held in 1988, and the 6th 5-Year Economic and Social Development Plan of Korea can successfully implemented between 1987 and 1991. The successful access of Korea to the Yankee bond market will provide Korea with a new financing source of low-cost, large- scale and long-maturity funds. Moreover, a Yankee bond issue will enhance Korea's credit standing in the international capital markets."

333 담당 Tod. E. Petzel 교수는 뉴욕 The Coffee, Sugar & Cocoa Exchange의 chief economist 였는데 선물에 관한 한 세계 최고의 economist로 평가되고 있었다. 참고서로 사용했던 *The Economic Function of Futures Markets*(Jeffrey Williams, Cambridge Univ. Press, 1986)는 futures market에 관한 세계 유일의 이론서였다. 미국의 선물시장이 시카고와 캔자스시티에 있고 일본의 선물시장이 오사카에서 성공한 이유를 강세시장인 cash market에서 멀리 떨어져 있기 때문이라 했다. 선물시장을 부산으로 가게 하는 이론적 배경이 되었다. 또 futures가 先物로 번역된 것은 일본에서는 先이 future의 뜻으로 쓰이지만 우리는 오히려 former나 past로 쓰이기 때문에 선물거래가 '선 계약 후 인도'라는 개념에 따라 先約 또는 後物이 맞는다는 것을 알았다. 귀국하여 선물학회 강의에서 일제 잔재이고 착오된 先物거래를 先約거래로 바꾸자고 주장했다. 선일자수표도 마찬가지로 후일자수표가 맞는다.

334 경영대학원 교수인 그의 저서 *Principles of Money, Banking, and Financial Markets*

(Lawrence S. Ritter-William l. Silver, 5th ed., New York: Basic Books, 1986)는 내가 읽은 금융시장에 관한 책 중에서 최고였다. 특히 FRB와 금융감독에 대해 만화를 곁들여 탁월하고 명쾌하게 설명하고 있다. 1986년 Summer Semester에 당시 월스트리트에 있던 경영대학원에서 강의를 들었다.

335 삼성전자는 당초 2,500(?)만 달러 정도를 상업차관으로 도입하고 나머지는 국내자금을 사용할 것을 추진했는데 2억 달러의 양키본드로 전환하도록 했다. S&P와 무디스가 삼성전자에 대한 신용평가를 할 때 재무부 진영욱 국제금융과장, 삼성전자 김동우 이사 등 실무진들과 함께 직접 Credit Rating 협의를 했다. 1992년 11월 5일 당시로서는 엄청난 거액인 2억 달러 양키본드(발행금리 8.5%, 발행수익률 10TB+90bp, 만기 10년, 주간사 Goldman Sachs, 신용등급 S&P; A-. Moody's; Baa2)를 성공적으로 런칭시켰다. 반도체가 사상 최대의 이익을 연속하여 내기 시작한 1993년 늦여름 관리본부장 송용로 전무와 함께 상반기 결산 결과를 자축했다. 1994년부터 1조 원 이상의 이익이 나 추가차입은 없었고 2002년 11월 1일에 만기상환했다. 연속적인 반도체의 성공신화를 보면서 2억 달러 양키본드가 없었다면 오늘의 삼성전자는 어떤 모습일까를 생각해본다.

336 한국전력은 당초 상업차관을 추진했으나 양키본드로 전환했다. 상업차관으로 충분하다고 생각한 실무진들이 반신반의하여 당시 한전의 최대용 부사장을 설득하고 진영욱 국제금융과장이 직접 주선하여 1992년 7월 1일 공기업 최초로 제1회 3억 달러 양키본드(발행금리 8.0%, 발행수익률 10TB+185bp, 만기 10년, 주간사 Lehman Brothers)를 성공시키고 그 후도 계속 발행해 설비자금 문제를 완전히 해결했다.

337 포항제철은 1992년 8월 2억 5,000만 달러의 양키본드(신용등급 S&P; A+. Moody's; A1)를 발행한 다음 10월 15일에는 3억 달러의 유로본드(발행금리 5.75%, 발행수익률 5.87%, 만기 5년)를 발행하여 기존 공장설비를 위한 고금리 보증부 차관(6.96%)을 대환함으로써 5년간 165억 원(연간 33억 원)의 금융비용을 절감하게 되었다. 포항제철의 김용운 상무와 진영욱 국제금융과장이 맡았다.

338 1990년 2월 26일 서울에서 열린 1차 한·미 금융정책회의는 수석대표였던 이용성 기획관리실장과 신명호 국제금융국장이 맡았다. 2차 회의는 그해 11월 9일에서 10일까지 서울에서 열렸다. 미국 측 수석대표는 Charles Dallala 재무부 차관보였다.

339 미국은 1988년 기존의 무역법(Trade Act of 1974)을 강화한 종합무역법(Omnibus Trade and Competitive Act)을 제정했다. USTR은 2년간(1989~1990년) 한시적으로 민간기업의 제소 없이 개정된 '슈퍼301조'에 따라 매년 외국의 무역장벽과 불공정관행을 조사한 무역장벽 보고서(National Trade Estimate Report on Foreign Trade Barriers, NTE Report)를 의회에 제출하고 우선협상대상국(Priority Foreign Countries, PFC) 또는 우선협상대상관행으로 지정한 경우 시장개방 협상을 할 수 있게 했다.

340 미국은 1988년 종합무역법에 제3004조를 신설하여 미국 재무부는 교역상대국의 환율불균형과 불공정한 우위를 유지하려는 경제정책이 있는지를 조사한 국제경제 및 환율 보고서(Report on International Economic Policy Including Exchange Rate Policy)를 의회에 제출하고 '환율조

작국'으로 지정한 경우 시정협상을 할 수 있게 했다.

341 각국의 중앙은행 협의체인 BIS가 정한 은행의 자기자본비율 8%는 일본은행이 동남아 등 해외영업에서 자국에서와 같은 담보 중심의 공격적인 경영에 나서는 것을 견제하기 위해 일본의 은행들이 대출을 확대하기 어려운 수준으로 정해진 것으로 알려졌다. 일본과 한국은 담보대출을 위험자산에 포함시키지 않았지만 BIS 규정은 담보와 관계없이 위험자산을 분류했다.

342 9월 30일 재무부에서 열렸다. 이때부터 미국 수석대표는 Orlin Whitington 차관보로 바뀌었다. 지금까지 FPT를 담당하던 진영욱 국제금융과장 대신에 김창록 과장이 왔다. 허경욱 사무관은 처음부터 FPT를 담당해왔는데 Stanford Business School에서 MBA를 마친 탁월한 영어실력을 가진 인재였다.

343 일본이 엔달러위원회와 미·일 구조조정협의에 어떻게 대처했는가를 일본 대장성에 파견 나가 있는 김석원 과장에게 조사 보고하도록 했다. 금융시장 개방의 경우 우리와 같이 협상을 담당하는 국제금융국과 개별정책을 담당하는 은행국과 증권국의 의견이 맞지 않아 대장대신의 지시로 국제금융국이 주도하여 은행국과 증권국으로 '3국지도체제'를 만들고 주무국의 의견을 존중하되 합의가 되지 않을 경우 국제금융국의 의견에 따라 전체적인 전략을 세워 대처했다는 일본의 경험을 보고해왔다.

344 태스크포스는 내가 팀장을 맡았고 김창록 국제금융과장, 허경욱 사무관과 함께 블루프린트를 만드는 데 3개월 정도 전력을 쏟았다.

345 1992년 1월 16일 미국 재무부 James Fall 부차관보, Meg Lundsager 과장과 미국대사관 Morford 참사관, Anne Derse 서기관이 참석했다. 우리 측은 내가 수석대표를 맡았고 김창록 과장과 허경욱 사무관이 함께 참석했다.

346 1992년 3월 10일 미국 재무부 청사에서 열렸다. 수석대표인 이환균 차관보, 김창록 국제금융 과장, 허경욱 사무관과 함께 갔다. 미국 측 수석대표는 Whitington 차관보였다.

347 1992년 3월 27일 확정 발표한 1단계 계획의 내용은 다음과 같다.

| 은행 |

CD 발행 한도 확대 및 180일 만기 하반기 연장(1992년 5월 1일 시행)/ 외국 은행의 은행연합회 및 금융결제원 정회원 가입 및 국내 금융전산망 이용(7월 1일)/ 제재조치 전 소명기회 부여 및 상반기 중 은행감독규정 명료화 작업 마무리(4월 1일)/ 만기 16~180일 담보콜제도 도입(7월 1일)/ 선물환 거래 허용(9월 1일)

| 증권 |

외국 은행·증권·보험 국내지점의 내국인 대우: 주식투자 한도의 철폐(7월 1일)/ 외국 금융기관 국내지점 채권 장외거래 허용(7월 1일)/ 외국 증권사 국내지점의 영업기금에 한해 선물환 거래 허용(9월 1일)

| 외환-자금거래 |

원화대가 외화예금 허용 대상기업을 실적 1,000만 달러에서 500만 달러 이상으로 확대(9월 1일)/ 선물 환거래의 실수요 증빙 사후제출 대상을 건당 100만 달러에서 300만 달러 이하로 확대(9월 1일)/ 환율 일일 변동폭을 시장평균환율의 상하 0.6%에서 0.8%로 확대(7월 1일)/ 기업의 실수요범위 내에서 금융 기관의 장외이자율 및 통화옵션거래를 허용(9월 1일)

348 1992년 6월 29일 확정 발표한 2단계 계획의 내용은 다음과 같다.

| 은행 |

점포 밖에 현금자동입출금기(ATM) 설치를 허용(1993년 7월 시행)

| 증권 |

외국 투신사의 국내 투신사 지분참여를 회사당 5% 이내, 전체적으로 10% 이내 허용(1993년 1월 1일)/ 외국 투자자문사의 사무소 설치를 선별적으로 허용(1993년 1월 1일)

| 외환 |

포지션 관리: 외국환은행의 외환초과매도한도(포지션)를 500만 달러에서 1,000만 달러로 확대하고 선물 환만이 아니라 현물환 거래를 위한 초과매도도 500만 달러 범위 안에서 허용(1992년 9월)/ 원화국제화: 건당 10만 달러 이하의 수출입은 원화로 결제 허용(1993년 7월)/ 연지급 수입: 대상품목을 자동차 등을 제외한 모든 공산품으로 확대(1993년 1월)/ 해외증권투자: 국내증권·투신·보험사의 해외증권 투자한도를 5,000만 달러까지로 확대(1993년 1월)/ 외화 콜 시장: 독일 마르크화 콜 시장 개설(1992년 하반기)

349 1992년 9월 29일 IBRD와, 11월 9일부터 11월 20일까지 IMF와 블루프린트를 협의했다. 미국 측은 IBRD와 IMF와의 협의를 요구했다. 결과보고서가 다음 해 도착해 1992년 12월 말 확정하려던 블루프린트 3단계 계획은 1993년 6월 말로 연기됐다.

350 1993년 6월 29일 발표한 3단계 장기계획은 다음과 같다. 1단계와 2단계의 내용이 일부 수정 되었다. 당초 1992년 12월 말 발표할 계획이었으나 IMF/IBRD와의 협의 결과가 늦어져 6개월 연기되었다.

1993년 중 시행

| 외환거래 |

은행 간 하루 환율변동폭을 0.8%에서 1% 내외로 확대/ 실수요 증명 사후 제출기간을 30일에서 45일로 연장/ 건당 만 달러 이하 수출입 거래에 대해 원화결제 허용/ 비거주자 자유원화 계정 도입/ 자본거래 부문 해외 직접투자 절차 간소화 및 투자제한 완화/ 해외증권 투자를 할 수 있는 기관투자가의 범위 및 투자한도 추가확대/ 일반투자자의 투자신탁회사를 통한 해외증권 간접투자 확대/ 해당 기업이 동의할

경우 50% 이상 외국인 직접투자 기업에 대한 외국인 주식투자 한도 폐지

| 단기금융시장 |

콜 시장 운용의 완전 자율화 및 무차별 중개제도의 활성화/ 단자회사를 단기금융시장 전문중개기관으로 역할 제고

1994~1995년 중 시행

| 외환거래 |

은행 간 환율의 일일 변동폭 추가확대/ 외환 포지션 관리 기준을 현재의 매입외화기준 외에 자기자본 기준도 병행운용/ 외환시장 상황을 고려, 현물환 매각초과 포지션 한도 조정/ 외국통화 간 선물환 거래 시 실수요 증명제출의무 면제(1994년)/ 실수요 증명이 면제되는 원화대가 외화예금 한도 폐지(1994년)/ 원화-외화 간 선물환 거래 시 실수요 증명 면제범위 추가확대/ 원화로 결제할 수 있는 범위를 건당 만 달러에서 추가확대

| 자본거래 |

외국인 투자절차 대폭 간소화/ 해외 직접투자 중 신고대상 확대/ 기관투자가의 해외증권 투자한도 폐지 및 자유화/ 일반투자자의 해외증권 투자 확대/ 1995년 일반투자자의 일부 해외증권 직접투자 허용/ 외국인 주식투자 한도 추가확대/ 국내거주 증권거래법상 외국인들의 국내주식 투자에 대해 내국인 대우(1994년 중)/ ADB 등 국제기구의 원화채권 발행 허용을 통해 국내채권 발행 시장개방 시작(1995년)/ 중소기업 CD 등 주식연계 채권에 대한 외국인 직접투자 허용(1994년 중)/ 주택채권 등 금리 수준이 국제금리와 유사한 국공채 발행 시장의 외국인 인수허용(1994년 중)/ 외국인의 국내 채권 간접투자를 위해 채권형 외국인 전용펀드 허용(1995년 중)/ 외국인 투자기업의 단기차입 허용 범위를 일반 제조업까지 단계적 확대/ 연지급(외상) 수입기간 추가완화

| 단기금융시장 |

CP 만기 다양화 등 단기금융상품 개발/ 단자회사에 대해 외국환 업무 등 제한적 허용

| 증권 기타 |

외국 증권사의 국내지점 설치요건 완화(1994년 중)/ 외국 신용평가회사 국내사무소 설치 및 지분참여 허용(1994년 중)/ 투자신탁회사, 투자자문회사에 외국인 지분참여 범위 확대(1995년 중)/ 신탁의 통화안정채권 인수비율 단계적 인하

1996~1997년 시행

| 외환 |

환율 하루 변동폭을 폐지/ 선진국형의 자유변동환율제도 정착 추진/ 일상적 외환거래에 대해서는 실수요 증명이 면제되도록 하되 실수요 원칙은 유지/ 원화결제 대상범위를 무역거래에서 무역외거래 등으로 단계적 확대

| 자본거래 |

외국인투자의 신고제 정착/ 해외 직접투자 신고제 전환으로 자유화/ 외국인 주식투자 한도 추가확대/ 5

년 이상 국내 중소기업 무보증 장기채권에 대한 외국인 직접투자 허용(1997년 중)/ 국제수지 및 내외금리차 등 여건에 맞추어 상업차관을 허용/ 연지급 수입기간을 국제 수준인 180일 선까지 연장

| 단기금융시장 |

시장금리 연동부 단기금융 신상품 도입 허용/ 단기 금융성 상품에 대한 제한 철폐

| 증권 기타 |

외국 증권사 국내지점의 영업기금 인하(1996년 중)/ 신용평가회사에 대한 외국인 지분참여 범위 확대 (1996년 중)/ 신탁의 통화안정증권 인수제도 완전 폐지/ 외국 금융기관과 국내은행의 합작이 가능하도록 외국 금융기관의 국내은행 지분참여 허용

351 UR 협상의 금융서비스 부문도 FPT를 위한 블루프린트로 대처했다. 미국은 UR 협상을 통해서도 금융시장 개방압력을 동시에 가해왔다. 1992년 말 UR 협상이 최종 타결된다고 경제기획원에서 대책회의가 있었다. 제네바에 출장 가는 김창록 국제금융과장에게 미국에 'No'라고 할 수 있는 유일한 나라 프랑스를 주시하라고 했다. 프랑스가 농산물협상에서 미국 안을 거부함으로써 UR 협상은 2년 후에 타결되었다. 나는 미국에 근무하면서 세계에서 유일하게 농산물이 자급되고 독자 무기체계를 갖춘 프랑스에 대해서는 미국의 영향력이 크지 않다는 것을 알았다. 또한 영국과의 독립전쟁에서 이긴 Washington 장군과 그를 지원한 프랑스 Lafayette 장군은 미국 독립의 두 어버이였기 때문에 정서적으로도 미국은 프랑스에 약했다. 백악관 앞 광장의 이름이 Lafayette Square이다.

352 주로 *The Wall Street Journal*의 Damon Darlin, *Financial Times*의 John Ridding, *Far Eastern Economic Review*의 Mark Cliforf, *Newsweek*의 Robin Bulman이 나왔다.

353 국제금융국장을 떠나기 직전 12월 8일 일본 대장성 국제금융국 사카키바라 에이스케 심의관, 후지쿠라 모토하루 국제자본과장, 야마자키 다츠오 과장보좌를 서울에 초대하여 국제금융 현황과 상호 협력에 대한 회의를 처음으로 개최했다. 저녁에는 대원각에서 술을 마시며 우의를 다졌다. 사카키바라는 그 후 국제회의에서 자주 만났고 1997년 외환위기 때 차관으로 일할 때 그도 차관급인 재무관으로 일했다.

354 프랑스계 Indo-Suez Bank 서울지점은 1991년 2월부터 홍콩지점으로부터 1억 4,400만 달러를 시장환율보다 달러당 13엔 정도 낮은 121.7엔에 산 뒤 싱가포르지점에 134.2엔에 되팔아 1,000만 달러의 환차익을 만드는 등 지금까지 본점 및 지점과 짜고 7,000만 달러의 환차익을 조성해 이를 국내에 대출하여 거액의 이익을 올렸다. 이에 대해 9월 19일부터 25일(사실상 4일간)까지 외국환 업무를 정지시켰다. Plague 프랑스 대사가 찾아와 경고로 끝낼 수 없느냐고 건의도 하고, 파리 본점에서 Jean-Francois Lepetit 행장이 와서 비슷한 변칙행위가 다 있는데 왜 프랑스 은행만 무겁게 처벌하느냐는 항의도 했다. 나는 프랑스 경제재무부가 한국외환은행 파리지점의 영업범위를 한국계 기업에만 한정해 진출한 지 10년 넘게 계속 적자를 유지하는 예를 들어 단호하게 항의를 반박했다. Indo-Suez Bank 200년 역사에서 영업정지는 처음이라면서 명예를 위해

영업정지 대신 벌금으로 할 수 없느냐고 간청했다. 다음 날 본점에 확인해보니 한국외환은행에 대한 차별조치가 사실이고 부당한 것을 인정한다고 하면서 프랑스 경제재무부에 건의해 책임지고 영업범위를 확대해주도록 조치할 터이니 영업정지를 면해달라고 다시 건의했지만 deal을 할 수 없다고 거절했다. 그랬더니 파리로 돌아가 약속한 대로 한국외환은행의 영업제한 조치를 풀도록 조치했다고 전화를 해왔다. 1994년 OECD 가입을 위해 파리에 갔을 때 한국외환은행 파리지점이 진출 후 처음 이익을 냈다고 했다. 지점장과 세느강에서 바토무슈를 타고 15년 만의 이익실현에 축배를 들었다.

355 미국계 Manufacturers Hanova Trust 은행 서울지점이 변칙 외환거래로 179억 원의 자금을 조성하여 국내에서 고금리로 대출하고 큰 수익을 올려 1991년 10월 14일부터 16일까지 3일간 외환 업무를 정지시켰다. 미국대사관 Morford 참사관이 처벌이 불가피했느냐 물어 같은 변칙에 대해 프랑스계만 처벌할 수 없다고 설득했다. Plague 프랑스 대사가 왔을 때에는 미국계도 곧 영업정지를 내린다고 설명하여 넘어갔다. Indo-Suez Bank와 동시에 처벌할 수 있었으나 처음 내리는 강한 처벌을 무사히 넘기기 위해 프랑스부터 시간차 공격을 했다.

356 1993년 1월 27일 은행감독원은 30일 미국계 Bank of America, Chase Manhattan Bank, 캐나다계 Nova Scotia Bank 한국지점이 스와프 거래(환매조건부 외화거래)를 하면서 환매율 계산에 사용되는 원화 스와프 자금의 운용수익률을 실제보다 낮게 신고하여 부당이득을 취한 데 대해 '주의적 기관경고'를 내렸다. 영업정지는 재무부가 내리지만 경고는 은행감독원이 할 수 있다.

357 한국외환은행의 프랑스 파리지점의 영업범위가 한국계 기업으로 한정되어 진출한 지 15년이 되어도 결손 상태였다. 독일은 현지에 파견하는 은행 직원들에게 독일어시험을 치고 이것도 모자라 감독당국과의 원활한 의사소통을 위한다는 명목으로 은행에서 은퇴한 독일 사람을 지점마다 한 명씩 채용해야 지점 허가가 났다. FBG 미팅에서 독일계 은행이 불평을 할 때 "한국어 시험도 안 치는데 뭘 그러느냐"라고 했더니 얼굴이 붉어졌다. 동석한 일본 지점장도 독일의 현지인 채용제도를 강하게 비난했다. 미국은 은행 파견 직원의 비자발급부터 애로와 차별이 많았다.

358 1992년 8월 각국 재무관에게 통보하고 1992년도 분부터 작성되는 Country Report에는 주재국의 금융제도 현황, 금융기관 영업에 영향을 미치는 제도 변경, 국내금융기관 진출에 대한 장애 또는 제한 조치, 국내금융기관의 영업에 대한 주재국 감독기관의 제한 조치 등을 수록하도록 했다. 뉴욕에 근무하면서 우리 은행들이 많은 애로를 겪고 있었지만 체계적인 보고가 없어 당하기만 한다는 사실을 알았다. 외국 정부가 한국 내 금융기관의 자산건전성, 내부통제제도 등에 관해 한국 감독기관의 의견서를 요구할 경우 상호주의에 따라 해당 국가 금융기관에 대해서도 의견서를 요구하기로 했다. 당시 국내에 개설된 외국 은행·증권·보험회사의 지점·현지법인·사무소 등은 모두 150개인 반면 해외에 진출한 한국 금융기관의 지점·현지법인·사무소는 269개였다.

359 Donald Greg 대사는 미국 CIA 출신으로 대사가 되기 전 한국에 근무한 적이 있어 한국 사정을 잘 알고 있는 사람으로 알려졌다. 1990년 박필수 상공부 장관은 종합무역상사에 소비재 수입을 자제하고 수출에 노력하라는 당부를 했는데 이에 대한 미국 측의 항의로 얼마 못 가 물러난 것으로 과천 관가에서 알려졌다. 미국과 1990년 11월 열린 2차 FPT에서 한국 신문의

스크랩을 가져와 박필수 장관의 발언을 문제 삼기도 했다. 당시 서영택 국세청장이 외제승용차 소지자에 대한 특별세무조사를 실시하겠다는 발표도 문제 삼았다.

360 한 페이지로 국제금융에 대한 전체 모습을 알 수 있도록 하고, 하나의 보고서로 전체 국제수지에 관한 정보를 다 포함하도록 국제금융종합통계표를 만들었다. 첫 번째 페이지의 주요 외환지표에는 1. 국제수지, 2. NFA, 3. 외환보유고, 4. 포지션, 5. 환율, 6. 해외금리, 7. 거주자 외화예금, 8. 외화대출 등으로 구성했다. 부표로서 1. 국제수지 동향, 2. 수출입 및 L/C, I/L 동향, 3. 환율 동향, 4. 금리 동향, 5. 국내외환거래 동향, 6. 주요 지역별 통관 수출입(일본·미국·EU), 7. 주요 지역별 통관 수출입(동남아·중동·중국), 8. 형태별 품목별 수출, 9. 형태별 품목별 수입, 10. 무역외 및 이전수지, 11. 여행경비 현황, 12. 외환보유고 동향, 13. 외국환은행 외화자금 및 포지션 증감 내역, 14. 외채 동향, 15. 금융기관 해외차입 동향 등 15개가 첨부되었다. 외환정책과 임태희 사무관이 맡아 수없이 고치고 또 고치는 수고를 했다. 임태희 사무관은 그 후 국회의원이 되었다.

361 외국환관리법 개정은 외환정책과 연원영 과장, 최상목 사무관, 정해범 주사를 중심으로 이루어졌다. 실무 작업에 한국은행, 한국한국산업은행, 중소기업은행, 한국외환은행, 조흥은행, 한국상업은행, 한일은행, 서울신탁은행, 제일은행, 국민은행, 신한은행에서 21명의 과장, 대리 등 전문가가 참여했다. 최상목 사무관은 법을 전공하여 입법에 탁월한 능력을 발휘했다. 법 개정을 마친 후 코넬대학에 가서 경제학 박사가 되어 돌아왔다.

362 외국환관리규정은 연원영 과장 후임으로 온 김우석 외환정책과장과 황건호 사무관이 맡아 1992년 8월 20일에 공포됐다. 본칙 499조 부칙 7조 총 506조에 달하는 방대한 작업이었다. 유학생에게만 인정하던 동반가족 추가경비를 일반인에게도 가족을 동반할 때 가족 1인당 월 500달러를 추가 인정해주기로 했다. 지금까지 일반인의 체재비는 가족 수에 관계없이 월 3,000달러(해외지점 근무자와 특파원은 1만 달러)였다. 유학생의 월 체재비는 당시 대학 이하가 월 1,000달러, 대학원은 월 1,500달러에서 월 2,000달러로 일괄 확대해주기로 했다. 가족을 동반할 경우 가족 1인당 500달러의 추가경비가 인정된다. 당시 5만 달러 이내의 주택임차비 등 실정착비에 대해 예외적으로 인정해주던 해외 장기체류자의 현지정착비를 앞으로는 2만 달러(유학생은 1만 달러) 이내에서는 거의 무조건 인정하되 지위나 지역 등에 따라 외국환은행의 추가 인정도 허용키로 했다. 황건일 사무관은 439페이지나 되는 《외국환관리법해설》을 썼다. 506조에 달하는 외국환관리규정의 모든 내용을 포함하여 당시까지 발행된 외환관리에 대한 해설서 중 가장 완벽한 것이었다.

363 해외 투자 지침과 해외 부동산투자 지침은 진동수 해외투자과장과 송재정 사무관이 맡아 1992년 8월 28일 공포되었다. 장려사업에는 해외 기술이전이 가능한 정밀전자, 신소재 등 첨단산업, 비교우위를 상실한 섬유직기 등 노동집약적 산업, 광물, 농축산물의 개발사업 등을 포함했다. 제한 업종에는 국내기술 이전이 우려되는 탄소섬유 등 신소재산업, 역수입이 우려되는 신발, 편물, 기성복 제조업 등을 포함했다.

364 해외건설업자의 해외부동산 구입의 경우 지금까지는 용역수주 방식만 허용됐으나 앞으로는 소요자금의 50% 이상(휴양 레저시설은 100%)은 현지금융으로 조달하는 조건으로 해외에서 직접 땅을 구입하여 주택개발사업을 하도록 허용했다. 주유소, 세탁소, 음식점업 등을 국내에서 2년

이상 한 사람이 해외에서 같은 업종의 투자를 할 경우 해외부동산의 구입을 허용했다. 부동산투자를 제한하는 것은 실효성도 없었고 선의의 해외이민을 규제하는 결과가 되었다. 미국은 당시 외국인의 부동산투자를 규제하려는 움직임이 있었다.

365 한국은 오스트레일리아, 뉴질랜드와 한 그룹이 되어 가입했다. 한국과 오스트레일리아가 각각 2억 유로, 뉴질랜드는 1,000만 유로로 출자했다. IMF 등 국제금융기구에서 한국, 오스트레일리아, 뉴질랜드는 한 그룹으로 긴밀히 협력해왔다. 아시아에서 일본과 함께 EBRD 창설 멤버로 가입한 것은 오스트레일리아와의 정보협력 때문이었다. 한국의 권승우 씨와 오스트레일리아의 Humpreys 가 교대로 이사직을 맡았다. 창립총회의 준비를 위해 정덕구 런던 재무관의 수고가 컸다.

366 엄밀한 의미에서 백인이 아닌 이스라엘과 이집트 등이 있었다. 중국과 인도가 후에 가입하려고 했지만 아직도 가입하지 못했다.

367 1992년 4월 13일~4월 17일 헝가리 부다페스트에서 열린 1차 연차총회에 이수휴 차관을 수석대표로 권태신 국제기구과장, 황건일 사무관, 김학진 주사와 함께 갔다. 우리가 머문 Forum Hotel에서 바라본 다뉴브강은 아름다웠다. 헝가리의 공식국명은 '마자르공화국'으로 훈족을 쫓아낸 아시아 말갈족이 세운 나라다. 만주에 있던 말갈족과 같은 종족이라 어순도 우리와 같았다. 아직 혼혈이 덜 된 마자르인은 우리와 비슷했다. 아름다운 부다페스트의 건물들은 고색창연해보였으나 너무 검었다. 자동차 매연으로 도시 전체가 검게 변했다고 했다. 공산주의의 굴레에 건물도 피해자였다.

368 1997년 4월 14~15일 런던에서 열린 6차 총회에 재정경제원 차관이었던 나는 수석대표로 참석해 keynote speech를 했다. 당시 이미 외화유출이 시작되어 총회 기간 동안 HSBC, Standard & Chartered 등 영국은행을 찾아가 자금인출 중지를 위해 노력했다.

369 IDA 25개 원조국 중 비백인 국가는 EBRD에서와 마찬가지로 우리와 일본뿐이었다. 한국, 일본, 오스트레일리아, 뉴질랜드가 IDA에서 Asia-Pacific Group을 이루고 있었는데 당시 우리가 간사국이었다.

370 IDA-10 Deputy Meeting이 시작되던 1992년 9월 17일 아침 Asia-Pacific Group의 간사였던 나는 Asia-Pacific의 이익을 대변하기 위해 World Bank, Dining Room에서 Breakfast Meeting을 개최했다. 중국 대표가 와서 원조 지속을 위한 발언을 요청하고 중국의 12억 인구 중 해안에 있는 3억은 개도국 수준이지만 내륙에 있는 9억은 아직 최빈국 상태라는 것을 강조했다. 둘째 날 회의에서 중국에 대한 원조 삭감을 반대하는 발언을 했다.

371 한국은 1960년대부터 IDA 원조를 받다가 1973년 졸업을 했다.

372 1991년 4월 1일 Sergei A. Petrov 참사관이 Orlov 소련 재무장관의 초청장을 가져왔다. 당시 공산권은 초청장이 없으면 방문을 할 수 없었고 체재비는 상대국가가 부담하는 것이 원칙이었다. 1991년 4월 20~23일, 캐나다 밴쿠버에서 열리는 24차 ADB 연차총회(1991년 4월 24~26일)에 참석하러 가는 길에 정영의 장관을 모시고 모스크바에 갔다. 모스크바 대학교 가까이에 있는 레닌 언덕에 있는 영빈관에 머물렀다. 출장을 위하여 방영민 국제기구과장, 석일현 서기관, 주용식

사무관, 김학진 주사, 서종덕 주사가 많은 수고를 했다.

373 소련의 교민들은 한국도 조선도 아닌 고려인으로 말해달라고 했다. 고르바초프는 청년시절 중앙아시아의 고려인 집단농장이 있는 지역의 농업책임자로 일하면서 고려인의 근면성과 함께 집단농장제도의 모순을 깨달았는데 이것이 대통령이 된 후의 페레스트로이카의 모티프가 되었다고 한다. 그는 고려인의 친한 친구였다고 한다.

374 가계마다 저축은 충분하다고 했다. 문제는 물건이 없다는 것이었다. 말보로 한 갑, 팬티스타킹 한 개면 과분한 팁이라고 했다. 새벽 모스크바 대학교에 조깅을 하러 나가는데 매일 영빈관 수위와 식당 아주머니들이 달랐다. 우리가 주는 말보로 한 갑, 팬티스타킹 한 개를 공평하게 나누어 갖기 위해 그런 것 같았다. 우리를 안내하는 사람과 운전수도 매일 새로 왔다. 자고르스크 사원을 안내하던 러시아 재무부 사람은 점심 때 보드카를 물 마시듯이 마시더니 일어서지를 못했다.

375 통역을 맡았던 강옥순 씨는 할아버지 고향이 충북이고 사할린에서 태어났고 모스크바 대학교에서 건축학을 공부했다고 했다. 통역비는 하루 100달러를 주려고 했으나 대사관에서 25달러만 줘도 한 달 월급이 되니 충분하다고 해 그렇게 했다. 우리 대사관에서 내 방에 둔 위스키 시바스리갈을 선물했더니 너무 비싼 위스키라 마실 수 없어 크렘린 광장에 가서 80달러 정도에 팔겠다고 했다. 공항에서 수출입은행 리셉션용으로 가져온 자동우산을 줄 때 가격을 물었더니 15달러 정도 줘야 할 것이라고 하면서 값은 고하간에 물건이 없다고 했다. 당시의 소련 경제를 잘 말해주는 이야기다.

376 소비에트사회주의공화국연방은 독립된 나라였지만 독립공화국연합은 영국연방과 같이 독립국가 간의 연합이다. 두 이름에 고유명사가 없다는 것이 특이했다. 소비에트는 고유명사가 아니라 Soviet 방식의 사회주의라는 뜻의 보통명사라고 했다. 민족의 구성이 다양하여 고유명사를 정할 수 없었고 socialism이라는 이즘으로 통합된 나라였다.

377 1차 은행단차관 5억 달러(L+1.25%, 3년 거치, 5년간 연2회 분할상환)는 1991년 5월 17일 제공되었다. 소련의 소멸로 일시 중지되었던 차관은 10월 28일 재개하기로 했다. 2차 은행단차관 5억 달러(L+1.375%, 3년 거치 5년간 연2회 분할상환)는 11월 19일 제공되었다. 산업·조흥·상업·한일·외환·제일·장기신용·신한 등 한국의 10개 은행들로 구성된 은행단차관은 한국산업은행을 간사로 하여 시중은행들이 참여하고 정부가 90% 보증을 했다. 수출입은행 소비재차관 4.7억 달러(L+1.375%, 융자일로부터 720일 후 상환)는 12월 말 제공되었다. 채무자확정협상의 지연으로 다시 중지되었다가 1992년 7월 16일 러시아가 채무를 승계하기로 합의했다.

378 1992년 5월에는 이환균 차관보, 진동수 해외투자과장, 송재정 사무관이 모스크바에서 협상을 벌인 끝에 러시아가 소련연방의 채무보증 승계에 합의하고 합의내용을 보증한 법률 문서를 작성하기로 했다. 연체이자와 작년에 융자 승인에 합의한 소비재차관 중 집행되지 않은 3억 3,000만 달러의 집행을 재개하고 그해와 다음 연도에 지원될 12억 달러의 소비재차관 및 자본재차관의 제공에 관한 협상을 하기로 했다. 1992년 11월 16일 채무승계법률문서는 가져왔으나 연체이자에 대한 합의가 무산되어 3억 3,000만 달러 소비재차관은 집행되지 않았고 12억 달러의 소비재차관

및 자본재차관도 최종적으로 중단되었다.

379 우라늄, 석탄 등 여러 가지 현물상환의 약속이 있었으나 실제로 제공된 것은 없었다. 소련이 해체되는 과정에서 동구권과의 COMECON 체제 해체와 15개 공화국에 분산된 분업체제의 해체로 현실적으로 현물상환이 어려웠다. 시베리아에 석탄은 쌓여 있는데 기차가 없어서, 아니면 배가 없어서 이행을 할 수 없다는 얘기를 처음에는 믿을 수가 없었다. 소련이 무너지고 모든 기관이 독립채산제가 되어 현찰을 주지 않으면 아무것도 할 수 없다고 했다. 공산권 국가 간 또는 연방 간에 분업체제가 되어 있다가 소련이 무너짐으로써 기차바퀴 하나가 고장 나도 바퀴 생산자와의 거래관계가 파괴되어 교체할 수 없다고 했다. 흑해 연안에 포도주가 넘치는데 병이 없어 포도주를 공급할 수 없다고 했다.

380 경제기획원 대외조정실이 주관한 두만강 유역 개발계획을 놓고 관계부처대책회의가 여러 번 있었다. 나는 두만강 유역 개발계획의 방향착오를 주장했다. 두만강 유역 계발계획은 UNDP의 인도계 과장의 원맨쇼에 놀아나는 결과가 되었다. 뉴욕에 근무하면서 들은 얘기로는 국제기구는 비효율적인 조직이고 예산을 타기 위한 한건주의가 많다고 했다.

381 1919년에 상하이의 대한민국임시정부 국무총리로 선출되기도 했던 이동휘가 1918년 6월 하바롭스크에서 만든 최초의 공산당인 '한인사회당'에 대하여 레닌은 적지 않은 자금을 지원했다(전달 도중에 한인사회당과 갈등관계에 있던 이르쿠츠크공산당 한인지부에 탈취당했다). 1920년에는 이동휘가 모스크바에서 열린 코민테른(국제공산주의자연맹)회의에 파견한 한형권을 레닌이 직접 만나 상당한 액수의 자금을 지원했다. 러시아는 국제공산주의운동의 일환이었지만 공개된 정부예산으로 독립투쟁자금을 지원한 유일한 나라였다. 중국 장개석 정부의 대한민국임시정부에 대한 자금지원 약속은 1932년 윤봉길 의거가 있은 후부터 일본과의 관계를 생각해 이루어지지 않았다고 한다. 나는 이러한 내용을 1986년 뉴욕의 한 서점에서 사서 본 책에서 처음 알게 됐다. 지금은 인터넷에도 나오지만 당시로서는 국내에는 그런 책이 없었다. 이즘이 막은 장벽 때문이었다.

382 동독으로부터의 수입에 관세도 면제하고 부가가치세도 우대세율을 적용했다. 동독에 대한 직접투자도 활발하여 1984년에는 Volkswagen이 동독에 합작으로 진출했다. 교역규모는 1950년 8억 마르크에서 베를린 장벽 붕괴 직전 1986년 152억 마르크에 달했다.

383 동·서독은 사유재산제, 자유경쟁, 자유가격 등 시장경제원리를 기초로 통합되었다. 통독 당시 동독의 1인당 GNP는 서독의 10~15% 수준이었고 노동생산성은 3분의 1 수준이었다. 통일 후 동독기업의 50%가 도산하고 실업률은 30%에 이를 것으로 전망되었다. '동독경제특구'를 창설하고 경제통합이 점진적으로 이루어졌더라면 더 큰 혼란이 왔을 것이란 반론도 있었다.

384 동독주민의 임금, 연금, 집세, 나이에 따라 2,000에서 6,000동독마르크의 현금과 예금에는 1:1의 교환비율이 적용되었고, 동독 이외 거주자에게는 1:3, 기타의 현예금과 채권채무는 1:2의 비율이 적용되었다. 통독 전 비공식 환율은 가전제품, 커피 등 서독 소비재에 대해 1:3에서 1:16까지 불안정했다. 서독에 인플레를 유발하지 않고 동독에 초과수요를 유발하지 않는 적정 교환비율은 1:2.4~3.3이라 추정되었다.

385 개축이나 신축, 주택건설, 외국기업에의 매각, 종교단체 등 공익단체의 소유 등 사실상 반환이 불가능한 경우는 금전으로 보상하는 예외를 두었다.

386 교통통신망, 에너지시설, 농업구조 조정, 사회보장, 환경오염, 주택건설 등 동독의 경제 여건을 서독 수준으로 개선하는 데 총 1조 9,500억~2조 5,800억 DM가 소요될 것으로 추정되었다. 1989년 서독 GNP는 2조 2,694억 DM이었다.

387 '남·북 경제통합대비계획'은 이용만 장관에게 보고한 후 1992년 1월 17일 총리, 1월 20일 청와대, 1월 22일 남·북 교류협력회의에 보고했다. 해외투자과 주용식 사무관이 오래 수고하여 만들었다.

388 1,500페이지에 달하는 자료를 3권으로 나누어 1991년 9월 발간했다. 1편 동·서독 경제 교류, 2편 경제통합 일반, 3편 통화통합, 4편 국유재산 처리, 5편 동·서독 주요 협정 및 조약, 6편 기타로 분류되었다.

389 〈21세기를 향한 한국경제의 재도약(Revitalizing the Korean Economy toward the 21st Century)〉은 한국개발연구원(KDI)과 매일경제신문이 공동으로 추진한 보고서다. 외환위기가 일어난 1997년 3월부터 시작하여 10월에 보고서를 완성하여 제출했다. 1996년 이전 1960년대부터의 경제지표를 기준으로 분석한 보고서로, 외환위기를 앞두고 한국경제에 대한 진단을 가장 정확하게 한 것으로 평가된다.

390 1999년 10월 18일 미국 워싱턴에서 개최된 세미나 〈21세기 한국과 미국(Korea-US 21st Century)〉에서 Fred Bergsten 국제경제연구소(Institute for International Economics) 원장은 미국의 경상수지 적자가 GDP의 3%를 넘거나 3,500억 달러를 넘으면 견디기 힘들 것이라고 진단했다. 미국의 경상수지 적자와 GDP에 대한 비율은 1984년 2.5%(990억 달러), 1985년 2.9%(1,244억 달러), 1986년 3.3%(1,471억 달러), 1987년 3.3%(1,606억 달러)로 정점에 달했다.

391 1997년 당시 IBRD는 총외채가 GDP의 48% 미만이면 저부채국으로 분류했다. 많은 회원국의 부채에서 공공부채의 비중이 컸다. 이를 감안하면 공공외채가 거의 없는 상황에서 31.4%는 매우 높은 부채 비율이다.

392 당시 한택수 관세국장과 박용만 산업관세과장은 단일관세율 제도는 다른 어떤 나라에도 없고 8% 자체도 계산에 문제가 있다고 보고했다. 한국산업은행이 조사한 내외 가격차의 단순평균 8%를 기준으로 단일세율을 결정했는데 단일세율일 경우에도 가중평균 12%가 맞다는 것이었다. 이런 보고를 홍재형 재정경제원 장관에게 했다. 그러나 말이 없었다.

393 관세율 개정안은 과세대상 1,832개 품목에 대해 중소기업이 생산하는 소비재는 인상하고, 시설재는 인하하며, 비경쟁 기초원자재와 중간재는 인하하고, 사치성 소비재 등 수입 급증 품목은 인상하며, 원료와 완제품의 불균형 세율은 조정한다는 네 가지 원칙을 정하고, WTO협정에 의한 양허세율의 범위 내에서 일본, 대만 등 경쟁국과 비교하여 725개 품목 인상, 799개 품목 인하, 308개 품목 개정불요로 판정하고 1,524개 품목에 대한 관세율을 개정하는 것이었다. 주요 내용은 1) 원피, 원면, 펄프 등 비경쟁 기초원재료는 1~3%에서 무세, 2) 의류, 자전거, 라이터 등 중소기업

제품은 8%에서 13~17%, 3) 휴대폰, 화장품, 모피의류 등 사치성 소비재는 8%에서 10~16%로 개편하는 것이었다. 이수웅 통관국장, 박진헌 과장이 맡아 관세통계통합품목분류표(HSK)의 1만 859개 품목 중 1,832개 품목을 검토한 끝에 만든 것이었다. 실로 엄청난 수고를 했다.

394 〈국제수지 개선과 국내산업 보호를 위한 관세행정대책〉 보고서를 나웅배 재정경제원 장관과 구본영 경제수석에게 보고하였지만 견해 차이가 심해 없던 것으로 되었다. 학교선배인 김광일 대통령비서실장에게 지금 경제상황이 심각하고 특히 경상수지는 위험한 상황이라는 보고를 하고 대통령에게 보고했으면 좋겠다고 건의했다. 반기문 의전수석이 7월 23일 화요일 11시부터 한 시간 일정을 잡아 대통령께 '독대보고'를 하게 되었다. 이 보고가 있은 얼마 후 8월 9일 개각으로 한승수 장관, 8월 30일 이석채 경제수석이 취임했다.

395 1996년 미국의 '주먹'으로 불리는 관세청은 롱비치 항에 두 달 넘게 마늘을 야적시켜 썩혀가며 원산지를 조사하고, 허위상표부착 혐의가 있다고 신발을 하나하나 개봉검사하고, 넥타이 무늬에 달러화가 있다고 화폐초상권 침해 시비를 걸고, 넥타이의 "Keep USA" 디자인이 원산지를 오해시 킨다고 "Made in Korea"를 넣으라며 통관을 지연시켰다. 프랑스의 '주먹' 관세청은 일본 전자제품 의 통관지를 알프스 산 근처 세관으로 지정하는 등 선진국 세관의 '주먹'은 무소불위였다. 미국과 프랑스의 관세청이 한 대로 우리도 따라 하면 통상마찰의 위험도 없다.

396 주요 내용은 1) 무역수지 적자를 주도하는 대기업의 수입은 통관단계에서 원산지, 품질표시, 공해유발 등 모든 국내법 관련 법규에 의한 심사를 강화하고, 2) 통관 이후 유통단계에서도 적법성 을 추적하여 리콜(recall), 고발 등을 하도록 했다.

397 주요 내용은 1) 고가 소비재와 국산품과 경쟁관계에 있는 소비재의 저가신고 여부와 성능검 사, 2) 의약품, 화장품, 건강식품 다이어트식품에 대한 품질과 효능표시의 적정성검사, 3) 전기제 품, 유아제품 등에 대한 안전검사, 4) 도박성 오락기구에 대한 사전 관계기관 의견 청취 등이었다.

398 주요 내용은 1) 미국, EU에 대해서는 원산지검사, 성능검사, 통관지 지정 등 해당국과 동일한 세관검사, 2) 중국, 동남아 등에 대해서는 저가 소비재와 농산물의 원산지, 국내상표 도용, 저가신 고 등에 대한 철저 검사 등이었다.

399 1996년 10월 1일부터 면세점에서 내국인이 고가품을 구입하는 경우 여권에 그 사실을 기재한 스탬프를 찍게 하여 귀국 시 휴대품검사를 실시하도록 하자 면세점의 불법이용이 급격히 줄어들었 다. 면세점은 수출품을 면세하는 것이지 국내에 반입하는 물품을 파는 곳이 아니다. 외국에는 국내면세점이 없다. 홍콩에는 시내의 'Duty Free Shop'이 있지만 술과 담배 이외에 소비세가 없기 때문에 엄밀한 의미에서 면세점이 아니다.

400 관세환급제를 관세정산제로 바꾸는 작업은 이수웅 관세청 통관국장과 박용만 재정경제원 세제실 산업관세과장이 협력하여 추진했다.

401 당시의 환율 추세는 1993년 800원대의 환율이 1995년 750원대까지 절상되었다가 1996년 경상수지가 엄청나게 악화되자 하반기부터 800원대로 오르고 연말에는 840원대로 올라섰다. 한국은행은 정부의 물가안정정책에 따라 절하를 억제하기 시작했다.

402 1997년 1월 3일《조선일보》에 보도된 Rudiger Dornbusch MIT 교수의 신년 기고 중 주요 부분은 다음과 같다. "한국은 현재 신흥경제개발국들의 도전, 해외 생산기지 개발과 엔저현상으로 경쟁력을 회복한 일본과의 경쟁 틈바귀에 끼여 경제불황을 겪고 있다. 일본형 불황으로 이어지지 않기 위해 즉각적인 원화가치 절하가 필요하다. 이는 불안할 정도로 매우 큰 경상수지 적자폭을 줄이는 동시에, 외부자금 조달 없이도 성장할 여지를 만들어준다. 어느 나라에서든 화폐가치의 평가절하는 국가 신뢰성의 문제를 제기하지만 한국은 멕시코와 다르고 한국의 외채는 지나치게 많은 것도 아니다. 한국은행은 현대 개방경제체제하에서는 있을 수 없는 외환시장의 차르(러시아의 절대군주) 같은 역할을 고수하려고 해왔다. 한국과 같은 나라에 있어서 가장 좋은 환율관리 전략은 bbc(band, basket, crawl) 접근방식이다."

403 Jeffrey Sachs 하버드대 교수는 1997년 1월 13일《조선일보》와의 인터뷰에서 "원화가 조금 더 절하되어도 놀랄 일이 아니고 수출에 도움이 될 것이다. 엔화의 달러 대비 환율도 80엔에서 115엔까지 올라갔다. 이로 인해 원화가 엔화에 대해 절상되는 결과를 초래했다고 본다."라고 권고했다.

404 건의안은 실물경제 측면에서 본 금융의 문제점, 금융개혁의 목표, 금융개혁의 현안과제로 구성했다. 첫째, 실물경제 측면에서 본 금융의 문제점은 만성적인 자금부족과 고금리 기조의 고착, 원화의 상대적 고평가, 과도한 금융규제, 실물경제와 금융시장의 불균형, 하향식 자금공급에 의한 자금의 효율적 이용 저해, 금융행태와 관행의 후진성 등 일곱 가지였다. 둘째, 금융개혁의 목표로는 자금을 "필요한 만큼 적기에, 보다 저렴하게, 보다 편리하게" 공급하기 위하여 신축적 통화관리, 환율실세화, 자금공급구조 개선, 금융서비스 기능 제고 등 네 가지를 제시했다. 셋째, 11개 금융개혁의 현안과제는, 자금공급 원활화와 금리인하, 해외자금 활용 기회 확대, 직접금융조달 활성화, 여신관리제도 개선, 신용대출 촉진기반 강화, 환율 및 무역금융제도 개선, 상향식 자금공급 확대, 중소지역금융기관 활성화, 벤처금융 확충, 중장기 설비자금공급 원활화, 금융기관의 책임경영체제 확립 등이었다. 오영교 산업정책국장과 우태희 산업정책과장이 주도하여 만들고 금융개혁 위원회에 보고했는데 큰 공감을 얻었다.

405 1997년 1월 16일 무역수지관리회의는 김상열 무역정책국장, 윤수영 무역정책과장, 박광수 관세청 정보관리국장과 안치성 정보관리과장이 주도했고 통상산업부와 관세청 사이에 핫라인을 만들어 관세청의 대외비로 다루던 기업별 수출입정보를 교환하게 했다.

406 1993년 3월 6일 상공부와 동력자원부를 통합하여 상공자원부를 신설하였고, 1994년 12월 23일에는 상공자원부를 통상산업부로 개편하였다. 이후 통상산업부는 1998년 2월 28일 산업자원부로 명칭이 변경되었다.

407 1997년 1월 23일 한보철강이 5조 7,000억 원의 부채를 안고 부도가 났다. 산업은행을 비롯, 제일·조흥·서울·외환은행이 거액을 대출했다. 정태수 한보그룹 회장을 사기혐의로 구속하고 홍인길 청와대 총무수석을 비롯해 여야 국회의원 4명, 현직 각료 1명, 전·현직 은행장 3명을 1억~7억 원을 받은 혐의로 구속 기소했다. 김영삼 대통령은 2월 25일 국민에게 사죄성명을 발표했다.

408 통상산업부는 제조업에 대한 인가권이 없다. 외자도입법에 의한 기술도입의 경우 재정경제원

장관의 권한을 주무부처에 위임한 것을 근거로 철강금속과장이 위임 전결규정에 따라 전결로 처리한 것이다. 한보철강사건 때문에 김균섭 기초공업국장과 안영기 철강금속과장은 국회에 불려 가 많은 고초를 당했다.

409 당시 금융정책실은 금융총괄심의관(금융정책과, 자금시장과, 외화자금과, 국민저축과), 은행보험심의관(금융제도담당관, 산업금융담당관, 중소자금담당관, 보험제도담당관), 국제금융증권심의관(국제금융담당관, 금융협력담당관, 증권제도담당관, 증권업무담당관)으로 구분되어 있었다. 환율과 외환보유고를 담당하는 외화자금과는 국내금융을 주로 하는 금융총괄심의관 밑에 있었다. 통화관리가 주 임무인 국내금융부서는 평가절상을, 국제수지가 주 임무인 국제금융부서는 평가절하를 선호하는 속성이 있기 때문에 국내금융과 국제금융은 항상 상반될 수밖에 없어 착오된 조직이라 할 수 있었다. 선진국에 다 있는 국내금융국(이재국)과 국제금융국을 말살한 결과다. 환율과 외환보유고를 다루는 외화자금과 라인에 국제금융 업무 경력자는 나와 김석동 외화자금과장뿐이었다.

410 국내금융시장 안정을 위한 대책은, 1) 부실채권정리기금을 20조 원까지 확대하여 은행 및 종금사의 부실여신 총액 38조 원 중 11조 원 인수, 2) 한 장의 어음부도로 모든 거래를 정지시키는 불완전한 어음제도에 대한 과도기적 대책으로 채권채무 당사자 간의 협상기회를 주기 위하여 부도유예협약제도 도입, 3) 콜자금 중개한도의 폐지, 4) RP매매의 전 금융기관 확대, 5) 종금의 통화채 편입 의무 폐지, 6) 제일은행과 종합금융회사에 대한 2조 원 한국은행 특별대출, 7) 제일은행에 정부보유주식 8,000억 원 현물출자, 8) 부실 은행·종금·신용금고의 인수·합병·폐쇄 추진, 9) 3년간 전액의 예금보장, 10) 정부주식 7조 5,000억 원의 예금보험기금 출연 등이었다. 주식시장 안정을 위한 1) 액면분할제도와 중간배당제도 도입, 2) 근로자주식저축 가입금액 확대, 3) 장기보유자의 배당소득 10% 분리과세, 4) 연기금의 주식투자 확대, 5) 금융기관의 부실채권 내역 공개, 6) 계열기업에 대한 결합재무제표 작성 의무화, 7) 상호지급보증한도 200%에서 100%로 축소, 8) 부채 상환을 위한 부동산 매각 시 특별부가세 면제 등의 조치도 취했다.

411 외환시장의 안정을 위한 대책은, 1) 은행의 중장기차입 한도 확대, 2) 외국인 주식투자 한도 확대, 3) 외국인투자기업의 외화운전자금 차입 허용, 4) 중소기업의 연지급수입기간 자유화, 5) 외화증권 발행 자유화, 6) 금융기관의 대외채무 상환에 대해 필요하면 정부가 지급보증, 7) 국책은행의 무제한 해외차입 허용, 8) 수출선수금 영수한도 폐지, 9) 외국인 주식투자 한도 추가확대, 10) 산업은행의 종금사 차입에 대한 지급보증, 11) 국공채시장 개방, 12) 상업차관 자유화 및 현금차관 허용, 13) 부도상태 종금사의 외환 업무 정지, 14) 환율변동폭 ±2.25%→±10% 확대 후 폐지, 15) 무보증 장기회사채와 전환사채(CB)의 개방, 16) 외국 은행 스와프 한도의 20억 달러 확대 등이었다.

412 1997년 9월 〈열린 시장경제로 가기 위한 국가과제〉는 이윤재 재정경제원 경제정책국장이 주관하여 한국개발연구원(KDI)과 합동으로 작업하였다. 강경식 장관이 심혈을 기울여 추진했는데 총 21개 과제에 대해 800페이지에 달하는 방대한 내용이었다. 해설을 하는 영화도 만들었다.

413 통상산업부는 내가 차관으로 있을 때 특수강업계는 수요가 제한되어 있어 전체가 어려운

상황이고, 삼미특수강은 캐나다 현지투자의 실패로 자금경색에 봉착했고, 기아특수강은 자금경색 상태인데 연대보증을 한 기아자동차도 부도로 몰릴 수 있고, 쌍용그룹도 쌍용자동차에 대한 무리한 진출로 전체가 흔들거릴 것이라고 보고했다.

414 미국은 잔고가 없어도 3~7일의 유예기간을 준 다음 1차 부도(bounce)를 내고 부도가 난 경우에도 은행과 고객 간의 협상에 의해 부족잔고의 입금을 결정한다. 협상이 제대로 안 되면 최종부도(default)가 나고 최종부도가 난 다음에도 고객과 협상하여 거래를 재개할 수 있다. 부도가 난 거래은행과만 문제가 될 뿐 다른 은행과는 관계도 없고 다른 은행에 부도사실을 알리지도 않는다. 부도가 난 다음 채무조정절차(Chapter 11, Reorganization)에 들어가서도 기업주는 경영을 계속하면서 은행과 채무조정 협상을 한다. 회생가망이 없는 경우 청산절차(Chapter 7, Liquidation)에 들어가고 소득이 있는 개인의 경우는 재조정절차(Chapter 13, Adjustment of Debts of an Individual with Regular Income)에 들어갈 수도 있다.

415 1997년 자동차(대기업)의 매출액영업이익률은 5.52%, 차입금 평균 이자율은 11.28%, 이자보상비율은 64.59%였다. 기아자동차의 경우 매출 12조 원에 부채 10조 원(우발채무까지 포함하면 12조 원)으로 갱생의 여지가 전혀 없었다. 과거 소형승합차 봉고의 신화도 정부가 기아의 갱생을 위해 부여한 독점생산권에 의해 이루어진 결과였다. 결과적으로 기아자동차는 한 푼의 이익도 내지 못하고 금융권의 자금을 끌어다가 노조와 함께 돈 잔치를 한 것이었다. 국민기업이라고 주장한 사람들과 기자들은 왜 그랬을까?

416 법정관리는 기업이 자력으로 회사를 운영해가기 어려울 만큼 부채가 많을 때 법원에서 제3자를 지정하여 자금을 비롯한 기업활동 전반을 관리하게 하는 제도이다. 회사에서 법정관리신청을 하면 법정관리체제의 전 단계 조치로 재산보전처분 결정이 내려지고 회사의 모든 채권·채무가 동결되며, 법정관리 결정을 내린 후 법정관리자가 지정되면 법정관리체제로 전환된다. 화의와 달리 강제력이 있지만 경영자가 교체된다는 점에서 김선홍 기아자동차 회장은 법정관리를 기피했다.

417 나는 1974년 부가가치세 도입 검토 단계에서부터 시행할 때까지 이 업무를 담당했다. 부가가치세 도입작업팀은 내가 담당 간접세과장이었고 이재길 사무관, 임종우 주사, 이성식 주사와 이정숙 직원 5명이 담당했다. 적은 인원에 업무량은 과중하여 밤낮과 휴일이 없었고 추석도 크리스마스도 설날도 사무실에 나와 일했다. 부가가치세법은 내가 직접 초안을 만들었다. 세계 어느 나라에 5명이 부가가치세 도입 업무를 담당한 경우가 있었을까? 우리보다 몇 년 먼저 부가가치세를 도입한 영국은 250명이 3년간 작업했다는데.

418 우리가 도입한 부가가치세는 1975년 IMF 재정분석과장 Alan A. Tait 박사가 쓴 과세대상, 대체세목, 과세표준과 세율, 면세범위, 특별소비세의 범위, 재고품 대책, 물가대책에 관한 보고서 〈한국이 도입 가능한 부가가치세(A Report on the Possible Korean Value Added Tax)〉를 기초로 하였다. 후에 그는 한국의 부가가치세를 'the best tax system in the world'라고 평가하고 한국의 모델을 많은 회원국에 권고하였다. 유럽은 보통 15~20%의 높은 세율을 갖고 있지만 우리에 비해 생산성이 낮다고 평가했다.

419 1977년 7월 1일부터 도입된 부가가치세의 세입은 1978년 8,352억 원으로 내국세의 37%나

되어 가장 많은 세입을 담당하는 세목이 되었다. 그 후 이런 비중은 지속되어 30%를 넘었다.

420 김석동 외화자금과장에게 통상산업부, 관세청, 무역업계와 공동으로 수출의 매출액 경상이익률이 제로가 되는 손익분기점 환율을 조사하도록 했다. 조사 결과 1997년 3월 말 기준 제조업 평균은 897.7원, 최고는 자동차 932.6원과 조선 931.5원, 최저는 일반기계 771.9원과 철강 777.4원, 중간은 전자 883.5원과 석유화학 889.5원이었다. 엔화의 달러환율을 123엔으로 전제하고 내수비중, 원자재비중 등 여러 가지 가정으로 추정된 것이었다. 자동차와 조선의 수출비중과 수출업계의 의견을 고려하여 920원이 적정환율이라는 결론을 내렸다.

421 재정경제원과 한국은행에서 대내용으로 산출하는 실질실효환율(REER)은 실제와 항상 차이가 있어 신뢰도가 떨어진다고 생각했다. 실질실효환율은 교역국 간의 물가변동을 반영한 실효환율로서 교역상대국과의 상대물가지수를 이용하여 산출한다. 물가변동에 따른 실질구매력의 변동을 실효환율에 반영하기 위하여 명목실효환율을 교역상대국의 가중상대물가지수로 나눈 것이다. 실질실효환율을 근거로 절하를 억제한 사람은 최연종 한국은행 국제금융담당 이사였다.

422 종합금융회사 담당 자금시장과에 종합금융의 단기차입에 대한 통계도 정비되어 있지 않아 외화자금과에서 통계를 만들었다. 재무부와 경제기획원이 통합되었을 때 장관은 '무지개떡 인사'를 한다면서 업무 경험에 관계없이 재무부 출신과 경제기획원 출신을 가로세로 섞었기 때문에 업무의 전문성을 갖추지 못했고 위기 앞에 취약성을 드러냈다.

423 한보철강과 기아자동차의 주거래은행인 제일은행의 BIS 자기자본비율 8%를 맞추어주기 위해 1997년 10월 말 8,000억 원의 정부보유 국채·주식을 현물출자하여 납입자본금이 8,200억 원에서 1조 6,200억 원이 되어 8%를 넘게 됐다. 정부지분이 50%를 넘으면 정부투자기관이 돼 감사원 감사를 받아야 하는 문제가 있어 49% 수준으로 출자했다. 한국은행은 9월 8일 1조 원 규모의 특별대출을 연 8%로 1년간 지원하고 부실여신이 자기자본의 50%를 초과하는 종합금융회사에도 9월 중 1조 원의 특별대출을 연 8%보다 약간 높은 수준으로 지원했다.

424 1997년 4월 14~15일 런던에서 열린 제6차 EBRD 연차총회 참석의 주 임무는 한 국의 주요 거래은행들을 찾아 계속적인 거래를 당부하는 것이었다. 런던에서 하루의 일정이 끝나고 하이드파크 옆 힐튼호텔에 돌아왔을 때에는 녹초가 되었다. 최중경 금융협력과장이 동행하였다.

425 1997년 7월 3~4일 제네바에서 '발전환경 조성을 위한 국제 간 금융흐름, 투자와 무역 (Fostering an Enabling Environment for Development: Financial Flows, Including Capital Flows, Investment and Trade)'을 주제로 유엔 경제사회이사회(UN ECOSOC) 총회가 열렸다. "경제적 성공의 요인은 무역과 투자의 자유화와 기술의 이전"이며 이를 위해 "한국의 개발도상국지원(ODA)도 경제역량에 따라 꾸준히 증가할 것"이라고 발표했다.

426 1997년 도산한 4개 은행은 교토쿄에이은행, 홋카이도다쿠쇼쿠은행, 야스다신탁은행, 홍업은행이고, 3개 증권사는 오가와증권, 산요증권, 야마이치증권이고, 1개 보험사는 닛산생명보험이다.

427 20개 금융개혁법 중 주요한 것은 금융감독기구의 설치 등에 관한 법률, 한국은행 법, 은행법, 신탁업법, 한국산업은행법, 중소기업은행법, 한국주택은행법, 증권거래법, 예금자보호법, 종합금

융회사에 관한 법률, 상호신용금고법, 금융산업의 구조 개선에 관한 법률, 금융기관 부실자산 등의 효율적 처리 및 성업공사의 설립에 관한 법률, 여신전문금융업법, 보험업법, 신용정보의 이용 및 보호에 관한 법률, 주식회사의 외부감사에 관한 법률, 선물거래법, 금융감독기구의 설치 등에 관한 법률제정 등에 따른 공인회계사법 등의 정비에 관한 법률 등이었다.

428 미국 연방준비법(Federal Reserve Act)에 의해 연방관청인 연방준비제도위원회(Board of Governors of the Federal Reserve System)와 특별주식회사인 연방준비은행(Federal Reserve Bank)이 설립된 것을 모델로, 중앙은행은 금융통화위원회와 한국은행으로 구성하여 중앙은행의 독립이 한국은행의 독립과 다르다는 점을 강조하기 위해서 '중앙은행에 관한 법률'로 했다.

429 1987년 미국 블랙 먼데이(Black Monday)에 대한 대통령 태스크포스의 '브래디 보고서 (Brady Report)'에 다섯 가지 건의가 있는데, 첫째가 "하나의 관청이 적지만 치명적인 규제 이슈를 조정해야 한다(One agency should coordinate the few, but critical, regulatory issues)."는 것이었다. 우리의 '단일 금융감독청(one regulatory agency)' 구상은 '브래디 보고서'의 권고를 참고했다.

430 1997년 11월 18~19일 베이징 댜오위타이(釣魚臺)에서 연례 한·중 경제차관회의가 열렸다. 당초 17일에 두만강개발회의(TRADP)도 함께 열기로 했으나 김정우 북한 대외경제협력위원회 부위원장이 갑자기 불참하는 바람에 취소되었다. 회의 당일 18일 오전에 출국하여 오후에 예칭(葉 靑) 중국 국가계획위원회 부주임과 철광석과 석탄수입, 한전의 중국 화력발전 진출 등에 대해 협의한 다음 자우지화(鄒家華) 부총리를 만났다. 다음 날 아침 8시 30분 천진화(陳錦華) 국가계획 위원회 주임과 면담 중 대사관으로부터 부총리 경질 전화를 받았다. 10시 30분 천위안(陳元) 중국인민은행 부행장을 만나고 오후에 귀국했다. 사무실에 도착했을 때 이취임식은 끝나고 임창 열 장관이 〈금융시장 안정 및 금융산업 구조조정 종합대책〉을 발표하고 있었다.

431 강경식 부총리는 1997년 8월 2일 용평에서 관료 출신 국회의원들의 모임 '상록포럼'의 워크숍 을 열었다. 강경식 부총리는 평소 '3김(김영삼·김대중·김종필) 정치'에 대해 비판적인 입장이었고 관료 출신이 중심이 되는 정당을 만들어야 한다는 생각을 갖고 있었다. 10월 9일부터 순천을 시작으로 '21세기 국가과제'에 대한 강연을 전국적으로 개최하기 시작하자 청와대와 정보기관에서 나에게 전화를 걸어 강경식 부총리의 정치적인 행보에 대한 의심의 메시지를 보냈다. 대통령선거 를 앞두고 오해의 소지가 있으니 연기하는 게 어떠냐는 건의도 했다. 강연에서는 '21세기 국가과제' 에 관한 영화도 상영했다. 10월 21일 춘천과 원주 강연회는 여러 사정으로 내가 대신 가게 되었는 데 이것으로 강경식 부총리의 지방강연은 중단되었다.

432 저녁 10시경 임창열 장관과 나, 윤증현 실장, 김우석 국장, 진영욱 과장, 정규영 한국은행 국제금융부장 등이 참석했다.

433 임창열 장관이 Stanley Fisher 부총재와 만난 후 9시 30분 메트로폴리탄클럽에서 임 장관과 나, 김영섭 수석, 윤증현 실장, 김우석 국장이 만나 IMF 구제금융에 대해 협의했다. 임 장관과 Fisher 부총재, Timothy Geithner 차관보와의 면담 내용이 나의 업무일지에 기록되어 있다. "불가 피 결론. 미국이 그렇게 몰고 가고."

434 *Asian Wall Street Journal*(1998. 3. 3.)의 1면 톱기사 "Bitter Medicine; Korea Plays Averse Patient To IMF's Rescue Team" 참조.

435 김우석 국제금융증권심의관을 부단장으로 하고, 총괄반장 최중경 금융협력담당관, 거시경제반장 변양호 정책조정과장, 재정반장 정해방 예산정책과장, 외환수급반장 진영욱 국제금융담당과장, 통화금리환율반장 김규복 금융정책과장, 금융구조반장 이종구 금융제도과장, 산업정책반장 김대유 산업경제과장으로 구성했다. 한국은행도 소관별로 협의단을 구성했다.

436 1997년 11월 26일 도착한 Hurbert Neiss 아시아태평양국장은 협상기간을 2주(12월 10일 종료)로 잡고 12월 17일 IMF이사회 통과와 동시에 첫 자금인출을 계획했다. 한국의 외환사정이 IMF 자금요청 후에도 계속 악화되었고 클린턴 미국 대통령이 11월 28일 김영삼 대통령에게 조기타결을 촉구하는 전화를 함으로써 실무협상은 우리 계획보다 빨리 한 주 만인 11월 30일 타결되었다.

437 1997년 11월 말 외채는 IBRD 기준으로 1,197억 달러였고 단기차입은 616억 달러로 53.1%였다. 외채 통계는 IMF와 협의과정에서 기준과 금액에서 많은 변동이 있었다. IBRD 기준에 금융기관 해외점포 차입과 역외금융을 포함(IMF 기준)하고 현지 금융을 포함한 총대외채무는 11월 말 1,618억 달러(단기 889억 달러, 54.9%)로 추산되었다.

438 금융외환팀장으로 온 Thomas Balino(당시 51세, 아르헨티나 출신)는 시카고대학 경제학박사 출신으로 통화외환국(Monetary and Exchange Dept.)의 부국장(Assistant Director)이었다. Daniel Hardy, Peter Hayward, William Albrecht 등과 함께 1진으로 왔다.

439 Hurbert Neiss 아시아태평양국장(당시 62세)은 오스트리아 출신의 경제학박사로, Wanda Tseng 부국장(당시 47세, 중국 출신)과 함께 왔다. Tseng 부국장은 미국 메릴랜드대학 경제학박사 출신으로, Neiss 국장의 핵심 보좌관으로서 중요 정책 결정에 큰 영향력을 가진 여성이었다.

440 김영삼 대통령과 클린턴 대통령은 1997년 11월 28일(금) 오후 2시에 통화를 했다. 김영삼 대통령의 대답은 다음과 같이 기록되어 있다. "심각하고 위급한 상태라고 생각함. 내주 초 문제가 해결돼야 된다고 생각함. 가능하면 빨리 매듭짓고자 하지만 IMF와의 교섭이 12월 20일까지 가지 않을까 하는 전망 때문에 걱정임. 임 부총리가 Rubin 장관에게 전화 연락하도록 하겠음."

441 "부도를 눈앞에 둔 한국의 운명은 백악관 상황실(situation room)에서 계속 열린 한국 경제위기 관련 회의에서 Madeleine Albright 국무장관, William Cohen 국방장관 등 외교·안보분야 고위 정책결정자들의 개입으로 결정되었다. 안보분야 인사들은 한국이 부도날 경우, 정치사회적 혼란과 한반도 위기 등에 강한 우려를 표시했다."(*The Washington Post*(1997. 12. 28.). 1면)

442 1997년 9월 홍콩의 IMF 연차총회에서 강경식 부총리가 Robert Rubin 재무장관을 만났을 때부터 Rubin 장관은 한국의 금융사태에 대해 양자협력보다 IMF식 해결을 주장했다. 마닐라 재무부·중앙은행대표회의에서 만들어진 합의에 따라 IMF 지원이 불충분할 경우 제2선 지원으로 참여한다는 것이 미국의 입장이었다.

443 내가 먼저 도착하여 카운터에 갔더니 보안유지를 위해 외국인 이름으로 예약이 되어 있어 키를 주지 않았다. 예약할 때 외국인 예약자 이름을 대지 않으면 주지 말라고 했기 때문에 10여 분을 기다린 후 실무자가 와서 예약자 이름을 대고 키를 받아 1929호로 갔다.

444 IMF 경제프로그램 양해각서의 요약은 다음과 같다. 밑줄 친 부분은 협의과정에서 수정된 것이고 괄호 안은 IMF가 제시한 초안의 내용이다.

Summary of Memorandum on Economic Program

[Macroeconomic Policies]

1. Objective

The program is intended to narrow the external current account deficit to 1 (1/2) percent of GDP in 1998 and 1999, contain inflation at or below 5 percent, and -hoping for an early return of confidence-limit the deceleration in real GDP growth to about 3 (between 2-3) percent in 1998, followed by a recovery toward potential in 1999.

2. Monetary policy and exchange policy

• To demonstrate to markets the authorities' resolve to confront the present crisis, monetary policy will immediately be tightened to restore and sustain calm in the markets(*prevent a significant further weakening of the won*) and contain the impact of the recent won depreciation on inflation.

• In line with this policy, the large liquidity injection in recent days will be reversed, and money market rates, presently 14-16 percent, will be allowed to rise to a level that (*18-20 percent, or beyond, as necessary to*) stabilize markets.

• Money growth during 1998 will be limited to a rate consistent with containing inflation at 5 percent or less.

3. Fiscal policy

• licy will maintain in 1998 to alleviate the burden on monetary policy and to provide for the still uncertain costs of restructuring the financial sector.

• The cyclical slowdown project to worsen the 1998 budget balance of the consolidated central government by about 0.8 percent of GDP. The present estimates of the interest costs of financial sector restructuring are 0.8 percent of GDP. Offsetting measures amounting to 1.5 percent of GDP will be taken to achieve at a minimum budget balance and, preferably, a small surplus(*maintain the budget target of a surplus of about 0.2 percent of GDP*). This will be achieved by both revenue and expenditure measures shortly. These include, among others(*which could include*);

- increasing VAT coverage and removing exemptions(*rate by 1 percentage point*);
- widening the corporate tax base by reducing exemptions and certain tax incentives;

- widening the income tax base by reducing exemptions and deductions;
- increasing excises, luxury taxes, and transportation tax;
- reducing current expenditures particularly support to the corporate sector;
- and reducing non-priority capital expenditures.

[Financial Sector Restructuring]

1. The following financial sector reform bills submitted to the National Assembly will be passed (*will be revised and submitted to the National Assembly for passage*) before the end of the year:

• A revised Bank of Korea Act, which provides for central bank independence, with price stability as its main mandate.

• A bill to consolidate supervision of all banks (including specialized banks), merchant banks, securities firms, and insurance companies in an agency with operational and financial autonomy, and with stronger powers to deal effectively with troubled financial institutions.

• A bill requiring that corporate financial statements be prepared on a consolidated basis and be certified by external auditors.

2. Restructuring and reform measures

• Troubled financial institutions will be closed or if they are deemed viable, restructured and/or(and) recapitalized. A credible and clearly defined exit strategy will include closures and mergers and acquisitions by domestics and foreign institutions, provided the viability of the new groupings is assured. Clear principles on sharing of losses among equity holders and creditors will be established.

• The disposal of nonperforming loans will be accelerated.

• The present blanket guarantees which will end in three years (*be phased out and*) will be replaced by a limited deposit insurance scheme.

• A timetable will be established for all banks to meet or exceed Basle standards.

• Prudential standards will be upgraded to meet Basle core principles.

• Any support to financial institutions will be given on strict conditions(*Terms and conditions will be established for any support to financial institutions*).

• All support (*provided*) to financial institutions, other than BOK liquidity credits, will be provided according to pre-established rules, and recorded transparently(*recorded transparently in the fiscal accounts*).

• Accounting standards and disclosure rules will be strengthened to meet international practices. Financial statements of large financial institutions will be audited by internationally recognized firms (*international firms*).

• Manpower in the unit supervising merchant banks will be sufficiently increased to make supervision effective and to allow proper handling of troubled banks.

• The schedule for allowing foreign entry into the domestic financial sector will be accelerated, including allowing foreigners to establish bank subsidiaries and brokerage houses by mid-1998(*immediate implementation of the recent decision to allow foreigners to establish bank subsidiaries and brokerage houses*).

• Foreigners will be allowed to acquire existing banks and establish new subsidiaries.

• Borrowing and lending activities of overseas' branches of Korean banks will be closely monitored to ensure that are sound. Nonviable branches will be closed.

• BOK's international reserve management will be reviewed with the intention to bring it closer to international practices. Deposit with overseas branches of domestic banks will not be increased further, but gradually withdrawn as circumstances allow. Financial institutions will be encouraged to improve their risk assessment and pricing procedures, and to strengthen loan recovery, actions in these areas will be reviewed as part of prudential supervision.

[Other Structural Measures]

1. Trade liberalization

Timetable will be set, in compliance with WTO commitments, at the time of the first review, to(*Measures will be worked out to*);

• eliminate all trade-related subsidies.

• eliminate all restrictive import licensing.

• eliminate the import diversification program, and

• streamline and improve the transparency of the import certification procedures.

2. Capital account liberalization

• The present timetable for (*process of*) capital account liberalization will be accelerated by taking steps to: (*immediately announcing a timetable for the elimination of all remaining capital account restrictions by end-1998. The timetable will include steps to*)

- liberalize foreign investment in the Korean equity market by increasing the ceiling on aggregate ownership from 26 percent to 50 percent by end-1997 and to 55 percent by end-1998. (*Remove remaining restrictions on the access of foreigners to the domestic equity and bond markets;*)

- effective immediately, for foreign banks seeking to purchase equity domestic banks in excess of the 4 percent limit requiring supervisory authority approval, the supervisory authority will allow such purchase provided that the acquisition contribute to the efficiency and soundness of the banking sector, legislation will be submitted to the first session of the National Assembly to harmonize the Korean regime on equity purchases with OECD practices (with due safeguard against abuse of dominant positions.)

- allow foreign investors to purchase, <u>without restriction,</u> domestic money market instruments.

- <u>allow foreign investment, without restriction, in domestic corporate bond market.</u>

- further reduce restrictions on foreign direct investment <u>through simplification of procedures</u>(*except for a narrow list of sectors for health and security reasons*).

- eliminate restrictions on foreign borrowings by Korean corporations. (Permit Korean corporations to borrow directly overseas without restrictions)

3. Corporate governance

• <u>Timetable will be set by the time of the first review to improve the transparency of corporate balance sheet, including profit and loss accounts, by enforcing accounting standards in line with generally accepted accounting practices, including through</u>(*Transparency of corporate balance sheets will be improved by enforcing accounting standards in line with international norms, including through*);

- independent external audits,
- fuller disclosure, and
- provision of consolidated statements for business conglomerates.

• The commercial orientation of bank lending will be <u>respected,</u> (*improved by ending*) and the government <u>will not intervene</u> (*intervention*) in bank management and lending decisions. <u>Remaining direct lending will be eliminated immediately. Wile policy lending (agriculture, small business, etc) will be maintained, the interest subsidy will be borne by the budget.</u>

• No <u>government</u> (*public*) support or tax privileges will be provided to bail out <u>individual</u> corporations.

• The "real name" system in financial transactions will be maintained, although with some possible revisions.

• <u>Measures will be worked out and implemented to reduce the high-debt-to- equity ratio of corporations, and capital markets will be developed to reduce the share of the bank financing by corporations (these will be reviewed as part of the first program review)</u>(*Capital markets will be developed to facilitate direct financing by corporations*).

• Measures will be worked out and implemented to change the system of guarantees with conglomerates to reduce the risk it evolves.

4. Labor Market Reform

• The capacity of the new Employment Insurance system will be strengthened to facilitate the redeployment of labor, in parallel with further steps to improve labor market flexibility.

5. Information Provision

• There will be regular publication of data on foreign exchange reserves, including <u>composition of</u> (*usable*) reserves and net forward position a two weeks delay initially. Data on financial institutions, including nonperforming loans, capital adequacy, and ownership structures and affiliations <u>will be published twice a year. Data on short-term</u> <u>external debt will be published quarterly.</u>

445 협의가 진행되고 있던 중 IMF협의단의 Wanda Tseng 부국장이 바깥에서 협의단장인 나를 비공식적으로 만나고 싶어 한다는 말을 주우식 과장을 통해 전해왔다. Tseng 부국장은 Neiss 국장이 신임할 뿐 아니라 사실상 중요 사항을 결정하는 위치에 있었다. 과천의 호프호텔 커피숍에서 그를 만났다. 고금리 문제와 자본금 소각 문제 두 가지를 제기했다. 금융정책실 과장들과 아무리 협의해도 합의가 안 된다는 내용이었다.

446 1997년 12월 16일 Lars Heikensten 스웨덴중앙은행 부총재가 IMF 초청으로 주식소각 문제에 대한 자문을 위해 나를 방문했다. 주식소각에 관한 국제기준을 구체적으로 설명해주었다. 1) 손실이 자본을 초과하는 경우 주식 전체를 소각하여 자본금을 제로로 만들어 국유화한다. 2) 정부가 예금의 원리금을 보장하지 않으면 정상 경영이 불가능하기 때문에 영업권은 인정될 수 없다. 3) 소액주주는 경영에 참여하지 못한다는 전제로 시장가격으로 주식에 투자했으므로 특별한 보호 장치가 필요 없고, 공적자금으로 소액주주가 보호된다면 국민의 세금으로 증권투자자들을 보조하는 결과가 된다. 4) 주주와 채권자들 간의 손실분담원칙은 주식소각을 통하여 주주가 제일 먼저 손실을 부담하고, 남는 손실은 우선권이 없는 후순위채권을 소각하고, 다음은 일반채권자, 그다음은 담보채권자 순으로 손실을 분담시킨다. 5) 임원은 국유화되는 같은 시각(on the same second)에 경찰이 몰아내고 새 경영진이 취임하여 청산한다. 6) 직원도 부실경영에 책임이 있기 때문에 새 경영진의 판단에 따라 정리해고해야 한다는 것이었다.

447 1998년 1월 13일 은행법을 전면 개정하여 10조에 자본금 소각에 관한 규정을 신설했고, 같은 날 이자제한법은 관련법의 개정과 함께 폐지되었다.

448 1997년 12월 1~2일 이틀간 쿠알라룸푸르에서 열린 ASEAN+6 재무장관회의는 동남아시아연합 9개국과 한국, 미국, 일본, 중국, 홍콩, 오스트레일리아 6개국의 재무장관이 참석했다.

449 1997년 12월 1~2일 쿠알라룸푸르 출장일정이 수첩에 빽빽하게 적혀 있다. 공직생활 중 슬픈 기록의 하나다. 쿠알라룸푸르에서의 일정은 다음과 같다.

[12월 1일]

8:00 중국 류지빈(劉積斌) 재무차관. IMF이사회에서 적극지지를 약속. 중앙은행 간 스와프에 대해 논의. 중국은 1,400억 달러의 외환보유고가 있지만 800달러 소득의 나라에서 1만 달러인 나라에 차관을 제공하면 의회가 승인하지 않을 것임.

9:00 Stigritz IBRD 부총재. 100억 달러 차관과 50억 달러의 조기지원(quick disbursement) 약속. IBRD는 금융감독의 강화, 소액주주의 발언권 강화와 투명성 제고, 파산과 어음제도의 개선이 필요하다고 생각하고 있었으며 고금리에 의한 신용경색(credit crunch)을 우려함. 다음 주 서울에 방문 예정.

10:00 사카키바라 일본 대장성 국제금융담당 차관. 미국, 유럽과 함께 제2선 지원자금(second line of defense package)으로 지원할 것과 IMF이사회에서의 적극지지를 약속. 자금 규모는 미정이나 미국보다는 클 것이라고 하고 IMF 200억 달러, IBRD 100억 달러, ADB 40억 달러의 국제금융기구 지원자금과 함께, 양자 간 지원(bilateral assistance)으로 제2선 지원자금 200억 달러 총 500억 달러 이상이 될 것임.

11:00 Geithner 미국 재무부 차관보. 내가 출발하기 전 IMF와 양해각서가 잠정적으로 합의되었다고 했더니 새로운 문제가 생겨 추가협상이 진행 중이라고 했음. 미국은 IMF와 협의 중인 내용에 강한 우려(very much concerned)를 표명하고 더 강력한 프로그램을 촉구. 한국의 '분명하고, 확실하고, 우선적인 행동(clear, concrete and upfront action)'을 요청.

12:00 Camdessus IMF 총재. 3일 아침 서울에 가서 협정에 서명할 것임.

12:45~14:00 Anwar Ibraim 말레이시아 재무장관 주최 오찬.

14:30 푸트라무역센터(Putra World Trade Center)에서 ASEAN+6 재무장관과 IMF·WB 총재 합동회의가 마하티르 말레이시아 총리의 개회사로 개막. 막간에 영국 로이터 TV와 인터뷰.

17:15~19:15 호텔로 옮겨 재무장관회의에 참석. Camdessus IMF 총재와 Stigritz IBRD 부총재의 아시아 외환위기에 대한 발표.

20:00~20:30 푸트라무역센터에서 ASEAN 30주년 만찬.

[12월 2일]

8:30~12:30 재무장관회의 속개. 나는 한국의 외환위기와 구조조정 노력을 설명.

12:00~13:00 안와르 장관 초청 오찬.

13:30 300여 명의 외국기자 합동기자회견. 이브라임 장관 15개항의 합동선언문(joint statement)을 발표하고 질의응답. 한국의 외환위기에 대한 3개의 질문에 위기극복 정책프로그램으로 답변.

17:00 사카키바라 차관을 한 번 더 만나 연결차관에 대해 추가협의.

19:00 대사관 만찬

23:10 Camdessus IMF 총재와 함께 쿠알라룸푸르를 출발.

Summary of Side Letter

[Prior Actions]

To help restore market confidence, we will take the following actions before Board approval of the stand-by arrangement for Korea:

1. The following steps of monetary policy will be adopted temporarily in close consultation with the Fund staff. Action is being taken to bring the call rate to 25 percent by Friday, December 5. New injections of foreign exchange by the BOK to Korean commercial banks or their overseas' branches carry a penalty rate of 400 basis points above LIBOR.

2. Announce an increase in the transportation tax and the special excise tax as a fiscal action to ensure the budgetary position remains sufficiently tight.

3. Announce an increase in the ceiling on aggregate foreigners' ownership of listed Korean shares from 26 to 50 percent by end-1997 and to 55 percent by end-1998, and an increase in the ceiling on individual foreign ownership from 7 percent to 50 percent by end 1997, excluding hostile takeover; legislation concerning hostile takeovers will be submitted to the first special session of the National Assembly.

4. The operations of 9 technically insolvent merchant banks has been suspended on December 2, 1997 with depositors fully protected. (List: Cheongsol, Gyongnam, Hansol, Samsam, Coryo, Ssangyong, Hangdo, Shinsegae, Kyungil)

5. Announce the government's plan to propose an amendment of the related laws to the first session of the National Assembly immediately after the elections, to allow foreign financial institutions to participate in mergers and acquisition of domestic financial institutions in a friendly manner and on equal principle.

[Banking Reforms]

We will start a first round of cleaning up the financial sector and will implement the following measures.

1. With regard to the 9 suspended merchant banks, they will be immediately placed under the control of the MOFE and required to submit a rehabilitation plan within 30 days to recapitalize the institution, which will be evaluated in consultation with the Fund.

2. Remaining merchant banks will be required to present a program of recapitalization downsizing by December 31, 1997 that will allow them to meet at least a 4 percent capital requirement ratio by March 31, 1998, 6 percent by June 30, 1998, and 8 percent by June 1999.

3. Two commercial banks in distress will be required to submit a plan for approval in consultation with the Fund, within two months, to meet the Basle capital standards within four months after approval of the plan.

4. Other commercial banks will be required to make full provisioning for their impaired assets and for their securities losses as at end-March 1998. They will agree a timetable with the supervisory authority by June 1998 to achieve current minimum capital standards within a time frame of six months to two years.

5. The rehabilitation plans submitted to supervisory authorities by financial institutions will specify the sources and amounts of new capital, a clear schedule to meet Basle capital adequacy standards and provisioning requirements, and confirmation from the supplier of funds; indicate changes in management and ownership if intended; present a business plan that defines the activities on which the institution will concentrate and those that it will dispose of, and sets out measures to reduce costs; and detailed steps to improve internal governance, risk assessment and pricing, and loan recovery.

6. All forms of subsidized public assistance to banking institutions will be authorized only after current shareholders and, in case of liquidation, non- guaranteed creditors, in that order, have absorbed existing losses.

7. In consultation with the Fund, the Korean government will prepare an action program to strengthen financial supervision and regulation in accordance with international best practice standards.

8. Specialized banks and development institutions will be subject to the same prudential standards that apply to commercial banks, and their financial statements will be subject to external audits under the same rules applicable to other financial institutions.

[Support by Incoming Government]

To ensure continuity of the December 18 Presidential elections, I am contacting the heads of the policy committees of the three major candidates. They will issue a public statement, on behalf of their parties and their candidates, that their governments would support and implement the economic program agreed with the IMF.

[Resident Representative]

To ensure proper program monitoring, the government will request the opening of a resident representative office of the IMF.

451 법 제정을 맡은 사람은 당시 장기영 조사부장이었다고 한다. 국회의 반대가 많아 한국은행 간부들의 끈질긴 노력(?) 끝에 통과되었지만 위헌 시비도 있었다.

452 〈블룸필드 보고서〉의 권고안과 1950년 한국은행법과의 주요한 왜곡은 1) 권고안 한국은행법 7조에는 "한국은행에 금융통화위원회를 둔다."라는 규정이 없었는데 제정법에 추가되어 국가기관(state organ)이 특수법인 한국은행에 들어가는 모순이 발생했고, 2) 권고안 한국은행법 9조에 금융통화위원회 의장은 재무장관으로 하고 금융통화위원의 신분을 공무원으로 함으로써 금융통화위원회를 합의제 행정관청으로 규정하고 정부에 다수의결권을 주도록 했는데 제정법에는 반영되지 않았고, 3) 권고안 한국은행법 28조에 은행감독관(Superintendent of Banks)은 금융통

화위원회의 추천으로 대통령이 임명하는 공무원 신분으로 하였는데 제정법에는 은행감독관이 은행감독부(Supervision and Examination Department)로 바뀌어 독립관청인지 애매하게 되었고, 4) 권고안 한국은행법 33조 재무장관의 업무검사권이 제정법에서 "한국은행은 정부에 입중"으로 변질되었고, 5) 권고안 한국은행법 26조 전시긴급조치권의 재무장관(Minister of Finance) 승인, 33조의 재무부(Ministry of Finance)의 업무검사가 제정법에서 재무장관과 재무부가 '정부'로 바뀌었고, 6) 권고안 7조 미국과 선진국에서 재무부의 권한인 외환 업무를 금융통화위원회에 부여한 것은 잘못(1962년 한국은행법 개정으로 외환 업무를 재무부로 이관한 것은 돌출입법의 정상화였음)이었다.

453 1988년 한국은행은 1987년 '6월항쟁'에서 이어진 경제민주화와 관치금융 청산의 물결을 타고 중앙은행의 '독립성' 보장을 위해 한국은행 총재가 금융통화위원회 의장을 맡고, 통화관리와의 '상호 보완'을 위해 은행감독원은 한국은행에 둔다는 한국은행법 개정을 주장했다. 한국은행 평직원협의회와 노조는 '100만인 서명운동'을 벌이며 백병전에 나섰다. 중앙은행의 독립을 넘어 '독점' 하자는 것이었다.

454 1995년 이석채 차관은 원칙을 바로잡아야 한다는 충정으로 한국은행법이 제정된 이래 재무부가 주장해온 대로 금융통화위원회 의장이 한국은행 총재를 겸임하고, 은행감독원을 한국은행에서 분리하여 증권, 보험을 포함한 금융감독원을 설립하는 개편안을 추진했다. 청와대 지원도 받아 국회 제출까지는 순조로웠으나 한국은행 사람들의 총공세가 시작되자 청와대부터 무너지고 재정경제원은 밀리게 되어 불발로 끝났다.

455 IMF 자금요청을 위한 Letter of Intent 원문은 다음과 같다.

Letter of Intent

1. The attached Memorandum on the Economic Program outlines the policies that Korea intends to implement over the next three years to address the fundamental causes of its current financial difficulties, thereby restoring and sustaining market confidence and returning the economy to a path of strong sustainable growth. In support of this program, Korea hereby requests a three-year stand-by arrangement from the International Monetary Fund in an amount equivalent to SDR 15.5 billion.

2. As the circumstances did not permit a full specification of the program, the government has implemented strong prior actions to demonstrate its seriousness to strictly implement its policy commitments. A full specification of the program will be put together with the assistance of an IMF team. The program will be reviewed by the Executive Board in January 1998. This review will expand the scope of performance criteria, set performance criteria for March and June 1998, and set structural benchmarks. The main focus of the four additional quarterly reviews (in February, April, July, and November) during the first year of the program will also be determined at that time. The review under the emergency procedures will be combined with the first review under the arrangement in January 1998. There will be semi-annual reviews in 1999 and 2000.

3. We believe that the policies outlined in the attached Memorandum will serve to quickly restore market confidence. We are putting in place a comprehensive policy package to deal with insolvent and weakened financial institutions, to further liberalize the Korean economy, and to improve corporate governance. These reforms will be supported by prudent monetary and fiscal policies.

4. Accordingly, in the event the situation stabilizes, as we expect it will, Korea intends to forego some of the subsequent purchases and make advance repurchases as soon as conditions permit. Furthermore, the Korean authorities are that a new facility, called for at the Manila summit of Asian Finance and Central Bank Deputies. On November 19, for the provision short-term financing to augment a stand-by arrangement, is being prepared for consideration by the Executive Board of the International Monetary Fund. As soon as such a facility becomes available to members, Korea intends to request that its stand-by arrangement be amended so as to permit the associated resources remaining to be purchased to come both from the credit tranches and from the facility, in a manner consistent with the purposes and modalities of the facility.

5. The Korean government is firmly committed to implement the policies outlined in the attached memorandum and will ensure that the policies are adequate to achieve the objectives of the program. The Korean government remains firmly committed to take any additional measures that may be necessary for this purpose. During the period of the proposed stand-by arrangement and thereafter, Korea will consult with the Managing Director of the Fund on the adoption of any measures that may be appropriate, at the initiative of either the Korean authorities or the Managing Director, in accordance with the Fund's policies on such consultations. We will also provide the Fund with such information that it requests on the progress made in policy implementation and achievement of program objectives.

456 IMF 자금 1차분 41억 SDR(55억 7,000만 달러, 환율 1SDR=1.3585달러)은 뉴욕연방준비은행의 한국은행 계좌에 1997년 12월 5일(현지시간) 38억 4,300만 SDR(52억 2,000만 달러), 12월 8일 2억 5,700만 SDR(3억 5,000만 달러)이 입금되었다. 12월 18일 2차분 26억 SDR, 1998년 1월 8일 3차분 15억 SDR이 입금되었다. 1997년 12월 16일 사카키바라 차관은 3차분 인출 시까지 35억 달러의 연결차관을 중앙은행 간 스와프 방식으로 제공하겠다는 제의를 전화로 했다. 장난 같기도 했지만 내일을 위해 연결차관을 받아들이고 감사 서한을 보냈다.

457 1997년 12월 7~10일까지 실무협의단과 Stigritz 부총재(12월 13~15일)가 방문하여 협의했다. 1차로 경제재건차관(Economic Reconstruction Loan, ERL) 30억 달러를 연내 제공하고 나머지 70억 달러는 구조조정차관(Structural Adjustment Loan, SAL)으로 1998년 1월에 협의하기로 했다. LIBOR+1%에 5년 거치 포함 10년 후 일시상환 조건이었다.

458 1997년 12월 8~21일까지 실무협의를 진행하고 12월 11일 40억 달러에 관한 의향서에 서명했

다. 1997년 12월부터 1999년 12월까지 4차에 걸쳐 인출하기로 했고 LIBOR+0.4%에 7년 후 일시상환 조건이었다.

459 1997년 12월 10일 무디스는 한국 장기신용등급을 2~3단계 떨어뜨렸다. 무디스는 한국 장기 외화표시대출 신용등급을 Baa에서 정크본드 수준인 Ba로 3단계, 장기외화표시채권 신용등급은 A3에서 Baa2로 2단계 내렸다. 단기신용등급을 P3에서 등급외(not prime)로 조정하여 단기외화차입도 어려워졌다. 12월 11일 S&P도 한국 장기외화표시채권 신용등급을 A-에서 BBB-로 3단계, 단기외화표시채권 신용등급을 A-2에서 A-3로 1단계 낮췄다. S&P는 한국 외환보유고가 1개월 수입치도 안 되는 100억 달러 정도로 하락한 것을 이유로 밝혔다.

460 나를 찾아온 Steve Long 대표는 "all commitments to Korea"라는 말을 썼다. 내가 뉴욕 재무관으로 있던 1987년 4월 정인용 재무장관을 수행하여 John Reed 씨티은행 회장을 만났을 때 씨티은행은 한국에 25개의 지점 설치를 요청했고 정인용 장관은 승낙했다. 당시 외국 은행의 지점 설치는 매우 제한적이었는데 이는 매우 파격적인 조치였다. Reed 회장은 한국 비즈니스에 적극적이었고 한국에 필요한 경우 씨티은행의 할일을 다 하겠다고 약속했다. John Beeman 서울지점장은 1991년의 불법파업으로 철수까지 고려한 상황에서 나에게 도움을 요청하여 노동부와 경찰에 불법파업에 대한 지원요청을 하고 파업을 수습했는데 서울을 찾아온 Reed 회장은 감사를 표시했다. 1991년 금융개방협상 때에도 대통령금융서비스자문위원장을 맡았던 Reed 회장은 한국의 입장을 대변해주며 너무 강한 개방압력에 대한 재고를 요청하기도 했다. 1973년 1차 오일쇼크 때도 씨티은행은 체이스은행과 함께 2억 달러의 차관을 제공하여 위기를 넘기는 데 큰 공헌을 했다.

461 1997년 12월 13일 한국산업은행이 뉴욕금융시장에서 20억 달러 양키본드 발행에 실패했다. 미국 투자자들이 한국의 구조조정 노력에 대한 불확실성에 냉담한 반응을 보임에 따라 주간사인 JP모건이 가산금리 500bp+fee125bp를 요구하자 산업은행은 본드 발행을 포기했다. 김완정 부총재가 사정을 설명하며 전화로 어떻게 할까를 물어왔다. 유동성이 중요하니 잡으라고 했다. 김영태 총재가 망설이는 동안 시간이 흘러 상황은 끝났다. 산업은행은 직전에 JP모건을 주간사로 350~400bp에 27억 달러의 양키본드를 발행했다. 국내 정치권의 IMF 재협상 주장으로 본드 발행 자체가 불투명해지는 상황에 직면했다.

462 내가 만든 보고서는 다음 날 임창열 장관이 김대중 대통령당선인에게 보고했다.

463 Michael Brown 시카고은행 지점장은 이러한 사실을 인디애나대학 경영대학원 동문인 한기철 상업은행 국제부장을 통해 전했다. 시카고은행의 Paul Muther 전임 지점장은 FBG 의장을 지내며 내가 국제금융국장일 때부터 많은 조언을 해주었다. 그는 한국 고아 2명을 입양할 정도로 휴머니스트였는데 서울을 떠나며 Brown 지점장을 소개하여 가끔 외환문제에 관해 자문했다. 국제금융에 관해 풍부한 경험과 실력을 겸비한 한기철 부장은 나의 고교동기인데 뉴욕에서도 함께 근무하며 국제금융에 관해 항상 자문한 사람이었다.

464 1997년 12월 19일 오전 9시에 보내온 팩스의 주요 내용은 다음과 같다. 당시 우리의 착오를 잘 말해준다.
"We talked briefly about two issues: foreign bank swap lines and a new loan syndication.

I think it is important for me to try to "put you in the shoes" of a foreign creditor to Korea at this time. Foreign creditors don't lend to Korea, they lend to Korean banks and companies. Virtually all Korean banks have excessive loan concentrations relative to capital. Systemic risk within the banking sector is so great that international creditors cannot distinguish between the eventual winners or losers. The seemingly arbitrary closure of some Korean merchant banks contributes to this perception. Korean corporates over the years over the years have pressed international banks to lend more than what was prudent at former debt ratings, let alone current ratings. In summary, most foreign banks feel overexposed to Korea relative to the risks in financing Korean banks and corporates.

Korea now faces a significant liquidity problem. Korea's first objective should be to keep existing liquidity in the system. A second objective is to find alternative sources of funding to allow the international banking community to get its exposures down to a level of comfort. The largest drain on liquidity is in the banking sector, where money market lines are not being rolled. In effect, the market is telling Korea that it finds Korean commercial bank risk unacceptable. To keep this liquidity in the system, Korea could think about allowing international banks to exchange money market exposures to Korean banks for medium term (3 years?) Korean government notes. As we would be swapping private sector debt for government debt it seems that the government would need to onlend these funds to the Korean commercial banks for a period at least equal to the initial money market exposure. This type of program could be done for exposures other than money market outstandings, such as bankers acceptances, maturing FRNs or FRCDs. Not all international creditors would want to participate in this type of restructuring, but if enough do, Korea could significantly extend its debt maturity profile.

As most foreign banks feel overexposed to Korea, increasing the BOK swap will not dramatically improve liquidity for Korea. Most foreign banks are quite liquid at the moment and are having trouble finding a safe place to invest excess won. You can see this in the market by comparing Korean and foreign bank NCD rates.

As for a new loan syndication, the timing is not good. The market is very nervous, particularly after the failed KDB bond. Year end is also a tough time to do a credit sensitive deal of size, I think that it is important for Korea not to appear to be a desperate borrower. It would be prudent for Korea to defer a new loan syndication or debt issue until January 8th, when Korea obtains clearance for the next IMF tranche. To the extent Korea can get through the year end and evidence that the new administration will work with the existing administration in complying with the IMF agreement, there is a much better chance for highly successful transaction.

Corporate Korea will need to prepare for lower levels of international bank debt, given the recent downgrades and likely slowing economy, but new liquidity should be generated with the further opening of the equity and bond markets. Fortunately for Korea, its companies can produce product and export successfully at current and stronger won levels."

465 1997년 12월 7일 IMF와의 협상을 강화하기 위해 금융총괄심의관을 정건용, 금융정책과장을 진영욱, 국제금융과장을 변양호, 자금시장과장을 임영록으로 교체했다.

466 이강남 한국은행 국제금융담당 이사의 의견이었다.

467 1997년 12월 21일 일요일 밤 10시가 넘어 정덕구 차관보가 전화를 해서 장관이 Steve Long 씨티은행 대표를 신라호텔에서 만나는데 Long 대표가 내가 꼭 참석하기를 원한다고 했다. 만기연장에 관해 씨티은행은 적극 협력을 다짐했다. 임창열 장관은 그때 신라호텔에서 100억 달러 본드 발행을 미국 증권사와 협의하고 있었다. 거꾸로 많이 나갔다.

468 1998년 만기도래 단기차입금이 10억 달러 이상인 은행은 다이이치칸교은행 11억 6,000만 달러, 도쿄미쓰비시은행 11억 1,000만 달러, 노린추킨은행 10억 1,000만 달러 등 3개의 일본계 은행이었고, 미국계는 체이스맨해튼은행 4억 달러, 씨티은행 2억 4,000만 달러, 퍼스트시카고은행 3억 4,000만 달러, 아메리카은행 3억 2,000만 달러, JP모건 3억 6,000만 달러 등이었다. 나라별 최고 금액은 영국 마린미드랜드은행 5억 1,000만 달러, 독일 콤메르츠은행 9억 6,000만 달러, 프랑스 소시에테제네랄은행 8억 달러, 기타는 홍콩상하이은행 5억 7,000만 달러 등이었다.

469 "매달 서울 조선호텔에서 모임을 가지면서 한국경제상황을 지켜본 외국 은행의 한국 지점 대표들은 1997년 10월 초 이미 '한국 위기'를 본부로 타전했다. 한국이 국가부도 직전의 상황에 가까워지면서 이들 사이에선 "한국을 망하게 하는 것보다는, 단기부채상환을 유예시켜 살려두는 것이 더 유리하다."라는 현실론이 제기되기 시작했다. 이들 외국 은행들은 앞으로 1~2년 동안은 한국경제가 고통을 겪을 것이 분명하지만, 회복될 것이 분명한 만큼 미래에 대한 사업투자 차원에서 서울에 지점을 둔 40~50개 국제 대형은행들이 한국 외채에 대한 상환유예를 검토하게 됐다."(*The Washington Post*(1997. 12. 28.). 1면)

470 김대중 새 정부의 외환위기대책기구로서 김용환 의원과 장재식 의원이 공동위원장이었고 유종근 전북지사도 참여했다.

471 합의 내용은 1) 1998년에 만기가 돌아오는 국내금융기관의 1년 미만 단기외화채무 240억 달러를 한국 정부가 지급보증해 만기 1년, 2년, 3년짜리 중장기외화채무로 연장하고, 2) 적용금리는 LIBOR(당시 6개월물 LIBOR는 5.66%)에 1년 만기는 2.25%, 2년 만기는 2.50%, 3년 만기는 2.75%를 가산하고, 3) 2~3년으로 만기를 연장한 외채는 6개월 지난 후부터 국내금융기관들이 조기상환할 수 있고, 4) 1998년에 만기가 돌아오는 금융기관의 1년 미만 단기차입금만을 대상으로 하고, 오버나이트자금 10억 달러, 중장기외화채무나 무역 관련 금융, 증권형태의 차입금 및 부외거래 등은 제외하고, 5) 기존의 단기외화채무를 1년, 2년, 3년의 만기를 선택해 연장할 경우 한국 정부가 지급보증서를 발급하되 1년 만기채권은 전체 채무의 20% 한도 내에서만 허용하고, 국제채권은행들은 한국 정부의 지급보증서가 붙은 대출채권을 국제금융시장에서 유통하는 것을 허용하고, 6) 원금은 만기 때 전액 상환, 이자는 6개월마다 지급하고, 7) 원칙적으로 미국 달러화로 만기연장하되, 엔화나 마르크화 표시의 경우 기존 통화로 만기연장을 할 수 있고, 8) 세부 절차가

끝날 때까지(약 2개월 소요) 채권은행단은 기존 대출을 계속 만기연장한다는 것이다.

472 뉴욕협상의 일등 공신은 독일계 은행들이었다고 보도되었다. 독일계가 미국계 은행 주도에 반발하여 가산금리로 2.0~2.5%를 제시하면서 한국 측에 유리한 기준을 만들어나갔다고 했다.

473 747 아이디어는 삼성그룹에서 경영전략을 오래 담당했던 지승림 알티캐스트 사장이 보잉747 점보 비행기에서 착안하여 제안한 것이다.

474 이명박 후보 캠프는 2006년 7월 3일부터 후보경선 준비를 위한 조계사 앞 "안국포럼", 2007년 5월 14일부터 한나라당 대선후보경선을 위한 여의도 용산빌딩 "국민캠프", 경선 후 2007년 8월 27일 여의도 한나라 당사 "제17대 대통령선거 이명박 후보 캠프"로 발전되었다. 싱크탱크에는 백용호 이화여대 교수가 중심이 되어 만든 국제전략연구소(Global Strategy Institute, GSI, 후에 류우익 서울대 교수가 맡음), 전 외대 총장 안병만 교수가 중심이 된 바른정책연구소(Barun Policy Institute, BPI), 전 연세대 교수 윤건영 의원의 정책그룹, 나와 장수만 전 재정경제부 국장, 국회의원 보좌관들이 참여한 실무그룹 등이 있었고 정치, 외교, 국방, 경제, 복지, 문화 등에 걸쳐 400여 명의 교수, 전문가, 실무자가 참여했지만 실제로 역할을 한 인원은 100여 명이었다.

475 안국포럼에서부터 시작된 공약준비 과정에서 수없이 제시된 정책 아이디어를 정리하고 상충되는 정책을 조정하기 위해 경제를 포함한 모든 정책의 조정이 필요하여 이명박 후보의 결정으로 내가 코디네이터 역할을 맡게 되었다. 2007년 5월부터 여의도 경선캠프에서는 정책특보로서, 공약을 최종 확정하는 본선캠프에서는 2007년 9월 4일 출범한 '일류국가비전위원회'의 부위원장 겸 정책조정실장으로서, 게이트키퍼로서 재원조달계획과 실현가능성을 점검하는 역할을 했다. 김형오 의원이 위원장을 맡고 최경환 의원, 전재희 의원 등 국회의원이 소위원장을 맡은 분야별 소위원회가 있었다.

476 이명박 후보의 선거전략은 김원용 이화여대 교수가 중심이 되어 정두언 의원, 박형준 의원, 정태근 의원, 중앙일보 김용태 기획위원(현재 국회의원), 권택기(후에 국회의원) 등이 경선 전, 경선 후, 본선 단계별로 만들었다. 선거전략의 시작은 이명박 서울시장 시절 2005년 10월부터 매주 토요일 서울시청에서 열린 '정무회의'였는데, 서울시 부시장 출신의 이춘식·정두언·정태근, 전·현직 서울시정개발연구원장, 백용호 이화여대 교수와 나, 그리고 김백준, 백성운, 박영준, 조해진 등이 참여했다. 사안에 따라 서울시장 자문위원이었던 김태효 성균관대 교수, 김우상 연세대 교수, 류우익 서울대 교수가 참여했고 중간에 김기환 전 대사, 김원용 이화여대 교수, 중앙일보 김용태 기획위원도 참여했다.

477 7위 경제대국의 추정은 미국의 *Global Insight*(2006)의 인구증가율, 환율변동, 물가상승률, 경제성장률에 대한 장기전망과 IME의 *World Economic Outlook*을 기초로 하여 2008년부터 2017년까지 GDP를 프로젝션한 것이다. 프로젝션 결과 2017년 GDP는 2조 5,280억 달러로 이탈리아를 추월할 수 있을 것으로 전망되었다. 2008년 글로벌 금융위기 후 많은 여건들이 바뀌어 아래 프로젝션은 많은 차이의 발생이 불가피했다. 장수만 전 재정경제부 국장의 책임으로 동덕여대 김태준 박사, 경기대 채희율 박사, 연세대 박진근 박사, 한양대 임양택 박사 등 많은 학자들이 참여하여 만들었다. 구체적인 작업에는 장수만 국장과 채희율 박사가 많은 수고를 했다.

국가	명목 GDP(십억 달러)				국가	1인당 GDP(달러)			
	2006	2008	2012	2017		2006	2008	2012	2017
미국	13,245	14,557	17,641	21,957	호주	37,035	44,747	56,071	71,300
중국	2,627	3,815	6,391	10,806	영국	39,397	47,471	52,412	68,069
일본	4,363	5,046	6,459	7,347	미국	44,198	47,731	55,887	66,714
영국	2,385	2,900	3,258	4,329	일본	34,153	39,524	50,783	58,468
독일	2,904	3,210	3,597	4,121	프랑스	36,488	40,874	47,382	56,687
프랑스	2,238	2,524	2,957	3,573	캐나다	38,999	41,580	47,726	56,278
한국	**887**	**1,050**	**1,547**	**2,528**	독일	35,253	39,075	43,876	50,457
이탈리아	1,850	2,015	2,179	2,515	**한국**	**18,227**	**21,377**	**30,979**	**49,973**
인도	898	1,137	1,622	2,489	스페인	27,893	32,102	38,514	47,978
러시아	978	1,316	1,916	2,433	이탈리아	31,385	34,090	36,991	43,054
스페인	1,222	1,437	1,763	2,214	러시아	6,875	9,332	13,815	17,989
캐나다	1,271	1,381	1,641	2,012	멕시코	7,730	8,245	9,355	10,876
호주	754	930	1,212	1,617	중국	1,995	2,858	4,657	7,659
브라질	967	1,118	1,344	1,567	브라질	5,174	5,828	6,664	7,360
멕시코	830	906	1,066	1,295	인도	808	995	1,349	1,958

478 2006년 북한의 경제규모는 213억 달러, 인구는 2,350만 명, 1인당 GNI는 905달러 수준(미국 CIA 자료)이다. 연 200억 달러의 자본이 북한에 투입된다면 연 15% 내외의 경제성장을 하고 2017년 1인당 GDP는 3만 달러로 하락하겠지만 남북통합 경제규모는 2조 6,200억 달러가 가능하다고 추정했다.

479 당시 OECD는 회원국들이 경쟁적으로 세율을 인하하고 있어 재정건전성을 우려해 세율 인하 경쟁(tax competition)의 자제를 권고했다. 홍콩과 대만은 경쟁적으로 법인세를 20% 아래인 17.5%와 18.5%로 내렸다.

480 이명박 대선후보는 2007년 7월 3일 서울의 코엑스인터컨티넨탈호텔에서 열린 과학기술포럼과 한국엔지니어클럽의 조찬 강연회에서 이러한 과학기술육성 공약을 발표했다.

481 이명박 후보는 2006년 유럽의 RMD(라인강―마인강―도나우강)운하를 시찰하였고 그해 11월 13일 프레스센터에서 그때 만난 Hartmut Dehn 독일 연방 수로국장을 초청해 운하 반대자들과 함께 한반도운하포럼을 열었다. 참석한 사람들 모두 반대의 목소리는 없었다.

482 한국 근로자 평균 가구소득 대비 주택가격(PIR)은 2005년 말 기준으로 전국 5.5배, 서울 11.1배, 강남 아파트 13.5배에 달했다. 강남 아파트값은 최고가 평당 5,000만 원을 돌파했다. 2003년 기준으로 미국 2.7배, 일본 3.8배, 영국 4.6배, 호주 3.5배 인 데 비해 훨씬 높았다.

483 주택청약예금제도를 수요자 중심으로 개편하여 주택의 희망 구입연도, 희망 구입규모, 희망 지역 등을 명기한 주택청약제도를 시행하고 주택공사와 지방자치단체는 주택청약예금의 정보에 기초하여 맞춤형주택을 공급하도록 하는 것이었다.

484 신혼부부 보금자리주택은 주 출산연령인 34세 미만, 결혼 3년차 이하로, 서울과 수도권 및 광역시에 거주하고 '신혼부부주택마련 청약저축'(월 5만 원 이상)에 가입한 무주택세대에 대해 매년 국민주택규모 이하 12만 호를 공급하는 것이었다. 이를 위해 재개발, 재건축, 주거환경 개선작업 등의 용적률을 추가로 10% 상향조정하고, 도시주변 그린벨트와 한계농지를 풀어 택지를 마련하고, 국민주택기금과 재정으로부터 장기저리의 융자금을 지원받아 건설하도록 했다.

485 2007년 당시 용적률은 동두천, 군포, 이천 등의 소도시 300%, 대구 280%, 서울 250%로 거꾸로 되어 있었다. 우리의 그린벨트는 선진국 어디에도 없는 제도이고 그린벨트 규제 때문에 도심주변의 산지와 구릉지는 버려두고 도심에서 멀리 떨어진 신도시를 개발함으로써 교통난과 에너지 낭비를 초래하고, 도시주변의 한계농지는 효율성 없이 보호되고 있었다. 광역도시의 구도심 및 슬럼화된 지역을 새롭게 정비하여 중심상업지역에 주상복합아파트를 건설하도록 허용하되 중산층, 신혼부부, 실버부부대상 임대아파트 및 저평형대 아파트를 일정 비율 이상 공급하고, 대도시권 내의 철도역(전철역) 및 신설역을 대상으로 교통시설은 지하구간에 배치하고 지상에는 고밀도 주상복합건물을 건설하는 역세권 개발계획도 포함하였다.

486 노무현 정부가 지출한 토지보상비는 2003년부터 4년 동안 73조 원, 2007~2008년 약 50조 원의 추가방출이 예정되어 총 123조 원에 달했다.

487 나는 2008년 종합부동산세 경감을 위한 세법 개정안을 국회에 제출하였고 종합부동산세는 조세원칙에 하나도 맞지 않고 다른 나라 어디에도 선례가 없는 "조세의 이름을 빌린 정치폭력"이기 때문에 폐지되어야 한다고 주장했다.

488 2011년 KDB금융그룹 회장으로 일하면서 햇빛이 잘 드는 산업은행 1층에 어린이집을 만들어 희망하는 직원의 유아를 100% 수용하도록 했다. 모든 민간기업과 공공기관에 좋은 어린이집을 만드는 것이 이 시대를 살아가는 우리들의 중요한 소명이라 생각했다.

489 우리의 해외동포는 700만 명 정도로 추산된다. 이들은 우리에게 소중한 민족자산으로 미래의 민족활로가 되도록 해야 한다. 영국, 독일, 프랑스에선 이슬람교를 믿는 이민족 이민이 인구의 10%를 넘어서자 인종갈등이 심각한 문제가 되었다. 2009년에 나는 국가경쟁력강화위원장으로 일하면서 해외동포의 국내 취업을 확대하기 위한 비자발급절차를 완화하고, 국내이민을 확대하기 위해 종래의 단일국적제도를 복수국적제도(주거국가의 법률이 허용하는 경우)로 바꾸는 국적법 개정을 추진하여 2010년 국회에서 통과되었다. 복수국적제도는 우즈베키스탄, 카자흐스탄 등 중앙아시아의 많은 고려인들을 주로 겨냥했지만 브라질이나 미국 등 모든 나라에 거주하는 동포들도 대상으로 했다. 아쉬운 점은 입법과정에서 병역 기피에 악용될 가능성 때문에 우수인재 등에게 제한적으로 허용됨으로써 생산가능인구 확대정책으로서는 미흡한 점이 많다. 중앙아시아의 고려인들은 독립운동가의 후손이거나 나라가 기울어 살기 위해 조국을 떠난 동포이기 때문에 역사윤리적으로 그들은 당당한 한국인이고 그들의 입국을 우리가 심사하는 것은 역사의 정의에 맞지 않는 일이다. 2011년 KDB금융그룹 회장으로 일하면서 우즈베키스탄의 동포 대학생들을 방학 중에 초청하여 2주간 한글캠프를 열고 송별파티에서 "할아버지의 나라에서 일하고 싶으면 당당히 올 자격이 있는 대한민국 사람"이라고 말하고 아리랑을 불렀을 때 눈물바다가 되었다. 앞으로

이들을 제한 없이 받아들일 수 있는 국적법 개정이 조속히 이루어져야 한다.

490 비핵·개방·3000 구상은 이명박 후보가 외교안보 전문가들과 함께 직접 만들었고 공약의 이름도 직접 지었다. 김태효 성균관대 교수, 남성욱·현인택 고려대 교수, 남주홍 경기대 교수 등의 수고가 컸다.

491 국정철학은 많은 사람의 의견을 수렴한 결과 경험과 실용을 중시하는 이명박 후보의 개성과 삶의 궤적과 가장 가까운 "empirical pragmatism"으로 정했다. 이명박 후보가 대통령에 당선된 후 한·미FTA에 반대하는 촛불시위와 관련하여 철학 논란이 제기되기도 했지만 야간 상고를 다니며 고생하고 공부한 학창생활과 현대건설에서 사원에서 출발하여 30대에 사장에까지 오른 실적과 현장 중심의 기업 생활로 이루어진 인생여정이 각인된 이미지가 중요한 영향을 미쳤다고 생각된다.

492 이명박 후보의 대통령 선거공약이 본격적으로 검토된 것은 4년 서울시장 임기를 마치고 2006년 7월 안국포럼이 설립되면서부터였지만 선거공약과 관련된 정책을 준비하기 시작한 것은 그보다 훨씬 전인 2001년 5월 한나라당 국가혁신위원회가 발족되고 이명박 전 의원이 미래경쟁력 분과위원회 위원장을 맡으면서부터였다. 당시 이명박 전 의원은 2002년 서울시장 도전과 2007년 대통령 도전이라는 계획을 갖고 있었고 그 첫 단계로 한나라당의 미래경쟁력분과위원장을 맡게 되었는데 나는 이때 미래경쟁력보고서를 작성하는 간사위원을 맡으면서 함께 일하게 되었다. 미래경쟁력보고서 작성에는 이한구 의원, 이성헌 의원, 백용호 박사, 조일호 전 농수산부 차관, 한나라당 정책위 곽창규 박사 등 의원과 전문가들이 참여했고 토론이 있었다. 이 보고서는 시장경제적 정부 실현을 위한 정부혁신, 경제활력 회복을 위한 기업혁신, 상업적 자율경영체제 확립을 위한 금융혁신, 국가부채 축소를 위한 재정혁신, 고용창출을 위한 노동시장 유연성 확립, 동북아 물류중심 국가 건설을 위한 국토 개조, 과학기술개발체제의 혁신, 선택과 집중에 의한 고부가가치 산업 육성, 환경친화적 에너지 개발 이용 시스템 구축, 새로운 세계경제질서에의 능동적 대응 등 10대 주제를 다룬 상당한 분량의 보고서였는데 '이대로는 안 된다, 기업 중심으로 개조하자'는 이름으로 그해 말 한나라당에 보고되었다. 후에 2002년 서울시장 선거와 17대 대통령 선거에서 이명박 후보 선거공약의 참고자료가 되었다. 2002년 6월 이명박 서울시장이 선출되었고 2005년 8월에 나는 서울시의 싱크탱크인 서울시정개발연구원장이 되어 한반도대운하의 기초가 되는 경부 운하에 대한 연구를 하게 되었다.

493 이명박 후보의 최종 선거공약 작업은 '일류국가비전위원회'의 정책조정실에서 했다. 국회의원 보좌관과 한나라당 정책위원회 실무자 20여 명이 참여한 정책조정실은 내가 실장을 맡고 장수만 전 재정경제부 국장이 총괄책임자가 되어 큰 수고를 했다. 특히 소요재원의 추정과 재원조달 방안 마련에 많은 수고를 했다. 권역별 지방공약은 해당 지역 국회의원 보좌관이 중심이 되어 만들었다.

494 이명박 대통령후보 선거공약집은 중앙공약집, 권역별 지방공약집, 그림 중심의 요약집 세 가지로 만들었다.

495 이명박 대통령당선인의 대통령직인수위원회는 2007년 12월 26일 7개 분과위원회와 국가경쟁력강화특별위원회로 구성되었다. 인수위원회는 인수위원장 이경숙, 부위원장 김형오, 대변인 이동관, 기획조정분과 맹형규(간사)·박형준·곽승준, 정무분과 진수희(간사)·남주홍, 외교안보통일분과 박진(간사)·현인택·홍두승, 법무행정분과 정동기(간사)·이달곤, 경제1분과 강만수(간사)·백용호·이창용, 경제2분과 최경환(간사)·홍문표·최재덕, 사회교육문화분과 이주호(간사)·김대식·이봉화 등 22명의 인수위원과, 전문위원 70명, 행정관 76명, 사무직 14명 등 총 182명으로 구성되었다. 국가경쟁력강화특별위원회는 공동위원장에 사공일, David Elden(두바이국제금융센터 회장) 아래 6개의 태스크포스를 두었다. 인수위원 중 내각에 들어간 사람은 나 혼자였다. 이경숙 위원장은 많은 수고를 하였지만 내각에 들어가지 못했다.

496 MB노믹스 실천계획은 공약수립 단계부터 실무를 총괄한 장수만 전문위원과 재정경제부에서 파견 나온 최중경 전문위원, 최상목 실무위원, 이찬우 실무위원, 김낙회 실무위원이 중심이 되어 만들었다.

497 *The Economist*(2005. 6. 30)의 "China and the world economy-From T-shirts to T-bonds"에 언급된 오스트리아학파 관련 내용은 다음과 같다.
"The Austrian school of economics offers perhaps the best framework to understand what is going on. The entry of China's army of cheap labor into the global economy has increased the worldwide return on capital. That, in turn, should imply an increase in the equilibrium level of real interest rates. But, instead, central banks are holding real rates at historically low levels. The result is a misallocation of capital, most obviously displayed at present in the shape of excessive mortgage borrowing and housing investment. If this analysis is correct, central banks, not China, are to blame for the excess, but China's emergence is the root cause of the problem."

498 2008년 3월 10일 이명박 대통령께 보고한 2008년 업무계획 '7% 성장'이 아닌 '7% 성장능력'은 1) MB노믹스 실천기조, 2) 우리 경제의 현황과 평가 - 성장역량 급속둔화, 서민경제 어려움 가중, 대외불안요인 확대, 3) 7% 성장능력 전략, 4) 2008년 실천계획(Action Plan)으로 구성되었다. 전략의 주요 내용은 1) 경기 회복을 위한 내수확충과 서민경제 안정 및 경상수지 안정대책으로 유류세와 할당관세 인하, 15조 원 세계잉여금 서민지원사업 추진, 금리인하와 중소기업자금 방출, 서민생활비 경감, SOC사업을 통한 서민 일자리 창출, 전통시장과 소상공인 지원, 50만 호 주택건설, 환율실세화, 수출주력산업 발굴, 해외소비 국내전환, GDP의 40% 내 대외채무관리, 2) 지속성장을 위한 세계 최고 기업환경 조성대책으로 규제의 최소화, 세율의 최저화, 아시아 선도은행 육성, 금융규제 선진화, 인터넷은행 설립, 기술금융의 활성화, 노사관계의 법치화, 지역별 노사민정협의체 운영, 예산 10% 절감, 3) 장기성장을 의한 신성장동력 확충대책으로 GDP의 5% R&D 투자, 신성장산업 발굴, 규제완화에 의한 서비스산업 발전, 해외자원개발 지원, 인적자본 확충, FTA 적극 추진, 비핵·개방·3000 구상 실천 등이었다. 이러한 대책으로 2008년 경제는 성장률 6% 내외, 취업자 증가 35만 명 내외, 소비자물가 3.3%, 경상수지 -70억 달러 내외로 전망했다. 이러한 대책의 일정과 세부 추진 방안을 정한 실천계획을 만들고 대통령 주재 민관합동 경제활성화회의(기획재정부 주관), 무역투자진흥회의(지식경제부 주관), 과학기술진흥회의(교육과학기술부 주관)를 통해 점검하고 기획재정부 장관은 경제정책조정회의(관계부처), 거시정책협의회(기획재정부, 금융위원회, 한국은행 참여 서별관회의), 대외경제장관회의(관계부처)를 통해 구체적인 정책의 조정과 추진을 하는 실천체계를 만들었다.

499 *Financial Times*의 세 차례 보도내용은 다음과 같다.

"Korea: 1997 rewind; If Sleeping Beauty, the heroine of European folklore, were to wake up in Seoul today, would she know she had been asleep for 11 years? The current account balance has teetered over into deficit, for the first time in 11 years. The Bank of Korea is busily shelling out dollars ($10bn worth in July) to shore up the currency, just as it was after the Asian financial crisis broke in 1997. Consumption and employment are falling and - just to ram the point home - Korea's top economic policymaker invoked the spectre of 1997 in parliament last month."(2008. 8. 13)

"On the basis that public funds seem to be going into banking systems in broadly alphabetical order - starting with America, Belgium, Bulgaria, Germany, Greece, Iceland and Ireland - Korea was vulnerable. Right on cue, Asia's fourth biggest economy is panicking. South Korea's finance minister yesterday urged banks to sell overseas assets to raise foreign funds and promised them access to the country's foreign exchange reserves."(2008. 10. 6)

"Sinking feeling: But fault-lines exist. South Korea, which was bailed out by the International Monetary Fund in 1997, has seen its currency plunge to a 10-year low amid a cramble for dollars. Politicians and the private sector are rallying round. Kang Man-soo, finance minister, is taking his plea for dollars to Wall Street, where he is due to meet executives of banks such as Citigroup and Morgan Stanley. Posco, the steel maker, said last week it would sell $1bn (730m, 570m) of bonds overseas as part of efforts to stabilise the won."(2008. 10. 14)

500 *The Times*(2008. 9. 1)의 보도내용은 다음과 같다.

"South Korea heads for black September with won problems. The deepening woes at Fannie Mae and Freddie Mac, badly stretched central bank reserves and a losing battle to support the won are pushing South Korea towards a full-blown currency crisis this month, analysts have said. Some believe that Seoul might have no ammunition left to prevent a significant flight from the won. Fruitless currency intervention by South Korea - increasingly esperate-looking verbal and financial measures to fight the market trend - cost about $20 billion in July alone."

501 *The Wall Street Journal*(2008. 10. 10)의 보도내용은 다음과 같다.

"Is South Korea Asia's Iceland? While nobody is expecting Asian Crisis Part Two, Iceland's huge current account deficit and banking system malaise could provoke comparisons with Asian countries with open financial markets in similar circumstances. If it does, South Korea, the biggest money loser for foreigners during the 1997 financial crisis, may top the danger list. Korea has the largest current account deficit in Asia and its banks have the worst loan-to-deposit ratios."

502 *The Economist*(2009. 2. 26)의 보도내용은 다음과 같다.

"Among the 17 larger economies shown in the table, South Africa and Hungary look the most risky; China the least. In contrast, the Asian emerging markets generally look the safest, taking all six slots at the bottom of the table. The main exception is South Korea, which, thanks to its large short-term foreign debts and highly leveraged banks, is deemed to be as risky as Poland. (Vietnam, though not included in the table, also scores high on the risk rating)."

503 실질실효환율(REER)은 교역국 간의 물가변동을 반영한 실효환율로서 교역상대국과의 상대 물가지수를 이용하여 산출한다. 물가변동에 따른 실질구매력의 변동을 실효환율에 반영하기 위하여 명목실효환율을 교역상대국의 가중상대물가지수로 나눈 것이다.

504 KIKO(knock-in knock-out)는 환율이 약정범위의 상한선을 넘으면 약정에 따라 기업이 2배 이상 손해를 보는 반면 은행은 큰 이익을 챙기고 하한선 아래로 떨어지면 기업이 큰 이익을 보고 은행이 손해를 봐야 하는데도 계약이 무효화되는 상품으로 경상수지와 관계없이 환율이 일정 범위에 묶여 있어야 은행과 기업 모두 만족할 수 있는 상품이었다. 은행은 어떤 경우에도 큰 위험이 없고 기업은 큰 위험이 있는 불공정 계약으로서 미국에서 판매되다가 중지된 상품이었다.

505 2008년 사용했던 일일점검표의 첫 페이지다.

1. 일일 외화차입 만기도래액 및 상환계획 [속보치]

(단위 : 백만불)

前日 10.9 (수)

은행명	만기도래액	상환액	만기연장액	신규차입액	차환율(%)
신 한	-	-	-	100	-
우 리	323	123	200	-	61.9
SC 제일	125	100	25	120	116.0
하 나	235	-	235	-	100.0
외 환	-	-	-	300	-
한국씨티	-	-	-	-	-
국 민	6	6	0	30	500.0
대 구	-	-	-	-	-
부 산	-	-	-	-	-
광 주	-	-	-	-	-
제 주	-	-	-	-	-
전 북	-	-	-	-	-
경 남	-	-	-	20	-
산 업	-	-	-	13	-
기 업	-	-	-	-	-
수 출 입	100	100	-	50	50.0
농 협	5	5	-	-	0.0
수 협	12	12	-	2	16.7
합 계	806	346	460	635	135.9

今日 10.10 (목)

은행명	만기도래액	상환액	만기연장액	신규차입액	차환율(%)
신 한	80	80	-	-	0.0
우 리	30	30	-	130	433.3
SC 제일	-	-	-	-	-
하 나	20	-	20	-	100.0
외 환	12	-	-	-	-
한국씨티	300	100	200	-	66.7
국 민	71	50	22	-	31.0
대 구	-	-	-	-	-
부 산	-	-	-	-	-
광 주	-	-	-	-	-
제 주	-	-	-	-	-
전 북	-	-	-	-	-
경 남	-	-	-	-	-
산 업	27	27	-	-	0.0
기 업	-	-	-	-	-
수 출 입	165	165	-	-	0.0
농 협	100	100	-	-	0.0
수 협	4	4	-	-	0.0
합 계	809	556	242	130	46.0

* 자료 : 동 자료는 10월 8일 저녁 점검 자료임. 차환율은 만기연장액과 신규차입액을 만기도래액으로 나눈 비율

506 52개 생활필수품목은 소관부처별로, 1) 23개 농수산식품(쌀, 밀가루, 라면, 빵, 쇠고기, 돼지고기, 멸치, 고등어, 배추, 무, 두부, 콩나물, 파, 양파, 설탕, 마늘, 고추장, 식용유, 달걀, 우유, 사과, 스낵과자, 소주), 2) 9개 공산품(바지, 유아용품, 세제, 휘발유, 경유, LPG, 등유, 화장지, 전기료), 3) 9개 공공서비스(자장면, 전철료, 시내버스료, 상수도료, 도시가스료, 이미용료, 목욕료, 쓰레기봉투료, 공동 주택관리비), 4) 3개 교육서비스(학원비, 가정학습지, 납입금), 5) 4개 보건위생용품서비스(샴푸, 위생대, 외래진료비, 보육시설이용료), 6) 2개 주거교통서비스(주거비, 시외버스료), 7) 2개 통신서비스(이동전화통화료, 방송수신료)로 구성되었다.

507 할당관세 품목은 46개에서 82개로 확대하였다. 밀, 옥수수, 밀 전분, 요소 등 식품 및 그 원자재 32개 품목과 생사, 금지금, 니켈, 주석, 철분 등 국내산업과 경쟁하지 않는 생산원자재 37개 품목 등 총 69개 품목의 관세율을 무세로 하고, 휘발유, 등유, 경유, 중유 등 4개 석유제품의 관세율은 3%에서 1%로 내리고, 폴리프로필렌(5% → 4%), ABS합성수지(6.4% → 4%), 폴리스티렌(6.5% → 4%) 등 석유화학제품도 내렸다. 원유와 LNG(1%), 설탕(35%)은 수입이 급증하고 있어 관세율을 그대로 유지했다. 기존 46개 할당관세 품목의 1조 3,000억 원과 추가 36개 할당관세 품목의 6,000억 원 총 1조 9,000억 원 감세효과에 따라 수입물가는 0.27%p, 전체 소비자물가는 0.1%p 낮추는 효과가 추정되었다.

508 미국 연방준비제도위원회(Board of Governors of the Federal Reserve System)는 우리의 중앙선거관리위원회와 유사한 성격의 공무원으로 구성되어 있고 연방준비은행(Federal Reserve Bank)을 감독하는 연방관청(federal government agency)이다. 연방준비제도위원회를 연방준비제도이사회로 부르는 것은 잘못이다. 지역별로 12개 주식회사 형태인 연방준비은행에 법인의

의사결정기구로서 연방준비은행이사회(Board of directors of the Federal Reserve Bank)가 따로 있다. 행정관청인 'Board of Governors'를 이사회라고 부르는 것은 틀린 것이다. 한국은행은 민간의 특수법인이라는 점에서 연방준비은행과 같은 성격이라고 해석할 수 있다.

509 유동성 상황을 감안한 3단계 비상대처계획은 다음과 같다.

• 제1단계(신용경색 및 차입여건 악화되어 모니터링을 강화): 1) 외화유동성이나 투기자금 유출입 상황 등 모니터링 강화, 2) 외환보유액으로 스와프 시장 참여 또는 은행 유동성 지원, 3) 사치성 소비재 수입억제 등 경상수지 개선대책 추진, 4) 외화유출을 촉진할 우려가 있는 외환자유화 일정 재조정, 5) 국제적인 공조체제 유지 및 대외홍보 강화

• 제2단계(해외자본 유출이 가시화되어 외화유동성을 확충): 1) 국내은행이 보유한 외화증권 매각 유도, 2) 기업·은행의 대외채권 및 개인 해외예금의 회수 독려, 3) 불법외환유출에 대한 감시 강화

• 제3단계(해외자본 유출이 심각해 세이프가드를 발동): 1) 거주자 환전 시 실수요 증빙 요구, 2) NDF 실수요 규제 및 매도매입 포지션 규제, 3) 유학경비, 해외신용카드 사용, 해외예금 등 제한, 4) 비거주자에 대한 대외채권 중 만기도래 채권 회수명령, 5) 외환집중제 실시, 금융기관 해외자산 매각명령 발동

510 공식회의에서 Henry Paulson 장관에게 1997년 우리는 1조 원으로 출발한 공적자금이 최종적으로 100배가 넘는 168조 원을 썼다는 예를 들면서 미국이 발표한 공적자금(TARP) 7,000억 달러의 10배 이상 필요할 것이라고 말해줬다. 그가 TARP에 대해 "preemptive and decisive measure"라고 말한 데 대해서 우리는 1997년 14번의 대책을 발표했는데 그때마다 주가가 떨어진 예를 들면서 "preemptive and decisive"보다 시장이 깜짝 놀랄 "sufficient"한 대책이 더 중요하다고 말했다.

511 William Rhodes 회장에 대한 감사 연설의 원문은 다음과 같다.

"I would like to close my remarks by introducing you a special guest. An American bank has been an enduring supporter for the Korean economy every time we go through economic hardships. For example, Korea was in desperate need of FX liquidity with only around $10 million of foreign reserve in the 1973 oil shock. It was this bank that gave us a helping hand to get a jumbo loan of $200 million. Since then, the former Korean finance minister Jeong In-yong always told us never to forget the support we got from the American bank. And, in 1997, Korea was hit hard by the Asian Financial crisis. When Korea was striving for extending the external debt maturity, it was this bank again who greatly contributed to the successful roll-over. This morning, Korea and the US announced the set of the currency swap line. Again, this bank has been a great help through various channels. Distinguished guest! It was Chairman Bill Rhodes who took the lead in extending helping hands to Korea on these occasions. Chairman Rhodes is the prime example of "A friend in need is a friend indeed." Taking this opportunity, I would like to express my sincere appreciation to Chairman Rhodes for his continuous support and commitment for Korea.

Please give a big hand to the Chairman."

512 은행별 한도는 국민은행 86억 2,100만 달러, 신한은행 95억 5,500만 달러, 우리은행 118억 7,000만 달러, 하나은행 117억 9,700만 달러, 한국외환은행 86억 2,300만 달러, 한국씨티은행 34억 700만 달러, 한국스탠다드차타드제일은행 58억 4,400만 달러, 부산은행 8억 6,900만 달러, 대구은행 5억 7,100만 달러, 광주은행 4억 1,400만 달러, 경남은행 3억 8,500만 달러, 전북은행 1억 달러, 제주은행 1억 달러, 한국산업은행 161억 9,500만 달러, 중소기업은행 70억 1,000만 달러, 한국수출입은행 93억 9,400만 달러, 농업협동조합중앙회 48억 1,200만 달러, 수산업협동조합중앙회 4억 3,400만 달러 합계 1,000억 달러였다.

513 《위클리경향》(2009. 6. 30)은 온라인커뮤니티 회원좌담회의 내용을 다음과 같이 보도했다. "이 정권의 문제는 정신적으로 풍요로운 삶에 대해 관심이 없다는 거다. 취미로 음반이나 DVD를 모으면서 두 번 위기를 맞았다. 한 번은 외환위기 때고 또 한 번은 작년이다. 두 번 모두 환율이 엄청나게 뛰었고, 공교롭게도 집권당이 같다. 동호회 회원들이 강만수 전 장관을 욕했던 이유는 사고 싶은 DVD, 음반, 카메라가격이 2배로 올라버린 탓도 크다."

514 Gregory Mankiw 하버드대 교수가 *The New York Times*(2009. 12. 13)에 조세정책에 대해 기고한 칼럼의 주요 내용을 발췌하면 다음과 같다.
"Keynesian theory says that government spending is more potent than tax policy for jump-starting a stalled economy. The report in January (2009) put numbers to this conclusion. It says that an extra dollar of government spending raises G.D.P. by $1.57, while a dollar of tax cuts raises G.D.P. by only 99 cents. [⋯] According to the Romers, each dollar of tax cuts has historically raised G.D.P. by about $3. [⋯] Andrew Mountford of the University of London and Harald Uhlig of the University of Chicago [⋯] They report that "deficit-financed tax cuts work best among these three scenarios to improve G.D.P."[⋯] Failed stimulus relies mostly on increases in government spending. [⋯] This effect is difficult to reconcile with Keynesian theory." These studies point toward tax policy as the best fiscal tool to combat recession."

515 위의 Mankiw 칼럼 참조.
"Harvard colleagues Alberto Alesina and Silvia Ardagna have recently conducted a comprehensive analysis of fiscal policy in 21 nations in OECD- 91 episodes since 1970. Successful stimulus relies almost entirely on cuts in business and income taxes. Failed stimulus relies mostly on increases in government spending."

516 *The Wall Street Journal*(2010. 5. 18)의 사설 "Hauser's Law"의 주요 내용을 발췌하면 다음과 같다.
"The nearby chart shows how tax Revenue has grown over past eight decades along with the size of economy. It illustrates the empirical relationship first introduced on this page 20 years ago by the Hoover Institution's W. Kurt Hauser-a close proportionality between

revenue and GDP since World War II, despite big changes in marginal rates in both directions. "Hauser's Law," as I call this formula, reveals a kind of capacity ceiling for federal tax receipts at about 19%. For budget planning it's wiser and safer to assume that tax receipts will remain at a historically realistic ratio to GDP no matter how tax rates are manipulated. Any major tax increase will reduce GDP and therefore revenue too."

517 조세는 기본적으로 소득의 흐름(flow)과 축적(stock)에 대한 과세이고, 소득의 유입(inflow)에 대한 소득세(법인세 포함)와 저장(storage)에 대한 재산세(상속세 포함)와 유출(outflow)에 대한 소비세 세 가지다. 상류의 수원과 중간의 저수지와 하류의 전답을 상정하면 과도하게 상류에서 물을 퍼가면 저수지의 수량이 줄어들고 넘치는 물이 줄어 하류의 전답은 농사가 안 된다. 적은 유량은 적은 수증기를 만들어 비를 감소시키고 상류의 유량이 자꾸 줄어드는 악순환을 거듭하게 된다. 물론 정부가 기업보다 더 효과적으로 물을 사용하면 다른 결과도 나오겠지만 정부가 납세자보다 소득을 효율적으로 쓰는 경우는 상정하기 어렵다. 저수지(pond)를 키우고 물을 많이 채우는 것이 감세정책이다. 저수지를 그대로 두고 물을 많이 쓰면 결국 수량은 줄게 마련이다. 우리의 경제는 서구에 비해 아직 축적이 적고 기업은 천수답 같아서 가뭄이 오면 농사를 망친다. 아직은 둑을 높이 쌓고 저수지를 키우고 물을 채우는 노력이 필요하다.

518 야당 간사였던 이광재 의원은 노무현 정부에서 청와대 국정상황실장을 지냈기 때문에 정부의 위기관리 노력을 이해했고 야당의 반대 당론에도 불구하고 타협을 이루는 가교 역할을 했다. 감세정책에 가장 강하게 반대하던 김종률 의원은 대학 후배로서 나의 간곡한 부탁에 큰 도움을 주었다. 이광재 의원은 그 후 강원도지사에 당선되었으나 불운하게 정계를 떠났고 김종률 의원은 정치 스캔들에 휘말려 작고하였으니 안타까운 마음 그지없다.

519 2008년 11월 13일 국회 본회의에서 헌법재판소의 종합부동산세 위헌 여부 결정 전망에 대한 최경환 의원의 질문에 "헌재와 접촉했는데 확실한 전망을 할 수 없다. 일부는 위헌 결정이 나올 것으로 예상하고 있다."라고 답변한 것을 야당이 헌정질서 위반이라고 문제 삼아 '헌법재판소의 종합부동산세법 위헌소원 등 사건과 관련한 기획재정부 장관 발언 진상조사소위원회'라는 청문회가 열렸다. 예전 재정경제부 때 헌법재판소에 과장급 실무자를 파견하기도 했기 때문에 윤영선 세제실장이 유남석 헌법재판소 수석헌법연구관 등을 만난 것은 공익을 대표하는 정부로서 당연한 업무였다. 청문회 결과는 아무것도 없었다. 야당의 정치 공세와 여당의 대중영합이 만든 해프닝이었다.

520 *The Economist*(2011. 11. 12)의 기사 "South Korea's economy" 참조.

521 ㈜인텔렉추얼디스커버리(Intellectual Discovery)는 국가경쟁력위원회가 주관하고 정부와 대기업이 공동 출자하여 2010년 9월 15일 설립한 국내 최초의 지식 재산전문회사로서 창의자본(Invention capital) 조성, 지적재산권(Intellectual property) 매입과 매출, R&D 투자를 하는 자본금 547억 원의 주식회사다.

522 한국산업은행은 2012년 9월 14일 금융권 최초로 기술금융부를 만들어 지적재산권에 대한 투자와 대출 업무를 개시했다. 산업은행은 창설 때부터 국내에서 유일하게 이공계 행원을 모집해

기술에 관한 인재와 지식 축적이 많았다. 이공계 행원과 기술의 축적을 바탕으로 시작한 기술금융 (techno-banking)은 박근혜 정부의 '지식경제'를 위한 중요한 역할을 하고 있다.

523 국가경쟁력강화위원회는 2008년 3월 13일 대통령경제특별보좌관이 겸임하는 위원장과 기획 재정부 장관, 청와대 경제수석, 한나라당 정책위원회 의장, 경제5단체 회장(전경련, 대한상의, 무역협회, 중소기업중앙회, 경영자총협회), 4개 정부 연구원장(KDI, 산업연구원, 대외경제연구원, 농촌경제연구원), 주한 미국·일본·유럽 상공회의소 회장 등 30명으로 구성된, 청와대, 정부, 경제 단체, 연구기관, 민간전문가 합동의 대통령자문기구로서 매월 대통령이 직접 참석하는 회의를 통하여 규제와 경쟁력 장애요인을 해결하는 것을 목적으로 하였다. 2013년 2월 28일 새 정부 출범과 함께 막을 내렸다.

524 나는 국가경쟁력강화위원장으로 있으면서 2009년 3월부터 2011년 3월까지 15차에 걸친 회의를 하여 규제개혁, 성장동력, 인적·사회적 자본에 대한 여러 정책들을 추진하였다. 1) 규제개 혁분야에서 규제형평제도 도입, 규제일몰제 강화, 시장 진입규제 완화, 원칙허용 인허가 확대, 부담금제도 개선, 군사시설보호구역 규제완화, 산업단지 리모델링, 인감증명제도 폐지, 복수국적 제도 채택, 2) 성장동력분야에서 농식품산업 육성, 고유명주 육성, 프랜차이즈산업 육성, 엔지니어 링산업 발전, 지식재산산업 육성, 전시회의산업 발전, DMZ생태평화공원 조성, 산림자산 이용 확대, 뷰티산업 육성, 3) 인적·사회적 자본분야에서 취업·학업병행체제 구축, 직업능력 개발체제 구축, 교통운영체제 글로벌화, 도로체계 개선, 국토 경관 품격 향상, 한글로마자표기법 개선 등이 주요한 내용들이었다.

525 세 번의 예산편성에 이용걸 예산실장의 고생은 컸고 류성걸 예산총괄심의관은 졸도하기까지 했다.

526 2008년 12월 16일 청와대에서 모든 부처가 참석한 가운데 2009년 경제운용방향 보고회의가 열렸다. 통상 다음 해 2월에 열리는데 위기를 적극 관리하기 위해 2개월 앞당겨 열렸다. 이 회의에서 2009년 경제성장을 선진국 -0.3%, 세계 2.2%, 한국 3% 전후로 전망했고, 위기가 장기적 으로 갈 것이라는 우울한 전망과 함께 위기의 본질을 "전례 없는(unprecedented) 세기적 위기, 세계적 생존경쟁, 역사적 권력 이동(historic power shift)"으로 보고했다. 워싱턴 G20 정상회의 (11월 15일)에서 논의된 국제공조를 포함하여 "위기관리-생존, 미래준비-전환, 경제 재도약-공격" 3단계로 구분한 글로벌 금융위기 대응을 위한 종합대책이 최종 확정되었다. 일자리 창출보다 일자리 지키기와 나누기가 더 중요한 전략이 되었다. 추가적인 긴급위기감내대책으로 금융기관 증자, 금융자금 추가공급, 자본유출입 대책 강구, 예산 조기집행, 할당관세 연장 등을 포함했다. 성장률은 3% 내외, 설비투자는 -2% 내외, 실업률은 3.4% 내외, 소비자물가는 3% 내외, 경상수지 는 100억 달러 이상의 흑자로 전망했다. 150달러에 육박하며 우리를 공포에 몰아넣었던 유가는 당시 40달러대의 대폭락 장세를 유지하였으나 2009년에는 60달러 내외로 전망했다.

527 한반도대운하계획도는 다음 쪽 지도를 참고.

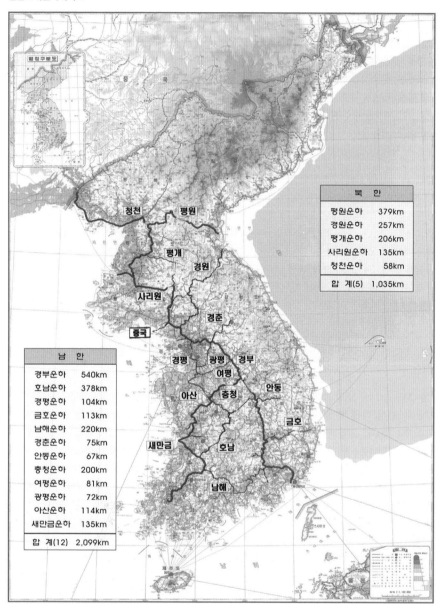

한반도대운하계획도

528 IMF의 Staff 보고서 "Capital Inflows: The Role of Controls"(2010. 2. 19)는 공식입장이 아님을 밝히고 있으나 시장환율과 자본자유화의 기존 입장에서 큰 변화를 예고하는 것이었다.

주요 내용은 37개 신흥국의 최근 경험을 토대로 분석한 결과 급격한 자본유입에 의해 발생하는 위험(risks)을 축소하기 위해 자본통제가 필요하고 그 수단으로 'unremunerated reserve requirements', 'taxation on short-term liabilities', 'minimum stay requirements' 등을 제시했다.

529 대통령경제특별보좌관으로 일할 때도 장관 때와 같이 경제현안에 대해 대통령께 보고를 하였는데 특히 환율에 대하여는 거의 매달 보고했다. 〈경제상황 재점검과 선제적 대응〉 이외에 특별히 기억나는 보고는 다음과 같다.

• 2009년 12월 8일 〈출구전략 실천 방안〉의 주요 내용은 "출구전략 선택의 3대 원칙은 1) 이른 결정이 늦은 결정보다 나쁘다(Exiting too early is costlier than exiting too late: Strauss-Kahn), 2) 적게 하는 것이 많이 하는 것보다 위험하다(Doing too little poses a greater threat than doing too much: Summers), 3) 모든 상황에 적용될 수 있는 범용성 출구전략은 없다(Avoid one-size-fit-all exit strategies: Zoellick)로 함. 선택 방법은 불확실성하에서의 의사결정모델 (game theory)에 의함. 결론은 더블딥은 없다는 확신이 설 때까지 가능하면 출구전략은 늦게, 부양책은 많이, 정책은 탄력적으로 구사하는 'Late-Much-Flexible Exit'임"이었다.

• 2010년 5월 7일 〈승기를 승세로 굳히기 위한 경제에 대한 시각과 전략의 수정〉의 주요 내용은 "일본을 따라잡을 수 있는 승기를 승세로 굳히는 공격적 전략을 추진해야 할 때가 되었음. 건전한 재정과 외환보유고, 무역수지 일본 추월, 삼성·현대·LG의 선전 등 강점을 최대 활용하면 선진 일류국가로 조기 진입하여 국가 순위를 바꿀 수 있음. 출구전략의 최대한 지연과 함께 투기적인 국제자본거래에서 원화를 제도적으로 보호하기 위해 NDF시장 규제, 포지션 관리, 자본거래 과세 등 다양한 방법 중 시행 가능한 것부터 조기 추진이 필요함"이었다.

• 2010년 10월 13일 〈환율전쟁 전망과 대응〉의 주요 내용은 "2009년 단기자본에 대한 과세가 논의되는 국제 추세와 반대로 기존의 채권과세를 면세로 전환한 방향착오로 외국인투자자에게 '노다지(bonanza)'를 제공함으로써 1,000억 달러 채권자금 유입으로 환율 12% 대폭절상. 앞으로 미국의 제로금리에 의한 추가통화공급에 의한 지속적인 단기자금(hedge fund)의 유입에 의한 환율 추가절상을 예방하기 위해 채권투자 과세전환 등 대응조치 긴요. 임기 후반기 경제운용의 최대 난제는 환율전쟁(currency war) 대응에 있음. 내년 경제전망도 어둡고 2012년 선거를 감안 하면 적극적인 대응이 필요함. 미국의 0% 금리와 함께 추가적인 통화완화(quantitative easing)가 논의되는 상황에서 일본과 함께 브라질, 인도 등 신흥국의 외환시장 개입도 불가피하여 환율전쟁 이 격화될 가능성이 큼"이었다.

530 2010년 11월 11일 G20 서울정상회의에서 합의한 환율에 관한 새로운 원칙의 전문은 다음과 같다.
"Monetary and Exchange Rate Policies: We reaffirm the importance of central banks' commitment to price stability, thereby contributing to the recovery and sustainable growth. We will move toward more market-determined exchange rate systems and enhance exchange rate flexibility to reflect underlying economic fundamentals and refrain from competitive devaluation of currencies. Advanced economies, including those with reserve currencies, will be vigilant against excess volatility and disorderly movements in exchange

rates. Together these actions will help mitigate the risk of excessive volatility in capital flows facing some emerging market economies. Nonetheless, in circumstances where countries are facing undue burden of adjustment, policy responses in emerging market economies with adequate reserves and increasingly overvalued flexible exchange rates may also include carefully designed macro-prudential measures. We will reinvigorate our efforts to promote a stable and well-functioning international monetary system and call on the IMF to deepen its work in these areas."

같은 해 10월 23일 G20 경주재무장관회의의 합의내용과는 환율원칙 부분이 "Specifically, we will: move towards more market determined exchange rate systems that reflect underlying economic fundamentals and refrain from competitive devaluation of currencies"로 되어 있어 약간의 차이가 있지만 근본적인 차이는 없다. 일부 신문에서 거꾸로 해석해 "시장결정적 환율 이행합의" 또는 "정부의 환율개입 줄여. 강만수식 고환율정책 끝?"이라는 제목의 오보가 있었다.

531 마드리드 한·중·일 재무장관회의를 하기 전 신제윤 차관보는 리융(李勇) 중국 재정부 차관, 시노하라 나오유키 일본 차관(재무관)과 의장국에 대한 사전협의를 했다. 여기서도 한국의 폭탄주 위력(?)으로 쉽게 친해지고 라우리 미국 차관보와도 업무를 위한 핫라인을 만들고 비공식 접촉을 계속한 신제윤 차관보의 외교능력이 탁월했다고 생각되었다.

532 2008년 11월 14일 G20 정상회의 참가 대표를 위한 백악관 만찬에 참석했을 때 백악관 현관에서 손님을 맞던 부시 대통령은 이명박 대통령을 보고 "How's your wife?"라고 인사할 정도로 친밀한 사이였다. 11월 15일 아침 *The Washington Post*의 왼쪽 톱기사의 제목이 "Historic Power Shift"였다. 이 회의에서 합의된 주요 내용 중 하나가 이명박 대통령이 주장한 국제공조와 통화전쟁의 방지를 위한 'stand still'인데 이것을 합의문에 넣기 위해 신제윤 차관보는 중국의 반대 때문에 이틀 밤을 새벽까지 고생했다. 회의에는 20개국 정상과 재무장관, 그리고 재무부의 실무대표와 외교부의 주최자(sherpa)가 참석했다. 우리는 신제윤 차관보가 실무대표로, 외교부 안호영 국장이 sherpa로 참석했다.

533 바젤은행감독위원회가 2015년부터 시행하기로 한 유동성커버리지비율(liquidity coverage ratio)은 유동성위기가 발생해 자금인출이 발생하더라도 30일 동안 견딜 수 있도록 국채 등 고유동 성자산이 순현금유출의 100% 이상을 유지해야 한다는 것이다. 예금은 산업은행의 주력 자금조달 수단인 산업금융채권에 비해 유출률이 낮은 것으로 계산되었다. 2013년 1월 6일 이 비율의 시행을 2015년에서 2019년으로 연장했다.

534 1995년 발효된 "Agreement on Subsidies and Countervailing Measures"의 Article 8 허용보 조(Non-Actionable Subsidies)에 (a) 연구지원(assistance for research activities), (b) 낙후지역 지원(assistance to disadvantaged regions), (c) 환경지원(assistance to promote adaptation of existing facilities to new environmental requirements)으로 한정하고 있다.

535 나는 2009년 국가경쟁력강화위원장으로 일하면서 '교통운영체계 선진화 방안'을 추진하기로 대통령께 보고하고 경찰청과 국토부 교통법규 담당자들로 선진국 교통질서 시찰단을 만들어 도쿄,

로스앤젤레스, 뉴욕, 런던, 파리 등 세계 5대 도시의 보행과 운행 시스템을 시찰시킨 뒤 국제표준에 따라 사람의 우측보행과 차량의 직진우선을 원칙으로 하는 통행시스템을 단계적으로 개편했다. 우측보행은 2009년 10월 1일부터 지하철과 공원 등 주요 시설부터 시행에 들어갔고, 직진우선 교통신호체계는 준비과정을 거쳐 2010년부터 단계적으로 시행에 들어갔다. 교통신호는 파란불 'go'와 빨간불 'stop' 두 개에 원칙으로 좌회전을 허용하는 '2현시 제도'를 확대하고, 교통정체의 구조적 원인이 되는 직진·좌회전 동시신호 즉 '4현시 제도'는 순차적으로 폐지하기로 하였지만 그 후 제대로 개선되지 못했다. 고속도로 통행도 추월차로, 승용차로, 대형차로를 구분하여 소통을 빠르게 하려는 노력과 회전교차로 제도를 확대하는 노력도 하였지만 제대로 되지 않았다. 법무부에서 파견 나온 정선태 검사의 노력으로 '교통운영체계 선진화 방안'은 토대를 잡았고 이 일을 마친 후 그는 법제처장이 되었다.

536 기획재정부는 아프리카개발은행(African Development Bank, AfDB) 및 한국수출입은행과 공동으로 2008년 10월 27(월)~30(목)일까지 서울 신라호텔에서 '2008 KOAFEC회의(한·아프리카 장관급 경제협력회의)를 개최하였다. Kaberuka AfDB 총재, Janneh UNECA 의장, 나이지리아 석유부 장관 등 21개국 22명의 아프리카 장관급 고위인사를 포함, 130여 명의 아프리카 대표단이 참여하여 한국에서 개최된 아프리카 관련 최대 행사였다. 여기에서 개발경험을 포함한 ODA구상을 밝혔고 우리의 새마을운동을 통한 아프리카 농촌개발에 대한 토론이 있었다.

537 "Hats off to officials in Seoul" 기사를 쓴 블룸버그통신의 William Pesek 기자를 2010년 6월 16일 제주에서 우연히 만났다. 그에게 감사를 표했다.

538 2010년 1월 18일 Randall S. Jones OECD 한국·일본과장은 "How has Korea performed better than expected? A comparison among OECD countries"라는 보고서를 제출했다. 요약 내용은 다음과 같다.

"Strong export growth boosted fixed investment and supported employment, thereby sustaining private consumption. Relatively large and early fiscal stimulus was effective. Monetary policy easing helped to lower borrowing costs and ease debt burdens, thereby promoting fixed investment and private consumption. The 2008 global crisis had a severe impact on Korea, given its dependence on trade. The fall in output was accompanied by a large decline in the won of more than 30% in effective terms, which increased Korea's competitiveness in world trade, leading to large export market share gains. The rebound in exports contributed to an economic recovery beginning in early 2009, making Korea one of only three OECD countries where output has already surpassed its pre-crisis level. Domestic demand has also recovered, thanks in part to large-scale fiscal stimulus amounting to 6% of GDP, the largest in the OECD area. Stimulus was almost equally split between tax cuts and increased outlays. Fiscal stimulus is estimated to have boosted employment by 200,000 in 2009, limiting the rise in unemployment and helping to sustain private consumption. The easing of monetary policy pushed real short-term interest rates into negative territory in early 2009, encouraging investment and easing the debt burden."

539 2011년 8월 5일 《연합뉴스》와의 인터뷰에서 "글로벌 금융위기에 대한 한국의 대응을 평가한다면?"이라는 질문에 대해 Subir Lall IMF 한국과장은 다음과 같이 대답했다.

"우선 정부의 발 빠른 대응이 두드러졌다. 통화재정정책이 교과서적인 사례라고 할 만큼 적절했고, 이는 정부부채 수준이 낮기 때문에 가능한 측면도 있었다. 아울러 수출 주도의 개방경제이기 때문에 2009년 초부터 국제무역이 회복된 것이 긍정적인 영향을 미쳤다. 또 대기업의 재무건전성이 뛰어나기 때문에 글로벌 금융위기를 맞아 오히려 생산을 확대함으로써 시장점유율을 확대했고, 환율흐름도 이들의 시장경쟁력에 도움이 됐다(One was the government, the authorities, acted very quickly and very decisively in policy responses to deal with fallout from the financial crisis. That meant both monetary policy cutting the rates and also the fiscal stimulus. Korea put fiscal stimulus in place very quickly. Korea had room to do that because public debt is low so it was not meant to create a problem to have a short term fiscal stimulus. And that was reversed once the economy started improving. That is in fact a textbook example of how you can use fiscal policy to help stimulate the economy when it is slowing down and then when economy speeds up you can remove the stimulus)."

540 2008년과 2009년 환율절하효과는 다음 표와 같다.

환율효과   (2007년 대비 2008/2009년, 단위: 조 원)

구분	산식	연도	상장회사	전체	5대그룹				
					S그룹	H그룹	L그룹	S그룹	P그룹
수출액	A	2008	324.2	226.9	92.4	36.0	52.6	35.8	10.1
		2009	337.2	242.7	108.6	35.2	58.4	31.6	8.9
(매출액 대비 수출액 %, 연평균)			(61.4)	(61.0)	(80.9)	(53.0)	(75.6)	(39.4)	(75.6)
환차익	B(=A× 환율변동)	2008	51.0	35.7	14.5	5.7	8.3	5.6	1.6
		2009	91.7	66.1	29.6	9.6	15.9	8.6	2.4
환차손	C (=수입액×환율변동)	2008	13.3	9.7	5.1	0.8	2.3	1.7	0.2
		2009	23.5	19.1	11.8	1.4	4.8	2.6	0.4
순환차익 (환율효과, %)	D(=B-C)	2008	37.7 (11.6)	26.0 (11.4)	9.4 (10.2)	4.9 (13.4)	6.0 (11.3)	3.9 (11.1)	1.4 (13.8)
		2009	68.2 (20.2)	47.0 (20.0)	17.8 (16.3)	8.2 (23.2)	11.1 (19.0)	6.0 (19.1)	2.0 (23.1)
수출이익 (총이익)	E (=A-수출원가)	2008	18.4 (30.2)	12.7 (20.9)	5.9 (7.3)	1.3 (2.5)	3.0 (4.0)	1.1 (2.8)	1.4 (4.4)
		2009	29.1 (47.7)	18.5 (30.3)	9.7 (12.0)	3.1 (5.8)	5.2 (6.8)	1.0 (2.6)	1.0 (3.2)
차감 수출이익 (차감총이익)	E-D	2008	-19.3 (-7.5)	-13.3 (-5.1)	-3.5 (-2.1)	-3.6 (-2.4)	-3.0 (-2.0)	-2.8 (-1.1)	0.0 (3.2)
		2009	-39.1 (-20.5)	-28.5 (-16.7)	-8.1 (-5.8)	-5.1 (-2.4)	-5.9 (-4.3)	-5.0 (-3.4)	-1.0 (1.2)

주: 1) 상장회사: 2008년 765개, 2009년 770개.
   2) 기준환율(원/달러, 연평균): 929.20(2007), 1102.59(2008), 1276.40(2009).
   3) 환율 변동률(2007년 대비): 18.7%(2008), 37.4%(2009).
   4) 환율효과=순환차익/수출액.
   5) 차감은 순환차익 차감을 의미

541 국제수지와 대외채권채무는 내가 재직할 당시 기획재정부의 경제백서(2008~2012년)를 기초로 하였기 때문에 2010년부터 기준이 바뀐 한국은행 통계와는 차이가 있다. 새로 편제된 한국은행 통계기준은 2008년 경상수지 31억 달러 흑자, 순대외채권은 246억 달러였고 2012년 경상수지 508억 달러 흑자, 순대외채권은 1,296억 달러였다. 당시 정책은 정부의 통계를 기초로 하였기 때문에 수치가 달라졌지만 정부 통계를 썼다.

542 *Financial Times*(2010. 5. 26)의 Martin Wolf 칼럼 "The grasshopper and the ants-a modern fable"의 관련된 내용은 다음과 같다.

"Yet life is more complex than in Aesop's fable. Today, the ants are Germans, Chinese and Japanese, while the grasshoppers are American, British, Greek, Irish, and Spanish. […] When the crash comes to America and households stop borrowing and spending and the fiscal deficit explodes, the government does not say to itself: "This is dangerous; we must cut back spending." Instead, it says: "We must spend even more, to keep the economy humming." […] If you want to accumulate enduring wealth, do not lend to grasshoppers."

543 "China and the world economy—From T-shirts to T-bonds" (2005. 6. 30). *The Economist* 참조.

544 Martin Wolf (2010. 5. 26). "The grasshopper and the ants—a modern fable". *Financial Times*. 참조

545 *The Economist*(2005. 6. 30)의 두 기사 "How China runs the world economy" 와 "China and the world economy"의 요지는 다음과 같다.

"Cheaper goods from China have made it easier for central banks to achieve their inflation goals without needing to push real interest rates sharply higher. This has encouraged a borrowing binge. The resulting excess liquidity has flowed into the prices of assets, such as homes, rather than into traditional inflation…. Central bankers like to take all the credit for the defeat of inflation, but China has given them a big helping hand in recent years. China's ability to produce more cheaply has pushed down the prices of many goods worldwide, as well as restraining wage pressures in developed economies. For instance, the average prices of shoes and clothing in America have fallen by 10% over the past ten years—a drop of 35% in real terms. … Today, we would again have had "good deflation" —but central banks have instead held interest rates low in order to meet their inflation targets. The BIS frets that this has encouraged excessive credit growth."

546 *The Economist*(2013. 1. 19.)는 "New Model Army"라는 제목의 기사를 실었는데 주요 내용은 다음과 같다.

"The Depression of the 1930s and the "stagflation" of the 1970s both forced rethinks. The financial crisis has sparked another. The crisis showed that the standard macroeconomic models used by central bankers and other policymakers, which go by the catchy name of "dynamic stochastic general equilibrium"(DSGE) models, neither represent the financial system accurately nor allow for booms and busts observed in the real world. A number of academics are trying to fix these failings. Their first task is to put banks into the models. Today's mainstream macro models contain a small number of "representative agents", such as a house hold, a non-financial business and the government, but no banks. They were omitted because macroeconomists thought of them as a simple "veil" between savers and borrowers, rather than profit-seeking firms that make loans opportunistically and may themselves affect the economy. This perspective has changed, to put it mildly. Hyun Song Shin of Princeton University has shown that bank's internal risk models make them take more and more risk as asset prices rise, for instance. Yale's John Geanakoplos has long argued that small changes in the willingness of creditors to lend against a given asset can have large effects on that asset's price. Easy lending terms allow speculators with little cash to bid up prices far above their fundamental value. If lenders are more conservative, the marginal buyers are forced out of the market, causing prices to tumble."

547 머리말에 나오는 "2012. 11. 15. 글로벌 금융위기 당시 기획재정부 출입기자단"의 감사패를 받은 저녁식사에 참석한 기자는 중앙일보 이상렬, 조선일보 김영진, 한국경제 정종태, 헤럴드경제 김형곤, 서울경제 김현수, 머니투데이 여한구, 세계일보 이상혁 등이었다.

찾아보기